王仁昫《刊谬补缺切韵》

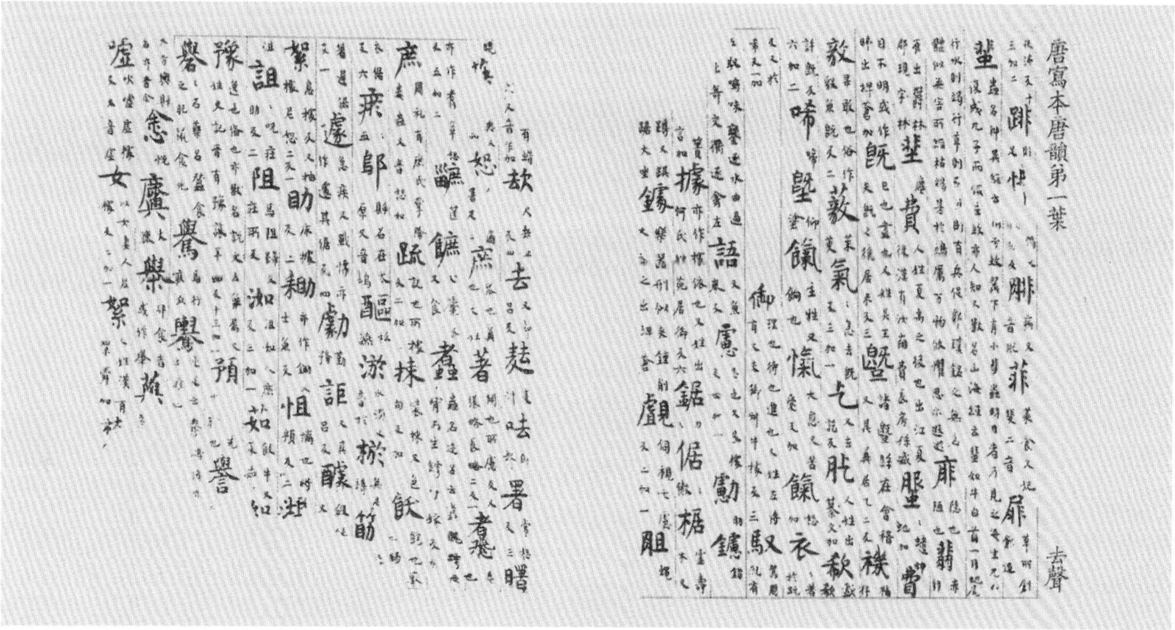

唐写本《唐韵》

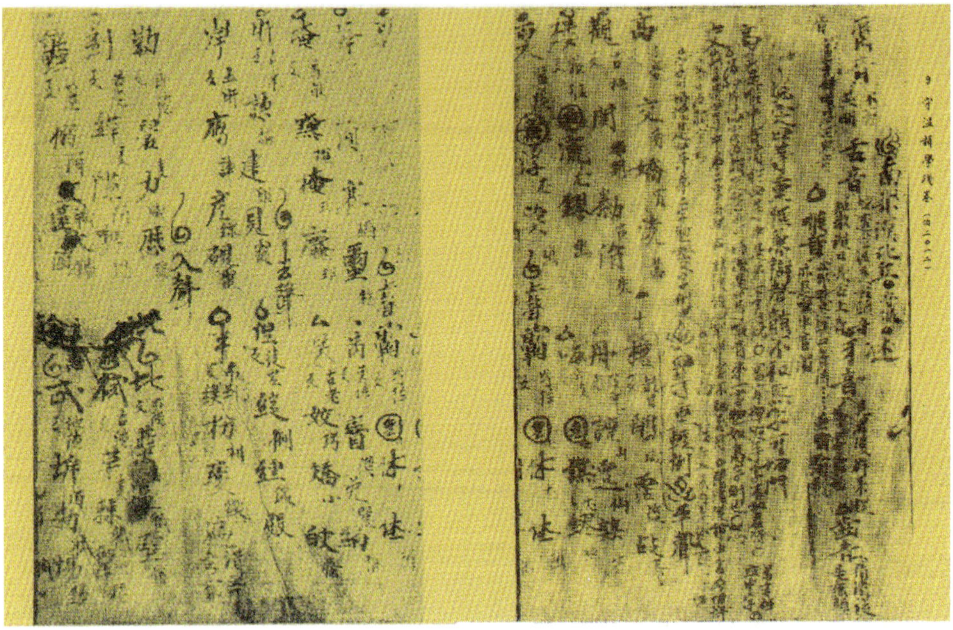

《守温韵学残卷》

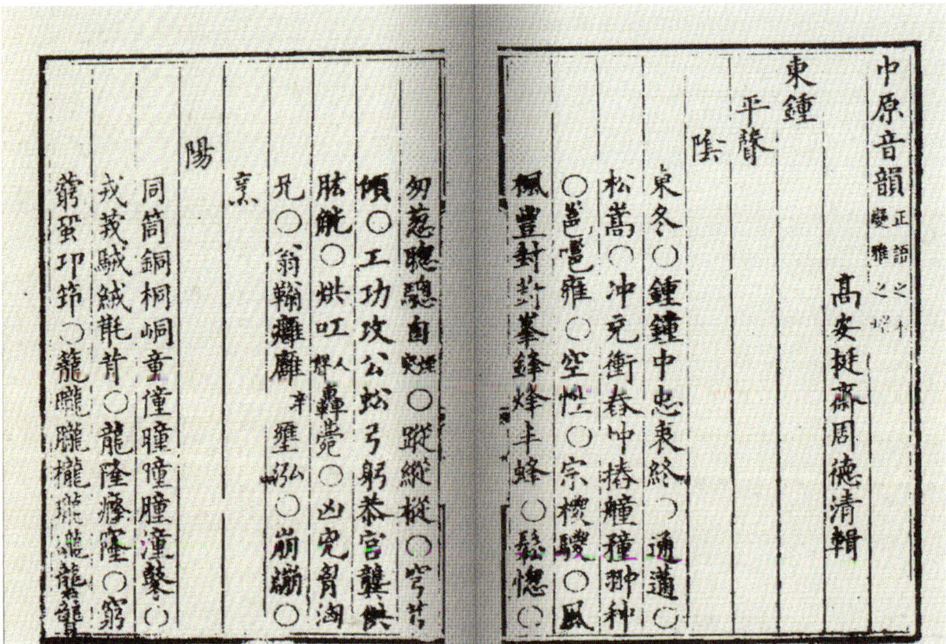

周德清《中原音韵》

商務館 语言学教材书系

音韵学要略

（第三版）

万献初 著

商務印書館
创于1897 The Commercial Press

图书在版编目(CIP)数据

音韵学要略/万献初著.—3版.—北京:商务印书馆,2020(2024.7重印)
(商务馆语言学教材书系)
ISBN 978-7-100-18659-9

Ⅰ.①音… Ⅱ.①万… Ⅲ.①汉语—音韵学—教材
Ⅳ.①H11

中国版本图书馆CIP数据核字(2020)第101368号

音韵学要略
(第三版)
万献初 著

商务印书馆出版
(北京王府井大街36号 邮政编码100710)
商务印书馆发行
三河市春园印刷有限公司印刷
ISBN 978-7-100-18659-9

2020年8月第1版 开本787×1092 1/16
2024年7月第3次印刷 印张17 插页1
定价:60.00元

目　录

绪 论

汉语音韵学，又称声韵学，是研究汉字的历史读音及其变化规律的科学，或者说是研究古代汉语的音节结构、语音系统及其历史演变规律的科学。

音韵学通过分析汉字的读音，归纳出汉语各个历史时期的语音系统，包括声母系统、韵母系统和声调系统，然后对各个历史时期的语音系统进行比较，从而探究汉语语音的演变过程及其发展规律。罗常培先生说："音韵学就是分析汉字或汉语里所含'声''韵''调'三种元素，而讲明它们的发音和类别，并推究它们的相互关系和古今流变的。"[①]

音韵学是语音学的一个分支，研究的是汉语的历史读音，故属于历时语音学范畴。19世纪末至20世纪初，语音学分出音系学一支，音系学又称音位学，主要研究一定的语言中最小语音单位的应用功能及其组合规律，注重语音的系统性。我们的传统音韵学一直着力于研究历代汉语的语音系统及其组合规律，用现代观点看，可视为历时的汉语音系学。历时性、系统性是汉语音韵学的两大主要特点，普通语言学、音系学则是音韵学的两大基础学科，必须先掌握这两门学科的基本知识，才能学好音韵学。

音韵学又是传统小学的一个分支学科，也就是汉语的语言文字学的一个分支。中国古代研究汉字的学问叫"小学"，也就是传统的语言文字学，它主要包括文字学、训诂学和音韵学，分别研究汉字的字形、字义和字音。《汉书·艺文志》："古者八岁入小学，故周官保氏掌养国子，教之六书，谓象形、象事、象意、象声、转注、假借，造字之本也。"所谓"六书"，起初不过是通过分析字形构造来教蒙童识字的实用型文字教授方法，因为是教"小学生"的，故汉代把文字学称为"小学"。随着时代的变迁，古代汉字的意义后人越来越难理解，小学就逐渐变得深奥起来，为了考求字义，给古书中的文字作注解的训诂之学就应运而生，小学就有了

---

① 罗常培《旧剧中的几个音韵问题》，见《罗常培语言学论文集》，商务印书馆2004年版，第424页。

训诂学的内容。文字用来记录语言中的词，词的产生远远早于记录它的字形，词是音与义的结合体，则文字首先是语音的载体，不弄清语音和文字的关系，也就很难去推求字义。邢昺《论语注疏·述而》引郑玄语："读先王典法，必正言其音，然后义全。"顾炎武在《答李子德书》中说："读九经自考文始，考文自知音始。"段玉裁在《寄戴东原先生书》中说："音韵明而六书明，六书明而古经传无不可通。"章太炎则在胡以鲁《国语学草创·序》中强调语音在语言文字学中具有重要地位："音以表言，言以达意，舍声音而为语言文字者，天下无有。"可见，音韵学成为传统小学不可或缺的重要组成部分，是必然的。

传统小学的文字、训诂、音韵三大门类中，系统研究字义的最早专门著作是《尔雅》，系统分析字形的最早专门著作是《说文解字》，都成书于汉代，而系统记录和分析汉字读音的专门著作则相对后起。相对于汉字结构来说，人们对汉语音节结构的认识要迟一些，慢一些。最初辨析字音时，只能作些比喻性的描写或近似性的标音，如汉代典籍用"急言、缓言、急气、缓气、长言、短言、闭口、横口"等术语来描写读音，用"声同、声近、读若、读如"等术语来标示近似的读音。这些早期的语音材料往往与训诂纠缠在一起，还远谈不上专门而系统的语音研究。

汉末至魏晋时期，随着佛经的传入，学者利用梵文的拼音原理来分析汉字读音的声、韵、调结构，在民间反语的基础上，改造并创制了反切注音法。我国自古就有诗歌讲究押韵的传统，汉字的双声、叠韵现象很早就得到认识，并被用于语音构词和韵律调和之中。六朝诗文骈骊之风炽烈，韵律讲求极盛，反切法遍行之后，把相互押韵的韵脚字归纳到一起，编成各种审声辨韵的音韵类著作，一时间蔚然成风。北齐颜之推在《颜氏家训·音辞》中说："孙叔言创《尔雅音义》，是汉末人独知反语。至于魏世，此事大行。高贵乡公不解反语，以为怪异。自兹厥后，音韵锋出。"

"音韵锋出"的局面从文献记载中可以想见，据《隋书·经籍志》记载，最早出现的韵书是三国时魏人李登的《声类》，之后是晋代人吕静的《韵集》，再以后历代都有人编录韵书，如南朝时沈约、周颙发现汉语字音的四声变化，沈约写有《四声谱》一书，倡导并运用声调的平仄规律来写诗，其"永明体"开中国格律诗的先河。四声的发现意义重大，使汉语字音的分析由声、韵二分进入声、韵、调三分，此后的韵书以声调为纲收录同韵字遂成定例。

众多的早期韵书都已亡佚，今传最早的韵书是隋代陆法言的《切韵》，唐人将其扩充为《唐韵》，宋人又扩充为《广韵》，这三部韵书的语音系统是一脉相承的，传统上称为《切韵》系韵书。它们在编纂时的主旨是为写诗作文提供审音押韵的规范性依据，而客观上则为汉语音系的研究准备了丰富而又系统的语音资料，成为中古汉语语音系统研究的代表性著作，也是汉语音韵学最为重要的典籍。由于有大量的韵书出现，隋唐以后的官修韵书又作为科举功令的范本，地位很高，因而音韵学逐渐形成独立的学问，与文字学、训诂学并列为传统小学的分支学科。《隋书·经籍志》小学类后序云："魏世又有八分书，其字义训读，有《史籀篇》、《苍颉篇》、《三苍》《埤苍》《广苍》等诸篇章，训诂、《说文》《字林》、音义、声韵、体势等书。""声韵"指音韵学，"体势"指文字学。汉魏六朝还出现了大量随文注音辨义的"音义"书，如《毛诗音》《礼记音》《汉书音义》等，唐人陆德明的《经典释文》是音义书的集大成之作，其后还出现了一系列仿效之作，如《晋书音义》《列子释文》《孟子音义》等，所以清人谢启昆的《小学考》就分小学为"文字、声韵、训诂、音义"四类，音义书所注的音切也为音韵学的研究提供了多方面的材料，韵书实际上导源于音义书。

早期韵书是不直接标出声母的，唐末僧人守温定三十字母，用单个汉字来表示当时汉语读音的声母，宋初人补充为三十六字母，成为古代声母系统的标目字，也就是声母的代用符号系统，为汉语音韵学中的声母研究提供了便利的工具。唐宋以降，一方面，由于语音的历时变化，《切韵》系韵书与当时的实际读音有出入，有人就合并《切韵》系韵书的韵目，使作诗用韵不至于太繁细；另一方面，由于"声、韵、调"分析都有明确的指称或代用符号可用，又受梵文等拼音文字的影响，有人便创制了等韵图，用图表的方式来展示韵书所收反切字的语音地位（声、韵、调）。为了解说等韵图的内容，又产生了一系列音韵学的新术语，使传统音韵学的审音更为精细和准确，理论色彩也就更为浓厚，等韵之学也就形成了自己独立的系统性。

无论是合并韵目的后出韵书，还是图示韵书内容的早期等韵图，都还只是表现形式上的变化，反映的语音系统基本上相同，都是《切韵》音系（或称《切韵》—《广韵》音系）的内容，而没有直接反映各时代的实际语音，这显示了《切韵》系韵书、韵图的一贯性和保守性。到了元代，周德清的《中原音韵》总结了当时元曲的押韵规律，开始以时行的北方口语语音为依据，研究并系统展示了时音的语音系统，使韵书起了革命性的变化。其后，不断有研究和反映近代汉语实际语音的音韵学著作（韵书、韵图、论著等）出现，为研究中古汉语语音系统向现代汉语语音系统的演变历程积累了丰富的近代汉语语音资料。

上古没有专门的音韵学著作，也没有多少直接性的注音材料流传下来。对于上古汉语语音的认识，首先是从后人对上古诗文韵脚协和与否的观察开始的。由于没有古今历时音变的意识，魏晋六朝人读上古诗歌和韵文时，感到韵脚不协和，就改字以求韵脚协和，于是产生了“协韵”之说。协韵本是对古今音异朦胧认识的一种临时处理方式，但经过唐人的不断扩大化，到了南宋朱熹那里就被推到了极致，成为改古韵以求今读协和的“叶音”说。“叶音”说有违古今音变的语音发展规律，因而不断受到有识之士的严厉批评，引起人们对古音问题的探索和思考。到了明代陈第的《毛诗古音考》，就明确提出“字有更革，音有转移”的正确的历史音变观，汉语的古音学得以走上正途。到了清代，顾炎武、万光泰、江永、戴震、段玉裁、孔广森、江有诰、王念孙等人研究先秦时期的古韵及相关语音材料，考韵审音，不断突破，古韵分部上成果迭出。钱大昕在前人零散研究的基础上，集中归纳出扎实可靠的上古声类研究的结论，把汉语的古音学研究推向更为成熟的高峰。近人章太炎、黄侃是传统音韵学研究的集大成者，对前人的古音研究作了全面的总结和进一步的完善。

汉语音韵学有传统音韵学与现代音韵学之分。传统音韵学的研究，主要用功于音类的归并，以声、韵、调类别的详尽划分来显现汉语各个时段的语音系统。到了现代，音韵学者借鉴西方语言学的理论、工具（音标）和方法来研究汉语语音，使汉语音韵学走上现代科学化的道路。结合传统与现代的研究，从汉语语音发展史着眼，一般分汉语语音史为上古音、中古音、近代音和现代音四个阶段。语音史的划分只是相对的，因为语音的发展变化是个渐进的过程，每一个阶段内部也都有其连续性变化，音变是绝对的，分段则是相对的。

传统音韵学主要有三个分支，即古音学、今音学和等韵学。清人劳乃宣《等韵一得·序》云：“有古韵之学，探源六经，下及屈、宋，以考唐虞三代秦汉之音是也。有今韵之学，以沈、陆为宗，以《广韵》《集韵》为本，证以诸名家之诗与有韵之文，以考六朝唐宋以来之音也。有等韵之学，辨字母之重轻清浊，别韵摄之开合正副，按等寻呼，据音定切，以考人声自然之音是也。古韵、今韵以考据为主，等韵以审音为主，各有专家，不相谋也。”从时代、材料、方法诸方面界定得很到位。其“古韵、今韵”的“韵”包含了语音的各方面，实际上就是“古音、今音”。

古音学，是研究上古（西周—东汉）时期语音系统的音韵学分支，它主要以先秦两汉有韵诗文和汉字的谐声系统为研究对象和材料，通过与中古《切韵》音系的比较来归纳和展示周秦汉古音的韵部系统和声类特点。对古音材料的考证是古音学研究的基本功，古音学的结论对上古汉语的文字、训诂和文献阅读等都具有重要的应用价值。

今音学，是研究中古时期语音系统的音韵学分支，主要研究南北朝至唐宋时期的语音系统。它以《切韵》《唐韵》《广韵》《集韵》《礼部韵略》《平水韵》等，即《切韵》系韵书为主要研究对象，分析、归纳出中古时期的声母、韵母、声调系统，探讨其演变规律。“今音”相对于“古音”而言，是从明清时代沿用至今的说法，段玉裁《广雅疏证·序》说：“古今者，不定之名也。三代为古，则汉为今。汉魏晋为古，则唐宋以下为今。”所以“古音”实际上指上古音，“今音”指中古音。“今音学”原本是指“《广韵》学”，《切韵》久已失传，《广韵》是流传下来最完整的早期《切韵》系韵书。《广韵》基本上完整地保存了《切韵》的音系，成为中古音系的代表韵书，故研究中古音系一般都是从《广韵》入手。《切韵》《唐韵》的多种唐写本残卷在现代被陆续发现后，中古音系研究的材料更为丰富，领域更为扩大。总之，今音学研究的是《切韵》音系。

等韵学，是以宋元以来的等韵图作为对象来研究汉语语音系统的音韵学分支，研究材料包括各时期不同内容的韵图。等韵图主要是运用“等、呼、摄”等概念对字音进行审辨，较为完整而直观地显示语音组合的系统面貌，略相当于古代汉语的音节表。早期韵图主要用来分析韵书中的反切，分等列图展示其声、韵、调配合关系，如《韵镜》《七音略》就是用图表来反映《广韵》语音系统的。后来，明清等韵图经过改造而不断扩大表现范围，被用来分析和描写近代汉语的多种语音系统，包括一些方音的语音系统。清代的古音学家还利用韵图来分析上古音系统。耿振生《明清等韵学通论》一共介绍了一百三十四种等韵音系，其中官话区三十三种，南方方音二十一种，古音二十五种，混合型五十五种。等韵学有精细的审音方法，有成套的术语（包括很多的“门法”术语），有较好的系统观念和音理知识，这些对音韵学各门类的研究都很有作用。从现代语言学理论、方法等方面看，等韵学是传统的汉语语音学，或者说可以看成中国古代的普通语音学和音系学，是音韵学基础中的基础。

汉语的现代音韵学，是在继承传统音韵学的基础上，吸收西方现代语音学的理论和方法逐步建立起来的。西方现代语音学的理论和方法在汉语音韵学的理论建设和科学化进程上起了很大的促进作用。五四以后，西方先进的语音学理论和方法传入我国，现代的汉语音韵学研究者一方面总结和继承传统音韵学的丰厚成果，另一方面运用现代语音学的理论和手段来解释一些前人说不清楚的语音现象，厘清一些纠缠不清的概念，梳理了一些彼此搅混的术语，建立起汉语音韵学完整的科学体系，使之成了一门独立而又系统的学科。

研究各时期汉语的语音系统必然要涉及语音结构和音素变化的分析，只有运用现代语音学的观点和方法，才能使这样的研究具体化、精确化。传统音韵学基本上是在做音类考辨、分析和归类的工作，未能探求具体的音值。清人戴震曾用零声母字为他的古音二十五部标目，有系统描写古音音值的意识；近人章太炎在《二十三部音准》中对所分古音各部列举了数十个汉字，试图描写古音的音值。但是，音值的分析与标示需要有科学而准确的记音符号，方块汉字是难以胜任的。而汉语现代音韵学采用国际音标作为记音的符号系统，这有利于精确记录和细致分析汉语语音要素，帮助我们准确理解各种音韵学概念、术语、类别、标目的确切内容和含义。语音的符号系统就是语音的标尺，我们今天的音韵学有三种不同体系的语音尺子：中古《广韵》音系的韵目（韵的代表字）和字母（声母代表字）好比一把“古尺”，可用来衡量汉语各时段、各方言的语音；现代汉语拼音好比一把“市尺”，通用于现代，也可与古音作比较；国际音标好比一把“公尺”，既能通用于世界，又能通用于古今。有了这样的一些条件和便利，就使得曾经被称为“绝学”的汉语音韵学变得容易把握，也就容易学习和理解了。音韵学虽然有“口耳之学”的传统说法，但有了语音定位的工具和衡量的尺子，就可以借助文本来学习，反复比较，细细揣摩，审辨音理，很多难点也就会迎刃而解了。任何语音的音系最终都反映在音节表上，而汉语的音节都是由声、韵、调构成的，其音系研究的最终结果其实很简单，如上古音系：三十韵部，三十二声类，声调难定；中古《广韵》音系：五十一声类、三十五声母，二〇六韵、一四二韵母，“平、上、去、入”四个声调；近代《中原音韵》音系：二十一声母，十九韵部、四十七韵母，“阴、阳、上、去”四个声调（或说还有入声）；现代汉语拼音：二十二声母（包括零声母），三十九韵母，“阴、阳、上、去”四个声调。尽管各家研究的结果有这样那样的出入，但总体上差别并不大，基本结构也就是如此了，再把它们之间的关系和演变规律理清，主要的音韵学知识也就具备了。

汉语现代音韵学的研究范式，是20世纪初由法国人亨利·马伯乐（Henri Maspero）、瑞典人高本汉（Klas Bernhard Karlgren）等建立起来的，他们带来了西方现代语言学研究的理论、工具和方法，对传统音韵学进行了大幅度的改革，其标志性成果就是高本汉的《中国音韵学研究》（*Etudes sur la Phonologie Chinese*）。与传统音韵学相比较，现代音韵学在观念上重视口语形式的探求，重视语音系统的历时变化及其音变规律的探求，重视汉语语音史学科的建立。材料上，他们突破传统音韵学主用的先秦韵文、谐声字、早期韵书与等韵图的局限，运用诸如甲骨文与金文、汉以后历代诗词韵文、元明清各类型的韵书与韵图、历代方言、古今各类对音译音资料等，范围广阔得多。研究方法上，最为突出的是用国际音标记录所推测出来的古代语音系统的具体音值，称为古音构拟或古音拟测。现代音韵学引进西方的音系学和历史比较法，把众多的方音材料和对音、译音材料用于古音的构拟，取得了突出的成就，真正实现了传统音韵学向现代音韵学的迈进。古音构拟的方法很多，诸如“历史比较法”中汉语与汉藏语系亲属语言的比较，“内部拟测法”中由中古音系的内部结构特征去寻求上古音难题的解决途径，“译音对勘法”中的日译吴音、日译汉音、汉越语、朝汉译音及梵汉对音等，都是传统音韵学未曾用过的，虽然还多处于探索过程之中，但取得的成绩和方法论上的意义是不可忽视的，详情有杨剑桥的《汉语现代音韵学》可资参考。由于古音构拟见仁见智，差别甚人，本书作为通论性教材，不可能一一介绍，只能取广为大家接受和熟悉的一种。我们取的是王力先生的拟音体系，尽量保持前后一贯，有需要改用者，另作说明。

随着汉语现代音韵学的发展，在传统音韵学“古音学、今音学、等韵学”三分的基础上，又增加了“北音学”（或称近代音、近古语音学）一支，研究的是宋末元初至清末的近代音韵，一般认为有官话系统与方言系统之分。方言系统的分支太多，存而不论。官话系统首先以元初产生的《中原音韵》一系的韵书为研究对象，其次是明清两朝各时期具有代表性的一些官话音系的韵书，主要反映近代北方地区实际通行的语音系统及其演化体系。这方面的研究对于了解现代汉语普通话的形成和发展有着非常重要的意义，是汉语音韵学不可缺少的组成部分。

虽然《切韵》音系是一个综合性的音系，不一定能够代表中古的某个实际语音系统，但一般说来，汉语音韵学的学习重点应在今音学。必须把《广韵》的结构及其音系完全弄明白，然后才可能依据它来上考古音，下连近现代音，旁及等韵，因而它是音韵学的基础，是音韵学课程学习的关键所在。罗常培先生曾说过：“代表隋唐音系的《广韵》是现存的一部最古的韵书，治古韵必得拿它作阶梯，治今韵也必得奉它作圭臬。”[①]强调的就是这一点。

汉语音韵学研究在理论和方法上的创获，就语言学科而言，应该是最为突出的，对中国语言学乃至世界语言学都是卓有贡献的。音韵学研究的具体方法有很多，常用的如：韵字系联的“丝联绳引”法、反切系联法、谐声推演法、审音法、历史比较法、内部拟测法、译音对勘法等，本书将在相应的章节中作或详或略的介绍，系统的了解可参考耿振生的《20世纪汉语音韵学方法论》和李无未（主编）的《汉语音韵学通论》下编第六章《汉语音韵学研究方法专题》。需要特别强调的，一是“音义互联”的方法，二是“人文计算”的方法。音义互联，就是不能脱离文本语境一味作“纯语音研究”。传统音韵学在一定程度上是建立在“音随义转”和

① 罗常培《汉语音韵学·序》，见王力《汉语音韵学》，中华书局1956年版，第4页。

"因声求义"基础上的，反切首先是用于注音以释义的，中古韵书导源于音义书，所以韵书除注音外总要释义，上古音的研究成就于诗文韵部系联和谐声字、异文、假借、读若、声训等的考据，都与语义关系密切，因此结构主义式的完全不管语义的纯语音研究很难在传统的音韵材料上得以实现，比如"又音""破读"材料离开语义分析去作纯语音系联与构拟，就很容易张冠李戴而得出错误结论，甚至误入歧途。人文计算，是指运用电脑技术建立语音材料数据库来作统计、比较、分析，从而发现规律并提升理论。音韵学面对的是已然的真实文本和有定材料，客观性和数据性都很强，可以说是人文科学中最利于数据化的学科。人文计算的电脑数据化能帮助我们做很多前人做不到或想不到的事情，比如通过程序设计，可以自动给出音韵地位，可以自动进行材料对比、反切系联、韵段和韵字分析，可以进行各类自动化统计与计算，诸如算术统计、概率统计、数理统计、分布及离合指数计算等。电脑技术最长于海量音切数据的处理和检索，既快捷又准确，其效率是过去手工排卡片、查索引远远不能企及的，所以它是 21 世纪汉语音韵学取得突破性进展的有利条件和重要方法。

至于学习汉语音韵学的作用，那是无须多言的。语言早于文字而产生，文字是语言中词的音义载体，音是义的外在形式，要学习古代汉语，要阅读古代典籍，要识字解义，要理解构词方式，都必须了解和掌握古汉语的音节结构和语音系统。从现代学科范畴上讲，汉语音韵学与现代语法学、词汇学、语义学、文字学、方言学，尤其是与现代语音学诸多分支学科有着远近不同的多种联系，是相互依存、利用与促进的。从传统方面看，音韵学与传统的文字、训诂、音义之学关系尤深，音韵学是文字学、训诂学的基础，因声求义以明文字训诂又是治音韵学的根本目的。黄侃云："音韵之学，最忌空谈音理。必求施之文字、训诂，则音韵不同虚设，而文字、训诂亦非以音韵为之贯串，为之钤键不可。二者有一不明，则不足以论小学，不足以谈古籍。然则音韵之于文字、训诂，犹人身有脉络关节也。"[①] 传统小学的文字、音韵、训诂三门学科的关系是密不可分的，而音是其中的纽带：语源上的同源通用，训释上的因声求义，构词上的变音别义，词形上的双声叠韵，字形上的同音借用，语义上的义转声通，诗文中的平仄押韵等，无不与音韵学知识紧密相关。更为甚者，现代汉语的读音都是从古代汉语读音演变过来的，不知古音，现代汉语普通话及各方言的读音就成了无源之水，其特点和规律也就无从把握了。

① 黄侃《文字音韵训诂笔记》，上海古籍出版社 1983 年版，第 34 页。

第一章　汉语音韵学的基本范畴及其概念

每一门学科都有它的系统性和规范性。传统汉语音韵学经过千百年的发展，形成了自己的理论体系，有一套基本概念及其指称术语。汉语音韵学是研究汉语语音系统的科学。研究语音系统，先要弄清该系统的基本构成成分。本章重点介绍传统音韵学的基本范畴和基本概念，也加入一些相关的现代音韵学概念，为音系的讨论打好基础。个别复杂而难以理解的概念如“等、重纽”之类，将在相关的章节中展开细致的讨论。

第一节　汉字的字音和汉语的音韵结构

我们的方块汉字是表意文字而非拼音文字，字形不直接显示音素，所以从字形上分析不出音素来。一般说来，一个汉字有一个字音，一个汉字的字音往往就是一个音节。汉字的语音分析是以音节为单位的，音节是汉语语音结构的最小应用单位。实际上方块汉字既是一个文字单位，也是一个语音单位，我们能够通过汉字的字音分析来认识汉语音韵的结构特点。

整个汉字的符号体系蕴涵着整个汉字体系的字音系统。研究汉字的字音，要弄清单个汉字在汉语某个历史阶段的实际音读，通过单个字音的聚合来探求某一历史阶段的汉字音读系统，也就是该时期的汉语音韵系统。所以汉语音韵学的首要任务是分析汉字的字音，从而了解汉语音韵结构的特点。反切注音法形成于东汉，它是我们的古人在东汉末年就能够对字音进行结构分析的具体表现，汉语音韵学的形成正是建立在反切的广泛应用基础上的。

传统音韵学分析字音的方法，一般是把单个汉字的字音（即音节）从听感上分成前后两个部分：前一部分叫作“声”，后一部分叫作“韵”。比如，读“布、帮、包”时，我们感到三字开头的部分都一样，都读［p］，［p］就是“声”；读“姑、枯、扑”时，我们感到三字后面的部分都是［u］，［u］就是“韵”。但汉字除了声、韵之外，还有一个非常重要的语音要素贯穿整个字音，那就是声音的高低升降，就是字调，也叫声调，简称“调”。比如现代汉语的“妈、麻、马、骂”，四字的声、韵都一样，只是发音的高低变化不同，所表示的词的意思就变了，这就是“调”。中古汉语的声调是“平、上、去、入”四声，是现代汉语的“阴平、阳平、上声、去声”四声的来源。

“声、韵、调”是构成汉字字音的三大语音要素。中古单个汉字的音节结构如图 1-1 所示：

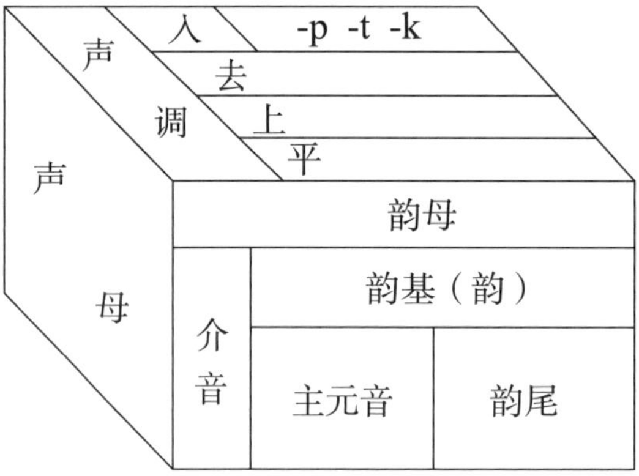

图 1-1　中古单个汉字音节结构图

在古代音韵学者把汉字字音分为“声、韵”两部分和“声、韵、调”三要素之后，近现代音韵学者又作了进一步的分析，如刘复先生吸收西方语音学研究方法，对汉字读音作语音实验，把汉字（一个音节）比喻为一种生物，分成五个部分，叫作“头、颈、腹、尾、神”，也就是现在的“声母、韵头、韵腹、韵尾、声调”五个语音要素。韵头也叫介音，韵腹也叫主要元音，韵尾指的是收音。这五个部分之中，前四个部分是构成音节的音质音位，第五个部分声调指的是汉字字音的高低升降，是非音质音位。示意图中需要说明的有几点：

其一，古人所说的“韵”包括声调、主要元音和韵尾，不包括介音。主要元音、韵尾和声调相同而介音不同的字，属于相同的“韵”；主要元音和韵尾相同而声调不同，则属于不同的“韵”。古人的“韵”是指韵脚字音感相同的“押韵”，是个基于语用的概念。传统音韵学往往把韵腹和韵尾视为同一个单位，今人给它新立一个名称叫“韵基”，以便指称。

其二，现代音韵学常用的“韵母”概念包括介音、主要元音和韵尾，“声母、韵母、声调”是汉语音节的三要素。

其三，中古平上去入四声中的平、上、去三声是指声音的高低升降，而入声则带有［-p，-t，-k］塞音韵尾。也就是说，平、上、去三声是音高上的非音质音位的区别，入声则是音质音位的区别，性质有所不同。

图中所示汉字音节最多有五个部分，但并不是每一个汉字的字音都具备这五个语音成分，有的缺一个、两个或者三个。以现代汉语为例：“一”读［i^{55}］，就只有韵腹和声调；“安”读［an^{55}］，有韵腹、韵尾和声调；“欢”读［$xuan^{55}$］，声母、介音、韵腹、韵尾、声调五个成分俱全。这也是古代汉语的字音的基本结构特点，因为汉语的语音从古到今虽然发生了很大的变化，但其音节结构特点没有发生根本性的变化，古今基本一致。由此可以归纳出汉语音韵结构的三个基本特点：（1）汉字字音的完整结构是声母、介音、韵腹、韵尾、声调五个部分俱全；（2）韵腹和声调是每个字音必须具备的成分；（3）声母、韵头、韵尾可有可无。一个音节至多只能缺少三个成分，音韵学上把没有声母也算作一个单位，称为“零声母”，就是说“零声母”也计作一个声母。刘复《四声实验录》表述音节（S）与声母（头L）、介音（颈M）、主要元音（腹V）、韵尾（尾E）、声调（神T）的关系为：

$$S = \frac{T}{(L)\ (M)\ V\ (E)}$$

现代汉语的语音分析是把汉字的声母、韵母、声调当作三个分立的语音单位来处理的，古代的音韵学家也是从单个汉字字音中离析出“声、韵、调”来，但从韵书的编排上看，古人总是将“调”包含在“韵”中来处理的，在古人看来，如果两个汉字的声母、韵母都相同而“调”不同，就是不同的韵字，因此声调成为韵中不可分割的一个部分。这就是说，传统的音韵学家们认识到了汉语音节的“声母、韵母、声调”三要素，但他们采用的是“韵母、声调”合一于“韵”的分析法，常常是把音节二分为“声、韵”两大部分。

第二节　反切

“反切”是汉语的一种传统注音方法，它是用两个汉字拼注出另一个汉字的读音，被注音的字叫“被切字”，用来注音的前一字叫“反切上字”或“切上字”，后一字叫“反切下字”或“切下字”，这是因为古书的书写是直行格式，前一字在上而后一字在下的缘故。关于反切名称的含义，清人李汝珍《李氏音鉴·反切总论》云：

敢问：反与切，其义何也？对曰：反者，《毛诗·卫风》笺云覆也；切者，

> 《淮南·原道》注摩也。所谓反切者，盖反复切摩而成其音之义也。《古今韵会》云：一音辗转相呼谓之反，一韵之字相摩以成声谓之切，以子呼母，以母呼子也。《礼部韵略》云：音韵辗转相协谓之反，亦作翻；两字相摩以成声，谓之切，其实一也。刘鉴《玉钥匙》云：反切二字本同一理，反即切也，切即反也，皆可通用。斯言是也。……凡反切必以两字者，盖上字为切字之母，下字为切字之韵，苟舍此，无以成其音也。

反切的实例如“都，当孤切”，“都”是被切字，“当”是切上字，“孤”是切下字。在一定的意义上说，可以把反切上、下字当作音素的代用符号来看待。一个反切又称为一条“切语”，反切上、下字又称“切语用字”。

关于反切的原理，清人陈澧在《切韵考》卷一中说：“切语之法以二字为一字之音，上字与所切之字双声，下字与所切之字叠韵。上字定其清浊，下字定其平上去入。上字定清浊而不论平上去入，下字定平上去入而不论清浊。”则反切的基本原理是：上字与被切字双声，下字与被切字叠韵；即上字取声母，下字取韵母和声调，然后拼合出被切字的读音。如“都，当孤切”，则是：当 d ＋孤 ū ＝都 dū。

在反切广泛应用之前，汉字相继采用过“读若”“譬况”“直音”等方法来注音。

读若：“读若”就是用读音相似的字来给被注字注音，古注中又作“读似、读如、音若、音如”等，如《说文解字》“莙，……读若威”，《汉书》服虔注“嬗，音如蝉”等。“读若”法注音，有时用同音字作注，有时只是用音近的字作注，由于音无定规，故“读若”音颇难准确，尤其是声调的准确度往往难定，所注只是仿佛之音，不大可靠。

譬况：“譬况”是描写字音的发音状况，一般认为“譬况”法用于“读若”之后。如高诱注《淮南子》“旄读绸缪之缪，急气言乃得之”，“蛟读人性情交易之交，缓气言乃得耳”。这类对读音的描写都很含混，难以体会，难以达到科学、准确注音的目的。颜之推在《颜氏家训·音辞》中说：“逮郑玄注六经，高诱解《吕览》《淮南》，许慎造《说文》，刘熙制《释名》，始有譬况假借以证音字耳，而古语与今殊别，其间轻重清浊犹未可晓，加以内言外言、急言徐言、读若之类，益使人疑。”批评甚为中肯。

直音：“直音”法始行于汉代，是用一个同音字去给被注字注音，如《史记·东越列传》“封横海校尉福为缭嫈侯”，司马贞索隐引服虔“嫈音荣”；《汉书·高帝记》“单父人吕公善沛令”，颜师古注引孟康“单音善，父音甫”。“直音”法注音准确，避免了“读若”“譬况”注音含混的弊病，但并不是所有的汉语音节都有同音字，无同音字则无法注音，同音字极少的就会出现注音字比被注字更加生僻的情况，如“一，音鼿”之类，达不到注音的效果。陈澧在《切韵考》中指出“直音”法的缺陷：“然或无同音之字，则其法穷；虽有同音之字而隐僻难识，则其法又穷。”

上述注音法各有缺陷，难以适应为汉字准确注音的需要。这就促使人们去探索新的更为合理的注音方法，于是反切注音法应运而生。反切的出现是汉字注音方法上的一大进步。

“反切”又曾称为“反语、反言、反音、反、翻、切”等，早期多用“某某反”，唐陆德明《经典释文》为《周易》等十四部经典注音释义，是集汉魏六朝音注之大成的音义著作，其反切只作“某某反”而不作“某某切”。顾炎武《音学五书·音论·反切之始》言及此事云：“反切之名，自南北朝以上皆谓之反，孙愐《唐韵》谓之切，盖当时讳反字。”唐以前反切多称“反”，也有偶称“切”的，北朝人颜之推的《颜氏家训·音辞》就是“反”“切”兼用的。唐以后多用“切”，也偶有用“反”的，如新近发现的唐写本《唐韵》就一概称“反”。用“反”用“切”的实际意义无多差别。“反”即是“翻”，是把一个字音拆成两个音翻来覆去地拼合；而“切”即是“切分”，也是把一个字音切分为二再拼合，因此“反切”之名本身就体现了汉语音节可以切分的音理。

传统认为反切由魏人孙炎（字叔然）首创，颜之推《颜氏家训·音辞》说“孙叔言创《尔雅音义》，是汉末人独知反语”；陆德明《经典释文·条例》承其说谓“古人音书，止为譬况之说，孙炎始为反语，魏晋以降，蔓衍实繁”；唐张守节在《史记正义·论音例》中亦谓“先儒音字，比方为音。至魏秘书孙炎始作反音以传后学”。孙炎的《尔雅音义》已失传，在《经典释文》中存有数条反语，但并非今传最早的反切。唐释慧琳《一切经音义》景审序云：“古来反音，多以旁纽而为双声，始自服虔。”日僧安然《悉昙藏》引唐武玄之《韵诠·反切例》亦言“服虔始作反音”。近人章太炎在为其弟子吴承仕之书所作的《经籍旧音题辞》中说：“服子慎、应中远训说《汉书》，其反语已箸于篇，明其造端汉末，非叔然创意为之。且王子雍与孙叔然说经相攻如仇雠，然子雍亦用反语，其不始叔然可知也。”[①]吴承仕《经籍旧音序录》云：“寻颜师古注《汉书》，引服虔、应劭反语不下十数事。服、应皆卒于建安中，与郑玄同时，是汉末已行反语，大体与颜氏所述相符。至谓创自叔然，殆非情实。”“至如文颖、张揖、苏林、如淳、孟康、韦昭之俦，反语

① 吴承仕《经籍旧音序录》，中华书局1986年版，第3页。

尤难悉数。”[1] 服虔反切如：《史记·张耳陈馀列传》“孱，鉏闲反”，《汉书·张良传》“鲰，七垢反”等；应劭反切如：《史记·留侯世家》“狙，七预反”，《汉书·地理志》“垫，徒浃反”等。因此可以推知，反切注音法产生的时代应在东汉后期，其时的服虔、应劭已用反切，但仍以直音为主，至魏孙炎则将注音一律改为反切，故后人多言孙炎创反语。

反切注音法的产生是有其历史渊源的。早期汉语中的双音节联绵词体现了双声、叠韵的语音关系，如“参差”是双声，“辗转”是叠韵，并由此大量创造和使用联绵词，说明古人体会到了汉语音节结构的可分析性特点。先秦文献中有所谓“合音字”，如“不聿”为“笔”、“窟窿”为“孔”、“蒺藜”为“茨”、“不可”为“叵”、“邾娄”为“邹”等，顾炎武《音论·反切之始》据此认为“反切之语自汉以上即已有之”。此后又出现了民间反语，如《三国志》载东吴民谣：“于何相求成子阁”，解曰：“成子阁者，反语石子冈也。”按当时的语音，“成阁”相拼为“石”，“阁成”相拼则为“冈”，是把两个字的声母、韵母分别拆开来正着、倒着各拼读一次而得出另外两个字的读音。可见反切注音法的发明是前人对汉语语音长期认识和应用的结果，是群体智慧的结晶。反切注音法实际创制与应用始于东汉末，显然与佛教的传入有密切关系。东汉初佛教就开始传入中国，传播佛经的梵文是古印度的一种拼音文字，中国的沙门、学者与印度来的传教高僧在翻译佛经和交流文化的过程中，借鉴梵文的拼音原理来改进汉字的注音方法，促进了反切注音法的产生和完善。

反切注音法的出现和普遍使用，促进了汉语音韵学研究的开展。有了反切，汉语音节结构的分析才成为可能。有了对反切所注汉字读音的韵、调等字音要素的系统分析，各种韵书才有可能相继问世。而韵书的不断产生，正是汉语音韵学形成的基础。隋代陆法言编成重要的韵书《切韵》，经历代修订，至宋代成为《广韵》。《广韵》集传统反切之大成，是完整而又系统的汉语音韵研究资料，故汉语语音研究总是离不开《广韵》的反切，可见反切的产生和广泛应用在汉语音韵学史上有着非同寻常的意义。

我们的古人对反切原理的认识是有一定模糊性的，有人就简单地认为反切是“连读二字而成声”，如宋人丁度在《礼部韵略》中说：“音韵展转相协谓之反，亦作翻；两字相摩切以成声谓之切。”明人胡应麟在《郑许字义异同评》中说：“合声即反语，谓合二字急呼之以成声。”此类说法实际上没有完全摆脱“字”的限制，

① 吴承仕《经籍旧音序录》，中华书局 1986 年版，第 7—9 页。

没有把反切上、下字中与所注音无关的语音成分剔除出去。拼音文字一个音节里的每个音素都有固定的字母来表示，不多也不少，而反切是用表示音节的汉字来拼读，反切上字必须刨去其韵母和声调，反切下字必须刨去其声母，然后才可以作音标来使用，否则就拼不出被切字的读音来，正如陈澧《切韵考》卷六所说“切语之法，非连读二字以成一音也”，是说反切的拼读不是一个简单相加的拼合过程，而是有所取舍的复杂的语音运作过程。因此，反切注音法也是有它自身的缺陷的：

其一，反切原则只要求反切上字与被切字声母相同，反切下字与被切字韵母和声调相同，而不限定统一的反切用字，这就造成了反切上、下字用字的随意性。同是一个声母，可以用好多字去表示，如同是表示声母［t］，可以用“都”，也可以用“多”，凡是声母读［t］的字理论上都可以用作表示该声母的反切上字，《广韵》就用了“都、丁、多、当、得、德、冬”七个。因此《广韵》全书有反切上字 452 个，反切下字 1232 个，用这样多外形不同的代用符号来标示汉语的数十个音素，其繁杂性和不定性的缺点就显而易见了。

其二，由于反切不是直接采用音素符号来标音，只是用汉字作音素的代用符号，被切字、切上字、切下字都是音节式方块汉字，三个字各有声、韵、调，则一个反切共有九个语音要素在互相牵制着，实际牵涉到的音素还远远不只九个。如果其中一个语音要素有变，这个反切的语音内容就有了变化，这就使反切拼读出来的音值具有可变性。语音总是在变化着的，反切标记的是前人不同时代的各种不同读音，今天来看，一个反切中往往包含着复杂的历时音变内容，不同方言区、不同时代的人拼读同一个切语，得出的实际读音往往不一致。特别是古今音变使许多前人所造的合理反切到后来就变得不协调了，给后人的拼读带来很大的困难。如“扁，方典切”，切上字“方”与被切字“扁”的声母由于音变而不相合了；“支，章移切”，切下字“移”与被切字“支”的韵母由于音变而不相合了；“东，德红切”，切下字“红”与被切字“东”的声调由于音变而不相合了；等等。一般说来，距离反切产生的年代越久，这种音变就越复杂，也就越难拼出演变以后通用的读音来。《广韵》约有 3900 条切语，从今天普通话读音的角度来看，不吻合的反切占 70% 以上。由于历时音变的缘故，当初很容易被人掌握的反切注音法，后世变得越来越难学难通了。

其三，有少数切语用字笔画太繁而难写难认，如上字“蒉、朗、奄”，下字“贇、篗、鎋、麷、嬴”等，达不到注音法所需要的简洁、明了、实用的标准。还有个别被切字实在找不到与它韵母和声调相同的切下字，便只好借用近音字作它的切下字，如“刈，鱼肺切”，“肺”是合口而“刈”是开口，是借合口切下字来切开口字，也是不精确的。

在缺乏科学语音理论和标音工具的古代，反切注音法的出现和广泛使用无疑是一种进步。同时，由于它自身的局限性，存在上述弱点也是必然的。正因为有这些弱点，后来就不断有人对反切进行改良。如唐代韵书《韵英》出现于《切韵》后约一百五十年，书已散佚，从慧琳《一切经音义》所引《韵英》反切来看，同一声母根据韵母情况的不同而采用不同的反切上字，一、二、三、四等各采用一、二、三、四等的反切上字，开合口分别采用各自的反切上字，这样就更容易拼切和谐，念起来顺口。[①] 这实际上已经有了反切改良的意识。

《广韵》改《切韵》的反切不多，但《广韵》成书后不过三十年，丁度等人编纂的《集韵》就有意识地较多地改良《广韵》的反切。《集韵》的作者显然意识到用汉字给汉字注音的缺陷，因而努力寻找更接近于声母和韵母能直接拼读的方法。《集韵》的改良主要在更换反切上字方面，力求使切上字与被切字同开合、同声调，以便与下字更流利地拼合。如《集韵》改《广韵》的“鸡，古奚切”为“坚奚切”，改切上字并没有变声母，当时“古”和“坚”的声母都是［k］，但“古”是合口，而“坚”是开口，且有个介音［i］，与含有介音［i］的切下字“奚”的韵母更相合，拼读起来就更为顺口。

此后，明末吕坤著《交泰韵》，清初潘耒著《类音》，都注重反切的改良，改良的步子比《集韵》更大：（1）尽量使反切上、下字与被切字的开合都相同；（2）切下字尽量用零声母字，以便消除切下字中与拼音无关的音素，更直接地与切上字声母相拼。如《类音》把《广韵》的“先，苏前切”改为“薛烟切”，“薛、烟”与“先”的韵母都有介音［i］，“烟”为零声母，这就形成了新的反切格局，更接近于声、韵的直接拼合。这样的反切改良照顾到语音的历时演变，所更换的反切用字既不影响以《广韵》为代表的中古音系的音读，又适应音变之后的“时音”读法。宋元以后，平声分化为阴平、阳平二调，吕坤提出反切下字与被切字在声调上要阴、阳一致的改良主张，改“先，苏前切”为“薛烟切”，就有“烟、先”都是阴平而“前”为阳平的因素在内。此外，吕坤、潘耒等人在反切用字的整齐和统一上也做了一些努力，使切语用字比传统反切更具系统性。但因为尽量用零声母字作切下字，就不可避免地要多用生僻字。

清初李光地、王兰生编纂《音韵阐微》，受满文十二字头的启发，在吕、潘二人改良反切的基础上对传统反切作了进一步的系统性改进。《音韵阐微・凡例》第一条：

---

① 张世禄、杨剑桥《音韵学入门》，复旦大学出版社 1987 年版，第 76 页。

“今于上一字择其能生本音者，下一字择其能生本韵者，缓读之为二字，急读之即成一音。此法启自‘国书’十二字头。括音韵之源流，握翻切之窍妙，简明易晓，前古所未有也。”其反切改良，先根据时音来制切语，以适应语音的历时变化。在切语用字的选择上，“上一字择其能生本音者”，指切上字与被切字开合等第相同且尽量不带阳声韵、入声韵的辅音韵尾；“下一字择其能生本韵者”，指尽量用零声母字作切下字，这样就使上、下字中的非拼音冗余音素和阻碍因素大大减少，利于拼切。如改《广韵》“坡，滂禾切”为“铺倭切”，被切字“坡”是合口，《广韵》上字“滂”是开口且有阳声韵尾［-ŋ］，改为“铺”是合口与被切字相合且无辅音韵尾；《广韵》下字“禾”带有声母［x］，改为“倭”则为零声母，拼切就非常顺畅了。尽量选用零声母下字，但不勉强使用生僻字，在没有或只有生僻的零声母字时，就改用擦音的同韵母字作反切下字。如“坛，驼寒切”，“寒”虽非零声母，但由于其声母是擦音，给二字拼读带来的阻隔相对要小得多。有时找不到合适的切下字，为使用者的便利起见，宁可借用邻韵字也不愿用生僻字。《音韵阐微》还注意精简反切用字，能用同一字的就不用不同的字，使反切用字的总量大为减少，利于记忆、拼读和音类的归纳。经过上述一系列的改良，使更多的反切真可以二字连读为一音，也就使切语用字由音素代用符号向纯音素符号的方向推进了一步。《音韵阐微》的改进是很有成绩的，以至于旧版《辞源》（1915）、《辞海》（1936）的注音基本上还是采用它的反切。

但是，不管怎样改良，反切总有其局限性，用音节型方块汉字作注音符号，只能是音素的代用符号而终非纯粹的音素符号。所以，采用纯音素符号型拼音方案来为汉字注音，是克服反切注音法自身局限性的必由之路，现代汉语拼音方案的产生是势所必然的。

第三节　有关声母的概念

传统音韵学上，声母简称“声”，或称“纽、声纽、音纽”，又或称“体语、体文、字母”等。“纽”较早用表声母，梁顾野王《玉篇》卷末所附《四声五音九弄反纽图·序》已提及“纽”的概念：“夫欲反字，先须纽弄为初。一弄不调，则宫商靡次。昔有梁朝沈约创立纽字之图。”五代写本《切韵、唐韵序》亦有“纽以双声叠韵”之语。纽就是枢纽的意思，古人认为声母居字音之首，是一个字音里的枢纽部分，所以称“纽”。

一 字母

声母又称“字母”，古代汉语没有音标，古人往往用一个汉字代表一个声母，称为字母。《康熙字典》前附《字母切韵要法》解释道：“此云字母，乃一切文字之母。”取义于唐释窥基，窥基《瑜伽师地论略》云：“字母者，谓三十三字、十四音，……生出一切。此等能生一切字故，一切诸义皆能摄故，故名为母。”汉语的字母统摄声母相同的一类字，如以［p］开头的字有“帮、博、北、布、补、边”等，在没有音标的情况下，就选“帮”作为这些字所读声母的代表字，也就是这一类字之“母”，称为“帮母”。

古人只是用反切上字来称谓声母，或称“双声”。所谓双声，是说两个字的声母相同，如“端”与“都”双声，“帮”与“博”双声等。至今所知最早的字母产生于唐朝末年，唐代僧人从梵文中翻译引进“字母”的概念，如《广大庄严经·示书品》：“尔时有十千童子，而与菩萨在师前同学字母。”后用“字母”专指汉语声母的代表字。又受到梵文字母“悉昙”中“体文”（即辅音，略相当于汉语的声母）的启发，参照藏文字母的体系创制表示汉语声母系统的字母。1907年，在敦煌发现唐末僧人守温论音书的残卷《守温韵学残卷》，书中提出的三十字母为：

唇音　不芳並明
舌音　端透定泥是舌头音
　　　知彻澄日是舌上音
牙音　见溪群来疑等字是也
齿音　精清从是齿头音
　　　审穿禅照是正齿音
喉音　心邪晓是喉中音 清
　　　匣喻影亦是喉中音 浊

宋人为适应当时的语音实际，将守温字母补充整理，增加到三十六字母。南宋郑樵《通志·艺文略》、王应麟《玉海》都载有“守温三十六字母图”。而较早称引者则是沈括的《梦溪笔谈》，厘定者已无可考。下面是其三十六字母的名称，原各附有例字：

见溪群疑　端透定泥　知彻澄娘　帮滂並明　非敷奉微　精清从心邪　照穿床审禅　影喻晓匣　来日

沈括记载的三十六字母与《韵镜》序所载大体一致。古人按照“唇、舌、齿、牙、喉、半舌、半齿”的发音部位以及“全清、次清、全浊、次浊”的发音方法，对汉语的声母进行定位。现代音韵学家利用古人对声母的定位材料，参考对音、译音材料和现代汉语方音，运用历史比较法作系统研究，大体上把这些字母所代表的唐宋之间的音值拟测出来。现将三十六字母按照分类加上拟测音，列表如下：

表 1-1　三十六字母拟音表

五音		清浊					
		全清	次清	全浊	次浊	清	浊
唇音	重唇	帮 p	滂 p‘	並 b	明 m		
	轻唇	非 pf	敷 pf‘	奉 bv	微 ɱ		
舌音	舌头	端 t	透 t‘	定 d	泥 n		
	舌上	知 ȶ	彻 ȶ‘	澄 ȡ	娘 ȵ		
齿音	齿头	精 ts	清 ts‘	从 dz		心 s	邪 z
	正齿	照 tɕ	穿 tɕ‘	床 dʑ		审 ɕ	禅 ʑ
牙音		见 k	溪 k‘	群 g	疑 ŋ		
喉音		影 Ø			喻 j	晓 x	匣 ɣ
半舌音					来 l		
半齿音					日 ȵʑ		

三十六字母相较于守温三十字母，舌音中增加了“娘”母，唇音中增加了轻唇音“非敷奉微”四母，齿音中增加了“床”母。调整后的三十六字母大体上反映了唐宋之间的汉语声母系统。其中，“非敷奉”拟为塞擦音较显特别，王力先生说：“重唇变轻唇（帮滂並明分化为非敷奉微），是发音部位的变化，也是发音方法的变化。应该是经过唇齿塞擦的阶段，即经过［pf］，［pf‘］，［bv］，［mv］的阶段，然后变为唇齿擦音［b］，［v］，［ɱ］的。”①

三十六字母完整地归纳并展示了唐末宋初汉语的声母系统，应用价值很大，方法论上的价值尤为突出，在传统音韵学中堪称了不起的贡献。因此，不少传统音韵学家把三十六字母看得很神圣，以至于清人江永在《四声切韵表·凡例》中说：“昔人传三十六母，总括一切有字之音，不可增减，不可移易。凡欲增减移易者，皆妄

① 王力《汉语语音史》，中国社会科学出版社 1985 年版，第 536 页。

作也。”所论不免过于绝对，缺乏历史音变的意识，但看重之心溢于言表。

三十六字母表还可按照发音部位的大类分“系”，有的系下面再分“组”，比如“帮系”就是指“帮滂並明”和“非敷奉微”两组唇音声母，“帮滂並明”是“帮组”，“非敷奉微”是“非组”；而“见系”就只有“见溪群疑”四母，余可类推。此外，与声母有关的概念还有“声类”。声类，指的是反切上字的分类，它和声母的含义是不完全一致的，后文相关章节将展开讨论。

二　五音、七音、九音

传统音韵学有“五音、七音、九音”之名，是从声母发音部位来分类的旧名称。所谓“五音”，就是指“唇、舌、齿、牙、喉”五个发音部位；加上“半舌音”和“半齿音”，就是所谓“七音”；再将唇音分为重唇音、轻唇音，将舌音分为舌头音、舌上音，将齿音分为齿头音、正齿音，将半舌音、半齿音合称为舌齿音或半舌半齿音，就是“九音”。

“五音”之名最早见于《玉篇》卷末所附神珙《五音声论》。神珙是晚唐人，在守温之前，可见“五音”之说早于守温三十字母，则守温用“五音”来分析发音部位是有所本的，不过，他把舌音再分为“舌头音”和“舌上音”，把齿音再分为“齿头音”和“正齿音”，是有贡献的。“七音”一语，最初见于沈括《梦溪笔谈》。宋初的《韵镜》又把唇音分为“重唇音”和“轻唇音”，就形成了“九音”。这样，就有了一套较为完整的术语来表述古声母的发音部位了。

古人缺乏科学的语音学理论，声母发音部位很难得到准确的表述与解释，“五音”“七音”“九音”之说难免有含混不清和不合理的地方，甚至用五行的“金、木、水、火、土”和音乐中的音阶名“宫、商、角、徵、羽”来比附发音部位，如《切韵指掌图》的“辨五音例”就是用“宫、商、角、徵、羽”来对应“喉、齿、牙、舌、唇”的：

> 欲知宫，舌居中（喉音）；　欲知商，开口张（齿头、正齿）；
> 欲知角，舌缩却（牙音）；　欲知徵，舌柱齿（舌头、舌上）；
> 欲知羽，撮口聚（重唇、轻唇）。

虽然古人的“五音”“七音”概念比较模糊，甚至有点神秘，但我们用现代语音学的知识来观察和分析，还是不难把握其实际含义的。

唇音：唇音是双唇或唇齿发出的音，又分为重唇音和轻唇音，重唇音是双唇发出的塞音和鼻音，轻唇音是唇齿发出的塞擦音（擦音）和鼻音。清人江永说：“重唇音两唇相搏”，故言“重”；“轻唇音音穿唇缝”，故言“轻”。

舌音：舌音分为舌头音和舌上音，舌头音就是舌尖中音，是舌尖中部抵住齿龈发出的塞音或鼻音；舌上音就是舌面前音，是舌面前抵住硬腭发出的塞音或鼻音。舌尖在舌的前部，故称“舌头”；舌面在舌的表面上，故称“舌上”。

齿音：齿音分为齿头音和正齿音，齿头音就是舌尖前擦音和塞擦音，是舌尖前抵住门齿发出的塞擦音或擦音；正齿音就是舌面前音，是舌面前抵住硬腭发出的塞擦音或擦音。这两类音都有摩擦成分，气流通过舌齿之间摩擦而出，门齿有较明显的气感，古人体会为：“齿头音音在齿尖，正齿音音在齿上”，故有“齿头、正齿”之名。

牙音：牙音就是舌根音，也叫舌面后音，是舌面后（舌根）与软腭接触发出的音。古人称臼齿为牙，称门齿为齿，发舌面后音时，舌面后上举接触软腭而紧靠大牙，所以古人误认为这是“气触牡牙”，故名为“牙音”。

喉音：喉音有深喉和浅喉的分别。深喉音是“影、喻”两母，影母是清塞音［ʔ］，喻母是次浊半元音［j］，是真正的喉音；浅喉音指的是“晓、匣”两母，晓母是舌根（舌面后）清擦音［x］，匣母是与晓母发音部位相同的浊擦音［ɣ］。喉音与牙音的界限不很清楚，传统音韵学上往往是牙喉音并举的，这是因为喉音不但包括半元音，而且包括舌面后擦音［x］［ɣ］，舌面后擦音的实际发音部位比舌面后塞音要后一些，但又没有后到喉头，古人凭感觉认为它们已经接近喉壁了，故称为喉音。

半舌音：半舌音就是今天所说的舌尖边音［l］，发此音时舌的两边略上翘而舌面微凹，舌尖与上腭松弛接触。因接触松弛，古人感到仿佛只用了舌头的一半，所以称之为半舌音。或说“半”是接近于或基本等于的意思，半舌音略相当于“准舌音”。

半齿音：半齿音指“日”母，是意见分歧较大而难定的一个音。黄侃说日母是“半用舌上、半舌齿间音，亦以鼻之力收之”，即认为半是鼻音半是舌齿间音。王力先生早年采用高本汉的说法，把日母拟音为［ȵʑ］，他在《汉语音韵学》中说：“‘半齿’就是‘鼻音加摩擦音’。古人对于审音不大精确，把‘摩擦音’叫作‘齿音’，这是因为有气从齿缝中流出的感觉，现在因为加入了‘鼻音’，就有了两个共鸣器，所以从口腔里出来的气便比普通摩擦音少了些，于是齿缝中出气的感觉也比较小，古人随着感觉的减少，便命之曰‘半齿’。”[①] 认为半齿音日母半是鼻音半是齿音，故拟为鼻塞擦音。

三　清、浊

传统音韵学“清、浊”的概念，也有指韵方面的，但主要是从声母的发音方法来作分辨的。清浊的区别主要在于声带的颤动与否，发音时声带颤动的就是浊音，发音时声带不颤动的就是清音。《隋书·潘徽传》：“李登《声类》、吕静《韵集》，始判清浊，才分宫羽。”李登是三国魏人，则汉末可能就开始区分语音的清浊了，只不过其具体内容未可确知。唐孙愐《唐韵·序》“切韵者，本乎四声。……引字调声，各自有清浊”，其清浊当与声母相关。而明确地对声母进行清浊分类的，还是南宋张麟之重刊的《韵镜》和无名氏的《四声等子》。其后，历代论声母清浊者甚多。

传统音韵学上，声母“清、浊”的概念也不是单一的，一般说来有广义与狭义之分。《韵镜》以“清”与“次清”相对，以“浊”与“清浊（次浊）”相对，则狭义的“清”是指“全清”，“浊”是指“全浊”。而广义的“清”是包括“全清、次清”的，广义的“浊”是包括“全浊、次浊”的。

音韵学上常见的三十六字母的清浊主要是根据《韵镜》来分析的，而“全清、次清、全浊、次浊”四分，是罗常培先生参酌各家异名，列《全清次清全浊次浊异名表》考定的。[②] 从语音学的角度看：全清，是指发音时声带不颤动又不送气的清声母，如“见、端、帮”等；次清，指发音时声带不颤动但送气的清声母，如“溪、透、彻”等；全浊，指发音时声带颤动而不送气的塞音、塞擦音、擦音，如“群、定、从、邪”等；次浊，指发音时声带颤动的鼻音、边音和半元音，如“泥、娘、喻、来、日”等。“次清”是“第二个清”的意思。《韵镜》有“清浊”，是指不完全的浊，后人仿照“次清”而改称为“次浊”。

四　戛、透、拂、轹、揉

“戛、透、拂、轹、揉”，是从声母发音方法中形成阻碍与气流状况方面所作的分类。这类分析较早的，有明末方以智的《通雅》和《切韵声原》，分声母为“初发声、送气声、忍收声”三类，罗常培先生分析：“初发声”相当于不送气的塞音、

---

① 王力《汉语音韵学》，中华书局 1956 年版，第 54 页。

② 罗常培《汉语音韵学导论》，中华书局 1956 年版，第 44 页。

塞擦音，“送气声”相当于擦音与送气的塞音、塞擦音，“忍收声”相当于鼻音、边音、半元音。清人钱大昕、江永、陈澧等承用方以智之分而称“发声（或出声）、送气、收声”，洪榜扩展为“发声、送气、外收声、内收声”四类，擦音、边音为“外收声”，鼻音、边音为“内收声”。

清末人劳乃宣《等韵一得·外篇》论字母、四声、韵摄、反切，审音精细，如论反切云：“古今反切皆以二字切一字，国书又有三合、四合、五合法，尤为微妙。如‘该’字为‘嘎埃’切，此二合音，然‘埃’字本为‘阿、伊’二音所合，则‘该’字之切当‘嘎阿伊’，即三合音矣。”这明显是清醒地分析音素了。劳氏引用劭作舟之说，并有所发明，从发音方法的角度分声母为“戛、透、拂、轹、揉”五类，罗常培先生在《声母发音方法异名表》中分析为：“戛”，不送气塞音、塞擦音；“透”，送气塞音、塞擦音；“拂”，擦音；“轹”，边音；“揉”，鼻音、半元音。①

第四节　有关韵母的概念

“韵母”是现代语音学的概念，传统音韵学中不直接讲“韵母”，而只讲“韵”。这并不等于古人没有韵母的观念，只是一般都是用“韵”来包含或显示韵母的内容而已。

一　“韵”及其相关概念

有关“韵”的概念主要有“韵母、韵、韵目、韵类、韵部、韵摄”等。它们与韵头、韵腹、韵尾的关系各不相同，可以从这些不同的关系中来看各自的内容和特点。

韵母：韵母与声母、声调一样，是构成汉语音节的独立语音要素，韵母一般由韵头、韵腹、韵尾三个部分组成。

韵：首先受到注意的是诗文韵脚中的同韵字，刘勰《文心雕龙》说“异音相从谓之和，同音相应谓之韵”，是较早论述韵脚协和的。杜甫诗《闻官军收河南河北》：“剑外忽传收蓟北，初闻涕泪满衣裳。却看妻子愁何在，漫卷诗书喜欲狂。白日放歌须纵酒，青春作伴好还乡。即从巴峡穿巫峡，便下襄阳向洛阳。”这首七律首句不入韵，其韵脚字是“裳［-ɑŋ］、狂［-uɑŋ］、乡［-iɑŋ］、阳［-iɑŋ］”，

① 罗常培《汉语音韵学导论》，中华书局 1956 年版，第 50 页。

都读平声，在诗韵（平水韵）中押的是平声阳韵，其特点是韵腹、韵尾和声调都相同。由此可以看出韵和韵母的区别：韵只包括韵腹、韵尾而不管韵头，但是要区别声调，声调不同的字即使韵母相同也要分属于不同的韵；韵母则不区别声调，但要包括韵头，韵头、韵腹和韵尾都相同而声调不同的字也同属于一个韵母。

韵目：韵目是古代韵书中韵的标目，是韵的代表字，也就是韵的名称。韵腹、韵尾、声调都相同的两个字是同韵字，两字的韵相同又叫“叠韵”，把相互叠韵的很多字串联在一起就形成一个韵，把所有的韵串联起来就形成了韵书。古代汉语标音没有音素符号和声调符号，韵书就从各个韵的同韵字中选出一个作为该韵的代表字，这就是“韵目”，比如《广韵》中的“东、董、送、屋”等二百零六字就是《广韵》二〇六韵的标目，代表着《广韵》的二〇六韵。可见韵目所标示的内容实际上就是韵的内容。

韵类：在传统音韵学中，“声类”是反切上字的分类，“韵类”就是反切下字的分类。在韵书中，各韵的同韵字下都列了许多反切下字，反切下字代表被切字的韵母和声调，实际上这些反切下字表示了每一个韵里的不同韵母，如《广韵》东韵下的反切下字就分成“红东公”和“弓戎中融宫终”两类，有韵头上的区别。韵类还要区别声调，所以“韵类”比起“韵母”来区别更细一些，“韵类”是关于韵的最小的概念。《广韵》把同韵字再分成若干个“小韵”，这些小韵都是同音字组，小韵之间的差别有三：或是声母不同，或是韵头不同，或是声母和韵头都不同。韵相同而韵头不同，实际上是区别了韵类，也就是区别了不同的韵母。

韵部：声调不同，主要元音和韵尾相同（即韵基相同）的，是同一个韵部。唐作藩先生在《音韵学教程》中认为：“如果不区别声调也不区别介音，只要韵腹（主要元音）和韵尾相同，这就是韵部。”[①] 所以“韵部”是比“韵母、韵”更大的概念。中古音如《广韵》“东董送屋”四个韵四声相承就为“东部”。研究上古音就要分析《诗经》的古韵分部，王力先生分古韵为三十部，每一个韵部都包含韵腹和韵尾相同的字。也有人称中古的“韵”为“韵部”，说《广韵》有二〇六韵部，这就容易产生名称上的混乱。《广韵》二〇六韵是“韵”不是“韵部”，四声相承组成六十一部才是“韵部”，上古韵三十部才是“韵部”，“韵”需要韵腹、韵尾、声调都相同，“韵部”比“韵”更大，只管韵腹、韵尾相同而不管声调。

韵摄：“摄”是有关韵的最大的概念，最早出现于宋元等韵图中。等韵学家把《广韵》二〇六韵中韵尾相同、韵腹相近的韵归并为一类，称为“韵摄”，把

① 唐作藩《音韵学教程》，北京大学出版社 1987 年版，第 45 页。

二〇六韵归并为“通江止遇蟹臻山效果假宕梗曾流深咸”十六摄，“摄”大约是总摄韵尾之义。从音理上看，同韵摄的各韵主要元音应相近，音节结构有共同之处，尤其是有辅音韵尾时韵尾应相同。

二　有关韵头的“呼”

有关韵母内部语音成分分析的，传统音韵学也有一套概念，它们主要是用来分析或指称韵头、韵腹、韵尾的各种不同状况的。先说两呼和四呼。

“呼”的本义是“发音”或“念”，是个动词。传统音韵学家将它用作指称关于韵头有无的概念，根据韵头的不同，把韵母分为“开口”和“合口”两大类，也就是开、合二呼，一般认为明代以前只有开、合两呼。

凡韵头是［u］或者以［u］作为主要元音的叫作“合口呼”，反之，凡韵头不是［u］或者不以［u］作为主要元音的就叫作“开口呼”。据等韵学家的研究，上古汉语的韵母只有［i］［u］（［w］）两种韵头，而没有［y］韵头，但到了中古音里［i］［u］可以同时作为韵头，组合成为［iu］，［iu］是复合介音，但仍然是合口呼，如［an］是开口，前加介音［i］成［ian］还是开口，前加介音［u］成［uan］是合口，前加复合介音［iu］成［iuan］，仍然是合口。也就是说，只要有［u］(［w］) 就是合口呼，反之就是开口呼。明代以前只有开、合两呼，江永在《音学辨微》中辨开口合口云：“音呼有开口、合口，合口者吻聚，开口者吻不聚也。”是说开、合两呼的不同实际上就是韵母圆唇与不圆唇的区别。

随着语音的不断演变，［iu］或［iw］这样的合口呼型复合介音逐渐演变成撮口呼［y］介音，就使得汉语的韵母有了［i-］［u-］［y-］三类介音，加上没有这三类韵头的就是四类介音，这就是现代的“开、齐、合、撮”四呼了。

明代梅膺祚所撰《字汇》后附有《韵法直图》，该图辨析字音分十呼，其中“开口呼、齐齿呼、合口呼、撮口呼”四呼的名称都有了，但与辨韵尾的“闭口呼”乃至辨声母的“卷舌呼”混在一起，概念还不很清晰。之后，樊腾凤的《五方元音》在其韵图中按韵头四呼的不同来分类排列各韵的韵字，说明四呼的格局在当时的音系中已经完全成熟了。稍后，刘始攽于乾隆五年刊行的《学韵纪要》就明确地分列各韵韵图为“开、齐、合、撮”四栏并标明四呼名称，说明其时四呼已经很常用了。潘耒在《类音》卷二中正面从音理上分析四呼发音的不同部位和唇形：“凡音皆自内而外。初发于喉，平舌舒唇，谓之开口；举舌对齿，声在舌腭之间，谓之齐齿；敛唇而蓄之，声满颐辅之间，谓之合口；蹙唇而成声，谓之撮口。”

齐齿呼和撮口呼因为有高元音［i］［y］作韵头，发出的音尖细，所以又称为

“细音”。开口呼和合口呼一般称为“洪音”。“洪音、细音”将在“等”中仔细讨论。

三 有关韵尾的“阴声韵、阳声韵、入声韵”及“阴阳对转”理论

传统音韵学分析古音韵尾所用的有关概念是“阴声韵、阳声韵、入声韵”。现代汉语普通话韵母的韵尾一般分为三类：（1）开韵尾，即没有韵尾，如［a］［i］［u］［uo］［yɛ］等；（2）元音韵尾，以元音［-i］［-u］为韵尾，如［uai］［ei］［au］［iou］等；（3）鼻音韵尾，以鼻辅音［-n］［-ŋ］为韵尾，如［an］［in］［uŋ］［yŋ］等。这三类韵尾在古音中都有，而且古音的韵尾系统比现代汉语普通话要复杂得多。

根据韵尾的不同，传统音韵学家把古韵分为阴声韵、阳声韵、入声韵三类。

阴声韵：是没有韵尾或以元音收尾的韵，如《广韵》中的“支、脂、之、微、鱼、虞、模、佳、灰、咍”等韵都是，属于“不附声韵”。其中，无尾韵称“直喉韵”，［-i］尾韵称“展辅韵”，［-u］尾韵称“敛唇韵”。

阳声韵：是收鼻音韵尾［-m］［-n］［-ŋ］的韵，如《广韵》中的“东、钟、江、真、文、元、魂、山、侵、覃、盐、咸”等韵都是，属于“附声韵”。其中，收双唇鼻音［-m］尾的称“闭口韵”，收舌尖鼻音［-n］尾的称“抵腭韵”，收舌根鼻音［-ŋ］尾的称“穿鼻韵”。现代汉语普通话没有收［-m］尾的韵了，而《广韵》中的“侵、覃、盐、咸”等韵都是收鼻韵尾的，今广州话“谈”还读［t‘am］，“林”还读［lam］，仍保持《广韵》收鼻韵尾的格局。

入声韵：是收塞音韵尾［-p］［-t］［-k］的韵，《广韵》中的“屋、沃、觉、葉、铎、末、质、术、物”等都是，也属于“不附声韵”。今普通话中已经没有入声韵了，但很多汉语方言，尤其是南方方言中还保留入声韵。

在传统音韵学著作中，阴声韵、阳声韵、入声韵有时简称“阴声、阳声、入声”，再简称为“阴、阳、入”，是基于韵尾的分类。入声韵有塞音韵尾。清人毛先舒在《韵学通指·收音问答》中分阴、阳声韵尾为六类：展辅［-i］、敛唇［-u］、直喉［ʔ］，闭口［-m］、抵腭［-n］、穿鼻［-ŋ］。按韵尾的不同来分类，既是对“韵”的分类，也可以说是对“韵母”的分类。传统的“阴声韵、阳声韵、入声韵”本是对韵的分类，也可以扩展到韵母的分类。因此，如果某个韵属于阳声韵类，它所包含的一个或几个韵母也就都属于阳声韵类的韵母。

在古代汉语的语音体系中，阴声韵、阳声韵、入声韵并不是各自孤立地存在的，而是整齐地相配，相互之间有着严整的对应关系。比如阴声韵中有［ɑ］，阳声韵中就有［ɑn］，入声韵就中有［ɑk］，主要元音都是［ɑ］，［ɑ］—［ɑn］—［ɑk］

对应严整。其实，现代汉语与古代汉语音系一样，都具有这类严整的相配性，如现代汉语 a—ia—an—ang 的相配，也具有类似的系统性。古代阴、阳、入三类韵具体的相配关系是：无尾韵和以［-u］收尾的韵配［-ŋ］配［-k］；以［-i］收尾的韵配［-n］配［-t］；而［-m］配［-p］则没有相应的阴声韵和它们相配。阳、入之间韵尾的［-m］与［-p］、［-n］与［-t］、［-ŋ］与［-k］的相配，是唇音与唇音、舌音与舌音、牙音与牙音的严整相配。今粤方言的广州话仍然还保持很严整的阴、阳、入三声韵相配的语音事实。由此也可以看出语音是富于系统性和延续性的。

从历代音韵学家们的研究中可以看出，阴、阳、入三声韵相配的关系也是发展的，一般认为：上古音中阴声韵和入声韵的关系密切，而中古音中阳声韵和入声韵的关系密切，这在清代很多音韵学著作中的上古韵与中古《广韵》二〇六韵四声相承关系表中反映得很清楚。

最早主张古韵部阴、阳、入三分的是清代古音学家戴震，他的《声类表》就是古韵三分的。首先提出“阴、阳”韵相应而可对转的，是戴震的弟子孔广森，他分上古韵为十八部，阳声九部，阴声九部（入声隶属于阴声），其《诗声类·序》云：“阳声九，阴声九。此九部者，各以阴阳相配，而可以对转。”戴震、严可均等在孔广森的基础上进一步发展，形成了古韵“阴阳对转”的理论。近人章太炎则在其《国故论衡》《文始》中改进和完善这一理论，并应用于汉语词源的推求与词族系统的建立之中。阴、阳、入三类韵分立而相配相转，既显示了汉语语音的系统严整性，又透露出了汉语语音的历时演变信息。

“阴阳对转”有狭义、广义之分。狭义的“阴阳对转”，指没有辅音韵尾的阴声韵和有鼻音韵尾的阳声韵互相转化，如《切韵》中“能”字有“奴来切”和“奴登切”两读，“等”字有“多改切”和“多肯切”两读，可能“能”和“等”在上古读“奴来切”和“多改切”属阴声韵，后来语音转化改读“奴登切”和“多肯切”而变为收鼻音韵尾的阳声韵了。又如“无”与“亡”作否定词是同义的，“无”属阴声的鱼韵字，“亡”属阳声的阳韵字，“鱼—阳”正是无尾韵与［-ŋ］尾韵的阴阳对转。

广义的“阴阳对转”，指韵腹相同的阴声韵与阳声韵、阳声韵与入声韵、入声韵与阴声韵之间的相互转化，实际上是阴、阳、入相互转化，清代孔广森等古音学者认为上古入声韵本就含于阴声韵中，所以入声韵与阳声韵对转也叫“阴阳对转”。汉语的词是音义结合体，往往是词义引申分化的需要推动语音的变化，词的这种历时音义变化有的映现在词形（汉字）上，使后人能够从字形的分化上看出语音的转化，如“等、特”都以“寺”作声符，古音学家经研究认为：秦汉时期“寺”的韵母为［iə］，属阴声韵，“等”的韵母为［əŋ］，属阳声韵，“特”的韵母为［ək］，属入声韵，[iə]—[əŋ]—[ək]，主要元音都是[ə]，只是韵尾不同的转换，是典型的阴、阳、入对转。入声和阳声对转在上古音“侵、谈”两部上表现得很突出，这是因为上古“侵、谈”两部收[-m]韵尾，没有阴声韵相配，只有入声韵与之相配，故“占（谈）—帖（盍）”“厭（谈）—壓（盍）”之类的谐声偏旁就较多地存留了阳声与入声对转的痕迹。阴声与入声对转的很多，如“亥（之）—咳（之）—刻（职）、古（鱼）—固（鱼）—涸（铎）、由（幽）—迪（觉）、爻（宵）—驳（药）”等，都是“阴—入”对转的谐声关系。

阴声韵加上阳声、入声韵尾就转为阳声韵或入声韵，阳声、入声韵脱落阳声、入声韵尾就转成阴声韵；阳声改换韵尾就转成入声韵，入声改换韵尾就转成阳声韵。大量形声字中的谐声偏旁的变换，能使我们看到阴阳对转的痕迹，如“疑—凝、乃—仍、斤—沂、军—挥”等。今天来看，汉语中入声韵转为阴声韵的例子很多，这是因为现代汉语中没有入声韵，原来的入声韵都念成阴声韵了。

“阴阳对转”是有一定条件的，它要求韵母的主要元音相同，还要求所转换的韵尾辅音的发音部位相同，如[-m]对[-p]、[-n]对[-t]、[-ŋ]对[-k]就更便于阳入对转。

此外，还有旁转、旁对转、通转等。所谓“旁转”，是指阴声、阳声、入声韵各类韵母内部的语音转化，是韵尾相同条件下的邻近元音的转化。如隋唐时“东”读[tuŋ]而“冬”读[tuoŋ]，今普通话“冬”转读[tuŋ]而与“东”同音，是阳声韵内主要元音[o]向[u]旁转，[o][u]都是舌面后高元音，部位很靠近，[tuoŋ]往旁边一转就成了[tuŋ]。何九盈先生列举阴阳对转的类型及其语音条件如下：（1）对转：可分阴入对转、阴阳对转、阳入对转三类，条件是主要元音相同；（2）旁转：条件是元音相近，韵尾相同；（3）旁对转：条件是主要元音相近，韵尾不同，这种情况比较少见；（4）通转：条件是元音相同，韵尾发音部位不同。①

阴阳对转理论揭示了上古汉语语音的内在联系和演变规律，对于研究汉语的语音变化，探索汉语语音的演变规律，特别是对音义同源的汉语同源词系统研究很有作用。音转理论也是探讨上古汉语语音系统及其应用的重要工具，后文上古音知识的应用一节还将展开讨论。

---

① 何九盈《上古音》，商务印书馆 2001 年版，第 87 页。

第五节 有关声调的概念

用声调来区别词义，这是汉藏语系的重要特征之一，据调查，汉藏语系诸语言中大部分都有声调。汉语是典型的有声调的语言，声调是构成汉字音节不可缺少的语音要素。

一 声调

“声调”是指音节中语音高低不同的变化，具体是指字音中主要元音高低、升降、曲直、长短的变化。句子的读音升降是语调，英文为tone，也叫句调。声调是“字调”而不是“语调”或“句调”，是用字音的高低升降来区别词或语法功能的，所以可定义为：声调是在音节中能够区别词和语法功能的音高。汉语的声调主要是区别词，汉藏语系有些语言的声调能区别语法功能。汉语的声调又简称“调”，传统音韵学上又称为“声”，如中古的平、上、去、入四个声调就称为“四声”。

今天的语音学者都认为声调是贯穿音节始终的一个独立的语音要素，而传统音韵学者虽然意识到声调是音节之中用来辨义的语音要素，但在韵书编纂和实际应用中并未给声调以独立的地位，而总是将声调包含在韵之中来通论的。现代语音学认定声调的具体表现形式是音高的升降变化，而传统音韵学对声调有不同的认识：如把声调解释为“长言、短言”之别，是把音高与音长混淆起来了；又如古入声是指有塞音韵尾［-p，-t，-k］的音节，是音质上的区别，但因塞音韵尾读来必然短促，感觉上与高低变化相似，因而古人以入声与音高变化的平、上、去三声并列为“四声”，此四声虽不同质，但相承沿用既久，遂成定例，今仍其旧。

二 调类

“调类”就是有声调的语言或方言的声调分类。如古代汉语的声调分平声、上声、去声、入声四个调类，现代汉语的声调分阴平、阳平、上声、去声四个调类，“平、上、去”是按字音的高低升降分类，“阴、阳”是根据声母的清浊来分类的，阴声调原属于清声母字，阳声调原属于浊声母字。

三 调值

“调值”是语言中各种声调的实际读音，也就是声音的高低升降长短的具体值。如现代汉语阴平调的调值是55，上声调的调值是214等。同一种语言或者方言中，调类相同的字调值也相同；几种不同方言的调类可以相同，但其调值未必相同。

现代汉语的调类、调值都是清楚的，可以准确地描写和记录。中古汉语平、上、去、入四个调类的具体调值是什么，古人没有留下确切的解释。古人为什么用“平、上、去、入”来表示四类声调，学者有不同的看法，有的认为仅仅是举例子，有的认为是描述声调的语音特点。唐释处忠在《元和韵谱》中说：“平声哀而安，上声厉而举，去声清而远，入声直而促”，较形象地描述了四声在听感上的发音状态。明释真空在其《玉钥匙歌诀》中说：“平声平道莫低昂，上声高呼猛烈强，去声分明哀远道，入声短促急收藏”，也是从感觉上描写声调状态。明末袁子让《字学元元》说：“大概平声铿锵，上声苍老，去声脆嫩，入声直朴”，“说者谓平声似钟，上声似鼓，去声似磬，入声似柷，其理近似”，更是从乐理感受上来描写声调状态的。这些描写都很模糊，后人很难据此去考定某一个调类的调值。由于中古四声的调值没有精确的文献记载可资研究，因而不可确知，故现代音韵学研究在涉及古声调时往往只论调类而难论其调值，所以唐作藩先生在《音韵学教程》中说：“至于古代四声的调值，老实说，到现在还没有弄明白。”[①] 至于上古汉语有无声调分类，分为几类，至今尚无定论，其调值就更无可论了。

四　平仄

“平仄”是基于诗词格律的需要从音高升降变化的角度对汉语声调的再分类：“平声”，字音平直，不升不降不急促，指中古的平声；“仄声”即“侧声”，字音不平，或升或降或短促，指中古上、去、入三声。

平仄的分类与应用，当导源于六朝人对诗歌韵文的韵律讲求，《宋书·谢灵运传论》云：“一简之内，音韵尽殊；两句之中，轻重悉异”，这个“轻重”就是听者对平仄的不同感受。清江永《音学辨微》描述道：“平声音长，仄声音短；平声音空，仄声音实。平声如击钟鼓，仄声如击土木石。”中古仄声的上、去、入三调音高变化形式或曲折、或升降，与平直的平声形成鲜明的对照与反差。这样，字音声调平仄交错的高低变化，就能够让诗句产生抑扬顿挫的韵律美感。汉语的平声字数多，与仄声三调的总字数略相当，故平声字与仄声字的对等交错使用能形成诗歌的节奏美。

平仄是中古声调的再分类，中古的平声是“平声”，中古的上、去、入三声是“仄声”。所以，今天来区分平仄，就要搞清楚中古四声与现代普通话四声的关系：

① 唐作藩《音韵学教程》，北京大学出版社 1987 年版，第 58 页。

普通话的阴平、阳平字绝大部分是从古平声分化而来，属于“平声”，但今阴平、阳平字中还包含一小部分古入声派过来的字，应属“仄声”，要注意挑出来；普通话的上声、去声字属“仄声”，尽管普通话的去声字中有一部分来自古上声字，古入声字有一大部分派入普通话的上声和去声中去了，但古上声、古去声、古入声都是“仄声”。因此，实际上只要把今天普通话阴平和阳平中的古入声字挑出来归入“仄声”，平仄也就完全区分开了。中古入声字派入普通话四声的大致情况是：约50%归去声，30%归阳平，15%归阴平，6%归上声，归上声的字最少。少数归入今阴平和上声的古入声字可以硬记，归入今阳平和去声的古入声字，可先记住一批经常用作形声字声符的字，然后类推。下面列出郭芹纳据江建名、何毓玲《韵文概论》增改成的入声派入阴、阳二声的字表（表1–2），[①] 各按今声母的次序排列，以便查找与识别：

表1–2　中古入声派入今阴平、阳平二声字表

［入声派入今阴平声］（b）八捌钵拨剥逼憋鳖（p）泼劈撇瞥仆扑拍霹泊（m）摸抹（f）发（d）答搭滴跌督掇裰咄（t）塌踏剔踢帖贴怗秃托脱突（n）捏（l）拉勒（g）搁疙胳割鸽刮聒郭（k）瞌磕哭窟（h）哈喝忽惚唿豁黑（j）激迹击积绩缉屐夹揭结接嘬撅锔掬鞠（q）七柒漆戚沏掐切曲屈缺（x）吸翕歙悉蟋析晰皙淅蜥夕汐昔惜息熄膝瞎歇楔戌薛削（zh）只汁织扎卓倬桌捉涿拙摘粥（ch）吃插出戳拆（sh）失湿虱杀刷说叔淑菽倏（y）一壹揖押鸭噎掖曰约压（w）屋挖

［入声派入今阳平声］（b）拔跋钹魃白舶帛伯泊箔勃渤脖鹁博薄礴搏膊驳别蹩（p）仆璞濮（m）膜没（f）乏伐筏阀垡罚佛弗拂佛绋莽伏茯袱服菔绂幅福辐蝠（d）答瘩沓达鞑妲怛靼得德笛迪狄荻敌嫡镝觌翟涤籴的喋堞碟蝶牒迭叠独读渎犊牍毒夺铎度踱（g）阁格骼革隔膈国帼虢（k）咳壳（h）合盒曷盍阖劾核阂貉涸翮斛縠滑猾活（j）及汲级岌笈亟极殛吉急即脊瘠疾嫉蒺集籍辑楫戢棘夹荚郏颊洁结桔诘颉劫桀杰偈羯竭碣节捷婕睫截局跼菊橘决抉诀玦倔掘崛桷厥蕨獗橛蹶谲觉爵嚼绝矍攫躩（x）习席媳袭檄侠狭匣峡狎辖黠协胁勰颉撷穴学（zh）直值植殖侄职栉扎铡札闸宅折辙摺哲辄谪蜇耆竹竺烛逐躅轴妯酌浊镯啄琢濯擢茁斫（ch）察（sh）十什拾石食蚀实识舌折孰熟秫赎芍杓（z）杂砸凿则择泽责啧帻箦贼足卒族镞昨（s）俗（e）额

① 参见郭芹纳《诗律》，商务印书馆2005年版，第185—186页。

五　舒促

“舒促”，是“舒声”和“促声”的合称，实质上是从韵尾的角度对声调的再分类。“舒声”，指平、上、去三声，其阴声韵和阳声韵所含的主要元音和韵尾读起来感觉要舒缓一些，故称“舒”。“促声”，就是入声，其塞音韵尾［-p］［-t］［-k］在发音时只有成阻、持阻而没有除阻的过程，故塞音韵尾又称“唯闭音尾”，唯闭音的读音不能延长，使整个音节读起来显得很短促，故称“促”。舒促的不同实际上就是阴声韵、阳声韵与入声韵的区别，阴声韵、阳声韵字有平、上、去三声而属于舒声，入声韵字只有入声而属促声。从“舒缓”与“短促”的对应来看，声调的舒促主要是从音长的角度来划分的，但这并不意味着舒声和促声在音高上完全没有区别，因为声调的性质主要由音高决定，促声和舒声一样，也应该有它自身的音高变化形式，只是古代的调值已经无从知道罢了。也就是说，舒声和促声既有音长的不同，也还应有音高的区别。

既然促声和舒声的不同表现为塞音韵尾的有无，说到底还是音节结构上有音质的区别。中古一组四声相承的字如“江、讲、绛、觉”，“江、讲、绛”三个舒声字的音节结构是声母、韵母相同而声调有平、上、去之别，即音节中由音质音位构成的声母、韵母都相同而只有非音质音位的声调音高不同；但促声“觉”字音节结构中韵尾变了，也就是韵母有变，即有了音质音位上的区别。这说明平、上、去三声字与入声字在音节结构上是不能统一的，同声母、韵母的字在中古并不能四声相承，阴声韵、阳声韵字最多只能有平、上、去三个声调，入声韵则只有入声一调。这与现代汉语普通话声调的区别是非常大的，普通话没有入声调也就没有入声韵，同声母、韵母的基本音节一般都可以阴平、阳平、上声、去声兼备，如“妈、麻、马、骂”。所以，要认识古音必须要分清舒促，要分清舒促就要能识别入声。

促声的入声调在现代汉语普通话里已经消失，故普通话声调不用再分舒促。但在许多现代汉语方言，特别是南方的一些方言里，仍然保留着入声的独立调类，故仍须分清声调的舒促。现代汉语方言保留入声的形式有所不同，大致有如下几种：（1）塞音韵尾［-p］［-t］［-k］全部保留，古入声字今仍然都读入声调，广州话就是典型的代表，基本上保留了汉语入声的古老形式；（2）部分保留塞音韵尾，古入声字仍保留促声调，如南昌话把古促声［-p］［-t］［-k］三种塞音韵尾合并为［-t］［-k］两种塞音韵尾；（3）仍保留短促声调，塞音韵尾部分或全部变成了喉塞音［-ʔ］（即声门不送气清塞音），如潮州话入声有［-k］［-p］［-ʔ］三种韵尾，苏州话则把古代［-p］［-t］［-k］三种塞音尾合并成了［-ʔ］；（4）古塞音韵尾都已失去，但古入声字基本上仍自成一个声调，这个声调保留短促读音，如南京话入声调值为短促的 5；（5）没有塞音韵尾，读音也不再短促，但古入声字仍自成一类声调，如长沙话入声调的调值为 24。把这样的五种促声形式联系起来看，就表现出古入声向今无入声演变的一个完整的渐变过程。

六　四声

一般认为“平、上、去、入”四声的发现与命名，始于齐梁时期的周颙（？—485）、沈约（441—513）等人。《南史·周颙传》：“颙始著《四声切韵》，行于世。”《南史·陆厥传》：“永明末，盛为文章，吴兴沈约、陈郡谢朓、琅琊王融，以气类相推毂。汝南周颙善识音韵，约等为文皆用宫商，以平上去入为四声。”“永明”是南朝齐武帝的年号。又《梁书·沈约传》：“约撰《四声谱》，以为在昔词人，累千载而不寤，而独得胸衿，穷其妙旨，自谓入神之作。高祖雅不好焉，尝问周舍曰：‘何谓四声？’舍曰：‘天子圣哲是也。’然帝竟不遵用。”周舍所列“天、子、圣、哲”四个字的声调依次正是平、上、去、入四声。唐人封演《封氏闻见记》卷二：“周颙好为体语，因此切字皆有纽。纽有平上去入之异。永明中，沈约文辞精拔，盛解音律，遂撰《四声谱》。”可见其时音节中确有四个声调存在，这是汉语已然的语言事实，只是认识并总结这个语言事实的“四声说”始于沈约等人而已。沈约所处的时代佛教十分兴盛，佛经梵文的“声明”对辨明汉语四声显然是有启发和影响的。从所引史料看，“四声说”创立之初，并未得到普遍的认可，连风雅好文的梁武帝也“雅不好焉”而“竟不遵用”。直到隋代陆法言编纂《切韵》时，才以四声为编排韵字的顺序。《切韵》成了科举考试写诗作文的用韵规范后，“四声说”才逐渐被公认并得到广泛的应用。

语言是发展的，汉语的声调也是发展的，如中古的平声字只有一类，到了元代周德清的《中原音韵》（14 世纪）则明确分化成“阴平、阳平”两类，分化的条件是声母的清浊，清声母的平声字形成阴平调类，浊声母的平声字形成阳平调类，名称上就显示了古今调类的继承关系。声母的清浊影响声调分化是汉语有规律的音变现象，如在粤方言中，古四声因声母清浊的影响分化成今天“阴平、阳平，阴上、阳上，阴去、阳去，阴入、阳入”八个调类，系统分布很整齐。

同称“四声”，但现代汉语是“阴、阳、上、去”四个调类，古代汉语则是“平、上、去、入”四个调类。当然，古今四调之间有着不可分割的密切联系。现代汉语普通话的阴平、阳平主要是从中古平声分化而来的；中古上声字中的清声母和次浊声母字在普通话中仍属上声，但全浊声母的上声字如“巨、动、下、罪”等则变到今去声里去了；中古入声调类在普通话中已经消失，入声字混到普通话的四声中去了。

中古入声分化演变的过程大约是这样的：在元代的北方方言中，古入声字只分别派入阳平、上声和去声中，即“入派三声”，其演变规律为全浊声母入声字归阳平，次浊声母入声字归去声，清声母入声字归上声；后来，散入上声的古清声母入声字再次分化分派到阴平、阳平和去声之中，这样就形成了“入派四声”的复杂局面。中古四声与现代普通话四声的演变关系可以归纳为：“平分阴阳，浊上变去，入派三（四）声”，其具体变化见表 1–3：

表 1–3　中古至现代四声演化表

古音		今调类			
古调类	声母	阴平	阳平	上声	去声
中古平声	清	开安之天春诗偏低			
	次浊		流牛留难南狼娘名		
	全浊		池从齐唐平时符群		
中古上声	清			准酒讲本董海袄府	
	次浊			女马老武懒语米姥	
	全浊				旱是似在妇蟹淡坐
中古去声	清				对富唱报盖怕爱怪
	次浊				卖用浪怒让问岸亮
	全浊				宙大盗树备事饭暂
中古入声	清	约劈哭七出帖瞎屋	国菊节得竹觉足福	百雪尺铁谷北脚塔	必色益作克式触郁
	次浊				葉日木纳入六月末
	全浊		白杂学食熟合局俗		

上古入声至中古入声是有所发展变化的，两者在后文相关的章节有较详尽的展示。上古入声字可查第三章上古三十韵部中的入声韵部归字表，中古入声字可查第四章诗韵（平水韵）常用字表中的入声韵字表。入声字可以根据其构字的谐声偏旁来类推，表 1–4 列出胡安顺据沈兼士《广韵声系》编制的入声字谐声类推表，以便系统掌握，表中主谐字加 * 者为非入声字：

表 1–4　入声字谐声表

菐：僕撲樸璞

曷：褐蝎揭葛渴竭喝歇

歇：蠍

丰刂：挈齧，有例外

害*：辖（又读阴声）割豁瞎

絜：潔

契（阴入两读）：锲喫楔

夬*：抉决缺，例外：快駃

谷：欲浴俗，例外：容裕

匊：菊鞠掬鞫

角：桷斛

吉：洁秸颉结桔诘壹黠

颉：缬撷襭

舌：敌活括适聒刮，例外：话

活：阔

欮：厥阙

厥：蹶撅

越：樾

骨：滑猾

各：阁格胳恪客貉略络烙洛珞酪骆雒，例外：咎路

客：喀额

鬲：隔膈翮

亟：殛極

合：鸽蛤给盒洽恰拾翕，例外：弇龛

荅：褡塔

夹：郏颊铗荚浃挟侠狭峡筴

匧：愜篋

甲：胛钾闸鸭押匣

乞：讫吃圪疙屹迄纥矻龁籺

局：侷跼

桀：傑榤

谷：郤卻绤

却：脚

及：笈极急汲芨岌吸

樂：轢鑠櫟藥

月：刖钥

兀：杌虺屼

列：烈冽裂洌（洌又读阴声），例外：例

虐：瘧谑

咢：愕鄂萼鳄锷

朔：塑愬

㬎：濕隰，例外：顯

殳：没殁

昜：榻遢

盍：阖溘馌蓋磕（蓋磕又读阴声）

沓：踏湝

竹：竺築笃

豖：啄诼琢，例外：冢

疌：捷睫婕踕

辥：孽蘖

徹：撤辙澈

术：秫術述沭怵

聂：蹑摄慑

睪：鐸澤釋繹擇斁，例外：斁

癹：發撥潑

八：扒（又读阴声）匹穴

佾：佾屑肸

百：陌貊佰

犮：跋魃拔祓（祓又读阴声）胈髮，例外：軷

白：帛舶泊伯迫柏粕拍怕（怕又读阴声）珀帕碧

末：秣抹沫袜昧

蔑：懱篾襪

毕：筚跸

辟：壁僻癖擗擘璧霹劈闢，例外：臂避嬖

畐：福副辐（此三字又读阴声）匐幅蝠逼，例外：富

勿：物忽笏，例外：吻刎

畟：稷谡

足（阴入两读）：促捉浞龊

卲：唧節鲫

節：櫛

服：箙鵩，有例外

脊：瘠蹐

则：贼侧测恻，例外：厕

桼：漆膝

咠：楫缉葺辑揖

妾：接霎踥

责：箦帻债積（债積又读阴声）赜，例外：渍

商：嫡镝滴摘敵適，例外：樀
息：熄郎
習：褶熠摺
昔：腊惜借鹊猎错厝（错厝又读阴声）散碏，例外：蜡措醋
耤：籍藉（藉又读阴声）
勺：的灼酌妁杓芍约（杓芍约又读阴声），例外：钓豹尥
出（阴入两读）：屈咄茁拙朏，有例外
屈：窟掘，有例外
臿：插歃，有例外
枼：葉牒喋谍媟
叔：菽督寂淑，例外：椒
朿：速勑，有例外
蜀：屬镯獨濁燭觸，例外：嘱
石：硕拓磔斫跖祏，例外：妬柘
屋：渥握幄喔
一：弌聿
聿：筆律
寽：捋虢，例外：酹
乙：厄札扎失曰扂，有例外
失：迭跌轶秩帙佚泆，例外：魅
曰：汩汩
耴：辄
邑：悒挹浥
易（阴入两读）：蜴埸剔惕踢锡赐（赐又读阴声）
亦：弈奕狄迹跡，例外：夜
狄：荻逖
弋：忒必式，例外：试弑
宓：密蜜，有例外
血：洫恤，有例外
或：惑蜮國馘域彧
国：帼蝈
鹿：漉辘麓
录：禄渌碌绿剥
坴：陸睦
賣：黷讀櫝犢瀆贖續
栗：慄溧溧
剌：辣瘌，例外：赖
厤：曆歷
力：仂勒肋
立：粒笠拉泣飒翊翌
巤：獵臘蠟
匿：慝
辱：蓐褥缛搙，有例外
日：馹涅
弱：溺搦，例外：嫋

七 声调的标示符号与方法

汉语声调的调值表现为音高的升降变化不同，声调的音高不是单一的、跳跃的，而是复合的、滑动的，如普通话上声的调值记为 214，念这个 214 调时，是先从 2 开始，滑落到 1，再向上滑升过 2、3，到达高位的 4 结束。这与音乐的音高变化相似，所以赵元任先生经过语音实验，证明汉语的声调可以用音乐上的五线谱来标记，1930 年创制了五度标调法，把一个音节的平均相对音高分成“5、4、3、2、1”五度，又依次称为“高、半高、中、半低、低”五度。经过仪器实验测定，现代汉语普通话四声的调值为：阴平 55、阳平 35、上声 214、去声 51。图 1-2 是五度音高示意图，图 1-3 是普通话四声音高升降的调形符号示意图：

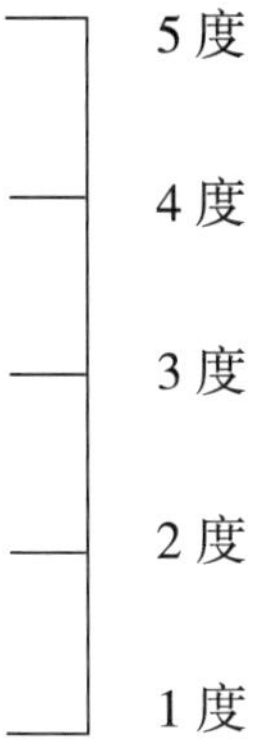

图 1–2　五度音高示意图

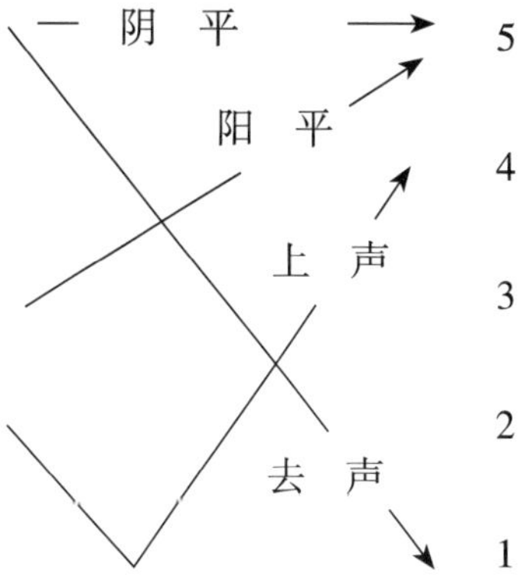

图 1–3　普通话四声音高升降示意图

汉语声调的标示方法主要有：

1. 调值的数字标调法

现代汉语普通话四声的调值为：阴平，由 5 平滑到 5，记为 55；阳平，由 3 滑升到 5，记为 35；上声，由 2 滑落到 1 再滑升到 4，记为 214；去声，由 5 下滑到 1，记为 51。如“妈、麻、马、骂”，四声就记为 mɑ^{55}、mɑ^{35}、mɑ^{214}、mɑ^{51}。

2. 调值的调形标调法

完全式调形标调法是把图 1–3 的调形符号直接附在声韵标音符号后面，如“妈、麻、马、骂”就记为 mɑ˥、mɑ˧˥、mɑ˨˩˦、mɑ˥˩。而常用的则是简化式调形标调法，即去掉调形符号中的五度音高竖线，只把调值曲线直接标在韵母中的主要元音上面，如“妈、麻、马、骂”就记为 mā、má、mǎ、mà。

但古汉语的声调只知调类而不明调值，因而音韵学上有专门的调类标示法。

3. 调类的数字标调法

把声调按顺序编号，再把调类顺序号标在音标符号的右上角，如现代汉语普通话四声以阴平、阳平、上声、去声为 1、2、3、4 的顺序，“妈、麻、马、骂”就记为 mɑ^{1}、mɑ^{2}、mɑ^{3}、mɑ^{4}。

4. 调类的半圆四角标调法

这是为了便于在书面上表示古汉语和现代汉语方言的调类而设计的一种标调法，或称“四角标圈法”，是在音节符号的四角分别用缺口向着音标的半圆圈来表示平、上、去、入四声，这种标调法还能表示声调的阴阳分化：阴调仍分别用标四声的方法来表示，阳调则在半圆圈的下方加一短横以示区别，如：

如果没有阴阳分化的区别，左图的左下角、左上角、右上角、右下角依次表示平、上、去、入四声。如果有阴阳分化的区别，左图的左下角、左上角、右上角、右下角依次表示阴平、阴上、阴去、阴入；右图的左下角、左上角、右上角、右下角依次表示阳平、阳上、阳去、阳入。如梅县话的“蕉、盘、病、白”四字分别为阴平、阳平、阴去、阳入，就标为：

蕉 ꜀tsiau　盘 ꜁p'an　病 p'iaŋ꜄　白 p'ak꜇

遇到方言的入声有三类、四类的特殊情况，就须作特殊的处理，在半圆圈缺口的方向上再分左右以区别，如广西博白方言的四个入声可以标成：

上阴入 □꜆　下阴入 □꜀　上阳入 □꜇　下阳入 □꜁

普通话的四个调类也可用半圆四角标调法来标示，只不过普通话没有入声，右下角不标调类号就是了。

八　汉语方言的声调类型

汉语有非常复杂的方言，拿古汉语四声与现代汉语诸方言的声调作比较，分合演化的情况十分复杂。仅就调类数目来看，差别就很大，如银川话只有平声、上声、去声三个调类，而广西博白话有阴平、阳平、阴上、阳上、阴去、阳去、上阴入、下阴入、上阳入、下阳入十个调类。现参考《中国大百科全书·语言文字卷》“汉语方言”条目，作一定的简化和调整，将中古四声与部分汉语方言调类的对应关系列表展示，见 39 页表 1-5。

综合看来，古今调类分合的条件多数是声母的清浊区别，少数是送气与不送气的区别。纷繁复杂的调类分合之中仍有规律可循。一般来说，现代汉语方言的声调分类多是从中古四声发展演变而来的，各方言中同一调类的字都可以从中古汉语四声中找到对应的调类来源。古代某个调类的字分化到今各个方言中，其调值往往各不相同。在调类称谓上，只要来源于某古调类的字没有混入今方言的其他调类中去，或者大部分没有混入其他调类中去，就沿用古调类名来称该方言的该调类，也

表 1-5　中古四声与部分汉语方言调类的对应关系表

<table>
<tr><th rowspan="4">今方言</th><th colspan="11">古调类</th><th rowspan="4">调类数</th></tr>
<tr><th colspan="2">平声</th><th colspan="3">上声</th><th colspan="2">去声</th><th colspan="4">入声</th></tr>
<tr><th>清</th><th>浊</th><th>清</th><th>次浊</th><th>全浊</th><th>清</th><th>浊</th><th>全清</th><th>次清</th><th>次浊</th><th>全浊</th></tr>
<tr><th>诗</th><th>时</th><th>使</th><th>尔</th><th>是</th><th>试</th><th>事</th><th>识</th><th>室</th><th>日</th><th>实</th></tr>
<tr><td>普通话</td><td>阴平</td><td>阳平</td><td colspan="2">上声</td><td colspan="3">去声</td><td>阴平</td><td>阳平</td><td>去声</td><td>阳平</td><td>4</td></tr>
<tr><td>银川话</td><td>平声</td><td colspan="3">上声</td><td colspan="7">去声</td><td>3</td></tr>
<tr><td>西安话</td><td>阴平</td><td>阳平</td><td colspan="2">上声</td><td colspan="3">去声</td><td colspan="3">阴平</td><td>阳平</td><td>4</td></tr>
<tr><td>汉口话</td><td>阴平</td><td>阳平</td><td colspan="2">上声</td><td colspan="3">去声</td><td colspan="4">阳平</td><td>4</td></tr>
<tr><td>济南话</td><td>阴平</td><td>阳平</td><td colspan="2">上声</td><td colspan="3">去声</td><td colspan="2">阴平</td><td>去声</td><td>阳平</td><td>4</td></tr>
<tr><td>大同话</td><td>阴平</td><td>阳平</td><td colspan="2">上声</td><td colspan="3">去声</td><td colspan="4">入声</td><td>5</td></tr>
<tr><td>南京话</td><td>阴平</td><td>阳平</td><td colspan="2">上声</td><td colspan="3">去声</td><td colspan="4">入声</td><td>5</td></tr>
<tr><td>长沙话</td><td>阴平</td><td>阳平</td><td colspan="2">上声</td><td>阳去</td><td>阴去</td><td>阳去</td><td colspan="4">入声</td><td>6</td></tr>
<tr><td>梅县话</td><td>阴平</td><td>阳平</td><td colspan="2">上声</td><td colspan="3">去声</td><td colspan="2">阴入</td><td colspan="2">阳入</td><td>6</td></tr>
<tr><td>厦门话</td><td>阴平</td><td>阳平</td><td colspan="2">上声</td><td>阳去</td><td>阴去</td><td>阳去</td><td colspan="2">阴入</td><td colspan="2">阳入</td><td>7</td></tr>
<tr><td>苏州话</td><td>阴平</td><td>阳平</td><td>上声</td><td colspan="2">阳去</td><td>阴去</td><td>阳去</td><td colspan="2">阴入</td><td colspan="2">阳入</td><td>7</td></tr>
<tr><td>温州话</td><td>阴平</td><td>阳平</td><td>阴上</td><td colspan="2">阳上</td><td>阴去</td><td>阳去</td><td colspan="2">阴入</td><td colspan="2">阳入</td><td>8</td></tr>
<tr><td>广州话</td><td>阴平</td><td>阳平</td><td>阴上</td><td colspan="2">阳上</td><td>阴去</td><td>阳去</td><td>上阴入</td><td>下阴入</td><td colspan="2">阳入</td><td>9</td></tr>
<tr><td>博白话</td><td>阴平</td><td>阳平</td><td>阴上</td><td colspan="2">阳上</td><td>阴去</td><td>阳去</td><td>上阴入</td><td>下阴入</td><td>上阳入</td><td>下阳入</td><td>10</td></tr>
</table>

就是为现代方言调类命名时不必考虑调值，因为各方言调类的名称可以相同而其调值不一定相同。如阴平调的调值：北京话是 55，武汉话也是 55，而济南话是 213，天津话是 11，西安话是 21。相反，方言的调值相同并不意味着调类也必然相同，如 21 调值西安话是阴平，广州话是阳平，长沙话是阳去，济南话是去声。调类相同而调值不同是现代汉语方言之间声调比较的普遍现象，如表中汉口话和济南话都是四个调类，但调值都不同——汉口话：阴平 55，阳平 313，上声 31，去声 35；济南话：阴平 213，阳平 42，上声 55，去声 21。所以，现代汉语方言调类的划分和命名主要是依据各方言与古四声的对应关系来确定，而不考虑其实际的调值。个别的例外现象也是有的，但并不影响古今调类演变的总体规律。

第二章　《广韵》与中古音系

中古音系，是指汉语中古时期的语音系统，也就是南北朝到唐宋时代的语音系统，属于今音学的研究范围。《切韵》是中古音系最早的代表韵书，但《切韵》成书后不断被修订，形成《切韵》系韵书，《切韵》原本后来也就亡佚了。所以，传统音韵学上所说的《切韵》，常常指的是《广韵》。实际上，《广韵》才是今存最完整的《切韵》系韵书的代表，也就是说，《广韵》音系可以作为中古音系的代表，研究中古音系是以《广韵》为主要对象的。《广韵》代表的是中古“《切韵》音系”，或称“《切韵》—《广韵》音系”，或称“《广韵》音系”，实际上所指的内容是一样的。

有学者认为，《切韵》音系是综合音系，不是单一音系，不能作为中古语音的实际代表，必须寻找另外的某个单一音系来作中古语音的代表，并尝试以反映原本《玉篇》反切系统的《篆隶万象明义》音系来作代表。[①] 尽管这样的设想不无建设性意义，而且确实有一些现代音韵学者作过中古单一音系的研究，如马伯乐《唐代长安方言考》（中华书局，2005）、周祖谟《万象名义中之原本玉篇音系》（《问学集》，中华书局，1966）、张世禄《朱翱反切考》（《说文月刊》1944 年第 4 卷）、邵荣芬《〈晋书音义〉反切的语音系统》（《语言研究》创刊号，1981）等。但是，学科的研究是有历时传承性的，其相关知识是层层累积、环环相扣的。传统音韵学以今音学为贯通古今的枢纽，而今音学又完全建立在《广韵》音系研究的基础之上，选哪一个音系作为中古音的代表是音韵学史上的理论问题，作为音韵学的教学体系，舍弃处于传统音韵学枢纽地位的《广韵》音系的深入学习与研究，将不得其门而入。即便是现代汉语普通话，也不是一时一地的单一音系，其语音系统也有一定的综合性，但讲授或学习现代汉语语音，必须从普通话音系入手，很难从某个单一的方言音系入手。

① 参见周祖庠《新著音韵学》，上海辞书出版社 2003 年版，第 53 页。

第一节　《切韵》的产生、发展及其性质

中古韵书的大量产生，是有多方面的原因和条件的。汉代注重读经、解经，经学的盛行使“小学”得到极大的发展，产生了《尔雅》《说文解字》《方言》《释名》等以释义为主的小学著作。而汉字的形、音、义是密不可分的，上古汉语的语音在汉代以后发生了较大的变化，很多古音后人都读不清楚了，需要有语音研究方面的专书来指导读经和注经解经。另一方面，佛经自汉代起就逐渐在我国传播，受佛典梵文的启发，汉语的反切注音法得以完善并广泛运用到注经和读经中去，大量的反切素材为韵书的编纂提供了丰富的语音材料。

汉语发展到六朝时期，语音发生了很大的变化，打破了先秦“雅言”的相对规范性和统一性。这时政权、地域分成南北，北方士族多南移，南北文士各操其方言，形成了语音上的南北之争。为了使自己的方言成为通用语而抬高自身的地位，文士们争相撰写音书以扩大影响。汉魏以降，佛经的翻译工作日见繁盛，反切的大行导致分析、解释、标注音读的著作日见增多，如梁释慧皎《高僧传·慧叡传》载：“陈郡谢灵运笃好佛理，殊俗之音，多所达解。乃咨叡以经中诸字，并众音异旨，于是著《十四音训叙》，条例梵汉，昭然可了，使文字有据焉。”故颜之推在《颜氏家训·音辞》中形容其时“音韵锋出”的局面云：“孙叔言创《尔雅音义》，是汉末人独知反语。至于魏世，此事大行，高贵乡公不解反语，以为怪异。自兹厥后，音韵锋出，各有土风，递相非笑，指马之谕，未知孰是。”

韵书导源于音义书，韵书的主要任务是标明汉字的音韵地位，建立规范性的读音系统；而音义书的主要任务则是解决前代文献语言的读音所涉及的语义问题。随着时代的发展，汉字数量的增长总是赶不上汉语词义表达的需求，音义与字形不断冲突、磨合，到六朝前后，矛盾已达到高峰。当时还是单音词为主的时代，一字形兼表多音多义，负担越来越重，不定音则不能定义，因音辨义是其时缓解音义与字形矛盾的最有效手段，故需要用注音辨音的方式来确定语境中的词义，音义书的产生与兴盛势所必然。唐颜师古在其《汉书叙例》中说：“字或难识，兼有借音，义指所由，不可暂阙。若更求别卷，终恐废于披览。今则各于其下，随即翻音。至如常用可知，不涉疑昧者，众所共晓，无烦翰墨。”他看到了标注“音义”的方式在解决字形与其所负载的多音多义之间的矛盾问题上是十分便利的，也是非常必要的，这就是音义书一度极为风行的内在原因。

音义书随文注音以明义，采用反切、直音等注音法为经史文献作系统的音注，保留了历代各类语音资料。就《隋书·经籍志》等书目所载和《经典释文·序录》

所列征引书目来看，汉魏六朝的“音义”（包括“音”等）著作十分丰富，主要有：孔安国《尚书音》，郑玄《尚书音》《毛诗音》《三礼音》，服虔《春秋左氏音》，孟康《汉书音》，王肃《易音》《毛诗音》《三礼音》，高贵乡公曹髦《春秋左氏音》，孙炎《尔雅音》，嵇康《春秋左氏音》，司马彪《庄子音》，郭象《庄子音》，郭璞《尔雅音》《山海经音》，李轨《易音》《尚书音》《毛诗音》《三礼音》《春秋左氏音》《春秋公羊音》《庄子音》《二京赋音》，范宣《仪礼音》《礼记音》，刘昌宗《三礼音》，徐邈《易音》《尚书音》《毛诗音》《周礼音》《礼记音》《春秋左氏音》《论语音》《庄子音》，蔡氏《毛诗音》，孔氏《毛诗音》，阮侃《毛诗音》，江惇《毛诗音》，干宝《毛诗音》，徐爰《毛诗音》《礼记音》，射慈《礼记音》，谢桢《礼记音》，孙毓《礼记音》，缪炳《礼记音》，曹耽《礼记音》，尹毅《礼记音》，沈重《礼记音》，王晓《周礼音》，戚衮《周礼音》，诸诠之《百赋音》，陈国武《司马相如赋音》，邹诞生《史记音》，施乾《尔雅音》，谢峤《尔雅音》，顾野王《尔雅音》，萧该《文选音》，包恺《汉书音》，夏侯咏《汉书音》，刘显《汉书音》，佚名《三仓音》《证俗音》《史汉音》等。又有服虔《春秋音隐》《汉书音训》（或作音义），应劭《汉书音义》，晋灼《汉书音义》，韦昭《汉书音义》，徐广《史记音义》，臣瓒《汉书集解音义》，蔡谟《汉书音义》，阮孝绪《正史削繁音义》，臧兢《范汉音训》，沈重《毛诗音义》，萧该《汉书音义》，延笃《战国策音义》《史记音义》，宋衷《史记音隐》，柳詈《史记音解》，刘芳《毛诗音笺证》，于氏《毛诗音隐》，谢氏《礼记音义隐》，佚名《说文音隐》《字林音隐》等。对照传注来看，汉孔安国和郑玄之“音”可能是魏晋经师根据传注的义训考订出来的，他们未必著有专门的音义书，余者则实有音义之作。但上列音义书原本多已亡佚，如今所能见到的，或是散在注疏所引中，或是近人的辑佚本。集音义书之大成者，是陆德明（约 550—630）的《经典释文》三十卷，成书于隋末唐初（606—621），约与陆法言《切韵》相近。全书共为《周易》《古文尚书》《毛诗》《周礼》《仪礼》《礼记》《春秋左氏传》《春秋公羊传》《春秋穀梁传》《孝经》《论语》《老子》《庄子》《尔雅》十四部经典的经文及其注文作音义，主要使用采摘单字作注的方式来注音，释音以明义，兼及辨析异文、句读和校勘，集六朝音注之大成，是对前代文字、声韵、训诂之学具有总结性意义的一部巨著，也是音韵学研究不可或缺的语音资料宝库。①

把分散在音义书中的音注纂集起来，按字形编排就是带音注的字书（如晋吕忱

① 参见万献初《经典释文音切类目研究》，商务印书馆 2004 年版，第 349—352 页。

的《字林》就是较早用反切注音的字书），按字音编排就是韵书。从相关文献记载来看，最早的韵书是3—4世纪三国魏人李登的《声类》和晋代吕静的《韵集》。《声类》分十卷，共收11 520字，以五声命字，不立诸部；《韵集》分五卷，宫商角徵羽各为一卷。二书均已亡佚。

此后是文学创作特别追求词藻和声律形式之美的时期，如“永明体”“齐梁体”都是这一时期的产物。齐梁以前，文人对声调就有了粗浅的认识，其时语音上所谓的“宫、商、角、徵、羽”就是对声调的归纳。日僧遍照金刚《文镜秘府论·调声》引元兢语谓当时：“声有五声，角徵宫商羽也。分于文字四声，平上去入也。宫商为平，徵为上声，羽为去声，角为入声。”到齐梁时期，周颙、沈约等人受梵文“声明论”的启发和影响，创“四声八病”说，强调用声调来调节诗句的抑扬顿挫，于是“永明体”得以形成。“四声”的发现，促进了诗歌韵律的发展，也大大促进了韵书的发展。所以到5—6世纪的南北朝时期，便是韵书“锋出”了，仅《隋书·经籍志》中记载的韵书就有数十种，如周研《声韵》、张谅《四声韵林》、段弘《韵集》、夏侯咏《韵略》、阳休之《韵略》、李季节《音谱》、刘善经《四声指归》、沈约《四声谱》等，见于其他书著录的还有周颙《四声切韵》、杜台卿《韵略》、王斌《四声论》等数十种。

一时间韵书既多且杂，即如颜之推所说，不但“音韵锋出，各有土风”，而且“古语与今殊别，其间轻重清浊，犹未可晓”。共时的方音差别与历时的古今音异交错，使当时的音读系统复杂而又混乱，这种语音混乱局面不可能维持很长时间，不久就迫切需要改善。一方面，随着生产的发展、商业的发达、外交的频繁和方言的接触，口语交际上需要有一个约定俗成的通用语；另一方面，读经、注经尤其是诗歌用韵更需要有一个统一的书面语读书音系统作为通用标准。总之，需要建立一个约定俗成的既能折中南北又能沟通古今的音读标准。此前涌现的众多韵书为建立这样的统一音系准备了充分的条件，为韵书的成熟和完善提供了成败得失等多方面的经验。581年隋朝建立，结束了南北朝长期的分裂与战乱，国家统一了，口语和书面语交际都需要有统一的规范，诗歌创作的用韵更需要有统一的规范。于是，《切韵》就应运而生了。由此可知，《切韵》是对前人众多韵书进行取舍、总结和发展的成果，就像《经典释文》集音义书之大成一样。从某种意义上说，没有一度“音韵锋出”的繁杂局面，就没有《切韵》统一规范的新局面。

一 《切韵》的成书概况

在汉语音韵学史上，《切韵》是一部划时代的著作，隋代陆法言编纂，成书于隋仁寿元年（601）。《隋书·经籍志》没有著录陆法言《切韵》，《旧唐书·经籍志》和《新唐书·艺文志》均著录"陆慈《切韵》五卷"。陆法言名词，一名慈，字法言，以字行，从字与名意义相关来看，"慈"是"词"的借字。《切韵》原书早已失传，现在只能看到它的各种增修本，但陆法言自撰的《切韵序》有幸完整地流传下来。这篇序不长，却是了解《切韵》成书经过、编纂目的及其性质特点的珍贵材料。现据周祖谟《广韵校本》抄录其全文如下：

> 昔开皇初，有仪同刘臻等八人同诣法言门宿。夜永酒阑，论及音韵。以（古）今声调既自有别，诸家取舍亦复不同。吴楚则时伤轻浅，燕赵则多（涉）重浊；秦陇则去声为入，梁益则平声似去。又支章移反脂旨夷反鱼语居反虞遇俱反共为一韵，先苏前反仙相然反尤于求反侯胡沟反俱论是切。欲广文路，自可清浊皆通；若赏知音，即须轻重有异。吕静《韵集》、夏侯咏《韵略》、阳休之《韵略》、周思言《音韵》、李季节《音谱》、杜台卿《韵略》等各有乖互，江东取韵与河北复殊。因论南北是非，古今通塞，欲更捃选精切，除削疏缓，萧、颜多所决定。魏著作谓法言曰："向来论难，疑处悉尽，何（为）不随口记之？我辈数人，定则定矣。"法言即烛下握笔，略记纲纪。（后）博问英辩，始得精华。于是更涉余学，兼从薄宦，十数年间，不遑修集。今返初服，私训诸弟子，凡有文藻，即须明声韵。屏居山野，交游阻绝，疑惑之所，质问无从。亡者则生死路殊，空怀可作之叹；存者则贵贱礼隔，以报绝交之旨。遂取诸家音韵，古今字书，以前所记者，定之为《切韵》五卷。剖析毫厘，分别黍累，何烦泣玉，未得悬金。藏之名山，昔怪马迁之言大；持以盖酱，今叹扬雄之口吃。非是小子专辄，乃述群贤遗意，宁敢施行人世？直欲不出户庭。时岁次辛酉，大隋仁寿元年。

从《切韵序》中所言可以得知："开皇初"即隋文帝年号开皇（581—600）的初年，也就是581或582年，大约因陆法言的父亲陆爽有文名，当时的八位著名学者刘臻、颜之推、卢思道、李若、萧该、辛德源、薛道衡、魏彦渊一同来到陆家，论及音韵，认为当时已有的韵书各守南北方音，不能用作规范通行的音读标准，打算编一部可作为全国语音规范的韵书，故"论南北是非，古今通塞"，拟对已有韵书作"捃选精切，除削疏缓"的取舍工作，确定了编写体例，讨论了一些疑难问题。其中萧该和颜之推二人"多所决定"。萧该为江苏南兰陵（在今常州西北）人，当为南方音的代表；颜之推是著名的音韵学家，有《颜氏家训·音辞》专论音韵，他祖籍山东琅琊（今山东临沂），虽出生于金陵，但长期在北朝为官，了解北方方音，当为北方音的代表。疑难问题经这样两个人磋商并决定，自然容易得到大家的普遍认可而更便于通行。纲纪既定，著作郎魏彦渊授意作为后辈的陆法言记录下来。人事沧桑，二十年后，陆法言终于能静下来“取诸家音韵，古今字书，以前所记者，定之为《切韵》五卷”。从一定意义上说，《切韵》是对前代韵书的继承和发展，是一部集大成的韵书。

《切韵》书成不久，隋朝就灭亡了。但因《切韵》是在当时最具代表性的学者名流商定的编写体例基础上编成的，有相当高的质量和权威性，能满足人们统一和规范读音的普遍要求，所以《切韵》一出现就很快盛行于世，此前的韵书都被它淘汰而相继亡佚。到了唐代，《切韵》的地位更高，成为科举考试用韵和审音辨韵的典范韵书。

二 《切韵》的性质

一般认为，《切韵》系统地反映了隋代至唐初时期汉语的声母、韵母和声调系统，这一系统实际上就是中古汉语语音系统的代表。但是，对于《切韵》所记录的音系到底具有什么样的性质，也就是它具体反映了什么样的语音实际，音韵学者历来就有不同的看法。这些看法归纳起来主要是两大类：

一类认为《切韵》音系是一时一地之音，即所谓“同质论”。如清陈澧《切韵考》卷六谓“陆氏分二百六韵，各韵又分二类、三类、四类者，非好为繁密也，当时之音实有分别也”。其中或认为《切韵》代表“吴音”，如唐末李涪《刊误·切韵》谓其为“吴音乖舛”；或认为《切韵》是隋唐时代的洛阳音，如现代学者陈寅恪《从史实论切韵》谓其“乃东晋南渡以前，洛阳京畿旧音之系统”；还有的认为承《切韵》而来的《广韵》代表隋唐时代的长安方音，如高本汉《中国音韵学研究》。

另一类认为《切韵》是一个包含古今音和南北方音的复杂的语音集合体，即所谓“异质论”。唐末苏鹗《苏氏演义》卷上谓《切韵》“不独取方言乡音而已”，首开此说。清江永《古韵标准·例言》认为《切韵》“皆杂合五方之音，剖析毫厘，审定音切，细寻脉络，曲有条理。其源自先儒经传子史音切诸书来”。章太炎先生在其《国故论衡·音理论》中认为“《广韵》所包，兼有古今方国之音，非并时同地有声势二百六种也”，王力先生在其《汉语音韵》中赞同章氏的观点，说“他的话是对的”。

董同龢在其《汉语音韵学》中说，《切韵》是前有所承的，是集六朝韵书大成的作品，“可能不是依据当时的某种方言，而是要能包罗古今方言的许多语音系统”，他认为：“整个《切韵》所表现的也就是陆氏诸人心目中的标准字音的音系，而不是任何一种实在的语言的音系。正因为他们兼包并蓄得好，就能为文学之士赏识而风行一时；也是因为他们有离开实际的地方，一般人就难于遵守，于是不久就有合若干韵同用的提议了”，又“正因为自六朝以迄唐末，作韵书的人只是搜集书本上的反切，略予整理，然后归纳；所以韵书表现的音系甚繁，反切之中才有许多纠葛存在”。[①]

讨论《切韵》音系的性质，陆法言自己写的《切韵序》是最重要的依据，对其中“因论南北是非，古今通塞，欲更捃选精切，除削疏缓”的理解尤为关键，洪诚先生在对《切韵序》这几句关键话的注解中所表明的态度很值得参考：“《切韵》音系的基础是单一音系还是综合音系？这个问题是学术界争论未决的问题。从这句话本身来看，也透露出一个消息：假定《切韵》是记录一个方音系统，那么讨论古今南北的是非通塞是多余的。下文的‘颜外史、萧国子多所决定’也就很难理解了。另外《音辞篇》里颜之推批评阳休之造《切韵》殊为疏野，这个野字值得注意，正说明颜萧尊重的是书面语音。陆等八人，在大量的反切旧文面前分析取舍，不是根据方言口语音，而是根据文士的读书音，这一点也是可以肯定的。所以他要讨论到‘南北是非，古今通塞’。”[②]何九盈先生一直是力主《切韵》为综合音系的，他“完全赞同”洪氏的“读书音”说，认为《切韵》音系“一致性是主要的。只不过它不是跟个别方音一致，而是跟大多数方言区的人都基本上能听得懂、能理解得了的‘雅音’一致”。“雅音”也称“雅言”，《论语·述而》“子所雅言，《诗》《书》、执礼皆雅言也”，这里的“雅言”应指当时规范的读书音。“雅”通“夏”，《荀子·儒效》曰“居楚而楚，居越而越，居夏而夏”，而其《荣辱》篇则曰“越人安越，楚人安楚，君子安雅”。“夏”本指中原地区，与楚地、越地相对，我国向来以中原为中心和正统，故“夏”引申有“雅正”义，因而何氏总结说：“‘夏’也不是单指洛阳话，或金陵、长安话，大体上是指黄河流域为基础的北方官话，这些官话的内部肯定是有分歧的，是有各自的单一音系的，而它们又会有许多共同点，《切韵》音系就是以这些共同点为基础建立起来的。”[③]

《切韵》音系的综合性质，不只用文献材料可以论证，其所录实际语音材料也

① 董同龢《汉语音韵学》，文史哲出版社 1983 年版，第 79、182、183 页。

② 洪诚《中国历代语言文字学文选》，江苏人民出版社 1982 年版，第 164 页。

③ 何九盈《中国古代语言学史》，广东教育出版社 2000 年版，第 134—135 页。

能体现出来，黄淬伯先生对《切韵》所收音切进行深入研究后说：“在共同性的韵母和差别性的韵母两个范畴内的各个韵母，彼此之间，构成同和异的相互依存的关系”，所以《切韵》是“综合的音系，既有南音，亦有北音。分别部居，同异互见”。①

我们同意《切韵》是综合音系的观点，这个综合音系是通过取舍前人反切建立起来的，反切来自文献，文献读音就是文士的读书音。“读书音”就是具有规范性的“雅音”，由于历史的原因，这个“雅音”系统可能主要以北方官话为基础，但也容纳了不少南音的成分；可能以当时的“今音”为基础，但也容纳了一定的古音成分。所以在制定反切取舍原则和编纂体例的时候，要“论南北是非，古今通塞”，要“捃选精切，除削疏缓”，要由南北方音的代表来商讨并“多所决定”。颜之推在《颜氏家训·音辞》中说：“共以帝王都邑，参校方俗，考覈古今，为之折衷。推而量之，独金陵与洛下耳。”则取舍时所依据的基础方言，北音主要以洛阳话为代表，南音主要以金陵话为代表。

编纂《切韵》的目的是要建立读书音的规范，要准确审音辨韵，有一定的“正音意识”，即所谓“欲广文路，自可清浊皆通；若赏知音，即须轻重有异”，为赏知音而辨析尽可能精细。所以这个综合音系在反切取舍和韵的分合原则上，是尽量从细从分的，只有“剖析毫厘，分别黍累”，才能把传统文献语音和方音中的细微差别体现出来。如参看王仁昫《刊谬补缺切韵》韵目下的小注，“佳、皆”两韵虽然上古明确有分，但诸家韵书都无严格区别，只有夏侯咏《韵略》从分，陆法言《切韵》从夏侯咏分为两韵而相邻排列，大意是诗文押韵可以通用，审辨字音则应从分。所以董同龢先生说：“《切韵》既沿古酌今，他的分别部居自然只有一条路好走，就是甲分而乙合的两类要分，乙分而甲合的两类也要分，于是陆法言诸人所订的系统，就可以说是他们所知道的音类分别的总汇”，所以“现代各方言的歧异，差不多都可以在《切韵》里找到他们的分别所在，如果说他们都是由七世纪初的一个方言演变而来的，未免不近情理”。② 方言是从古音发展而来的，语音中的“古今”与“方俗”其实是相互联系着的，南北诸方言中都不同程度地存留着古音成分，只有能够包容古今、方俗的主要语音成分的综合音系，才可能为当时南北士人所通用，才可能对此后各时期、各方言有如此大的影响力。这也就是《切韵》一书影响深远的原因，也是《切韵》的语音系统特别复杂的原因。

① 黄淬伯《切韵音系的本质特征》，《南京大学学报》1964 年第 3、4 期合刊。
② 董同龢《汉语音韵学》，文史哲出版社 1983 年版，第 182 页。

总体说来，《切韵》是隋唐时期具有综合性质的读书音系统，主要以当时洛阳和金陵士子的语音为基础，既保存了一定的古音成分，又吸收了南北方音的一些语音成分，是中古汉语语音的通用音系，是其时诗文用韵和审音辨韵的规范标准。从汉语语音史角度看，《切韵》综合古今南北，不能反映一个特定的单一的活语言的语音系统，似乎价值不高。但正由于它超越具体方言，才有可能扩大影响面，使汉语广大地域的历代读书人有语音系统工具书可用，操众多方言的士子们才能在科举考试中用统一的读音标准来写诗作赋。进而言之，正因为有这样一个包容古今南北的《切韵》综合音系，音韵研究者才有可能通过它去探索上古汉语的语音特点，也能以《切韵》音系为参照系，来比较、观照现代汉语通用语及其各方言的语音特点，从而探索和总结汉语古今语音演变的规律。也就是说，《切韵》音系是汉语音韵学史上沟通古今、承先启后的重要桥梁，对汉语语音史研究具有重要价值。

三　《切韵》系韵书的传承关系

由于参与制订《切韵》写作纲要的都是学者名流，又由深通音韵的萧、颜“多所决定”，编写原则又是“论南北是非，古今通塞”，对前人韵书“捃选精切，除削疏缓”，到了“剖析毫厘，分别黍累”的精细程度，《切韵》作为韵书，在质量和规范性上都具有很高的权威性。所以，《切韵》一出，此前诸多韵书就都逐渐被淘汰了。《切韵》虽然成为典范韵书，但由于收字不够全，释义不够详细，辞书的功能不够全面，所以后人不断增补修订，其书的原本也就逐渐失传了。

近几十年来，在甘肃敦煌石窟和新疆吐鲁番、和田等地发现了一批《切韵》唐写本和五代刻本，都是残卷，有的只有一两页，有的很多。据统计，发现的《切韵》残本有三十种之多，集中反映这类材料的主要有刘复、罗常培、魏建功于1936年编印的《十韵汇编》和周祖谟所编《唐五代韵书集成》（1983）。

最完整的《切韵》增订本，是唐代王仁昫（亦作煦）的《刊谬补缺切韵》，其自序云：“陆法言《切韵》，时俗共重，以为典规。然苦字少，复阙字义，可为《刊谬补缺切韵》。”此书主要是给《切韵》增补收字数量和字义训释，时或修正其错讹，其他无多大改动，音系与《切韵》是相承的。《刊谬补缺切韵》成书于唐中宗神龙二年（706），比《切韵》成书晚了一百零五年。“王韵”今有三种唐写本传世：一种是发现于敦煌石窟的唐写本残卷，习惯上称为“王一”本；另两种是今藏于故宫博物院的项元汴跋本和宋濂跋本，称“王二”本和“王三”本。三本中，以“王三”残缺最少，是最接近《切韵》原貌的增订本，音韵学者研究或提及《刊谬补缺切韵》，一般都是指“王三”。对《切韵》原本及其音系的探讨和研究，一般是以这三种“王韵”为主要材料的，尤以“王三”为主，这方面的研究以李荣《切韵音系》（科学出版社，1952）和邵荣芬《切韵研究》（中国社会科学出版社，1982）最有影响。

唐王朝把《切韵》定为科举考试用韵的标准韵书，《旧唐书·李揆传》载：“其试进士文章，请于庭中设《五经》、诸史及《切韵》本于床，而引贡士谓之曰：‘大国选士，但务求得才，经籍在此，请恣寻检。’”科举提高了《切韵》的身价，为它增字加注的人也就多了，或依《切韵》旧名，或称为《广切韵》。唐增修本中影响最大的是孙愐等人的《唐韵》，成书于唐玄宗天宝十年（751）。孙愐《唐韵序》说《切韵》“注有差错，文复漏误，若无刊正，何以讨论”，所以他们“辄罄謏闻，敢补遗缺；兼习诸书，具为训解”，是明确地给《切韵》增注改错的，并没有改动其编纂体例。今存《唐韵》残本只有去声、入声卷和序，从音韵学家的研究结果看，《切韵》原书一九三韵，而《唐韵》共有二〇六韵，多分出十三韵。尽管如此，也只是分韵宽严的不同，整体音系上仍然是相承的，没有多大的差别。

宋真宗景德四年（1007），陈彭年、邱雍等奉诏校订《切韵》，次年，即宋真宗大中祥符元年（1008）书成，定名《广韵》，全称《大宋重修广韵》，实际上是增广《切韵》和《唐韵》而成的官修韵书。王应麟《玉海》卷四十五载：“景德四年十一月戊寅，崇文院上校定《切韵》五卷，依九经例颁行。祥符元年六月五日，改为《大宋重修广韵》。”《广韵》距《切韵》四百多年，口语的实际读音已经发生较大的变化，但因是继承传统的韵书，《广韵》在体例和音系上并未作多少改变，承《唐韵》之旧而分二〇六韵，多数改动都是在增字、加训上。据唐人封演《封氏闻见记》所载，《切韵》原来收字 12 158 个。《唐韵》增加了 3500 字，而《广韵》又增加了 1 万多字，共收字 26 194 个。《广韵》所加的注释文字更多，有 191 692 字；此外，反切用字也略有改动。总体看来，《广韵》是《切韵》的补充和扩大，与《切韵》相比，在查检字音字义的辞书功能上大有加强，而语音系统则是一致的。所以，《广韵》音系就是《切韵》音系，都代表中古汉语的语音系统，也就是说，《广韵》是《切韵》系韵书最完整、最典型的代表。

《广韵》即《切韵》，有很高的权威性。北宋毕昇发明了活字印刷，使《广韵》一经问世就大量流行，导致《切韵》原本和孙愐的《唐韵》以及其他增修本韵书都渐渐失传了。经宋、元、明、清直到民国初年，传统音韵学家往往把《广韵》当《切韵》本身来看待，如陈澧《切韵考》考的就是《广韵》的内容，《广韵》书前一直保留着的陆法言的《切韵序》。

宋仁宗景祐四年（1037），丁度、贾昌朝又奉旨增修《广韵》而成为《集韵》。

《集韵》在《广韵》基础上又增加了27 331字，共收53 525字，一字的两读、三读甚至多读都收，很多《经典释文》有而《广韵》无的读音《集韵》都增收了，故《集韵》就是集韵书之大成的意思，所收比《广韵》庞杂得多，作为一部字典比《广韵》所收更全，辞书功能更完备。《集韵》仍分二〇六韵，但反切用字改动很多，在较大程度上反映了宋代的实际语音变化。因此《集韵》虽仍然是《切韵》系韵书，但远不如《广韵》那么典型，故传统音韵学家都不把《集韵》作为《切韵》音系的代表韵书。

总之，《广韵》音系的性质与《切韵》音系相同，所以研究《广韵》实质上就是研究《切韵》，《广韵》是现存的流行最广、最完整、最典型的《切韵》系韵书，研究汉语的中古音系，还是需要从《广韵》入手。

第二节 《广韵》的版本和编排体例

作为全面分析《广韵》音韵系统的准备工作，需要对《广韵》的版本流传情况、《广韵》的编排体例作些交代，以便更好地把握和运用《广韵》的音切材料，更清楚地认识它的性质和价值。

一 《广韵》的版本

《广韵》刊刻较早，流传极广，版本众多，迄今所知的刻本、抄本达百种左右，其中有不少是善本。就注释情况看，可分详注本和略注本两大类。

详注本，是指宋初陈彭年等人的原著本。其刊刻源流可分两支：一支为南宋孝宗乾道五年（1169）闽中建宁黄三八郎书铺刊《钜宋广韵》；一支是南宋国子监刊高宗本、宁宗本以及孝宗朝浙江所刻巾箱本，还包括20世纪发现的俄藏北宋本残卷。现存详注本，有《古逸丛书》覆宋本《重修广韵》、康熙四十三年（1704）张士俊泽存堂重刊《宋本广韵》，以及据泽存堂本刊刻的《小学汇函》本、道光三十年（1850）新化邓氏邵州东山重刊本、商务印书馆影印《古逸丛书》本和《钜宋广韵》本等。

略注本，是元代人据宋本删削而成的本子。今存有《古逸丛书》覆元泰定二年（1325）圆沙书院刻本、《小学汇函》内府本、顾翻明经厂本等。

此外的传世本子还有日本金泽文库藏北宋本、傅增湘双鉴楼藏北宋本、涵芬楼复印巾箱本、曹楝亭五种本、日本静嘉堂藏宋本、日本天宝二年（1821）刻本等。这类本子有的据详本，有的据略本，有的拼合详、略二本而刻（如楝亭本），可称综合本。

清代以来，校刻《广韵》者甚众，以张氏泽存堂本最为流行，北京市中国书店1982年影印的《宋本广韵》就是张氏泽存堂重刊本，周祖谟先生的《广韵校本》是在泽存堂本基础上参考各种本子，包括新发现的《切韵》《唐韵》残卷，精校而成，1937年成书，中华书局1960年印行。余迺永《新校互注宋本广韵》（上海辞书出版社，2000）在周氏校本基础上做了很多新的校注工作，是目前收集资料最多最全的《广韵》校注本，而且索引便利，是很好用的《广韵》参考书。

上海古籍出版社1986年影印出版黄三八郎书铺刻《钜宋广韵》，该本在国内已久无流传，今所见者为清江苏吴县顾沄于光绪十五年（1889）从日本收得，20世纪80年代初为上海图书馆收藏并赞助上海古籍出版社影印出版。周祖谟先生在影印本的《前言》中评价道："清代的《广韵》刻本，一向称张氏泽存堂本最善，可是张氏改动监本的地方很多。有些改对了，有些就改错了。这个版本虽然也有错字，但是可以用来参照黎刻《古逸丛书》本订正张刻的错误。"可见也是不可多得的好版本。

此外，涵芬楼宋刊巾箱本（简称巾箱本）、黎庶昌刊《古逸丛书》覆宋本（简称古逸本）、曹刻楝亭五种本（简称楝亭本），这几种版本多出于南宋国子监刻本，较能反映《广韵》的原本面貌，但改动处不少，存在的问题较多。江苏教育出版社2002年出版、2006年重版的《宋本广韵》以巾箱本补配高宗本、钜宋本，试图成就一部真正的宋刻本，比所有公开出版的其他本子都更接近宋本原貌，是很重要的参考本子。

因古今音韵学者研究《广韵》一般都是用张氏泽存堂本，我们后面的讨论也以泽存堂本为底本，酌用周氏、余氏的校注，参考其他的善本。有关《广韵》文献方面的问题，可参考葛信益《广韵丛考》（北京师范大学出版社，1993）。

二 《广韵》的编排、注释体例及其结构

《广韵》是对《切韵》的增广，因而《广韵》的编排体例与《切韵》无多少差别。《广韵》是一部韵书，韵书主要是为指导诗文用韵而分韵编排的字书，当时的诗文用韵是要求区别声调的，同韵母不同声调就是不同的韵。南朝永明体形成以来，四声韵分押成为诗歌的惯例，这就是早期韵书以四声作为第一级区别的分韵模式的基础。《切韵》、"王三"都是先按声调分平、上、去、入各一卷的。所以《广韵》的编排体例首先是以四声为纲，按当时的平、上、去、入四声分别排列韵字。平声的总字数多，就分为上、下两卷，称为"上平声、下平声"（这与近代声调分

为“阴平、阳平”不是一回事）；上、去、入声各为一卷，总共五卷。每一声调内各分为若干韵，凡同韵的字就类聚在一起。这样，《广韵》上平声卷有二十八韵，下平声卷有二十九韵，则平声共有五十七韵；上声有五十五韵，去声有六十韵，入声有三十四韵；全书共分二〇六韵。

每卷把读音相近的韵排列在一起，形成“相邻韵”，如平声“东、冬、钟、江”相邻，入声“屋、沃、烛、觉”相邻，是因为它们的韵尾相同而主要元音相近。二〇六韵各选一字作代表来标目，就有了二〇六个“韵目”（大韵目），韵目下列它所统领的同韵字。各卷韵目依次标上序号，在目录中序号标于韵目后，如“东第一、冬第二、钟第三、江第四……”，正文中序号标于韵目前，如“一东、二冬、三钟、四江……”等。

同韵字的声母、韵母不一定都相同，同一韵中或有一个韵母，或有两三个韵母，这是由于介音的不同所致。因此，每韵收字又按声母或介音的不同分开排列，凡声母、韵母全同的字归为一个同音字组，用小圆圈开，唐人称为“小韵”或“纽”，常以每组的第一字为代表来称说某“小韵”（纽），称“小韵目”（或纽目），如“一东”韵的“同、仝、童……”这一组同音字叫“同小韵”或“同纽”。据邵光祖《切韵指掌图·检例》统计，《广韵》共有 3890 个小韵。每韵中的小韵数多少不一，如“东”韵有三十四个小韵，“支”韵五十七个小韵，而“凡”韵却只有两个小韵。每个小韵的字数也多少不一，如“青”韵中的“灵小韵”有八十七字，而“盐”韵中的“炎小韵”只有一字。每小韵首字的注文末尾标注这一组同音字的字数，如“东”韵“同小韵”，“同”字注文最后标注“四十五”，就是“同”有四十五个同音字。小韵的排列顺序一般是常用的排在前，不常用的排在后，而不是按声母的次序排列。

由此可见，韵书最先注重声调，其次注重韵，最后才是声纽。传统音韵学的发展步骤与之相应：先研究四声，如齐梁不少音韵著作以“四声”命名；其次是韵的研究，如清代古韵分部很精细；最后才是声纽的研究，如上古声母系统的研究至今仍然滞后。清人毛先舒强调韵的研究在传统音韵学中具有重要地位，他在《韵学通指·声音韵统论》中说：“夫人欲明韵理者，先须晓识声、音、韵三说。盖一字之成，必有首有腹有尾。声者，出声也，是字之首。……音者，度音也，是字之腹，字至成音而其字殆正矣。韵者，收韵也，是字之尾，故曰余韵。然三者之中，韵居其殿而为最要。凡字之有韵，如水之趋海，其势始定；如画之点睛，其神始完。故古来律学之士，于声于音固未尝置于弗讲，而唯审韵尤兢兢所以。”韵书的形成，正是古人重视辨韵审韵的结果。

《广韵》的注释体例，是每字下用双行小字注释其音义。小韵首字的注释依次是：先释本字的意义，再用反切注音（偶有加注直音的，如“拯：……无韵切，音蒸上声”），再标同音字数。小韵首字以外的同音字因与首字读音相同，一般只释义而不再注音。但有两读或多读的则在该字的释义后加上“又音”，如平声东韵的“东小韵”下有“涷：……又都贡切”，“蝀：……又音董”，这种“又音”只管这个被注字而与同小韵的其他字无关。“又音”一般都会在相应的字头下重出，称为“又音互见”，如“涷”在去声送韵“涷小韵”有“涷：……又音东”，“蝀”在上声董韵“董小韵”有“蝀：……又音东”等。《广韵》主要用反切注音，但也注有少数直音，有时找不到同音字来作注音字，或有同音字而太偏僻难认，就用同音不同调的字来作注音字，音韵学上称为“纽四声法”，如“拯：……音蒸上声”就是一例。除条目单字外，注文中遇到难认或有异读的字也有时另加注音，如“翰”韵“汉小韵”下“罕”字注“抱罕县”，又注“抱音扶”。除注音释义外，也偶有字形处理的注释，如异体字一般注“上同、亦同、并上同”等以见上出正字；古文、俗字在其右上角标“古文”“俗”以提示。

《广韵》的体例大略如此，本书第54—55页附张氏泽存堂本《广韵》正文开头数页以资参考。

早期的等韵图如《韵镜》《七音略》，已经分析了《切韵》（《广韵》）四声相配的关系，《广韵》的排列很好地展示了平、上、去、入四声相承、入声韵与阳声韵相配的关系。《广韵》今存各种版本的目录中，都在韵目下注有“独用”“某同用”的字样，所谓“同用”，是说相邻韵可以通押，注明“独用”的韵则不能与其他韵通押。这正是《切韵序》“欲广文路，自可清浊皆通”的放宽用韵尺度的具体体现。唐人封演《封氏闻见记》载：“隋朝陆法言与颜、魏诸公定南北音，撰为《切韵》，……以为文楷式，而先仙、删山之类分为别韵，属文之士苦其苛细。国初许敬宗等评议，以其韵窄，奏合而用之。”可见由于《切韵》除了“广文路”的作诗用韵作用外，还有“赏知音”的作用，是尽量从分的综合音系，分韵过于繁细就不便于实际押韵的使用，故在它成书后不久的唐初，就出现了“同用独用例”来调节审音辨韵求细与实际用韵忌窄的矛盾。

清代的戴震对《广韵》详加考证，对某些零乱的韵目次第和不尽合理的同用独用例进行了调整，在其《声韵考》卷二中列出《考定广韵独用同用四声表》（见表2-1），清晰而又准确地展现了《广韵》二〇六韵之间四声相承和同用独用的关系，得到音韵学界的普遍认可：

廣韻上平聲卷第一

德紅東第一獨用　都宗冬第二鍾同用
職容鍾第三　古雙江第四獨用
章移支第五脂之同用　旨夷脂第六
止而之第七　無非微第八獨用
語居魚第九獨用　遇俱虞第十模同用
莫胡模第十一　徂奚齊第十二獨用
古膎佳第十三皆同用　古諧皆第十四
呼恢灰第十五咍同用　呼來咍第十六
職鄰眞第十七諄臻同用　之純諄第十八
側詵臻第十九　武分文第二十欣同用
許巾欣第二十一　語袁元第二十二魂痕同用
戶昆魂第二十三　戶恩痕第二十四
胡安寒第二十五桓同用　乎官桓第二十六
所姦刪第二十七山同用　所閒山第二十八

一○東 春方也說文曰動也从日在木中亦東風菜廣州記云陸地生莖赤和肉作羹味如酪香似蘭吳都賦云草則東風扶留又姓舜七友有東不訾又漢複姓十三氏左傳魯卿東門襄仲後因氏焉齊有大夫東郭偃又有東宮得臣晉有東關嬖五神仙傳有廣陵人東陵聖母適杜氏齊景公時有隱居東陵者乃以爲氏世本宋大夫東鄉爲賈執英賢傳云今高密有東鄉姓宋有員外郎東陽無疑撰齊諧記七卷昔有東閭子嘗富貴後乞於道云吾爲相六年未薦一士夏禹之後東樓公封于杞後以爲氏莊子東野稷漢有平原東方朔曹瞞傳有南陽太守東里昆何氏姓苑有東萊氏德紅切十七 菄 東風菜義見上注俗加艹 鶇 鶇鵍鳥名美形出廣雅亦作鶫 䍶 獸名

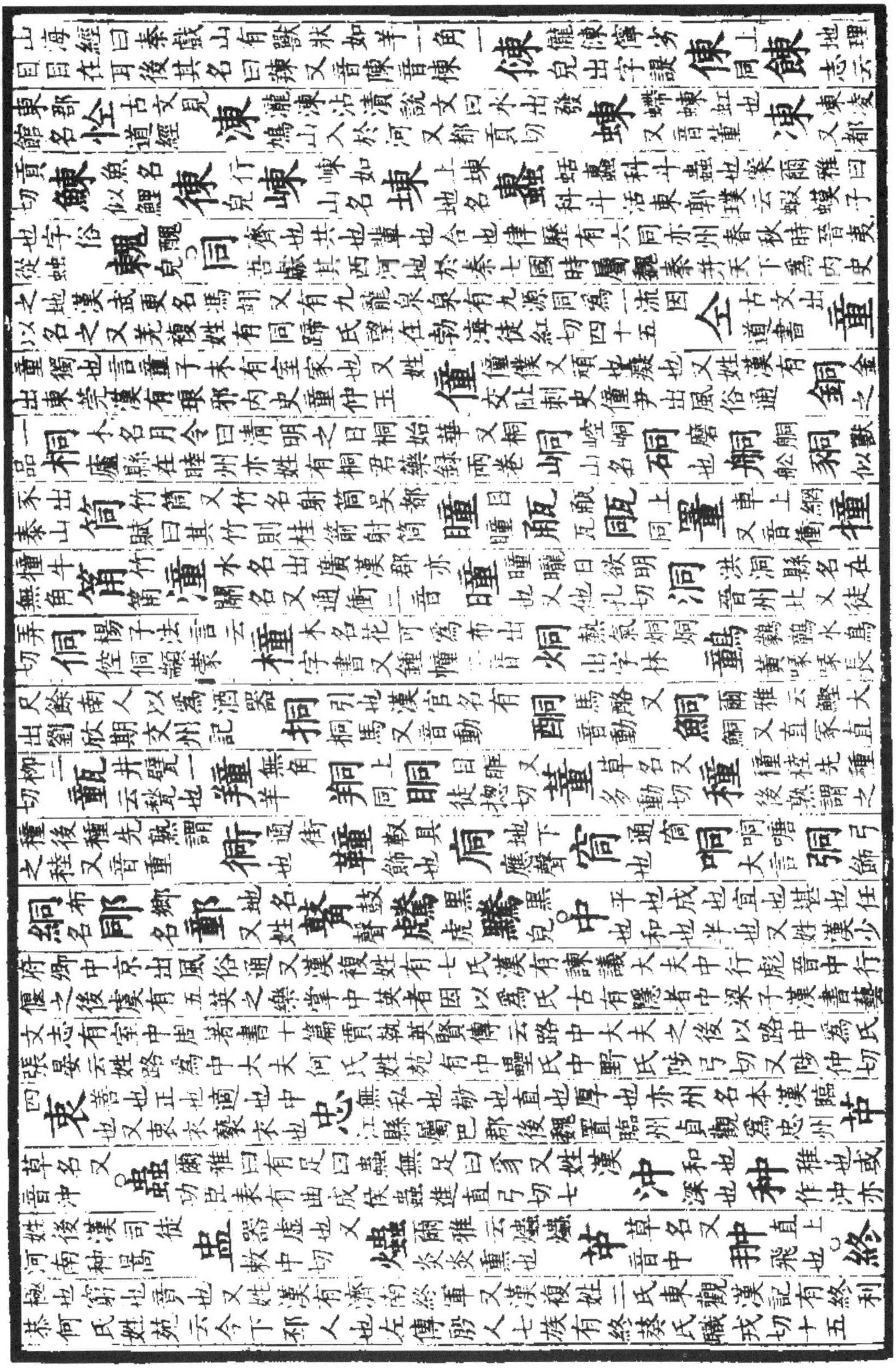

表 2-1 戴震《考定广韵独用同用四声表》

平声	上声	去声	入声
一东独用	一董独用	一送独用	一屋独用
二冬钟同用	“湩、鸗”附肿韵	二宋用同用	二沃烛同用
三钟	二肿独用	三用	三烛
四江独用	三讲独用	四绛独用	四觉独用
五支脂之同用	四纸旨止同用	五寘至志同用	
六脂	五旨	六至	
七之	六止	七志	
八微独用	七尾独用	八未独用	
九鱼独用	八语独用	九御独用	
十虞模同用	九麌姥同用	十遇暮同用	
十一模	十姥	十一暮	
十二齐独用	十一荠独用	十二霁祭同用	
		十三祭	
		十四泰独用	
十三佳皆同用	十二蟹骇同用	十五卦怪夬同用	
十四皆	十三骇	十六怪	
		十七夬	
十五灰咍同用	十四贿海同用	十八队代同用	
十六咍	十五海	十九代	
		二十废独用	
十七真谆臻同用	十六轸准同用	廿一震稕同用	五质术栉同用
十八谆	十七准	廿二稕	六术
十九臻	“⿰角秦、齔”附隐韵	“齔”附焮韵	七栉
二十文独用	十八吻独用	廿三问独用	八物独用
廿一欣独用	十九隐独用	廿四焮独用	九迄独用
廿二元魂痕同用	二十阮混很同用	廿五愿慁恨同用	十月没同用
廿三魂	廿一混	廿六慁	十一没
廿四痕	廿二很	廿七恨	“麧”附没韵
廿五寒桓同用	廿三旱缓同用	廿八翰换同用	十二曷末同用

廿六桓	廿四缓	廿九换	十三末
廿七删山同用	廿五潸产同用	三十谏裥同用	十四黠鎋同用
廿八山	廿六产	卅一裥	十五鎋
一先仙同用	廿七铣狝同用	卅二霰线同用	十六屑薛同用
二仙	廿八狝	卅三线	十七薛
三萧	廿九筱小同用	卅四啸笑同用	
四宵	三十小	卅五笑	
五肴独用	卅一巧独用	卅六效独用	
六豪独用	卅二皓独用	卅七号独用	
七歌戈同用	卅三哿果同用	卅八箇过同用	
八戈	卅四果	卅九过	
九麻独用	卅五马独用	四十祃独用	
十阳唐同用	卅六养荡同用	四一漾宕同用	十八药铎同用
十一唐	卅七荡	四二宕	十九铎
十二庚耕清同用	卅八梗耿静同用	四三映诤劲同用	二十陌麦昔同用
十三耕	卅九耿	四四诤	廿一麦
十四清	四十静	四五劲	廿二昔
十五青独用	四一迥独用	四六径独用	廿三锡独用
十六蒸登同用	四二拯等同用	四七证嶝同用	廿四职德同用
十七登	四三等	四八嶝	廿五德
十八尤侯幽同用	四四有厚黝同用	四九宥候幼同用	
十九侯	四五厚	五十候	
二十幽	四六黝	五一幼	
廿一侵独用	四七寝独用	五二沁独用	廿六缉独用
廿二覃谈同用	四八感敢同用	五三勘阚同用	廿七合盍同用
廿三谈	四九敢	五四阚	廿八盍
廿四盐添同用	五十琰忝同用	五五艳㮇同用	廿九葉帖同用
廿五添	五一忝	五六㮇	三十帖
廿六咸衔同用	五二豏槛同用	五七陷鉴同用	卅一洽狎同用
廿七衔	五三槛	五八鉴	卅二狎
廿八严凡同用	五四俨范同用	五九酽梵同用	卅三业乏同用
廿九凡	五五范	六十梵	卅四乏

戴震表中与《广韵》目录所标不同的主要有如下几点：

（1）《广韵》平声“文”与“欣”韵同用，上声“吻”与“隐”韵同用，戴均作独用。

（2）《广韵》“龀”字“初谨切”在上声“隐”韵下，其又音“初靳切”归去声“焮”韵。戴震考定“龀”字为“臻”韵的去声，是附在“焮”韵下的。（按：《说文解字·齿部》“龀，毁齿也。男八月生齿，八岁而龀；女七月生齿，七岁而龀。从齿从匕”，本作动词，脱乳齿换恒齿之义，读去声“初靳切”，如《列子·汤问》“有遗男，始龀，跳往助之”。又词义分化作名词，有乳齿、幼童义，读上声“初谨切”，如唐玄奘《大唐西域记·迦毕试国》“有释迦菩萨弱龄龀齿，长余一寸”，《后汉书·阎皇后传》“显、景诸子年皆童龀，并为黄门侍郎”。）

（3）末尾六韵，戴震有变动，《广韵》原作：

盐添同用	琰忝俨同用	艳㮇酽同用	葉帖同用
添	忝	㮇	帖
咸衔同用	俨	酽	洽狎同用
衔	豏槛范同用	陷鉴梵同用	狎
严凡同用	槛	鉴	业乏同用
凡	范	梵	乏

《切韵》本只有一九三韵，“王韵”（如“王三”）将“严”韵的上声“俨”、去声“酽”二韵独立，成为一九五韵，《广韵》则增至二〇六韵。《广韵》音系显示出很强的系统性，二〇六韵“平、上、去、入”四声相配很整齐。于是，前人就用四声相配的方法来整理“韵部”，就是不计声调，把韵腹和韵尾相同的韵归为一部。严格说来，《广韵》的三十四个入声韵有塞音韵尾，与相应的“平、上、去”三声有韵尾的差别，似乎不应“平、上、去、入”四声相配。但是，中古的阳声韵与入声韵有非常严整的相配关系，每个收鼻音韵尾的阳声韵都有收塞音韵尾的入声韵与之对应，阳声韵的“平、上、去”三声与入声韵的“入声”正好形成“平、上、去、入”四声相配的格局，四声的韵腹相同，韵尾虽有别，但其发音部位却又是相同的，感觉上容易顺利相配。这样，无入声的阴声韵如“微、尾、未”等就是“平、上、去”三声相配为一韵部，有入声的阳声韵如“东、董、送、屋”等就是“平、上、去、入”四声相配为一韵部，《广韵》二〇六韵就归为六十一个韵部了。各韵部习惯上用平声韵的韵目来作“部目”的代称，叫作“举平以赅上去（入）”。

一般以戴震考定的四声相配表来划定《广韵》的六十一韵部，只是有现代音韵学者从语音系统性上推定，戴震依《广韵》以“黠”配“删”、以“鎋”配“山”有误，或当改为以“鎋”配“删”、以“黠”配“山”。

表 2–2 戴震考定《广韵》四声相配表

1 东董送屋	2 冬〇宋沃	3 钟肿用烛
4 江讲绛觉	5 支纸寘	6 脂旨至
7 之止志	8 微尾未	9 鱼语御
10 虞麌遇	11 模姥暮	12 齐荠霁
13 祭	14 泰	15 佳蟹卦
16 皆骇怪	17 夬	18 灰贿队
19 哈海代	20 废	21 真轸震质
22 谆准稕术	23 臻〇〇栉	24 文吻问物
25 欣隐焮迄	26 元阮愿月	27 魂混慁没
28 痕很恨〇	29 寒旱翰曷	30 桓缓换末
31 删潸谏黠	32 山产裥鎋	33 先铣霰屑
34 仙狝线薛	35 萧筱啸	36 宵小笑
37 肴巧效	38 豪皓号	39 歌哿箇
40 戈果过	41 麻马祃	42 阳养漾药
43 唐荡宕铎	44 庚梗映陌	45 耕耿诤麦
46 清静劲昔	47 青迥径锡	48 蒸拯证职
49 登等嶝德	50 尤有宥	51 侯厚候
52 幽黝幼	53 侵寑沁缉	54 覃感勘合
55 谈敢阚盍	56 盐琰艳葉	57 添忝㮇帖
58 咸豏陷洽	59 衔槛鉴狎	60 严俨酽业
61 凡范梵乏		

表中“祭、泰、夬、废”是四个独立的去声韵，故无平声、上声韵相配。其他应该四声相配而标“〇”的零位，表示本有此韵但因字少而《广韵》未专立韵目，所属字附寄在相邻韵中，即所谓“寄韵”。四处寄韵的具体内容是：（1）“冬”韵上声有“湩、鳿”二小韵，寄在相邻的上声“肿”韵中，《广韵》上声“肿”韵“湩小韵”下：“湩：都鳿切，……此是冬韵上声”；“鳿：莫湩切”。（2）“臻”韵

上声有“𧝀、龀”二小韵，寄在相邻的上声“隐”韵中。(3)“臻”韵去声仅有“龀”一字的又音，不能自己作自己的反切下字，借用相邻的去声“焮”韵的“靳”作反切下字，戴震考证它是寄在“焮”韵中的。（4）“痕”韵入声有“麧”小韵领五个同音字，寄在相邻的入声“没”韵中。《广韵》自身有如“湩：此是冬字上声”这样对寄韵的交代，未交代的由后人所考定。寄韵的做法是《切韵》就有的，如《广韵》上声“俨”韵只有十二个字，去声“酽”韵只有七个字，《切韵》未立这两个韵目，寄“俨”韵字于上声“琰”韵，寄“酽”韵字于去声“艳”韵，“王韵”把它们独立出来了，《广韵》承用“王韵”，这也就是《广韵》比《切韵》分韵多的原因之一。

“开合口分韵”是《广韵》韵数多于《切韵》的另一原因。“开合口分韵”是把韵腹和韵尾完全相同的开口呼与合口呼分立为两个独立的韵。严格说来，分韵只看韵腹、韵尾和声调的同异，不必管韵头的分别与否，开口、合口只是韵头的差别，不应分韵。但《切韵》就已经分“灰”与“咍”、“欣”与“文”了，“咍、欣”是开口，“灰、文”是合口，已经开了“开合口分韵”的先例。《广韵》比《切韵》走得更远，如《切韵》“真轸震质”四韵，《广韵》分为开口“真轸震质”与合口“谆准稕术”八韵；《切韵》“寒旱翰曷”四韵，《广韵》分为开口“寒旱翰曷”与合口“桓缓换末”八韵；《切韵》“歌哿箇”三韵，《广韵》分为开口“歌哿箇”与合口“戈果过”六韵。《广韵》将《切韵》“真、寒、歌”三部十一韵一分为二，多出十一韵来，加上前述“俨、酽”二韵的分立，二〇六韵对一九三韵，正好比《切韵》多了十三韵。寄韵的独立和开合口分韵都只是分韵疏密的不同，实际的语音系统没有变化。所以我们说《广韵》是对《切韵》的忠实传承，《广韵》音系就是《切韵》音系。

从《广韵》的体例看它的内容，它的确是一部非常重要的韵书。章太炎《小学说略》认为，《切韵》之后出的韵书，“独有《广韵》则其粲然者矣。《广韵》者今韵之宗，以其推迹古音，犹从部次；上考《经典释文》及《一切经音义》，旧音绝响，多在其中”。严学宭《广韵导读》论及《广韵》的韵书和辞书功用时说得更全面：“凡是学习和研究汉语音韵史的人，无不以《广韵》作为主要依据典籍。它不仅是我们研究周秦古音、六朝以迄隋唐音韵，乃至现代方音变异的重要凭借，而且也是研究文字、词汇和词义的重要资料。因为从隋代陆法言编定《切韵》以后直到唐代，就《切韵》进一步刊正字体和增字加训的书很多。《广韵》在字形方面记载了不少的异体字和简体字，从中可看到不少文字在表音、表义和书写方面的发展情况和规律。我们还可以从训解中看出一个字所代表的是一个单音词，或是一个复音词的一个词素。所以，《广韵》既是韵书，又是字典或词典，是我们研究宋以前词汇的资源。更可引起注意的是，在书面语之外，《广韵》还记载了当时的口语词汇，这对研究近代汉语颇有参考价值。在《广韵》中，字的训释常由简单趋于繁复，除采自训诂书以外，还往往增添一些新的意义。可见要研究训诂和词义的发展，《广韵》也是重要的资料。总之，《广韵》对辨音、正字、明义和考词都有用处。"[①] 就是说，《广韵》可用来考求中古音系，也可借以推考上古音系，可据以下联今音而审定现代汉语读音，可据以调查、研究现代汉语方言语音，还可以用于文字、训诂方面的研究而起到正字、明义、考词的作用。这就是汉语音韵学研究者总是把《广韵》放在十分突出的地位上的原因。

第三节 早期韵图与《广韵》音系的关系

传统音韵学一般分为今音学、古音学和等韵学三大门类。等韵学的研究对象主要是等韵图，"等"是等韵学中最基本的内容，是传统音韵学者从审音的角度对介音和主要元音所分的类，用"等"的概念来区分汉语的声类和韵类就叫作"等韵"，用等韵的学理来分析古代汉语语音并制成的图表就叫作"等韵图"，也简称"韵图"。最初的等韵图，就是等韵学研究者取三十六字母与《广韵》二〇六韵轮流相拼所做成的图表。

有学者认为等韵学直接导源于佛教的音译经咒，这还有待深入研究，但等韵图深受梵文"悉昙"的影响是可以肯定的。陈澧《切韵考》卷六云："自魏晋南北朝隋唐，但有反切，无所谓等韵。唐时僧徒依仿梵书，然后有等韵之名。溯等韵之源，以为出于梵书可也。"俞敏先生探讨等韵源流说："悉昙是梵文的对音。这东西是一种练音表，是小学生刚识字的时候用的"，"悉昙随密教盛行才流行起来，到武周时代，《韵诠》出现了，这就是等韵的萌芽"，"等韵是悉昙的仿制品，太毛皮地忠实的仿制品"。[②] 因此，今存最早的韵图《韵镜》出自僧人之手，不会是偶然的。

等韵学是传统音韵学的重要分支学科，陈澧《切韵考·外篇》说："自汉末以来，用双声、叠韵为切语，韵有东冬钟江之目，而声无之。唐末沙门始标举三十六字，谓之字母。至宋人乃取韵书之字，依字母之次第而为之图，定为开合四等，纵横

① 严学宭《广韵导读》，巴蜀书社 1990 年版，第 4—5 页。

② 俞敏《等韵源流》，载《音韵学研究》（第一辑），中华书局 1984 年版。

交贯，具有苦心。遂于古来韵书切语之外，别成一家之学。”可见等韵学成为专门的学科为时尚早，学科形态较为明显。欲进一步系统而深入地了解韵图知识及等韵之学，需要花专门的功夫，可参考赵荫堂《等韵源流》（商务印书馆，1957）、李新魁《汉语等韵学》（中华书局，1983）、鲁国尧《卢宗迈切韵法述论》（《鲁国尧语言学论文集》，江苏教育出版社，2003）、耿振生《明清等韵学通论》（语文出版社，1992）和杨军《七音略校注》（上海辞书出版社，2003）等。另外，日本学者在韵图研究方面起步早，成果多而扎实，李无未《音韵文献与音韵学史》(吉林文史出版社，2005）中的《日本汉语音韵学史研究》多有介绍，可参考。

等韵文献是等韵学研究的对象和基础，种类繁多。就韵图而论，有反映《切韵》系韵书及其音系的韵图，有反映近代官话音系的韵图，有反映各种方音音系的韵图，有反映古音音系的韵图，还有混合型韵图，等等。李无未（主编）《汉语音韵学通论》中的《等韵专题》就较宽的范围把等韵文献分为三大类：纯等韵学文献（如《韵镜》）、等韵化韵书文献（如《韵略易通》）、介于韵图和韵书之间的文献（如《音韵阐微》）。依此标准，列《四库全书总目提要》所载等韵文献三十八部，《续修四库全书总目提要》著录等韵文献四十三部，此外还有赵荫堂《等韵源流》、李新魁《汉语等韵学》、耿振生《明清等韵学通论》介绍的等韵文献一一七部，共计一九八部。[①]

“等韵门法”是用于调和韵图与韵书之间矛盾的解释条例，林焘、耿振生定义道：“由于历史音变及反切来源复杂等原因，……被切字或者不跟反切上字处在相同的声母地位，或者不跟反切下字处在相同的韵母地位。为此，历代的等韵图作者总结出不少的条例，对以上现象作出解释，这些条例就叫‘等韵门法’。”[②]李无未收集从唐末《守温韵学残卷》至明代的《直指玉钥匙门法》所释门法条例，共有七十三条之多。[③]要了解和使用主要的门法条理，可参考李新魁先生的“等韵门法”专题讲析。[④]

如此众多的等韵学材料和内容，是需要作专门的研究才能掌握的。而对于音韵学基本内容的教学与学习，只要阐明和弄懂等韵学的基本概念和原理，能用它来分析音韵资料就可以了。因此，我们不设专章来详细讨论等韵学。

---

① 李无未（主编）《汉语音韵学通论》，高等教育出版社 2006 年版，第 185—190 页。

② 林焘、耿振生《音韵学概要》，商务印书馆 2004 年版，第 162 页。

③ 同注①，第 232—234 页。

④ 李新魁《汉语等韵学》，中华书局 1983 年版，第 124—160 页。

虽然清人劳乃宣在《等韵一得·外篇》中说“等韵之学，以审音为主，不尚考据，专重人声”，但“重人声”而直接反映口语音系的等韵图是较后出现的，今所见的早期等韵图是直接分析和展示《广韵》音系的。故了解等韵图的一般知识，对于分析和掌握《广韵》音系来说是必不可少的。等韵图分析并揭示汉语音节中声、韵、调配合的内在关系和原理，进入音理分析的层次，使传统音韵学从音类的考据向音值的审音迈进了一大步。可以把等韵学看成古代汉语音位学，它分解汉语音节采用的是“声、韵、调”三维语音要素分析法，在当时是相当先进的，以至于后来的传统音韵学家只要审音就必须通晓等韵。所以劳乃宣在《等韵一得·序》中说：“古今之韵得反切而后易明，反切之理得等韵而后易解。则等韵又古韵、今韵之阶梯也。”

一　等韵图

如上所说，用等韵的学理来分析古代汉语语音并制成的图表就叫作“等韵图”，等韵图是按声、韵、调相配合的结构来编排的图表，也就是古代等韵学者制定的一种声、韵、调配合的汉语音节表。这种音节表最初是专门为分析和图示《切韵》系韵书中的反切而作的，尤其以图示《广韵》音节的为多。古代汉语没有拼音符号，反切拼音法不很容易掌握，等韵学家就以图表的格式来图示韵书中反切所表示的字音，使人们能直观而准确地掌握汉字的这些读音。

具体说来，《切韵》《广韵》等韵书编纂的主要目的是为了规范诗文的押韵，着重点在展示声调和韵的类别上，多是以声调分卷、以韵分类，同韵之内的小韵未受到足够的重视，声母和韵母没有得到清楚的表现，纷繁复杂的反切无法集中而明晰地展示整个语音系统，有些反切用字本身就生僻难认而达不到标音正音的效果。因此，唐末宋初的学者和僧人在佛教梵文音节表“悉昙章”的启发下，利用传统音韵学的研究成果，创制了展示汉语声、韵、调配合关系的等韵图，即按韵书的反切分类来分图列字，用图表的格式把音节与声母、韵母、声调的配合关系平面地展示出来，用不多的图表平面而直观地展示汉语的整个语音系统，从而达到以简驭繁的目的。

现代音韵学家经研究认为，“等”的概念约在唐代就出现了，最早反映“等”的音韵材料出现在唐末，《守温韵学残卷》“四等轻重例”列字如：

平声：高古豪反交肴娇宵浇萧　　上声：藒歌旱反简产蹇狝𩈎铣

去声：旰五旰反鴈谏彦线砚霰　　入声：北布德反蘖麦逼职壁锡

对照《韵镜》来看，这批材料是按四等的顺序排列的，一等字下标反切，二、三、四等依次标相应的韵目，据反切拼出一等的读音来，加上等的变化进行类推，二、三、四等字的读音也就出来了，所以二、三、四等字就不用再标反切了。可以想见，等韵图正是在这样分四等列字的基础上逐步完善起来的。

今天所知最早的等韵图是刊刻于宋代的《韵镜》和《七音略》。《韵镜》的作者与制作年代已无从考知了，但它的制作体例和内容显示它已经不是草创之物，而是相当成熟的等韵图了，此前可能还出现过其他的韵图。今见《韵镜》是南宋三山张麟之于高宗绍兴三十一年（1161）刊行的，他在《序》中说："读书难字过，不知音切之病也。诚能依切以求音，即音而知字，故无载酒问人之劳。学者何以是为缓而不急与？余尝有志斯学，独恨无师承，既而得友人授《指微韵镜》一编，且教以大略。曰：反切之要，莫妙于此，不出四十三转，而天下无遗音。"张刻《韵镜》于南宋理宗淳祐年间（1241—1252）传入日本，在国内反而失传了。清末黎庶昌出使日本，才得到永禄本《韵镜》带回国内，后收入《古逸丛书》中，古籍出版社于1955年影印出版，中华书局1982年出版李新魁的《韵镜校证》，亦以此本为底本。此外，还有一种刻本流入日本，后来也回到国内，即宽永本《韵镜》。

《七音略》的编者是宋人郑樵（1103—1162），刊行于宋高宗绍兴三十二年（1162）前后，收在郑著《通志》之中。郑樵在《序》中说："臣初得《七音韵鉴》，一唱而三叹，胡僧有此妙义，而儒者未之闻。……今作谐声图，所以明古人制字通七音之妙，又述内外转图，所以明胡僧立韵得经纬之全。"有学者据此推测胡僧是宋人，郑樵是参照《七音韵鉴》编成的《七音略》，而胡僧的《七音韵鉴》也可能是《韵镜》的前身，《韵镜》的作者也有可能是僧人。学者们一般认为，《韵镜》的原型是从晚唐流传下来的，经过宋初的僧侣增订加工而最后定型。在《韵镜》中，宋人用三十六字母在韵图原型上对《广韵》音系进行整理和系统展示，体现了宋人对《广韵》音系的认识。从今天学者们的研究成果来看，《韵镜》和《七音略》表现出来的语音体系与《广韵》相合，韵图排列的二〇六韵与《广韵》也是完全一致的。上海辞书出版社2003年出版了杨军的《七音略校注》，材料较为翔实，可资参考。

王力先生在《汉语音韵》中说："除序文与韵图次序以及个别字以外，《七音略》和《韵镜》并没有什么不同。"[①] 但拿《韵镜》和《七音略》作细微的比较，《韵镜》的列字和内容更接近《广韵》系统一些，它又比《七音略》出现得早些，因此

① 王力《汉语音韵》，中华书局2013年版，第90—91页。

《韵镜》在展示《广韵》音系的诸韵图中地位最为重要，当然，它在等韵学上的突出地位也是其他韵图难以比拟的。

此外，还有以《四声等子》《切韵指掌图》《切韵指南》等为代表的宋元时期的等韵图，它们大体上也保留了《广韵》的语音系统，也按韵书的小韵列字，但同时又采用“并韵”“附摄”等手段来反映当时口语的实际语音变化，把《韵镜》《七音略》的四十三转合并为十六摄，使分图总数大为减少，对早期韵图作了大幅度的调整。《四声等子》撰者不详，约成书于12世纪以后，曾附于辽僧行均所撰《龙龛手鉴》之后刊行，声调、声母用四声和三十六字母，把《广韵》二〇六韵归为十六摄，基本上是开合分图，每图分列四等，或一摄一图，或两摄共一图，全书共分二十图，往往有把《广韵》不同的韵合并列于同一行者，留下了中古音向近代音演变的痕迹。《切韵指掌图》旧题司马光撰（清人莫友芝在其《韵学源流》中对此提出怀疑），约成书于13世纪，全书分二十图，基本性质与《四声等子》相近，具体细节则多有不同。《经史正音切韵指南》简称《切韵指南》，元人刘鉴撰，成书于元至正二年（1336），以《四声等子》为蓝本，性质很接近，但十六摄的顺序有所调整，分图上《四声等子》附“江”于“宕”、附“麻”于“果”、附“梗”于“曾”，《切韵指南》则“江”单列一图，“梗”分出变为开合二图，又将咸摄开合混图分为开、合二图，故全书分二十四图，比《四声等子》多了四图。

宋元韵图虽然掺杂了当时的口语“人声”，但并没有完全改变以《广韵》语音系统作为理想的参照系来编制韵图的惯例，说明《广韵》的声韵调系统仍然是早期韵图研究和反映的主要对象。虽然汉语的语音随着时代的变化而变化，但是传统的韵书和韵图却有着很强的保守性，总是用《切韵》音系作为审音正音的标准，顽强地维护魏晋以来传统文献读书音的正统地位。

《韵镜》是早期韵图的典型代表，它图示《广韵》语音系统的方法代表着早期韵图的典型结构。大体上说，《韵镜》是把宋人的三十六字母和《广韵》的二〇六韵配合成若干图表，在表中声、韵、调交汇的点上排列《广韵》的小韵代表字，也就是音节代表字，这些代表字又分四等依次排列。这样，根据所查字的反切注音及它在《广韵》中所属韵目，就能很快查出该字在韵图中的位置，该位置代表字的音节读音就是所查字的读音。清戴震《声韵考》卷二说，等韵图“皆以音声洪细，别之为一、二、三、四等列，故称等韵。各等又分开口呼、合口呼，即外声、内声。……其说虽后人新立，而二百六韵之谱，实以此审定部分。”这是说韵图不但内容从韵书来，而且列韵分等别呼的音理也是承韵书而来的。

《韵镜》的一张图表叫一“转”，共有四十三转，也就是四十三张图表。一般认为“转”是“轮回”的意思，一个或几个韵母同三十六声母相拼一个轮回就是一“转”。

《韵镜》的韵图分“开、合”两类，把《广韵》二〇六韵按开口呼、合口呼的不同分别列入开、合两类图中去，每图最右边标有“转”的序数和注明“开、合”的字样。图的顶行横列的是声母，但不是直接列出三十六字母，而是列出它们的发音部位和发音方法，即用“七音”加“清浊”来表示三十六字母；全书的前面有一个三十六字母的总图，两相对照就知道每个位置所代表的声母了。表的左边先分四大栏，按“平、上、去、入”四声顺序竖着列出《广韵》的韵目，这些韵目既表示韵母，也表示声调。再在四个大栏内各分四小格，依次表示“一等、二等、三等、四等”。四个等表示的是韵母的不同，具体说是主要元音和介音的不同，四个等的不同韵母有的属于《广韵》的同一个韵，则对应的左栏里就只标一个韵目，如《韵镜》第一图平声栏的四等都属于《广韵》的东韵，大横栏就只标一个韵目“东”；有些图中的四等分属《广韵》不同的韵，那就在左大横栏里分别标出对应这些韵母的不同韵目，如《韵镜》第二十五图平声栏的四等依次分属于《广韵》的豪、爻、宵、萧四韵，大横栏就依次标上四个韵目“豪爻宵萧”。这样，从理论上说，韵图中声、韵、调交叉的每一个坐标点都是汉语的一个音节。但实际上不少理论音节并没有对应的现实读音，也就形成了音节“零位”，所以凡是《广韵》没有对应音节代表字的坐标点，《韵镜》各韵图就画上“〇”，表示是零位音节。

另外，需要提醒注意的是，由于韵母不计声调，同一韵部的平声、上声、去声三个舒声韵的韵母是相同的，因而不能把同韵部的平、上、去三韵与同一声母交叉的三个音节点累计为三个韵母，它们只是同声母、同韵母不同声调的音节，如《韵镜》第一图东韵部里的平、上、去三韵“东、董、送”一等与牙音次清“溪”声母交叉有“空、孔、控”三个音节点，它们是同一韵母的三个不同声调；但与之相配的入声韵音节则要计为不同的韵母，因为《广韵》的入声与舒声有韵尾的差别，韵母自然就不同了，如与上列三声韵相配的入声“屋”韵一等对应“溪”母有音节点“哭”，在《广韵》中其韵母就与“空、孔、控”不同，今音读来还仍然不同。

总之，韵图总的编排原则是：开合不同则分图，洪细有别则列等。每图中，横排的是声母，竖排的是声调、韵和韵母，纵横交叉的坐标点上是音节代表字。以《韵镜》为代表的韵图结构形式大体如此，本书第 67—68 页附《韵镜》第一图和第二十五图为样图，且列《七音略》同图作对比。

韵镜

內轉第一開

	脣音				舌音				牙音				齒音					喉音				舌音齒	
	清	次清	濁	清濁	清	次清	濁	清濁	清	次清	濁	清濁	清	次清	濁	清	濁	清	清	濁	清濁	清濁	清濁
東	○	○	蓬	蒙	東	通	同	○	公	空	○	岘	嵏	怱	叢	檧	○	翁	烘	洪	○	籠	○
	○	○	○	○	○	○	○	○	○	○	○	○	○	○	崇	○	○	○	○	○	○	○	○
	風	豐	馮	瞢	中	忡	蟲	○	弓	穹	窮	[illegible]	終	充	○	○	○	○	○	雄	肜	隆	戎
	○	○	○	○	○	○	○	○	○	○	○	○	○	○	○	嵩	○	○	○	○	融	○	○
董	琫	○	菶	蠓	董	桶	動	[illegible]	○	孔	○	○	總	○	○	敵	○	蓊	嗊	澒	○	曨	○
	○	○	○	○	○	○	○	○	○	○	○	○	○	○	○	○	○	○	○	○	○	○	○
	○	○	○	○	○	○	○	○	○	○	○	○	○	○	○	○	○	○	○	○	○	○	○
	○	○	○	○	○	○	○	○	○	○	○	○	○	○	○	○	○	○	○	○	○	○	○
送	○	○	槰	夢	凍	痛	洞	齈	貢	控	○	○	糉	謥	[illegible]	送	○	甕	烘	閧	○	弄	○
	○	○	○	○	○	○	○	○	○	○	○	○	○	○	[illegible]	○	○	○	○	○	○	○	○
	諷	賵	鳳	幪	中	○	仲	○	○	焪	○	○	衆	銃	○	○	○	○	趬	○	○	○	○
	○	○	○	○	○	○	○	○	○	○	○	○	○	趥	○	○	○	○	○	○	○	○	○
屋	卜	扑	暴	木	縠	禿	獨	○	穀	哭	○	○	鏃	瘯	族	速	○	屋	熇	縠	○	祿	○
	○	○	○	○	○	○	○	○	○	○	○	○	縅	珿	○	縮	○	○	○	○	○	○	○
	福	蝮	伏	目	竹	蓄	逐	朒	菊	麴	驧	砡	粥	俶	○	叔	塾	郁	畜	○	囿	六	肉
	○	○	○	○	○	○	○	○	○	○	○	○	蹙	鼀	[illegible]	肅	○	○	○	○	育	○	○

七音略

內轉第一 重中重

		幫	滂	並	明	端	透	定	泥	見	溪	群	疑	精	清	從	心	邪	影	曉	匣	喻	來	日
						知	徹	澄	孃					照	穿	床	審	禪						
		羽				徵				角				商					宮				半徵半商	
平	東		[illegible]	蓬	蒙	東	通	同		公	空		岘	嵏	蔥	叢	摠		翁	烘	洪		籠	
															雛	崇								
		風	豐	馮	瞢	中	忡	蟲		弓	穹	窮		終	充				硧	[illegible]	雄		隆	戎
																	嵩					融		
上	董	琫		捀	蠓	董	桶	動	[illegible]		孔		[illegible]	總		[illegible]	敵		蓊	嗊	澒		曨	
去	送			槰	幪	凍	痛	洞	齈	貢	控			糉	謥	[illegible]	送		甕	烘	哄		弄	
																[illegible]								
		諷	賵	鳳	夢	中	蟲	仲			焪			衆	銃									
															趥									
入	屋	卜	扑	瀑	木	縠	禿	獨		縠	哭			鏃	瘯	族	速		屋	縠			祿	
														縅	珿	蔟	縮							
		福	蝮	伏	目	竹	蓄	逐	朒	菊	趜	驧	砡	粥	俶	孰	叔		郁	蓄		囿	六	肉
														蹙	鼀	[illegible]	肅							

韵镜

外轉第二十五開

	脣音				舌音				牙音				齒音					喉音				舌音齒	
	清	次清	濁	清濁	清	次清	濁	清濁	清	次清	濁	清濁	清	次清	濁	清	濁	清	清	濁	清濁	清濁	清濁
豪	褒	橐	袍	毛	刀	饕	陶	猱	高	尻	○	敖	糟	操	曹	騷	○	鏖	蒿	豪	○	勞	○
肴	包	胞	庖	茅	嘲	颵	桃	鐃	交	敲	○	聱	䫞	謅	巢	梢	○	顲	虓	肴	○	顟	○
宵	鑣	麃	○	苗	朝	超	鼂	○	驕	蹻	喬	堯	昭	弨	○	燒	韶	妖	嚻	○	鴞	燎	饒
蕭	○	○	○	○	貂	祧	迢	○	驍	鄡	○	嶢	○	○	○	蕭	○	幺	膮	○	○	聊	○
晧	寶	犥	抱	蓩	倒	討	道	腦	暠	考	○	積	早	草	皂	嫂	○	襖	好	晧	○	老	○
巧	飽	○	鮑	卯	獠	○	○	獿	絞	巧	○	齩	爪	煼	[illegible]	㪨	○	拗	○	澩	○	○	○
小	表	麃	藨	○	○	巐	趙	○	矯	○	驕	○	沼	麨	○	少	紹	殀	○	○	○	繚	擾
篠	○	○	○	○	鳥	朓	窕	嬲	皎	磽	○	○	湫	○	○	篠	○	杳	曉	皛	○	了	○
號	報	○	暴	帽	到	○	導	臑	誥	鎬	○	傲	竈	操	漕	喿	○	奥	耗	號	○	嫪	○
效	豹	奅	皰	貌	罩	趠	棹	橈	教	敲	○	樂	抓	抄	巢	稍	○	靿	孝	效	○	○	○
笑	○	○	○	廟	○	朓	召	○	驕	○	嶠	○	照	○	○	少	邵	○	○	○	○	療	饒
嘯	○	○	○	○	弔	糶	藋	尿	叫	竅	○	顤	○	○	○	嘯	○	窔	[illegible]	○	○	顟	○
	○	○	○	○	○	○	○	○	○	○	○	○	○	○	○	○	○	○	○	○	○	○	○
	○	○	○	○	○	○	○	○	○	○	○	○	○	○	○	○	○	○	○	○	○	○	○
	○	○	○	○	○	○	○	○	○	○	○	○	○	○	○	○	○	○	○	○	○	○	○
	○	○	○	○	○	○	○	○	○	○	○	○	○	○	○	○	○	○	○	○	○	○	○

七音略

外轉二十五　重中重

		羽				徵				角				商					宮				半徵半商	
		幫	滂	並	明	端	透	定	泥	見	溪	群	疑	精	清	從	心	邪	影	曉	匣	喻	來	日
						知	徹	澄	孃					照	穿	床	審	禪						
平	豪	褒	橐	袍	毛	刀	饕	陶	猱	高	尻		敖	糟	操	曹	騷		爊	蒿	豪		勞	
	肴	包	胞	庖	茅	凋	颮	桃	鐃	交	敲		聱	䫞	謅	巢	梢		顲	虓	肴		顟	
	宵	鑣	奧		苗	朝	超	晁		驕	趫	喬		昭	怊		燒	韶	妖	嚻		鴞	遼	饒
	蕭					貂	祧	迢	嬈	驍	鄡		堯				蕭		幺	膮			聊	
上	晧	寶	膔	抱	蓩	倒	討	道	腦	暠	考		積	早	草	皁	嫂		襖	好	晧		老	
	巧	飽		鮑	卯	獠	抓		獿	絞	巧		齩	爪	謅	[illegible]	㪨		拗		澩			
	小	表	麃	藨			巐	趙		矯	遶	驕	鱎	沼	趬		少	紹	夭				繚	擾
	篠					鳥	朓	窕	嬲	皎	磽		磽	湫	悄		篠		杳	曉	皛		了	
去	号	報	穮	暴	帽	到	韜	導	臑	誥	鎬		傲	竈	操	漕	喿		奥	耗	号		嫪	
	效	豹	奅	皰	皃	罩	趠	棹	橈	教	敲		樂	抓	抄	巢	稍		靿	孝	効			
	笑	俵	剽	膘	廟		朓	召		驕	趬	嶠		照	覞		少	邵		[illegible]			療	饒
	嘯					弔	糶	藋	尿	叫	竅		顤	醮	峭	[illegible]	嘯		窔	[illegible]			顟	
入	鐸	博	[illegible]	泊	莫	矺	託	鐸	諾	各	恪		咢	作	錯	昨	索		惡	臛	涸		落	
	藥													斮		戠								
		鑮	薄	縛		芍	[illegible]	着	逽	脚	却	噱	虐	灼	綽		爍		約	謔			略	弱
														爵	鵲	嚼	削							

二 韵图与“等”

“等”代表一种大约出现于唐代的分析汉语语音的特殊方法，它也是韵图用来表示韵母区别的最重要方法，所以韵图又叫作“等韵图”。《韵镜》《七音略》把《广韵》的韵分成“一等、二等、三等、四等”四个等次，依次放在韵下的四个格子中。

四等之间的区别究竟是什么？由于没有音素符号来标示，古人往往说不大清楚。清代音韵学家江永描述得比较详细，他在《音学辨微》中说：“音韵有四等，一等洪大，二等次大，三四皆细，而四尤细。”用现代语音学术语来表述，所谓“洪、细”是指韵母中元音的开口度大小和舌位的前后：元音开口度大、舌位较后的是“洪音”，开口度小、舌位较前的是“细音”。那么江永描述四等的分别大致是：一、二等开口度大，舌位较后；三、四开口度小，舌位较前，四等开口度更小，舌位更前。也就是说，从一等到四等，主要元音的开口度逐渐变小，舌位逐渐前移。今天的学者用方言和其他相关的语音资料来验证，认为这种推测基本上是正确的。比如，王力先生在《汉语史稿》中根据现代方言和其他相关材料对《韵镜》第二十五图的“豪肴宵萧”进行古音拟测：“豪”是一等韵，拟韵母为［ɑu］；“肴”是二等韵，拟韵母为［au］；“宵”是三等韵，拟韵母为［iɛu］；“萧”是四等韵，拟韵母为［ieu］。也就是认定一等韵舌位靠后，开口度最大，二等韵舌位较前，开口度次大，三、四等韵舌位靠前，开口度较小，所以习惯上称一、二等韵为“洪音”，称三、四等韵为“细音”。罗常培先生解释四等洪细的音值差别云：“今试以语言学术语解释之，则一、二等皆无［i］介音，故其音大；三、四等皆有［i］介音，故其音细。同属大音，而一等之元音较二等之元音略后略低，故有洪大次大之别，如歌之与麻，咍之与皆，泰之与佳，豪之与肴，寒之与删，覃之与咸，谈之与衔，皆以元音之后［ɑ］前［a］而异等。同属细音，而三等之元音较四等之元音略后略低，故有细与尤细之别，如祭之与齐，宵之与萧，仙之与先，盐之与添，皆以元音之低［ɛ］高［e］而异等。然则四等之洪细，盖指发元音时，口腔共鸣之大小而言也。”[①] 所说详细而清楚。

韵分“洪、细”，是传统音韵学者概括出来的类概念，其具体的大小值则是相对的而非绝对的。也就是说，舌位的前后、开口度的大小是就同一韵图中居左边同一大横栏的四个不同等次韵母相比较而言的，不同韵图同一等次韵母的主要元音不

① 罗常培《汉语音韵学导论》，中华书局，1956年，第62—63页。

是都相同的，也就是四十三图各等的主要元音并不完全一样。因此，在拟测《广韵》某个韵母的主要元音音值时，既要看韵图所分的等次，又要着眼于整个语音系统来反复比较，进行全盘考虑才行。

如果一张图只含《广韵》的一个韵，则四个等次隶属于同一韵，那么各等的主要元音就是相同的，分等的条件就不是主要元音的区别而是介音（韵头）的差别。从现代汉语音系中能明显看出，合口呼的特征是有［u-］介音或主要元音是［u］，也就是说，凡是合口呼的韵母，如果主要元音不是［u］，就一定有介音［u-］，古代汉语的合口呼也是如此。

而依“等”定介音的音值比“呼”要复杂一些，现代音韵学者用大量的方音材料来说明，三、四等细音韵母与一、二等洪音韵母应该是有无［i-］介音的对立，如三等韵的“要、娘”等字在现代汉语各方言里几乎都是有［i-］介音的，则现代汉语方言中三、四等韵的［i-］介音应该是对古韵图分等的传承。由此上推，《广韵》的三等韵有［i-］介音是可以肯定的；四等韵是否有［i-］介音，目前还有分歧。虽然现代音韵学者从隋唐音系的整体性着眼，把四等韵当作有［i-］介音来看待并拟音，但不少学者认为《切韵》时代的四等韵是没有［i-］介音的，四等韵的［i-］介音是以后才出现的。从《广韵》反切上字的分类上看得最清楚，三等韵明显具有区别于一、二、四等韵的特性，不仅有主要元音开口度大小上的区别，还有介音［i-］有无的区别。这种区别在只含一个《广韵》韵部的韵图中表现得很明白，如《韵镜》第一图只有“东”韵，“东”韵只有一、三等，一、三等的主要元音相同，区别就在于三等有［i-］介音而一等没有，因而现代音韵学者拟“东”韵一等为［uŋ］，三等为［iuŋ］。如果既是合口呼又是三等韵，而且合口表现在介音［u-］上，就形成了复合介音［iu-］，实际拟音多作［iw-］或［ĭw-］，这是由于［u］受［i］影响而变为带轻微摩擦的半元音［w］，［i］受［w］影响变为紧元音［ĭ］，如《广韵》“阳”韵开口三等拟音为［ĭaŋ］，合口三等拟音为［ĭwaŋ］。也就是说，当合口三等韵的主要元音不是［u］时，它就一定有介音［u-］，而三等韵又一定有介音［i-］，于是就出现了复合介音［iu-］（［ĭw-］）。复合介音一般只出现在合口三等韵中，但因一些学者往往把《广韵》的四等韵当作有［i-］介音来看待，故合口四等韵也就拟为有复合介音［iw-］了。中古汉语的复合介音［iu-］（［ĭw-］）就是近现代汉语撮口呼的来源，后文将专门论述。

尽管等韵图中“等”的“洪、细”区别是相对的，尽管对韵母音值的描述总是不能达到音素标音的准确度，但经过现代音韵学者们的不断努力，还是可以用现代语音学的术语来表述传统学者心目中“等”的区别的。综合以上分析，可以把四个等次的语音状况表述为：一等韵，主要元音开口度最大，舌位较后，韵母中没有［i-］介音；二等韵，主要元音开口度次大，舌位较前，韵母中也没有［i-］介音；三等韵，韵母中必有［i-］介音，主要元音开口度较小，舌位靠前；四等韵，韵母中带有［i-］介音，主要元音开口度相对最小，舌位也最前。

由于各“韵”分“等”的情况不一，《韵镜》四十三韵图中每图所容纳的韵数也就不均衡：有的图只有三个韵，如第八图；有的图有十个韵，如第十七图；有的图多至十六个韵，如第二十三图。《韵镜》对《广韵》“举平以赅上去入”的六十一个韵部的分等，情况如下：

一等韵部 16 个：冬模泰灰咍魂痕寒桓豪歌唐登侯覃谈

二等韵部 10 个：江佳皆夬删山肴耕咸衔

三等韵部 26 个：钟支脂之微鱼虞祭废真谆臻文欣元仙宵阳清蒸尤幽侵盐严凡

四等韵部 5 个：齐先萧青添

一、三等兼备的韵部 2 个：东戈

二、三等兼备的韵部 2 个：麻庚

其中，“臻”韵部韵图列在二等，实为三等；“幽”韵部韵图列在四等，实为三等。也就是说，“韵”分等的实际情况与韵图所列的等位并不完全一致。再如含三等韵的韵部实有二十八个，但只有“微”等七个是把全部音节代表字都列于韵图三等位置上的，音韵学上称之为“纯三等韵”；其余大部分三等韵部都没能把所属的全部音节字都严格地列到三等位置上，如“东”韵就有一些字被列到二等和四等中去了。也就是说，三等韵的情况比较复杂，二十五个独立三等韵可再细分为三小类：（1）微废文欣元严凡，这七韵及庚$_{二}$所能拼的声母较少，只限于“喉牙唇”声母，韵图都列于三等格内；（2）钟之鱼虞臻谆阳清蒸尤幽，这十一韵及东$_{三}$戈$_{三}$麻$_{三}$所拼声母多，除了“端透定”之外的其他声母都可相拼，在韵图上遇到庄组声母时被排在二等格内，遇到精组及喻$_{四}$（以母）声母时被排在四等格，即“假二等”与“假四等”；（3）支脂祭真仙宵侵盐，这八韵除了具有上一类的全部特点外，遇到“喉牙唇”声母时出现重出小韵，也就是有“重纽”，韵图把重纽分别排在三、四格内，即有“重纽四等”。

这些不一致，有韵图安排上的其他原因，但最主要的是由于声母和韵母在韵图中的对应时有冲突，韵图不得已而采取变通的办法，这就涉及声母和“等”的复杂关系。

本来，“等”是关于韵母的概念，与声母无关，故陈澧在《切韵考·外篇》卷三中说：“等之云者，当主乎韵，不当主乎声。”但等韵学家不但给韵母分等，还给声母分等，这与韵图的布局有关。《韵镜》表头首行横列的声母栏是用“七音”和“清浊”来排列三十六字母的，先按发音部位分“唇音、舌音、牙音、齿音、喉音、舌音齿（即半舌半齿音）”六个大栏，每栏再按发音方法分“清、次清、浊、清浊（即次浊）”小栏，其中“齿音”五小栏，“舌音齿”两小栏，其余都是四小栏，总共用二十三小栏来安排三十六个声母，这就要在有的栏里重列两组声母：“唇音”栏里实际上重列了“帮滂並明”和“非敷奉微”两组八个声母；舌音栏里重列了“端透定泥”和“知彻澄娘”两组八个声母；“齿音”栏里重列了“精清从心邪”和“照穿床审禅”两组十个声母，“照穿床审禅”又分为“庄初崇生”与“章昌船书禅”两组，实际上该栏重列了三组十四个声母；“喉音”栏“清浊”格重列了“喻三、喻四”二母。这样安排既满足了“五音、七音”的声母分类，又节约了韵图的篇幅，以便用最少的图表来反映《广韵》全部的声、韵、调配合关系，合乎语言的“经济原则”。

韵图能用四五个音节的位置去安排八至十四个声母，是因为并不是所有的声母全部都能和一、二、三、四等韵搭配，重列的两组、三组声母与四个等次的韵母的对应关系正好是错开的，也就是互补的。舌音栏中，“端透定泥”四母一般只与一、四等韵搭配，同栏的“知彻澄娘”四母一般只与二、三等韵搭配，正好各行其道而形成互补，因此可以重列。唇音栏中，“帮滂並明”四母在开口图中与四等俱全的韵有搭配关系，但在合口图中则只和一、二、四等韵搭配，而“非敷奉微”四母只在合口图中与三等韵有搭配关系，例外的很少，两组基本上也没有冲突，能够重列于一栏之中。齿音栏中的情况复杂一些，“齿头音”声母与“正齿音”声母在与三等韵搭配时发生了冲突：齿头音“精清从心”四母与一、三、四等韵搭配，“邪”母只与四等韵搭配，正齿音“照穿床审”四母与二、三等韵搭配，“禅”母与三等韵搭配，大部分是互补的，但“精清从心”与“照穿床审”两组声母都要与三等韵相配而形成对立，三等韵的四个坐标点不可能容纳八个音节代表字。韵图作者为了解决这个矛盾，就把三等的位置让给“照穿床审”，而人为地硬把“精清从心”所对应的三等韵字移置于四等位置上去，即使三等的位置空着也不再排回来。人们把这种本属三等，但因韵图地位被占而移排在四等位置上的四等韵字称为“假四等”，这就是韵图的“假等”现象。

韵图位置安排与韵书实际分等相冲突所形成的“假等”，有“假四等”和“假二等”。“假四等”如《韵镜》第一图“东韵、四等、齿音、清”的坐标点上排有

“嵩”字，而韵书的“东”韵实际上只有一、三等，查《广韵》“嵩”为“息弓切”，切上字“息”为齿头音心母，切下字“弓”为东韵三等字（韵图排在“牙音、清、三等”的位置上），故“嵩”的韵母本是三等韵而该排在三等位置上，但齿音一栏的三等位置已规定让给与“照穿床审”一组声母对应的字了，“嵩”字只能移到空着的四等位置上而成为“假四等”。此外，喉音中的“喻四”也存在“假四等”现象，也是把三等韵字排在四等的空格里。

“假二等”的情况与“假四等”有些不同。根据音韵学者对《广韵》反切上字系联的结果来看，正齿音的反切上字在《广韵》中明显分为两类，“侧初士所”为一类，“之昌食式”为一类，也就是说《广韵》有两组正齿音声母，传统音韵学命名为“庄初崇生”和“章昌船书禅”，发展到宋人的三十六字母，《广韵》的这两组声母合流成为正齿音“照穿床审禅”一组声母。《韵镜》系统的韵图是拿宋人的三十六字母来图示《广韵》的声母系统的，而《广韵》的“庄初崇生”四母能与二、三等韵相配，“章昌船书禅”五母只能与三等韵相配，两组声母都能与三等韵相配，这就形成了对立，韵图齿音下的一组三等韵位置排不下两组三等韵字，就硬性规定，齿音三等的位置留给与原《广韵》“章昌船书禅”相配的三等韵字，而与原《广韵》“庄初崇生”相配的不管是二等韵还是三等韵，都只能排在二等的位置上，也就是把与“庄初崇生”相配的三等韵字人为地移置到二等位置上而成为“假二等”。这样一来，排列在韵图二等位置上的，有真二等韵字，也有假二等韵字，如《韵镜》第一图“东韵、二等、齿音、浊”的坐标点上排有“崇”字，查《广韵》“崇”为“锄弓切”，切上字“锄”为齿头音崇母，切下字“弓”为东韵三等字，故“崇”的韵母本是三等韵而该排在三等位置上，但齿音一栏的三等位置已人为规定让给与原《广韵》“章昌船书禅”一组声母对应的字了，“崇”字只能移置二等位置而成为“假二等”。由于原《广韵》“庄初崇生”和“章昌船书禅”两组声母后来合流为宋人三十六字母的正齿音“照穿床审禅”一组声母，韵图又规定把原《广韵》“庄初崇生”一组排在二等位置上，“章昌船书禅”一组排在三等位置上，音韵学上就习惯称“庄初崇生”为“照二、穿二、床二、审二”，合称为“照二组”；称“章昌船书”为“照三、穿三、床三、审三”，“禅”母只拼三等韵而沿用旧名，合称为“照三组”。

所以，韵图中齿音栏下三等位置上是与“照三组”声母对应的真三等韵字；二等位置上是与“照二组”声母对应的二、三等韵字，有真二等，也有假二等；四等位置上是与“精组”声母对应的三、四等韵字，有真四等，也有假四等。在使用《韵镜》系的韵图时，如遇到这样的“假二等”和“假四等”，要注意在思想上恢复它们三等韵的本来音韵地位。

《韵镜》类韵图作这样的安排，是有系统配合上的根据的：精组声母在同一图中，不会同时与三等韵、四等韵相拼；庄组声母在同一图中，不会同时与二等韵、三等韵相拼。

精组声母可相拼的三等韵有：东三钟支脂之鱼虞祭真谆仙宵麻三阳清尤侵盐蒸，这十九韵与精组相拼的音节都被韵图排在四等格上，都是假四等。其中，“东三钟支脂之鱼虞真谆麻三阳尤侵蒸”十四韵都不与四等韵同图，即图中的第四格是空的，故可以寄放假四等；“祭仙宵清盐”五韵依次分别与四等韵“霁先萧青添”同图时，“祭仙宵清盐”与章组相拼排在三等的格子上，“霁先萧青添”与精组相拼排在四等的格子上，再让“祭仙宵清盐”与精组相拼的音节居于另外一图的四等格子上，就相安无事了。

喉音中喻三（云）、喻四（以）两母都只与三等韵相拼。与喻四相拼的有十七个三等韵：东三钟支脂之虞祭真谆仙宵麻三阳清幽侵盐，其中，“东三钟支脂之虞真谆麻三阳幽侵”十二韵都不与四等韵同图，故它们可以寄放在四等格子内成为假四等；“祭仙宵清盐”五韵依次分别与四等韵“霁先萧青添”同图时，“祭仙宵清盐”与喻三相拼排在三等的格子上，再让“祭仙宵清盐”与喻四相拼的音节居于另外一图的四等格子上。

庄组声母可相拼的三等韵有：支脂之鱼虞真臻谆阳蒸尤侵，这十二韵都不与二等韵同图。与二等韵同图的三等韵有“祭元仙宵清庚三盐严”八个，但这八个韵又不与庄组声母相拼。因此，庄组声母下的二等格子不会同时出现既有二等韵字又有三等韵字的现象，与庄组相拼的三等韵字就可以寄放在二等格子中成为假二等。

基于上述的安排，中古音系的声母也就被划定了“等”，现将韵图三十六字母对应各等的情况开列如下：

一二三四等俱全的 10 个：影晓来　见溪疑　帮滂並明

一二四等的 1 个：匣

一四等的 8 个：端透定泥　精清从心

二三等的 8 个：知彻澄娘　照穿床审

三四等的 1 个：喻

只具有三等的 7 个：群　非敷奉微　禅日

只具有四等的 1 个：邪

可以把《韵镜》的声母列图方式用表 2-3 来明晰化，以展示声母与韵等的配合关系：

表 2-3 《韵镜》声母与韵等的配合关系表

韵等	音齿舌	音 喉	音 齿	音 牙	音 舌	音 唇
	清浊 清浊	清浊 浊 次清 清	浊 清 浊 次清 清	清浊 浊 次清 清	清浊 浊 次清 清	清浊 浊 次清 清
一等	来	匣 晓 影	心 从 清 精	疑 溪 见	泥 定 透 端	明 並 滂 帮
二等	来	匣 晓 影	审 床 穿 照 （生崇初庄）	疑 溪 见	娘 澄 彻 知	明 並 滂 帮
三等	日 来	喻 晓 影	禅 审 床 穿 照 （禅书船昌章）	疑 群 溪 见	娘 澄 彻 知	明 並 滂 帮 微 奉 敷 非
四等	来	喻 匣 晓 影	邪 心 从 清 精	疑 溪 见	泥 定 透 端	明 並 滂 帮

其中，群母较特殊，一般认为它只拼三等韵，但又发现《韵镜》内转第四开、内转第七合、外转第十八合、外传第三十三开中有拼四等字的，目前还没有合理解释。故有人认为群母是兼具三、四等的，但未被大家所接受。

再次强调，要注意韵图排列与韵书实际相冲突的“假等”，如“精清从心”实际上有一、三、四等，但韵图因篇幅所限只能将其对应的三等韵字排在四等的位置上，也就是人为地把它变成只有一、四等了。弄清了这些，就会对“等”有较为清楚的认识。这些知识不仅对于读懂等韵图有重要作用，而且对于分析和构拟《广韵》的声韵系统有更为重要的作用。

三 韵图与“呼”

传统音韵学的“呼”是指韵母的韵腹和韵头发音时嘴唇形状的不同，圆唇的是合口呼，不圆唇的是开口呼，江永《音韵辨微·辨开合口》谓“音呼有开口合口，合口者吻聚，开口者吻不聚也”。明代以前的古汉语韵母只有开、合两呼，《广韵》自然也只有开、合两呼，其二〇六韵中，有的韵只有开口呼，如“之、鱼、臻、欣、痕、寒”等韵（举平以赅上去入）；有的只有合口呼，如“虞、谆、魂、文、桓”等韵；有的既含有开口呼的韵母也含有合口呼的韵母，如“支、脂、微、皆、齐、佳、山、元、仙、麻、阳、唐”等韵。

《韵镜》系统的韵图按韵母的开合口来分图，把开口韵放在开口图，把合口韵放在合口图，含有开、合不同韵母的韵就分列于不同的开口图和合口图。所以，上列“支、脂、微、皆、麻、阳”等含有开、合两呼的韵在图中就分见于开、合两个图，如“麻”韵中的“巴、爬、麻、茶、车、蛇、遮”等字是不以［u］开头的开口韵，放在开口图中，“瓜、花、华”等字是以［u］开头的合口韵，放在合口图中。开、合口分列于不同的图后，同图的字就都是同呼的字了。

《韵镜》四十三图中，标明“开”的十九图，标明“合”的二十图，标明“开合”的有四图。这四张图为什么标“开合”，目前还没有合理的解释，韵图的排字列图原则是不允许一图兼有开、合两呼的，有些学者认为“开合”二字可能是后人根据自己的方音改加的。另有四图标明“合”而实际上当为“开”，学者就据《七音略》等资料加以校正；而第一图（东韵）在《韵镜》和《七音略》中均标为“开”，有的学者认为当时“东”韵就是读开口而后来才变为合口，较多的学者则认为有误而当改定为“合”。①

《韵镜》的四十三图开合分类很直观地反映了《广韵》六十一韵部的开合口情况，现开列如表 2–4。表中的数码为四十三转（图）的顺序号，括号内的“开、合”是现代等韵学者校正《韵镜》所定，所列《广韵》韵部是“举平以赅上去入”的：

表 2–4　《韵镜》四十三图开合分类表

1. 开（合）……………………东	2. 开合（合）……………………冬钟
3. 开合（开）……………………江	4. 开合（开）/ 5. 合……………………支
6. 开 / 7. 合……………………脂	8. 开……………………之
9. 开 / 10. 合…………微［废］	11. 开……………………鱼
12. 开合（合）……………模虞	13. 开……………………咍皆祭齐［夬］
14. 合…………灰皆祭齐［夬］	15. 开 / 16.合……………………佳泰祭
17. 开……………………痕臻真	18. 合……………………魂谆
19. 开……………………欣	20. 合……………………文
21. 开 / 22.合……………山元仙	23. 开……………………寒删仙先
24. 合……………………桓删仙先	25. 开……………………豪爻宵萧
26. 合（开）……………………宵	27. 合（开）……………………歌
28. 合……………………戈	29. 开 / 30. 合……………………麻
31. 开 / 32.合……………………唐阳	33. 开 / 34. 合……………………庚清
35. 开……………………耕清青	36. 合……………………耕青
37. 开……………………侯尤幽	38. 合（开）……………………侵
39. 开……………………覃咸盐添	40. 合（开）……………谈衔严盐
41. 合……………………凡	42. 开 / 43. 合……………………登蒸

① 参见李新魁《韵镜校证》，中华书局 1982 年版，第 128 页。

其中，“废”韵、“夬”韵栏原图注“去声寄此”，意思是为了节省图表，将单独的“废”韵寄于第九开、第十合的去声栏内，将“夬”韵寄于第十三开、第十四合的去声栏内。

传统音韵学把《广韵》兼有开合两呼的韵部称为“开口合口韵”，也称“开合口合韵”。相对而言，《广韵》把主要元音和韵尾都相同的开口、合口呼分成两个韵部的，就称为“开合口分韵”；而只有开口呼或只有合口呼的，就称为“独韵”。《广韵》六十一韵部分布如下：

开口独韵 18 部：江之鱼豪爻宵萧侯尤幽侵覃咸盐添谈衔严
合口独韵 6 部：东冬钟虞模凡
开合口分韵 6 对 12 部：灰—咍；臻—谆；欣—文；痕—魂；寒—桓；歌—戈
开合口合韵 25 部：支脂微皆齐祭佳泰夬废元真删山先仙麻唐阳庚耕清青登蒸

四 韵图与“摄”

等韵学家把韵尾相同、韵腹相同或相近的韵部归为一大类，在韵图中或居于同一图，或居于相邻的几图内，这样的大类称为“摄”。“摄”之名源于悉昙，梵文义略相当于汉语的“概括、包括”，清方本恭《春水船易学·等子述》云：“摄，管束也。以其统摄全韵，故谓之摄。”

早期等韵图如《韵镜》《七音略》将《广韵》音系的二〇六韵归为四十三“转”（图），《切韵指掌图》归为二十图，已经暗含了“摄”的观念。但“摄”的名称首先是由无名氏《四声等子》正式提出来的，《四声等子》和《切韵指南》正式把韵书中的韵部归纳为十六个摄并予以命名。摄的作用主要是把繁多的韵母归并为少量的大类而进一步系统化，以便掌握和称说，即所谓“以一音而摄众音，统数字而归一字”。宋元韵图能够把《广韵》二〇六韵六十一韵部归并成为十六摄，一是由于同摄的韵原本就有发音相近的基础，二是因为隋唐时代的汉语读音到宋元时代已经发生了变化，很多韵的读音变得相同和相近了。

拿宋元人的十六摄与《韵镜》等早期韵图的四十三转作比较，可看出“摄”只是对“转”的再归并，没有打乱“转”的内在组合。如“山摄”正好归并“元寒桓删山先仙”七韵的开合四转，“宕摄”则只归并“唐阳”二韵的开合二转。据此，传统音韵学后来也按同摄之韵发音相近的原则，把《韵镜》《七音略》等早期韵图的四十三转归并为十六摄，也就是把《广韵》的二〇六韵再度条理化和系统化，这对研究和掌握《广韵》音系是很有帮助的。

归摄的具体标准是主要元音相同或相近、韵尾相同或同类。所谓“韵尾同类”，如阳声韵鼻音韵尾［-m］［-n］［-ŋ］与入声韵塞音韵尾［-p］［-t］［-k］的发音部位相同，则［-m］和［-p］、［-n］和［-t］、［-ŋ］和［-k］两两相配为同一类。韵图是按四声相承、阳入相配的方式排列的，所以入声虽然韵尾音值与平、上、去声有别，也不单独归摄，而是与韵尾同类的平、上、去声相承归摄。如“山摄”统领“元寒桓删山先仙”开合四图七韵部，它们的韵腹较接近，都是收阳声韵［-n］韵尾，相承的入声韵都收［-t］韵尾，平上去入相承，“山摄”实际统领《广韵》二十八个韵。再如“豪爻宵萧”四韵部，主要元音是［ɑ］［a］［ɛ］［e］，韵尾都是［-u］，都无入声相配，归为“效摄”，平上去相承，“效摄”实际统领《广韵》十二个韵。归摄原则只着眼于主要元音和韵尾而不管介音的区别，因而无论韵图是“开合口合韵”还是“开合口分韵”，各韵开合对应的二图（转）必然归为同一摄，如“真”韵的开合口、开口“欣”韵配合口“文”韵都归“臻摄”。

这样，前人将《广韵》六十一韵部二〇六韵归入十六摄中，所归情况如表2–5所示：

表2–5　《广韵》六十一韵部与十六摄对应表

1. 通摄：东冬钟	2. 江摄：江
3. 止摄：支脂之微	4. 遇摄：鱼虞模
5. 蟹摄：齐祭泰佳皆夬灰咍废	6. 臻摄：真谆臻文欣痕魂
7. 山摄：元寒桓删山先仙	8. 效摄：萧宵爻豪
9. 果摄：歌戈	10. 假摄：麻
11. 宕摄：阳唐	12. 梗摄：庚耕清青
13. 曾摄：蒸登	14. 流摄：尤侯幽
15. 深摄：侵	16. 咸摄：覃谈盐添咸衔严凡

各摄统领的韵数多少不一，少的如“假摄”只有“麻”部平上去三韵，多的如“咸摄”含八韵部三十二韵。

韵图还有比“摄”更大的分类，即把十六摄分为“内转”和“外转”两大类，内转为“通、止、遇、果、宕、曾、流、深”八摄，外转为“江、蟹、臻、山、效、假、梗、咸”八摄。传统等韵学者对“内、外”的解释很不相同，而且多涉玄虚，今一般趋向于以有无真正的二等韵为标准来分内外转的看法。《切韵指掌图》卷首“辨内外转例”云：“内转者，取唇舌牙喉四音更无第二等字，唯齿音方具足；

外转者，五音四等都具足。”明吕维祺在《同文铎》卷首也说：“内外之外，以第二等字论也。二等别母无字，惟照二有字，谓之内，以字少拘于照之内也；二等各母俱有字，谓之外，以字多出照之外也。”大意是说在韵图中，除了与齿音“照组”声母对应的二等栏内有音节代表字外，其他声母下的二等还有代表字的，就是“外转”，其余的图就都是“内转”。这与“假二等”有关，齿音“照二”组声母对应的二等韵可能有“假二等”，此外各组声母下的二等都是真二等，含有真二等韵的韵图是“外转”，否则是“内转”。如《韵镜》第二十五图“效摄”各组声母对应的二等格子都有二等韵字，即有真二等韵，属“外转”，故标“外转第二十五开”；而《韵镜》第一图“通摄”“东”韵部只有齿音声母对应的二等格子列有“假二等”韵字，实为三等韵字，其他各组声母都无对应的二等字，即没有真二等韵，属“内转”，故标“内转第一开”。内外转问题因如清人贾存仁所说“得名之故，古无明文”，故历来讨论虽多而无定论，不过问题虽然复杂，但对理解和掌握中古音系影响不大，留待等韵学专家去作深入研究。

第四节 《广韵》的声韵系统

今天所说的“音系研究”，是要整理和描写出构成某个语音系统的各音类的具体音值，也就是要用一定的音位（或音素）符号来标示出构成某音系的语音要素类别及其具体值。

《广韵》是一部按四声分韵的韵书，显示的只是构成中古音系各语音要素的类别，也就是只区分了音类而未能标明音值。《广韵》所分出来的调类和韵类，只要翻检各卷的韵目就一目了然，声类隐含在小韵的区分之中，也较容易推考出来。然而，由于当时还不可能有音位（或音素）标音符号，是用表音节的方块汉字来注音的，故《广韵》四声的调值无从考得，《广韵》音系中声母和韵母的音值仅从韵书表面上也看不出来。不过，《广韵》和其他韵书一样，是反切的总汇，切语用字实际上是音标的代用符号，包含着声母、韵母的音值，可以分析出来。具体说来，反切上字代表被切字的声母，我们只要知道《广韵》切上字中的双声字有几类，就可以进一步推求出其声母系统；反切下字代表被切字的韵母和声调，我们只要知道《广韵》切下字中的叠韵字有几类，也就会推出它的韵母系统。因此，《广韵》一书表面上虽然没有展示出声母和韵母的音值，但音值实际上是潜藏在反切用字系统之内的。

一 研究《广韵》声韵系统的材料和方法

传统音韵学上第一个自觉地根据反切用字来考求《广韵》声韵系统的人，是清末的音韵训诂学家陈澧，他最重要的音韵著作是《切韵考》。书名虽叫《切韵考》，实际上研究的是《广韵》，他没有见到《切韵》原本或残卷，只看到《广韵》书前面所载陆法言的《切韵序》。他对《广韵》的全部反切进行了分析，认为有的反切不是陆法言原有的，故作了部分删改。

陈澧研究《广韵》反切和音系的基本理论原则是：反切上字与所切之字双声，反切下字与所切之字叠韵；两个反切的上字同类，则下字必不同类；下字同类，则上字必不同类。他在《切韵考·条例》中说："切韵之法以二字为一字之音，上字与所切之字双声，下字与所切之字叠韵。上字定其清浊，下字定其平上去入。"故他研究反切的方法是系联双声叠韵的反切上下字，也就是"反切系联法"，其系联法主要包括正例、变例两种。

正例是直接系联法，是基本条例。陈澧说："切语上字与所切之字为双声，则切语上字同用者、互用者、递用者声必同类也。"所谓"同用者"如"冬，都宗切""当，都郎切"，同用"都"作切上字，则被切字"冬、当"声母同类；"互用者"如"当，都郎切""都，当孤切"，"都、当"二字互作切上字，则二字声母同类；"递用者"如"冬，都宗切""都，当孤切"，"冬"用"都"作切上字，"都"用"当"作切上字，则"冬、都、当"递相用为切上字，三字声母同类。韵类也如此，"切语下字与所切之字为叠韵，则切语下字同用者、互用者、递用者韵必同类也。"同用者如"东，德红切""公，古红切"，同用"红"作切下字，则被切字"东、公"同韵类；互用者如"公，古红切""红，户公切"，"红、公"二字互作切下字，则二字同韵类；递用者如"东，德红切""红，户公切"，"东"用"红"作切下字，"红"用"公"作切下字，则"东、红、公"三字同韵类。

根据陈澧对"同用、互用、递用"三个基本条例的解说与应用，可以将其原理简化为通用公式。以声类系联为例，韵类系联可以类推：如果用A、B、C代表被切与切上字"冬、当、都"，用X代表任意切下字，则：

同用条例为：$A = BX$，$C = BX$，则 $A = B = C$

互用条例为：$A = BX$，$B = AX$，则 $A = B$

递用条例为：$A = BX$，$B = CX$，则 $A = B = C$

变例是间接系联法，是通过“又切”即《广韵》的“又音互见”来系联。陈澧说：“切语上字既系联为同类矣，然有实同类而不能系联者，以其切语上字两两互用故。如多、得、都、当四字，声本同类，多，得何切；得，多则切；都，当孤切；当，都朗切；多与得、当与都两两互用，遂不能四字系联矣。今考《广韵》一字两音者互注切语，其同一音之两切语上字，声必同类。如一东：涷，德红切，又都贡切；一送：涷，多贡切；都贡、多贡同一音，则都、多二字实同一类也。今于切语上字不系联而实同类者，据此以定之。”即：一东：涷，……，又都贡切（去声）；一送：涷，多贡切（去声）。都贡切＝多贡切，所以，都＝多。也就是说，读音完全相同的一个被切字在“又音互见”中用了两个不同的切上字作注，则这两个切上字声母同类。切下字可以类推。

此外还有分析条例，系联法的正例、变例是把同类的合并起来，分析条例是要把不同类的区别开。陈澧说：“《广韵》同音之字不分两切语，此必陆氏旧例也。其两切语下字同类者，则上字必不同类，如红，户公切；烘，呼东切；公、东韵同类，则户、呼声不同类。今分析切语上字不同类者，据此定之也。上字同类者，下字必不同类，如公，古红切；弓，居戎切；古、居声同类，则红、戎韵不同类。今分析每韵二类、三类、四类者，据此定之也。”“烘，呼东；东，德红；红，户公”，“烘、红”是《广韵》不同音的两个小韵，则“呼东、户公”是不同的两个读音，据递用条例系联确定下字“东、（红）、公”同韵类，则反证上字“呼、户”必然不同声类。余可类推。

陈澧在《切韵考·序》中强调其研究是“惟以考据为准，不以口语为凭”。他制定的系联法是合乎逻辑的，得出的结论是对《广韵》反切材料进行详尽推考和客观系联的结果，故有较强的科学性，其方法一直被后人所承用。但是，因《广韵》反切本身非常复杂，加上陈澧在实践中没能完全把自己所定的条例贯彻到底，所以他的研究成果还没能完全达到符合《广韵》客观语音实际的程度，还有需要补正的地方。后来的中外学者在陈澧所奠定的坚实基础上，从系统比照和精细审音的角度对《广韵》反切进行了更深入更准确的系联研究，并用数据“统计法”等新方法得出的结果来互相参证，从而得出了更符合客观实际的结论。

二　《广韵》的声母系统

《广韵》共有 3875 个小韵，即 3875 个同音字组，每小韵用一个反切，即有 3875 个不同音的反切。归并同形的切语用字，得反切上字 452 个，反切下字 1232 个。

陈澧运用反切系联法的三大条例，从《广韵》所用的 452 个反切上字中考出四十声类，与三十六字母相比，照穿床审喻五纽中各多出一类，微纽未从明纽分出，又少一类，故成四十类。陈澧认为这四十声类就是“隋以前双声之区域也”(《切韵考》卷二），但其后的学者认为他没有严格按照自己所定的条例行事，故所得结果未能完善。罗常培先生指出：“以今考之，其为例犹未能尽纯也。盖因变例以求其合，则为例当不满四十；舍变例而求其分，则为例当逾乎四十。陈氏于其所欲合者，则用变例以联之，于其所欲分者，则用正例以别之，未免自乱其例矣。”①

近现代的学者在陈澧的基础上，辅以相关的方法，对其系联结果进行复核和补正：黄侃、钱玄同得四十一声类；白涤洲、高本汉、黄淬伯都是四十七声类；曾运乾、陆志韦、周祖谟则分出五十一声类；李荣又主张“俟”类独立，实际上是五十二声类。

综合诸家的成果来看，如果能分则分，就应分为五十二声类。但反切上字的分类不是孤立的，要照顾到与下字的配合关系，因此我们依从唐作藩《音韵学教程》所采用的五十一声类，也就是基本上采纳曾运乾、陆志韦、周祖谟等的声类划分意见。下面列出《广韵》五十一声类及其所统反切上字表，此表采用王昌茂《汉字形音学》中参照董同龢《汉语音韵学》和严学宭《广韵导读》而制定的排列样式，字后的数码为该上字在《广韵》中的出现次数：

表 2–6　《广韵》五十一声类及其所统反切上字表

帮	1. 博类：博 23 北 11 布 9 补 7 边 2 伯 1 晡 1 巴 1 百 1（一、二、四等）
［非］	2. 方类：方 32 甫 12 府 11 必 7 彼 6 卑 4 兵 2 陂 2 并 2 分 2 笔 1 畀 1 封 1 鄙 1（三等）
滂	3. 普类：普 37 匹 32 滂 4 譬 1（一、二、四等）
［敷］	4. 芳类：芳 15 敷 12 抚 4 孚 4 披 3 丕 1 妃 1 峰 1 拂 1（三等）
並	5. 蒲类：蒲 30 薄 22 傍 5 步 4 部 2 白 2 裴 1 捕 1 父 1（一、二、四等）
［奉］	6. 符类：符 24 扶 13 房 11 毗 7 皮 7 防 4 平 3 婢 1 便 1 弼 1 附 1 缚 1 冯 1 浮 1 苻 1（三等）
明	7. 莫类：莫 65 模 2 谟 2 摸 1 慕 1 母 1 矛 1（一、二、四等）
［微］	8. 武类：武 24 亡 13 弥 11 无 17 文 4 眉 3 靡 2 明 2 美 1 绵 1 巫 1 望 1(三等）
端	9. 都类：都 37 丁 23 多 11 当 9 得 2 德 2 冬 1（一、四等）
透	10. 他类：他 54 吐 10 土 6 讬 2 汤 2 天 1 通 1 台 1（一、四等）

① 罗常培《中国音韵学沿革讲义》，清华大学。转引自王力《汉语音韵学》，中华书局 1956 年版，第 54 页。

定　11. 徒类：徒 64 杜 4 度 2 唐 2 特 1 同 1 田 1 陀 1 堂 1（一、四等）
泥　12. 奴类：奴 54 乃 16 那 3 内 2 诺 1 妳 1（一、二、四等）
［娘］13. 女类：女 35 尼 9 拏 1（二、三等）穠 1（二、三等）据又切，奴、女两类可系联
知　14. 陟类：陟 41 竹 13 知 9 张 8 中 2 猪 1 徵 1 追 1 卓 1 珍 1（二、三等）豬 1
彻　15. 丑类：丑 67 敕 9 耻 1 痴 1 楮 1 褚 1 抽 1（二、三等）
澄　16. 直类：直 55 除 7 丈 5 宅 4 持 3 柱 2 治 1 场 1 迟 1 驰 1 池 1 伫 1 坠 1（二、三等）
精　17. 作类：作 14 则 12 祖 5 臧 4（一、四等）
　　18. 子类：子 61 即 16 将 7 资 3 姊 3 遵 2 兹 4 借 1 醉 1 锉 1（三等）
清　19. 仓类：仓 24 千 11 采 2 苍 2 麤 2 麁 1 青 1 醋 1（一、四等）
　　20. 七类：七 61 此 4 亲 2 迁 1 取 1 雌 1（三等）
从　21. 昨类：昨 28 徂 19 才 12 在 10 藏 4 前 1（一、四等）
　　22. 疾类：疾 16 慈 9 秦 5 自 1 匠 1 渐 1 情 1（三等）
心　23. 苏类：苏 42 先 13 桑 5 素 4 速 1（一、四等）
　　24. 息类：息 34 相 11 私 8 思 7 斯 3 司 3 辛 1 虽 1 悉 1 写 1 胥 1 须 1（三等）
邪　25. 徐类：徐 11 似 11 祥 4 辝 3 详 2 辞 1 随 1 旬 1 夕 1（四等）
庄　26. 侧类：侧 36 庄 7 阻 6 邹 1 簪 1 仄 1 争 1（二、三等）照二
初　27. 初类：初 29 楚 23 测 3 叉 3 刍 1 厕 1 创 1 疮 1（二、三等）穿二
崇　28. 士类：士 35 仕 9 锄 7 鉏 5 床 3 查 2 雏 2 助 1 犲 1 崇 1 崱 1 俟 1（二、三等）床二
生　29. 所类：所 44 山 15 疎 6 色 6 数 3 砂 2 沙 1 疏 1 生 1 史 1（二、三等）审二
章　30. 之类：之 29 职 12 章 12 诸 7 旨 4 止 3 脂 1 征 1 正 1 占 1 支 1 煮 1（三等）照三
昌　31. 昌类：昌 29 尺 15 充 7 赤 3 处 3 叱 2（三等）穿三
船　32. 食类：食 11 神 6 实 1 乘 1（三等）床三
书　33. 式类：式 23 书 10 失 6 舒 6 施 3 伤 2 识 2 赏 2 诗 2 始 1 试 1 矢 1 释 1 商 1（三等）审三
禅　34. 时类：时 15 常 11 市 11 是 6 承 5 视 3 署 2 氏 1 殊 1 寔 1 臣 1 殖 1 尝 1 蜀 1 成 1 植 1（三等）
见　35. 古类：古 136 公 3 过 1 各 1 格 1 兼 1 姑 1 佳 1 诡 1（一、二、四等）
　　36. 居类：居 79 举 7 九 6 俱 4 纪 3 几 2 规 1 吉 1（三等）
溪　37. 苦类：苦 86 口 13 康 4 枯 3 空 2 恪 2 牵 1 谦 1 楷 1 客 1 可 1（一、二、

四等）

38. 去类：去 42 丘 38 区 4 墟 3 起 3 驱 2 羌 2 绮 2 钦 1 倾 1 窥 1 诘 1 祛 1 岂 1 曲 1 卿 1 弃 1 乞 1（三等）

群 39. 渠类：渠 36 巨 24 其 23 求 7 奇 2 暨 2 具 2 臼 1 衢 1 强 1 狂 1 跪 1（三等）

疑 40. 五类：五 81 吾 4 研 2 俄 1（一、二、四等）

41. 鱼类：鱼 40 语 14 牛 10 宜 4 虞 2 疑 1 拟 1 愚 1 遇 1 危 1 玉 1（三等）

影 42. 乌类：乌 81 安 3 烟 1 鹥 1 爱 1 哀 1 握 1 挹 1（一、二、四等）

43. 於类：於 110 乙 8 伊 3 一 3 衣 2 央 2 纡 2 忆 1 依 1 忧 1 谒 1 委 1（三等）

晓 44. 呼类：呼 69 火 16 荒 4 虎 4 海 1 呵 1 馨 1 花 1（一、二、四等）

45. 许类：许 73 虚 16 香 9 况 7 兴 2 休 2 喜 2 朽 1 羲 1（三等）

匣 46. 胡类：胡 90 户 32 下 14 侯 6 乎 3 何 2 黄 2 怀 1 获 1（一、二、四等）

47. 于类：于 19 王 9 雨 4 为 3 羽 3 云 2 永 1 有 1 雲 1 筠 1 远 1 韦 1 洧 1 荣 1 薳 1（三等）喻三

喻 48. 以类：以 24 羊 14 余 12 馀 8 与 7 弋 3 夷 2 予 1 翼 1 移 1 悦 1 营 1（三等）喻四

来 49. 卢类：卢 26 郎 16 落 11 鲁 9 洛 3 来 2 勒 2 赖 1 练 1（一、二、四等）

50. 力类：力 57 良 13 吕 7 里 2 林 1 离 1 连 1 缕 1（三等）

日 51. 而类：而 23 如 17 人 16 汝 4 仍 1 儿 1 耳 1 儒 1（三等）

“声类”是据反切上字系联出来的实际类别，声类还不等于声母。由于声类是反切上字的分类，这种分类与反切下字的“等”有关系，为了使切语拼读谐和，不同的反切下字往往要求不同的反切上字与之相拼。也就是说，同一个声母可能有两套反切上字，一套是用来切洪音下字，是洪音切上字；一套用来切细音下字，是细音切上字。也就是反切上字与被切字同介音的洪细，赵元任先生称之为“介音和谐”。这种和谐是一种音感顺畅的拼切技巧而并非拼切规则，有时也会有洪细互切的现象，但《切韵》音系韵书多是成系统分布的。曾运乾先生分析说：“是故法言切语之法，以上字定声之鸿细，而音之弇侈寓焉；以下字定音之弇侈，而声之鸿细亦寓焉。见切语上字其声鸿者，知下字必为侈音；其声细者，知其下字必为弇音矣。见切语下字其音侈者，知其上字必为鸿声；其音弇者，知其上字必为细声矣。”①

① 曾运乾《音韵学讲义》，商务印书馆 1996 年版，第 120 页。

这种反切上字与反切下字匹配的不同就是“等”的不同。这种“等”的不同在《广韵》中基本上可分为两类：一、二、四等为一类，三等为一类。有人认为，这是因为古代三等韵前有［i-］［iu-］介音，一、二、四等一般都没有［i-］［iu-］介音，如李荣先生说：“一二四等全没有［i］介音，三等有［i］介音，所以反切上字为求介音和谐，有分组的趋势。”[①] 于是，这两类介音不同的下字就使与之相拼的上字也有了分成两类的趋势，即表示同一声母的反切上字往往分成两类。如来母分“卢类：卢郎落鲁洛来勒赖练（一、二、四等）；力类：力良吕里林离连缕（三等）”，卢类洪而力类细，并不意味着声母本身有什么区别。

既然是同一个声母的两类反切上字，彼此就不形成对立，而是互补的。这样就可以把互补的两个声类合并为一，最后就得出《广韵》五十一声类实为三十五声母。表 2-7 为加上现代音韵学者拟音的《广韵》三十五声母表：

表 2-7 《广韵》三十五声母表

唇　音：	帮非［p］	滂敷［p‘］	並奉［b］	明微［m］	
舌头音：	端［t］	透［t‘］	定［d］	泥娘［n］	
舌上音：	知［ʈ］	彻［ʈ‘］	澄［ɖ］		
齿头音：	精［ts］	清［ts‘］	从［dz］	心［s］	邪［z］
正齿音：	庄［tʃ］	初［tʃ‘］	崇［dʒ］	生［ʃ］	
	章［tɕ］	昌［tɕ‘］	船［dʑ］	书［ɕ］	禅［ʑ］
牙　音：	见［k］	溪［k‘］	群［g］	疑［ŋ］	
喉　音：	影［ø］	晓［x］	匣于［ɣ］	喻［j］	
半舌音：	来［l］				
半齿音：	日［ȵʑ］				

拿《广韵》三十五声母与其五十一声类对照，再与宋初的三十六字母相比，可以得出如下的相互关系，从中能看出中古声母系统的发展变化轨迹：

1.《广韵》三十五声母中，唇音不分轻重唇，只有“帮滂並明”四母；五十一声类分为与一、二、四等韵相拼和与三等韵相拼的互补的两类；三十六字母则分化成重唇、轻唇两组八个声母。参照唐作藩先生的分析，[②] 可以图 2-1 显示其异同

① 李荣《切韵音系》，科学出版社 1956 年版，第 112 页。

② 唐作藩《音韵学教程》，北京大学出版社 1987 年版，第 110 页。

关系：

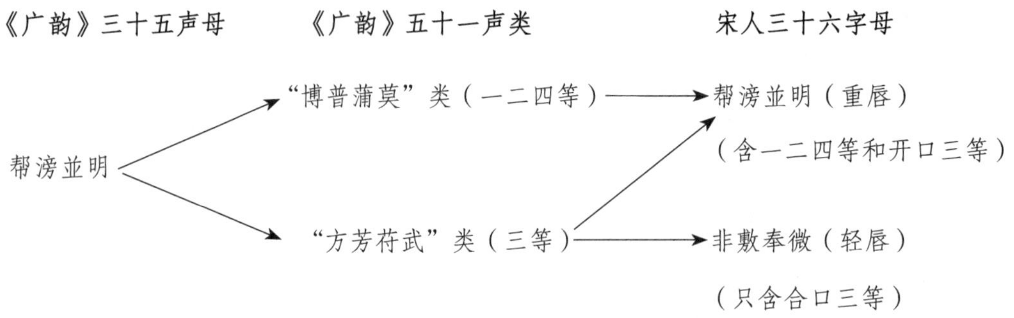

图 2–1

要注意的是，五十一声类是反切上字按其所拼下字的等来分类，而三十六字母是语音发展使唇音声母分化为轻重唇两组八个声母，三十六字母的轻唇"非敷奉微"四母只是由五十一声类的"方芳苻武"类中与合口三等韵相拼的反切上字变来，"方芳苻武"类中与开口三等韵相拼的反切上字如"必披皮弥"等仍然读重唇"帮滂並明"。不能混淆两者的不同性质。

2.《广韵》五十一声类中"奴、女"分为两类，但也有较多的混切互用，如"羪，妳佳切；妳，奴解切；嫪，女巧切；絮，奴下切；赁，乃禁切"等，被切字都是女类而切上字全用奴类，加上又切两类可以系联，可认为两类是同一声母，即同一音位的两个条件变体，是互补而非对立的。因而《广韵》三十五母中舌音只有"端透定泥"和"知彻澄"七母。后来三十六字母将"女类"独立，从"泥"母中分出"娘"母，就有了"端透定泥"和"知彻澄娘"八母。

3. 齿音的情况比较复杂。《广韵》三十五声母有齿音三套：齿头音"精清从心邪"五母与三十六字母同，而五十一声类"精清从心"分为与一、四等和三等韵相拼的互补的两类，是同一组声母。正齿音《广韵》三十五声母分为"庄初崇生"和"章昌船书禅"两套九母，这是因为五十一声类的"侧初士所"类实际上与二、三等韵相拼，只是韵图为了处理三十六字母与《广韵》三十五声母的矛盾把它们排在二等的位置上而称为"照二"组；"之昌食式时"类只与三等韵相拼而称为"照三"组，两组都能拼三等韵而形成对立，因此是两套声母；到了三十六字母就合为"照穿床审禅"一套五个声母了。

4. 从表面上看牙喉音，《广韵》三十五声母与三十六字母都是两组八个声母，实际上有些差别。可分为三种不同的情况：（1）"群"母切上字只切三等韵，只有一个声类，声类与声母一致；（2）"见溪疑晓影"五母，五十一声类分为与一、二、四等和三等韵相拼的互补的两类，只有一组声母；（3）《广韵》五十一声类中有“于、以”两类，“于类”排在韵图三等位置上而称为“喻三”，“以类”排在韵图四等位置上而称为“喻四”，实际上都只与三等韵相拼，形成对立而不能够合并成为一个声母；而“匣”母只有与一、二、四等韵相拼的一个“胡类”，正好与拼三等韵的“于类”互补，所以“于类”归“匣”母了，“以类”就独立为“喻”母；发展到三十六字母则合并“于、以”两类为“喻”母。可见《广韵》三十五声母与三十六字母的“喻”母所含内容是不一样的。

5. 半舌半齿音，《广韵》三十五声母与三十六字母都是“来、日”两个声母。半齿音在五十一声类中只有拼三等韵的一个“而类”，声类与声母一致。半舌音在五十一声类中分为与一、二、四等和三等韵相拼的互补的两类，是一个声母。

宋人的三十六字母对于《广韵》三十五声母的继承是有分有合的，分出“非敷奉微”和“娘”母，合并“庄初崇生”和“章昌船书”为“照穿床审”，加五母而减四母，故变三十五声母为三十六声母。另外是“喻”母名同而实有异。

三 《广韵》的韵母系统

陈澧用其系联法把《广韵》1232个反切下字归纳为三一一个韵类。近现代中外学者在此基础上相继进行更细致的系联研究，增加了不少旁证材料，用了一些新的方法，可谓后出转精。如黄侃分为三三五类，白涤洲和高本汉都分为二九〇类，周祖谟分为三二四类等。唐作藩《音韵学教程》在白涤洲、高本汉的二九〇类基础上又增加了三类，共二九三类：平声八十三类，上声七十六类，去声八十三类，入声五十一类，我们采用这个结论。

韵类是反切下字的归类，同韵类的字韵母、声调都相同，即韵类要区别声调而韵母不区别声调，韵母只要辨析有音质音位区别的舒声、促声就行了。因此韵类不等于韵母，《广韵》二九三个韵类并没有二九三个韵母。按照以“舒、促”辨韵母的原则，把介音、主要元音和韵尾相同的韵类依平、上、去三声相承归为一个韵母，把与之相承而韵尾有别的入声韵类独立为另一个韵母，这样《广韵》的二九三韵类就可归为一四二个韵母：舒声韵类归为九十一个韵母，其中包括阴声韵韵母四十个和阳声韵韵母五十一个；而五十一个促声韵类独立为五十一个入声韵韵母。

从陈澧到近现代音韵学家，系联《广韵》反切，考订韵类并推求其韵母系统时，实际上都参考了反映《广韵》音系的等韵图，如《韵镜》《七音略》等。参考韵图能帮助我们理解和掌握前人的研究成果。借助等韵图，就能明白同一个韵分两类、三类、四类的区别在于“呼”“等”的不同，《韵镜》《七音略》都有“开、合”

两呼和“一、二、三、四”四等，这是韵图作者对《广韵》音系的韵腹和韵头进行精细审音的结果。

按“等、呼”的不同分韵类，也就是区别介音和主要元音的不同，所以韵母的不同也就体现在“等、呼”的不同上，韵类只比韵母多了个声调的不同，它们在韵头、韵腹和韵尾上是完全相同的。因此《广韵》的一四二个韵母可以用音类的方式来表示，也就是用“韵、呼、等”三者联合的方法来表示。“韵”用《广韵》二〇六韵的韵目，只用平声韵和入声韵的韵目来表示韵母的内容，上声、去声包括在平声韵里，即“举平以赅上去”，如“之”就包括其上声“止”和去声“志”，因为“之、止、志”三韵的韵母相同。“呼”分开口、合口，省作“开、合”。“等”分一等、二等、三等、四等，省作“一、二、三、四”。表 2-8 就是《广韵》一四二韵母的音类表，用表示韵尾分类的“十六摄”来统领：

表 2-8 《广韵》一四二韵母音类表

一、通摄：	1 东合一	2 东合三	3 屋合一	4 屋合三
	5 冬合一	6 沃合一	7 钟合三	8 烛合三
二、江摄：	9 江开二	10 觉开二		
三、止摄：	11 支开三	12 支合三	13 脂开三	14 脂合三
	15 之开三	16 微开三	17 微合三	
四、遇摄：	18 鱼开三	19 虞合三	20 模合一	
五、蟹摄：	21 齐开四	22 齐合四	23 祭开三	24 祭合三
	25 泰开一	26 泰合一	27 佳开二	28 佳合二
	29 皆开二	30 皆合二	31 夬开二	32 夬合二
	33 灰合一	34 咍开一	35 废开三	36 废合三
六、臻摄：	37 真开三	38 真合三	39 质开三	40 质合三
	41 谆合三	42 术合三	43 臻开三	44 栉开三
	45 文合三	46 物合三	47 欣开三	48 迄开三
	49 魂合一	50 没合一	51 痕开一	52 没开一
七、山摄：	53 元开三	54 元合三	55 月开三	56 月合三
	57 寒开一	58 曷开一	59 桓合一	60 末合一
	61 删开二	62 删合二	63 鎋开二	64 鎋合二
	65 山开二	66 山合二	67 黠开二	68 黠合二
	69 先开四	70 先合四	71 屑开四	72 屑合四

	73 仙开三	74 仙合三	75 薛开三	76 薛合三
八、效摄：	77 萧开四	78 宵开三	79 肴开二	80 豪开一
九、果摄：	81 歌开一	82 戈合一	83 戈开三	84 戈合三
十、假摄：	85 麻开二	86 麻开三	87 麻合二	
十一、宕摄：	88 阳开三	89 阳合三	90 药开三	91 药合三
	92 唐开一	93 唐合一	94 铎开一	95 铎合一
十二、梗摄：	96 庚开二	97 庚开三	98 庚合二	99 庚合三
	100 陌开二	101 陌开三	102 陌合二	103 耕开二
	104 耕合二	105 麦开二	106 麦合二	107 清开三
	108 清合三	109 昔开三	110 昔合三	111 青开四
	112 青合四	113 锡开四	114 锡合四	
十三、曾摄：	115 蒸开三	116 职开三	117 职合三	118 登开一
	119 登合一	120 德开一	121 德合一	
十四、流摄：	122 尤开三	123 侯开一	124 幽开三	
十五、深摄：	125 侵开三	126 缉开三		
十六、咸摄：	127 覃开一	128 合开一	129 谈开一	130 盍开一
	131 盐开三	132 葉开三	133 添开四	134 帖开四
	135 咸开二	136 洽开二	137 衔开二	138 狎开二
	139 严开三	140 业开三	141 凡合三	142 乏合三

就现代音韵学研究而言，光是用音类表示法来表示《广韵》的一四二个韵母显然是不够的，还须用准确的音标来标示一四二韵母的实际音值，也就是现代音韵学者的古音构拟。最早对《切韵》音系作系统构拟的是高本汉的《中国音韵学研究》，今天来看，他在构拟方法和材料运用方面还有较多粗疏之处，但他把现代语言学的语音构拟方法引入汉语音韵学研究之中，为《切韵》—《广韵》音系的构拟奠定了坚实的基础，开创之功人所共见。其后多家对《广韵》音系的构拟，都是以高本汉的拟音系统为起点，以他所用的历史比较法和译音对勘法为主要方法来进行的，以至于随后的汉语上古音系的构拟，也是在此基础上的拓展。只是上古音系的诸种构拟方法中，更突出的是内部拟测法，主要以已构拟出的中古音系为上古音系构拟的基础，通过分析中古《切韵》音系的内部结构来寻找构拟上古音的线索，按照一定的音变规律来推出某些音类的上古音值。

古音的构拟只是一种科学的假设，不能把现代音韵学者对《广韵》一四二韵母的国际音标拟音看成就是当时准确的实际读音。由于汉字不是拼音文字，《广韵》的反切不是直接的音素标音符号，又由于考定《广韵》韵母的音类是较准确的，而定其音值则可利用的直接材料很少，很多问题很难有公认的结论。所以，对《广韵》音系作音值拟测的有很多家，目前还没有能得到大家一致公认的拟测方案。作为通论性教材，我们选取唐作藩《音韵学教程》所采用的王力先生的拟音，是为了教学的方便。借用现代的音标符号来拟测和表现《广韵》的语音系统，比只作文字上的音类描述要直观、准确得多，很多复杂的语音分合演变现象也可借以得到比较细致的展示和合理的解释。

表 2-9（本书第 91—97 页）所列的，就是全面反映《广韵》一四二韵母及其相关情况的一览表。表中“反切下字”栏分“平、上、去、入”四声排列《广韵》1232 个反切下字及分出的二九三韵类，切下字后面的数字是该字出现的次数，不同韵类用斜线隔开。“韵目”栏是《广韵》二〇六韵的原韵目及其序号。“呼等”栏是《广韵》一四二韵母的“韵、呼、等”音类标示。“拟音”栏是《广韵》一四二韵母的构拟音值，采用的是唐作藩《音韵学教程》所用王力先生的拟音。“韵母数”栏是《广韵》一四二韵母的顺序号。“韵部数”栏是《广韵》二〇六韵“四声相承”所形成的六十一部的组合。此外，我们还列出后来的“平水韵”平声韵目，“举平以赅上去入”；还列出韵图的“十六摄”排在表前作对照，以便有比较地看出“韵、韵母、韵摄”之间的各种关系及其发展变化。

表中的某些用法须作说明：反切下字加括号，有的是表示韵类的借用，如上声纸韵分“氏、委”两韵类，切下字“彼”本属委类，但氏类中的“绮”字《广韵》为“墟彼切”，是氏类借委类的“彼”来作切下字，故加括号以示区别；有的是校勘讹误，如《广韵》删韵列有“顽”字，而《切韵》残卷和《刊谬补缺切韵》都列在山韵，今据以改排“顽”字入山韵，但删韵中仍保留它而加括号表示其误列。音标符号有两点需要说明，一是从［u］中分出带轻微摩擦的半元音［w］来，用于表示合口介音的细微差别；二是把［i］分为开口度略小的紧元音［ĭ］和开口度略大的松元音［i］，用于表示三、四等中［i］介音的细微区别。［ĭ］近于［i］，只是轻而短；［w］近于［u］，只是较弱。这都是由于《广韵》“从分不从合”，其韵母系统过于复杂，区别过细，现代音韵学者在拟音中需要用一些附加的办法才能表现其区别。最初是高本汉作初步的区分假定，陆志韦、李荣先生认为这种区分无必要或不可信，王力先生则采而用之，在《汉语史稿》中定为［ĭ］与［i］、［w］与［u］之别。

古今学者对《广韵》的韵类、韵母作系联和分析，总是结合韵图的排字列图来

表 2-9 《广韵》一四二韵母表

十六摄	平水韵	韵部数	韵母数	拟音	呼等	平声		上声		去声		入声				
						韵目	反切下字	韵目	反切下字	韵目	反切下字	韵母	拟音	呼等	韵目	反切下字
通	东	一	1 2	uŋ iuŋ	东合一 东合三	一东	红 12 东 2 公 2 / 弓 6 戎 5 中 3 融宫终（空）	一董	孔 8 董 2 动 2 揔蠓 ——	一送	贡 8 弄 5 送 2 冻 / 仲 7 凤 3 众	1 2	uk iuk	屋合一 屋合三	一屋	木 8 谷 7 卜禄 / 六 20 竹 4 逐福菊匊宿
通	冬	二	3	uoŋ	冬合一	二冬	冬 7 宗 3	［二肿］	鴕湩	二宋	综 2 宋 2 统	3	uok	沃合一	二沃	沃 9 毒 3 酷 2 笃
通	冬	三	4	ĭwoŋ	钟合三	三钟	容 17 恭 3 封钟凶庸	二肿	陇 11 勇 2 拱 2 踵奉冗悚冢	三用	用 16 颂	4	ĭwok	烛合三	三烛	玉 14 蜀 3 欲 2 足曲录
江	江	四	5	ɔŋ	江开二	四江	江 17 双	三讲	项 4 讲 2 傋	四绛	绛 7 降巷	5	ɔk	觉开二	四觉	角 17 岳觉
止	支	五	6 7	ĭe ĭwe	支开三 支合三	五支	支 10 移 8 宜 6 羁 5 离 3 奇知 / 为 12 垂 6 危规隋隧吹	四纸	氏 7 绮 4 纸 2 倚 2 尔 2 此是豸侈俾（彼）/10 婢 4 弭 3 彼 3 累 3 捶 2 诡毁髓靡	五寘	义 14 智 5 寄 3 赐 3 豉 2 企 / 伪 8 恚 4 睡 3 瑞 2 避累					
止	支	六	8 9	i wi	脂开三 脂合三	六脂	夷 8 脂 6 尼 2 资 2 饥肌私（之）/ 追 9 悲 4 隹 4 遗眉绥维	五旨	几 7 履 4 姊 3 雉视矢 / 轨 4 鄙 3 癸 2 美 2 诔 2 水 2 洧垒（累）	六至	利 10 至 6 四 3 冀 3 季 3 二 3 器 2 寐悸自 / 类 4 醉 3 位 3 遂 3 愧 3 祕 2 媚备萃					
止	支	七	10	ĭə	之开三	七之	之 14 其 5 兹 2 持 2 而甾	六止	里 11 止 3 纪 3 士 2 史 2 市理已拟	七志	吏 17 记 4 置 2 志					
止	微	八	11 12	ĭəi ĭwəi	微开三 微合三	八微	希 2 衣 2 依 / 非 5 韦 3 微归	七尾	岂 2 狶 2 / 鬼 3 伟 2 尾 2 匪	八未	既 5 豙 / 贵 2 胃 2 沸 2 味未畏（沸）					

（续表）

十六摄	平水韵	韵部数	韵母数	拟音	呼等	平声		上声		去声		入声				
						韵目	反切下字	韵目	反切下字	韵目	反切下字	韵母	拟音	呼等	韵目	反切下字
遇	鱼	九	13	ĭo	鱼开三	九鱼	鱼 12 居 7 诸 2 余 2 菹	八语	吕 13 与 6 举 4 许 2 巨渚	九御	据 7 倨 5 恕 3 御 2 虑 2 预 2 署洳助去					
	虞	十	14	ĭu	虞合三	十虞	朱 9 俱 8 无 3 于 3 输俞夫逾诛隅刍	九麌	矩 5 庾 5 主 4 雨 3 武 2 甫禹羽	十遇	遇 13 句 8 戍 2 注 2 具					
		十一	15	u	模合一	十一模	胡 9 都 3 狐 2 乎吴吾姑乌	十姥	古 14 户鲁补杜	十一暮	故 14 误 2 祚暮路					
蟹	齐	十二	16 17	iei iwei	齐开四 齐合四	十二齐	奚 7 稽 4 鸡 3 兮 3 迷 2 鹳低 / 抵 3 圭 2	十一荠	礼 12 启 2 米 2 第 ——	十二霁	计 16 诣 3 / 惠 2 桂戾					
		十三	18 19	ĭɛi ĭwɛi	祭开三 祭合三					十三祭	例 9 制 5 祭 2 憩 2 弊袂蔽罽 / 芮 8 锐 2 岁 2 卫 2（吠 2）税					
		十四	20 21	ɑi uɑi	泰开一 泰合一					十四泰	盖 11 太带大艾贝 / 外 11 会 2 最					
	佳	十五	22 23	ai wai	佳开二 佳合二	十三佳	佳 11 膎 / 娲 3 蛙緺	十二蟹	蟹 7 买 4 / 夥节买	十五卦	懈 7 卖 5 隘 / 卦 5（卖 2）					
		十六	24 25	ɐi wɐi	皆开二 皆合二	十四皆	皆 14 谐 3 / 怀 5 乖淮	十三骇	骇 3 楷 ——	十六怪	拜 5 介 4 界 2 戒 / 怪 6 坏					
		十七	26 27	æi wæi	夬开二 夬合二					十七夬	犗 5 喝 / 夬 5 迈 3 快 2 话					

（续表）

十六摄	平水韵	韵部数	韵母数	拟音	呼等	平声		上声		去声		入声				
						韵目	反切下字	韵目	反切下字	韵目	反切下字	韵母	拟音	呼等	韵目	反切下字
蟹	灰	十八	28	uɒi	灰合一	十五灰	回 13 恢 3 杯 3 灰	十四贿	罪 10 猥 4 贿 3	十八队	对 8 内 4 佩 2 妹队辈缋昧					
		十九	29	ɒi	咍开一	十六咍	来 9 哀 4 才 3 开哉	十五海	亥 9 改 6 宰 2 在乃绐恺	十九代	代 11 爱溉耐概（蓋）					
		二十	30 31	ĭɒi ĭwɒi	废开三 废合三					二十废	（肺） / 废 3 秽 2 肺 2					
臻（廿二元在山摄）	真	廿一	32 33	ĭĕn ĭwĕn	真开三 真合三	十七真	邻 11 巾 6 真 4 珍 3 人 3 银宾 /（伦 2）赟筠	十六轸	忍 11 引 2 轸尽 / 殒 2 敏	廿一震	刃 13 觐 3 晋 2 遴 2 振印 /（峻 2）	6 7	ĭĕt ĭwĕt	质开三 质合三	五质	质 7 吉 5 悉 4 栗 4 乙 4 笔 2 密 2 / 必 2（律）毕 2 七一日叱
		廿二	34	ĭuĕn	谆合三	十八谆	伦 11 匀 2 遵迍脣纶旬（巾人）	十七准	尹 6 准 3 允 2 肾 纼（忍 2）	廿二稕	闰 5 顺峻	8	ĭuĕt	术合三	六术	聿 6 律 6 卹 2
		廿三	35	ĭen	臻开三	十九臻	臻 2 诜		（谨 2）		（靳）	9	ĭet	栉开三	七栉	瑟 2 栉
	文	廿四	36	ĭuən	文合三	二十文	云 4 分 3 文 2	十八吻	粉 5 吻 3	廿三问	问 5 运 4	10	ĭuət	物合三	八物	勿 7 物 2 弗 2
		廿五	37	ĭən	欣开三	廿一欣	斤 4 欣	十九隐	谨 5 隐	廿四焮	靳 4 焮	11	ĭət	迄开三	九迄	讫 2 迄 2（乙）
	元	廿六	38 39	ĭɐn ĭwɐn	元开三 元合三	廿二元	言 5 轩 / 袁 5 元 2 烦	二十阮	偃幰 / 远 3 阮 3 晚 3	廿五愿	建 3 堰（万） / 愿 5 万 5 贩怨	12 13	ĭɐt ĭwɐt	月开三 月合三	十月	竭 2 谒歇讦 / 月 5 伐 3 越厥发
		廿七	40	uən	魂合一	廿三魂	昆 10 浑 4 尊 4 奔 2 魂	廿一混	本 13 损 2 忖衮	廿六慁	困 11 闷 6 寸	14	uət	没合一	十一没	没 8 骨 8 忽 2 勃
		廿八	41	ən	痕开一	廿四痕	痕 2 根 2 恩	廿二很	很 2 垦	廿七恨	恨 2 艮	15	ət	没开一		麧（没）

（续表）

十六摄	平水韵	韵部数	韵母数	拟音	呼等	平声		上声		去声		入声				
						韵目	反切下字	韵目	反切下字	韵目	反切下字	韵母	拟音	呼等	韵目	反切下字
山	寒	廿九	42	ɑn	寒开一	廿五寒	干 7 寒 5 安 2（官）	廿三旱	旱 9 但笴	廿八翰	旰 8 案 4 赞按旦	16	ɑt	曷开一	十二曷	割 6 葛 3 曷 3 达 2
		三十	43	uɑn	桓合一	廿六桓	官 11 丸 4 潘端	廿四缓	管 10 伴满纂（旱 2 但）	廿九换	贯 5 玩 4 半 3 乱 2 段换唤算（慢）	17	uɑt	末合一	十三末	括 8 活 5 拨 2 栝末 2
	删	卅一	44 45	an wan	删开二 删合二	廿七删	姦 3 颜 2 / 还 6 关 2 班（顽）	廿五潸	板 5 赧 / 绾鲩（板 2）	三十谏	晏 6 谏涧雁 / 患 7 惯	18 19	at wat	黠开二 黠合二	十四黠	八 9 黠 3 / 滑 5 拔（八 2 骨）
		卅二	46 47	æn wæn	山开二 山合二	廿八山	闲 9 山 3 间 3 / 顽 5 鳏	廿六产	限 6 简 3 /（绾）	卅一裥	苋 5 裥 / 幻 2 辨	20 21	æt wæt	鎋开二 鎋合二	十五鎋	鎋 11 辖瞎 / 刮 7 頒
	先	卅三	48 49	ien iwen	先开四 先合四	一先	前 4 贤 3 年 2 坚 2 田 2 先 2 颠烟 / 玄 5 涓	廿七铣	典 7 殄茧岘 / 泫 3 畎	卅二霰	甸 13 练 5 佃电麪 / 县 3 见	22 23	iet iwet	屑开四 屑合四	十六屑	结 17 屑蔑 / 决 3 穴 2
		卅四	50 51	ĭɛn ĭwɛn	仙开三 仙合三	二仙	连 9 延 8 然 3 乾 3 仙 2 焉 / 缘 11 员 4 权 2 专圆挛川宣全泉	廿八狝	善 7 演 5 免 4 浅 3 蹇 2 辇 2 展 2 辨剪 / 兖 13 转 2 缅篆	卅三线	战 5 箭 3 线 2 面 2 扇 2 变 2 贱碾膳变彦（见） / 恋 5 绢 5 眷 3 倦 2 卷 2 掾钏啭	24 25	ĭɛt ĭwɛt	薛开三 薛合三	十七薛	列 22 薛热灭别（谒） / 劣 8 悦 5 雪 4 绝 3 爇辍
效	萧	卅五	52	ieu	萧开四	三萧	聊 3 尧 2 幺 2 彫 2 萧	廿九筱	了 6 鸟 3 皎 2 皛	卅四啸	弔（吊 9）啸叫					
		卅六	53	ĭɛu	宵开三	四宵	遥 8 招 4 娇 4 昭 3 乔 2 霄 2 邀宵消瀌焦嚣	三十小	小 7 沼 7 兆 2 夭 2 表 2 少 2（娇）	卅五笑	照 5 召 5 笑 3 妙 2 肖 2 要 2 庙少					
	肴	卅七	54	au	肴开二	五肴	交 16 肴茅嘲	卅一巧	巧 7 绞 5 爪饱	卅六效	教 15 孝皃稍					
	豪	卅八	55	ɑu	豪开一	六豪	刀 8 劳 3 袍 2 毛 2 曹遭牢褒	卅二晧	晧 7 老 5 浩 3 早抱道	卅七号	到 13 报 2 导耗					

（续表）

十六摄	平水韵	韵部数	韵母数	拟音	呼等	平声		上声		去声		入声				
						韵目	反切下字	韵目	反切下字	韵目	反切下字	韵母	拟音	呼等	韵目	反切下字
果	歌	卅九	56	ɑ	歌开一	七歌	何 11 俄歌河	卅三哿	可 11 我 3	卅八箇	箇 6 佐 3 贺个逻					
		四十	57 58 59	uɑ ĭɑ ĭuɑ	戈合一 戈开三 戈合三	八戈	禾 10 戈 4 波婆和 / 伽 3 迦 3 / 靴 3 𩨷 2 肥	卅四果	果 14 火 2（可 2） —— ——	卅九过	卧 14 过 5 货 2 唾（贺） —— ——					
假	麻	四一	60 61 62	a ĭa wa	麻开二 麻开三 麻合二	九麻	加 14 牙 2 巴 2 霞 / 遮 4 邪 4 车嗟奢赊 / 瓜 5 华 2 花	卅五马	下 14 雅贾疋 / 者 4 也 3 野 2 冶姐 / 瓦 6 寡 2	四十祃	驾 11 讶 2 嫁 2 亚 2 骂 / 夜 8 谢 2 / 化 4 吴（霸）					
宕	阳	四二	63 64	ĭaŋ ĭwaŋ	阳开三 阳合三	十阳	良 14 羊 7 庄 2 章阳张 / 方 4 王 2	卅六养	两 21 丈 2 奖掌养网昉 / 往 4	四一漾	亮 22 让向样 / 放 3 况 2 妄访	26 27	ĭak ĭwak	药开三 药合三	十八药	略 7 约 5 灼 3 若 2 勺爵雀虐药 / 缚 6 籰䦆
		四三	65 66	ɑŋ uɑŋ	唐开一 唐合一	十一唐	郎 12 当 2 冈 2 刚 / 光 5 旁黄	卅七荡	朗 17 党 / 晃 4 广	四二宕	浪 16 宕 / 旷 3 谤	28 29	ɑk uɑk	铎开一 铎合一	十九铎	各 15 落 3 / 郭 6 博穫
梗	庚	四四	67 68 69 70	ɐŋ ĭɐŋ wɐŋ ĭwɐŋ	庚开二 庚开三 庚合二 庚合三	十二庚	庚 12 行（盲） / 京 3 卿惊 / 横 2 盲 2 / 兵 3 明荣	卅八梗	梗 4 杏 2 挺冷（幸） / 影景（丙） /（猛 3）矿营 / 永 4 憬	四三映	孟 6 更 4 / 敬 6 庆 / 横（孟） / 病 2 命 2	30 31 32	ɐk ĭɐk wɐk	陌开二 陌开三 陌合二	二十陌	格 6 伯 6 陌 4 白 3 / 戟 5 逆剧郤 / 伯 3 擭虢
		四五	71 72	æŋ wæŋ	耕开二 耕合二	十三耕	耕 3 茎 6 / 萌 3 宏 2	卅九耿	幸 4 耿 ——	四四诤	迸 3 诤争 /（迸）	33 34	æk wæk	麦开二 麦合二	廿一麦	革 9 核厄摘责戹 / 获 5 麦 3 掴
		四六	73 74	ĭɛŋ ĭwɛŋ	清开三 清合三	十四清	盈 9 贞 3 成 2 征情并 / 营 5 倾	四十静	郢 9 井 3 整静 / 顷颖	四五劲	正 9 政 4 姓 2 盛郑令 ——	35 36	ĭɛk ĭwɛk	昔开三 昔合三	廿二昔	益 4 隻 4 昔 3 石 2 亦 2 积易迹炙（役） / 役 3 辟

（续表）

十六摄	平水韵	韵部数	韵母数	拟音	呼等	平声		上声		去声		入声				
						韵目	反切下字	韵目	反切下字	韵目	反切下字	韵母	拟音	呼等	韵目	反切下字
梗	青	四七	75 76	ieŋ iweŋ	青开四 青合四	十五青	经 6 丁 5 灵刑 / 扃萤	四一迥	挺 5 鼎 4 顶到 醒涬 / 迥 7（顶）	四六径	定 10 径 佞 ——	37 38	iek iwek	锡开四 锡合四	廿三锡	历 11 击 4 激 2 狄 2/ 阒狊鶪
曾	蒸	四八	77	ĭəŋ	蒸开三	十六蒸	陵 12 冰 2 兢 2 矜 2 膺蒸乘仍 升	四二拯	拯 2 庱	四七证	证 9 孕 2 应 2 餕 2 甑	39 40	ĭək ĭwək	职开三 职合三	廿四职	力 18 职 3 侧即 翼直极 /（逼 5）
		四九	78 79	əŋ uəŋ	登开一 登合一	十七登	登 6 滕 3 棱增 崩朋恒 / 肱 2 弘	四三等	等 3 肯 ——	四八嶝	邓 7 亘 3 隥赠 ——	41 42	ək uək	德开一 德合一	廿五德	则 5 得 4 北 4 德 2 勒墨黑 / 或 2 国
流	尤	五十	80	ĭəu	尤开三	十八尤	鸠 7 求 5 由 5 流 4 尤 3 周 2 秋 3 州浮谋	四四有	九 9 久 9 有 3 柳 3 酉 2 否妇	四九宥	救 18 祐 2 又咒 副僦溜富就					
		五一	81	əu	侯开一	十九侯	侯 13 钩 3 娄	四五厚	后 6 口 6 厚 2 苟 2 垢 2 斗	五十候	候 10 奏 3 豆 2 遘 2 漏					
		五二	82	iəu	幽开三	二十幽	幽 5 虬 3 彪烋	四六黝	黝 2 纠	五一幼	幼 2 谬 2					
深	侵	五三	83	ĭəm	侵开三	廿一侵	林 6 金 5 针 4 深 2 吟 2 淫 2 心 2 寻今簪任	四七寝	锦 6 甚 5 荏 4 稔 3 饮 3 枕 2 朕 2 凛痒	五二沁	禁 9 鸩 6 荫 2 任 谮	43	ĭəp	缉开三	廿六缉	入 10 立 9 及 4 戢 2 执 2 急汲汁
咸	覃	五四	84	ɒm	覃开一	廿二覃	含 13 南男	四八感	感 13 禫唵	五三勘	绀 13 暗	44	ɒp	合开一	廿七合	合 11 答 4 閤沓
		五五	85	ɑm	谈开一	廿三谈	甘 7 三 2 酣 2 谈	四九敢	敢 11 览 2	五四阚	滥 6 瞰暂蹔瞰	45	ɑp	盍开一	廿八盍	盍 13 腊榼杂
	盐	五六	86	ĭɛm	盐开三	廿四盐	廉 14 盐 6 占 2 炎 2 淹	五十琰	琰 5 冉 4 检 3 染 2 歛渐奄险 俭敛	五五艳	艳 9 验 3 赡 2 窆	46	ĭɛp	葉开三	廿九葉	涉 7 辄 7 葉 5 摄接

（续表）

十六摄	平水韵	韵部数	韵母数	拟音	呼等	平声		上声		去声		入声				
						韵目	反切下字	韵目	反切下字	韵目	反切下字	韵母	拟音	呼等	韵目	反切下字
咸	盐	五七	87	iem	添开四	廿五添	兼 8 甜	五一忝	忝 5 玷 4 簟	五六㮇	念 10 店 2	47	iep	帖开四	三十帖	协 9 颊 2 惬牒
	咸	五八	88	ɐm	咸开二	廿六咸	咸 9 谗	五二豏	减 9 斩 4 豏	五七陷	陷 8 韽赚	48	ɐp	洽开二	卅一洽	洽 10 夹 2 図
		五九	89	am	衔开二	廿七衔	衔 7 监	五三槛	槛 6 黤	五八鉴	鉴 5 忏 3	49	ap	狎开二	卅二狎	甲 5 狎
		六十	90	ĭɐm	严开三	廿八严	严 3 輸	五四俨	广 2 掩	五九酽	酽（欠 2 剑）	50	ĭɐp	业开三	卅三业	业 4 怯 2 劫
		六一	91	ĭwɐm	凡合三	廿九凡	凡 2（咸）	五五范	犯 4 錽范	六十梵	剑 2 梵泛欠	51	ĭwɐp	乏合三	卅四乏	法 5 乏

进行的，在参考韵图进行反切下字系联的过程中，发现了一些难以处理的复杂问题，这就给音韵学者们留下了研究课题，不同的人用不同的方法去研究和处理这些难题，得出的结论就很不相同，这就是不同学者得出的《广韵》韵类、韵母数不同以及具体类别的内容不同的主要原因。其中最突出的问题有两个：唇音反切字的开合口问题；“重纽”问题。

如何确定唇音反切字的开合口，一直是个难有同一认识的问题。在《广韵》的切语中，反切下字的声母如果是唇音，其开合往往混用而难分，如《广韵》“閍、趟、横”都以“盲”作切下字，若系联则必归为一类，但《韵镜》列“閍、趟”为开口，列“横”为合口。这是因为“盲”为唇音声母字，开合不分。唇音声母发音时本来就有圆唇之势，后面的圆唇介音［u-］是有是无不容易辨别，如高本汉就曾拟出开口［p^wai］与合口［p^wuai］这样对应的音值，看似有开合口的区分，实际上听感相似而难以区别。《广韵》“卦，古卖切”，被切字“卦”是有［u-］介音的合口字，应该用合口的切下字，却用了开口的“卖”作切下字，那么它该归入开口类还是合口类，各家的处理意见就不一致了。又如《广韵》“横，户盲切”“盲，武庚切”，从审音的角度看，“横、盲”是合口，“庚”是开口，该分成开合不同的两个韵类；但注重考据的人认为应该遵守反切系联法“递用”条例，只能把“横、盲、庚”分成一个韵类。观点不同，分出的韵类结果也就不同，难以统一。

“重纽”问题更复杂，“重纽”的“纽”指“小韵”，《切韵》系韵书中有韵、呼、等、声母全同的两组字分列为两个小韵、两套反切的现象。《广韵》中的三等韵“支、脂、祭、真（谆）、仙、宵、侵、盐”，其“喉、牙、唇”音字一般都有分为两类的趋势，也就是有“重纽”，又称“重出小韵”。按《广韵》的体例看，两个不同小韵的切语应有差别，其切上字同类，下字必不同类，即只有韵母有差别，其声母才可能相同，也就是说，表面上看不出差别的这类有“重纽”的三等韵内部应该有某种差异。如《广韵》支韵的重纽反切有：

韵图：	帮母	滂母	並母	明母	群母	晓母
三等：	陂彼为	铍敷羁	皮符羁	縻靡为	奇渠羁	犠许羁
四等：	卑府移	跛匹支	陴符支	弥武移	祇巨支	詑香支

实际上都是三等韵字，韵图却把一类排在三等位置上，把另一类排在四等位置上，说明韵图作者承认《广韵》的这种区别。现代音韵学者一般把排在三等位置的称为B类字，也叫“重纽三等”；把排在四等位置的称为A类字，也叫“重纽四等”。

最早发现重纽现象的是陈澧，他根据反切系联条例认为该分为对立的两类，但这两类反切有什么语音差异，他还不能作出解释。章太炎、黄侃都认为两类就是同音字，没有什么语音上的差别。但大多数学者承认“重纽”是客观存在的，因为它不是个别的、偶然的现象，而是成批而有系统的现象，韵书用不同的小韵和反切来展示，韵图分列于三、四等，应该是有差别的。以“奇，渠羁切；祇，巨支切”为例，两个切语分属两个小韵，切上字“渠、巨”同属牙音群母，切下字“羁、支”都属“支韵、开口、三等”，如果把“羁、支”或“奇、祇”归为一个音类，这两个小韵完全同音，也就没有必要分成两个小韵了；既然分开，就说明重纽在《切韵》时代的汉语实际读音中存在语音差别。至于“重纽”的两类在音值上究竟有何区别，研究的文章很多，说法也很多，或认为是主要元音有某种细微差别，或认为是声母有某种读音的不同，更多的则认为是介音有某种微小的差异，目前仍然没有定论。

还有一种看法认为，重纽不过是更早时代某种语音区别的残迹，而到《切韵》时代就已经不能区别了，韵书、韵图只不过是存古而已。章太炎先生《国故论衡·音理论》：“妫亏奇皮古在歌，规窥岐陴古在支。”谓来源不同。何九盈先生在《上古元音构拟问题》一文中说：“重纽字的大部分在上古分属两个不同韵部。支韵重纽字基本上分属支歌两部，脂韵重纽字基本上分属脂微幽之等部，真韵重纽字基本上分属真文两部。重纽字共居一部的有祭、仙、宵、盐等韵，但这几韵的重纽字数量很少。”①

对“重纽”的看法和处理历来就有各家的不同，韵类划分自然也就各家不一了。不过，因对“重纽”的分合不同而导致划分《广韵》韵类数目多少的不同，这并不是原则上的不同，对分析和掌握《广韵》的语音系统没有实质性的影响。由于“重纽”问题复杂难解但又无伤整体原则，故在学习或讨论中古语音系统时，一般都可以避开它。总之，“重纽”是个有吸引力的音韵学研究难题，但对学习和掌握《广韵》音系没有太大的影响，把它合为一类或分成两类都不能说不正确，如不是对它作专门研究，一般都是当作三等来看待，如丁声树、李荣先生的《古今字音对

① 何九盈《语言丛稿》，商务印书馆2006年版，第130页。

照手册》就是把“重纽”两类都当作三等来处理的。

第五节　中古音系与现代普通话读音的比较

语音总是变化着的，以《广韵》为代表的中古语音系统发展到今天，已经产生了很大的变化，声、韵、调系统中的很多具体内容都不相同了。不过，只要拿中古音系与现代语音系统作通盘的比较，就可以看到它们之间明显的传承关系。通过对比，能帮助我们了解现代汉语声、韵、调各语音要素的来源，掌握汉语语音演变的规律，更好地认识汉语语音很强的系统性和继承性，并且有利于清理现代汉语方言与普通话之间错综复杂的各种关系，对学习、研究现代汉语普通话和方言也会有很多的帮助。

一　声母的比较

现代汉语普通话的声母系统比中古声母系统要简单得多，但现代汉语的声母都来自中古声母，或直接传承，或合并、分化，其源流关系是可以理清的。现代汉语普通话包括零声母共有二十二个声母，现将这二十二个声母的汉语拼音与国际音标对应排列，以利后文的比较：

b	p	m	f	d	t	n	l
[p]	[p‘]	[m]	[f]	[t]	[t‘]	[n]	[l]
zh	ch	sh	r	z	c	s	
[tʂ]	[tʂ‘]	[ʂ]	[ʐ]	[ts]	[ts‘]	[s]	
g	k	h		j	q	x	Ø
[k]	[k‘]	[x]		[tɕ]	[tɕ‘]	[ɕ]	[Ø]

《广韵》声母是中古声母的代表，有三十五个。“现代汉语”是包括普通话和各地方言的，为了方言调查应用上的方便，丁声树、李荣先生曾依据《广韵》声类的划分对其声母系统作了调整：将轻唇音“非敷奉微”从唇音中分离出来；将“喻三”从匣母中独立出来并改称“云母”；“喻四”依然独立而改称为“以母”，这样就有了四十个声母，《古今字音对照手册》就是这样处理的。一般依赵元任先生《方言调查表格》，将这四十个声母归纳为四系十二组，以便称用：

系	组	清	全浊	次浊	系	组	清	全浊	次浊
帮系	帮组：	帮滂	並	明	知系	知组：	知彻	澄	
	非组：	非敷	奉	微		庄组：	庄初生	崇	
端系	端组：	端透	定			章组：	章昌书	船禅	
	泥组：			泥来		日组：			日
	精组：	精清心	从邪		见系	见组：	见溪	群	疑
						晓组：	晓	匣	
						影组：	影	云以	

我们拿中古汉语声母与现代汉语声母作比较，“现代汉语”包括方言，而方言的情况太复杂，实际上只能与现代汉语普通话的声母相比较。表2–10按上列系、组的顺序，将中古四十声母与普通话二十二声母作对比，以明其源流关系：

表2–10 中古四十声母与现代汉语二十二声母对应表

中古四十声母	普通话声母	例字	中古四十声母	普通话声母	例字
1. 帮［p］	b	兵饱布必	16. 从［dz］ 古平声 古仄声	c 今洪音前	慈才丛存
2. 滂［p‘］	p	烹普怕劈		q 今细音前	钱齐酋全
3. 並［b］	p 古平声	平爬旁皮		z 今洪音前	字在罪族
	b 古仄声	病白抱敝		j 今细音前	贱聚截绝
4. 明［m］	m	慢米木门	17. 心［s］	s 今洪音前	三算速死
5. 非［pf］	f	放飞府福		x 今细音前	洗星笑雪
6. 敷［pf‘］	f	蜂纺费拂	18. 邪［z］ 古平声	c 今洪音之韵	词
7. 奉［bv］	f	犯肥附乏		s 今洪音其他各韵	随
8. 微［ɱ］	ø 合口呼	晚无味袜		q 今细音尤韵	囚
9. 端［t］	d	顶刀对德		x 今细音其他各韵	斜旋
10. 透［t‘］	t	炭吞铁毯	古仄声	s 今洪音前	似颂俗穗
11. 定［d］	t 古平声	徒谈亭田		x 今细音前	谢席殉序
	d 古仄声	道但毒垫	19. 知［ʈ］	zh	转帐摘中
12. 泥［n］	n	奴乃那内	20. 彻［ʈ‘］	ch	宠畅撑撤
13. 来［l］	l	郎落鲁来	21. 澄［ɖ］	ch 古平声	陈茶传场
14. 精［ts］	z 今洪音前	足赞早租		zh 古仄声	浊柱治阵
	j 今细音前	接剪将焦		z 少数入声	泽择
15. 清［ts‘］	c 今洪音前	草葱醋擦	22. 庄［tʃ］	zh	捉壮争盏
	q 今细音前	取妻秋砌		z 少数字	阻责

（续表）

中古四十声母	普通话声母	例字
23. 初［tʃʻ］	ch	插叉创揣
	c 少数字	篡策测
24. 崇［dʒ］	zh 古仄声其他韵	撰助栈
	ch 古平声	锄柴床巢
	sh 古仄声止志韵	士事
25. 生［ʃ］	sh	刷史双瘦
	s 少数字	所瑟
26. 章［tɕ］	zh	煮粥专照
27. 昌［tɕʻ］	ch	喘唱出车
28. 船［dʑ］	ch 古平声	船乘唇
	sh 少数平声	蛇神
	sh 古仄声	剩顺食
29. 书［ɕ］	sh	水升试税
30. 禅［ʑ］	ch 古平声	臣垂成
	sh 少数平声	时殊谁
	sh 古仄声	睡盛慎
	zh 古仄声职韵	植
31. 日［nʑ］	Ø 止摄开口	二儿耳
	r 其他各韵	热让人软
32. 见［k］	g 今洪音前	过根高贵
	j 今细音前	九基接据
33. 溪［kʻ］	k 今洪音前	快阔开口
	q 今细音前	启轻去缺
34. 群［g］	k 今洪音前	葵狂
	j 今细音前	具件技倦
35. 疑［ŋ］	Ø	五鹅鱼眼
	n 少数 / r 个别	牛逆 / 阮
36. 晓［x］	h 今洪音前	火花黑汉
	x 今细音前	虚向胸险
37. 匣［ɣ］	h 今洪音前	滑害红胡
	x 今细音前	玄学协巷
38. 影［Ø］	Ø	屋鸦怨袄
39. 云［ɣj］	Ø 齐合撮三呼	有位域
	r、x 少数	荣 / 雄
40. 以［j］	Ø 齐合撮三呼	也维育
	r 少数	容融锐

从上列对应关系来看，《广韵》三十五声母发展到现代汉语普通话二十二声母，只有“端、透、泥、来”和“影”五母古今都读［t］［tʻ］［n］［l］和零声母，其他的都有不同程度的变化，有的变化非常大。其中主要的演变规律有如下几点：

1. 全浊声母的全部清化

“浊音清化”是汉语古今声母演变的一个重要内容，这里的“浊音”是指全浊声母，《广韵》三十五声母中全浊声母有“並、定、澄、从、邪、崇、船、禅、群、匣”十个，这些全浊声母发展到元代，在北方方言中一个不剩地全部变成了清音，普通话是以北方方言为基础的，当然也就没有全浊声母了。

总体说来，古全浊声母清化的路径大致是：浊塞音变成清塞音和清塞擦音；浊塞擦音绝大部分变成了清塞擦音，少数变成了清擦音；浊擦音绝大部分变成了清擦音，极少数变成了清塞擦音。具体的规律是：古全浊声母演变为今普通话塞音、塞擦音声母的，古平声字今读送气清音，古仄声字今读不送气清音。也就是很重要的

"平声送气仄声不送气"规律。

"平声送气仄声不送气"是全浊声母在普通话中的演变规律，而在北方方言之外的方言区里，古全浊声母清化的规律就不同了：有的全部变成送气音，如客家方言的梅县话，赣方言的南昌话等；也有全部变为不送气的，如湘方言的长沙话。有些方言古全浊声母还没有清化，或基本上还保留着古全浊声母，如吴方言、闽方言和部分湘方言。这些特殊的方言语音现象只有在与中古音系进行比较之中，才能得到准确而合理的解释。

全浊声母清化是汉语声母在发音方法上的一次重大变革，这个变革是以声调为分化条件的。在唐初陆德明的《经典释文》中，还能看到大量用清浊声母变换的方法来区别词义、词性的单字音变构词材料，其中清声母破读为浊声母的切语就有1823见次，浊声母破读为清声母的切语有688见次，如"见"的本读是清声见母表示"看见"义，破读为"贤遍反"就是浊音匣母表"显现"义而后造"现"字以区别。① 后来声调变换构词法超过了清浊声母变换构词法，再后来词汇双音化构词取代了单字音变构词法，这些变化可能是引起或推动中古全浊声母清化的重要因素。另外，江荻从语言类型学的角度论证"浊音清化"是普世性的音变规律，他说："浊音阻塞音不是最理想的语音材料，因此会随着表达内容的精细化和丰富而逐步被排斥"，因为"从语音材料组织方式上看，浊音清化符合人类发音机理对语音材料的优化选择，剔除不可调控性要素而优选可调控性要素也是语言表达内容逐步丰富而必然出现的结果"，于是"汉语历史上的浊音清化分别依据声调平仄派入送气与不送气。泰语仍然保留浊音，但清化的路子很可能与汉语无异。英语浊音尚处于清化之中，预计完成时将形成送气与不送气的对立，与汉语相同"。②

2. 轻唇音声母［f］的独立

《广韵》三十五声母中只有"帮滂並明"一组唇音声母，后来的轻唇音"非敷奉微"当时还没有分化出来，只是有了声类分化的趋向，真正的分化大约从唐代开始，到宋初就基本完成了，所以宋人三十六字母中"非敷奉微"已经是独立的一组声母了。轻唇音从重唇音中分出的条件是与合口三等韵相拼，即出现在复合介音［iu-］的前面并受其影响而发生变化。王力先生认为轻唇音分化独立的过程大致是：从重唇［p, p'，b, m］分化出轻唇［pf, pf'，bv, ɱ］，很快变成［f, f'，v, ɱ］，然后［f, f'］合流为［f］，全浊声母［v］也清化变成［f］，而［ɱ］变成半元音

① 参见万献初《经典释文音切类目研究》，商务印书馆2004年版，第179—182页。

② 江荻《汉藏语言演化的历史音变模型》，民族出版社2002年版，第409、455、409页。

［w］，成为零声母。①

3. 从“见、晓、精”三组分化并合流出腭化音［tɕ，tɕ‘，ɕ］

《广韵》章组的音值本来是舌面前音［tɕ，tɕ‘，ɕ］，后来知组声母也由舌上音［ʈ，ʈ‘，ɖ］演变为［tɕ，tɕ‘，ɕ］，与章组合流为三十六字母的“照穿床审禅”。这个照组声母后来发音部位再前移，演变为普通话卷舌的舌尖后音［tʂ，tʂ‘，ʂ］。那么，舌面前音［tɕ，tɕ‘，ɕ］的发音部位就空出来了。

现代普通话的舌面前音［tɕ，tɕ‘，ɕ］是从中古的“精清从心邪”“见溪群”“晓匣”三组声母中分化出来的。中古全浊声母清化后，精组只剩下“精、清、心”三母，读［ts，ts‘，s］；见、晓组只剩下“见、溪、晓”三母，读［k，k‘，x］。但来源于精组的［ts，ts‘，s］在普通话里与韵母中的［i］［y］不易拼合，迫使发音部位由舌尖前向舌面前后移而变成了［tɕ，tɕ‘，ɕ］；同样地，来源于见、晓组的［k，k‘，x］在普通话中也不易与韵母中的［i］［y］拼合，迫使发音部位由舌根向舌面前音前移，也变成了［tɕ，tɕ‘，ɕ］，它们正好占据照组声母前移留出的空位。这种把发音部位向硬腭靠近的现象，叫作“腭化”，所以说，普通话的［tɕ，tɕ‘，ɕ］是由中古舌尖前音（精组）和舌根音（见、晓组）腭化合流而成的，称它们为“腭化音”或“舌面前音”，前者是指音变过程，后者是指发音部位。

今天普通话的开口呼和合口呼大体上相当于宋元韵图中的开口一、二等韵和合口一、二等韵，今天的齐齿呼和撮口呼大体上相当于宋元韵图中的开口三、四等韵和合口三、四等韵，则开口呼和合口呼是今天的“洪音”，齐齿呼和撮口呼是今天的“细音”。那么这条声母演变规则就是：来源于见、晓组的［k，k‘，x］遇洪音仍读［k，k‘，x］，遇细音则读为［tɕ，tɕ‘，ɕ］；来源于精组的［ts，ts‘，s］遇洪音仍读［ts，ts‘，s］，遇细音则读为［tɕ，tɕ‘，ɕ］。这两组来源不同的声母遇到细音时分化合流的关系见图 2–2：

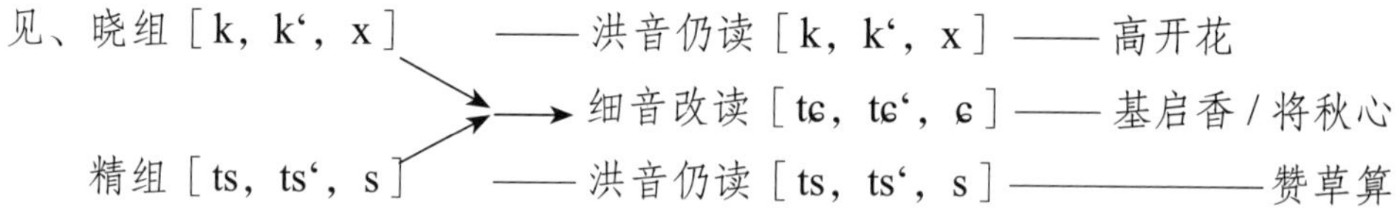

图 2–2

图中“高、开、花”和“基、启、香”在中古都是见、晓组字，见、晓组中古读［k，k‘，x］，发展到普通话中，前一组“高、开、花”是洪音，仍保持［k，k‘，x］

---

① 参见《王力论学新著》，广西人民出版社 1983 年版，第 13 页。

声母，后一组“基、启、香”是细音，声母腭化为［tɕ，tɕ‘，ɕ］；同样，“赞、草、算”和“将、秋、心”在中古都是精组字，精组中古读［ts，ts‘，s］，发展到普通话中，前一组“赞、草、算”是洪音，仍保持［ts，ts‘，s］声母，后一组“将、秋、心”是细音，声母腭化为［tɕ，tɕ‘，ɕ］。

一般认为，见、晓组分化出［tɕ，tɕ‘，ɕ］比精组早，在明代中期就有些地区已经把见、晓组细音字读成［tɕ，tɕ‘，ɕ］声母了。精组完全分化出［tɕ，tɕ‘，ɕ］则是清代的事情，乾隆癸亥年（1743）存之堂编成一部《圆音正考》，专门讨论“团音”和“尖音”的区别，所以后人也称该书为《团音正考》。所谓“尖团音”，是针对见、晓组和精组的区别而言的：“团音”是指见、晓组声母在细音前读［tɕ，tɕ‘，ɕ］的音；“尖音”是指精组声母在细音前没有变读为［tɕ，tɕ‘，ɕ］，而仍读［ts，ts‘，s］的音。《圆音正考》既然要强调这种区别，说明当时口语中精组已经分化出［tɕ，tɕ‘，ɕ］了，但作者采取不认同的态度，所以要“考”其区别而“正”其规范。但语音的发展变化是不以人的意志为转移的，后来，尖团不分还是成了汉语的普遍现象。现在的普通话就是不分尖团音的，不过京剧韵白为了保持传统特色，至今还保留着尖团音的区别，如“将军、小姐”中“将、姐”二字的声母就不念［tɕ，ɕ］而仍然念［ts，s］。

分不分尖团音，是区别不同方言语音特征的标志之一。在官话方言区内，不分尖团音的占80%以上，如北京话不分尖团音，而山东有些地方话还分尖团音。南方不少方言还分尖团音，如鄂东南隶属赣语系统的通山话“津、酒、想”等字的声母至今还念［ts，s］。

4. 从“知、庄、章”三组分化合流出卷舌音［tʂ，tʂ‘，ʂ］

现代汉语普通话中的舌尖后音［tʂ，tʂ‘，ʂ，ʐ］，也称“卷舌音”或“翘舌音”，这组声母是《广韵》声母系统中所没有的，因而是古今声母的一个明显区别点。从古今声母的比较中可看出，除［ʐ］来源于中古的日母外，余下的卷舌音［tʂ，tʂ‘，ʂ］都来源于中古的“知、庄、章”三组声母：［tʂ，tʂ‘］来自“知彻澄”“庄初崇”和“章昌船禅”十母，［ʂ］来自章组的“书、船、禅”和庄组“生”母以及“崇”母的“止、志”两韵字。具体对应关系可参见上文所列的古今声母对应表。

“知、彻、澄”是《广韵》的舌上音声母，上古无舌上音，是含在舌头音“端、透、定”里读［t，t‘，d］的，据研究，中原一带到晚唐时才真正从“端、透、定”中独立出“知、彻、澄”来读［ȶ，ȶ‘，ȡ］，在宋人三十六字母中，“知、彻、澄”仍然读［ȶ，ȶ‘，ȡ］。庄组与章组在《广韵》中是两组独立的声母，都是齿音，发展到唐末宋初的三十六字母中就合流为“照、穿、床、审、禅”一组声母，读

［tɕ，tɕ‘，dʑ，ɕ，ʑ］。南宋陈晋翁在《切韵指掌图节要》一书中说过“知彻澄娘四母已废”之类的话，说明知组字在南宋末到元初（14 世纪）逐渐由舌音转入齿音与照组字合流，《中原音韵》反映了它们合流的结果，合流之后读［tɕ，tɕ‘，ɕ］，所以直到今天湘方言的长沙话古照组的“专”字还读［tɕye］，“书”字还读［ɕy］。知、照两组合流后的卷舌化，应该是近代的事，卷舌化应该发生在全浊声母清化之后，全浊声母清化约从宋代开始，到元代入声消失之前就已经完成了。所以知、照两组在宋末元初合流时，全浊声母都已经清化读清声母了，也就是只有它们的清声母参加了卷舌化。知、照两组卷舌化读［tʂ，tʂ‘，ʂ］后，空出的［tɕ，tɕ‘，ɕ］部位，就由见、晓、精三组的细音字腭化后来填补了。知、照两组合流并卷舌化读［tʂ，tʂ‘，ʂ］的过程大致如图 2-3 所示：

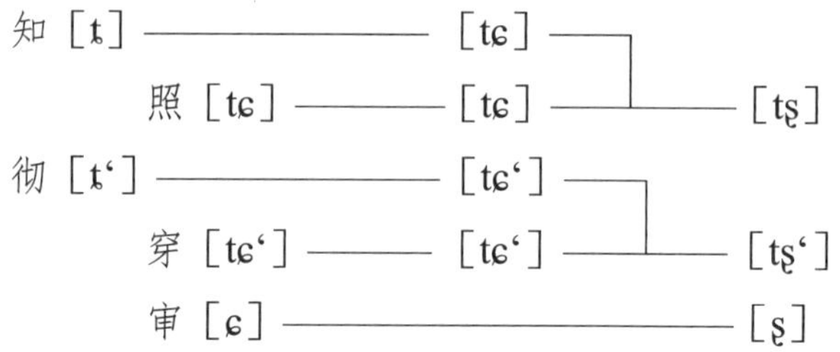

图 2-3

5. 零声母字的大量增加

“零声母”，是指实际读音以元音起头的字，声母位置没有辅音而成为零位，所以称零声母。零声母字在《广韵》中只限于“影”母，发展到普通话，零声母字大量增加，除中古“影”母外，普通话的零声母字还有五个来源：“喻”母（喻四），“匣”母中的于类即“喻三”，由“明”母分化出来的“微”母，还有“疑”母和“日”母。零声母化就是起首辅音失落，从上古到中古，从中古到近代，再到现代，汉语音节中的一些起首辅音逐渐在失落。“疑、微、日、喻三、喻四”由中古到现代的发展，表明汉语起首辅音仍保持逐渐失落的趋势，自然导致零声母的范围逐渐扩大。

“喻”母（喻四）在中古读半元音［j］，从音位观点看，与元音［i］开头的音节无别，很容易失去它轻微的摩擦而变成普通话的零声母，如“以、移、夷、余”等。《广韵》“匣”母三等（喻三）后来与喻四合流为三十六字母的“喻”母，演化为今零声母的道理与喻四略同，如“有、王、围、雨”等。“微”母是三十六字母中的轻唇音声母，它从《广韵》的“明”母中分化出来，只同有［i-］介音的三等字相拼，同组的轻唇音“非、敷、奉”后来合并为［f］，唇音难分开合口，容易与［u］混同的“微”母所拼之字绝大部分失去轻唇鼻辅音［ɱ］，变为今天的零声母，如“无、尾、晚、未”等。“疑”母字在中古音系中声母念［ŋ］，现在还有一些方言保留这一音值，也许与它作很多字的韵尾有关，它在普通话中大部分变成了零声母，如“艾、岸、额，咬”等。至于“日”母字，普通话中声母大多数都读［ʐ］，如“人、让、软、热”等，只有“尔、耳、二、儿”等少数字读零声母。上列几个中古声母中不变成普通话零声母的那部分字，可参看上文的古今声母对照表。

二　韵母的比较

如前所析，《广韵》音系有一四二个韵母。现代汉语普通话的韵母只有三十九个，下面列出它们的汉语拼音与国际音标，以便比较：

a	o	e	ê	i	u	ü	-i	-i	er
[a]	[o]	[ɤ]	[ɛ]	[i]	[u]	[y]	[ɿ]	[ʅ]	[ɚ]
ai	ei	ao	ou	ia	ie	ua	uo	üe	
[ai]	[ei]	[ɑu]	[ou]	[ia]	[iɛ]	[ua]	[uo]	[yɛ]	
iao	iou	uai	uei						
[iɑu]	[iou]	[uæi]	[uei]						
an	ian	uan	üan	en	in	un	ün		
[an]	[iɛn]	[uan]	[yan]	[ən]	[in]	[uen]	[yn]		
ang	iang	uang	eng	ueng	ing	ong	iong		
[ɑŋ]	[iɑŋ]	[uɑŋ]	[əŋ]	[uəŋ]	[iŋ]	[uŋ]	[yŋ]		

由于《切韵》音系是一个尽量从分的综合读书音系统，故其韵母系统就显得相当复杂。从《广韵》音系的一四二韵母到现代汉语普通话三十九韵母，其变化是很大的。无论是整个韵母体系，还是韵头、韵腹、韵尾，合流归并是古今韵母演变的总体趋势，也就是说，由复杂到简单是汉语韵母系统发展的总规律。不仅普通话的韵母系统大大简化，现代各方言的韵母系统也大多没有《广韵》那么复杂，较多的如广州话有五十三个韵母，南昌话有六十五个韵母，梅县客家话也只有七十六个韵母。

《广韵》的韵母系统看起来很复杂，但从韵类的角度与现代汉语方言比较，也并不是太特别。“韵类”是要区别声调的，《广韵》一四二个韵母配四个声调就有二九三个韵类，广州话五十三个韵母九个声调有二百多个韵类，而潮州话六十六个韵母八个声调可能有超过三百个以上的韵类。韵类没有减少而韵母数大大减少，说明作为音节表现手段的拼音方式更加优化了。而现代汉语普通话只有三十九个韵母、四个声调、一百四十个左右的韵类，韵类数也不到《广韵》的一半，的确是大大简化了，同时说明其拼音方式的优化程度更高。从以《广韵》为代表的中古韵母系统到现代汉语普通话韵母系统的变化，主要体现在如下的几方面：

1. 入声韵的消失

《广韵》音系有阴声韵、阳声韵和入声韵，阴声韵和阳声韵合称为"舒声"，入声韵称为"促声"，促声与舒声的区别不只是音高和音长的不同，更主要的是韵尾音质的不同，入声韵有［-p，-t，-k］三种塞音韵尾。中古入声韵演变到现代普通话中，塞音韵尾全部消失，原来属于入声韵的字全部合并到阴声韵中去了，具体说来是分布于阴声韵的四声之中了，如：

八［pat］—［pa］（普通话阴平声） 杂［zɑp］—［za］（普通话阳平声）
塔［t'ɑp］—［t'a］（普通话上声） 特［dək］—［t'e］（普通话去声）

一般认为，中古音系的塞音韵尾到宋元时期就在当时的北方语音系统中逐渐相混，最后都变成了喉塞音［ʔ］。到了成书于元泰定元年（1324）的《中原音韵》里，由于北方口语中的入声韵尾［ʔ］也已经变得很微弱了，就把入声字都划入与其韵母相应的阴声韵里的阳平、上声、去声中去了。到现代汉语普通话中，入声韵尾全部消失了，原来归入《中原音韵》阴声韵上声的中古入声字又分散到阴声韵的四声之中，也就是由"入派三声"变为"入派四声"。至此，中古的入声韵就全部合并到了阴声韵中了，也就是《广韵》五十一个带［-p，-t，-k］塞音韵尾的韵母完全消失。这是现代普通话韵母系统比起中古来大大简化的一个重要原因。

2. 鼻音韵尾的简化

《广韵》的鼻音韵尾有［-m，-n，-ŋ］三个，到了现代汉语普通话中，鼻音韵尾只剩下［-n，-ŋ］两个，［-m］归并到［-n］韵尾中去了，也就是中古收［-m］韵尾的"闭口韵"在现代普通话中完全消失了，如：

谈［t'ɑm］—［t'an］ 甜［t'iem］—［t'ian］
担［tɑm］—［tan］ 林［lĭəm］—［lin］

唐朝末年，湖南邵阳人胡曾在《戏妻族语不正诗》中嘲笑他妻子"唤针将作真"是"语音不正"，说明在当时的邵阳方言中"针"［ĭem］（侵韵）与"真"

[ĭen]（臻韵）已开始相混了。据研究，在北方话中，中古的 [-m] 韵尾大约是在15—16世纪大量转到 [-n] 韵尾之中去的，而这两种韵尾的完全合并是近代才彻底完成的。一般的规律是：有 [-m] 尾的咸摄“覃、谈、盐、添、咸、衔、严、凡”八个韵部与收 [-n] 尾的山摄“删、山、寒、桓”四个韵部合并，有 [-m] 尾的深摄“侵”韵一部与收 [-n] 尾的臻摄“真、谆、臻、文、欣、魂、痕”七个韵部合并。这就使得原先在《广韵》中韵尾不同的一些字到普通话中变成同音字了，如：

阴（侵韵）[ĭem] — [in]	因（臻韵）[ĭen] — [in]
南（覃韵）[nɒm] — [nan]	难（寒韵）[nɑn] — [nan]
蓝（谈韵）[lɑm] — [lan]	栏（寒韵）[lɑn] — [lan]

3. 等呼的简化

上面已经说过，早期韵图把《广韵》的六十一部二〇六韵按主要元音和韵尾异同归为十六摄，每摄又分为开口呼和合口呼，呼下又分为四等，这就使中古音系的韵母有了“两呼四等”的详细音类划分。由于《广韵》韵母系统太复杂，需要用很细的音值区别符号来表现，现代学者拟音时，一般把合口呼的 [u-] 介音区分为元音性的 [u-] 和辅音性的 [w-]，[u-] 用于合口一等以及二、三等开合口分韵的合口呼，[w-] 用于二、三、四等开合口合韵的合口呼；又把开口呼的 [i-] 介音区分为紧元音 [ĭ-] 和松元音 [i-]，[ĭ-] 多用于三等韵，[i-] 多用于四等韵。此外还有复合介音 [iu-] 和 [iw-]。由此可见中古的介音系统是非常复杂的。

中古韵母系统发展到近代，“等”的差别逐渐消失，“呼”的细类也合为大类，“两呼四等”演变为“四呼”，即开口呼、齐齿呼、合口呼和撮口呼。中古的两个合口介音 [u-] 和 [w-] 合并为合口呼中的一个 [u-]，中古的两个开口介音 [i-] 和 [ĭ-] 合并为齐齿呼中的一个 [i-]，中古的复合介音 [iu-] 和 [iw-] 也合并为撮口呼中的一个 [y-]。于是，“两呼四等”是中古韵母系统的突出标志，而“四呼”则是现代普通话韵母的显著特征。

一般说来，中古“两呼四等”演变为现代的“四呼”，其对应关系大致是：中古的开口一、二等变为现代的开口呼，中古的合口一、二等变为现代的合口呼，中古的开口三、四等变为现代的齐齿呼，中古的合口三、四等变为现代的撮口呼。为了与中古“等”的洪细相对应，人们也把现代的开口呼和合口呼称为“洪音”，把齐齿呼和撮口呼称为“细音”。

要特别注意的是，上述对应是就一般情况而言的，实际情况没有如此整齐，比如有些中古的开口二等韵不变为开口呼而变为齐齿呼，有些中古的开口三等韵不变齐齿呼而变为开口呼等。出现这类例外，是因为中古的等呼和现代四呼的关系不单纯体现在韵母上，有些变化还受到声母的制约，比较重要的有如下几种表现：

（1）中古开口二等韵牙喉音字，在今普通话里变成了齐齿呼，如“家”（麻韵开口二等）今读［tɕia］，“街”（皆韵开口二等）今读［tɕie］等；

（2）中古江韵开口二等韵，在今普通话中遇卷舌声母就变为合口呼，如“窗”（江韵开口二等）今读［tʂʻuɑŋ］，“撞”（江韵去声的绛韵开口二等）今读［tʂuɑŋ］；

（3）中古三等韵本属于细音，在今普通话中遇到卷舌声母，无论开合都变成洪音开口呼或合口呼，这是因为普通话中的卷舌音不与细音［i］［y］相拼，如“车”（麻韵开口三等）今读［tʂʻɤ］、“身”（真韵开口三等）今读［ʂən］，“朱”（虞韵合口三等）今读［tʂu］、“专”（仙韵合口三等）今读［tʂuan］；

（4）中古合口三等本属于细音，在今普通话中遇精组声母，不变细音撮口呼而变为洪音合口呼，这是因为在普通话中舌尖前音不与［y］相拼，如“从”（钟韵合口三等）今读［tsʻuŋ］，“所”（语韵合口三等）今读［suo］；

（5）中古合口三等（包括“尤”韵开口三等）本属于细音，在今普通话中遇唇齿音声母［f］都变为洪音开口呼或合口呼，这是因为普通话中的唇齿音［f］不与细音［i］［y］相拼，如“方”（阳韵合口三等）今读开口呼［fɑŋ］，“夫”（虞韵合口三等）今读合口呼［fu］；

（6）中古合口一等，在今普通话中遇唇音帮组声母，除今韵母是［u］的字外，其余都变成开口呼，这是因为普通话中的唇音声母只跟单独的［u］相拼，而不跟其他合口呼韵母相拼，如“铺”（模韵合口一等）今读［pʻu］仍是合口呼，而“般”（桓韵合口一等）今读开口呼［pan］、“杯”（灰韵合口一等）今读开口呼［pei］。

这种受声母影响而形成的中古等呼与普通话四呼的特殊对应关系还有一些，因琐碎而不便详列，详情可参看下面的表2-11。

4. 主要元音的归并

中古音的韵母系统复杂，《广韵》有一四二个韵母。从现代学者的拟测情况看，这些韵母要用很多不同的主要元音来进行区别，主要元音的个数多了，其音值的相近度就大，区别度就相对小一些。中古音发展到现代普通话，韵母中音值相近度高的主要元音一般都合流了，主要元音的个数减少了，这也是普通话韵母系统比《广韵》大大简化的重要原因之一。

从前面的《广韵》一四二个韵母拟测情况来看，中古韵母所含主要元音有［a，ɑ，ɐ，ĕ，e，ɛ，æ，ə，i，o，u，ɒ］十二个，现代普通话韵母含主要元音有

[a，ɑ，o，ɤ，e，ɛ，i，u，y，ɿ，ʅ] 十一个，其中 [i，ɿ，ʅ] 基本还是 [i] 一分为三的。这还只是表面数量上的比较，更多的归并表现在韵部之间，如《广韵》效摄“豪、爻、宵、萧”四部的韵分属一、二、三、四等，韵母分别为 [ɑu] [au] [ĭɛu] [ieu]，其中所含 [ɑ] [a] [ɛ] [e] 四个主要元音的音值相近，都是前展唇元音，到普通话中就归并为一个主要元音 [a]，四个韵母也合流为 [au][iau] 两个了。又如山摄舒声有六韵十个韵母：寒 [ɑn]、桓 [uɑn]、删 [an] [wan]、山 [æn][wæn]、先 [iɛn][iwɛn]、仙 [ĭɛn][ĭwɛn]，臻摄舒声“元”韵有 [ĭɐn] [ĭwɐn] 两个韵母，共十二个韵母，含六个不同的主要元音，到了现代普通话则合流为四个韵母：[an] [ian] [uan] [yan]，主要元音都归并成了 [a]。不仅如此，咸摄“覃、谈、盐、添、咸、衔、严、凡”八韵的舒声韵母因为韵尾 [-m] 归并到 [-n] 中，也与山摄合流，到现代普通话中并入山摄，其不同的六个主要元音也都归并成了 [a]。这类合并还有曾摄与梗摄的合流，宕摄与江摄的合流，遇、蟹、止各摄韵母的主要元音多合并等，详情可参看下面的表 2-11。从《广韵》韵母系统到现代普通话韵母系统，发生过这样大规模的主要元音归并，韵母数目的大为减少就是必然的了。

5. 韵母的分化

从中古韵母系统到现代普通话韵母系统的演变，整体上合并是主要趋势，但单个韵母的分化现象也是较多的，主要的分化有：

（1）止摄“支、脂、之”三韵的韵母分化：《广韵》止摄中的“支、脂、之”三部九韵的韵母发展到现代普通话，产生了较为复杂的分化情况，如《广韵》“之”韵只有 [ĭə] 一个韵母，分化为普通话的 [i]（欺熙医）、[ɿ]（子词似）、[ʅ]（旨痴始），还有少数中古日母字今读零声母儿化韵 [ɚ]（耳而饵），韵母由一个分化为四个。“支”和“脂”韵的韵母在现代普通话里的分化情况与“之”韵大体相似，韵母数也是成倍地增加，详情参看下面的表 2-11。

（2）果摄的韵母分化：《广韵》果摄“歌、戈”两部只有舒声六韵，有 [ɑ] [uɑ] [ĭɑ] [ĭuɑ] 四个韵母，主要元音都是 [ɑ]。发展到了现代普通话，分化为 [a]（他）、[o]（波坡磨）、[uo]（拖坐罗）、[ɤ]（哥蛾和）、[ie]（茄伽）、[ye]（靴瘸）六个韵母，主要元音分化为 [a，o，ɤ，e] 四个。

（3）假摄的韵母分化：《广韵》假摄只有“麻”部舒声三韵，韵母只有 [a] [ĭa] [wa] 三个，主要元音只有 [a]。到了现代普通话，韵母分化成 [a]（巴沙拿）、[ia]（牙霞鸦）、[ie]（姐写爹）、[ua]（瓜夸划蛙）、[ɤ]（车奢惹）五个，主要元音也由一个 [a] 分化为 [a，e，ɤ] 三个。

总体上看，从中古韵母系统到现代普通话韵母系统的演变是一个错综复杂的历时音变过程，尽管枝蔓很多，但总体发展的轮廓还是比较清楚的，主要的对应关系还是比较整齐的。以上所列的就是规律性较强的一些演变情况，摸索并掌握这些规律，对于认识古今汉语语音结构的特点、系统性及其历史发展都是非常必要的。下面，把《广韵》韵母与现代普通话韵母的异同分十六摄列成《〈广韵〉韵母与现代汉语普通话韵母对应表》（表 2-11），以便查询和对照时使用。现代汉语普通话所用的单韵母元音音位只有六个：i、e、ɑ、o、u、ü，但实读音的元音音位变体则不止这些，而有 i［i，ɿ，ʅ］、e［e，ɛ，ə，ɤ］、ɑ［a，ɑ］、o［o］、u［u］、ü［y］等。为显示古今音变的准确对应，表中的今韵母列出音位变体。

表 2-11　《广韵》韵母与现代汉语普通话韵母对应表

摄	韵部		《广韵》韵母	今韵母	例字
1. 通摄：	东韵	合口一等	uŋ	uŋ	红公送聋
				əŋ	蒙蓬篷懵
		合口三等	iuŋ	uŋ	弓中崇隆
				əŋ	梦丰风讽
				yŋ	穹穷雄熊
	屋韵	合口一等	uk	u	木谷禄族
		合口三等	iuk	u	竹陆睦叔
				y	育菊郁畜
				ou	肉轴粥妯
				iou	六
				uo	缩
	冬韵	合口一等	uoŋ	uŋ	宗冬农统
	沃韵	合口一等	uok	u	酷毒督笃
				uo	沃
	钟韵	合口三等	ǐwoŋ	uŋ	从钟容恭
				əŋ	俸封奉逢
				yŋ	凶雍勇用
	烛韵	合口三等	ǐwok	u	赎录促烛

通摄三部十一韵八韵母，演变为：合口三等细音多变洪音；主元音以［u］为主，［y］［ə］［o］为辅，有复韵母；塞音韵尾［k］消失，［ŋ］韵尾保留。

（续表）

摄	韵部		《广韵》韵母	今韵母	例字
2. 江摄：	江韵	开口二等	ɔŋ	ɑŋ	胖杠棒港
				uɑŋ	双桩撞窗
				iɑŋ	项降腔讲
	觉韵	开口二等	ɔk	o	剥驳
				ɑu	雹
				uo	朔捉桌握
				yɛ	确岳学乐
				iɑu	角
				u	朴璞

江摄一部四韵二韵母，演变为：开口二等有变细音的；主元音以［ɑ］为主，［o］［ɛ］为辅，有复韵母；塞音韵尾［k］消失，［ŋ］韵尾保留；有［i］［u］［y］韵头。

（续表）

摄	韵部		《广韵》韵母	今韵母	例字
3. 止摄：	支韵	开口三等	ĭe	i	技疲离奇
				ʅ	驰知枝纸
				ɿ	紫刺斯此
				ɚ	儿尔
				ei	卑
		合口三等	ĭwe	uei	吹嘴亏睡
				ei	累
				uai	揣
	脂韵	开口三等	i	i	利比地尼
				ʅ	师旨视脂
				ɿ	姊私死四
				ɚ	贰二
				ei	眉媚备悲
				y	履
		合口三等	wi	uei	水追翠葵

				ei	泪类垒
				uai	表率帅
				i	悸季
	之韵	开口三等	ĭə	i	医你厘基
				ʅ	齿止持史
				ɿ	词伺滓子
				ɚ	而耳饵
	微韵	开口三等	iəi	i	岂祈希衣
		合口三等	iwəi	ei	肥匪费沸
				uei	谓辉见微

止摄四部十二韵七韵母，演变为：先分化，再合流，细音多变洪音，合口三等变开口；以新分化出的主元音［ɿ］［ʅ］为主，［i］［e］［y］等为辅；有元音［i］韵尾；有［u］韵头。

（续表）

摄	韵部		《广韵》韵母	今韵母	例字
4. 遇摄：	鱼韵	合口三等	ĭo	u	如猪初书
				y	鱼女吕雨
				uo	所
	虞韵	合口三等	ĭu	u	刍树儒诛
				y	趋缕须芋
	模韵	合口一等	u	u	醋胡布古
				o	摩摸
				ou	都

遇摄三部九韵三个韵母，演变为：合口三等细音变洪音；主元音以［u］为主，［o］［y］为辅，有复韵母；有［u］韵头。

（续表）

摄	韵部		《广韵》韵母	今韵母	例字
5. 蟹摄：	齐韵	开口四等	ĭei	i	鸡迷批低
		合口四等	ĭwei	uei	惑意桂闺
				iɛ	携
				i	畦

	祭韵	开口三等	ĭɛi	i	祭例际艺
				ʅ	滞制势世
		合口三等	ĭwɛi	uei	卫税赘脆
	泰韵	开口一等	ɑi	ai	奈泰带盖
				ei	沛贝
		合口一等	uɑi	uai	外会脍
				uei	最绘刽蜕
	佳韵	开口二等	ai	ai	买奶摆牌
				ia	佳涯
				ie	街蟹解鞋
		合口二等	wai	uai	歪拐
				uɑ	画卦挂
	皆韵	开口二等	ɐi	ai	拜斋揩挨
				iɛ	谐皆界介
		合口二等	wɐi	uai	淮坏乖怪
	夬韵	开口二等	æi	ai	寨迈败
		合口二等	wæi	uai	哙夬快
				uɑ	话
	灰韵	合口一等	uɒi	e	馁梅辈佩
				uei	堆回瑰催
	咍韵	开口一等	ɒi	ai	开呆哉哀
	废韵	开口三等	ĭɒi	i	刈
		合口三等	ĭwɒi	ei	吠废肺
				uei	喙秽

蟹摄九部十九韵十六韵母，演变为：有合口三等变开口的，有开口二等变细音的；主元音以［a］［e］为主，［i］［ʅ］等为辅；有元音［i］韵尾；有［i］［u］韵头。

（续表）

摄	韵部		《广韵》韵母	今韵母	例字
6. 臻摄：	真韵	开口三等	ĭěn	in	银贫亲邻
				en	身珍认人
		合口三等	ĭwěn	yn	陨殒筠

质韵	开口三等	ĭět	i	一笔漆吉
			ʅ	日侄实秩
			iɛ	洁
	合口三等	ĭwět	uai	蟀
谆韵	合口三等	ĭuěn	uən	春准遵闰
			yn	钧匀旬允
术韵	合口三等	ĭuět	u	黜卒出述
			y	恤戌桔
臻韵	开口三等	ĭen	ən	臻榛
栉韵	开口三等	ĭet	ʅ	栉虱
			ɣ	瑟
文韵	合口三等	ĭuən	ən	焚粉份芬
			uən	蚊吻闻紊
			yn	君群训云
物韵	合口三等	ĭuət	u	勿物弗拂
			o	佛
			y	郁屈
			ye	倔掘
欣韵	开口三等	ĭən	in	勤斤筋近
迄韵	开口三等	ĭət	i	乞屹讫
魂韵	合口一等	uən	uən	尊论困昏
			ən	喷奔盆门
没韵	合口一等	uət	u	突卒骨窟
			o	勃脖体殁
			ei	没
痕韵	开口一等	ən	ən	根很恨恩
			uən	吞
［没］韵	开口一等	ət	ɣ	纥

臻摄七部二十五韵十六韵母，演变为：合口三等细音多变洪音；主元音以［ə］［e］为主，［y］［i］［o］等为辅，塞音韵尾［t］消失，［n］韵尾保留；有［i］［u］［y］韵头。

（续表）

摄	韵部		《广韵》韵母	今韵母	例字
7. 山摄：	寒韵	开口一等	ɑn	an	残难肝岸
	曷韵	开口一等	ɑt	a	达擦辣獭
				ɤ	喝渴割葛
	桓的	合口一等	uɑn	uan	端团卵碗
				an	般盘叛满
	末韵	合口一等	uɑt	o	泼拨末沫
				uo	活脱阔撮
				a	跋
	删韵	开口二等	an	an	删栈攀慢
				ian	奸谏颜晏
		合口二等	wan	uan	关拴环篡
	黠韵	开口二等	at	a	八拔扎杀
				ia	黠轧
		合口二等	wat	ua	滑猾挖
	山韵	开口二等	æn	an	山产盼绽
				ian	间眼闲限
		合口二等	wæn	uan	鳏幻
	鎋韵	开口二等	æt	a	铡
				ia	辖瞎
		合口二等	wæt	ua	刷
	先韵	开口四等	icn	ian	肩片年典
		合口四等	iwen	yan	涓犬玄渊
				ian	县
	屑韵	开口四等	iet	iɛ	铁撇捏切
		合口四等	iwet	yɛ	缺诀血穴
	仙韵	开口三等	ĭɛn	ian	面煎连延
				an	缠扇然善
		合口三等	ĭwɛn	uan	川传专软
				yan	宣权全院
	薛韵	开口三等	ĭɛt	iɛ	别灭列泄

				ɤ	折辄舌热
				ye	薛
		合口三等	ĭwɛt	ye	雪绝悦阅
				uo	说辍拙
				iɛ	劣
	元韵	开口三等	ĭɐn	ian	言掀堰建
				yan	轩
		合口三等	ĭwɐn	an	翻烦反饭
				uan	宛晚万
				yan	劝原因远
	月韵	开口三等	ĭɐt	iɛ	竭揭谒歇
		合口三等	ĭwɐt	a	发罚伐筏
				yɛ	越曰阙掘
				ua	袜

山摄七部二十八韵二十四韵母，演变为：有开口二等变细音的，有合口三等变开口的；主元音以［a］为主，［e］［ɛ］［o］等为辅，塞音韵尾［t］消失，［n］韵尾保留；有［i］［u］［y］韵头。

（续表）

摄	韵部		《广韵》韵母	今韵母	例字
8. 效摄：	萧韵	开口四等	ieu	iɑu	聊晓啸叫
	宵韵	开口三等	ĭɛu	ɑu	招朝韶扰
				iɑu	娇遥小庙
	肴韵	开口二等	au	ɑu	包嘲抄拗
				iɑu	交巧咬孝
				uɑ	抓
	豪韵	开口一等	ɑu	ɑu	高牢到耗

效摄四部十二韵四韵母，演变为：有开口二等变细音的，有开口三等变洪音的；主元音只有［ɑ］，有复韵母；有［i］［u］韵头。

（续表）

摄	韵部		《广韵》韵母	今韵母	例字
9. 果摄：	歌韵	开口一等	ɑ	ɤ	哥俄何贺
				uo	拖罗左我
				a	他
	戈韵	开口三等	ĭɑ	iɛ	茄伽
		合口一等	uɑ	ɤ	科戈禾讹
				uo	梭朵坐火
				o	波破磨颇
		合口三等	ĭuɑ	ɛ	靴瘸

果摄二部六韵二韵母，演变为：主元音分化，以［o］为主，［ɤ］［ɛ］［a］为辅；有［i］［u］［y］韵头。

（续表）

摄	韵部		《广韵》韵母	今韵母	例字
10. 假摄：	麻韵	开口二等	a	a	巴拿麻霸
				ia	家牙虾亚
		开口三等	ĭa	iɛ	爹姐写夜
				ɤ	车蛇惹社
		合口二等	wa	ua	花瓜夸蛙
				a	傻

假摄一部三韵三韵母，演变为：主元音分化，以［a］为主，［ɤ］［ɛ］为辅；有开口二等变细音的，有合口二等变开口的；有［i］［u］韵头。

（续表）

摄	韵部		《广韵》韵母	今韵母	例字
11. 宕摄：	阳韵	开口三等	ĭaŋ	iɑŋ	将娘强响
				ɑŋ	张唱让壤
				uɑŋ	庄床爽创
		合口三等	ĭwaŋ	ɑŋ	方房纺放
				uɑŋ	匡狂王妄
	药韵	开口三等	ĭak	yɛ	略虐约削
				iɑu	脚药
				uo	着酌绰若

			ɑu	勺芍
	合口三等	ǐwak	u	缚
			yɛ	攫
唐韵	开口一等	ɑŋ	ɑŋ	帮旁当浪
	合口一等	uɑŋ	uɑŋ	汪光黄旷
铎韵	开口一等	ɑk	uo	托落作错
			o	摸博泊薄
			ɤ	各鹤乐鄂
			u	幕
	合口一等	uɑk	uo	廓扩霍

宕摄二部八韵八韵母，演变为：有开口三等变洪音的，有合口三等变开口的，主元音以［ɑ］为主，［u］［o］［ɛ］等为辅，有复韵母；塞音韵尾［k］消失，［ŋ］韵尾保留；有［i］［u］［y］韵头。

（续表）

摄	韵部		《广韵》韵母	今韵母	例字
12. 梗摄：	庚韵	开口二等	ɐŋ	əŋ	坑更猛冷
				iŋ	行杏硬
				a	打
		合口二等	wɐŋ	əŋ	横
				uɑŋ	矿
				uŋ	觥
		开口三等	ǐɐŋ	iŋ	兵病明影
				in	皿
		合口三等	ǐwɐŋ	yŋ	兄永
	陌韵	开口二等	ɐk	ai	拍百拆窄
				ɤ	格客额赫
				o	迫魄伯舶
		合口二等	wɐk	uo	虢
		开口三等	ǐɐk	i	戟碧逆隙
	耕韵	开口二等	æŋ	əŋ	争耕萌耿

			iŋ	茎幸樱莺
			ɑŋ	浜
	合口二等	wæŋ	uŋ	轰宏
麦韵	开口二等	æk	ai	摘麦脉
			ɤ	策册革扼
			a	栅
	合口二等	wæk	uo	获
			ua	划
清韵	开口三等	ĭɛŋ	iŋ	轻领晴盈
			əŋ	声政圣郑
			ən	贞侦
			in	聘
	合口三等	ĭwɛŋ	iŋ	顷营颖
			yn	琼
昔韵	开口三等	ĭɛk	i	积席辟夕
			ʅ	掷赤石适
			iɛ	液腋
			uo	硕
	合口三等	ĭwɛk	i	疫役
青韵	开口四等	ieŋ	iŋ	青顶灵形
			in	馨
	合口四等	iweŋ	iŋ	萤
			yŋ	炯迥
锡韵	开口四等	iek	i	壁劈击滴
			ʅ	吃
	合口四等	iwek	y	阒殈

梗摄四部十六韵十九韵母，演变为：开口二等有变细音的，开口三等有变洪音的；主元音以［i］［ə］［a］为主，［o］［ʅ］等为辅；塞音韵尾［k］消失，［ŋ］韵尾保留，且有［n］韵尾；有［i］［u］［y］韵头。

（续表）

摄	韵部		《广韵》韵母	今韵母	例字
13. 曾摄：	蒸韵	开口三等	ĭəŋ	iŋ	冰陵凭凝
				əŋ	称乘升仍
				yn	孕
	职韵	开口三等	ĭək	i	力逼极忆
				ʅ	直织植食
				ɤ	侧测恻色
		合口三等	ĭwək	y	域
	登韵	开口一等	əŋ	əŋ	崩鹏能恒
				ən	亘肯
		合口一等	uəŋ	uŋ	弘薨
	德韵	开口一等	ək	ei	北黑贼
				ɤ	得勒刻德
				o	墨默
		合口一等	uək	uo	或国惑

曾摄二部八韵七韵母，演变为：有开口三等变洪音的；主元音以［ə］［a］为主，［i］［o］［ɤ］等为辅；塞音韵尾［k］消失，［ŋ］韵尾保留，也有［n］韵尾；有［u］韵头。

（续表）

摄	韵部		《广韵》韵母	今韵母	例字
14. 流摄：	尤韵	开口三等	ĭəu	ou	周柔否谋
				iou	酒流有秋
				u	妇负副复
				ɑu	矛蝨
	侯韵	开口一等	əu	uo	兜头走透
				ɑu	茂箣楙袤
				u	母亩牡戊
	幽韵	开口三等	iəu	iou	幽谬赳幼
				iɑu	彪

流摄三部九韵三韵母，演变为：开口三等有变洪音的；主元音以［u］为主，［ɑ］［o］为辅，有复韵母；有［ɤ］［u］韵头。

（续表）

摄	韵部		《广韵》韵母	今韵母	例字
15. 深摄：	侵韵	开口三等	ĭəm	in	今林品琴
				ən	朕沉森壬
				iŋ	禀
	缉韵	开口三等	ĭəp	i	急习邑吸
				iɛ	汁执十湿
				ɤ	蛰涩
				u	入

深摄一部四韵二韵母，演变为：主元音以［i］为主，［ə］等为辅；塞音韵尾［p］消失，鼻韵尾［m］并入［n］；有［i］韵头。

（续表）

摄	韵部		《广韵》韵母	今韵母	例字
16. 咸摄：	覃韵	开口一等	ɒm	ɑu	贪婪感暗
	合韵	开口一等	ɒp	a	答踏纳拉
				ɤ	鸽喝盒合
	谈韵	开口一等	ɑm	an	担毯蓝喊
	盍韵	开口一等	ɑp	a	塔塌蜡
				ɤ	磕盍
	盐韵	开口三等	ĭɛm	an	沾占陕染
				ian	尖敛粘钳
	葉韵	开口三等	ĭɛp	iɛ	葉猎接捷
				ɤ	辄摄涉摺
	添韵	开口四等	iem	ian	甜点念嫌
	帖韵	开口四等	iep	iɛ	贴蝶协叠
				ia	侠
	咸韵	开口二等	ɐm	an	杉斩馋蘸
				ian	缄减咸陷
	洽韵	开口三等	ɐp	a	插闸眨炸
				ia	夹恰掐峡

衔韵	开口二等	am	an	忏搀谗衫
			ian	衔嵌槛岩
狎韵	开口二等	ap	ia	甲匣鸭压
严韵	开口三等	ĭɐm	ian	严剑欠腌
业韵	开口三等	ĭɐp	iɛ	劫怯业胁
凡韵	合口三等	ĭwɐm	an	凡范犯泛
乏韵	合口三等	ĭwɐp	a	法乏

咸摄八部三十二韵十六个韵母，演变为：开口二等有变细音的，开口三等有变洪音的，合口三等有变开口的；主元音以［a］为主，［ɛ］［ɤ］等为辅，有复韵母；塞音韵尾［p］消失，鼻韵尾［m］并入［n］；有［i］韵头。

总体看来，《广韵》一四二个韵母到现代普通话三十九个韵母的演变是一个大规模的系统音变过程。《广韵》一四二个韵母中只有大约六十个与普通话韵母有一对一的演变关系，大多数都是分化关系：最多是一分为二的，也有一分为三的（如之开三）和一分为四的（如脂开三）。但分化是与合并同时进行的，从单个韵母看是一个分化为几个，从总体角度看则是大规模的合并，如《广韵》止摄有七个韵母，就单个看，总共分化出二十个韵母来，从全摄的整体看，又合并为六个韵母了。实际上合并简化才是古今韵母演变的总体趋向，如蟹摄原有十六个韵母，分化合并后只有八个韵母了，各摄各韵中相同的新生韵母再合流归并，韵母总数就大大减少了，所以《广韵》一四二个韵母就变成了现代普通话的三十九个韵母了。

古今韵母的演变看起来很复杂，但与声母的演化一样，是有较为严整的规律的。除了前述“入声韵消失”等大的演变规律外，韵母的分化多是以声母为条件的，也就是中古韵母按所拼声母的不同而成系统地分化为现代普通话的韵母，如：止摄“支韵开口三等”［ĭe］在帮组声母后面变成今韵母［i］［ie］，如“皮、被”等；在来母和见系声母后变成今韵母［i］，如“离、企”等；在精、知、庄、章组声母后变成今韵母［ʅ］，如“致、师”等；在日母后变成今韵母［ɚ］，如“二”等。同样地，该摄“脂开三”“之开三”也走的是相同的演化道路，显示出很整齐的系统性。声母与韵母互相影响，是汉语历时音变过程中的普遍现象，比如中古知、照两组声母演变出一组卷舌的舌尖后音声母［tʂ，tʂ，ʂ‘，ʂ］，原来与知、照两组声母相拼的［i］［ie］等舌面音韵母，就必然向舌尖移动而靠近声母的发音部位，也就变成了舌尖后音韵母［ʅ］，不然就拼合困难或拼合不畅。这些规律性的演化，仔细参看和比较表 2-11，就能很容易体会出来。

三 声调的比较

中古声调与现代普通话声调的对应关系，在第一章第五节《有关声调的概念》里已经提到过，这里再作些补充。中古声调是“平、上、去、入”四声，现代普通话声调是“阴平、阳平、上声、去声”四声，中古四声演化成为今普通话四声，基本规律是：平分阴阳，浊上变去，入派三（四）声。

1. 平分阴阳

中古平声在现代普通话里分化为阴平和阳平两个声调，分化的条件是声母的清浊，中古读清声母的平声字变成阴平，读浊声母的平声字变成阳平。“清声母”包括中古的全清和次清声母，“浊声母”包括中古的全浊和次浊声母。汉语声调按声母的清浊分化为阴阳两类，大约在唐代就开始了，但直到元代周德清《中原音韵》才真正明确地把北方方言的平声整齐地分为阴平和阳平两类，现代普通话是承《中原音韵》而来的。中古平声清声母字分化为今普通话阴平的如：

全清：巴帮母 都端母 中知母 将精母 山生母 公见母
次清：芳敷母 他透母 痴彻母 千清母 春昌母 空溪母

中古平声浊声母字分化为今普通话阳平的如：

全浊：蒲並母 徒定母 昨从母 常禅母 其群母 胡匣母
次浊：模明母 奴泥母 鱼疑母 尼娘母 人日母 林来母

“平分阴阳”现象实际上是将中古用声母清浊来进行的语音区别转换为声调的区别，这与“全浊声母清化”是互相关联的，是辅音在音节中地位退缩而元音音高地位增强的具体表现之一。依中古声母的清浊来分声调的阴阳，在普通话中只限于古平声字按声母的清浊分阴平、阳平两类，而在一些方言里，不但古平声字分阴阳，古上声、古去声、古入声也可以分阴阳，如温州话就把中古平、上、去、入四声按声母清浊的条件分为阴平、阳平、阴上、阳上、阴去、阳去、阴入、阳入八个声调。

2. 浊上变去

这里的“浊上”只指中古读全浊声母的上声字。“浊上变去”指《广韵》读全浊声母的上声字在现代普通话里都变成了去声，而非全浊声母的上声字，普通话还是读上声。“浊上变去”的音变现象产生很早，盛唐、中唐的不少诗篇中都有古浊上声字与去声字同韵的用例，说明当时它们就已经读去声了。现列出中古十个（加“奉”母就是十一个）全浊声母的上声字今音变为去声的常用例字，以利于辨别：

（1）並母：罢、鲍、抱、部、薄、辨、伴、笨、蚌、并、被、膑、倍、棒、婢、辩、辫
（奉母）：犯、范、父、妇、负、阜、奉、愤、忿
（2）定母：稻、道、杜、待、断、弟、盾、动、淡、舵、荡、殆、诞、怠、囤、堕
（3）澄母：丈、重、柱、赵、纣、雉、篆、峙、兆、朕、肇、杖、伫、痔
（4）从母：造、皂、坐、罪、在、尽、静、渐、聚、践
（5）邪母：象、像、序、叙、绪、似、巳、祀
（6）崇母：仕、士、柹、撰
（7）船母：葚
（8）禅母：善、社、上、受、绍、是、市、氏、恃、竖、肾
（9）群母：技、巨、拒、距、近、件、键、臼、舅、咎、菌、圈、跪
（10）匣母：旱、撼、限、下、户、沪、后、厚、蟹、亥、骇、混、幸、杏、祸、皓、汇

也有少数中古全浊声母的上声字今音不变为去声而仍读上声的，如奉母的“釜、辅、腐”，定母的“挺、艇”，群母的“俭”，匣母的“皖、很、缓”等，现代普通话仍读上声。但这只是很特殊的例外情况，绝大多数中古全浊声母的上声字今音是变为去声的，个别的例外并不影响“浊上变去”成为一条重要的古今汉语声调演变规律。

3. 入派三（四）声

从今人所拟的音值来看，《广韵》的入声是有［-p，-t，-k］三种塞音韵尾的，这就使入声与平、上、去三类舒声有不同的性质。中古入声发展到现代普通话，入声字的塞音韵尾全部脱落而归并到相应的舒声中去了。也就是说，现代普通话里已经不存在“入声”这样一个调类，中古的入声字全部分派到普通话的阴平、阳平、上声、去声中去了，这就是所谓的“入派四声”。

在元代周德清的《中原音韵》里，中古入声字只派入阳平、上声和去声，传统音韵学上称为“入派三声”。入声派入三声的具体情况是：全浊声母的入声字变阳

平，次浊声母的入声字变去声，清声母的入声字变上声。后来，《中原音韵》派入上声的中古清声母入声字又进行了第二次分化，一部分仍留在上声中，其余的分派到阴平、阳平、去声中去，使阴平中也有了古入声字，形成了“入派四声”的局面。古入声字分派到现代普通话四声里，其分布情况比较复杂，但还是能够找到一些规律的：

（1）中古全浊声母的入声字一般都分派到普通话的阳平里，如並母的“白”、定母的“读”、从母的“绝”、群母的“极”、匣母的“合”等。例外的情况是少数，如定母的“突”、禅母的“淑”、群母的“屐”派入了阴平，禅母的“属、蜀”派入了上声，定母的“特”、从母的“寂”、匣母的“鹤”派入了去声。

（2）中古次浊声母入声字一般都分派到普通话的去声里，如明母的“木”、泥母的“纳”、来母的“落”、疑母的“逆”、日母的“肉”。也有很少数的例外，如明母的“抹”、来母的“拉”派入了阴平，疑母的“额”派入了阳平。

（3）中古清声母入声字分派到现代普通话的阴平、阳平、上声、去声四个声调里，没有显示出明显的规律。今阴平里的中古清声母入声字如：帮母“剥”、滂母“拍”、端母“督”、透母“脱”、精母“接”、知母“摘”、彻母“拆”、生母“杀”、见母“割”、溪母“哭”、影母“约”等。今阳平里的中古清声母入声字如：帮母“驳”、非母“福”、端母“答”、精母“则”、知母“竹”、见母“阁”、溪母“壳”、晓母“胁”等。今上声里的中古清声母入声字如：帮母“百”、滂母“匹”、透母“铁”、心母“雪”、见母“谷”、溪母“渴”、影母“乙”等。今去声里的中古清声母入声字如：帮母“必”、滂母“魄”、透母“帖”、精母“作”、清母“窃”、心母“屑”、知母“绌”、见母“各”、溪母“克”、晓母“霍”、影母“谒”等。因为无明显的规律可循，来自中古清声母的入声字就比较难以掌握，因此要特别留意，把握不准时就要勤查工具书，以免产生讹误。

总体来看，从中古到近代再到现代，汉语音系渐趋简化是总的趋势。辅音声母数量的减少是很明显的，无须多论。元音混同化则是韵母简化的明显趋势，韵图由四十三转并为十六摄，再并为十二摄；两呼四等八个区别要素并为开、齐、合、撮四个区别要素，这些韵类简化现象多是韵母里元音混同化的表现。音节中元音音素渐占优势而导致音节结构单纯化，是汉语音系趋于简化的重要原因。远古的复辅音声母到上古、中古的单辅音声母化，再到起首辅音逐渐失落的零声母化，以及塞音韵尾、鼻辅音韵尾的失落与归并等，都显示了辅音成分在音节中地位的逐渐减退与元音成分的渐占优势。虽然声调的种类由古到今呈减少的趋势，但声调的音高变化在音节中的区别性作用却日见显著，而音高的变化越来越直指元音而少受辅音的影响，这也是元音渐占优势的表现之一。由于元音在音节结构中越来越占优势，元音的性质就影响着音节中音素拼合的方式，汉语音系中所用到的单元音总数不但比单辅音总数少得多，而且自身的数量也是由古到今趋于减少的，这自然就使得汉语音系的拼音规则渐趋单纯化，从而使得语音系统趋于简化。汉语古今音变的总体规律是大致相似的，中古音系向现代汉语普通话音系的演变总趋势可以在很多现代汉语方言中看到，而就具体音变状况而言，各方言又具有各自的特点，与普通话音系又有多种多样的差别。这方面的具体内容，可参考何大安的《规律与方向——变迁中的音韵结构》（北京大学出版社，2004）。

第六节　《广韵》反切的今音变读

反切的基本拼读原则是“上字定声，下字定韵、调”，制作反切的时候，其拼读是简单而又准确的。但如前所示，中古音系发展到现代普通话音系，声、韵、调系统发生了很大的变化，《广韵》的一个反切是由当时的三个汉字来充当被切字、切上字和切下字的，这三个字所代表的三个音节各有声母、韵母、声调，共有九个语音要素，其中韵母又有韵头、韵腹、韵尾等不同音素，故一个反切实际上涉及十几个音素，只要其中一个音素发生了变化，这个反切就不能和谐地拼读了。

因此，简单地用现代普通话的读音去拼读《广韵》的反切，绝大多数是不协调的，切不出正确的读音来。今天仍然能够按一般的拼切规则和谐地切出正确读音的中古反切也还有一些，如“都，丁姑切”dū = d(īng) + (g)ū；“洪，胡笼切”hóng = h(ú) + (l)óng。其中有的是所含各音素古今都没有变，那样的太少了；有的是反切所涉及的三个音节所含的各音素走的是同样的演变道路，变前是和谐的，变后也是和谐的，表面上看不出变化的痕迹。不管怎样，今音读来能够拼切调和的反切，就是切得出正确的现代普通话读音的古反切，也就不用去管它。但是，《广韵》大量的反切是今音拼切不调和而拼不出正确的现代普通话读音的，这就需要变读，需要找出反切中导致拼切不调和的古今音变点，并掌握其基本的变化规律，使我们能够用现代普通话读音顺利地准确地拼切《广韵》反切和其他古反切，很好地认识和使用大量的汉语反切资料，从系统认识古今音变的过程中更好地认识现代普通话音系的来源和特点。这里所列出的是常见的反切变读基本条例，都是管字较多且便于掌握的，这些条例可以帮助解决反切音变中一些带有普遍性的问题，帮助正确读出绝大多数《广韵》反切的今音。

由于是用现代普通话的读音来变读《广韵》的反切，要照顾声调的标示，故采用汉语拼音标音，零声母用“ø”表示，个别需要说明的地方加用国际音标。拼切公式为：“被切字音＝切上字音＋切下字音”，括号内的是拼切中的冗余音素。

一 古清浊声母变读为今阴平和阳平

中古平声只有不分阴阳的一个平声调，现代普通话平声分为阴平、阳平两个平声调。如果反切下字是古平声字，那么被切字今音读阴平调还是读阳平调就成了问题，这要由反切上字声母的清浊来决定。如果切上字是古清声母字，被切字则今读阴平；如果切上字是古浊声母字，被切字则今读阳平。这是因为中古平声在现代普通话中分化为阴平和阳平的“平分阴阳”是根据声母的清浊来分的，由于被切字与切下字的声母不必一定相同，所以平声字的反切今天单纯用“下字定调”的原则是不完全适用的，要准确地拼读出今音，还需要考虑切上字声母清浊这一因素。例如“东，德红切”，切下字“红”的声母是中古浊音匣母，声调今为阳平，但切上字“德”属清音端母，声调今为阴平，被切字“东”因取切上字的清声端母为它的声母，其声调就该读为今阴平。切下字今读阳平，切上字为古清声母，被切字今读阴平的实际变读例子如：

空，苦红切　　kōng ＝ k(ǔ) ＋ (h)óng（今阴平＝古清声溪母＋今阳平）
哉，祖才切　　zāi ＝ z(ǔ) ＋ (c)ái　（今阴平＝古清声精母＋今阳平）

相反，切下字今读阴平，切上字为古浊声母，被切字今读阳平，其例子如：

徒，同都切　　tú ＝ t(óng) ＋ (d)ū　（今阳平＝古浊声定母＋今阴平）
侯，户钩切　　hóu ＝ h(ù) ＋ (g)ōu　（今阳平＝古浊声匣母＋今阴平）

二 古全浊声母的上声变读为今去声

中古的上声发展到现代普通话中，分化成了上声和去声两部分，分化的条件也是声母的清浊：古清声母和次浊声母字今音仍读上声，全浊声母字则变成了去声，即“全浊上声变去声”。这种分化表现在反切变读中，就出现两种情况。

1. 切下字属中古非全浊声母的上声字，今音仍然读上声，但切上字是全浊声母，那么被切字也就是古全浊声母的上声字，今音应该变读为去声，如：

厚，胡口切　　hòu ＝ h(ú) ＋ (k)ǒu　（今去声＝古浊声匣母＋今上声）

皂，昨早切　　zào = z(uó) + (z)ǎo　（今去声=古浊声从母+今上声）

2. 切下字属中古的全浊声母上声字，今音变读为去声，而切上字是非全浊声母，那么被切字也就是古非全浊声母的上声字，今音应该仍读上声，如：

坦，他但切　　tǎn = t(ā) + (d)àn　（今上声=古清声透母+今去声）
懒，落旱切　　lǎn = l(uò) + (h)àn　（今上声=古次浊来母+今去声）

需要注意的是，中古也有极其少数去声字是全浊声母的，如“会”字属中古全浊匣母字，今音读去声，中古也是去声，不是从中古全浊上声变读来的，不要与“浊上变去”混淆了。

三　古全浊声母变读为今送气与不送气清音

中古音系的声母发展到现代普通话的声母，突出的特点是“全浊声母清化”，《广韵》的十个全浊声母全部归入现代普通话的清声母中去了，分化的条件主要是中古声调的平、仄不同：中古全浊声母字中今读塞音、塞擦音的，如果古为平声，今读为送气清音声母；如果古为仄声，今读为不送气清声母。这就是所谓“平声送气仄声不送气”的全浊声母的清化规则。这条规则反映在反切变读上，也可从两方面加以说明。

1. 切上字如果是中古的全浊声母字，今又读塞音、塞擦音，而切下字是中古的平声字，那么被切字今读为送气清声母，如：

头，度侯切　　tóu = d(ù) + (h)óu　（今送气=全浊定母今塞音不送气+古平声）
曹，昨劳切　　cáo = z(uó) + (l)áo　（今送气=全浊从母今塞擦音不送气+古平声）

2. 切上字如果是中古的全浊声母字，今又读塞音、塞擦音，而切下字是中古的仄声字，那么被切字今读为不送气清声母，如：

郡，渠运切　　jùn = q(ú) + (Ø)ùn　（今不送气=全浊群母今塞擦音送气+古仄声）

盗，徒到切　　dào = t(ú) + (d)ào　（今不送气＝全浊定母今塞音送气＋古仄声）

综合利用反切变读规则来拼读反切是时常会遇到的事情，“全浊声母平声送气仄声不送气”这一规则就往往和其他反切变读规则综合起来运用，比如上面的“清浊声母分阴、阳平声”一条有时就会牵涉到“全浊声母平声送气仄声不送气”的问题，例如“才，昨哉切”，切上字“昨”属全浊从母，被切字“才”因此读为今阳平；另一方面，切上字“昨”是仄声（入声）今读为不送气声母，而切下字“哉”为中古平声，被切字“才”就只能变读为今送气声母。可见有时需要综合运用，才能将一个古反切拼读出正确的今音来。

四　古见、精组声母遇到洪、细韵母的变化

现代普通话的一组舌面前塞擦音、擦音声母“j、q、x”，是从中古的见、晓组声母“见、溪、群、晓、匣”和精组声母“精、清、从、心、邪”中分化出来并合流而成的，分化的条件是韵母的洪细：在今读开口呼、合口呼的洪音前，见、晓组声母读“g、k、h”，精组声母读“z、c、s”；在今读齐齿呼、撮口呼的细音前，见、晓组和精组声母都读舌面前音“j、q、x”。声母的这种语音变化反映在反切变读上，就有两大类不同的情况：

1. 切上字为古见、晓组声母今读“g、k、h”或古精组声母今读“z、c、s”，切下字韵母今读为齐齿呼、撮口呼的细音，被切字声母改读为“j、q、x”，如：

启，康李切　　qǐ = k(āng) + (l)ǐ　（今 q ＝古溪母＋今细音齐齿呼）
训，呼运切　　xùn = h(ū) + (Ø)ǜn　（今 x ＝古晓母＋今细音撮口呼）
挤，子礼切　　jǐ = z(ǐ) + (l)ǐ　（今 j ＝古精母＋今细音齐齿呼）
徐，似鱼切　　xú = s(ì) + (Ø)ǘ　（今 x ＝古邪母＋今细音撮口呼）

2. 切上字为古见、晓组或精组声母而今读“j、q、x”，切下字韵母今读为开口呼、合口呼的洪音，被切字声母改读为“g、k、h”或“z、c、s”，如：

贵，居胃切　　guì = j(ū) + (Ø)uèi　（今 g ＝古见母＋今洪音合口呼）
亏，去为切　　kuī = q(ù) + (Ø)uéi　（今 k ＝古溪母＋今洪音合口呼）
貉，下各切　　hé = x(ià) + (g)è　（今 h ＝古匣母＋今洪音开口呼）

紫，将此切　　zǐ = j(iāng) + (c)ǐ［ɿ］　（今 z =古精母+今洪音开口呼）
从，疾容切　　cóng = j(í) + (r)óng　（今 c =古从母+今洪音开口呼）
遂，徐醉切　　suì = x(ú) + (z)uì　（今 s =古邪母+今洪音合口呼）

要特别注意的是，汉语拼音的“i”实际上包含了舌面前高元音［i］、舌尖前元音［ɿ］、舌尖后元音［ʅ］，按说凡标“i”的似乎都该看成今细音齐齿呼，但今［ɿ］［ʅ］主要来自中古止摄“支、脂、之”三韵的开口字，因而在反切变读中应视同今开口呼。上面例子中“紫，将此切”的“此”就是《广韵》的支韵开口三等字，故以今洪音开口呼的身份加入反切变读规则中。其他今读［ɿ］［ʅ］音的，可以类推。

五　卷舌声母所拼洪、细韵母的变化

现代普通话的卷舌音，也就是舌尖后音声母“zh、ch、sh、r”，主要是从中古的知、庄、章组和日母三等字演化而来的。中古的三等字不论开口、合口都是有［i-］介音的，中古两呼四等演变为现代普通话的开、齐、合、撮四呼，这组卷舌的舌尖后音声母就只与卷舌的舌尖后元音［ʅ］及其他的开口呼、合口呼相拼，而不能与细音齐齿呼、撮口呼拼合。与舌尖后元音［ʅ］相拼，是因为［ʅ］本来自中古的开口洪音字，今视同洪音开口呼。体现在反切变读中，就有两大类变化情况。

1. 切上字是卷舌声母，切下字韵母是细音齐齿呼和撮口呼，被切字韵母改为洪音开口呼和合口呼。具体改法为：切下字为单韵母［i］［y］，则被切字韵母或改为舌尖后元音［ʅ］，或改为［u］；切下字韵母有［i-］［y-］介音，被切字韵母或丢掉介音［i-］改为相应的开口呼，或改［y-］作［u-］成为合口呼，如：

齿，昌里切　　chǐ［ʅ］= ch(āng) + (l)ǐ　（今洪音开口=古昌母+细音齐齿呼）
鼠，舒吕切　　shǔ = sh(ū) + (l)ǚ　（今洪音合口=古书母+细音撮口呼）
展，知演切　　zhǎn = zh(í) + (Ø)iǎn　（今洪音开口=古知母+细音齐齿呼）
专，职缘切　　zhuān = zh(í) + (Ø)üǎn　（今洪音合口=古章母+细音撮口呼）

2. 切上字不是卷舌声母，切下字是卷舌声母且韵母是洪音开口呼和合口呼，被切字韵母改为细音。具体改法为：切下字为单韵母［ʅ］［u］，则被切字韵母改为［i］［y］；切下字韵母为其他开口呼、合口呼，或加［i-］介音改为齐齿呼，或改［u-］为［y-］介音成为撮口呼，如：

基，居之切　jī = j(ū) + (zh)ī[ʅ]　（今细音齐齿呼=古见母+今卷舌洪音）
缕，力主切　lǚ = l(ì) + (zh)ǔ　（今细音撮口呼=古来母+今卷舌洪音）
尽，慈忍切　jìn = c(í) + (r)ěn　（今细音齐齿呼=古从母+今卷舌洪音）
卷，居转切　juǎn = j(ū) + (zh)uǎn　（今细音撮口呼=古见母+今卷舌洪音）

后一条规则是前一条规则的倒用，这里的切下字今音是由第一条规则变读出来的洪音，它反过来再作非卷舌声母的切下字，自然又该还原为细音了。

六　全浊入声变阳平，次浊入声变去声

中古全浊声母的入声字，发展到现代普通话中都变为阳平了；中古次浊声母的入声字，发展到现代普通话中都变为去声了，这是“入派四声”中声母演变最明显的一条规律。这一规律很明显地体现在反切变读之中。

1. 如果切下字是中古入声字，切上字是中古全浊声母，那么无论切下字今音读什么声调，被切字今音都读为阳平，如：

拔，蒲八切　bá = p(ú) + (b)ā　（今阳平=古全浊並母+古入声）
捷，疾葉切　jié = j(í) + (Ø)iè　（今阳平=古全浊从母+古入声）
极，渠力切　jí = q(ú) + (l)ì　（今阳平=古全浊群母+古入声）

2. 如果切下字是中古入声字，切上字是中古次浊声母，那么无论切下字今音读什么声调，被切字今音都读为去声，如：

木，莫卜切　mù = m(ò) + (b)ú　（今去声=古次浊明母+古入声）
涅，奴结切　niè = n(ú) + (j)ié　（今去声=古次浊泥母+古入声）
业，鱼怯切　Øiè = Ø(ǘ) + (q)iè　（今去声=古次浊疑母+古入声）

七　唇音字的反切变读

唇音字的反切变读情况比较复杂。首先，在《广韵》的切语中，唇音声母的切下字往往开合口混用，因为唇音声母后面的［u-］介音的有无不易辨别。发展到现代普通话，唇音声母很少与合口、撮口呼相拼，具体情况是：双唇音“b、p、m”不能与单韵母“u”以外的合口呼相拼，也不能与撮口呼相拼；而唇齿音“f”只能与开口呼和单韵母“u”相拼，不与其他的合口呼相拼，也不与齐齿呼、撮口呼相

拼。其次，《广韵》声母系统只有一套唇音字，轻唇音还没有分化出来，后来分化出重唇、轻唇两组唇音声母，分化的基本规则是：合口三等韵前的唇音声母变为轻唇，其他韵母前的唇音声母仍读重唇。这些变化体现在反切变读上，主要有以下规则。

1. 切上字声母今读双唇音“b、p、m”，切下字韵母今读合口呼、撮口呼，被切字韵母改为开口呼、齐齿呼，如：

跛，布火切 bǒ = b(ù) + (h)uǒ （今开口=双唇帮母+今合口呼）
敏，眉殒切 mǐn = m(éi) + (Ø)ǔn （今齐齿=双唇明母+今撮口呼）

2. 切上字声母今读唇齿音“f”，切下字韵母无论今读合口、撮口还是齐齿呼，被切字韵母都改为开口呼，如：

斐，敷尾切 fěi = f(ū) + (Ø)uěi （今开口=唇齿敷母+今合口呼）
反，府远切 fǎn = f(ǔ) + (Ø)üǎn （今开口=唇齿非母+今撮口呼）
仿，分两切 fǎng = f(ēn) + (l)iǎng （今开口=唇齿非母+今齐齿呼）

这一规则不包括切下字为单韵母“u、ü”的反切，如果切上字今读唇音“b、p、m、f”，切下字今读单韵母“u”，被切字韵母仍读为“u”，如“暮，莫故切”“芙，防无切”等；如果切上字今读“f”声母，切下字今读单韵母“ü”，被切字韵母改读为“u”，如“赴，芳遇切”就是其例。

3. 切下字今读轻唇音（唇齿），则该下字中古属合口三等韵，被切字与下字的韵母相同而声母也应为轻唇。反之，切下字今读重唇（双唇），则该下字中古不属合口三等韵，被切字与下字的韵母相同而声母也应为重唇。如：

芝，匹凡切 fán = p(ì) + (f)án （今唇齿=重唇滂母+轻唇奉母）
胚，芳杯切 pēi = f(āng) + (b)ēi （今双唇=轻唇敷母+重唇帮母）

以上所列是一些主要的反切变读规则，在大多数反切中，这些变读规则不是单用的，往往需要综合运用。汉语的一个反切可能涉及三个字的声、韵、调共九个要素，它们既是变化的又是相互影响的，因此一个反切的变读常常会涉及几条规则，如例子中的“尽，慈忍切”就涉及四条变读规则，需要综合考虑卷舌声母、见精组细音、全浊平声送气、全浊上声变去声等因素，才能确定其今读的声母部位、声母送气、韵母洪细、声调等问题，才能拼读出正确的今音。

汉语的中古音系发展到现代普通话音系，发生了许多方面大大小小的不同变化，因此反切变读的规则不止上面所介绍的这几条，还有些变读比较复杂也比较琐碎，而且例外的情况也不少，很难一一纳入规则之中，因而归纳出来的变读规则也还不足以解决反切音变中的所有问题。但尽管如此，归纳和掌握反切变读规则仍然是非常必要的，读不懂反切就无法弄懂韵书、韵图所表现的音系，就无从理解古今音变的各种规律，也就不能掌握现代普通话读音的来源及其深层发展规律。反切变读实际上是学习音韵学的实践活动和检验方式，如果没有系统理解和掌握古今音系的特点及其演变关系，就很难把《广韵》的反切拼读成现代普通话的正确读音。

有关反切变读的全面内容，可参考殷焕先《反切释要》（山东人民出版社，1979）、林序达《反切概说》（四川人民出版社，1982）。

第三章　上古音研究概略

在传统的汉语研究中，有关“古音”的意识早在汉代就出现了，如《诗·豳风·东山》“烝在栗薪”，汉郑玄笺：“古者声栗、裂同也。”又如汉刘熙《释名·释车》：“车，古者曰居，声如居，言行所以居人也；今曰车，声近舍，车，舍也，行者所处若居舍也。”

北朝颜之推《颜氏家训·音辞》中有“古今言语，时俗不同；著述之人，楚夏各异”的话，已经意识到了语言的时代和地域差异。隋陆法言《切韵序》表明要“论南北是非，古今通塞”，是看到了实际存在着的方音差异和古今音变，而要对其进行综合处理。宋代的叶梦得则在其《石林诗话》中说“声音语言，本随世转，天地推移而人随之，此自然之势也”，较为清楚地认识到“音随世转”是语音发展的自然规律。明代陈第在《读诗拙言》中说“一郡之内，声有不同，系乎地者也；百年之中，语有递转，系乎时者也”，又在《毛诗古音考序》中宣称“时有古今，地有南北，字有更革，音有转移，亦势所必至”，对汉语语音的历时变化和地域差异有了自觉而清醒的认识。

到了清代，音韵学家们对古今音变的认识更为自觉、深刻和系统，顾炎武、潘耒、江永、戴震等人都有很精到的论述。段玉裁在《六书音均表》中以大量的例子说明“古音声不同今”，又说“今音不同唐音，即唐音不同古音之征也”，因而在其中的《音韵随时代迁移说》里对古音进行时代再分类：“唐、虞而下，隋、唐而上，其中变更正多，……音韵之不同，必论其世，约而言之，唐、虞、夏、商、周、秦、汉初为一时，汉武帝后洎汉末为一时，魏、晋、宋、齐、梁、陈、隋为一时，古人之文具在，凡音转、音变、四声，其迁移之时代皆可寻究。”这就是对汉语的历时音变有了具体的认识和扎实的研究，并就文献材料所显示出来的不同语音特点来划分不同的古音阶段。

语音总是随时代而变化的，所以汉语语音有古今的不同。“古今”是个相对概念，以周秦为古则汉代为今，以汉魏六朝为古则唐宋为今，以唐宋为古则现代为今。传统汉语音韵学中的“古音”主要是指周、秦、汉初的语音，现代学者通常称周、秦、汉初之音为“上古音”，所以“上古音研究”一般是指对韵书产生以前的先秦与汉代的汉语语音所进行的研究。传统音韵学称汉语的上古音研究为“古音学”，是与以中古《切韵》系韵书为主要研究对象的“今音学”相对比而存在的。

由于上古音研究没有韵书和韵图可资参考，困难要比研究中古音大得多，但经过明、清和现代许多音韵学家的不断努力，古音学研究取得了十分显著的成绩。尤其是清代学者的古音学研究，无论是材料、方法、理论还是研究成果，都是极有贡献的。现代学者对古音学的研究，最用力、收集材料最多的，是陈新雄《古音研究》（五南图书出版公司，1999）。李方桂《上古音研究》（商务印书馆，1980）、王力《清代古音学》（中华书局，1992）和张民权《清代前期古音学研究》（北京广播学院出版社，2002）等，则是重要的参考书。

第一节 “协韵”说与上古音研究的开端

罗常培先生曾说过“周秦古音导源于宋”的话，传统音韵学对上古音进行系统研究是从宋代开始的，到了清代才得到真正的全面发展并取得重大的成就。上古音研究“导源于宋”，主要是指宋代吴棫的《韵补》和郑庠的《古音辨》。《韵补》流传至今，《古音辨》书已亡佚，只能从顾炎武、夏炘等人的引述中知其相关内容。不过，真正对上古音有正确认识并进行卓有成效的研究，还应该说是从陈第的《毛诗古音考》开始的。这种正确的认识和研究来之不易，与“协韵”说的产生和发展有很深的联系。

虽然汉代学者已经具有“古音”的意识，郑玄、刘歆、刘熙等人对古今音异多所了解并时有表述，其中郑玄的《诗》笺和“三礼”注言及古音的材料尤其多，但汉人并未形成古音学。汉人言古音主要是借音说义的训诂所及，借音说义主要是为了明假借通训诂，以便读通经典文献。经师们在训解经义时用口耳相传的方式把古人的读音传递下来，后被录入注释文字之中。虽然当时没有对古今音的不同作比较研究，但这些材料对上古音的研究是很有价值的。

东汉有了反切注音法，反切比直接标注整个音节的“直音”进步得多，它能深入音节内部去表现声、韵、调的配合关系。反切注音法的便利使魏晋南北朝时期出现了大批音义书，音义书的主要任务是为经典文献注音释义和因音辨义，在随文施注中积累了大量的反切和其他注音材料，为韵书的产生提供了充足的语音素材。同时，反切的大行又为赋诗作文提供了韵律讲求和研究方面的便利，这就使魏晋南北朝时期的文人士子不但在自己的诗歌创作上讲究韵律的“四声八病”，而且有意识地去欣赏或探究古人诗歌和韵文的韵律和谐之美。

由于语音随着时代的变迁而发生了很大的变化，魏晋南北朝人读上古的诗歌，发现不少韵脚字的读音不但与当时的口语“时音”不协和，而且与时行的韵书读音也不协和，因此就需要对这些读起来不协和的古诗押韵作出解释，于是就出现了“协韵”之说。今天能见到的早期“协韵”材料集中在唐陆德明所撰的《经典释文》之中，我们从《经典释文》中检得有“协韵”类标志的材料共四十六处，如：

（1）《诗·邶风·终风》“惠然肯来”释文：“肯来：如字，古协思韵，多音梨。”

（2）《诗·商颂·长发》“为下国骏厖”释文：“厖：莫邦反，厚也，徐云：郑音武讲反，是叶拱及宠韵也。”

（3）《诗·召南·行露》“何以速我讼”释文：“我讼：如字，徐取韵音才容反。”

（4）《诗·邶风·燕燕》“远送于野”释文：“于野：如字，协韵羊汝反，沈云：协句，宜音时预反。”

（5）《诗·邶风·燕燕》“远送于南”释文：“于南：如字，沈云：协句，宜乃林反。今谓古人韵缓，不烦改字。”

例（1）的“来”字中古读咍韵，改读“梨”则与中古读之韵的“思”协韵，《仪礼·少牢馈食礼》“来女孝孙”郑玄注：“来，读如厘”，“厘”读之韵，正与“思”协韵，可见至少在汉代郑玄之时就有了“协韵”之读。例（2）的“厖”字中古读平声江韵，改读“武讲反”上声讲韵，才和读上声肿韵的“拱、宠”协韵，属于同调近韵相协，郑玄的《诗音》与徐邈的《毛诗音》均早已散佚，郑玄不作切语，可能是徐邈据其音读折合成“武讲反”的，这也说明郑玄的音读中已经有了协韵。例（3）的“讼”字中古读去声用韵，改读“才容反”平声钟韵，才和《诗》本章读平声钟韵的“墉、从”协韵，“取韵音”意为“改取与本章韵脚字协和的读音”，正是“协韵”之义，它可能是徐邈为协韵现象所定的最早的音切术语。例（4）的“野”字在《广韵》中有“羊者切”上声马韵、“承与切”上声语韵两读，沈重改读“时预反”正与“承与切”近，才好与本章读上声麌韵的“羽、雨”韵近相协。例（5）的“南”字中古读平声覃韵，本章与读侵韵的“音、心”为韵，沈重改“南”为“乃林反”侵韵以便相协。而“南”从无“乃林反”一读，应是沈重自拟的“协句”音，也许沈重真把“南”改成读“乃林反”的什么字了，陆德明不赞同沈重的改字，说出了“古人韵缓，不烦改字”的名言，透出他对历史音变的朦胧认识。但陆德明虽然感觉到了古今音的不同，却没有深入探究，而是用“古人韵缓”的含糊说法加以解释，在一定程度上缓和了古今音异的矛盾，延缓了对古代实际读音的直接研究。

由上所引可知“协韵”是《经典释文》的通用名称，《经典释文》还多次称“协句”，也称“叶韵”。《经典释文》之前，晋徐邈称“取韵音”，北周沈重称“协句”。《经典释文》之后，唐颜师古称“合韵”，如《汉书·司马相如传》“其下则有白虎玄豹，蟃蜒貙豻”，颜师古注“豻，合韵五安反”。宋吴棫撰《毛诗叶韵补》称为“叶韵”。南宋朱熹撰《诗集传》，大量使用“叶音”法改读古《诗》韵字以就时音，此后多通称“叶音”。

陆德明所录“协韵”的性质和价值是与后来的“叶音”说不同的，清儒对此多有评价。顾炎武极为赞赏陆德明这句“古人韵缓，不烦改字”，用它作为反对“叶音”说的理论依据，他在《音学五书·音论》中专门立“古人韵缓不烦改字”一条云：“陆（德明）以为‘古人韵缓，不烦改字’，此诚明言，今之读古书者但当随其声而读之。”随后大段引用杨慎批评吴棫乱作“叶音”的话，接着又专立“古诗无叶音”一条批评“叶音”说。顾炎武正是在对“叶音”说的全面批判和对陆德明古音意识充分肯定的前提下，开始有清一代成就卓著的上古音研究的。

钱大昕则认为《经典释文》所录“协韵”就是古音，他在《十驾斋养新录》卷一中说：“沈重《毛诗音》于《燕燕》首章‘远送于野’云‘协句，宜音时预反’，二章‘远送于南’云‘协句，宜乃林反’。沈重生于梁末，其时去古已远，而韵书实始萌芽，故于今韵有不合者，有协句之例，协句即古音也。”他在《六书音均表·序》中批评“叶音”说错误的症结在不知古音：“谓古音必无异于今音，此夏虫之不知有冰也。然而去古浸远，则于六书谐声之旨渐离其宗，故唯‘三百篇’之音为最善。而昧者乃执隋、唐之韵以读古经，有所龃龉，屡变其音以相从，谓之叶韵，不唯无当于今音，而古音亦滋茫昧矣。”

戴震在其《声韵考》中也认为陆德明所录“协韵”是“就《诗》求音”，有古音与今音不同的意识，他说：“唐陆德明《毛诗音义》虽列徐邈、沈重诸人，纷纷谓合韵、取韵、协句，大致就《诗》求音，与后人漫从改读者迥殊，而于《召南》‘华’字云‘古读华为敷’，于《邶风》‘南’字云‘古人韵缓，不烦改字’，是陆氏固显言古人音读及古韵、今韵之不同矣。”

但实质上，“古人韵缓，不烦改字”这句话对后代的影响是有利有弊的。黄侃论及“叶音”说时云：“所谓古无叶音者，谓其不可以古音读叶今韵也。所谓古有叶音者，谓其能有通转也。《诗·燕燕》：‘之子于归，远送于南。’以南与音、心韵。陆氏《释文》云：‘沈云：沈重《毛诗音》。“协句宜乃林反。”今谓古人韵缓，不烦改字。’案沈说固谬，陆说亦太儱侗。沈既以音、心为本，南为叶，何不以南为本，心为叶乎？陆氏之言，貌为壮大，可以诊叶音之谬，而不足以推本音，此等语言，疑误后学不少。至宋朱子《诗集传》所云叶韵，尤为荒谬。”①这是对“协韵”问题的一个比较恰当的综合性评述。

总之，陆德明是有古音观念的，他录存前人“协韵”音的作用，如戴震所说是“就《诗》求音”，而不是“漫从改读”的改古音以就今韵，与宋人以今律古的“叶音”说有质的不同。陆德明在《经典释文》中录存的“古声”“协韵”等概念及其音切用例具有承先启后的作用，对清儒全面研究和建构上古音系具有启发性意义，因此顾炎武、戴震、钱大昕等都欣赏他“古人韵缓，不烦改字”的名言，它无异于“古音不同于今韵”的朦胧宣言。但陆德明提出“古人韵缓”的命题后并未能作进一步的探究，“韵缓”可以有“押韵不严”“韵类宽疏”等不同理解，它把“古音”不同于今的本质轻轻地掩盖了。因此，也是这句“古人韵缓，不烦改字”的话，以及陆德明所引的“协韵”用例，为后来的“叶音”说者们留下了可钻的空子和反面的启示，使之在“以今律古”的路上越滑越远，导致随意改叶而漫滥无规，所以黄侃批评陆德明“疑误后学不少”，也是不无道理的。

陆德明之后，唐人在古诗和韵文注疏中注“协韵”之例甚多，几乎形成一种风气。颜师古注《汉书》，遇到汉人诗赋韵脚与唐音不一致，就注为“合韵”，共有七十多次，其中有注为“协韵”和“叶韵”的各一次；章怀太子李贤注《后汉书》言“协韵”者四十多次；李善注《文选》言“协韵”者三十多次；五臣注《文选》言“协韵”或“叶韵”者近八十次。而最喜欢注“协韵”的，是公孙罗的《文选音决》，很多公孙罗注“协韵”处李善、五臣注都不注“协韵”，而且就今天所见到的文献资料看，“叶音”一词最早见于公孙罗的《文选音决》。分析唐代的“协韵”用例，可知唐人对“古韵”有观念上的认识，但没有去研究和证明它，所注“协韵、叶韵”只是为了韵文讽诵的和谐而已，而且更多关注的是韵字四声协调的问题。因此，唐人的“协韵”也还不是真正意义上的古韵研究。

虽然北宋丁度等编的《集韵》、沈括写的《梦溪笔谈》、司马光等编的《类编》等文献中，收录或列举了一些古韵叶读的材料，但都未作系统的归纳和研究。真正从“协韵”“叶音”材料的系统研究开始，进而开辟上古音研究之源的，是宋代的

① 黄侃《文字声韵训诂笔记》，上海古籍出版社 1983 年版，第 141—142 页。

吴棫。

吴棫，字才老，福建建瓯人，宣和六年（1124）进士。著有《毛诗叶韵补音》，也称《诗补音》，书虽然亡佚，但从后人所引其材料来看，该书所收的“协韵”材料就是他后来的古音研究代表作《韵补》的主要依据。今检这些材料，大多取自唐人的“协韵”注音和《集韵》所收录的“协韵”音。他考定古音分部正是以这些“协韵、叶音”材料为基础的，当然其古音研究结论的缺陷，也正是基于由此而生发出的“通转叶音”之说的局限性。尽管如此，吴棫古音研究的开源之功不可抹杀，他创立了以文献考据为主的古音研究方法。其后的宋儒郑庠、项安世、程迥等有所继承，至清初顾炎武等发扬光大并取得重大成果。所以，顾炎武在《韵补正·序》中称古音学“考古之功始于宋吴才老”。

朱熹（1130—1200）不作文献考据式的古音研究，而是在应用层面上把“叶音”说推到极致。他以今律古，用时音诵读《诗》韵，遇到韵脚不协和处，就频繁改读字音以求临时的和谐。如《诗集传》中“家”一字就注了“古胡反”“音谷”“各空反”三个叶音：《诗·召南·行露》二章“谁谓雀无角，何以穿我屋？谁谓女无家，何以速我狱？虽速我狱，室家不足。”朱氏注“家”字“叶音谷”，为的是与本章“角、屋、狱、狱、足”的今音相协和；三章“谁谓鼠无牙，何以穿我墉？谁谓女无家，何以速我讼？虽速我讼，亦不女从。”朱氏注“家”字“叶各空反”，为的是与本章“墉、讼、讼、从”的今音相协和。一个“家”字，义训相同，竟然可以由阴声韵临时改读为入声韵和阳声韵，至有[ka][ku][kuŋ][kuk]四种读音，的确乖违音理，以致使人产生上古字无定音的错觉，好像上古的字音是可以随意改动似的。其实该诗中的“家”字并不入韵，根本就不是韵脚。由于朱熹在经学上的地位高而声名大，他这种对历史音变缺乏认识的做法对后世的影响既深刻而又久远，以至于清代的毛奇龄、邵长衡、熊士伯等大儒的古音研究也深受其负面影响。另一方面，正是由于“叶音”说被推到极致，它形成后就不断受到宋代的项安世、元代的戴侗和刘玉汝、明代的杨慎和焦竑等学者的严厉批评，激发人们去探求正确的古音理论和研究方法，这才有陈第正确的“古音”观和顾炎武以后的古音学成就。

宋代的项安世认为有古“本声”，不能凭今韵书去改叶古韵。他在《项氏家说·论诗音》中说：“凡《诗》中，东字皆协蒸字韵，南字皆协侵字韵，下字、马字皆协补字韵，母字、有字皆协止字韵，英字、明字皆协唐字韵，华字皆协模字韵，为字皆协戈字韵，服字皆协德字韵，天字皆协真字韵。其所通韵，皆有定音，非泛然杂用而无别者。于此可知古人呼字，其声之高下与今不同。又有一字而两呼者，古人本皆兼用之，后世小学，字既皆定为一声，则古之声韵遂失其传，而天下之言字者，于是不复知有本声矣。……夫字之本声，不出于方俗之言，则出于制字者之说，舍是二者，无所得声矣。今参之二者以读圣经，既无不合矣。而世之儒生，独以今《礼部韵略》不许通用，而遂以为诗人用韵皆泛滥无准，而不信其为自然之本声也，不亦陋乎？”

元代的戴侗批评“叶韵”说而肯定有“古正声”，他在《六书故》卷十六“行”字下云：“书传‘行’皆户郎切，《易》与《诗》虽有合韵者，然‘行’未尝有协庚韵者；‘庆’皆去羊切，未尝有协映韵者；如‘野’之上与切，‘下’之后五切，皆古正音，与合异，非叶韵也。”刘玉汝在其《诗缵绪》卷一“关雎”注下曰：“自虞唐至于秦汉，凡圣贤君子民俗之言语，文章歌谣词曲之见于经史子传百家之书者，莫不相合，盖古人之正音也。……今吴氏《韵补》以正音为叶韵，则是以后来之俗音为古人之正音，岂其然哉！”

明代的杨慎著有《转注古音略》《古音丛目》《古音猎要》《古音馀》《古音附录》《古音略例》《古音骈字》《古音复字》等论古音著作，具有很强的“古音”意识而反对“叶音”说。焦竑在《毛诗古音考·序》中明确指出“知古韵自与今异，而以为叶者谬矣”。此前他在《笔乘》卷三“古诗无叶音”条下具体分析道：“古韵久不传，学者于《毛诗》《离骚》皆以今音读之，其有不合，则强为之音，曰‘此叶也’。予意不然。如驺虞，虞也，既音牙而叶葭与豝，又音五红反而叶蓬与豵；好仇，仇也，既音求而叶鸠与洲，又音渠之反而叶逵。如此，则东亦可音西，南亦可音北，上亦可音下，前亦可音后，凡字皆无正呼，凡《诗》皆无正字矣，岂理也哉？如下今与祃押，而古皆作虎音，……服今与屋押，而古皆作逼音，……使非古韵，而自以意叶之，则下何皆音虎，服何皆音逼，……而无一字作他音者耶？”他对古音的认识已经非常明确，对“叶音”说的批判也非常坚决。

明末陈第（1541—1617），字季立，福建连江人，撰《毛诗古音考》等，对“叶音”说的错误认识进行了全面而又彻底的澄清，其《屈宋古音义·跋》云：“夫古今声音必有异也。故以今音读今，以古音读古，句读不龃于唇吻，精义自绎于天衷，确乎不可易之道也。自唐以来，皆以今音读古之辞赋，一有不谐，则一曰叶，百有不谐，则百曰叶，借叶之一字而尽该千百字之变，岂不至易而至简，然而古音亡矣。”并用历史音变观的观点全面而系统地分析古人的用韵，证明古韵不同于今韵，古音不同于今音，且语音变化既有时间上的古今差别，也有空间上的地域差异，其《读诗拙言》云：“然一郡之内，声有不同，系乎地者也；百年之中，语有递转，系乎时者也。况有文字而后有音读，由大小篆而八分，由八分而隶，凡几变矣，音能不变乎？所贵，诵《诗》、读《书》尚论其当时之音而已矣！”进而从理论上明确提出正确的历史音变观，其《毛诗古音考·序》云：“盖时有古今，地有南北，字有更革，音有转移，亦势所必至。”至此，科学的古音学理论开始建立，传统音韵学上的上古音研究才真正开始步入正途。陈第“音有转移”的理论命题，后来就成为清代古音研究的理论纲领。

总而言之，“协韵”说的有利有弊，“叶音”说的推至荒谬，都是上古音研究形成和发展所经历过的历史阶段之一。可以这样来看：汉代经师知道古音读什么，但只注重训诂而并不去研究古音；六朝至隋唐的学者对古音的认识模糊，但记录和传承了一定数量的古音，试图解释古今韵读不合的语音现象，所涉及的已经是汉语语音本身的问题了，虽然所用的“协韵”说在方法上存在很多问题，但材料的可靠和结论的错误给后人以参考和启发，起到了一定的积极作用。“协韵”说为南宋的“叶音”说开了不好的头，“叶音”说把“以今律古”的错误推倒了极致而归于荒谬。然物极必反，因其过于荒谬，才激发宋明人起来批判，促使后人在上古音研究上努力探索新的道路，这才出现了戴侗、杨慎、焦竑等人对古音的正确认识，最后才促成陈第《毛诗古音考》正确历史音变观的形成。可见，“叶音”说是从反面起到了推动上古音研究步入正途的作用。

因此，“协韵”说虽有错误，“叶音”说虽多荒谬，但在汉语的上古音研究史上是有一定的时空位置的，是不能忽略过去的。

第二节　上古音研究的材料和方法

研究中古音系有大量的反切材料可作直接的语音比较和分析，有韵书、韵图可作为系统研究的对象或参考资料。研究上古音的声韵系统就困难得多了，没有直接的反切材料，也没有韵书、韵图可以凭依，只能从文字记录的原始语言材料中去整理归纳。

清许瀚《攀古小庐文·求古韵八例》云：“求古音之道有八：一曰谐声，《说文》某字某声之类是也。二曰重文，《说文》所载古文、籀文、奇字、篆文，或从某某是也。三曰异文，经传文同字异，汉儒注某读为某者是也。四曰音读，汉儒注某读如某、某读若某者是也。五曰音训，如仁人、义宜、庠养、序射、天神引出万物、地衹提出万物者是也。六曰叠韵，如崔嵬、虺颓、伛偻、污邪是也。七曰《方言》，子云所录是其专书，故书杂记亦多存者，流变实繁，宜慎择矣。八曰韵语，九经、楚辞、周秦诸子、两汉有韵之文是也。尽此八者，古音之条理秩如也。”许氏所列较为全面，然用汉字记录在文献中的原始语言材料很少是直接的语音材料，需要做很多的鉴别、剥离与选择的工作。最主要的材料还是上古的韵文和古谐声字，即许氏的第一、第八两条，其他的材料是经传注笺、音义书和字书中的异文、重文、声训、读若、联绵字、古直音和古反切等，它们可以用来考证上古读音，但没有古韵文和古谐声字那样数量多而又具有系统性。

由于上古没有韵书，研究上古音，难以径直建构起语音系统来，需要有参照系。一般是以《广韵》为参照系，由《广韵》上推先秦古音，从音系上比较异同，推寻发展轨迹。章太炎《国故论衡·小学说略》云："《广韵》者，今韵之宗，其以推跡古音，犹从部次。上考《经典释文》，及《一切经音义》，旧音绝响，多在其中。"

一　古韵文的韵字系联

上古诗歌是押韵的，有些散文也是押韵的，古音学上的"韵文"通指押韵的诗歌和散文。上古的诗文多是直接反映当时口语的，如果把一定时期和地域的一定数量的韵文集中起来，对其中的韵脚字进行定量的穷尽性系联研究，得出的结果就相当于中古的一部韵书，也就可以借它来研究上古的语音系统了。

上古最典型最具代表性的韵文系统是《诗经》，它收诗三〇五篇，篇数多韵脚字自然就多，既便于系联又有可靠性。它汇编时经过孔子删定和整理，故能反映当时通用语，即所谓"雅言"的语音实际，如《论语·述而》所述："子所雅言，《诗》《书》执礼皆雅言也。"因此，古音学家们总是把考察《诗经》的用韵情况作为归纳和研究上古韵部分类的最主要手段，宋、明、清的古音学家无不如此。其次是以屈原诗歌为主的《楚辞》，虽然《楚辞》完全产生在南方，与《诗经》有明显的地域差异，但从历代古音学家的系联研究结果来看，它的韵读系统与《诗经》几乎是相合的，这就有力地说明上古的通用读书音具有很强的统一性，"雅言"是存在的，而且是广泛通行的。这就为上古音韵的研究提供了便利而可靠的基础性材料。

除《诗经》《楚辞》外，还有一些其他的韵文可用，如明焦竑《毛诗古音考·序》所说："《古音考》一书，取《诗》之同类者而胪列之，为本证。亦取《老》《易》《太元》、骚赋、《参同》《急就》、古诗谣之类胪列之，为旁证。"陈第以《诗》韵为本而以上古其他韵文为旁证的取材方法，比吴棫等人杂用古今韵文要好得多，故多为清人所采用。此外，如《左传·隐公元年》"大隧之中，其乐也融融"中的"中、融"为韵，《论语·微子》"已而已而，今之从政者殆而"中的“已、殆”为韵，《战国策·齐策》“长铗归来乎，食无鱼；长铗归来乎，出无车”中的“乎、鱼、车”为韵等，是上古散文中所用歌谣的韵语，也均可用。

上古有无声调及调类如何，至今还没有定论。不过，“韵部”的划分是不计较声调的，故上古音的研究一般只能到“韵部”的归纳，而不能到“韵”的确定，更难到“韵母”音值的具体研究。归纳《诗经》《楚辞》等韵文的韵部常常采用的是韵脚字系联法，宋代的吴棫开始使用这个方法。到清代，张惠言在《说文谐声谱》中总结说：“余既以《诗》韵丝联绳引，较其部分”，“丝联绳引者，意谓如由‘中’而得‘宫、躬、降’，复由‘宫’而得‘虫、宗’，复由‘降’而得‘虫、忡’等字是也。”罗常培先生据此在其《北京俗曲百种摘韵》一书中称此法为“丝联绳引法”。

运用韵脚字系联的“丝联绳引法”，首先是按统一的条例来确定每一首诗的押韵格式，再按定下的“韵例”找出所有的韵脚字，然后对这些韵脚字进行系联分类，把同韵部的字归为一类，一类就是一个上古韵部。如：

(1)《邶风·泉水》一章：“毖彼泉水，亦流于淇。有怀于卫，靡日不思。娈彼诸姬，聊与之谋。”

(2)《王风·君子于役》一章：“君子于役，不知其期，曷至哉？鸡栖于埘，日之夕矣，牛羊下来，君子于役，如之何勿思！”

(3)《卫风·氓》一章：“氓之蚩蚩，抱布贸丝。匪来贸丝，来即我谋。送子涉淇，至于顿丘。匪我愆期，子无良媒。将子无怒，秋以为期。”

《泉水》中“淇、思、姬、谋”相押韵，《君子于役》中“期、哉、埘、来、思”相押韵，《氓》中“蚩、丝、丝、谋、淇、丘、期、媒、期”相押韵。通过“淇、思、谋、期”几个韵字又可把这三章的韵脚字都系联起来，如此类推，再系联《诗经》其他的同类韵脚字，就形成一个古韵部“之部”。按这种方式辗转递联，就可以归纳出《诗经》的所有韵部。《楚辞》和其他上古韵文的韵部系联也大致如此。不过，在归纳《诗经》韵部的时候，一般都要参照谐声系统和其他相关材料来进行分析整理。这是因为《诗经》的押韵方式不同于后世的格律诗，它的韵脚字所在部位灵活多变，加上古今读音有异，故在制定韵例、确定押韵字时往往比较困难，不同人制定不同的韵例就得到不同的韵脚字，系联出来的韵部也就有差别。《诗经》不是一时一地的韵文，虽被加工整理而求合于雅言，但仍可能有方音的成分，对方音的不同处理也会形成韵部系联结果的差别。另外，上古韵文中互相押韵的韵脚字并不是韵母都相同的，因为歌谣并不要求那么严格的韵律，有时某些韵母读音相近的字也可以相押，这就形成韵部间的对转和旁转关系，也就形成段玉裁所说的“合韵”现象，《诗经》中就有不少邻近韵部合韵的用例。因此，仅仅以韵脚字系联来确定韵部，就很难得出正确的结论。于是在对《诗经》韵脚字作系统的系联后，还要参考汉字的谐声系统和其他材料来进行分析和确认，这样才可能准确地归纳出《诗经》的韵部。有关《诗经》韵读的著述甚多，清江有诰《音学十书》中的《诗经韵读》和王力《诗经韵读》（上海古籍出版社，1980）可资参考。

二　谐声系统的分析

谐声系统是由谐声字所形成的音读系统，运用汉字谐声材料来推究上古语音系统的传统音韵学研究方法就是“谐声推演法”，也称“谐声系统分析法”。

一般认为，谐声时代早于《诗经》用韵时代，《诗经》用韵主要是在东周时期，而谐声时代约在商代至周代前期。所谓“谐声字”，是指同声符的形声字。汉字“六书”说形声字是分“形符”和“声符”两部分的，形符表示义类，声符主要表示读音。汉语形声字的声符发展到后来，已经不能确切地起到表音的作用了，但造字之初声符相同的字读音必然是相同或相近的。所以，段玉裁经过精心研究后在《六书音均表》中提出“同谐声者必同部”的理论，并将上古的谐声字汇聚起来编排成详细的《古十七部谐声表》，云：“一声可谐万字，万字而必同部，同声必同部”，“六书之有谐声，文字之所以日滋也。考周秦有韵之文，某声必在某部，至啧而不可乱也。故视其偏旁以何字为声，而知其音在某部，易简而天下之理得也。”也就是说，只要知道某个声符在上古归属某韵部，就可以类推同声符的一系列字都属于该韵部。对不同系列的谐声字作分类研究，就构成了谐声系统。

经过明清几代古音学家的研究，证明谐声系统与《诗经》的韵读系统基本上是相吻合的，如上引“谋、媒”都从“某”得声而同韵部，“淇、期”都从“其”得声而同韵部，“某、其”上古都属之部，则可推知凡“从某、从其”的字古韵都属之部。把韵部系联与谐声结合起来考察，就《诗经》的“之”部而言，上引韵字所含“丘、某、其、之”等声符（主谐字）又各有其谐声字组，包括直接谐声字和间接谐声字，有的字既是上一级声符所生成的谐声字（被谐字），又兼作声符生成下一级谐声字，如“之→寺→時→塒”。这样的例子很多：

丘→邱、蚯、坵等

某→谋、媒、煤、腜、禖、禖等

其→淇、期、欺、旗、萁、祺、錤、骐、蜞等

之→芝、志、蚩、寺、诗、持、侍、待、時、塒、榯、鰣等

把《诗经》之部韵字系联起来观察，就形成一个之韵部的主谐字群，有“之、丝、兹、甾、才、采、台、臣、目、配、里、思、宰、而、嫠、市、事、史、司、辞、疑、止、已、己、士、耳、子、喜、其、某、母、寺、齿、蚩、龟、舊、久、友、牛、丘、又、有、尤、不、啚、意、異、葡、音、佩、负、再、乃、亥、矣、来、戒、灰、能、在”等。段玉裁搜罗上古韵文与字书，详尽考辨，依其古韵十七部分1521声首（主谐字）为十七类，列古“之部”为第一部，共一百一十八个主谐字。其余各部详情，可参见其《六书音均表·古十七部谐声表》。

可以推想，把每个主谐字的谐声字组收集起来，再按主谐字群分类，就成为严密的谐声系统了。这样得来的谐声系统与韵字系联的结果互为印证，就基本上可以解决上古韵部划分的问题了。上古留存下来的韵文不多，入韵的字总是有限的，谐声系统的研究扩大了古音研究的视野和材料范围，韵文中系联不起来或者不入韵的字，可以依照谐声偏旁来确定它的韵部归属。如“洞”字在《诗经》中不入韵，可通过谐声偏旁“同”把它和“恫、桐、铜、筒”等归为上古“东”韵部。可见谐声系统分析是一种以简驭繁的科学的古韵部分析方法。不过，“同谐声者必同部”是段玉裁归纳出来的理论，但“谐声推演法”在古韵研究中的应用并不自段玉裁始。

宋徐蒧《韵补·序》云：“殊不知音韵之正本诸字之谐声，由不可易者。如霾为亡皆切，而当为陵之切者，由其以狸得声；浼为每罪切，而当为美辨切者，由其以免得声。”由此，已初知谐声与韵读有紧密关系了。

明代的赵宧光曾经进行过依据谐声偏旁来研究古音的尝试，可惜所著《谐声通转表》今已亡佚，不过在他的《说文长笺》总目中存有提要云：“《谐声表》者，以声统字，谐其声即同某韵，皆其子孙也。常按古今韵书，相互出入，无有同者，求其根源，略无的据。此表统于谐声，立不破之地。”可见他已经认识到了谐声偏旁分析是古韵分部的一种可靠方法。

清初与顾炎武交厚的古音学家柴绍炳在其《古韵通·古韵通部第断限说》中云：“夫七音之理，由六书生。如江部诸字偏旁皆从工、从空、从悤、从夅、从丰、从龙、从童、从农、从舂、从凶，是东冬之属与阳本远，通阳于江非古也。”他用谐声偏旁的分析来论证古韵“江”与“东冬”近，而不是如时人所谓的“江通于阳”，结论很正确。

顾炎武也论及和运用过谐声分析方法，李光地《榕村全集》卷三十三《顾宁人

小传》引用顾氏语云："古者同文，声与形应，凡字旁从某，音必从某。后世不悟音讹，反谓古书为叶，皆非也。唐韵承江左之末流，部居悉舛，分合之间，纷不可治。今当以《诗》《易》、周秦之文为正，分者并之，合者离之，使古书无二音，然后得复其旧。"他用谐声分析法来参证《诗经》古韵分部，从而离析《唐韵》取得古韵分部的重大成果，如《唐韵正》卷二"支"韵下云"此韵当分为二"：先考证"支、斯、衰"等一批字在上古韵文中的"本音"，总结说"以上字当与六脂、七之通为一韵。凡从支、从氏、从是、从兒、从此、从卑、从虒、从尔、从知、从危之属皆入此"；又考证"移、蛇、规"等一批字在上古韵文中的"本音"，总结说："以上字当与七歌、八戈通为一韵。凡从多、从为、从麻、从垂、从皮、从（𡗜）、从奇、从义、从罢、从离、从也、从差、从丽之属皆入此。"正是用古音考证和谐声偏旁分析相结合的方法来离析支韵古半属脂之、半属歌戈的。

柴绍炳、顾炎武只是局部地使用了谐声偏旁分析法来辅助古韵部的考证，开启该类研究的先路。而康熙年间的古音学家潘咸则系统地研究了谐声偏旁并将其列成韵谱，他在《音韵源流》一书中，以《诗经》用韵为参照，把谐声字归纳为平入十八个韵部，虽然分部有不妥当处，但他比段玉裁约早半个世纪就尝试了"同声必同部"的古韵研究方法。

更为成熟的谐声系统分析要数乾隆初年的古音学家万光泰（1712—1750），他的《古音表考正》以顾炎武古音十部为基础，分析考证古韵当分十九部，每部之下先详列谐声偏旁字，然后再以经籍韵文来证明，前承顾炎武，后接段玉裁，成就很突出。

由此可见，正是由于有前人一代接一代的探索，开启思路，积累经验，段玉裁才可能很好地完善谐声系统分析法，使它在上古韵部的研究和准确划分上起到了突出的作用。直到今天，谐声系统分析法仍然是研究上古音的音韵学家们最常用的重要方法之一。

除了主要用于归纳上古韵部外，谐声偏旁的系统分析还可以用于归纳上古汉语的声类。上古谐声偏旁相同的谐声字不但同韵部，而且也可能同声类，例如中古读重唇音的"旁、榜、膀、滂、谤"与读轻唇音的"方、芳、房、防、访、放"，在上古都由"方"得声，说明这两组字上古声母同类，也就证明上古重唇、轻唇同属一类的"古无轻唇"之说是正确的。

不过，单凭谐声偏旁的系统分析来归纳上古的韵部、声类是不够的，谐声字作为古音研究材料是有其局限性的：造谐声字时可能掺入某些方音的成分，谐声字构成的时代前后差别很大，如甲骨文里的谐声字到了周秦以后读音变化很大，这就使一些谐声字到了《诗经》时代可能读音不相谐了，如“待、特、等”三字都以“寺”作声符，但在《诗经》中不能系联为同一个韵部，而只能看作对转和旁转关系。再如“求”声在幽部而其被谐字“裘”在之部，“每”声在之部而其被谐字“悔”在侯部，“乃”声在之部而其被谐字“仍”在蒸部等，都有不合之处。故段玉裁一方面强调“同谐声必同部”，另一方面又有“古谐声偏旁分部互用说”以解释谐声与《诗经》韵部不合的问题。一般认为，谐声时代比《诗经》时代早得多，初造谐声字时，同谐声的字必同韵部，即段玉裁所谓“要其始，则同谐声者必同部”，但随着时代的进展而语音发生变化，历时的语音变化就使《诗经》时代出现少数同谐声不同韵部的现象。如果某字在《诗经》中的押韵与谐声不合而与《切韵》分韵相合，就可以证明《诗经》时代它已经完成音变，由初谐声时代的原韵部转入后来的韵部了。遇到这样的少数例外情况，古韵部的归字还是应以《诗经》用韵为准。

三　经传异文、重文的读音比较

经传异文，是指古代典籍中同一个词有不同的文字表现形式，即“同言而异字”。如《诗·卫风·淇奥》“有匪君子，终不可諼兮”，《礼记·大学》引作“终不可諠兮”，则“諼、諠”为同义的异文。又如古神话人名“伏羲”在古文献中又作“伏犧、伏戲、包犧、庖犧、虙戲、虙羲、宓犧、宓羲、宓戲、虙義”等多种异文。再如联绵词“逶迤”在不同的文献中又写作“逶夷、委蛇、威夷、倭迤、倭蛇、逶随、逶移、委迟、遗蛇”等形，所谓“逶迤八十三形，崔嵬十有五体”。该类相异的字形所表示的意义相同，古音也相同，可借以分析和归纳上古韵部或声类。钱大昕在考证“古无轻唇音”时，就列举了“伏羲即庖羲”“扶服即匍匐”“方羊即旁羊”等十多条经传异文作例证。古书中常见的通假字也应属于上古音同而字异的异文，如“爵—雀”“直—特”“详—佯”等。这些异文的古音相同，至少相近，是考证古声类和韵部难得的好材料。韵文利于考证上古韵部而不能用于考证上古声类，故考证上古声类的主要材料除了谐声字外，就是经传异文了。

重文也就是“异体字”，古人称同字异体者为“重文”或“或体”。上古因构字部件或结构形式不同而产生的异体字本是同音的，后来才发生了音变，故可用来考证上古的音类。如《说文解字》“捊”的重文作“抱”，“捊”从“孚”得声，中古读轻唇敷母，“抱”从“包”得声，中古读重唇帮母，但上古既然是异体字，其读音应该相同，故可由此证明上古帮母和敷母为同一声类，也就证明了“古无轻唇音”。《说文解字》所列重文较多，如“球—璆”“瀾—漣”“鱷—鯨”“鵝—鵝”

等，可借以研究上古的韵部、声母乃至声调。

此外，上引“逶迤、崔嵬、匍匐”等联绵词本身也是研究上古音的材料之一，联绵词是不可分训的双音节单纯词，构成联绵词的两个音节往往不是双声就是叠韵，故可借其双声关系来研究上古声类，借其叠韵关系来研究上古韵部。

四 “读若”“读为”和声训材料

“读若”“读为”是反切出现以前古人常用的注音方法，是直音法的变化形式，“读若”包括“读如”，“读为”包括“读曰”。“读若”“读为”有时是标注读音，有时用来表示假借，标读音和表假借都是以音同或音近为前提的，故可利用“读若”“读为”来考证上古的音类。例如《周礼·秋官》“壶涿氏”郑玄注“故书涿为独，郑司农云‘独读为浊’”，“独”中古读舌头音定母，“浊”中古读舌上音知母，上古“独读为浊”，则声母相同，正是“古无舌上音”的例证。

声训是古人的训诂方法之一，是用同音或近音词来解释词义的一种方法。古人声训中的被释词与解释词有多样的语音联系：有同音的，如《论语·颜渊》“政者，正也”；有双声的，如《释名·释天》“天，坦也”；有叠韵的，如《释名·释天》“月，阙也，满则阙也”。又如《孟子·滕文公上》“设为庠序学校以教之。庠者，养也；校者，教也；序者，射也”，庠—养、校—教、序—射，都是声训，上古非音同即音近。古代声训的代表著作，有东汉刘熙的《释名》和相传为班固所作的《白虎通义》，主要是从语音的角度上来揭示被释词与解释词之间的音义同源关系，虽然不无臆测的成分，但保存了很多汉代以前的语音资料，为推求上古的韵部和声类提供了很多有用的线索。此外，还有清人张金吾的《广释名》，辑集了古代典籍中零散的声训资料，多有参考价值。

五 古注音切的利用

这里所说的“古注音切”，是指古人注音材料中那些保留了上古音信息的古直音和古反切。在《切韵》这样的中古专门韵书出现以前，汉魏六朝曾相继出现过很多以注音辨音的方式来释义的“音义书”，如汉末服虔的《春秋左氏音》、应劭的《汉书音义》、王肃的《易音》《毛诗音》《三礼音》，魏高贵乡公曹髦的《春秋左氏音》、孙炎的《尔雅音》，晋郭璞的《尔雅音》、李轨的《易音》《尚书音》《毛诗音》《三礼音》，北周沈重的《毛诗音义》等。音义书的性质不同于追求读音统一和规范的韵书，它是随经注原文来注音释义的，往往注重传师说而存古读，因而记录了不少的上古音材料。这些音义书后来都相继亡佚了，但其中的很多注音被唐陆德明的《经典释文》所采用而得以流传下来，也有少数被其他注释书引用而得以保存。此外，还有诸如唐释玄应、释惠琳的《一切经音义》等佛典音义，也载录了不少的古音资料，弥足珍贵。

古直音如：《诗·小雅·常棣》“烝也无戎”毛传“烝，填”，陆德明释文：“烝填：依字音田，与寘同，又依古声音尘，尘，久也，故《笺》申之云‘古声填、寘、尘同’。”又《周礼·春官·大司乐》“黄钟为角”，陆德明释文：“为角：如字，古音鹿。”这是直接标明录存古直音的。《经典释义》中还有“旧音某”“师读某”等名目下也常录存古音，而在注明了引自某人的大量直音中也常含有录存古音的成分。

古反切是指保留了上古读音的那些切语。用中古的眼光来看，这些古切语有的是类隔切。所谓“类隔”是指声类相隔，即被切字和切上字的今音声母不同类，如《广韵》上声语韵有“贮，丁吕切”，中古“丁”读舌头音端母，“贮”读舌上音知母，切上字声母与被切字声母今音不同类，《广韵》的作者觉察到了这类切语声类上的今音相隔，但没有贸然改动，而是在各卷末附上说明，如在说明中改“丁吕切”为“知吕切”，谓之“新添类隔今更音和切”，即把被切字和切上字的声母改成今音同类的“音和切”，这就保存了舌头、舌上不分的古切语资料，可用来佐证“古无舌上音”这一结论。这类古反切在《经典释文》中保留得很多，如《尚书·禹贡》“羽畎夏翟”，陆德明释文：“翟：徒历反。”而《礼记·玉藻》“王后袆衣”，郑玄注“翚摇皆翟雉名也”，陆德明释文：“翟雉：直历反”。同是“翟”字，前一切语上字用中古舌头音“徒”，而后一切语上字用中古舌上音“直”，说明是舌头、舌上音不分的古反切遗存。《经典释文》反切中，声类方面，轻重唇不分、舌头舌上不分、喻$_{三}$与匣母不分、船禅不分之类的古反切留存甚多；韵部方面，东与冬混用、祭与志至混用、庚$_{三}$与清混用之类的古反切也较为常见。这些都是研究上古音系的好材料。

第三节　上古音系统

传统所谓的“古音研究”，主要有三大内容：一是建立“古音”观念和理论，明清数代古音学家致力于以“古本音”破“叶音”说，即属于此；二是考证古字的读音，这是基础工作；三是划分古音类，它是古音研究的最终成果，古音类划分清楚了，上古音的语音系统也就建立起来了。迄今为止，上古音的韵部划分成就最大，古韵分部基本上定型了；上古声类的研究有一些突出的成果，但整个古声类的系统划分还不如韵部划分那么准确可靠；上古声调的研究有局部的成果出现，整体的面貌还不清晰，争论较大。

一　上古音的韵部划分

上古音的研究是从韵部研究开始的，古韵学家研究古韵有三个目的：考订古韵读；划分古韵部；探寻古韵的发展踪迹及其分合的原因。上古没有韵书，但《诗经》等先秦韵文俱在，可供研究古韵。六朝的骈骊文风十分讲究韵律，隋唐以后作诗押韵成为科举功令的大事，古韵的研究很大程度上与功令用韵有关，也就是说历代不断有功利的因素推动古韵的研究。六朝至宋代的“协韵”“叶音”虽然有观念和认识上的种种错误，但它们关注古韵、试图解释古韵的努力也未尝不是一种古韵研究。后来的人们为了弄清《诗经》的用韵全貌和用韵规则，便对其中的韵脚字进行整体的分析、排比和归类，这就是古韵分部的开始。

开始系统地研究上古韵部的人，首推宋代的吴棫，即顾炎武《韵补正·序》所云“考古之功，始于宋吴才老”。吴棫《韵补》提出了古韵通转之说，把古韵分为九部，具有上古韵部划分的开创之功。其九部及与《广韵》韵部的关系为：

一部：东冬钟
二部：支脂之微齐佳皆灰咍
三部：鱼虞模
四部：真谆臻文殷元魂痕庚耕清青蒸登侵（耕清青或转入阳）
五部：先仙寒桓删山覃谈盐添咸衔严凡
六部：萧宵爻豪
七部：歌戈麻
八部：阳唐江（江或转入东）
九部：尤侯幽

《韵补》的归韵方法，是先给选定的先秦至唐宋韵文的韵脚字标上《广韵》韵目，再按韵字系联的结果分为九部，各部包含《广韵》平声韵目若干，“举平赅上去入”。由于他缺乏历史音变观，取材庞杂，共取《易经》《诗经》至宋欧阳修、苏轼等人的作品五十余种，所取材料缺乏时代性和准确性，又缺乏音理分析，认为上古韵部就是中古韵的简单合并或通转，因而其古韵分部错误很多，如他的“四真”部包含《广韵》收［-m］［-n］［-ŋ］三种阳声韵尾的十五个韵，这是违反语音体系本身规律的。

吴棫《韵补》之后，有程迥的《音式》和郑庠的《古音辨》，可惜都已亡佚。郑庠的古音学说见于清人夏炘的《诗古韵表廿二部集说》，又戴震的《声韵考》说："郑庠作《古音辨》，分阳、支、先、虞、尤、覃六部。"具体为：

一部：东冬江阳庚青蒸 入声：屋沃觉药陌锡德

二部：支微齐佳灰

三部：鱼虞歌麻

四部：真文元寒删先 入声：质物月曷黠屑

五部：萧肴豪尤

六部：侵覃盐咸 入声：缉合葉洽

这六部虽然比吴棫还宽，但入声韵的编配较严，体系性也较强，六部实际上是按照［-i］［-u］［-m］［-n］［-ŋ］和无韵尾这样六种类型来分的，后来顾炎武正是在这六部的基础上再细分的。不过郑庠的六部和吴棫一样，没有古今音变观念，只是对中古韵的简单合并，不能反映上古音的实际情况。故江有诰在《音学十书·凡例》中批评道："郑氏庠作《古音辨》始分六部，虽分部至少，而仍有出韵。盖专就《唐韵》求其合，不能析《唐韵》求其分，宜无当也。"所言甚是。

到了明代，杨慎虽写了很多研究古音的著作，但没有对古韵进行分部。陈第《毛诗古音考》《屈宋古音义》没有对古韵分部提出看法，如柴绍炳《古韵通》所言"季立刻于只字，昧于通部"，缺乏系统性的总结，所考材料有的也到了魏晋或唐代，但他详博的引证和严谨的考据，为后来者的古韵分部研究提供了方法和成果上的范例，特别是他提出"字有更革，音有转移"的正确的古音理论，全面清算"叶音"说的谬误，为古韵分部开辟了正确的道路。

有清一代是上古音研究的全盛时期，古韵分部的成就尤为突出，考据之精，审音之细，用功之勤，创获之多，都是前所未见的。其古韵学的奠基人是顾炎武。

顾炎武（1613—1682），字宁人，号亭林，江苏昆山人。他用三十年功夫写成古音学巨著《音学五书》，包括《音论》《诗本音》《易音》《唐韵正》和《古音表》，对古音诸方面的问题作了较全面的论述，有不少独到的见解。他以陈第的语音历史发展观为古音研究的理论依据，大力提倡"古本音"，批驳"叶音"说。他与同辈的古音学家柴绍炳（1616—1670）、毛先舒（1620—1688）等切磋古音学，虚心吸收他们的正确意见，从而不断修订和完善自己的研究成果。在《诗本音》《易音》《唐韵正》对《诗经》等上古韵文进行大量扎实的分析和考证的基础上，他在《古音表》中划分古韵为十部。粗略看来，顾炎武的十部是在郑庠六部的基础上，将收［-u］韵尾的虞韵再分为两部，将收［-ŋ］韵尾的阳部再分为四部，其十部与《广韵》的对应关系为：

东部：东冬钟江

支部：支（之半）脂之微齐佳皆灰咍尤（之半） 去声：祭泰夬废 入声：质术栉昔（之半）职物迄屑薛锡（之半）月没曷末黠鎋麦（之半）德屋（之半）

鱼部：鱼虞模麻（之半）侯 入声：屋（之半）烛觉（之半）药（之半）铎（之半）陌麦（之半）昔（之半）

真部：真谆臻文殷元魂痕寒桓删山先仙

萧部：萧宵爻豪幽尤（之半） 入声：屋（之半）沃（之半）觉（之半）药（之半）铎（之半）锡（之半）

歌部：歌戈麻（之半）支（之半）

阳部：阳唐庚（之半）

耕部：庚（之半）耕清青

蒸部：蒸登（又东韵的弓、雄、瞢等字）

侵部：侵覃谈盐添咸衔严凡（又东韵的芃、风、枫等字） 入声：缉合盍葉帖洽狎业乏

顾炎武古音研究的最突出成果是划分古韵为十部，其中最重要的贡献有二：一是“离析《唐韵》”，即江有诰《音学十书·凡例》所言“能离析《唐韵》以求古音”。《唐韵》也就是《切韵》《广韵》，顾炎武从对古韵文和谐声字的实际研究中发现，上古音中不同韵部的字，由于语音变化，在中古韵书中合流为一韵了。所以他果敢地摆脱中古韵书韵字归类的束缚，把《唐韵》中同一韵的字，按上古押韵和谐声系统的实际离析开来，划归不同的上古韵部，主要有：中古“支”韵字分归上古“支、歌”二部；中古“尤”韵字分归上古“支、萧”二部；中古“麻”韵字分归上古“鱼、歌”二部；中古“庚”韵字分归上古“阳、耕”二部等。所谓“之半”，是个大略的说法。这种不受前人束缚，从上古语音材料实际出发的离析与重组，完全合乎历史语言学所揭示的语音演变原理：相同的读音可以有不同的历史来源，不同的读音可以有相同的演变结果。直到今天，这都被肯定是划分上古韵部的

正确方法。二是“入声韵配阴声韵”，中古韵书、韵图显示入声韵是只配阳声韵的，顾炎武从古韵文入声与阴声相押韵的实际出发，除了收［-m］韵尾的“侵覃谈盐添咸衔严凡”九个阳声韵配有相应的入声韵外，其他的入声韵都配阴声韵。这是很重大的创举，为后来的阴、阳、入三分以及“阴阳对转”理论的形成开拓了新的思路。此外，他还用谐声偏旁作韵部划分的辅助材料，并在《古音表》中说：“凡所不载者，即案文字偏旁以求之。”顾炎武古韵分部所用材料极为丰富，考证严密，方法科学，为后人的进一步研究打下了良好的基础。当然，作为初创者，顾炎武也有其缺陷，如他所定韵例过宽而以非韵字为韵字，分部还较为粗略，过于偏重考据等，江永批评他“考古之功多，审音之功浅”。

清代前期，继顾炎武之后有成就的古音学家较多，如邵长衡、李因笃、李光地、潘咸等，而成就大的要数康熙末至乾隆初年的万光泰。

万光泰（1712—1750），字循初，浙江秀水人，著有音韵学著作多种，惜多未刊布，今只有抄本，故其古韵研究成就久被埋没。近经张民权奋力作全面清理，发现万氏的古韵研究成果学术价值很高，有很多可称道之处。他的早期著作《古韵原本》在顾炎武十部的基础上分古韵为十三部，其中从顾氏“支部”再分出“之部”是了不起的创举。后来的《古音表考正》将自己的十三部修订为十九部（类）：东类一、支类二、脂类三、之类四、至类五、未类六、废类七、鱼类八、真类九、谆类十、元类十一、萧类十二、宵类十三、歌类十四、阳类十五、耕类十六、蒸类十七、侯类十八、侵类十九。用《广韵》韵目来给古韵部命名从万氏古韵十九部始，与今人所用一致，其十九部的“谆类”即今“文部”，“废类”即王念孙、江有诰的“祭部”，“未类”即章太炎的“队部”，余者与后人所通用的同名。更为了不起的是，万氏《古音表考正》有“群经谐声”一卷，其古韵十九部编排完全以《说文解字》谐声偏旁字的系统分类为依据，后列所含《广韵》韵目，如“宵类：凡谐爻、巢、交、刀、尞、垚、劳、高、毛、敖、朝、嚣、夭、乔、苗、麃……诸声皆宵类。《广韵》宵小笑沃，肴巧效觉，豪皓号药。”万氏古韵十九部对古韵分部的贡献非常突出：支、脂、之三部划分比段玉裁早半个世纪而且很完善；鱼、侯、幽、宵的分出和真、文、元三分与段玉裁一致；至、废的独立走在王念孙、江有诰之前；未部分立解决了与物部阴入相承的问题；入声韵与各自的阴声韵相配很吻合，与后来王念孙、江有诰所配基本一致。故张民权感叹万光泰的研究“与后来段玉裁、王念孙、江有诰等人研究一一‘暗合’，令人称奇”；“他在顾炎武古韵十部的基础上，支脂之三部独立，真文元三部独立，侯部独立，至部、祭部、队部独立等。他把江永之后乾嘉时代学者古韵二十二部研究推前了半个世纪。”[①]

江永（1681—1762），字慎修，江西婺源人，著有《音学辨微》《四声切韵表》和《古韵标准》等音韵学著作，《古韵标准》是专门研究上古音的。江永既精通古韵学又精通等韵学，兼通古音和今音，还重视方音材料的利用，这就使他的古韵研究更为深入和精细，古韵分部更合乎音理。江永是传统音韵学“审音派”的代表人物之一，是运用“审音法”研究上古韵部的卓有成效者，他曾在《古韵标准·例言》中批评顾炎武“考古之功多，审音之功浅”，说明他是很注重审音的。“审音法”，是运用一定的音理知识来分析、处理语音材料，对音类的分合加以基于音理的判定，从而得出符合汉语语音实际的音系的传统音韵学研究方法。等韵学所用的声韵调三维分布的音位构成分析就是注重审音的，要审音就必须通等韵，而江永正是精于等韵之学的。江永在《古韵标准》中，从审音的角度对顾炎武的古韵十部加以修正，分古韵为十三部（入声分八部相配），即对顾氏的第三、四、五、十这四个韵部作了重新分析：将顾氏收［-n］韵尾的第四“真部”分为“真谆臻文殷魂痕”与“元寒桓删山仙”二部，并离析“先”韵字分属于二部；分顾氏第五“萧部”为“萧宵爻豪”与“尤侯幽”二部，又将顾氏第三部所含的“侯、虞”韵字的一半析出，并入新分出的“尤侯幽”中；分顾氏的第十“侵部”为“侵”与“添咸衔严凡”二部，并离析“覃谈盐”韵字分属于二部。这样得出的十三部比顾氏十部要精密得多，如“真、元”的分立就考虑了韵母“侈弇”的因素，引入了等韵学审辨音理的方法。“侈、弇”是江永用于审音的专用名称，韵母的侈音“口侈而声大”，弇音“口敛而声细”，实际上就是指韵母中元音开口度的大小，即开口度大的低元音与开口度小的高元音之别。如王力先生拟上古元部为［an］、真部为［en］，［a］比［e］舌位低而开口度大，故元“侈”而真“弇”。同理，谈［am］侈而侵［em］弇、宵［au］侈而幽［eu］弇，江永多出顾氏的三部主要是从审音上的侈弇之别而分出来的，然后证之以《诗经》用韵，确认“《诗》中用韵本截然不紊”，因成定说。此外，江永入声的分配比顾氏更有条理，提出“数韵共一入”之说，认为阴声韵、阳声韵可配同一入声韵，其《四声切韵表·凡例》说：“平上去入，声之转也，一转为上，再转为去，三转为入。几于穷，仅得三十四部，当三声之过半耳。穷则变，故入声多不直转。变则通，故入声又可同用。除缉合以下九部为侵覃九韵所专，不为他韵借，他韵亦不能借。其余二十五部诸韵，或合二三韵共一入，无入者间有之，有入者为多。

① 张民权《清代前期古音学研究》，北京广播学院出版社2002年版，下册第303页、上册第60页。

诸家各持一说，此有彼无，彼有此无者，皆非也。顾氏之言曰：天生之物，使之一本，文字亦然。不知言各有当，数韵共一入，犹之江汉共一流也，何嫌于二本乎。”他分析谐声字如：“束、酷、数”同属入声屋部字，而“束烛—竦（东部）”“酷沃—告（宵部）”“数觉—娄（尤部）”，则是“东、宵、尤”三个阴声、阳声韵共一入声“屋”的用例。《广韵》入声只配阳声，顾炎武改入声单配阴声，江永谓阴、阳可共一入，推进了阴、阳、入三声韵配合关系的研究，为戴震等人的“阴阳对转”理论的成熟作了关键性的铺垫。

段玉裁（1735—1815），字若膺，又字茂堂，江苏金坛人，曾师从戴震。段氏是《说文解字》研究大家，他的古音学力作《六书音均表》附在所著《说文解字注》之后。他在《六书音均表》中提出很多关于音韵学和文字学的精辟见解：如强调“因文字音声以求训诂”，重视古音研究的实用性；提出“古本韵”与“古合韵”的概念，使韵字归部有了更正确而便于操作的理论依据；承江永而主张“异平同入”，拓宽了入声划配的思路；更重要的是把汉字的谐声系统与古韵文的押韵紧密结合起来进行古韵分部研究，既系统又精细，使谐声推演法在古韵部划分中占有更为重要的地位并取得了良好的效果。基于这些认识和方法，段氏分古韵为十七部，比顾炎武十部、江永十三部更加精密，其《六书音均表·今韵古分十七部表》所列韵目为：

第一类　第一部（即之部）：之咍；职德
第二类　第二部（宵部）：萧宵肴豪
　　　　第三部（幽部）：尤幽；屋沃烛觉
　　　　第四部（侯部）：侯
　　　　第五部（鱼部）：鱼虞模；药铎
第三类　第六部（蒸部）：蒸登
　　　　第七部（侵部）：侵盐添；缉葉帖
　　　　第八部（谈部）：覃谈咸衔严凡；合盍洽狎业乏
第四类　第九部（东部）：东冬钟江
　　　　第十部（阳部）：阳唐
　　　　第十一部（耕部）：庚耕清青
第五类　第十二部（真部）：真臻先；质栉屑
　　　　第十三部（文部）：谆文欣魂痕
　　　　第十四部（元部）：元寒桓删山仙

第六类　第十五部（脂部）：脂微齐皆灰，祭泰夬废；术物迄月没曷末黠辖薛
　　　　第十六部（支部）：支佳；陌麦昔锡
　　　　第十七部（歌部）：歌戈麻

段玉裁十七部注意按相邻韵部的关系疏密来排列次序，分六大类，每大类韵部在用韵、谐声上都各有其内在的紧密联系，说明古音较为接近。段氏古韵分部影响很大，以至钱大昕在《寄戴东原先生书》（《说文解字注》所附）中誉为“凿破混沌”。其主要贡献有：（1）真、谆分立；（2）尤、侯分立；（3）支、脂、之分立为三部，其师戴震初未深信，后经验证而认为至确，于《答段若膺论韵》中谓“至支、脂、之有别，此足下卓识，可以千古矣”，段玉裁自己因考证翔实而确信所分无误，《六书音均表》谓《诗经》中“其分用乃截然，且自三百篇之外，凡群经有韵之文及楚骚诸子秦汉六朝词章所用皆分别谨严”，但他自己不知音理上有何根据，晚年在《答江晋三论韵》中云：“能确知所以支、脂、之分为三之本源乎？……仆老耄，倘得闻而死，岂非大幸也！”其《古十七部谐声表》建立起一套谐声字分析的体系与韵字系联互为参证，提升谐声推演法为考求上古韵部的重要方法，并提出“同谐声必同部”重要论断。段玉裁重视韵字系联中的“合韵”现象，强调不能因个别的合韵现象而混淆韵部的划分界限，《答江晋三论韵》中云“谓之合而其分乃愈明，有权而经乃不废”，强调认识“一般”与“个别”的辩证关系在韵部划分上的重要性。段玉裁试图从音值上区分“古本韵”与“变韵”“音转”的差别，其《六书音均表·表一》的《古十七部本音说》与《古十七部音变说》云：“凡一字而古今异部，以古音为本音，以今音为音转，如‘尤’读怡、‘牛’读疑、‘丘’读欺，必在第一部而不在第三部者，古本音也；今音在十八尤者，音转也。”“音之敛侈必适中，过敛而音变矣，过侈而音变矣。之者音之正也，咍者之之变也；萧宵者音之正也，肴豪者萧宵之变也。”即认为某一部字的古读还存于该部的一个韵里，这个韵的读音就是古本音，其他各韵变得与古读不同了，就是音转、变韵，后来黄侃的“古本韵、古本纽”说当受此影响。《六书音均表·表三·古异平同入说》中谓：“入为平委，平音十七，入音不能具也，故异平同入。”根据该条所论，综合其《六书音均表·表一·今韵古分十七部表》所分，仿照后世常用的阴阳入三分的配合排列模式，可列段氏阴阳入配合关系为：“之宵—职—蒸；幽侯—屋—东；鱼—铎—阳；质—真耕；脂—物—文元；支歌—锡；缉—侵；葉—谈”，有五组异平同入，阴声韵三组，阳声韵二组，对比王力先生十一类三十韵部来看，段氏的排列已具初

形了。段玉裁在古音学上的贡献是多方面的，王力先生评述道："清代古韵之学到段玉裁已经登峰造极，后人只在韵部分合之间有所不同（主要是入声独立），而于韵类的畛域则未能超出段玉裁的范围。所以段玉裁在古韵学上，应该功居第一。"①

戴震（1723—1777），字东原，号果溪，安徽休宁人。戴震是江永的弟子，段玉裁的老师，但他的古音学研究成果比段玉裁发布得迟些，主要音韵学著作有《声韵考》《声类表》《转语二十章》等。他在《声类表》中分古韵为九类二十五部，每类按阳声韵、阴声韵、入声韵的顺序排列，现改从今常见的古韵部阴、入、阳排列顺序，附上通用韵目，得表 3-1：

表 3-1　戴震古韵二十五部

	阴声韵	入声韵	阳声韵	
第一类	乌（即鱼部）	垩（铎部）	阿（歌部）	以上收喉音
第二类	噫（之部）	亿（职部）	膺（蒸部）	
第三类	讴（幽、侯）	屋（屋部）	翁（东部）	
第四类	夭（宵部）	约（药部）	央（阳部）	
第五类	娃（支部）	厄（锡部）	婴（耕部）	以上收鼻音
第六类	衣（脂部）	乙（质部）	殷（真、文）	
第七类	霭（祭部）	遏（月部）	安（元部）	以上收舌齿音
第八类		邑（缉部）	音（侵部）	
第九类		諜（葉部）	醃（谈部）	以上收唇音

戴震的古韵九类二十五部是在江永、段玉裁分部的基础上推进的，主要贡献有：舒声十六部在江永十三部基础上，采用段玉裁支、脂、之三分，再把《广韵》的祭、泰、夬、废四韵从江氏去声二部和段氏十五部中分出成为独立的霭部；把入声韵独立分为专门的九部与阴声七部、阳声九部相配，即把江永的"数韵共一入"和段玉裁的"异平同入"之说发展为阴阳入三分相配，产生了质的飞跃。戴震的分部有欠缺之处，一是把阿（歌）部当作阳声韵，二是未采纳段玉裁真文分部、幽侯分部的正确意见。戴震深通音理，刊于《声类表》卷首的《答段若膺论韵》所论古音学诸问题中有不少度越前修的真知灼见。他选二十五个影纽字（近于零声母）作古韵部的代表字，进行了最早的直接展示音值的尝试，是明音理的突出表现。王力先生把清人的古音学分为"考古派"和"审音派"，前者以顾炎武为代表，后者以

① 王力《清代古音学》，中华书局 1992 年版，第 129 页。

戴震为代表。戴震在《答段若膺论韵》中特别强调审音的重要性：“仆谓审音本一类，而古人之文偶有相涉，有不相涉，不得舍其相涉者，而以不相涉者为断。审音非一类，而古人之文偶有相涉，始可以五方之音不同，断为合韵。”他以等韵的音理为基础来审视古韵分部，确立了阴阳入三类韵相配的关系，揭示了语音内在的系统性，由此而生出“阴阳对转”理论，从音理上阐明收塞音韵尾的入声韵与收鼻音韵尾的阳声韵、收元音韵尾的阴声韵在上古可以相互转化，这样的韵部转化关系，系统而合理，在上古的押韵、谐声、异读等材料中都能得到有力的证明，对汉语的音韵研究及其应用做出了重大贡献，他的《转语二十章》就是这方面的实践，虽只存序而正文亡佚，但基本理论和方法仍在，对其学生王念孙、段玉裁等在训诂上的“因声求义”起到了很好的指导作用。

孔广森（1752—1786），字众仲，一字撝约，号顨轩，山东曲阜人，戴震的受业弟子。孔广森著《诗声类》，分古韵为十八部（孔氏称类），阴声韵、阳声韵各九部。其阳声韵九部为：原类（即元部）、丁类（耕部）、辰类（真、文）、阳类、东类、冬类、綅类（侵部）、蒸类、谈类；其阴声韵九部为：歌类、支类、脂类、鱼类、侯类、幽类、宵类、之类、合类。阴阳各九类依次整齐相配以利于解释“阴阳对转”理论，有强求严整之嫌。入声全归于阴声韵中，其中阴声“歌类”无入声，“合类”只有入声。孔氏的十八部实质上是在段玉裁的基础上多分出一个“冬部”。他的主要成绩是继承和发展其师戴震阴阳入“相配互转”之说，在《诗声类》卷十二中说：“入声者，阴阳互转之枢纽，而古今变迁之原委也。”虽不立入声韵部而认为古无入声，但又认为入声是阴阳对转的枢纽，如“之”为平声字，转上声为“止”，转去声为“志”，转入声为“职”；又由入声韵“职”转为阳声韵的去声“证”、上声“拯”和平声“蒸”等。孔氏在《诗声类·序》中谓其所分十八部“各以阴阳相配而可以对转”，首次明确提出“对转”的名称，其阴阳对转的解说进一步促进“阴阳对转”理论的完善和具体化，使其更便于实用，一直为后来的音韵训诂学家所推崇。

此后，贡献较大的古韵学家有王念孙和江有诰，都分古韵为二十一部。王念孙（1744—1832），字怀祖，号石臞，江苏高邮人，他在《诗经群经楚辞韵谱》中分古韵为二十一部：东、蒸、侵、谈、阳、耕、真、谆（文）、元、歌（以上十部无入声）；支、脂、之、鱼、侯、幽、宵、至、祭、盍、缉（以上十一部有入声）。比段玉裁的十七部多出四部，即“至、祭、缉、盍”为独立的四部：至部，把段氏真部入声质、栉、屑分出，与脂部去声至、祭和入声术、物、迄合为至部；祭部，把段氏脂部里的去声祭、泰、夬、废和入声月、没、曷、末、黠、鎋、薛等韵独立成为祭部；缉部，把侵部入声独立为缉部；盍部，把谈部入声独立为盍部。他独立出的四部，是收［-t］［-p］尾的入声韵，而收［-k］尾的则仍然含在阴声韵部中未分出。到晚年，王念孙又接受孔广森的东冬分立，增为二十二部。

江有诰（？—1851），字晋三，号古愚，安徽歙县人。江氏所撰古音学著作有《诗经韵读》《群经韵读》《楚辞韵读》《先秦韵读》《谐声表》《入声表》《唐韵四声正》，还有《汉魏韵读》《廿一部韵谱》《四声韵谱》三种未刊刻，合称《音学十书》，另附《等韵丛说》一篇。江有诰无意举业，专力于音韵文字之学，“自奋于穷乡孤学”，未见过段玉裁《六书音均表》，也不知王念孙的二十一部，静心精研顾炎武《音学五书》和江永《古韵标准》，在江永分部基础上分古韵为二十部，后接受孔广森的东冬之分而为二十一部。其所分与王念孙大致相当，他的祭、葉、缉分立与王氏不谋而合，其余有价值的分立与段、戴、孔、王多不谋而合，正所谓“闭门造车，出而合辙”，因而他的分部对顾、江、段、戴、孔五家有核实与补正之功。段玉裁十分推许江有诰的古音研究，在《江氏音学十书·序》中赞其“精深邃密”，乃“集音学之成”。

古韵分部经上述七家相继研究，后出转精，渐成定局。于是，江有诰之友夏炘撰《诗古韵表二十二部集说》作总结，在江有诰二十一部基础上加王念孙的至（质）部，即为：之、幽、宵、侯、鱼、歌、支、脂、至（质）、祭、元、文、真、耕、阳、东、中（冬）、蒸、侵、谈、葉、缉，共二十二部。王国维评述这七家二十二部道：“古韵之学，自昆山顾氏，而婺源江氏，而休宁戴氏，而金坛段氏，而曲阜孔氏，而高邮王氏，而歙县江氏，作者不过七人，然古音廿二部之目遂令后世无可增损。故训故名物文字之学，有待于将来者甚多，至古韵之学，谓之前无古人后无来者可也。原斯学所以能完密至此者，以其材料不过群经诸子及汉魏有韵之文，其方法则皆因乎古人用韵之自然，而不容以后说私意参乎其间。其道至简，而其事有涯。以至简入有涯，故不数传而遂臻其极也。”①

再后来，清代后期的古韵学者对古韵进行分部的还有很多家，如程瑶田、严可均、张成孙、朱骏声等，不烦备举。清末民初，古音学研究到了章太炎、黄侃手中又大大推进一步。

章炳麟（1868—1936），字太炎，浙江余杭人，有《小学略说》《二十三部音准》等音韵学文章，对古韵分部提出了有价值的见解。他分古韵为二十三部，在夏炘二十二部基础上将脂部所属去、入声韵独立成为队部。其部目表为：寒—泰、

① 王国维《周代金石文韵读序》，见《观堂集林》卷八（第二册 394 页），中华书局 1959 年版。

歌；谆—对、脂；真—至；青—支；阳—鱼；东—侯；侵、东、缉—幽；蒸—之；谈、盍—宵，也是按“阳、入、阴”三分相配通转的次序排列的，并做成《成均图》，用圆周图形来形象地图示韵部之间的对转、旁转、旁对转等关系，发展了古音通转的学说。他还尝试系统描写古韵音值，《国故论衡·音理论》：“依其例以表二十三部：鱼阳曰乌姎，支青曰烓朖，至真曰乙因，脂队谆曰噅尉昷，歌泰寒曰阿遏安，侯东曰讴翁，幽冬侵缉曰幽雝猗邑，之蒸曰埃膺，宵谈盍曰夭奄馌，可以准音，而视戴氏精僟冥合矣。”用时音的零声母字来标示古韵部的音值，与戴震以零声母字直接作韵目相比，是向科学化更靠近了一步。

黄侃（1886—1935），字季刚，湖北蕲春人，为章太炎的学生。有《音略》《声韵通例》《与友人论小学书》《集韵声类表》等古音学文章，从《广韵》出发来考求古音，有“古本纽、古本韵”等提法。他综合各家之说，择善而从，可谓集清代古韵研究之大成，被称为清代古音学研究“殿军”。他在《音略》中分古韵为二十八类（部），谓“此二十八部之立，皆本昔人，曾未以肊见加入。至于本音读法，自郑氏以降或多未知，故廿八部之名，由鄙生所定也。”表 3-2 为黄氏古韵表，方括号内是其所定古本韵，圆括号附今通用名称：

表 3-2　黄侃古韵二十八部

阴声韵	入声韵	阳声韵	收音说明
歌［歌戈］（歌）	曷［曷末］（月）	寒［寒桓］（元）	寒曷收鼻
——	屑［屑］（质）	先［先］（真）	先屑收鼻
灰［灰］（脂）	没［没］（队）	痕［痕魂］（文）	痕没收鼻
齐［齐］（支）	锡［锡］	青［青］（耕）	青锡收鼻
模［模］（鱼）	铎［铎］	唐［唐］（阳）	唐铎收鼻
侯［侯］	屋［屋］	东［东］	东屋收鼻
萧［萧］（幽）	——	——	
豪［豪］（宵）	沃［沃］（药）	冬［冬］	冬沃收鼻
咍［咍］（之）	德［德］（职）	登［登］（蒸）	登德收鼻
——	合［合］（缉）	覃［覃］（侵）	覃合收唇
——	帖［帖］（葉）	添［添］（谈）	添帖收唇

黄侃古韵二十八部以章太炎二十三部为基础，又接受戴震的观点，将锡、铎、屋、沃、德五个入声韵部从阴声韵中独立出来，构成“阴、阳、入”三分而相配的

格局，并纠正戴氏之误而把歌部归于阴声韵。他采用段玉裁古无去声说，将章太炎用去声命名的“至、队、泰”改为入声“屑、没、曷”。不足处是幽部本有入声，却被他取消了。但黄氏晚年在《谈添盍帖分四韵说》中主张，“谈”是古本韵而当从添部中分出，“盍”也是古本韵而当从帖部中分出，这样他实际上是分古韵三十部。

今人王力先生撰《汉语史稿》，在黄侃二十八部的基础上增“微部、觉部”减“冬部”而为二十九部，后又在《古代汉语》中增“冬部”为三十部。至此，上古韵部的划分基本上定型，成为较完整的上古韵部系统。王力先生总结说：“从顾炎武算起，积累三百多年音韵学家的研究成果，我们对先秦的韵部系统，才得到一个比较可靠的结论。”[①] 这三十个上古韵部可按“阴、入、阳”相配关系分为十一类，加上其《汉语语音史》的拟音，排列如表 3-3：

表 3-3　王力上古韵三十部

	阴声韵	入声韵	阳声韵
第一类	之部［ə］	职部［ək］	蒸部［əŋ］
第二类	幽部［u］	觉部［uk］	冬部［uŋ］
第三类	宵部［o］	药部［ok］	
第四类	侯部［ɔ］	屋部［ɔk］	东部［ɔŋ］
第五类	鱼部［a］	铎部［ak］	阳部［aŋ］
第六类	支部［e］	锡部［ek］	耕部［eŋ］
第七类	脂部［ei］	质部［et］	真部［en］
第八类	微部［əi］	物部［ət］	文部［ən］
第九类	歌部［ai］	月部［ap］	元部［am］
第十类		缉部［əp］	侵部［əm］
第十一类		葉部［ap］	谈部［am］

王力先生的上古三十韵部系统是目前广泛应用的一个韵部系统，为大家所熟悉，可以视为古韵分部在现阶段的一个总结。下面列出其三十韵部的常用字归部表（表 3-4），各部所列例字按《广韵》韵部分类，以便对比上古韵部与中古韵部的分合情况：

① 王力《汉语语音史》，中国社会科学出版社 1985 版，第 41 页。

表 3-4　王力上古三十韵部常用字归部表[①]

（一）之部

之韵：基姬其欺疑起已喜记忌医以里厘怡之芝持痴止治志齿诗史使时市始事士耳而兹子滋梓字淄缁慈词思丝寺似巳嗣祀俟

咍韵：该海孩埃代待戴台胎耐在灾再采才材

尤韵：旧久丘裘牛邮有友又右否某谋妇负

灰韵：灰恢悔晦贿杯倍培每媒梅

脂韵：龟鄙丕

（二）职部

职韵：极棘亟亿力翼嶷弋息稷陟职织植殖食式饰侧测色穑阈域

德韵：德得特忒勒则贼黑塞北墨默克刻国或惑

志韵：意异试弑置

屋韵：郁昱福伏服辐牧

（三）蒸部

蒸韵：兢兴应膺蝇冰凭蒸证徵乘称承丞惩胜绳仍

登韵：登等邓滕腾能曾增憎赠恒肯崩朋弘薨肱

东韵：弓穹熊雄冯梦

（四）幽部

尤韵：九鸠舅救求究休朽忧秋酋修秀袖周州洲肘宙抽酬畴丑绸愁受寿手矛浮缶阜

幽韵：纠赳虬幽幼黝彪谬

豪韵：皋翱考好岛道陶讨老牢遭早曹草骚扫嫂叟

肴韵：胶搅巧包苞胞饱鲍茅卯

萧韵：凋条调聊鸟萧啸

（五）觉部

沃韵：酷鹄喾督笃毒

觉韵：觉学雹

屋韵：鞠畜旭澳竹祝筑轴叔淑孰熟肉育毓宿肃缩陆六目穆睦

号韵：告诰奥灶

锡韵：迪戚寂

① 本表转引自林焘、耿振生《音韵学概要》，商务印书馆 2004 年版，第 224—232 页。

（六）冬部

冬韵：冬彤统农宗宋

东韵：宫躬穷中忠衷终仲众冲虫充融戎嵩风凤丰

江韵：降绛

（七）宵部

宵韵：骄翘要焦樵悄消笑表苗庙昭朝超少韶

萧韵：貂挑迢窕尧枭

肴韵：交教狡效肴巢

豪韵：高缟敖豪刀到桃劳操缫毛牦

（八）药部

药韵：药约虐疟跃灼酌芍勺弱爵雀削

觉韵：卓濯擢乐荦驳

铎韵：鹤凿

锡韵：激檄的翟籴溺砾

啸韵：窍臬溺

效韵：较罩豹貌

（九）侯部

侯韵：沟苟狗构口寇侯後偶兜豆斗头偷娄漏走

虞韵：具俱区驱隅愚遇取趋需须主注朱珠厨雏输殊枢树俞儒濡乳

（十）屋部

屋韵：谷縠毂哭斛屋独读鹿禄族簇速卜扑仆木沐

烛韵：局曲玉浴足促粟俗续绿烛触束赎蜀属辱

觉韵：角珏壳确岳琢啄捉浊剥

侯韵：窦耨奏漱嗾

遇韵：赴数

（十一）东部

东韵：公工功攻空控孔红洪鸿东动洞通痛同童聪总送蓬蒙

钟韵：恭巩拱共恐凶雍拥从纵松颂讼诵封奉蜂逢

江韵：江讲腔项巷邦蚌庞

（十二）鱼部

鱼韵：居举巨拒据渠去祛虚墟许鱼於语余馀预御雎苴狙沮胥序绪诸猪助渚
　　初除锄处褚书舒黍暑鼠署恕疏阻诅所

模韵：孤姑估古股贾顾故固枯苦库乎呼胡湖狐虎互户吾乌吴五午伍误悟都堵睹杜图徒涂途土吐兔奴努怒弩卢炉鲁虏租组祖粗徂殂素布捕铺蒲模谟
虞韵：惧瞿衢虞娱于迂雨宇芋夫肤敷扶甫斧抚父辅傅赋无巫诬武舞
麻韵：家假贾驾稼下夏鸦牙迓雅拿巴把马瓜寡夸跨胯华哗遮者车奢舍社耶也野冶且

（十三）铎部

铎韵：各涸谔鄂铎托柝诺洛落作昨索薄博亳莫郭椁获镬霍藿
药韵：攫矍缚脚却著斫若掠
陌韵：格客赫额百白伯帛陌宅泽择戟剧隙逆虢
昔韵：昔夕席赤尺石液腋亦奕译
暮韵：恶蠹度路醋措胙祚诉慕暮
杩韵：咤乍诈姹夜射赦借谢

（十四）阳部

阳韵：姜疆羌强香乡央阳杨扬羊养样良量梁两辆谅亮将浆奖匠墙抢相箱襄详庠祥想象章张掌涨仗昌常长场畅商伤赏上尚裳方芳房访放忘望匡筐狂王往况
唐韵：冈刚纲康抗昂当党唐堂汤囊曩郎廊朗浪臧藏葬仓苍沧桑丧旁芒茫莽光广旷黄簧皇煌凰
庚韵：庚更羹梗绠坑彭盟猛孟京景竞竟境庆兵丙柄秉病明觥横兄永泳

（十五）支部

支韵：支枝肢知纸只枳智褫豉是氏儿紫赀此疵雌斯徙卑埤婢俾弭技歧企祇规窥
齐韵：鸡启蹊兮递提题丽圭闺奎携
佳韵：佳街解懈崖柴洒买卖蛙卦

（十六）锡部

锡韵：击觅敌滴嫡狄惕历绩积锡析
麦韵：隔厄扼轭谪摘责赜箦册脉擘画
昔韵：益易适役
寘韵：易啻渍刺赐臂避譬
霁韵：系係帝谛缔缢

（十七）耕部

清韵：轻婴樱缨精菁井静净清请省性姓名令领苓贞征整正政成城呈程圣盛

倾顷琼营颍
青韵：经馨刑形丁顶鼎定听町汀停亭廷庭宁零灵青星腥屏冥迥炯扃
耕韵：耕耿莺幸争轰
庚韵：惊荆敬生平鸣
（十八）脂部
脂韵：耆祁伊比夷姨脂旨雉迟鸱师尸示视矢二咨资姊自次私四葵揆癸美眉
齐韵：稽笄诣低第弟梯体涕泥犁黎济妻西细陛批迷米
皆韵：皆阶偕楷斋
（十九）质部
质韵：吉一逸漆七疾悉必毕匹密栗侄质窒秩叱实失室日
屑韵：结节切窃屑跌迭涅穴血
黠韵：戛黠八
栉韵：栉瑟虱
至韵：弃器懿秘毖至致肄季悸穗
霁韵：计继羿殪嚏替戾闭惠
（二十）真部
真韵：紧因寅引印胤邻麟蔺津进尽晋亲秦新辛信迅讯宾傧缤频牝民真珍镇
陈尘身申伸神慎人仁
臻韵：臻溱蓁榛莘
谆韵：均匀尹润闰洵旬徇笋
先韵：坚牵贤咽颠电甸天填田年怜千扁编遍篇偏眄玄眩炫渊
（二十一）微部
微韵：几机饥畿祈岂沂希衣归鬼挥辉威韦围伟魏畏非飞妃菲肥匪微尾
脂韵：追椎唯遗水谁垒虽绥悲
灰韵：瑰傀魁回虺嵬推雷馁崔罪裴
皆韵：排俳乖怀坏槐淮
（二十二）物部
物韵：掘屈郁弗佛拂物
术韵：拙茁出黜术律聿戌
没韵：骨兀突讷卒猝忽勃没殁
未韵：既暨气毅贵胃谓渭尉慰费沸未味
至韵：位类醉萃粹翠遂祟寐

队韵：对队退内碎溃匮昧妹悖
代韵：概溉慨忾爱
（二十三）文部
文韵：君群薰勋云蕴运分芬纷焚坟粉奋忿文闻蚊问吻紊
谆韵：伦沦允谆准春唇淳纯蠢顺舜遵循巡峻俊骏陨殒
魂韵：衮昆坤困魂浑昏婚混温敦盾顿钝遁屯豚论尊村存寸孙损逊
欣韵：斤筋谨近靳芹勤欣殷隐
真韵：巾银吝彬贫振震辰晨忍刃
痕韵：根很痕狠
山韵：艰眼限
（二十四）歌部
歌韵：歌柯轲可河何我俄峨多它那傩罗左
戈韵：波颇婆果过科课讹禾和卧货
麻韵：加嘉驾差沙麻娲瓦化嗟蛇
支韵：羁奇曦羲宜仪移离彼披皮疲靡縻被施尔诡跪亏危为伪吹垂睡随
（二十五）月部
月韵：揭讦竭歇谒厥阙月越曰粤发伐阀罚袜
薛韵：哲折彻舌设热列泄亵薛别鳖瞥灭辍啜说悦阅劣埒绝雪
曷韵：葛割渴曷褐遏达獭
末韵：适阔豁活斡掇夺脱捋撮拨末
黠韵：轧札察杀拔
鎋韵：鎋刮
屑韵：啮蘖臬截楔缺决抉
泰韵：盖丐艾蔼带泰大奈赖蔡桧会绘外兑蜕最贝沛
夬韵：虿快话败迈
祭韵：艺曳祭际敝弊蔽币厉例袂制滞世势筮誓逝卫彗赘缀锐
废韵：刈艾乂废肺吠
霁韵：契蓟棣隶
（二十六）元部
元韵：蹇建健献宪轩偃言卷圈劝元原源援爰袁园冤远愿怨宛婉番藩蕃烦繁
反贩饭晚万
仙韵：展战禅善扇然延演煎剪迁钱仙鲜仙羡边便变辩棉勉免面专转篆穿传

船喘软全泉荃宣旋选
先韵：肩见显研宴莲练前霰片涓犬畎县
寒韵：干赶看寒汉旱安按单丹但旦弹坛坦叹难餐残粲散
桓韵：官观冠管贯宽款欢桓缓换完丸端短段团暖鸾乱纂算般伴半盘叛满
删韵：谏颜雁班斑板版攀蛮慢关还宦患弯湾顽撰删
山韵：间筒闲山产铲
（二十七）缉部
缉韵：给急级及吸翕揖邑缉集辑习袭执汁湿入十拾泣立笠粒
合韵：蛤合答沓杂飒纳
（二十八）侵部
侵韵：今金锦禁钦禽衾歆音阴饮浸侵寝心寻禀品斟箴枕朕琛郴沉忱深审甚
壬任妊
覃韵：感堪勘戡函含暗耽贪探覃南男婪簪参蚕惨
咸韵：缄减咸掺
添韵：簟忝念
凡韵：凡汎
（二十九）葉部
葉韵：葉接妾捷聂猎涉
业韵：劫怯业
帖韵：荚协侠挟蝶谍堞燮
乏韵：法乏
盍韵：盍阖腊蹋
洽韵：夹插霎歃
狎韵：甲狎匣压
（三十）谈部
谈韵：甘敢邯酣聃胆淡谈郯蓝览滥暂惭
盐韵：检俭嵌险淹炎验歼渐纤堑盐阎檐廉贬占沾瞻詹谄闪冉苒染
衔韵：监槛衔鉴芟
咸韵：斩谗陷
严韵：严俨剑欠
添韵：兼谦嫌歉点甜恬
凡韵：犯範范

从清初到现代的古韵学家们在上古韵分部上付出了很多的努力，取得很大的成绩，使古韵的研究和应用都达到较高水准。表 3-5 将上述各家古韵分部列成对应表，以资比较。

上古韵部不等于韵母，加上开合、等第之类介音因素，一个韵部可能有几个韵母。上古韵部的舒声韵字是不分平、上、去而共居一部之内的。中古《广韵》音系的入声韵只跟同部位的阳声韵相配，而不配阴声韵；上古韵分部则把入声韵与阴声韵、阳声韵配成主要元音相同的类，并把主要元音相近的韵部依次排列在一起，这就很好地展示了上古汉语语音的系统性，借此能较好地解释古代汉语的语音转化现象。清代古韵学家的上古韵分部各有不同，除了对《诗经》用韵的韵脚字和韵式的看法有异外，主要是对《诗经》的合韵和入声韵字的处理不同。段玉裁较好地处理了《诗经》的合韵问题。所谓“合韵”，是指古代相邻的两韵部字互相押韵的现象，又称“通押”，实际上就是韵部间的对转、旁转问题。因此，分阴、阳、入三类韵部并合理配搭，就能更好地解决这些问题。

二　上古音的声类考求

上古音声类的研究比起上古韵部研究来要困难得多，因为研究上古韵部有大量的先秦韵文等材料，而研究上古声类的材料很贫乏。尽管如此，传统音韵学家们还是以《广韵》声类为基础，利用经传异文、谐声、声训等材料，来推求上古的声类，取得了一定的成果。

研究上古声类，首先要有正确的古音观念，用历时音变和地域音异的眼光来看问题。再就是要有精深的考古功力，能发现并正确利用古文献中大量的异文、异读、谐声、声训等材料；有较好的等韵学功底和审音能力，能发掘并论证材料中所含的古今声类演变规律；有很强的引证比较和归纳推理能力，能搜集并运用很多方音材料、译音材料乃至近现代所用的亲属语言材料来佐证所得出的结论。

明末的古音学家就已经开始对古声类进行某些方面的研究了，陈第已注意唇音声母古今有异的问题，如《毛诗古音考》卷四：“匐音必，‘匍匐救之’《礼记》作‘扶服救之’。扬雄《解嘲》‘范雎扶服入橐’，服古音必，匐古音扶，是字异而音同也。畐古读必，故福、楅、幅、偪、葍之类悉从此音。”方以智《切韵声原》有《论古皆音和说》一篇，认为古反切只有音和而无类隔，今人以后起的字母去规范古人的音读，这才有类隔之感，因此他认为古人唇音不分轻重而可以通转互用，如《通雅·释诂·謰语》“俯伏，轻唇；匍匐，重唇。故古人之字通转”等，引证了很多古人唇音通转互用的例子。《切韵声原》又举例证明古音舌头、舌上互切也

表 3-5　十一家古韵分布对照表

<table>
<tr><td>顾炎武</td><td colspan="2">第二部</td><td colspan="4">第五部</td><td colspan="4">第三部</td><td colspan="8">第二部</td><td>第六部</td><td colspan="3">第四部</td><td>第七部</td><td>第八部</td><td>第九部</td><td colspan="2">第一部</td><td colspan="4">第十部</td><td>共十部</td></tr>
<tr><td>万光泰</td><td colspan="2">之部</td><td colspan="2">萧部</td><td colspan="2">宵部</td><td colspan="2">侯部</td><td colspan="2">鱼部</td><td colspan="2">支部</td><td>脂部</td><td colspan="2">未部</td><td>至部</td><td colspan="2">废部</td><td>歌部</td><td>元部</td><td>真部</td><td>谆部</td><td>阳部</td><td>耕部</td><td>蒸部</td><td colspan="2">东部</td><td colspan="4">侵部</td><td>十九</td></tr>
<tr><td>江永</td><td>第二部</td><td>入声六部</td><td>十一部</td><td>入声一部</td><td>第六部</td><td>入声四部</td><td>十一部</td><td>入声一部</td><td>第三部</td><td>入声四部</td><td>第二部</td><td>入声五部</td><td colspan="2">第二部</td><td>入声二部</td><td colspan="2">第二部</td><td>入声三部</td><td>第七部</td><td>第五部</td><td colspan="2">第四部</td><td>第八部</td><td>第九部</td><td>第十部</td><td colspan="2">第一部</td><td>十二部</td><td>入声七部</td><td>十三部</td><td>入声八部</td><td>十三</td></tr>
<tr><td>段玉裁</td><td colspan="2">第一部</td><td colspan="2">第三部</td><td colspan="2">第二部</td><td>第四部</td><td>第三部</td><td colspan="2">第五部</td><td colspan="2">十六部</td><td colspan="3">十五部</td><td>十二部</td><td colspan="2">十五部</td><td>十七部</td><td>十四部</td><td>十三部</td><td>十二部</td><td>第十部</td><td>十一部</td><td>第六部</td><td colspan="2">第九部</td><td colspan="2">第七部</td><td colspan="2">第八部</td><td>十七</td></tr>
<tr><td>戴震</td><td>噫部</td><td>亿部</td><td>讴部</td><td>屋部</td><td>夭部</td><td>约部</td><td>讴部</td><td>屋部</td><td>乌部</td><td>垩部</td><td>娃部</td><td>戹部</td><td colspan="2">衣部</td><td>乙部</td><td>衣部</td><td>霭部</td><td>遏部</td><td>阿部</td><td>安部</td><td colspan="2">殷部</td><td>央部</td><td>婴部</td><td>膺部</td><td colspan="2">翁部</td><td>音部</td><td>邑部</td><td>醃部</td><td>谍部</td><td>廿五</td></tr>
<tr><td>孔广森</td><td colspan="2">之类</td><td colspan="2">幽类</td><td colspan="2">宵类</td><td colspan="2">侯类</td><td colspan="2">鱼类</td><td colspan="2">支类</td><td colspan="6">脂类</td><td>歌类</td><td>原类</td><td colspan="2">辰类</td><td>阳类</td><td>丁类</td><td>蒸类</td><td>东类</td><td>冬类</td><td>綅类</td><td>合类</td><td>谈类</td><td>合类</td><td>十八</td></tr>
<tr><td>王念孙</td><td colspan="2">之部</td><td colspan="2">幽部</td><td colspan="2">宵部</td><td colspan="2">侯部</td><td colspan="2">鱼部</td><td colspan="2">支部</td><td colspan="3">脂部</td><td>至部</td><td colspan="2">祭部</td><td>歌部</td><td>元部</td><td>真部</td><td>谆部</td><td>阳部</td><td>耕部</td><td>蒸部</td><td colspan="2">东部</td><td>侵部</td><td>缉部</td><td>谈部</td><td>盍部</td><td>廿一</td></tr>
<tr><td>江有诰</td><td colspan="2">之部</td><td colspan="2">幽部</td><td colspan="2">宵部</td><td colspan="2">侯部</td><td colspan="2">鱼部</td><td colspan="2">支部</td><td colspan="4">脂部</td><td colspan="2">祭部</td><td>歌部</td><td>元部</td><td>真部</td><td>文部</td><td>阳部</td><td>耕部</td><td>蒸部</td><td>东部</td><td>中部</td><td>侵部</td><td>缉部</td><td>谈部</td><td>葉部</td><td>廿一</td></tr>
<tr><td>章太炎</td><td colspan="2">之部</td><td colspan="2">幽部</td><td colspan="2">宵部</td><td colspan="2">侯部</td><td colspan="2">鱼部</td><td colspan="2">支部</td><td>脂部</td><td colspan="2">队部</td><td>至部</td><td colspan="2">泰部</td><td>歌部</td><td>寒部</td><td>真部</td><td>谆部</td><td>阳部</td><td>青部</td><td>蒸部</td><td>东部</td><td>冬部</td><td>侵部</td><td>缉部</td><td>谈部</td><td>盍部</td><td>廿三</td></tr>
<tr><td>黄侃</td><td>咍部</td><td>德部</td><td colspan="2">萧部</td><td>豪部</td><td>沃部</td><td>侯部</td><td>屋部</td><td>模部</td><td>铎部</td><td>齐部</td><td>锡部</td><td colspan="2">灰部</td><td>没部</td><td>屑部</td><td colspan="2">曷部</td><td>歌部</td><td>寒部</td><td>先部</td><td>痕部</td><td>唐部</td><td>青部</td><td>登部</td><td>东部</td><td>冬部</td><td>覃部</td><td>合部</td><td>添部</td><td>贴部</td><td>廿八</td></tr>
<tr><td>王力</td><td>之部</td><td>职部</td><td>幽部</td><td>觉部</td><td>宵部</td><td>药部</td><td>侯部</td><td>屋部</td><td>鱼部</td><td>铎部</td><td>支部</td><td>锡部</td><td>脂部</td><td>微部</td><td>物部</td><td>质部</td><td colspan="2">月部</td><td>歌部</td><td>元部</td><td>真部</td><td>文部</td><td>阳部</td><td>耕部</td><td>蒸部</td><td>东部</td><td>冬部</td><td>侵部</td><td>缉部</td><td>谈部</td><td>葉部</td><td>三十</td></tr>
</table>

属音和，云："且以类隔门言之，谓以端母切知，知母切端，此不过孙愐字一切也，然四切已违其三矣。都江切椿，非古读都如端，则讹耳，考《说文》椿啄江切、《韵会》株江切，非确证乎？"不过方以智对古声母的研究未能深入，有时引用中古材料去说上古音读，有一定的局限性，但他对古今声类差异的自觉认识对后人当有启发作用。

顾炎武是古韵部研究的巨匠，在古声组研究方面也有一些颇有价值的见解，黄侃谓"古声类之说，萌芽于顾氏"①。检顾炎武《音学五书》，可见到很多轻唇注为重唇、舌上注为舌头以及章组、喻四、邪纽等注为舌头音的用例，如《唐韵正》"冯（房戎切），古音凭。《春秋·庄二年》'宋公冯卒'，冯音皮冰反。《山海经》'冰夷'注'冰夷，冯夷也，《竹书》作冯夷，字或作冰也。'《说文》冯从马仌声。元吾衍《闲居录》曰'舜生诸冯'及'晋人有冯妇'之类，皆音皮冰反，古不音房戎反也。"这正是顾氏"知古无轻唇"的明证。顾炎武虽然对古声纽问题没有像对古韵部那么重视，但他所列的众多例证对后人研究上古声类是很有借鉴意义的。

柴绍炳与顾炎武同时，他认为古人轻重唇不分、舌头舌上不分，无所谓"类隔"或"交互"，而只有音和。他在《柴氏古韵通》后所附的《十三门法是非辨》中说："何为类隔？解者曰：谓端等一四为切，韵逢二三便切知等字；知等二三为切，韵逢一四，却切端等字，为种类阻隔，而音不同也，如都江切椿，徒减切湛之类。盖古未标母，则都、徒俱属舌音，以切椿、湛已惬。后人据母有端定、知澄之别，遂以类隔名之。……何为轻重交互？解者曰：帮等重唇为切，韵逢诸母等第三，便切轻唇字；非等轻唇为切，韵逢一、二、四皆切重唇字，故曰轻重交互，如匹尤切颩，芳杯切肧之类。夫古法无论，即字母初建，唇音止四，尚缺非敷奉微，轻重略似，何为交互？说者从温首座增补之后更发斯论，譬则以汉律断周事也。"有明确的古今声类演变观念。

顾炎武之后，清代前期的音韵学家中时有论及古声纽者，如黄生在其《义府》《字诂》中列举了很多轻唇古读重唇的例子，并提出"某与某一声之转"之说；熊士伯在其《等切元音》中提出"娘母同泥说"和"六书谐声音同说"；徐用锡、仇廷模、王霖苍等都引证或论述过轻唇重唇、舌头舌上等古声纽问题；等等。

李光地（1642—1718）论舌头舌上音最为明确，他在《覆发阅王兰生所纂韵书札子》中云："古今音不同，如韵部中江字古音读与东冬为类，今读与阳为类。字母中知彻澄古读与端透定为类，今读与照穿床为类。敷字古音与非字异读，今亦读

① 黄侃《文字声韵训诂笔记》，上海古籍出版社 1983 年版，第 151 页。

为一类。此等近代元明韵书多混而一之，似非存古之意。故音虽从时，而其部伍则仍其旧。”又《音韵阐微·凡例》云：“知彻澄三母，古音与端透定相近，今音与照穿床相近。”可见他有较强的古今声类相异的音变意识。李光地的论述在钱大昕之前，钱大昕之后，有邹汉勋（1804—1853）《五均论》列举了“论照穿床审析为照穿神审甾初床所”“论照之照属古读同端知本钱（晓徵）说”“论泥娘日一声”“论喻当并匣”“论神本在禅顾陆诸人析出从影”“论字纽犹韵类有古本音有流变”等数条上古声类讨论题目，可惜原书已佚，仅存条目，未明具体内容。戴震的《转语二十章》对古声纽亦多所涉及，分古声母为二十类，再求其音义的通转，章太炎《与友人书》评云：“戴君《转语》虽无传本，观其自叙，分位分纽，条理秩如。”

钱大昕（1728—1804），字晓徵，号辛楣，又号竹汀居士，江苏嘉定人。钱氏是清儒中研究上古声类最用力且成果最为突出者，他在《十驾斋养新录》和《潜研堂文集》中多处引用翔实的例证进行扎实的考据，令人信服地得出“古无轻唇音”和“舌音类隔之说不可信”等诸条上古声类的研究结论，总结出古今声类异同的一些重要规律。再往后，清儒研究古声纽者时或有之，但成果不甚突出。对此，李葆嘉《清代上古声纽研究史论》（五南图书出版公司，1996）有详细论述，可供参考。

近代以来，章太炎提出“古音娘日二纽归泥”说，曾运乾提出“喻四古读如定、喻三古读如匣”的看法。黄侃总结了前代诸家的考定成果，拟定上古声纽为十九声类，虽然其中的有些类别还缺乏有力的证据，但其系统性为继续考证上古声类奠定了坚实的基础。此后，王力、周祖谟、李方桂、李荣、裴学海、严学窘、李新魁等现代音韵学家的上古声母研究也各有创获。现将古今学者主要的上古声母研究成果总括起来，主要的可归纳为下列数条。

1. 古无轻唇音

明末清初以来的学者对此多所涉及，钱大昕在其《古无轻唇音》文中作了总结性的论证，“凡轻唇之音，古读皆为重唇”，也就是说上古没有“非敷奉微”一组轻唇音，轻唇音是后代从古重唇音“帮滂並明”中分化出来的。他列举的证据十分广泛而翔实，包括经传异文、重文、声训、直音和读若、方言和译音等百十条。如他在《潜研堂文集·答问十二》中云：

问：轻唇之音，何以知古人必读重唇也？曰：《广韵》平声五十七部，有轻唇者仅九部，去其无字者，仅二十余纽。证以经典，皆可读重唇。如伏羲即庖羲，伯服即伯犕，士鲂即士彭，扶服即匍匐，密勿即黾没，附娄即部娄，汶山即岷山，望渚即孟渚，负尾即陪尾，茇芬即馥芬，有匪即有邲，繁缨即鞶

> 缨，方羊即旁羊，封域即邦域，亹亹即勉勉，膴膴即腜腜，芜菁即蔓菁。封读如窆，佛读如弼，纷读如豳，繁读如婆，亹读如门，妃读如配，负读如背，茀读如孛，艴读如勃，凤读如鹏。凡今人所谓轻唇者，汉魏以前，皆读重唇，知轻唇之非古矣。

从《广韵》的反切上字来看，唇音本来就只有一组而不分轻唇重唇二类。又据今天的音韵学家考证，中古以前的朝鲜音、日译汉音和吴音、古汉越语等几种域外译音，都没有轻唇音。再从现代一些方言读音来看，文读如门，亡读如茫等，是微母字仍读明母。从谐声系统上看，从“非、甫、奉、番、方、不、亡”等得声的字，都有轻唇和重唇两读。这些都可证明轻唇音是由重唇音演变而来的，钱大昕“古无轻唇音”的结论是可信的。从众多的材料来看，“古无轻唇音”不但存在于上古，而且延及隋唐，余波残留于现代汉语方言之中。

2. 古无舌上音

这条结论也是钱大昕明确地总结出来的，他在《舌音类隔之说不可信》文中说：“古无舌头、舌上之分，知彻澄三母以今音读之，与照穿床无别也；求之古音，则与端透定无异。”也就是说，上古没有舌上音“知、彻、澄”三母，舌上音是后来从古舌头音“端、透、定”三母中分化出来的。他引用了许多材料作了大量的考证，如：

> 古音陟如得，《周礼·太卜》“掌三梦之法，三曰咸陟”注“陟之言得也，读如王德翟人之德”；《诗》“陟其高山”笺“陟，登也”，登、得声相近。
>
> 侄娣本双声字，《公羊释文》“侄，大结反；娣，大计反”，此古音也。《广韵》侄有徒结、直一两切，今南北方音皆读直一切，无有作徒结切者，古今音有变易。字母家乃谓舌头舌上交互出切，此昧其根源而强为之词也。
>
> 又如：冲读若动，中读若得，赵音如掉，竹音如笃，裯音如祷，追读如堆，卓音近的，倬读如菿，棖读如棠，池读如沱，褫读如拕，沈读如潭，廛读如坛，秩读如豑，陈读如田，甸或谓之乘，堂途谓之陈，咮读如斗，涿读如独，等等。

在《广韵》反切中，舌上音和舌头音虽然可以分开，但实际上仍然有不少纠缠，故韵图的门法总有舌上与舌头“类隔”的说法，说明在上古音中本来就只有舌头音而无舌上音。从今人考证的古代域外译音看，舌上音也多译作舌头音。就方言来看，闽方言多是舌头舌上不分的，至今都是，如“知”读如“低”、“在”读如“代”等。从谐声系统上看，从“登、多、帝、翟、弟、单、堂、土、占、者、氏、卓、真、中、住、寺、召”等得声的字，今分别读舌头、舌上两类声母。这些都可说明上古只有舌头一类，钱大昕“古无舌上音”的结论是可信的。

3. 古无正齿音

钱大昕在《舌音类隔之说不可信》文中还论及古无正齿音的问题，说：“古人多舌音，后代多变齿音，不独知彻澄三母为然也。”是说中古三十六字母中的正齿音“照三、穿三、床三”，也就是章组声母，上古也是读为舌头音“端、透、定”的，可以称为“章组古归舌头音”，即“照三归端”，所举例证如：

> 《诗》“重缪”《周礼》作“穜稑”，《左传》“予发如此种种”徐仙民作“董董”，古读舟如雕，又彫、雕、琱、鵰皆从周得声，调亦从周声，古读至如疐，咥、耋皆从至声，古读支如鞮，古读专如耑，椽从彖声。

黄侃在《声韵略说》《声韵通例》中支持钱氏这一看法，正式提出“照三归端”，谓“凡正齿九音，古分属齿、舌：庄、照或与端同，或与精同；初、穿或与清同，或与透同；床、神或与从同，或与定同；疏、审或与心同，或与透同；禅或与邪同，或与泥同。”[①] 后来，周祖谟先生发表《审母古音考》《禅母古音考》两文，从谐声系统和经典异文等方面列出了很多例证来证明审、禅两母上古读舌头音或近于舌头音。今天，多数音韵学者相信中古正齿音“照穿床审禅”（照三组）主要来自上古的舌头音。但也有不同意见，如史存直先生就认为：“照穿床审禅这组声母的谐声关系是颇为复杂的。根据陆志韦先生所作的《广韵五十一声母说文谐声通转的次数表》看来，照穿床审禅和端透定、知彻澄之间的关系虽然比较密切，但也还不能说正齿三等都是从舌头来的。而且就《广韵》的反切来看，正齿和舌头是截然有别的。”[②] 就《广韵》来看，正齿音和舌头音的反切是截然有别，不像舌上音知组声母在《切韵》音系中与舌头音端组声母的读音那么近，因此很难肯定照三就一定是从舌头音来的。在《广韵》中，知组与二、三等韵相拼，章组（照三）只与三等韵相拼，如果它们都来自同一组上古声母，那么同是在三等韵前，为什么会分化为两组不同的声母呢？目前还找不到合理的解释，因此目前还只能假定在上古音系中章

---

① 黄侃《黄侃论学杂著》，上海古籍出版社 1980 年版，第 100、140 页。

② 史存直《汉语语音史纲要》，商务印书馆 1981 年版，第 125 页。

组与端组读音相近，还不能把它们看成同一组声母。因此，钱大昕的这一论断还有待进一步研究。

4. 娘日归泥

清人熊士伯、邹汉勋曾提出古“娘、日、泥”三纽合一，但论证不够。章太炎在《国故论衡》中定上古声类为二十一类，正式提出“古音娘日二纽归泥”说，并予以充分论证，认为：“古音有舌头泥纽，其后支别，则舌上有娘纽，半舌半齿有日纽，于古皆泥纽也。”是说中古的“娘、日”两母字上古都读“泥母”。现从他所举的众多例证中摘录数条如下：

> 涅从日声，涅而不淄亦作泥而不滓。衵从日声，不义不衵亦作不义不昵。入之声今在日纽，古文以入为内。任之声今在日纽，《释名》云：男，任也；又曰，南之为言任也。然之或体有蘸，从草难声。而之声类有耐，又而读为能。如从女声，古音与奴、拏同，音转如奈。若之声类有诺。尔，《释名》训昵；泥，《释名》训迩。耳孙，师古以为仍孙，仍今在日纽，本从乃声。弱声有溺、搦诸字。儒声有糯、䰭、獳诸字，并读奴钩切。仁声有佞。今音泥、屔在泥纽，尼、昵在娘纽，仲尼，三苍作仲屔。今音男、女在娘纽，尔、女在日纽，古音女本如帑，尔女之音，展转为乃。

章太炎多用谐声、声训、异文等材料来详加论证其“娘日归泥”之说。《切韵》时代没有娘母，泥、娘古本为一母是完全可以肯定的。今从域外译音和方言读音来看，娘、日两母不分的很多，日、泥读音也多是相同或相近的。所以章太炎的“古音娘日归泥”说大致是可信的。但在《广韵》中，日母出现在三等韵前，泥母出现在一、二、三、四等韵前，有对立，如果认为它俩在上古是同一个声母，就须说明同在三等韵前而分化为中古两个声母的原因，这个问题还需要进一步探讨。故目前我们也只能认为日母和泥母在上古是两个读音相近的声母，还不能将它们合为同一个音位。

5. 喻三归匣、喻四归定

清人邹汉勋《五均论》曾将中古喻母整个合并于上古匣母，失之粗略。近人曾运乾在其《喻母古读考》一文中离析喻母，提出“喻三归匣、喻四归定”之说，认为：“喻于二母（近人分喻母三等为于母）本非影母浊声。于母古隶牙声匣母，喻母古隶舌声定母，部件秩然，不相陵犯。”① 即中古的喻母三等（喻三，亦称于母或云母）字在上古属匣母，中古的喻母四等（喻四，亦称以母）字上古属定母。其所举例证如：

古读营（于倾切）如环，《韩非子》“自营为私”，《说文》引作“自环”，按：环，户关切，匣母。古读营如还，《诗·齐风》“子之还兮”，《汉书·地理志》引作“营”，师古注“《齐诗》作营，《毛诗》作还”，按：还亦户关切。古音营、魂相近，《老子》“载营魄抱一，能无离乎”，河上公注“营魄，魂魄也”，按：魂，户昆切，匣母。

又如：古读瑗如奂，古读瑗如环，古爰缓声同，古读援如换，古读爰如换。古为、蝯、猴三字音近。古读洹如涣，古读羽如扈，古院寏同字。……古读于如乎，古荣怀声近，古读违如回，古读围如回，等等。

再如：古读夷如弟，古读夷如陈、实如田，古读夷如迟，古读夷如稺，古读姨如弟。……古读逸如迭，古读逸又如彻，古读轶如辙，古读轶又如迭，古读佚如迭，古读遗如隤，古读育、毓如毒，等等。

曾氏的例证主要是异文和异读。从《广韵》反切看，喻三与匣母所用的字虽然是基本上分开的，但两者总有割不断的关系。《切韵指掌图·九辯》：“匣缺三四喻中觅，喻亏一二匣中穷；上古释音多具载，当今篇韵少相逢。”意谓“匣、喻”两母可能上古同源而后分化为二，实际上从先秦到《切韵》时代，喻三都未从匣母中分化出来，中古的喻三只与三等韵相拼，匣母只与一、二、四等韵相拼，两组互补，故可以归为一个音位。从谐声关系看：王—皇、云—魂、院—完、域—或，四组谐声字的前一字都读喻三，后一字都读匣母。由此推论，上古“喻三归匣”是完全可信的。

“喻四归定”的例证比起“喻三归匣”来略少些，从谐声关系上可以找到一些例证，如从“俞、台、余、也、兑”得声的字，既有读喻四的，也有读定母的，“台”中古读定母，从它得声的“怡、贻、饴”中古都读喻四，说明两者关系密切。曾氏《喻母古读考》举证如：

古读夷（以脂切）如弟，《易·涣》“匪夷所思”释文：“夷，荀本作弟”，

① 曾运乾《喻母古读考》，《东北大学季刊》1928 年第 12 期。

又《明夷》“夷于左股”释文：“子夏本作睇，又作眱”，《说文》“鴺，从鸟夷声”，重文作鹈，从鸟弟声，按：弟，徒礼、特计二切；睇，特计切；鹈，杜奚切，并定母。……古读繇（馀招、以周二切）如陶，《尚书》“皋陶”，《离骚》《尚书大传》《说文》并作“繇”，按：陶，徒刀、馀招二切，前切定母，后切喻母，前人改陶从繇读，非是。

又如：古读夷如陈，实如田，古读姨如弟。古读希如弟，古读肄如鬄，古读圛驿如弟，如涕，古读斁如度。古读余如荼，古读易如狄。古读逸如迭，古读轶如迭，古读佚如迭。古读育毓如毒。古读腧如头，古读逾如头，古读愉如偷，实如媮，古读渝如偷，古渝堕双声。古读由如条，古读也如它，古读弋如代。古读说如兑，古读说如脱，等等。

尽管如此，也很难说喻四完全是从上古的定母变来的，即很难确定喻四与定母在上古属于同一个音位，因为中古它们都出现在三等韵前，如果它们在上古是同一声类，那么它们在中古分化为两个声母的条件是什么？从音理上很难找到答案。因此，也只能把它们看成是上古两个读音相近的声类，而不好说它们在上古就一定是同一个声母。

6. 照系二组归精组

邹汉勋《五均论》分正齿音“照穿床审”为“照二、照三”两组，把照二组合并于古“精清从心”，把照三组合并于古“端透定”。黄侃承用并发展邹氏的观点，在《音略》《与友人论小学书》中申述古无照系二组声母，中古正齿音照系二组的“照二、穿二、床二、审二”，也就是“庄、初、崇、生”四母，在上古读齿头音“精、清、从、心”，[①] 也就是说庄组（照二）与精组上古原是同一组声母，庄组字是后来从精组字中分化出来的。他主要用谐声字来加以证明，如：

斩（庄母）——渐（精母）　　捉（庄母）——足（精母）
察（初母）——祭（精母）　　疮（初母）——仓（清母）
衬（初母）——亲（清母）　　臻（庄母）——秦（从母）
骤（崇母）——聚（从母）　　崇（崇母）——宗（精母）
柴（崇母）——此（清母）　　茬（崇母）——在（从母）
瘦（生母）——叟（心母）　　霜（生母）——相（心母）

① 黄侃《黄侃论学杂著》，上海古籍出版社 1980 年版，第 66、165 页。

保留在《广韵》中的少数古反切也能反映这种语音现象，如“鲰从母，仕崇母垢切”“覱庄母，子精母鉴切”等。还有一些又音切语中也存有遗迹，如“省，所生母景切，又息心母井切”“参，仓清母含切，又所生母今切”等。但在《广韵》音系中，精组出现在一、三、四等韵前，庄组出现在二、三等韵前，庄组和精组如果在上古本为一组，它们为何同在三等韵前，后又为何会分化为精、庄两组？也是需要作出合理解释的问题。董同龢先生曾在《上古音韵表稿》中考证庄组原本只出现于二等韵前，那样从理论上讲，庄组从上古精组中分化出来就没有矛盾了。此说还有待于进一步论证。

黄侃在《与友人论小学书》中还提出“古群归溪”和“古邪归心”之说，即上古牙音有“见、溪”而无“群母”，齿头音有“心母”而无“邪母”。至此，他总结前人古声纽的研究成果，并对《广韵》的声类和韵类进行了综合考求，得出了上古三十二韵，后将只区别开合口的“歌戈、曷末、寒桓、魂痕”八韵合为四部，就成了著名古韵二十八部，称为“古本韵”。考定上古十九声纽为“古本纽”，“古本韵”只与“古本纽”相配合。其《音略》云：“古声数之定，乃今日事。前者钱竹汀知古无轻唇、古无舌上；吾师章氏知古音娘、日二纽归泥。侃得陈氏之书，始先明今字母照、穿数纽之有误；既已分析，因而进求古声，本之音理，稽之故籍之通假，无丝毫不合，遂定为十九。吾师初不谓然，后乃见信；其所著《菿汉微言》，论古声类，亦改从侃说矣。”[①] 今依《音略》所定，并参考黄焯先生在《文字声韵训诂笔记》中的所定次序，排列黄氏“古音十九纽”：

一喉音：	影喻	晓	匣（为）	见	溪群	疑
二舌音：	端知照	透彻穿审	定澄（神）禅		泥娘日	来
三齿音：	精（庄）	清（初）	从床	心邪（疏）		
四唇音：	帮非	滂敷	並奉	明微		

写在“古音十九纽”旁边的小字，表明是“今声”，也就是从上古声纽中分化出来的中古声母，其中加括号的，表明是从中古三十六字母中再分出的声母。黄侃的古音十九纽，基本上把上古声类的轮廓勾勒出来了。现代古音学者在此基础上作进一步的研究，遂使之逐渐趋于精确和完善。

① 黄侃《黄侃论学杂著》，上海古籍出版社 1980 年版，第 69 页。

上古声类的研究材料是有限的，所以上述诸家在考证上古声类时都采用归纳法，都是把中古不同声类的字拿到上古文献中去考察它们的关系，通过大量相通的例证来推断中古两个声类在上古为同一声类。这是一种不完全归纳，其结论不是绝对可靠的，不能排除两个上古声类并非同一音位而只是音值相近的可能性。为弥补归纳法的不足而验证诸家结论的可靠性，现代音韵学者又运用了演绎法，其主要规则是：如果认为某两个中古声类在上古属同一个声类，就必须找出它们在中古之所以分化的不同条件；如果找不出，就只能认为这两个中古声纽在上古并非同一声类，而只是两个上古读音相近的声类，不能归并为一个音位。根据这一原理，王力先生在《汉语史稿》中提出了上古三十二声母系统，并拟其读音：

唇　音：	帮非［p］	滂敷［p‘］	並奉［b］	明微［m］		
舌　音：	端知［t］	透彻［t‘］	定澄［d］	喻四［d‘］	泥娘［n］	来［l］
	章［ȶ］	昌［ȶ‘］	船［ȡ］	书［ɕ］	禅［ʑ］	日［ȵ］
齿　音：	精［ts］	清［ts‘］	从［dz］	心［s］	邪［z］	
	庄［tʃ］	初［tʃ‘］	崇［dʒ］	生［ʃ］		
牙喉音：	见［k］	溪［k‘］	群［g］	疑［ŋ］		
	影［Ø］	晓［x］	匣喻三［ɣ］			

时至今日，各家对上古声母系统还没能取得完全一致的意见，王力先生的三十二声母系统虽多被音韵学界所采用，但还有待于进一步研究和完善。

此外，有关上古声母的研究还有一个复辅音的问题。高本汉在他的《谐声说》等文中提出上古声母存在着复辅音现象，他构拟了十九个复辅音声母。上古有些互相谐声的字，其声母关系用一般的谐声原则无法解释，如各［k］—洛［l］、风［p］—岚［l］、犀［s］—尾［m］等，是由于有［kl］［pl］［sm］这样的复辅音声母存在，它们才可能相互谐声。

其后，林语堂、董同龢、李方桂、周法高等学者对此均有论述，李方桂、周法高论述较详。严学宭先生将汉语谐声系统不合通例的异常现象拿来与汉藏语系的其他语言作比较研究，从而推求出一系列复辅音声母，构成了二合、三合甚至四合的复辅音声母体系。

汉语上古声母究竟有无复辅音？复辅音系统的具体情况究竟如何？尚无定论。也就是说“上古存在复辅音声母”还只是个科学的假设，还有待更深入更广泛的研究。主张有复辅音的学者，主要依据下列材料：

（1）谐声字的异常现象。如以“各”作声符的字有“洛、路、胳、格、客”等，中古“洛、路”读来母［l］，“胳、格”读见母［k］，“客”读溪母［k‘］。为何用同一声符就能谐中古不同声母的字，而且其音值又相差甚远呢？于是用上古“各”可能读复辅音声母［kl］来解释，有的谐［k］，有的谐［l］，似乎比较合理。

（2）古文献用字的重文和合音。“麥—來”“命—令”“冰—凝”都是古重文，如“來”就是“麥”的原本象形字，它们的声母有可能是［ml］，两字才可能互用。古合音字如《尔雅·释器》“不律谓之笔”，其古声母可能是［pl］；“蒲”又称“符离”，其古声母可能是［bl］；《淮南子·主术训》有“鵕鸃”一名，高诱注音为“私鈚头”，二字注三音，其中必有一字注了两个音，也许是“鵕”读“私鈚”，其古声母就可能是［sp］。还有“虎”为“於兔”，“茨”为“蒺藜”，“角”为“矻落”等，都是古合音字。

（3）现代汉语方言有复辅音。山西文水话有比较多的复辅音声母留存至今，此外山西晋中有的地方把“摆动”的“摆”说成［pəlɛ］，声母就是［pl］；太原话的反语拼词也反映了复辅音声母的迹象，如“薄浪”［pəlaŋ］拼“棒”［paŋ］，“窟窿”［k‘uluŋ］拼“孔”［k‘uŋ］等。

（4）汉藏语系有复辅音。与汉语有亲缘关系的苗语、壮语、傣语、藏语、瑶语、彝语等语种都有复辅音存在，如广西武鸣壮语把“笠”说成［glop］，傣语把“烙”说成［klak］等。由汉藏语系各语言不同程度地存在具有构词、构形作用的复辅音声母来看，这是有共性的语言现象，由此推想古代汉语也有复辅音声母，是有一定理据的。

由于原始资料十分缺乏，今存材料零星而又无系统，加上研究还很不够，复辅音问题颇难定论。尽管有较多的音韵学者倾向于上古汉语有复辅音声母，但还是有一些学者著文否定，如刘又辛《古汉语复辅音说质疑》①。即便假定其有，那么上古汉语哪些字有复辅音声母，可能有几个辅音，这些辅音的序列又如何，复辅音又是怎样演变成为单辅音的，其变化条件是什么，复辅音声母系统究竟如何，复辅音产生和消失的确切年代能否确定？这一系列的问题都只有等汉藏语系比较研究和汉语语源研究有了相当的基础之后，才有可能得到比较合理的解释。

① 刘又辛《古汉语复辅音说质疑》，载《音韵学研究》（第一辑），中华书局1984年版。

三 上古音声调的探求

明清以来，不少音韵学者涉足了上古声调的研究，但至今还没有一个比较统一的结论。以《广韵》音系为代表的中古声调的调值很难弄清楚，但中古声调有平、上、去、入四个调类则是十分明确的。而上古声调不但调值无从探知，有多少调类也很难定论。到目前为止，多数音韵学者都承认上古音有声调之别而且有入声，因为否认这一点就等于否认了上古阴阳入相配的韵部系统。但是，除了入声之外的上古声调到底还有哪些，看法很不一致，就现有的材料作研究显然是难以得出可靠结论的。研究上古声调的材料也主要是上古韵文，对同样材料的观察和处理的方法不同，得出的结论也就大不相同。迄今为止，对上古调类的研究有多种不同意见，影响较大的主要有如下几种意见：

1. "古无四声"说

宋代的吴棫在其《韵补》中认为平上去入四声在上古可以"通转"，即四声之韵可以通押。程迥《古韵通式》认为上古"四声互用，切响通用"。通用则无界限，实质上就是上古无四声之分。明季陈第在《读诗拙言》中说"四声之辨，古人未有"，又在《毛诗古音考》中说："四声之说起于后世。古人之诗，取其可歌可咏，岂屑屑毫厘，若经生为耶？"可见是持明确的"古无四声"说。

顾炎武以《切韵》时代的四声为出发点来看待上古声调，承认上古有四声。通过广泛而深入的研究，顾炎武认为上古"平声音长，入声音短"，上古用韵"平多韵平，仄多韵仄"，但平上去入四声在《诗经》中可以通押，平上去三声多贯通，入声与入声为韵者占十分之七，入声与平声为韵者占十分之三，两者又可以互转。他在《音论》中说："四声之论虽起于江左，然古人之诗已有迟疾轻重之分，故平多韵平，仄多韵仄。亦有不尽然者，而上或转为平，去或转为平上，入或转为平上去，则在歌者之抑扬高下而已。故四声可以并用。"这就是他的"四声一贯"说。顾炎武看似承认上古有四声，但若依他的"四声一贯"观点去推理，又很容易得出上古无四声的结论，故今人多不取其说。

2. "古有四声"说

江永与顾炎武一样，认为古有四声，但他不赞同顾炎武的"四声一贯"说，不承认声调可以随意通转，而认为是古代押韵不严才出现四声杂用的现象。他在《古韵标准·例言》中说："四声虽起于江左，案之实有其声，不容增减，此后人补前人未备之一端。平自韵平，上去入自韵上去入者，恒也。亦有一章两声或三四声者，随其声讽诵咏歌，亦自谐适，不必皆出一声。如后人诗余歌曲，正以杂用四声为节奏，《诗》韵何独不然？”戴震、钱大昕均认为古有四声，所说与江永大体相似。

江有诰、王念孙认为古有四声，但不同于今四声，有些韵四声俱备，有些韵则并不是四声全备的。江有诰在《唐韵四声正·再寄王石臞先生书》中说：“至今反复紬绎，始知古人实有四声，特古人所读之声与后人不同。陆氏编《韵》时，不能审明古训，特就当时之声误为分析。”王念孙复江有诰书云：“接奉手箚，谓古人实有四声，特与后人不同，陆氏依当时之声误为分析，特撰《唐韵四声正》一书，与鄙见几如桴鼓相应，益不觉狂喜。顾氏四声一贯之说，念孙向不以为然。”

3. 古四声不齐之说

段玉裁“古无去声”说。段玉裁用历史音变的眼光来看问题，认为上古有平上入三声而没有去声，去声是魏晋时才渐渐出现的，是由上声和入声分化而来的。他在《六书音均表》中说：“古四声不同今韵，犹古本音不同今韵也。考周秦汉初之文，有平上入而无去，洎乎魏晋，上入声多转而为去声，平声多转为仄声，于是乎四声大备，而与古不侔。有古平而今仄者，有古上入而今去者，细意搜寻，随在可得其条理”；“古平上为一类，去入为一类。上与平一也，去与入一也。上声备于《三百篇》，去声备于魏晋。”

孔广森“古无入声”说。孔广森则认为除闭口韵外，上古没有入声，入声是由去声中的“短言之”演变而来的。他在《诗声类》卷一中说：“至于入声，则自缉、合闭口音外，悉当分隶支至之七部，而转为去声。盖入声创自江左，非中原旧韵。”作为山东人，他的口语中已无入声，故认为入声是后代南方的产物，古无入声。他的古韵分部就只有阴声韵和阳声韵而无入声韵。

黄侃“古有平入二声”说。黄侃认为，古只有平入二声而无上去二声。他在《音略》中说：“四声，古无去声，段君所说。今更知古无上声，惟平入而已。”又在《声韵略说》中云：“古声但有阴声、阳声、入声三类，阴阳声皆平也。其后入声少变而为去，平声少变而为上，故成四声（四声成就甚迟，晋宋间人诗尚去入通押）。近世段君始明古无去声。然儒者尚多执古有四声之说。其证明古音止二声者，亦近日事也。古有平入而已，其后有上去。然法言之前，无去不可入，《切韵》之后，去入始有严界。”

王国维“古有五声”说。其《观堂集林》卷八《五声说》云：“古音有五声，阳类一，与阴类之平上去入四声是也。说以世俗之语，则平声有二（实则阳类自为一声，谓之平声，语不甚切），上去入各一，是为五声。自《三百篇》以至汉初，此五声者大抵自相通叶，罕有出入。”所说颇为新颖。

王力先生继承和发展段玉裁的说法，主张上古声调有两种平声、两种入声，即长平和短平、长入和短入：长平到中古仍是平声，短平到中古则变成了上声；长入到中古变成了去声，短入到中古仍是入声。他在《汉语音韵》中说：“我们的结论是：上古阴阳入各有两个声调，一长一短，阴阳的长调到后代成为平声，短调到后代成为上声；入声的长调到后代成为去声（由于元音较长，韵尾的塞音逐渐失落了），短调到后代仍为入声。”① 这就是说，上古声调除了音高的因素外，无论是舒声还是入声，都含有音长的因素。所以他在《汉语语音史》中说：“我认为上古有四个声调，分为舒促两类。即舒声：平声，高长调；上声，低短调。促声：长入，高长调；短入，低短调。上古四声不但有音高的分别，而且有音长（音量）的分别。必须是有音高的分别的，否则后代声调以音高为主要特征无从而来；又必须是有音长的分别的，因为长入声的字正是由于读音较长，然后把韵尾塞音丢失，变为第三种舒声（去声）了。”②

周祖谟先生则在《古音有无上去二声辨》中继承和完善王念孙、江有诰“古有四声”之说，论述《诗经》中去声独用而不与其他声调混用的事实，证明上古汉语平上去入四声俱备。此外，陆志韦先生认为上古有长去、短去两个去声，故有五声；李荣先生认为上古有二声三调；李新魁先生认为上古声调共五类，调值有三种；等等。

总之，上古音的声调是一个需要继续深入研究的课题，各家看法分歧颇大，孰是孰非，难以定论。不过，可以从各家的意见中看出一些共同性的倾向：一是上古汉语有声调之分，上古调类与中古的平上去入四声大略相当，只是各家的标名不同罢了，江有诰早期在《古韵凡例》中曾认定“古无四声，确不可易”，后经过认真考求，在《再寄王石臞先生书》中说：“有诰初见，亦谓古无四声，说载初刻《凡例》；至今反复紬绎，始知古人实有四声，特古人所读之声与后人不同。”他修改后的看法可以代表一般古音学家的倾向性意见。二是上古调类可与中古四声相应，说明中古四声都有上古来源，但又不是完全照搬，整体系统的规律性演变中，也有一些字会发生隶属关系上的不规则变化。三是调类变化有规律可循，调值变化很大很快而难于考定，如上古平声与中古平声同属于平声调类而实际调值不同，这就像现代汉语不同方言的同一调类往往有不同的实际调值一样。

① 王力《汉语音韵》，中华书局 2013 年版，第 167 页。

② 王力《汉语语音史》，商务印书馆 2008 年版，第 73 页。

第四节　上古音知识的运用

汉字是记录汉语词的，语言中的词是音、义结合的统一体，义是词的内容，音是义的表现形式，欲求词的意义，必先知其读音，“义存乎声”是汉语词义的基本特征。词义古今的变迁，给后人阅读古文献带来了许多困难，认字、知音、明义是读懂古书的基础，所以顾炎武在《答李子德书》中说“读九经自考文始，考文自知音始”。

传统小学中，音韵与训诂互为表里，音与义的关系十分紧密，清儒善于将古音研究的成果运用于文字训诂，才取得了乾嘉之学“因声求义”的巨大成就。段玉裁先著《六书音均表》，之后才可能有《说文解字注》的高度；王念孙正是因为精通古音，才有《广雅疏证》的博大与精深。黄侃说：“音韵者何？所以贯串训诂而即本之以求文字之推演者也。故非通音韵，即不能通文字、训诂，理固如此。然不通文字、训诂，亦不足以通音韵。此则徵其实也。音韵不能孤立，孤立则为空言，入于微茫矣。故必以文字、训诂为依归。然则音韵虽在三者为纲领，为先知，而必归于形义，始可为之锁钥也。”①

清儒运用上古音研究成果于经学、小学领域，其意识是很自觉的，其成效是很显著的。戴震撰《转语二十章》，是要“各从其声，以原其义”，主要方法是“俾疑于义者以声求之，疑于声者以义正之”，其书虽不存，方法则启迪后人甚多。王念孙《广雅疏证·自叙》表明其书的主要特点是“就古音以求古义，引申触类，不限形体”。段玉裁在《广雅疏证·序》中说：“小学有形有音有义，三者互相求，举一可得其二；有古形有今形，有古音有今音，有古义有今义，六者互相求，举一可得其五。……学者之考字，因形以得其音，因音以得其义，治经莫重于得义，得义莫切于得音。”阐明了运用上古音知识进行“因声求义”的重要性。上古音知识应用的范围很广，在汉语音韵学成果应用中所占的比重较大，而“因声求义”是其中最为重要、最为有效的方法。

运用上古音研究成果来进行“因声求义”的训诂，主要有辨明字用的“明假借”和推求语源的“声训”。运用上古音研究成果来认识和辨析汉语音变构词的“破读”，也是常见的音义探求方法。这些方法常常应用于前人的音义、注疏之中，也常常见于前人的各类小学著作及考据文章之中。了解并能运用这些方法，不但是读懂传统文献和掌握传统小学知识的需要，也会对现代意义上的汉语语音、语义以及

① 黄侃《文字声韵训诂笔记》，上海古籍出版社 1983 年版，第 149 页。

构词法研究大有帮助。

“因声求义”必然涉及“古音通转”问题，对此问题理论上的争议很多，不必逐一介绍。应用层面则讲求实用，能正确而便利地解决问题就好。在古音通转中，声类的通转比韵部的通转要频繁得多，材料也多得多。双声、叠韵是反切原理的根本所在，也就是音韵学的根本立足点所在，清方东树《说文解字双声叠韵谱·序》云“双声叠韵者，天地之元音也。古人由之而不及言，后人言之而时有戾”，所言有得。声母处在汉语音节之首，是前后音节的关联点，因而备受关注，被视为音节的枢纽，故称“声纽”，被视为诸音之母，故称“声母”，以至于古音通转被泛称为“一声之转”。古声类的研究，有众家结论在，可以利用，黄焯先生著有《古今声类通转表》(上海古籍出版社，1983)，客观而详尽地收集了声类通转的各种材料，条辨类别，显示规律，是该方面最实用的工具书。

韵部通转问题，传统音韵学讨论得比较多。从戴震、孔广森的“阴阳对转”到章太炎的“成均图”，从戴震的《转语二十章》、程瑶田的《果羸转语记》到章太炎的《文始》，理论、方法和实践都有相当的分量。由于章太炎过于追求系统的严整性和方法的普适性，又由于后来者未能全面理解或多所误解，《文始》和“成均图”受到多方面的批评，乃至被批为“无所不转”。其实，章太炎的古音通转是有很多条件限制的，比如黄侃就坚决地解释说“凡声变必须叠韵，韵变必须双声”；“叠韵相转，亦有定例，未可凭肊妄说”；谈音转要结合《广韵》与古音，“不明《广韵》，不能塙知古音；不晓古音，不能綧见音义相因之故。治《文始》与治《说文》，固无二术也。”[①] 章太炎“成均图”对韵转条例的解释过于疏略，为便利应用起见，引述邹晓丽据章太炎“成均图”结合王力上古三十韵部制作的韵转表及其解释条例，[②] 适当加以缩略（表 3-6）：

表 3-6　对转、旁转、通转、旁对转规律表

甲类 Ø，k，ŋ	之 ə 职 ək 蒸 əŋ	支 e 锡 ek 耕 eŋ	鱼 a 铎 ak 阳 aŋ	侯 ɔ 屋 ɔk 东 ɔŋ	宵 o 药 ok	幽 u 觉 uk 冬 uŋ	阴声韵 Ø 入声韵 k 阳声韵 ŋ
乙类 i，t，n	微 əi 物 ət 文 ən	脂 e 质 et 真 en	歌 a 月 at 元 an				阴声韵 i 入声韵 t 阳声韵 n
丙类 p，m	缉 əp 侵 əm		盍 ap 谈 am				入声韵 p 阳声韵 m

① 黄侃《黄侃论学杂著》，上海古籍出版社 1980 年版，第 141、163、172—173 页。

② 参见邹晓丽《传统音韵学实用教程》，上海辞书出版社 2002 年版，第 140—142 页。

说明：

1. 同韵部者为叠韵。

2. 同类同直行者为对转：主元音相同，韵尾发音部位也相同。即阴声韵、阳声韵、入声韵之间的对应转换，如“之、职、蒸”相互对转、“歌、月、元”相互对转、“盍、谈”对转等。

3. 同类同横行者为旁转：韵尾相同，主元音相近。即相邻韵部的旁近通转，如“侯、幽”旁转、“职、屋”旁转、“耕、阳”旁转等。

4. 非同类同直行者为通转：主元音相同，韵尾发音部位不同。即非同类但主元音相同的韵部之间的变通转换，如“鱼、歌”通转，“阳、元”通转、“铎、元”通转、“阳、月”通转等。

5. 旁转而后对转者为旁对转：先旁转再对转。此类较少，尽量少用。如“幽、屋”旁对转、“侯、觉”旁对转、“微、元”旁对转、“月、真”旁对转等。

一　运用上古音知识来识别通假字

通假又叫通借，传统小学上也习惯称为“假借”，但与六书中本无其字的假借不同。通假是字用层面的同音借用，是指在上古代汉语的书面语言中，不用本字而借用一个音同或音近的字来代替本字的现象。唐陆德明在其《经典释文·序录》中引郑玄语云：“其始书之也，仓卒无其字，或以音类比方假借为之，趣于近之而已。受之者非一邦之人，人用其乡，同言异字，同字异言，于兹遂生矣。”孔颖达在《毛诗·小雅·渐渐之石》疏中论及《诗》多假借的原因时云：“以古之字少，多相假借，诗又口之咏歌，不专以竹帛相授，音既相近，故遂用之。”他们都看到了通假现象产生的原因及其在上古文献中的普遍使用情况。就我们的数据库统计资料来看，《经典释文》所注的用于明假借的音切就有 1650 见次之多；《诗经》的全部用字总共才有 2938 个，其中的通假字竟有 531 个之多。

通假现象在上古文献中最为普遍，汉代以后用字渐趋统一和规范，故辨明通假须从上古读音入手。一般说来，通假字只是在读音上与本字相当，形、义上没有什么关联，如果不通过声音的线索找出某一个假借字的本字，就会望文生义而产生误解。比如，“归”字的本义是女子出嫁，《说文解字》：“归，女嫁也。”而《诗·邶风·静女》“自牧归荑，洵美且异”，《左传·闵公二年》“归公乘马”，《论语·阳货》“阳货欲见孔子，孔子不见，归孔子豚”，三句中的“归”都无出嫁义而是赠送义，借来代替音近字“馈”。查“归”字在《论语》中出现十次，在《孟子》中出现四十次；“馈”字在《论语》中出现二次，在《孟子》中出现四次，说明两字上古都已产生，只是字用上的临时借用。“归”字上古韵属微部，“馈”属物部，“微—物”两部阴入对转，两字声母都属牙音，“归”属清声见母，“馈”属浊声群母，属声母发音部位相同的双声，声、韵都相近而相通，故可近音借用。运用上古音知识找到本字“馈”，三句的意思就清楚了：“归荑”是赠送嫩草芽，“归马”是赠送马匹，“归豚”是赠送小猪。如果不知古音，不明假借，句子的意思就会理解错误。王引之在《经义述闻·序》中引其父王念孙语云：“字之声同声近者，经传往往假借，学者以声求义，破其假借之字而读以本字，则涣然冰释；如其假借之字而强为之解，则诘䊵为病矣。”

上古文献典籍中的古音通假现象非常普遍，《经义述闻·经文假借》中就录有二百五十七条之多。早在汉代，经书注释就已经注意到通假现象了，如毛公、郑玄的《诗》传、笺，杜子春、郑兴、郑众、郑玄的“三礼”注等，在说字音以明假借方面做出了突出的成绩，唐陆德明的《经典释文》是这些传注的继承、总结和发展，记录了大量的古音通假材料。历代的传统经学家和小学家们深知上古文献字用中的通假现象众多，必须破其音读求其本字，才能明其句中之义。到清代段玉裁、王念孙等人，则是自觉地总结“因声求义”的理论并广泛实践，因而取得了辉煌的成就。

古音通假不但数量巨大，而且样式繁多，清人吴承志在其《逊斋文集》卷四《古书假借举例》中说：“假借之例，以音为主，有以音近而省其文者，有以音近而增其文者，有以音近而异其文者。以音近而省其文者，如借鹿为麓、借龙为宠之类是也。以音近而增其文者，如借政为正、借偕为皆之类是也。以音近而异其文者，如借闻为问、借纶为论之类，此声同而变其形也；借禔为祇、借輹为辐之类，此形同而变其声也；借縠为告、借卜为报之类，此形声俱变，而以双声代之也；借毒为笃、借暇为夏之类，此形声俱变，而以叠韵代之也。凡此，皆音近假借之例。”吴氏着眼于通假字与本字的形体联系，所分类别可供参考。现从通假字与本字在上古音方面的联系着眼，把古音通假分为如下的几种主要类型，实际上往往是几种类型交叉使用的。

1. 同音通假

这里的同音，是指通假字与本字在上古时期的声母和韵部完全相同。如《诗·卫风·氓》“匪来贸丝，来即我谋”，“匪”通“非”，此处当“不”讲，二字上古同属帮母微部；《荀子·天论》“错人而思天，则失万物之情”，“错”通“措”，此处当“措置、放弃”讲，二字上古同属清母铎部；《诗·豳风·东山》“制彼裳衣，勿士行枚”，“士”通“事”，此处当“从事”讲，二字上古同属崇母之部。这三例的通假字与本字上古完全同音，发展到现代，声韵调虽然变化了，但变化后两字仍然同音。这是同音通假中容易识别的一种。

由于同音通假是就上古音而言的，上古同音字发展到今音多数变得不同音了，因此其通假字与本字的音同关系就难看出来了，这就更需要运用上古音知识来识别。如《诗·小雅·菁菁者莪》“既见君子，锡我百朋”，“锡”通“赐”，二字上古同属心母锡部，都以“易”作声符，古同声必同部；《礼记·檀弓上》“夫子之病革矣，不可易也”，“革”通“亟”，危急之义，二字上古同属见母职部；《荀子·议兵》“故兵大齐则制天下，小齐则治邻敌”，王念孙曰“治读为殆，殆，危也，谓危邻国也”，“治”通“殆”，二字上古同属定母之部，都以“台”作声符，古同声必同部。这几对通假字今音差别都较大，识古音者才能看得出来。

2. 双声通假

这类古音通假的通假字与本字上古声母相同，韵部相近。所谓“韵部相近”，是指相邻韵部有对转、旁转的关系。如《史记·秦始皇本纪》“初并天下，罔不宾服”，“罔”通“无”，二字上古同属明母，韵部鱼、阳对转；《列子·汤问》“甚矣，汝之不惠”，“惠”通“慧”，二字上古同属匣母，韵部质、月旁转；《荀子·非十二子》“云能而害无能，则乱也”，“云”通“有”，二字上古同属匣母，韵部之、文通转。

上列例子中的通假字与本字的上古声母完全相同，是典型的双声通假，称为“正纽双声”；此外还有传统称为“旁纽双声”的变式双声通假。旁纽双声，即上古声母不是全同而是发音部位相同，如“帮滂並明”四母为一类，发音部位都属唇音；“见溪群疑影晓匣”七母为一类，属牙喉音等。如《诗经·魏风·伐檀》“坎坎伐檀兮，置之河之干兮”，“干”通“岸”，“干”上古读见母、“岸”读疑母，属牙喉音旁纽双声通假，韵部同属元韵；《诗·小雅·采薇》“君子所依，小人所腓”，“腓”通“庇”，庇护义，“腓”上古读並母、“庇”读帮母，属唇音旁纽双声通假，韵部微、脂旁转。

利用上古声类研究的结论也可以明双声通假，如《孟子·梁惠王上》“直不百步耳”，“直”通“但”通“特”，是“只有、仅仅”义，“直”上古读章母职韵，“特”读定母职韵，“但”读定母元韵，照三归端，“直”不但与“特、但”双声，而且与“徒、等、独”也是双声，是通用的一组表“仅独”义的范围副词。又如《春秋经》“世子”而《左传》作“太子”，《论语》“世叔”而《左传》作“太叔”，“世”上古读书母月韵，“太”读透母月韵，也是照三归端，“世”与“太”双声且同韵部，可以通用，“世”同样与“泰、大”通用。

3. 叠韵通假

这里的“叠韵”是指通假字与本字的上古韵部相同，也就是主要元音和韵尾相同，其声母则要求相近，即旁纽双声。如《诗·郑风·溱洧》“女曰观乎，士曰既且”，“且”通“徂”，二字上古同属鱼韵，照二归精，声母精、庄双声；《孟子·告子下》“入则无法家拂士，出则无敌国外患者，国恒亡”，“拂”通“弼”，辅佐义，二字上古同属物韵，声母滂、並旁纽双声；《汉书·昭帝纪》“海内虚耗，户口咸半”，颜师古注“咸读为减省之减”，二字上古同声符而同属侵韵，声母匣、见旁纽双声。又如“犹豫”即是“踌躇”，但颜之推《颜氏家训·书证》却说：“《尸子》曰：五尺犬为犹。《说文》曰：陇西谓犬子曰犹。吾以为人将犬行，犬好豫在人前面，待人不得，又来迎候，如此往返，至于终日，斯乃豫之所以未定也。故称犹豫。”其孙颜师古注《汉书》、李善注《文选》都承其误说。而《广雅》早已释“犹豫”为“踌躇”，王念孙《广雅疏证》云：“此双声之相近者也。踌、犹，躇、豫为叠韵，踌躇、犹豫为双声。”“踌、犹”上古同在幽部，“躇、豫”同在鱼部，“踌、躇”都为定母，“犹、豫”都为以母，喻四归定，故分别同韵而旁纽双声，是通用的联绵词，训为“不定貌”，根本与小狗跟从主人走路无关，颜之推的确弄错了。此种用例甚多，程瑶田《果蠃转语记》通过双声叠韵的音转关系，系联了二百多个与“果蠃”音相通而义相通的词，以叠韵为主，双声为辅。

还有些通假字很难直接看出所借本字之所在，需要寻找相关线索，进行深入的分析与论证。如《左传·隐公元年》“都城过百雉，国之害也”，“雉”字从矢从隹，以矢射鸟，有杀伤之义，后专指“野鸡”，怎么变成表示城墙面积的量词了呢？从注疏中可知，一雉之墙的面积为长三丈高三丈，与“野鸡”义无关。查得《周礼·地官·封人》“设其楅，置其絼”郑玄注引郑司农曰：“絼，著牛鼻绳，所以牵牛者，今时谓之雉，与古者名同。”陆德明《经典释文》：“絼，本又作纼，持忍反。”《说文·糸部》：“纼，牛系也，从糸引声，读若矤。”可知“絼、纼”是异体字，“雉”借作“絼”，即借作“纼”，“纼”由系牛鼻子的长绳子转用作丈量工具，有“丈量”之义，再引申作长度、面积单位，就很自然了。“纼”古读定母真韵，“雉”读定母脂韵，脂、真阴阳对转，音义都相通。

讲古音通假一般都不涉及声调问题，这是因为训诂实践证明，上古声调对通假没有多大影响。上古的声调问题至今还看法不一，只是上古入声的存在是毋庸置疑的，所以在辨析古音通假时，应更多注意入声韵与阴声韵、阳声韵的对转或旁转关系。

相对于同音通假来说，双声通假和叠韵通假就是“音近通假”。训诂实践表明，音近通假比同音通假普遍得多，纯粹的同音通假是很少见的。所谓音近，就是双声或叠韵，双声、叠韵通假是有一定条件的，绝非“无所不转”：双声通假要求韵部相近，叠韵通假要求声母相近，韵部相去很远的双声字，或声母发音部位相去很远的叠韵字，一般是难以构成通假的。

辨别古音通假，除了运用上古音知识确定音同、音近关系外，还必须重视文意的准确性，考虑上下文的语义关系，力戒穿凿附会，一定要有文献资料作为佐证，防止主观臆断。

二　运用上古音知识来推求同源词

从词汇发生、发展的总体面貌来看，约定俗成是词汇音义联系生成的总规律，音近义通则是词汇发展过程中的变化规律。汉语原生的根词是以约定俗成的形式来确定其音义联系的，根词的音义关系一旦确定之后，由它分化出来的众多派生词就是以音近义通的方式来连接音义关系的。原生根词是极其有限的，派生词则是众多而无限的，所以汉语中的词绝大多数是“义存于声”的。汉语词的音、义关系自古约定俗成而传递下来，词义分化，读音也随之分化，音、义在词的历时分化过程中如影随形，其紧密关系后来体现在用于记录词的字形之中，所以千百年之后的人们能够通过汉字字形的分析及其音注来“因声求义”。传统训诂学上“因声求义”方法的价值，不仅在于能用它说明文字的通假而疏通经义，还在于利用读音为线索来推求汉语词的语源及其同源关系。

汉语词汇的积累和发展大致经历了三个阶段：原生阶段、派生阶段、合成阶段，音韵学所研究的上古音主要处于周秦时期，而周秦时期正好是汉语词汇派生的高峰期。因此，利用上古音知识来分析汉语词汇的派生关系，从而推求词源并系联同源词族，是行之有效的研究方法。

王宁先生在论及同源词的一般原理时说：“由同一根词直接或间接派生出来、因而有音近义通关系的词叫同源词。同源词包括根词和同源派生词，形成一个词族。词族是一个有系统的音义关系群。根词指最早派生其他词的总根，它的音与义是按约定俗成的规律结合起来的，这种词我们称作原生词。原生词的音与义是它所派生的同源词音义的源渊。在同源词中，直接派生他词的词称作源词……在词族中，根词只有一个，源词可以有很多……确定根词叫完全推源，……确定源词……是不完全推源。”[①] 那么，推求语源就是要找出孳乳其他同源词的源词来，应属于不

① 王宁《训诂学原理》，中国国际广播出版社 1996 年版，第 49—50 页。

完全推源。严格说来，推求根词的完全推源实际上是办不到的，传统训诂学所做的推求同源词的工作，基本上都属于探寻源词的不完全推源。

黄侃把推求语源称为“推因”，说：“凡字不但求其义训，且推其字义得声之由来，谓之推因。”① 他认为《说文解字》的训释就有很多是推因，如七篇上黍部：“黍，禾属而粘者也，以大暑而种，故谓之黍”；十二篇下女部：“姻，谓壻家也。女之所因，故曰姻。”则“暑”是“黍”的源词、“因”是“姻”的源词，音近而义通，因音而求其得义之原。其实，《论语》“政者，正也”、《易·说卦》“乾，健也；坤，顺也”等上古文献的“声训”就已经在做推求语源的工作，汉末刘熙撰《释名》，企图运用普遍推求语源的方法来解释字义，如《释名·释山》“山顶曰冢，冢，肿也，言肿起也”，《释天》“日，实也，光明盛实也；月，阙也，满则阙也”，《释水》“川，穿也，穿地而流也”等。虽然《释名》所释语源有一些是缺乏实据的，但其推源的方法有可取之处，也不乏正确的结论，其训释为后人提供了很多探求语源的线索，影响是深远的。

唐宋以来，推求语源的工作时或有人为之，较有影响的有“右文说”，沈括《梦溪笔谈》卷十四记载，宋人王圣美认为：“凡字，其类在左，其义在右，如木类，其左皆从木。所谓右文者，如戋，小也，水之小者曰浅，金之小者曰钱，歹而小者曰残，贝之小者日贱，如此之类，皆以戋为义也。”所谓“右文说”，实际上是从汉字字形上去探求同源词的音义关系，古同声必同部，这是上古谐声字形成的通则。“右文说”虽有以偏概全的毛病，然而其思路对后来的汉语语源研究者是有所启发的。

清代小学所取得的巨大成就，是与其凭借古音研究的丰富成果，正确而又广泛地运用因声求义的训诂方法有关的。段玉裁的《说文解字注》，王念孙的《广雅疏证》和《读书杂志》，都有许多推求语源而明语义的精彩条目。戴震的《转语二十章》有意识地系统梳理同源词族的音义关系，可惜书已亡佚。程瑶田撰《果赢转语记》一卷，从古音通转的角度考证“果赢”一词演化出的二百多个名称，证明无非都是一声之转，做了很好的推求语源和系联源流的工作，文章开头说：“声随形命，字依声立，屡变其物而不易其名，屡易其文而弗离其声。物不相类也，而名或不得不类；形不相似，而天下之人皆得以是声形之，亦遂靡或弗似也。”揭示了汉语名物词在历时演变过程中形、音、义互相联系互相转化的一些规律。王念孙撰《释大》一书，汇释《尔雅》有“大”义的字，依所读古声纽的顺序排列，梳理其音义

① 黄侃《文字声韵训诂笔记》，上海古籍出版社 1983 年版，第 187 页。

关系并建立词族，自注有二十三篇，今存“见、溪、群、疑、影、喻、晓、匣”八篇，这是他更为自觉更为深入地运用因声求义的方法来系统研究汉语词汇的音义源流关系，从而探索汉语同源词族音义通转的发展规律。此后，阮元撰《释门》等篇，也是系统阐发音义相通之理的力作。

近代，章太炎致力于上古音的研究，声类上创“娘日归泥”说并定上古声纽为二十一类，韵部研究上分古韵为二十三部并制作“成均图”阐明古韵通转的原理。同时，章太炎一方面继承乾嘉之学“因声求义”的训诂方法，另一方面吸收西方词源学（etymology）的系统理论，在全面而又系统地研究《说文解字》字系的音义关系后，打破《说文解字》依形分部的字书体例，以字的上古读音为线索，广泛推求语源。他从《说文解字》中析出初文、准初文 500 个，立为 457 条语根，然后全面梳理词义派生分化的源流，建立起多个同源词族，再按照他自己建立的古音二十一声类和古韵二十三部的远近通转关系来排列，最终组合成被后人誉为“体大思精”的一部《文始》，实际上是试图建立一个宏观的汉语同源词的音义源流整体系统。《文始》把《说文解字》所收字当作一个整体上音义关联的词汇大系统来看待，全书按古韵二十三部的通转关系分为九卷：歌泰寒类、对脂谆类、至真类、支清类、鱼阳类、侯东类、幽冬侵缉类、之蒸类、宵谈盍类。如卷六侯东类：“侯东对转，侯与鱼为近旁转、与幽亦近旁转、与之宵为次旁转，东与阳为近旁转、与冬侵缉亦近旁转、与蒸谈盍为次旁转。”现引古音侯部入声“角”字条为例：“《说文》‘角，兽角也，象形’，叠韵孳乳为触，牴也，韩诗说四升曰角，角，触也，盖角本可读禄，舌舒为齿则成触矣。喉音对转东，孳乳为舩，举角也，其非真角而相似者；孳乳为䚡，䚡属，头有两角；为蔖，薢蔖，蓤也，今言菱角矣。径隅亦曰角，孳乳为隅，陬也。方者有角，孳乳为桷，椽方曰桷。角亦用为酒器，觵，本兕牛角为之，故孳乳为䚨，盛觵卮也。角转宵，亦孳乳为觷，杖耑角也，亦非真角。”[①]

用今天的眼光来看，章太炎在《文始》中因古音而求古义，基本上做的是平面的同源词系源工作，但他用“初文、语根、孳乳、变易”等术语来安排各个同源词在词族系统中的位置，主观上是要做完全推源的求根词的工作，这就把问题复杂化了。为了体现他所构拟的历时性汉语词汇源流大系统，就需要在古音通转上做文章。他在《文始·叙例》中说“观乎语言变迁，多以对转为枢”，但实际操作起来则是“旁转对转，音理多途，双声驰骤，其流无限”，他总结这种音义流变的复杂性说：“譬之道路，少或一达，多乃九馗。无病支离，亦非破碎。夫环周复杂，发

① 章太炎《文始》卷六，第 3 页，上海古书流通处 1924 年印《章氏丛书》本。

挥旁通，斯语言所以神。”章太炎具有丰厚的古音学和训诂学功力，加上吸收西方词源学的系统观和方法论，这就使得《文始》中系联同源词的工作有度越前修的理论与方法上的探索意义，其中不乏精当的辨析与识断，启发后人之处甚多。但由于章太炎求语根、求系统的意识太强，“发挥旁通”太过，也就容易把音义通转扩大化了，致使人们有“对转旁转无所不转”的感觉。后来，他的弟子沈兼士作《右文说在训诂学上之沿革及其推阐》，评述了右文说的历史发展，梳理了推求语源的部分理论与方法，设计并演示了多种系联同源词族的表式，在古音通转问题上对其老师多所补正，确定同源词族的范围时相当谨慎，因而其推源系流的结果也就严密、精确了许多。

词的产生远远早于用来记录词的文字，也就是说词的音义关系确定总是早于字形的出现，因此同源词的认定是以音同音近、义同义近为条件的，一般来说是不拘字形的，如“空、孔、洞”的字形无关而音义同源，是同源词。而清代古音学家们的谐声字系统研究得出了“同谐声必同韵部”的结论，说明古代造形声字时字形与字音有紧密的关系。通过研究可以看出，构成同源词的形声字往往都是由一个表示语源义的声符加上义类区别性形符构成的，这类声符就有源词所指称的语义或隐性语义，这类同源的形声字必然是形声兼会意的形声字，如从“小、少”得声的形声字“沙、纱、秒、眇、渺、肖、稍”等都有小义，是音近义通的同源词，因此段玉裁在《说文解字注》“示”部“禛”字下指出，这类谐声字“声与义同源，故谐声之偏旁多与字义相近”。可见这类形声字的声符有表义作用，这就使得形声字中的同源词成为一个不可忽视的研究领域，也就是右文说的产生的确有一定的原因。但是，如果形声字的声符不表义，尽管谐声偏旁相同也不是同源词，如：娟，美好；捐，舍弃；悁，忿怒；睊，相视；涓，细流；狷，拘谨或狂躁。这一组谐声字声符相同，上古音同或音近，但意义各不相关，因而不是同源词。这是因为除了同源词分化而形成的形声字外，还有同音词分化而形成的形声字，同音词分化所形成的形声字只与其源词同音而无意义上的联系，故谐声偏旁虽相同而不是同源词。这也就是“右文说”容易犯以偏概全错误的原因所在。

所以，利用上古音知识从词源学角度去推求汉语词汇的同源关系，不能单纯从形声字声符的形体出发，而要从字的音、义双方去寻找词的亲属关系。而且仅凭上古音同、音近还是不能确定同源词的，还必须有义同、义近的佐证。王力先生主编《同源字典》时强调“判断同源字，主要是根据古代的训诂”，故在考察一组上古音同音近的词是否同源词时，总是要列举了大量前人的同训、互训、通训、声训为例证，说明同源词的系源工作必须谨慎小心，必须弄清并证明同源词之间的亲缘关系。

尽管汉语的语源研究目前还很不够，还有很多工作需要去做，但我们有前人的上古音研究成果作为基础，有历代语源研究的经验可供借鉴，有《文始》《同源字典》等词源学著作可以参考，相信经过进一步的努力，定能够把汉语词源学的研究逐步扎实地向前推进。

古汉语以单音词为多，书面语的单音词是用单个汉字来表示的，所以同源词往往又称为同源字，王力先生的《同源字典》就是分析同源字的。传统的“因声求义”方法既可用来推考同源字，也可以用来推考通假字，但二者有所区别：通假字是借字与本字有音同或音近的关系，在意义上则没有什么内在联系，正如段玉裁所说的“用此字之声，不用此字之义”；同源字之间却是音、义皆相同或相近。

然而，在一定的情况下，通假字同时又是同源字，如《左传·昭公元年》“武王邑姜方震大叔”，陆德明《经典释文》“震，本又作娠”，是说该句中的“震”为“娠”的通假字，二字音同。但从语源的角度来考察，“震、娠”又是同源字，《说文解字》“雷，阴阳薄动生物者”，雷即是震，雷动则生万物，又《说文解字》“娠，女妊身动也”，因而“震、娠”都有“出生”义，两字皆从“辰”得声，而“辰”本义与女性生殖有关，故“辰、震、娠”同源，则“震、娠”在这里是同源词的通假。

有些通假字却很难考得其语源来历，如古汉语有“女、汝、尔、而、若、乃、戎”七个主要的第二人称代词，上古音依声母可分二组：（1）女（泥母鱼部）、乃（泥母之部）；（2）汝（日母鱼部）、尔（日母支部）、若（日母铎部）、而（日母之部）、戎（日母东部）。一组声母为泥，另一组声母为日，娘日归泥，古实双声；韵部上鱼、铎对转，鱼、之、支旁转，说明这七个字非双声即叠韵，上古读音相同或相近，所以都借来表示第二人称，但找不到各自发展成为人称代词的词义来源，可能是代词意义较虚，且相对后出，只是借同音字来代替罢了，故只能把它们看成“通假”，而不能看成“同源通假”。又如古汉语有“谁、孰、何、胡、奚、曷、安、恶、焉”九个疑问代词，依上古声母可分三组：（1）谁（禅母微部）、孰（禅母物部）；（2）何（匣母歌部）、曷（匣母月部）、胡（匣母鱼部）、奚（匣母支部）；（3）安（影母元部）、恶（影母鱼部）、焉（影母元部）。三组声母各自相同，影、匣旁纽双声；韵部上微、物对转，歌、月对转，鱼、支旁转，鱼、元旁转，上古读音都相同或相近，情形与上例第二人称代词相同。再如古汉语有“不、弗、勿、毋、无、亡、未、莫、微、靡、否、非、匪”十二个主要的否定副词，依上古声母可分二组：（1）不（帮母之部）、否（帮母之部）、非（帮母微部）、匪（帮母微部）、弗（帮母物部）；（2）无（明母鱼部）、毋（明母鱼部）、莫（明母铎部）、亡（明母阳部）、微（明母微部）、勿（明母物部）、未（明母物部）、靡（明母歌部）。一组声母为帮，另一组声母为明，属发音部位相同的旁纽双声；韵部上之、微旁转，之、歌旁转，鱼、铎、阳对转，微、物对转，上古读音都相同或相近，情形与上两类相同，都不是“同源通假”。

为了解决传统语言学“假借”与“同源”交叉的易混情况，王宁先生把通假字分为“同源通用字”和“同音借用字”两类。同源通用字是同源分化出来的新字与原字混用，也就是同源词共用同一个字形，音同而义相关联，既是假借字又是同源字的应归入同源通用字中；同音借用字是同音词共用一个字形，音同而义不通，只是音同而词义来源不同的应归入同音借用字中。①有关汉语词源探求方面的重要资料，除了章太炎《文始》（《章太炎全集》（七），上海人民出版社，1999）、黄侃《说文同文》（《黄侃论学杂著》，上海古籍出版社，1980）、沈兼士《右文说在训诂学上之沿革及其推阐》（《沈兼士学术论文集》，中华书局，1986）、杨树达《积微居小学述林》（中华书局，1983）、王力《同源字典》（商务印书馆，1982）外，还有王宁《训诂学原理》（中国国际广播出版社，1996）、任继昉《汉语语源学》（重庆出版社，2004）、张博《汉语同族词的系统性与验证方法》（商务印书馆，2003）等，可资参考。

三　运用上古音知识来识别古代汉语的音变构词法

汉语的“音变构词”，是通过改变同一个汉字音节中一个或几个语音要素（声、韵、调）来构造音义相关的新词。上古后期至中古前期，音变构词是汉语常用的构词法。

词汇是随着社会生活和思维的发展而快速增长的，为适应快速增长的词义急需精确表达的需要，上古汉语曾有一个由单音词大量派生新词义的时期。“派生”是一个十分复杂的词义运动现象：有的只是派生新的义项，派生出的新义项长期依附于原生词而成为其常用义项之一；有些派生出来的新义项后来独立成词了，就与原生词逐渐分开门户；有的是直接就从原生词派生出新词来，一开始就形成了互有区别的同源词。所以，派生并不等于构词，而构词是派生的主要内容之一，派生新义构成新词首先就表现在语音的改变上，周秦以来的上古音时期是音变构词最为突出的时期。如：《诗·周颂·载芟》“其耕泽泽”郑玄笺“则泽泽然解散于是”，陆德明《经典释文》“解散，音蟹”，“解”作动词《广韵》读见母、蟹韵、上声，

---

① 参见王宁《训诂原理概说》，载《训诂学的研究与应用》，内蒙古人民出版社 1986 年版，第 70—71 页。

作形容词破读为匣母、蟹韵、上声，即“松懈”义，这是“清—浊”声母转换的变声构词。《仪礼·大射》“卒错获者适右个”，《经典释文》“右个：刘音幹”，“个”作量词同“個、箇”时读见母、箇韵、去声，作“箭靶伸出部分”时“音幹”读见母、翰韵、去声，这是“箇—翰”韵母转换的变韵构词。《左传·宣公三年》“公子兰奔晋，从晋文公伐郑”，《经典释文》“从晋：如字，又才用反”，“从”的“服从、听从”义“如字”读平声，“跟随”义破读去声，这是“平—去”声调转换的变调构词。上古的这种单字音变构词法，虽然在中古以后逐渐被双音合成构词法所取代，但还是有少数留存到现代汉语之中了，如“长：长短—生长”“为：为人—为了”“行：行列—行动”“藏：隐藏—宝藏”等。

上古音变构词的大量用例，或通过经师们代代口传心授，或通过经典文献的注疏引载，或通过注音辨义的音义书集录，得以传留于后世。《经典释文》是汇聚这类音变构词材料的集大成之作。我们建立《经典释文》音切数据库对其所有音切进行穷尽性的分类研究，结果显示：《经典释文》全书为7371个字头实注音切70 803次，其中用于辨析音变构词的音切31 261次，占总量的44.2%，可见音变构词在上古的确是不可忽视的重要语言现象。

《经典释文》集录的上古音变构词材料中，最值得注意的有两点：一是变调构词共22 062次，占音切总计录70 803次的31.2%，占音变构词31 261次的70.6%；其中去声与平、上、入三声相互变换构词的有20 458次，占音变构词总量的65.4%，占变调构词总量的92.7%。二是变声构词4724次，其中清、浊声母转换构词3883次，占音变构词总量的12.4%，占变声构词总量的82.2%。《经典释文》所收音切中的音变构词数量巨大，而且所有超高见次的字头都是去声的转换和清浊声母转换构词，如反切注音中见次最高的是变调构词中去声的变换，如“重（平—去）”518次、“复（入—去）”668次、“为（平—去）”1097次等，又如“與”注“音”502次，除有2次假借读为“舆”外，255次“音预、音豫”读以母、御韵、去声为动词（参与），245次“音馀、音余”读以母、鱼韵、平声为语气词（同“歟”）和名词（党与），是很典型的变调构词；其次是变声构词中的清浊声母转换，如“朝（知—澄）”327次、“见（见—匣）”467次等。这些数据确切地证明了去声转换、清浊声母转换构词曾是上古汉语最能产的构词形式。[①]

汉魏六朝时期，注音辨音以明义的音义书非常多，这些音义书往往大量集录上古的音变构词，《经典释文》后出而集音义书之大成，这些音义书也就相继亡佚了。

---

① 参见万献初《经典释文音切类目研究》，商务印书馆2004年版，第338—339页。

汉语双音合成构词法产生以前，单字音变构词法是汉语词汇发展的必然，也是客观的现实存在，也许正是由于辨析经注文献语言中大量涌现的音变构词的需要，才促使传统传注之学发展成为因音辨义的音义之学。对此，黄坤尧有值得我们参考的论述："音义之学，以标注音读为主。或注出罕见难识之字，审定音切；或考镜语音的源流变化，指出古今方音、众家师说不同的读音；此外，注音在于明义，必须揭示句意，分析句读，辨明假借改读，审定版本异文等；然而更重要的，当时学者往往借注音建立严密的异读系统，虽然复音词在语言中日渐盛行，但还得利用不同的读音处理传统文献中单音词的语义区别，音义不同，使人听起来不相混淆，这是文字发展落后于语言的时候权宜应变的手段，而异读系统也使我们认识到古人的语法观念及语法结构。可见传注和音义虽同属训诂学的范畴，而音义则是传注进一步的发展，包含了新的内容，反映了语音的变化，表现语义多元的功能，同时也促进学者对经义和语言深入的反思。"① 随着单字音变构词法被双音合成构词法逐渐取代，音义之学也逐渐式微，这反证了音义之学与音变构词是共生共荣共灭的，《经典释文》既然是音义之学的集大成者，它聚录上古音变构词材料最全面最丰富也就不足为怪了。

今天看来，汉语的单字音变构词阶段已经成为历史，但它是汉语词汇发展史中的一个十分重要的阶段，也是汉语语音发展史中的一个重要阶段。中古汉语与上古相比，增加了大量的异读，语音系统发生了较大的变化，应该是上古音随义变的大量音变构词起了催化剂的作用。《经典释文》音切最为广泛而完整地记录和总结了这个阶段汉语词汇在音义上分化的发展状况：叠音、变声、变韵、变调以及多项共变的，已经分化定型的、正在发生分化的、刚现苗头而尚未全面音变的，等等。总之，《经典释文》音切对研究这一阶段汉语词汇的发展是意义重大的。不仅如此，《经典释文》录存的上古异读材料还可能保存了上古构词形态的信息，如叠音和变声中可能有复辅音及其分化的痕迹，变韵中可能含有语音内部屈折的痕迹，变调中可能有词尾的增减变化痕迹等，这些问题还有待深入研究。

《经典释文》所集录的上古音变构词的海量数据类聚，显示不少对语音发展史研究很有价值的材料，如去声变换构词的巨量数据和多种状况对探索去声的来源和汉语四声的发展有很大的例证价值，变调构词最能产，去声变换更为突出。段玉裁、黄侃认为上古没有去声，去声可能是从古入声和部分舒声中逐渐独立出来成为一个声调的，《广韵》"祭、泰、夬、废"四个独立的去声韵可能就是最早脱落入声尾而成

① 黄坤尧《音义综论》，载《音义阐微》，上海古籍出版社 1997 年版，第 15 页。

为独立的去声的。从《经典释文》的海量去声变换构词材料看，段玉裁认为周秦汉初无去声、魏晋才四声大备的看法是有一定道理的，也许正是大量变调构词的实际需要促成了汉语四声的完备。大量涌现的去声变调构词与历史音变中的“浊上变去”以及入声的逐渐消失应该有一定的必然联系。清浊声母互换构词的活跃性，能帮助我们更深入地认识中古全浊声母的性质。清浊声母变换是上古到中古时期单字音变构词法中很能产的一种，可能是伴随清浊声母变换构词的大势，中古音系在上古浊声母的基础上发展成熟了一套十分整齐而又活跃的全浊声母，而随着双音合成构词法取代单字音变构词法，这套全浊声母不断清化，最终消失了，其中的联系很值得研究。

尽管分析汉语的音变构词需要用中古《广韵》的声韵调系统作审音的工具，但汉语音变构词是大量产生于上古的，更需要用上古音知识来观察它们的产生和发展，尤其是需要有上古音向中古音演变的动态观念，才能透彻地理解音变构词的历时变化过程。利用上古音知识能够准确而深入地了解汉语音变构词的面貌，同时，对音变构词的深入分析，也能够帮助我们去探索上古音的奥秘，帮助我们更深入地理解和把握上古音向中古音演化的发展脉络。关于汉语语音的异读与音变构词方面的知识，可参考孙常叙《汉语词汇·词汇音变》（商务印书馆，2006）、黄坤尧《音韵阐微》（上海古籍出版社，1997）、孙玉文《汉语变调构词研究》（北京大学出版社，2000）和万献初《汉语构词论》（湖北人民出版社，2004）等。

至于具体韵字的上古音韵地位（声、韵、调），可查阅唐作藩《上古音手册》（江苏人民出版社，1982），陈复华、何九盈《古韵通晓》（中国社会科学出版社，1987）。《汉语大字典》《故训汇纂》等辞书的字头一般也都标有所属的上古韵部，也可供查阅之用。

第四章　《广韵》后韵书与近代音系

《切韵》问世以后，影响很大，唐宋王朝都以《切韵》系韵书作为科举考试的标准，《切韵》因此成为文人士子审音辨韵的标准韵书。虽然不断有人增字加注，书名也几经更换，但从《切韵》到《唐韵》，再到《广韵》，整体语音系统并无多少改动。《切韵》亡而《广韵》存，《广韵》就是《切韵》音系的代表，《广韵》音系就是《切韵》音系。

由于《广韵》音系是个综合性的读书音系统，传承下来，就与唐宋以来的实际语音有较大的差别，后人为了照顾实际使用的需要，就把《广韵》的某些相邻韵合并起来，因而就有了《广韵》韵目的“同用、独用”规定。同时，《广韵》也有一些不足和不便使用之处，所以不断有人加以删削、合并或补订，编成新的韵书。这类新韵书多是历代官修的，尽管字头增减、注释增减、韵目分合等各有不同，有的也或多或少反映了当时语音的某些实际变化，但它们的基本音系一直是一脉相承的，都是《广韵》一系的韵书。

由于《广韵》系韵书的音系离实际语音越来越远，元代以来的一些音韵学者为了反映实际语音的变化，表现当时的实际语音系统，大胆地改变了传统韵书的编纂原则和体例，编出了各种富于革新精神的新式韵书，如《蒙古字韵》《中原音韵》《五方元音》等。它们在韵书的构架、分韵列字的原则等方面虽留有《广韵》影响的印记，但它们的制作规模、表现形式，特别是所反映的实际语音内容，与《广韵》有很多的不同。这类韵书基本上反映了近代汉语不同时段或地域的语音实际，展示的是近代不同时段的语音系统，体现了近代汉语音系的发展和近代汉语语音研究的基本进程。

这两类韵书都是受《广韵》影响而形成的，都产生在《广韵》之后。尽管它们在音系性质上有明显的差别，但都与《广韵》有着这样那样的联系，因此放在同一章中来讨论。

第一节 后出《广韵》系韵书与平水韵、词韵

《广韵》一系的韵书主要是为科举考试制定用韵标准的，因而《广韵》之后产生的《广韵》系韵书多在便于查检和应用上下功夫，音系上的变动都不大。从《广韵》到《集韵》到《五音集韵》到《古今韵会》，或韵字增多，或训释增多，规模较大较全；而从《广韵》到《韵略》到《礼部韵略》到《壬子新刊礼部韵略》及《平水韵略》，则偏于简略便用，规模略小些，结果就形成最便于使用的“平水韵”，从而固定为“诗韵”而经久不改。其后出现的《会文堂词韵》《词林正韵》等“词韵”之书，虽然在韵类归并上与“平水韵”差距很大，也部分地反映了实际的语音变化，但词韵类韵书总体上与诗韵类韵书一样，仍然只是对《广韵》韵类的改换或合并，基本语音系统仍然未变，仍然属于《广韵》音系的韵书。

一 改订《广韵》的后出韵书

《广韵》刊行以后，影响很大，成为审音辨韵和科举考试的标准。越是重要，问津的人就越多。出于各种各样的目的和需要，修改、增订、缩略《广韵》之作不断出现，形成一系列《广韵》系的后出韵书，择要介绍数种。

1.《集韵》

《集韵》成书于宋仁宗宝元二年（1039），是《广韵》的增修本，只比《广韵》晚出三十一年。因当朝重臣认为《广韵》“多用旧文，繁略失当”，宋仁宗于景祐四年（1037）诏令丁度、宋祁、贾昌朝、王洙、李淑等秉承“务从该广”的原则加以重修，书成即赐名《集韵》，意谓“集大成之韵书”。

《集韵》大量增字加训，扩大篇幅，共收 53 525 字，与《广韵》收字 26 194 个相比，多出 27 331 字，多出的大部分是古体、异文、俗体和异读字。卷数由《广韵》五卷增为十卷，平声四卷，上去入声各二卷。韵数二〇六韵及其排列次序与《广韵》同，但韵目代表字有所改动，如改“殷、肴、泰、物”为“欣、爻、太、勿”等。各韵收字与《广韵》也间有出入，如“隐、焮、迄、恨”等韵，《广韵》只收开口字而《集韵》兼收合口字；《广韵》“吻、问、物”诸韵兼收唇、牙、喉音字，《集韵》只留唇音字，而把牙喉音字移入“隐、焮、迄”韵之中。《集韵》的收字有时混淆了切语应归韵类的界限，反不如《切韵》清晰整齐。《集韵》大量收录异音异读，在很大程度上是对《经典释文》音切的承袭，许多《经典释文》音切不见于《广韵》而见于《集韵》，如“冥”字，《集韵》既收有《广韵》“莫经切”一读，训幽暗义，又有“民坚切”一读，训迷惑义，引自《经典释文》的《庄

子音义》，还有明母、霰韵、去声一读，训昏乱义，引自《文选》李善注。《广韵》多音字往往注明互见“又音”，《集韵》又音收得更多而都不注明互见，不便对照。《集韵》甚至把《经典释文》等音义书中不是真注音的音切误收于被注字头下，有的还折合成反切，造成讹误，因而受到后代学者的批评。《集韵》训释多采自《说文解字》，训释字数不多但内容庞杂，因而更近于字书，反而比不上《广韵》在审音辨韵上的准确与便捷。

《集韵》改《广韵》的一些“类隔”切语为“音和”切语，其“韵例”云：“凡字之翻切，旧以‘武’代‘某’，以‘亡’代‘茫’，谓之类隔，今皆用本字。”这样改，就使所用切语更接近宋代中期口语的实际语音，比较注意声母的古今变化、清浊音与调类的合适搭配等问题，有一定的改革意识和进步意义，但力度不大，只不过是小修小补。然改革之举仍然得到后来者的赞许，如元人熊忠《古今韵会举要・凡例》云：“案孙愐《唐韵》《礼部韵略》与许慎《说文》、陆德明《释文》所注之字反切互异，其音则同。惟司马文正公诸儒所作《集韵》重定音切最为简明。如本韵‘公’字，《说文》‘君聪切’，《唐韵》‘古红切’，《集韵》‘沽红切’，今从《集韵》，后皆仿此。”尽管如此，《集韵》的音系和编排体例没有超出《广韵》的范围，声韵调系统与《广韵》基本一致。音韵学上研究中古音系，一般以《广韵》为代表而不用《集韵》，是因为《集韵》音系同于《广韵》而内容比《广韵》庞杂，不便于使用。当然，《集韵》大量集录前人的音切资料，对音韵学研究是有特殊意义的。今人对《集韵》的专门研究，有张渭毅的博士论文，略见其《集韵研究概说》一文（《语言研究》1999 年第 2 期）；赵振铎《集韵研究》（语文出版社，2007）亦可资参考。

2.《礼部韵略》

“韵略”的编纂伴随《广韵》而兴，据南宋王应麟《玉海》记，宋真宗景德四年（1007）戚纶等奉诏编纂的《景德韵略》刊行，是《广韵》的简编本，分韵、体例与《广韵》全同，只是不收冷僻字且注释简略而已。该书已佚，但开“韵略”编纂之先。

《礼部韵略》成书于宋仁宗景祐四年（1037），初名《景祐韵略》，早于《集韵》两年。礼部是隋唐以后朝廷负责科考的机构，《集韵》成书之初，宋仁宗命丁度等“刊定窄韵十三处”，将流行的《景德韵略》刊定，由礼部颁行而改名为《礼部韵略》，所刊并的十三处窄韵与《集韵》相合，即在《广韵》所定的同用基础上又增加了十三处同用：合欣于文、合隐于吻、合焮于问、合迄于物、合废于队代、合严于盐添、合俨于琰忝、合酽于艳㮇、合业于葉帖、合凡于咸銜、合范于豏檻、合梵于陷鉴、合乏于洽狎。宋人晁公武等因此就误认为《礼部韵略》是丁度等所编《集韵》的略本。实际上，《礼部韵略》是《景德韵略》的改作，《集韵》是《广韵》的修订，两者同时出现，形成一略一详的对比。故戴震在《声韵考》中说："景祐四年，更刊修《韵略》，改称《礼部韵略》；刊修《广韵》，改称《集韵》。《集韵》成于《礼部韵略》颁行后二年，是为景祐、宝元间详略二书，独用、同用非复《切韵》之旧，次第亦稍有改移矣。"

《礼部韵略》收9590字，比《广韵》《集韵》大大减少，删去大量的"奇字僻韵"，便于应试士子记诵和掌握，着重于科场实用，与《广韵》着重于审音辨韵有所不同。《礼部韵略》收字虽少，分韵却仍是二〇六韵，音系没有多少改动，如"东、冬"分韵，"清、青"分韵，沿袭《广韵》之旧，与实际语音差别很大，故元代的熊忠批评其保守得"不近人情"。

《礼部韵略》因其简略便用而一度比《广韵》《集韵》更为通行，清人邵长衡在《韵略·叙录》中说："当时虽有《广韵》《集韵》二书，不甚通行，盖《广韵》多奇字，《集韵》苦浩繁也。《礼韵》虽为科场设，……字既简约，义多雅驯，学士歙然宗之。"因其实用而流行，自景祐至南宋末二百多年间，《礼部韵略》不断增补修订和翻刻，新版印行则旧版废弃，尤以国子监统一刻印颁行的"监本"为多，然均已亡佚。宋绍兴三十二年（1162），毛晃、毛居正父子进献所纂《增修互注礼部韵略》，在原书基础上增加了2600多字。不久的淳熙年间，又有《附释文互注礼部韵略》出现，仍是五卷二〇六韵，本子流传至今。宋理宗淳祐十二年（1252），江北平水（今山西临汾）人刘渊将其修编为《壬子新刊礼部韵略》，增加了436字，把二〇六韵归并为一〇七韵，也就是干脆把传统的"同用"数韵归并为一韵。刘渊此书后来亡佚了，但元人黄公绍作《韵会》时所分一〇七韵，正是由此而来。元人熊忠《古今韵会举要》卷一之首云："近平水刘氏《壬子新刊韵》，始并通用之类以省重复。上平声十五韵，下平声十五韵，上声三十韵，去声三十韵，入声十七韵。今因之。"

3.《平水韵略》

由于刘渊是平水人，创一〇七韵之分类，后代习惯称该类型韵书为"平水韵"，故有人就认为《平水韵略》为刘渊所作。但清人钱大昕经过考证，认定《平水韵略》是金人王文郁所作。钱氏在《十驾斋养新录》卷五中说："于吴门黄丕烈家见元椠本《平水韵略》，为平水书籍王文郁所撰，上声拯、等已并于迥。"（"书籍"为王文郁官职。）刘渊一〇七韵中"青"韵的上声"迥"韵独用，"蒸"韵的上声"拯"韵与"登"韵的上声"等"韵通用，王文郁将"拯、等"并于"迥"，便为一〇六韵，比刘渊少一韵。王文郁的《平水韵略》成书于1227年，比刘渊之《壬子新刊礼部韵略》早出二十五年。又有人据《山西通志·书目》说，有毛麾撰写过“平水韵”，比王文郁、刘渊都早，但分多少韵则不得而知。1229年，金人张天锡编《草书韵会》，正好同王文郁一样分一〇六韵，书前有赵秉文金正大八年（1231）二月写的序。[①] 可见将“同用”并成一韵更近当时的语言实际，是当时的共识，“平水韵”的产生是时代的必然。

4.《五音集韵》

金朝真定松水人韩道昭，在《广韵》《集韵》基础上编成《五音集韵》一书，原名《改并五音集韵》，成书于金泰和八年（1208），又于金崇庆元年（1212）修订。《五音集韵》据《广韵》《集韵》修编而成，全书分十五卷，仅少收《集韵》一字，篇幅也与《集韵》相当。但韩氏照顾当时北方语音的实际情况，将《集韵》二〇六韵合并为一六〇韵：平声四十四韵、上声四十三韵、去声四十七韵、入声二十六韵。被归并的韵目注在主韵目之下，参照《广韵》韵目标注方式注明“同用、独用”。该书的最大特点，是把宋代等韵图所用的字母、等呼概念引入韵书，各韵之内用三十六字母来统率所收韵字，并按字母的次序分列小韵，起于牙音见母而终于半齿音日母，并且标明每个小韵属于一、二、三、四等中的哪一等。

《五音集韵》列字繁富，注解详细，依等韵原理来编排韵字，显得结构合理且条理清晰，因依声母的五音顺序列韵字，故称《五音集韵》。它的编排风格新颖，使韵书兼有用韵与表现语音面貌的双重作用，大胆地突破传统韵书的樊篱，有一定的变革精神。它的制作受等韵的影响很大，反过来它又影响了此后的等韵图和新式韵书的制作，如元代刘鉴根据它来制作韵图《经史正音切韵指南》，明代兰茂的韵书《韵略易通》深受其影响，等等。该书既开韵书“依声编排”的先例，又开据实际语音合并旧韵的先河，一定程度上反映了当时北方语音的实际，在《切韵》音系向《中原音韵》音系的过渡之中，起到了桥梁的作用。该书有金元明三朝刻本传世，今人宁忌浮有《校订五音集韵》（中华书局，1992）本，方便使用。

5.《古今韵会举要》

约在元朝至正二十九年（1292）之前，黄公绍为“正千余年韵书之失”而编成《韵会》一书，很注重训诂方面的内容，采录《说文解字》等字书以至“律书、方技、乐府、方言”等种种材料，收音也很广，“凡经史子集之正音、次音、叶音、

---

① 参见王国维《书王文郁〈新刊韵略〉张天锡〈草书韵会〉后》，《观堂集林》卷八，中华书局1959年版。

异辞、异义，与夫事物伦类制度，纤悉莫不详说而备载之”，所以篇幅浩大，致使“四方学士不能遍览”。《韵会》原书已亡佚，熊忠摘录其要编成《古今韵会举要》，书成于元大德元年（1297），从书序来看，《举要》保存了《韵会》作为韵书的基本结构和基本内容。

《举要》全书三十卷，实收12 752字，采用刘渊《壬子新刊礼部韵略》所分一〇七韵，韵中依《五音集韵》体例按七音三十六字母列字，但不明出字母，而是按《切韵指掌图》之法分“宫、商、角、徵、羽、半徵商、半商徵”给韵字注明七音的类属，再加注清浊，以此表示三十六字母。更重要的是在各韵之下，又参照当时已出现的《蒙古字韵》以及实际读音再分音类，其凡例云：“旧韵所载，考之七音，有一韵之字而分入数韵者，有数韵之字而并为一韵者，今每韵依《七音韵》各以类聚，注云‘已上案《七音韵》属某字母韵’。”它表面上继承传统韵书的分韵，实际上通过为各韵区分韵母并加以注明的方式来反映当时的语音实际。在各韵内把时音韵母相同的字排在一起，选一字作该韵母的代表字，称为“字母韵”。全书共得二一七个字母韵，其中平声六十七个，入声二十九个。平、上、去合为舒声，大约就是当时的韵母数。同一韵母不论出现于哪个旧韵中，其读音相同，故都用同一个字母韵去标注，如：“东韵”中一部分字属“公字母韵”，另一部分字属“弓字母韵”；而“庚韵”中有一部分字属“公字母韵”，“冬韵”中一部分字属“弓字母韵”……，实际上是根据当时的实际读音从数个传统“韵”中先分析然后综合出了“公”和“弓”这两个韵母。这种处理方式，是在同一平面上显示了“旧韵”与“今韵母”之间的分合演变情况。所以，现代音韵学者能从该书中探寻出很多中古音向近代音演化的事实，如：入声韵尾的消变，舌音与齿音声母的合并，韵母主元音的多种合并，等等。这些变化都客观而真实地反映了当时活的语音面貌。

该书富于革新精神，敢于改变传统韵书的体制，有意识地要逐步摆脱旧韵书的束缚，虽然没有像后来的《中原音韵》那样进行彻底的革命，但已是筚路蓝缕，以有效的方式较全面地记录了宋代以后北方实际语音的许多资料，为近现代汉语的语音研究提供了方法上的启示和材料上的准备。所以《四库全书提要》评道：“自金韩道昭《五音集韵》始以七音四等三十六母颠倒唐宋之字纽，而韵书一变；南宋刘渊淳祐《壬子新刊礼部韵略》始合并通用之部分，而韵书又一变。忠此书字纽遵韩氏法，部分从刘氏例，兼二家所变而用之，而韵书旧第，至是尽变无遗。”

黄公绍、熊忠的改革仍然是不彻底的，如“宜”字下案云：“《蒙古字韵》宜字属疑母，旧音属鱼母，今依蒙古韵更定，仍存旧音，后皆仿此。”一方面着意改革，按当时实际读音定韵字的音读归类，另一方面又要维持旧韵书的体系，仍存旧音，结果就只能是态度折中而二者并存，这就形成了《四库全书提要》批评的“所注文繁例杂”的大缺点。虽然《举要》反映了当时的实际读音，但并存旧韵，勉强维持传统韵书的体系，故从整体上看，它仍然属于《广韵》一系的韵书。该书有元明刻本传世，但繁杂而难读，明人方日升编有《韵会小补》，补正此书的不足。今人宁忌浮整理出版明刊本（中华书局，2000），又撰《古今韵会举要及相关韵书》（中华书局，1997），可为阅读此书提供帮助；王硕荃《古今韵会举要辨证》（河北教育出版社，2002）亦可参考。

二　平水韵以及词韵的内容

传统韵书表现的是综合性质的读书音系，唐宋以来的口语实际与《广韵》音系的距离日渐加大，而科举考试又总是以《广韵》系韵书为标准，文人赋诗作文，不但要熟记二〇六韵所辖之字，还要熟记同用、独用之例，负担很重，最后不得不干脆把可以同用的韵合并起来，“平水韵”就应运而生了。

宋人刘渊的《壬子新刊礼部韵略》为一〇七韵，金人王文郁的《平水韵略》一〇六韵，都称“平水韵”，二书都已失传。元代阴时夫撰《韵府群玉》沿用了王文郁的分韵，此后一〇六韵便成了诗韵的标准。清康熙年间，张玉书等奉诏编纂《佩文韵府》，分韵与《韵府群玉》同。无论是《韵府群玉》，还是《佩文韵府》，都可用“平水韵”来泛称，所以“平水韵”后来就不是某一具体韵书的名称，而是指近体诗所习用的一〇六韵，“平水韵”就是“诗韵”。平水韵的一〇六韵只是把《广韵》《集韵》等《切韵》系韵书的韵加以合并而已，离各时代的实际读音都较远，但由于它是科举考试和文人作诗用韵的标准，所以影响很大。元代以来，凡作格律诗就必须根据平水韵来选字用韵，否则就被认为是“出韵”，这个传统一直延续到现在。清代还有《经籍籑诂》《助字辨略》等不少工具书是按平水韵的韵目顺序来排列的，这就使平水韵得到了更广泛的传播，因而就更具有权威性。平水韵一〇六韵对《广韵》二〇六韵归并的具体情况如下：

上平声十五韵

一东	二冬（钟）	三江	四支（脂之）
五微	六鱼	七虞（模）	八齐
九佳（皆）	十灰（咍）	十一真（谆臻）	十二文（欣）
十三元（魂痕）	十四寒（桓）	十五删（山）	

下平声十五韵

一先（仙）	二萧（宵）	三肴	四豪

五歌（戈）	六麻	七阳（唐）	八庚（耕清）
九青	十蒸（登）	十一尤（侯幽）	十二侵
十三覃（谈）	十四盐（添严）	十五咸（衔凡）	

上声二十九韵

一董	二肿	三讲	四纸（旨止）
五尾	六语	七麌（姥）	八荠
九蟹（骇）	十贿（海）	十一轸（准）	十二吻（隐）
十三阮（混很）	十四旱（缓）	十五潸（产）	十六铣（狝）
十七筱（小）	十八巧	十九皓	二十哿（果）
廿一马	廿二养（荡）	廿三梗（耿静）	廿四迥（拯等）
廿五有（厚黝）	廿六寝	廿七感（敢）	廿八琰（忝俨）
廿九豏（槛范）			

去声三十韵

一送	二宋（用）	三绛	四寘（至志）
五未	六御	七遇（暮）	八霁（祭）
九泰	十卦（怪夬）	十一队（代废）	十二震（稕）
十三问（焮）	十四愿（慁恨）	十五翰（换）	十六谏（裥）
十七霰（线）	十八啸（笑）	十九效	二十号
廿一箇（过）	廿二祃	廿三漾（宕）	廿四敬（诤劲）
廿五径（证嶝）	廿六宥（候幼）	廿七沁	廿八勘（阚）
廿九艳（㮇酽）	三十陷（鉴梵）		

入声十七韵

一屋	二沃（烛）	三觉	四质（术栉）
五物（迄）	六月（没）	七曷（末）	八黠（鎋）
九屑（薛）	十药（铎）	十一陌（麦昔）	十二锡
十三职（德）	十四缉	十五合（盍）	十六葉（帖业）
十七洽（狎乏）			

“平水韵”即“诗韵”，这个“诗”是指的“今体诗”，也就是唐宋以来的格律诗，它也是科考场屋所用的标准诗体，包括七律、五律、七绝、五绝和排律。格律诗押韵规定只能押诗韵（平水韵）的平声三十韵，不用仄声韵字，直到今天，如要写格律诗，还必须如此。格律诗的韵律还必须讲平仄和对仗，平仄中的“平”是指中古以来的平声，即诗韵三十平声韵中所有的平声字，“仄”是指其余的上、去、入三声的字。诗韵仄声中的上、去二声字发展到现代仍然在今上声和去声中，不与平声混淆；入声消失而“入派三声”，一部分派入今上声、去声中的，仍然是仄声，

而派入平声（今阴平、阳平）的则与平声混淆，需要专门挑出来，以免在写作、阅读格律诗时发生平仄上的讹误。从便利查找与应用出发，表 4-1 采用郭芹纳的诗韵字表[①]，略作调整，列出诗韵中平声三十韵和入声十七韵的常用韵字（也列古诗中用到的一些难僻字），不列上、去声韵字。各韵中的韵字按汉语拼音方案字母表今读的声、韵、调顺序排列，多音字依不同读音重出：

表 4-1　诗韵常用字表（平声三十韵、入声十七韵）

上平声十五韵

［一东］（eng）风讽枫疯丰（豐）沣酆葑冢蒙蠓濛懞曚朦檬矇艨鑮瞢懵梦莑蓬篷鬔芃（ong）充茺琉冲忡翀虫崇匆忽葱囱聪丛东鸫涷冯工功红虹玒攻宫弓躬公蚣哄烘红鸿空倥悾崆箜咙泷庞珑栊昽胧砻聋笼龍蘢襱隆狨戎绒融彤嵩娀通恫痌同侗峒桐铜酮鲖童僮潼曈瞳橦膧氃穜艟仝筒衕中忠衷盅终螽棕鬃叜傻稯緵豵葼蝬鬉鬷鯼（ueng）翁嗡螉（iong）穷穹芎雄熊

［二冬］（eng）封葑犎峰烽锋蜂丰逢缝（ong）舂憃憧橦艟冲（衝）重从枞淙悰琮賨冬鼕共供恭龚龙茏农侬哝浓脓秾襛醲容傛蓉溶榕瑢熔褣茸忪松凇菘松（鬆）彤钟锺宗倧踪枞纵（iong）邛筇蛩跫銎凶兇匈讻汹恟胸庸佣慵滽墉鄘镛鳙邕雝廱灉痈雍壅噰拥澭臃饔鳙鷛禺喁顒

［三江］（ang）邦梆扛杠肛矼缸釭龙哤牻駹庞逄（iang）江茳豇控腔椌降栙（uang）囱窗幢双泷桩撞

［四支］（i）蚩嗤媸絺瓻笞离摛螭魑眵鸱痴池弛驰迟墀持峙泜坻治踟篪漦差柴玼疵词祠茈雌茨瓷餈兹慈磁鹚辞尸鸤师狮浉絁施鍦诗蓍时埘莳鲥丝鸶思偲缌罳斯厮凘撕澌私司虒之芝支枝肢氏秖祗泜卮栀知蜘脂疻孖孜次（通趑）咨姿资粢赼兹嗞嵫滋孳镃赀訾髭觜眦髭菑淄缁椔辎锱鲻鄑鼒（er）而洏耏陑栭鲕鸸儿晲（i）肌饥机奇畸觭羁羇其基朞箕諆錤姬漓缡璃樆褵醨离蓠篱罹骊郦鹂鹂蠡（齐韵同）劙狸嫠嫠漦犛氂厘弥（瀰）猕糜縻靡蘼攠醿麋尼妮呢怩泥柅跜丕邳狉秠駓纰披被鞁铍錍皮陂疲仳枇芘纰毗蚍琵魮郫陴埤脾裨蜱罴欺期僛魌攲踦芪岐歧蚑祇跂其萁淇骐琪祺蜞綦綦旗麒騏奇崎骑琦锜碕耆鳍鬐祁僖嘻嬉熹譆羲曦熙巇伊咿洢猗漪椅（木名）陭噫祎黟夷荑姨咦桋胰痍蛦跠鮧台诒饴怡贻眙迤匜施讫暆椸迻扅移簃疑嶷彝仪圯宜宧颐蛇遗彝（ai）簁酾（uai）衰（ei）卑庳椑碑痹裨悲陂累樏羸眉郿嵋湄楣縻麋（uei）吹炊垂倕捶陲锤（鎚）箠槌规摫龟妫麾亏悝岿窥葵逵馗頯夔猤蕤绥桵擩谁虽睢滖荽隋随推

[①] 郭芹纳《诗律》，商务印书馆 2005 年版，第 175—184 页。

委倭萎逶蝼危为沩唯帷惟维潍佳萑骓锥雕追

［五微］（i）几（幾）叽玑机矶讥钊鐖畿譏圻祈肵颀蕲俟希浠唏欷稀晞豨衣依沂譩（ei）非斐扉斐绯菲騑霏蜚馡飞妃厞腓痱诽肥淝蜰（uei）挥晖楎翚辉袆徽归巍威葳螆微薇韦围帏闱违湋

［六鱼］（u）摴樗初除滁蒢涂（水名）蜍锄躇储徂殂庐如洳茹帤挐駑纾舒梳疏蔬书疋摅茶诸藷猪潴橥槠（ü）居闾榈驴胠袪祛阹蛆渠蕖磲璩蘧胥谞湑稰虚墟嘘歔驉魖徐於淤与欤玙誉（动词）舆予妤余狳蜍馀鱼渔舁衙龉

［七虞］（o）摸谟嫫模摹膜（u）逋脯哺餔貎樗刍媰雏厨蹰粗（麤）徂租殂都阇夫玞鈇麸肤桴柎怤敷鄜夫芙扶蚨孚俘郛莩桴罦苻符凫枹垺沽姑蛄酤鸪辜呱孤菰觚箍乎呼滹狐弧瓠胡湖葫瑚糊蝴鶘醐鹕壶枯骷刳挎卢垆泸栌胪鸬颅舻鲈芦炉轳镂奴孥帑驽筊痡铺匍葡莆蒲酺菩儒蕎嚅濡獳襦繻蠕醹颥姝殊输毹殳枢稣苏酥荼涂（塗）途稌酴駼屠图菟徒乌呜邬钨圬污杇巫诬於恶无芜吾浯梧铻鼯吴蜈朱侏诛邾茱洙珠株铢蛛跦絑租葅（ü）俱拘驹痀跔娄区岖驱躯趋驺趣劬朐鸲瞿氍臞癯衢吁盱须需繻钦呕扜纡迂瑜于杅圩盂邗竽釪臾谀萸腴禺湡嵎隅愚鍝髃俞揄崳愉渝喻堬媮逾隃瑜榆覦毹窬羭蝓褕踰騟娱虞鹏雩（ou）膢

［八齐］（ie）携（i）蓖箆氏低衹羝堤磾笄嵇稽乩鸡跻齑赍梨犁黎藜蠡迷泥儿（通倪）倪猊霓鲵麑麢批砒鼙妻凄萋栖齐脐蛴畦嘶梯绨锑鹈荑提缇騠题醍啼蹄西粞奚傒徯溪蹊鸂鼷犀觿醯兮撕医鷖（uei）圭闺邽鲑睽奎

［九佳］（ia）佳崖涯（o）蜗（麻韵通）（ua）哇蛙娲（ai）差钗茈柴侪豺骸楷埋霾俳排牌崽斋（uai）乖怀淮槐（ie）皆街偕

［十灰］（e）颏（i）坏坯（ai）唉埃哀皑猜才（纔）材财裁垓该陔赅咍咳孩开剀来莱崃徕涞徘腮鳃台（臺）苔胎邰骀炱鲐哉栽灾（uai）徊槐（ei）杯雷玫枚莓梅酶媒煤胚醅陪培裴（uei）缞崔催摧堆傀瑰灰诙恢虺隗回茴迴蛔悝盔魁蘾推颓隤魋偎隈煨桅嵬

［十一真］（en）嗔嗔辰宸晨尘臣陈填（长久）人仁纫申伸呻绅胂侁姺诜身娠莘神真禛蓁溱榛臻枨珍砧甄（in）邠玢宾傧滨缤槟彬斌豳濒巾津粼嶙邻瞵磷辚鳞麟民岷珉缗瞥旻泯闽嫔蠙频蘋颦贫亲秦螓辛莘新薪因茵姻骃堙湮闉垠银狺寅夤沂嚚（uen）春椿纯莼（蓴）唇淳醇鹑皴仑（崙）伦抡沦纶轮屯肫窀谆遵（ün）均钧龟麏竣逡囷旬询郇荀峋恂洵驯巡循匀筠

［十二文］（en）分芬氛纷汾棼鼢贲坟焚（in）斤筋勤芹廑欣忻昕殷龈（uen）荤文纹蚊雯闻阌（ün）军皲君群宭裙勋埙熏薰獯曛醺氲辒云沄芸纭耘员郧

［十三元］（uei）珲（美玉）（an）番潘幡蕃翻蹯反烦繁蘩燔樊攀袢（ian）

犍掀言甗（üan）萱喧暄煊谖轩宛智蜿鸳鹓冤元沅芫阮鼋爰援媛原螈垣洹袁园辕猿怨（又作去声）（en）奔贲根跟痕闷门扪亹瞒喷盆溢（uen）村存踆惇敦墩镦蹲昏婚阍浑倱魂昆琨锟鲲坤髡论孙荪飧吞屯饨炖纯豚臀温瘟尊樽（ün）埙

［十四寒］（an）安鞍犴般瘢餐残单郸殚丹干肝杆竿乾顸鼾汗寒刊看阑谰澜斓兰拦栏颟谩蔓馒鳗瞒难番潘盘般磐弁胖蹒珊跚摊滩弹坛檀（ian）奸（uan）攒端官倌棺莞冠观欢鹳洹桓萑宽髋峦孪娈栾滦挛鸾脔銮酸狻湍团抟鹑（tuán，即雕）剜蜿丸芄纨完钻

［十五删］（an）班斑般扳颁孱潺患蛮攀删姗山潸（ian）艰奸（姦）菅间（閒）悭闲娴鹇痫殷颜（uan）关纶鳏还环圜寰鬟锾弯湾顽

下平声十五韵

［一先］（an）单（单于）婵禅蝉孱（chán 窄小等义）澶廛缠躔然燃扇掮煽膻毡旃（ian）边笾编蝙鳊鞭滇颠巅癫笺鲣湔煎肩鞯连莲涟琏鲢怜联绵棉眠蔫年扁偏篇翩便骈胼谝蹁千（韆）仟阡芊汧岍骞搴褰迁牵铅愆前虔犍钱乾膻天田佃钿填阗滇仙籼先跣祆鲜弦舷贤涎咽胭焉鄢嫣湮烟阏燕延埏蜒筵妍研沿（uan）川穿传船遄椽栓专砖颛（üan）捐涓娟鹃睃朘镌蠲圈悛卷全诠荃辁痊筌卷蜷鬈拳权泉纯（quán 一双）颧宣揎瑄亘玄痃旋漩璇悬还癣渊鸢缘橼员圆

［二萧］（ao）超怊昭朝嘲潮晁猫尧蛲饶荛娆桡烧捎韶招昭朝（iao）标膘镖瀌镳杓彭飙刁貂凋雕娇骄焦噍蕉鷦浇椒撩僚嘹潦寮獠燎辽疗缭镣鹩聊寥廖苗描票剽摽嘌嫖漂飘螵瓢跷蛲锹撬乔侨荞峤桥谯憔樵翘烧韶佻挑祧条鲦岧苕迢龆髫调蜩跳肖削消宵逍绡梢硝销蛸霄魈枵鸮哓骁萧潇箫嚣枭幺吆夭妖要腰邀鸮尧侥蛲姚珧铫谣摇徭遥瑶繇鳐窑轺陶

［三肴］（ao）坳謷包苞枹（树名）胞抄钞剿巢唠茅蟊蝥铙呶硇抛泡脬飑刨咆狍庖泡炮匏跑捎梢蛸筲鞘钊（iao）交佼茭咬郊蛟鲛胶艽教敲墝（qiāo 瘠薄之地）硗哮淆崤姣绞爻肴（ou）啁

［四豪］（ao）敖嗷遨熬獒螯聱鳌嚣翱鏖褒操糙曹嘈漕槽螬艚刀叨忉羔高膏篙皋槔咎蒿薅毫豪濠壕号嗥尻捞劳唠牢醪毛旄牦髦挠猱袍搔骚缫缲臊涛焘滔韬叨绦掏饕挑洮逃桃蝬陶淘萄遭糟（ou）艘

［五歌］（e）阿婀俄峨娥哦莪睋硪蛾鹅讹哥歌戈呵诃禾和盉何荷河菏苛珂柯轲砢科蝌稞窠髁（o）波菠玻磻番么（麽）摩磨坡陂（陂陁）颇婆番鄱皤繁（姓）（uo）搓磋磋蹉醝嵯瘥鹾矬多埚过罗萝逻椤锣箩骡螺那挪傩莎娑挲唆梭蓑傞趖拕拖佗陀沱驼砣鸵紽酡跎鮀鼧驮陁驒堶鼍涡莴窝蜗倭踒（üe）瘸

［六麻］（a）巴芭笆钯犯叉杈差茶查楂苴槎麻蟆拿钯葩杷爬琶沙莎挲裟鲨纱砂

煞渣（ia）加茄迦珈枷痂笳袈跏嘉葭家呀虾遐瑕霞丫呀鸦牙芽衙（ua）瓜騧花华骅划哇洼蛙娲挝（e）车咩赊畲奢佘蛇遮（ie）爹嗟些邪斜爷耶揶邪琊铘

［七阳］（ang）昂帮仓沧鸧藏昌倡猖娼菖阊鲳伥长苌尝偿常嫦裳场肠当珰铛裆方芳枋钫坊妨防房肪鲂冈刚岗纲钢亢行桁吭杭航颃康慷糠郎廊榔狼浪阆琅锒稂忙芒邙茫囊滂彷旁傍蒡膀磅螃攘禳穰瓤丧桑伤殇觞汤商荡镗唐塘搪溏瑭螗糖堂膛镗螳棠脏臧牂章鄣彰獐漳嫜璋樟张（iang）将蒋浆僵缰礓疆良粮踉椋凉梁粱量羌蜣抢呛玱枪跄戕斨锵墙蔷嫱樯强疆乡芗相厢湘缃箱襄骧镶香详庠祥翔央泱殃秧鸯鞅鞅扬玚杨旸炀钖疡阳羊佯徉洋烊（uang）创疮床光洸桄胱荒肓皇凰隍喤徨惶湟遑煌蝗篁艎鍠鳇黄潢璜爌磺簧趪鐄匡劻洭恇框筐狂霜孀骦鹴鹔汪尫亡王忘望庄装妆桩

［八庚］（en）贞侦浈桢祯（in）姘拼（ang）盲（eng）绷榜（校弓之器）撑柽蛏赪樘瞠枪（星名）噌成城诚宬盛呈程裎酲伧枨庚赓鹒更耕羹亨哼珩桁衡蘅横坑铿硎（石）萌盟虻氓黾甍抨怦砰烹棚硼彭澎膨蟛生牲笙甥声正征怔钲争峥狰睁铮筝丁（伐木声）（ing）并兵京鲸茎泾经菁睛精荆惊旌晶粳令名明鸣狞平评坪苹枰清轻顷倾卿勍黥情晴檠行饧英瑛婴撄嘤缨樱鹦罂莺迎茔莹营萦潆盈楹嬴瀛赢（ong）訇轰泓闳宏黉荣嵘蝾（iong）琼茕兄

［九青］（in）馨（ing）丁仃玎订泾经伶怜囹苓泠玲铃聆蛉鸰羚翎零龄灵棂酃铭冥溟暝瞑螟宁（甯）咛聍俜娉萍屏瓶青蜻鲭厅汀町听桯廷莛庭蜓霆亭停婷星猩惺醒（桑经切）刑邢形型硎陉荥荧萤（iong）坰扃

［十蒸］（in）矜（eng）崩曾层秤称乘惩澄丞承塍登灯镫恒棱楞能朋堋鹏扔仍僧升胜绳渑腾滕藤曾增憎缯罾矰症蒸徵（ing）冰兢凌菱陵绫鲮凝冯凭兴应膺鹰蝇（ong）肱薨弘

［十一尤］（u）芣罘浮蜉涪（ao）矛蟊蝥（ou）抽紬瘳畴筹踌惆绸稠仇愁酬雠兜勾佝枸钩沟篝缑够侯喉猴糇篌抠芤娄偻蒌搂楼褛耧蝼髅牟侔眸蛑谋缪蝥区讴呕沤瓯欧鸥朴桴掊裒柔揉蹂鞣收叟搜馊溲飕锼螋涑偷投骰头舟州洲周啁调赒诌螯妯邹驺诹陬鲰（iou）鸠啾揪阄蝤留馏骝榴遛瘤刘浏流琉旒鎏牛丘邱蚯秋湫楸龟仇囚泅求俅逑球毬裘酋遒蝤虬休咻庥鸺貅髹羞馐修忧优攸悠呦幽尤疣犹莸猷由油柚蚰邮游蝣

［十二侵］（an）簪（en）岑涔郴琛沈沉湛壬任森掺参深针椹斟箴（in）今衿禁襟金祲林淋琳霖临钦侵浸衾琴芩擒檎心芯歆镡阴荫音喑瘖淫霪吟（un）寻浔桪鲟

［十三覃］（an）庵鹌谙暗参骖蚕惭眈耽酖儋担（擔）聃湛甘泔坩柑酣蚶憨含邯函（咸韵异）涵堪戡龛蓝褴篮岚婪南楠男三毵贪坍谈郯痰锬覃谭潭镡昙坛澹探簪

［十四盐］（an）觇蚺髯苫占沾霑詹瞻（ian）砭兼蒹缣鹣歼尖渐廉簾镰蠊帘奁蔹拈粘鲇佥签谦黔钤钳箝潜添恬甜纤暹嫌崦阉淹腌厌恹严炎阽盐阎檐

［十五咸］（an）搀谗馋巉镵帆凡函杉衫髟掺芟（ian）监缄鸽咸衔岩

入声十七韵

［一屋］（e）熇（uo）凿缩（i）槭（u）醭卜鞴搐矗蔟簇蹙蹴读渎椟犊牍黩独髑伏茯服菔匐副幅辐福蝠复腹蝮馥谷縠毂斛槲瀫觳哭禄碌鹿漉辘簏麓陆稑勠蓼戮六木沐目苜睦牧缪穆仆扑蹼暴曝瀑叔菽淑倏孰塾熟肃涑速觫蔌簌宿夙谡秃屋骛竹舳逐竺筑祝族镞（ü）掬鞠鞫菊恧畜蓄蓿育煜郁澳燠毓鬻（ao）凿（ou）肉柚

［二沃］（o）襮（uo）沃（u）触亍怵促督毒碡笃梏牿鹄嚳酷录渌逯箓镤幞辱蓐溽缛褥赎属蜀束俗粟鋈烛瘃属嘱瞩足（ü）局绿曲顼旭勖续玉钰谷峪浴欲鹆狱

［三觉］（e）壳（o）趵剥暴（旧读有bó音）爆驳（uo）逴戳搦朔蒴捅槊数喔偓握幄渥龌卓倬桌捉浊镯浞啄琢濯（üe）角觉珏确学乐岳（u）璞朴（ao）雹

［四质］（e）瑟（uo）茁（ie）诘拮（i）笔必铋毕筚跸弼觱唧叱吉佶疾嫉蒺栗溧宓密蜜谧尼暱昵腻匹漆七柒日失实室虱悉蟋肸膝一壹乙佚轶溢镒佾逸侄郅桎窒蛭帙秩质骘栉（u）出绌黜怵术秫沭述卒（ü）橘律率汩鹬聿（uai）率蟀帅

［五物］（o）佛（üe）倔掘崛厥（i）吃乞讫汔迄（u）不弗拂怫绋艴绂祓黻勿物芴（ü）诎屈尉蔚（ei）熨

［六月］（a）发伐阀筏罚（ua）袜腽（e）纥讷（o）饽孛勃渤悖脖鹁没殁咄（uo）咄棁（ie）揭碣竭暍谒歇蝎（üe）掘厥劂蕨撅獗橛蹶鳜阙曰哕月刖钺越樾粤（u）骨鹘汩忽惚芴笏窟堀突凸（屑韵同）兀杌卒

［七曷］（a）拔茇跋魃怛妲笪达剌辣捺萨獭挞闼拶（ua）栝鸹（e）遏割葛曷喝褐渴（o）钵拨抹末沫妹秣泼钹（uo）撮掇夺活聒豁活括栝适阔捋脱（ai）癞

［八黠］（a）八拔菝察刹嘎肭帕杀铩煞獭扎哳（ia）圿戛颉瞎辖鎋黠轧揠（ua）刮滑猾刷（ie）楷秸（u）鹘

［九屑］（e）彻撤澈掣呐热舌设蜇折哲辙浙（uo）啜缀辍掇说拙涿（ie）鳖别憋蹩跌咥垤绖耋迭昳瓞轶偈揭桀杰洁拮结桔颉碣孑讦节截列冽洌烈裂戾捩劣埒灭蔑篾蠛捏陧涅臬孽蘖谳瞥撇切窃契锲挈沏铁餮楔撷缬挈泄绁契屑亵噎拽咽（üe）决诀抉駃觖谲绝缺阕薛穴踅雪血哕说悦阅（i）闭唳（u）凸

［十药］（e）愕谔萼鄂腭锷鳄颚鹗恶垩噩格阁各涸鹤壑乐（o）博搏薄礴簿亳魄（落魄）膜莫漠寞镆瘼粕（uo）绰厝错度踱铎郭霍藿获（獲）瓠扩廓泺跞洛骆络珞烙硌落雒诺若箬弱烁铄妁索托橐柝箨拓魄焯勺灼酌斫著禚缴昨笮作怍柞迮酢凿

（üe）屩爵嚼爝矍攫噱掠略虐疟却雀芍鹊削谑约钥龠瀹栎跃（u）幕（ao）薄酪勺芍杓（iao）脚嚼药

［十一陌］（a）蚱（ia）唬（ua）画划（e）册策坼额厄扼轭格骼鬲隔膈革核翮赫客喀绛槭责啧帻箦赜迮咋笮舴择泽谪磔（o）伯帛泊箔柏舶檗擘陌貊蓦貘脉迫珀魄霸（uo）获（獲）硕蝈帼虢馘（ie）液掖腋（i）辟薜璧躄碧尺斥赤屐积迹脊瘠鹡耤籍戟唧逆擗癖薜僻碛石硕适释奭螫夕穸昔惜腊席蓆舄隙亦奕弈役疫译怿驿绎易埸蜴益嗌摭跖踯（ai）白百佰柏脉麦拍摘宅翟窄

［十二锡］（i）壁滴狄荻翟籴敌嫡镝的迪笛涤觌绩击激寂历苈沥枥疬雳郦栎轹砾跞鬲幂觅溺劈霹僻戚槭剔踢惕擿倜逖析菥淅晳晰蜥锡裼檄觋阒（ü）畜湨

［十三职］（e）侧厕测恻得德刻克刻仂泐勒啬穑色塞忒忑慝特则仄昃贼（o）踣墨默万（姓）冒（uo）国或惑（i）逼愎敕饬唧即亟极（極）棘稷鲫力匿食蚀识式拭饰息熄嶷弋亿忆臆噫薏癔翊翼抑织直植殖职陟（i）洫域阈蜮魊（ei）北黑贼鲗

［十四缉］（e）涩蛰（i）急湿十什拾汁执縶立粒笠泣葺翕吸习袭隰揖邑挹悒熠（u）入（ian）廿

［十五合］（a）搭耷答拉腊蜡内纳衲卅飒塌塔鳎沓踏嗒阘榻蹋遝帀匝杂（e）鸽蛤合喝郃盒盍阖磕瞌溘嗑

［十六葉］（a）霎箑（治韵同）歃炸（ia）浃荚铗颊侠（e）摄滠慑涉葉歙辄摺詟褶（ie）喋堞谍牒蝶蹀叠褶接捷婕睫猎躐鬣聂嗫镊颞蹑捻妾踥惬箧慊贴帖协勰叶挟燮躞晔烨靥（i）楫

［十七洽］（a）臿插锸扱乏法霎翣唼箑歃喋炸眨（ia）夹郏鵊袷跲甲岬胛钾掐恰洽匣狎峡狭硖押鸭压（ic）劫怯胁业邺（ao）凹

随着时代的发展，平水韵作为格律诗的用韵标准，与实际语音的差别越来越大。格律诗发展到高峰之后，词作为一种新的文学体裁渐渐进入文学的主流。词主要来自民间，最初与音乐的关系十分密切，因而受口语的影响比诗大得多，其用韵往往表现出一些时代的语音特征。词是更为文人化个性化的文学形式，不像格律诗要受科举考试的严格限制，社会约束力比格律诗小得多。因此，宋词的用韵虽然还是以《广韵》的语音系统为主，但韵部的宽窄已不再受《广韵》体系的束缚，比平水韵走得更远了。

还没有发现元明之前有人写过正式的词韵类韵书，明清时期才有人归纳宋代词人用韵而成为词韵专书，较早的有明胡文焕的《会文堂词韵》和沈谦的《词韵略》

等。清代有查继超《词学全书》、万树《词律》、康熙《钦定词谱》等论及词韵，而影响最大的则是清人戈载编纂的《词林正韵》，成书于道光元年（1821）。《词林正韵》分词韵为十九部，平上去相承为十四部，每部平声为一类，上去二声为一类；入声另立为五部。表 4–2 是《词林正韵》所分词韵十九部对《广韵》二〇六韵归并的韵目表如下：

表 4–2 《词林正韵》十九部与《广韵》二〇六韵对应表

第一部　平声东冬钟，上声董肿，去声送宋用
第二部　平声江阳唐，上声讲养荡，去声绛漾宕
第三部　平声支脂之微齐灰，上声纸旨止尾荠贿，去声至志寘未霁祭泰半队废
第四部　平声鱼虞模，上声语麌姥，去声御遇暮
第五部　平声佳半皆咍，上声蟹骇海，去声泰半卦半怪夬代
第六部　平声真谆臻文欣魂痕，上声轸准吻稳混很，去声震稕问焮慁恨
第七部　平声元寒桓删山先仙，上声阮旱缓潸产铣狝，去声愿翰换谏裥霰线
第八部　平声萧宵肴豪，上声筱小巧皓，去声啸笑效号
第九部　平声歌戈，上声哿果，去声箇过
第十部　平声佳半麻，上声马，去声卦半祃
第十一部　平声庚耕清青蒸登，上声梗耿静迥拯等，去声映诤劲径证嶝
第十二部　平声尤侯幽，上声有厚黝，去声宥候幼
第十三部　平声侵，上声寝，去声沁
第十四部　平声覃谈盐添严咸衔凡，上声感敢琰忝俨豏槛范，去声勘阚艳栎酽陷鉴梵
第十五部　入声屋沃烛
第十六部　入声觉药铎
第十七部　入声质术栉陌麦昔锡职德缉
第十八部　入声物迄月没曷末黠鎋屑薛帖
第十九部　入声合盍葉洽狎乏

综合起来，将诗韵的平水韵一〇六韵、词韵的十九部与《广韵》二〇六韵列成对应表（表 4–3），可以系统地展示其间的传承关系和区别：

表 4–3 《广韵》、平水韵、词韵对照表

《广韵》二〇六韵				诗韵一〇六韵				词韵十九部	
平声	上声	去声	入声	平声	上声	去声	入声	平上去	入声
一东	一董	一送	一屋	一东	一董	一送	一屋	第一部 东董送	十五部 屋
二冬	（湩）	二宋	二沃	二冬	二肿	二宋	二沃		
三钟	二肿	三用	三烛						
四江	三讲	四绛	四觉	三江	三讲	三绛	三觉	第二部 江讲绛	十六部 觉
五支	四纸	五寘		四支	四纸	四寘		第三部 支纸至	
六脂	五旨	六至							
七之	六止	七志							
八微	七尾	八未		五微	五尾	五未			
九鱼	八语	九御		六鱼	六语	六御		第四部 鱼语御	
十虞	九麌	十遇		七虞	七麌	七遇			
十一模	十姥	十一暮							
十二齐	十一荠	十二霁		八齐	八荠	八霁		归第 三部 （泰合）	
		十三祭							
		十四泰				九泰			
十三佳	十二蟹	十五卦		九佳	九蟹	十卦		第五部 佳蟹卦	
十四皆	十三骇	十六怪							
		十七夬							
十五灰	十四贿	十八队		十灰	十贿	十一队		归第 三部	
十六咍	十五海	十九代						归第 五部	
		二十废						归第 三部	
十七真	十六轸	二一震	五质	十一真	十一轸	十二震	四质	第六部 真轸震	十七部 质
十八谆	十七准	二二稕	六术						
十九臻			七栉						
二十文	十八吻	二三问	八物	十二文	十二吻	十三问	五物		十八部 物
二一欣	十九隐	二四焮	九迄						
二二元	二十阮	二五愿	十月	十三元	十三阮	十四愿	六月	第七部 元阮愿	
二三魂	二一混	二六慁	十一没					归第 六部	
二四痕	二二很	二七恨							
二五寒	二三旱	二八翰	十二曷	十四寒	十四旱	十五翰	七曷	归第 七部	
二六桓	二四缓	二九换	十三末						
二七删	二五潸	三十谏	十四黠	十五删	十五潸	十六谏	八黠		
二八山	二六产	三一裥	十五鎋						
一先	二七铣	三二霰	十六屑	一先	十六铣	十七霰	九屑		
二仙	二八狝	三三线	十七薛						

（续表）

<table>
<tr><th colspan="4">《广韵》二〇六韵</th><th colspan="4">诗韵一〇六韵</th><th colspan="2">词韵十九部</th></tr>
<tr><th>平声</th><th>上声</th><th>去声</th><th>入声</th><th>平声</th><th>上声</th><th>去声</th><th>入声</th><th>平上去</th><th>入声</th></tr>
<tr><td>三萧</td><td>二九筱</td><td>三四啸</td><td></td><td rowspan="2">二萧</td><td rowspan="2">十七筱</td><td rowspan="2">十八啸</td><td rowspan="2"></td><td rowspan="4">第八部
萧筱啸</td><td rowspan="4"></td></tr>
<tr><td>四宵</td><td>三十小</td><td>三五笑</td><td></td></tr>
<tr><td>五肴</td><td>三一巧</td><td>三六效</td><td></td><td>三肴</td><td>十八巧</td><td>十九效</td><td></td></tr>
<tr><td>六豪</td><td>三二皓</td><td>三七号</td><td></td><td>四豪</td><td>十九皓</td><td>二十号</td><td></td></tr>
<tr><td>七歌</td><td>三三哿</td><td>三八箇</td><td></td><td rowspan="2">五歌</td><td rowspan="2">二十哿</td><td rowspan="2">二一箇</td><td rowspan="2"></td><td rowspan="2">第九部
歌哿箇</td><td rowspan="3"></td></tr>
<tr><td>八戈</td><td>三四果</td><td>三九过</td><td></td></tr>
<tr><td>九麻</td><td>三五马</td><td>四十禡</td><td></td><td>六麻</td><td>二一马</td><td>二二禡</td><td></td><td>第十部
麻马禡</td></tr>
<tr><td>十阳</td><td>三六养</td><td>四一漾</td><td>十八药</td><td rowspan="2">七阳</td><td rowspan="2">二二养</td><td rowspan="2">二三漾</td><td rowspan="2">十药</td><td rowspan="2">归第二
部</td><td rowspan="2">归十六
部</td></tr>
<tr><td>十一唐</td><td>三七荡</td><td>四二宕</td><td>十九铎</td></tr>
<tr><td>十二庚</td><td>三八梗</td><td>四三映</td><td>二十陌</td><td rowspan="3">八庚</td><td rowspan="3">二三梗</td><td rowspan="3">二四映</td><td rowspan="3">十一陌</td><td rowspan="6">十一部
庚梗映</td><td rowspan="6">归十七
部</td></tr>
<tr><td>十三耕</td><td>三九耿</td><td>四四诤</td><td>二一麦</td></tr>
<tr><td>十四清</td><td>四十静</td><td>四五劲</td><td>二二昔</td></tr>
<tr><td>十五青</td><td>四一迥</td><td>四六径</td><td>二三锡</td><td>九青</td><td rowspan="3">二四迥</td><td rowspan="3">二五径</td><td>十二锡</td></tr>
<tr><td>十六蒸</td><td>四二拯</td><td>四七证</td><td>二四职</td><td rowspan="2">十蒸</td><td rowspan="2">十三职</td></tr>
<tr><td>十七登</td><td>四三等</td><td>四八嶝</td><td>二五德</td></tr>
<tr><td>十八尤</td><td>四四有</td><td>四九宥</td><td></td><td rowspan="3">十一尤</td><td rowspan="3">二五有</td><td rowspan="3">二六宥</td><td rowspan="3"></td><td rowspan="3">十二部
尤有宥</td><td rowspan="3"></td></tr>
<tr><td>十九侯</td><td>四五厚</td><td>五十候</td><td></td></tr>
<tr><td>二十幽</td><td>四六黝</td><td>五一幼</td><td></td></tr>
<tr><td>二一侵</td><td>四七寝</td><td>五二沁</td><td>二六缉</td><td>十二侵</td><td>二六寝</td><td>二七沁</td><td>十四缉</td><td>十三部
侵寝沁</td><td>归十七
部</td></tr>
<tr><td>二二覃</td><td>四八感</td><td>五三勘</td><td>二七合</td><td rowspan="2">十三覃</td><td rowspan="2">二七感</td><td rowspan="2">二八勘</td><td rowspan="2">十五合</td><td rowspan="8">十四部
覃感勘</td><td rowspan="2">十九部
合</td></tr>
<tr><td>二三谈</td><td>四九敢</td><td>五四阚</td><td>二八盍</td></tr>
<tr><td>二四盐</td><td>五十琰</td><td>五五艳</td><td>二九葉</td><td rowspan="2">十四盐</td><td rowspan="2">二八琰</td><td rowspan="2">二九艳</td><td rowspan="2">十六葉</td><td rowspan="2">归十八
部</td></tr>
<tr><td>二五添</td><td>五一忝</td><td>五六㮇</td><td>三十帖</td></tr>
<tr><td>二六咸</td><td>五二豏</td><td>五七陷</td><td>三一洽</td><td rowspan="2">十五咸</td><td rowspan="2">二九豏</td><td rowspan="2">三十陷</td><td rowspan="2">十七洽</td><td rowspan="4">归十九
部</td></tr>
<tr><td>二七衔</td><td>五三槛</td><td>五八鉴</td><td>三二狎</td></tr>
<tr><td>二八严</td><td>五四俨</td><td>五九酽</td><td>三三业</td><td>入盐</td><td>入琰</td><td>入艳</td><td>入葉</td></tr>
<tr><td>二九凡</td><td>五五范</td><td>六十梵</td><td>三四乏</td><td>入咸</td><td>入豏</td><td>入陷</td><td>入洽</td></tr>
</table>

诗韵的一〇六韵基本上是《广韵》二〇六韵韵目“同用”合并的结果，参看前文戴震《考定广韵独用同用四声表》即可了然，则其语音系统与《广韵》无多少差别，无须多论。

词韵十九个韵部实际上是阴、阳、入分立的：第三、四、五、八、九、十、十二部属阴声韵，第一、二、六、七、十一、十三、十四部属阳声韵，第十五至十九部属入声韵。诗韵基本上只是合并《广韵》的韵类，词韵在诗韵的基础上进一步合并，而且合中还有分，如《广韵》的“泰”韵在词韵中分属第三、第五两部。入声韵的塞音韵尾［-p，-t，-k］也不像《广韵》和诗韵那样判然有别，而有合流的趋势，如第十七部“质、术、栉”在《广韵》中的韵尾是［-t］，“陌、麦、昔、锡、职、德”在《广韵》中的韵尾是［-k］，而“缉”韵在《广韵》中的韵尾是［-p］，它们在词韵中同为一部，说明入声韵尾已经相混，很可能都在向短促的喉塞音［-ʔ］演变。在实际的词例中，入声五部之间有时还可以通押，如辛弃疾《满江红·笳鼓归来》上阕以“入、葛、泣、急”为韵，“入、泣、急”《广韵》属缉韵归词韵十七部，“葛”《广韵》属曷韵归词韵十八部，十七部与十八部通押，更能说明入声韵有合流的趋势，这与后来入声在北方话中消失，应该是有一定联系的。尽管如此，并不能认为词韵十九部就是宋代的实际语音，因为总体来看，词韵仍像诗韵一样，只是对《广韵》韵类的合并，没有过多地偏离《广韵》音系。这说明多数宋词的作者在用韵上还是遵从传统韵书的，只不过在某些时候某种程度上掺杂了当时的实际语音，从而反映了口语音系的某些特点而已。

第二节 《中原音韵》音系与反映近代音的韵书

近代音，主要是指元明清时期汉语的实际语音。近代音系，不是指某一个具体的音系，而是近代不同时段、地域的多个不同的实际语音系统的统称。近代流传至今的文献很丰富，可用于研究近代语音的材料也就很多，有韵书、韵图、韵文、音注以及各种有关语音的记录、论述和学习语音的课本等。研究近代音虽然仍以文献资料为中心，但上可以对比《广韵》音系，下可以结合现代汉语普通话和各方言音系活的口语来作比较，研究手段和范围都有较大的拓展。

就近代音主要的一些代表性音系来看，近代较之中古，总体上是音系简化了。声母系统主要表现为：全浊声母清化而消失，知庄章三组声母合流，轻唇音声母非敷奉合流等，以十九母、二十母、二十一母为多见。韵母系统，入声韵消失，［-m］韵尾消失，主元音合并，四呼形成，从中古十六摄向《中原音韵》十九韵发展，韵母数量大大减少，一般都在五十个以内。声调系统，平分阴阳、浊上变去、入派三声，打破中古声调类型的基本格局，重建了近现代汉语的声调类型。总之，近代汉语六百多年的语音发展，完全脱出《切韵》音系的千年樊篱，为现代汉语语音系统的形成奠定了坚实的基础。

《广韵》之后，真正能突破传统韵书的樊篱而直接反映实际语音系统的韵书，是元代周德清编纂的《中原音韵》，它是汉语语音史上具有划时代意义的一部韵书。在它的影响下，后来出现了一系列反映近代汉语实际读音的韵书，真实地记录了中古汉语语音向现代汉语语音发展的进程，为汉语语音史研究提供了丰富而又可靠的语音材料。

然而，《中原音韵》也不是偶然形成的，在它之前已经出现过反映元代实际语音系统的《七音韵》《蒙古字韵》和《古今韵会举要》等韵书。《七音韵》已亡佚，基本内容见于元初熊忠《古今韵会举要》所引。《古今韵会举要》如前所述，在承继传统韵书平上去入四声、三十六字母、一〇七韵的韵书编排框架下，用加注“字母韵”的方式同时显示实际语音系统，全书二一一个字母韵中，平声六十七个，入声二十九个。平声代表平上去三个舒声的韵母，入声［-p，-t，-k］三类韵尾字混用，实际上正在消失，则当时的韵母就是六十来个，离《中原音韵》已经不远了。声母、声调方面的诸多变化，已经是《中原音韵》的前兆。

《蒙古字韵》创新之处更多，对《中原音韵》的影响可能更为直接。李新魁先生在其《汉语音韵学》中认为：《蒙古字韵》不是如《四库全书提要》所说的由元朱宗文所撰，而是作者不明，它编纂于八思巴字公布的1269年至《古今韵会举要》成书的1297年之间，刊行于元至大戊申年（1308）。八思巴字是元朝“帝师”八思巴喇嘛仿藏文字体创制的蒙古拼音文字，《蒙古字韵》用八思巴字来标示汉字的读音，在一个八思巴字下，排列与它同音的汉字，字下不训释意义，四声之字同归一个小韵，也就是平上去入统归一音，入声的音值与平上去声相同，只是存其调类而已，这样排列与蒙古语不分声调有关。一韵之中还是以声纽不同来分列小韵，如五鱼韵中的一个小韵：“ᠳ平都阇，上覩睹赌堵，去妒蠹斁，入笃督咄”。这种韵书编纂的目的不像传统韵书那样是为了用于作诗押韵，而是要用来识字正音，必然是当时实际口语语音的反映。因此，《蒙古字韵》彻底打破了传统韵书的编排体例和分韵列字的原则，脱离了传承很久的《广韵》音系，完全以口语读音为对象来结构韵书，对此后的《中原音韵》等韵书的制作影响很大，连《古今韵会举要》也都曾根据它所分各韵的真韵母来加注其韵部内的实际音类（字母韵）。《蒙古字韵》全书分为十五个韵部：一东、二庚、三阳、四支、五鱼、六佳、七真、八寒、九先、十萧、十一尤、十二覃、十三侵、十四歌、十五麻。这十五部比《中原音韵》十九部少四部，主要是分韵宽窄的关系，韵母系统是接近的。《蒙古字韵》使用三十六字母，但据卷首的字母表看，“知、彻、澄”与“照、穿、床”所用字母相同，则实只有三十三母，其中的全浊声母当时是否真的存在又十分可疑，如除掉全浊声母，它的声母系统也就与《中原音韵》相近了。该书今有照那斯图、杨耐思《蒙古字韵校本》（民族出版社，1987），较便使用。

一 《中原音韵》及其语音系统

《中原音韵》成书于元代泰定元年（1324），至正元年（1341）刊行于世，作者周德清，号挺斋，江西高安人。《中原音韵》主要是根据当时著名戏剧家关汉卿、郑光祖、马致远、白仁甫等人的作品，也就是根据当时北方地区的元曲用韵编写成的一部韵书，其编纂目的是“以为正语之本，变雅之端”，为时人制作词曲提供音韵规范。《中原音韵》像《蒙古字韵》一样，彻底变革传统韵书的形制，直接反映当时的语音实际，因而一向被排斥在正统韵书之外，四库全书不把它列入经部小学类，而是列入词曲类之中。

周德清在《中原音韵·正语作词起例》中说：“唯我圣朝，兴自北方，五十余年，言语之间必以中原之音为正。”这是元朝建立之后推行官话（通语）所致，其结果很明显，“混一日久，四海同音，上自缙绅讲论治道，及国语翻译、国学教授、言语，下至讼庭理民，莫非中原之音”。由此推知，当时的戏剧创作必然是以通行于北方广大地区的“中原之音”为依据的。此前的《蒙古字韵》不分四声，元曲用韵采用的也是四声通押的模式，这就使得《中原音韵》形成“韵部”的观念，首先分十九韵部来列同音字表，在同声的韵部字组之下依次分列声调不同之字，不标示声母和介音，不注反切和直音，也不释义。这种全新的韵字排列，既直接地展示了当时北方话的声调系统，又适应元曲格律的实际需要，是当时实用性很强的通用韵书。

周德清在《中原音韵·自序》中说：“欲作乐府，必正言语；欲正言语，必宗中原之音。”有人认为这个“中原之音”反映的是当时的大都（今北京）音，但多数学者认为《中原音韵》实际记录的是当时通行的共同语的语音，也就是13—14世纪北方广大地区用于交际场合的共同语和文学语言的通用语音系统。它的出现，促进了通用语的推广和规范化，尤其是对词曲作者的影响更大。明人王骥德在其《曲韵》中说此书“作北曲者守之，兢兢无敢出入”；清人刘熙载《曲概》说“周挺斋不阶古音，撰《中原音韵》，永为曲韵之祖”；钟嗣成《录鬼簿续编》卷上说“故人皆曰德清之韵，不但中原，乃天下之正音也；德清之词，不惟江南，实天下之独步也”。

《中原音韵》的内容分《韵谱》和《正语作词起例》两大部分，后者讨论作曲的审音原则、编谱体例、押韵规则和曲词的创作方法等，是对前者的补充和说明。

作者在《韵谱》中把收集到的5866个元曲常用的韵脚字分类编成曲韵韵谱，依据当时北方通用语的语音系统把它们划分为十九个韵部。具体排列方式是：在每个韵部下依声调分成“平声阴、平声阳、上声、去声”，而入声字则分别派入平声阳、上声和去声之中；再在每个声调之下，又按照声母的不同，分别列出一组组同音字，并用圆圈隔开，一般不加注反切，每个字下也不附注释，其结构更像一个由同音字群组成的巨大字音表。

1.《中原音韵》的韵母系统

《中原音韵》的十九个韵部为：一东钟、二江阳、三支思、四齐微、五鱼模、六皆来、七真文、八寒山、九桓欢、十先天、十一萧豪、十二歌戈、十三家麻、十四车遮、十五庚青、十六尤侯、十七侵寻、十八监咸、十九廉纤。这十九个韵部按小韵进行归纳分析，各部分别可得出一至四个韵母不等，总计有四十七个韵母，下面列出十九部各部所包括的韵母，即《中原音韵》的韵母系统。有关《中原音韵》声韵调系统及其音值的研究有多家，这里采用的是杨耐思《中原音韵音系》的结论与拟音：

一	东钟	uŋ	iuŋ		
二	江阳	aŋ	iaŋ	uaŋ	
三	支思	ʅ ʅ			
四	齐微	ei	i	uei	
五	鱼模	u	iu		
六	皆来	ai	iai	uai	
七	真文	ən	iən	uən	iuən
八	寒山	an	ian	uan	
九	桓欢	on			
十	先天		iɛn		iuɛn
十一	萧豪	au	iau	iɛu	
十二	歌戈	o	io	uo	
十三	家麻	a	ia	ua	
十四	车遮		iɛ		iuɛ
十五	庚青	əŋ	iəŋ	uəŋ	iuəŋ
十六	尤侯	əu	iəu		
十七	侵寻	əm	iəm		

十八	监咸	am	iam
十九	廉纤		iem

中古《广韵》分二〇六韵，《中原音韵》只有十九韵部，韵目数减少了很多。《中原音韵》的韵母系统与《广韵》相比，也明显简化了许多，《广韵》有一四二个韵母，《中原音韵》只有四十七个。这样大量简化主要有如下的原因：（1）入声韵的消失，在《广韵》及其后的诗韵、词韵中，入声总是独立分韵的，而《中原音韵》只有阴声韵部和阳声韵部，没有入声韵部，《中原音韵》共收古入声字七百三十五个，但都分别以“入声作平声、入声作上声、入声作去声”的名目置于“支思、齐微、鱼模、皆来、萧豪、歌戈、家麻、车遮、尤侯”九个韵部之中，说明中古入声字在《中原音韵》韵系中已全部派入相关的阴声韵中去了，这种韵类的合流，就使韵数和韵母数都减少了很多。（2）《广韵》把声调不同而韵母相同的字分列为不同的韵，《中原音韵》的一个韵部就包括平、上、去声调不同的韵，与《广韵》的分韵原则不同，韵目数也就大大减少了。（3）《广韵》是个综合性的读书音系，包含了较多时地不同的读音，所分韵数很多，《中原音韵》基本上反映的是一个单一音系的实际读音，与《广韵》的性质不同，故韵类和韵母数都少得多。（4）韵母的合流。汉语语音发展到元代，很多《广韵》有区别的韵母都合流了，但这种合流不是对《广韵》的简单归并，而是合中有分、分中有合。如支、脂、之三韵合流后，又因声母的变化而分为支思、齐微两个韵部，这是合中有分；又如麻韵的二等字分化出来后又与佳韵合口字及一些古入声字合流为家麻部，麻韵的三四等字又与其他一些古入声字合流为车遮部，这是分中有合。有的韵合流后还吸收了原来相距很远的韵中的部分字，如东冬钟合流，又吸收了庚耕清青登一二等喉牙唇音字而成为东钟部。这些现象充分说明《中原音韵》已经完全摆脱了传统韵书的影响，客观地反映了实际的语音演变。基于这些原因，《中原音韵》的音系大大简化，韵部和韵母数都大大减少，因此不能用看待《广韵》分韵的眼光来看待《中原音韵》的韵类和韵母。

2.《中原音韵》的声母系统

对《中原音韵》声母系统的研究始于罗常培先生，他在《中原音韵声类考》一文中考订《中原音韵》的声母为二十个；后来赵荫棠、陆志韦两先生在此基础上加以补充和论证，都订为二十一个声母；杨耐思《中原音韵音系》订为二十一声母；李新魁《汉语音韵学》订为二十声母。二十声母与二十一声母的差别在［ŋ］母的有无，因为《中原音韵》中只有少数几个字仍然读［ŋ］声母；其余则是拟音的不同。

这里仍取杨耐思先生的二十一声母及其拟音：

唇　音：	帮［p］	滂［p‘］	明［m］	非［f］	微［v］
舌　音：	端［t］	透［t‘］	泥［n］	来［l］	
齿　音：	精［ts］	清［ts‘］	心［s］		
	章［tʃ］	昌［tʃ‘］	生［ʃ］	日［ʐ］	
喉牙音：	见［k］	溪［k‘］	疑［ŋ］	晓［x］	影［Ø］

由于对材料的认识和研究方法的不同，学者们对《中原音韵》声类的研究结论有较大差别，有的认为应是二十四或二十五个声类，因此还有待于进一步研究。但是，《中原音韵》声母系统中全浊声母已经全部清化这一特点，音韵学界是达成共识的，拿《中原音韵》二十一声母与中古三十六字母作比较，很明显地看出这一变化：帮—帮并、滂—滂并、明—明、非—非敷奉、微—微、端—端定、透—透定、泥—泥娘、来—来、见—见群、溪—溪群、疑—疑、晓—晓匣喻、影—影喻、精—精从照、清—清从穿、心—心审邪床、章—照床知澄、昌—穿床彻澄禅、生—审床禅、日—日。从比较中可以明显看出，声母系统的合流、简化是很有规律的演变趋势。

3.《中原音韵》的声调

《中原音韵》分“阴平、阳平、上声、去声”四个声调，就调类而言，已经相当接近现代普通话了。从《广韵》音系到《中原音韵》，声调的变化是“平声分阴平阳平”“全浊上声变为去声”和“入声派入阳平、上声和去声”。“入派三声”的规律是全浊入声字变为阳平，次浊入声字变为去声，清声母入声字则全部变为上声，此时清声母入声字还未散入阴平、阳平和去声中去，故有别于现代汉语普通话的“入派四声”。把入声字“派入”平、上、去三声中，是为了作曲押韵的方便，即周德清所说的为了“广其押韵，为作词而设”，实际用韵中已经这样做了，而《中原音韵》是首次在韵书中揭示这种事实。这样做，并不是周德清认为当时口语中已经没有入声了，他在《中原音韵·正语作词起例》中明确说“然呼吸言语之间，还有入声之别”。从此前的《蒙古字韵》和此后的《洪武正韵》来看，《中原音韵》时代应该还有入声存在，至于北方话“入派四声”而入声完全消失，则是后代的事情，《中原音韵》体现了入声消失过程中一个时期的特定形态。所以，说《中原音韵》时代已经完全没有入声，是较困难的，还有入声存在，只是与中古的入声形态不相同罢了。大致可以说，中古入声韵的［-p，-t，-k］三种塞音韵尾在宋元时代北方话中，可能逐渐合流为喉塞音［-ʔ］，在元代之后的发展过程中，喉塞音韵尾也逐渐消失，最后入声才在北方话中完全消失了。

《中原音韵》版本的情况较复杂，今易得到的有中华书局影印明讷庵跋本、《四库全书》本等，而《中国古典戏曲论著集成》（中国戏剧出版社1959年据元刻本整理排印）本则较好用。今人有关《中原音韵》研究的论著很多，主要的有：罗常培《中原音韵声类考》（《历史语言研究所集刊》二本四分，1932）、赵荫棠《中原音韵研究》（商务印书馆，1956）、陆志韦《释中原音韵》（《燕京学报》第31期，1946）、薛凤生《中原音韵音位系统》（北京语言学院出版社，1990）、杨耐思《中原音韵音系》（中国社会科学出版社，1981）、李新魁《中原音韵音系研究》（中州书画社，1983）、宁继福《中原音韵表稿》（吉林文史出版社，1985）等。

二 《中原音韵》系韵书

《中原音韵》是较早记录北方通用语实际语音系统的韵书，在汉语近代音研究方面具有很高的价值，它的问世，使汉语音韵学的发展进入了一个新的时期。《中原音韵》行世以后，对当时和后代都产生了很大的影响，因而补订与改作之书时有出现，内容大同小异。这类补订之作虽然各有特点，但都是《中原音韵》一系的韵书，都是为词曲（主要是北曲）的制作服务的，都基本上反映了元代以来中原地区的实际语音，也就是反映了共同语的语音系统。它们的体制与《中原音韵》或同或异，价值有高有低，总体说来都未超出《中原音韵》。它们的出现一方面对研究《中原音韵》音系有参考价值，另一方面对研究汉语语音史有不同程度的史料价值。现介绍主要的几种以见概貌。

1.《中州乐府音韵类编》

《中州乐府音韵类编》又名《北腔韵类》，是元人卓从之编纂的曲韵书，有人称它为《中州音韵》，成书于元至正辛卯年（1351），比《中原音韵》晚出二十七年。其编排体例与《中原音韵》类似，也分十九个韵部，只是改“歌戈、侵寻、皆来”为“戈歌、寻侵、皆莱”，收字上略有改动，如《中原音韵》东钟、庚青两韵兼收的字，《类编》全部收入东钟韵。不同的是《类编》把平声分为“阴字、阳字、阴阳字”三类，李新魁先生认为那是据《中原音韵》墨本（传抄本）而来的。总之，现代学者认为《类编》与《中原音韵》关系很密切，它可能是《中原音韵》的厘定本，因而对考订《中原音韵》音系颇有参考价值。

2.《中原雅音》

《中原雅音》是一部反映时音的《中原音韵》类韵书，但已亡佚，明章黼

《韵学集成》（1460）多所引述。据邵荣芬先生统计和研究，《韵学集成》引用一千四百余条《中原雅音》音读资料，从中考得声母二十个，二十韵部四十一个韵母，平、上、去三个声调。日本学者岩田宪幸1997年在《同声千字文》中发现了一些《中原雅音》的材料，与《韵学集成》所引资料基本一致。2002年李无未又在明抄本韵书《辨音纂要》中发现了《中原雅音》的韵目资料。这些资料对推进《中原雅音》的研究，乃至《中原音韵》系韵书的系统研究，具有重要的意义。有关《中原雅音》研究的主要论著，有邵荣芬《中原雅音研究》（山东人民出版社，1981），龙晦《中原雅音声类考》（《词典研究丛刊》1981年第2期），李无未《〈辨音纂要〉所传〈中原雅音〉》（《中国语言学报》第11期，商务印书馆，2003），李无未、洪飏《〈中原雅音〉的体例问题》（《音韵论丛》，齐鲁书社，2004）等，可供参考。

3.《琼林雅韵》

《琼林雅韵》为明太祖第十六子宁献王朱权所撰，成书于明洪武戊寅年（1398）。全书也分十九韵部，只是韵目名称与《中原音韵》不同而已。比起周德清《中原音韵》收5800多字、卓从之《中州音韵》收4000余字来，此书收8100多字，增字很多。此书明显不同于《中原音韵》处，一是合阴平、阳平为统一的平声，当是遵从《洪武正韵》之分；二是每字之下加注字义，为后来的该类韵书所仿效。《琼林雅韵》改目、增字、加训，而音系变化不是很大，仍然属于《中原音韵》一系的韵书。但也有学者经研究认为它是南曲韵书，或者至少是一部北曲南化的曲韵书。南曲本无韵书，多借用北曲韵书作为用韵规范，但南曲所依据的实际语音又不全同于北音，故明代以降，不少曲韵书向南音靠拢，形成“南化”的曲韵书，《琼林雅韵》可能在这方面具有一定的代表性。有关《琼林雅韵》研究的主要论著有赵荫棠《中原音韵研究》（商务印书馆，1956）中的相关章节、张竹梅《琼林雅韵研究》（宁夏人民出版社，1993）等。

4.《词林韵释》

《词林韵释》又称《菉斐轩词林要韵》，原书不著撰人，赵荫棠于20世纪30年代在《北平晨报·学园》上发表《菉斐轩词韵时代考》和《菉斐轩词林要韵的作者》等文，考定为明代成化年间陈铎所作。李子君《陈铎曲韵与〈词林韵释〉》(《音韵论丛》，齐鲁书社，2004）通过对陈铎存世散曲用韵的研究，证明赵氏所考不误。该书分十九韵部，韵目名称与《中原音韵》不同，又把阴阳平合在一起，韵字排列从《琼林雅韵》，字下注释从《洪武正韵》，只是不注反切。除了阴阳平不分外，《词林韵释》音系内容与《中原音韵》基本一致。

5.《中州音韵》

明代吴兴人王文璧补订《中原音韵》而写成《中州音韵》，仍然分十九韵部，韵目也都相同。该书也是合阴阳平声为一，但切语上字的运用显示了区别，阴平字用原清音字作上字，阳平字用原浊音字作上字。该书也是“入派三声”，但平声不分阴阳而注明“入作平声”，且其切语用字已经用非入声字，说明此时入声是真正消失了。王氏《中州音韵》比《中原音韵》多收三千多字，各字均注音义，体例基本上恢复到传统韵书的原状，体制与《中原音韵》大大不同，但音韵系统基本相同。

6.《中州全韵》及其改编本

《中州全韵》为明人范善溱所撰，为推广《中原音韵》而作。也分十九韵部，韵目有部分改变，有意前用阴平调后用阳平调，如“东同、江阳、机微、居鱼”等。此书字下注反切和训释，与《中原音韵》特别不同之处是去声也分为阴阳两类，带有吴音的特点。《中州全韵》是一部承《中原音韵》音系而来的重要曲韵书，长期为曲作者所宗用，后来就有修补改进之作出现，如《中州全韵辑要》，清人王鵕辑成于乾隆辛丑年（1781）。王氏认为《中原音韵》太简，《中州全韵》太繁，他用“去繁补缺”之法，斟酌两书，编成便于使用的《中州全韵辑要》，从“机微（齐微）”韵中分出“归回”韵，从“居鱼”韵中分出“苏模”韵，增十九部为二十一部，成二十一卷；各字下详注反切和释义，并对切语有所改进；分去声为阴阳两类。后来又有清人周昂（字少霞）于乾隆年间编成《增订中州全韵》一书，在《中州全韵辑要》基础上另立了一个“知如”部，增为二十二韵部，分为二十二卷，另外上声也分阴阳两类，虽有其特点，但可取之处无多。此外，清人沈乘麐《曲韵骊珠》成书于乾隆末，也是承《中州全韵》而来的曲韵书，分二十一韵部，又独立出八个入声韵部，实分二十九部，但入声注文同于阴声，说明已不带塞音韵尾了。各小韵注切语并加注南北音，故北曲、南曲作者都能参用。

三 明清时代的其他韵书

除了《中原音韵》系韵书外，明清还相继出现了一批反映近代汉语各类语音状况的韵书，提供了许多口语语音材料，有利于汉语音韵学研究的全面发展。这类韵书突破传统《广韵》系韵书的限制，从形制到内容都与《中原音韵》有一定的关系，但又不像《中原音韵》系韵书自身的关系那么密切，故须分开来讨论。

近代音的研究，可较为清楚地分出“官话音系”和“方言音系”，汉语各大方言的基本面貌和分布格局在近代已大致定型，其语音状况与现代方音已相去不远，故音韵文献中的方音成分较容易辨析出来，这就有助于认定某一具体的音韵文献资料所反映的是官话音系还是方言音系。官话音系也不是单一的，不但各时段的官话音韵文献所反映的官话音系有所不同，而且同一时段出自不同作者之手的音韵文献反映的官话语音也常常有声韵调某方面的差异。近代汉语官话的发展受到各种不同环境的影响，如政治、经济和文化中心的迁移，科举功令的制约，戏曲和说唱文学的普及，“中原雅音”在官话里长久形成的惯性特征，方言语音成分对官话音系的渗透，等等，加上近代官话的语音标准不大可能像今天普通话这样严格而同一，就导致历朝官话乃至同一朝代的官话往往是在大同之中存在小异，有共同的演变大趋势，又有各呈异彩的小特色。这方面的系统研究，有叶宝奎的《明清官话音系》（厦门大学出版社，2001），该书选择了明清两朝具有代表性的韵书（图），如《中原音韵》系北曲韵书、《洪武正韵》《西儒耳目资》《韵略易通》《书文音义便考私编》《等韵图经》《韵法横图》《五方元音》《音韵阐微》《诗词通韵》《谐声韵学》《圆音正考》《正音咀华》《正音通俗表》《李氏音鉴》《古今中外音韵通例》等，分别描写了明清各时段的官话音系，并比较其异同，阐明其历史沿革，所论较为系统而深入，可资参考。

有关近代音的音韵文献很多，其中方音文献尤为丰富，不可能一一介绍。下面只就官话音系方面，选几种颇具代表性的文献作简略性介绍，以便上承《中原音韵》音系，下接现代汉语普通话音系。

1.《洪武正韵》

《洪武正韵》成书于明太祖洪武八年（1375），是乐韶风、宋濂等奉明太祖之诏而编纂的官修韵书。宋濂在该书的《序》中指斥沈约所编韵书（即《广韵》系韵书）为“吴音”而失雅正，强调《洪武正韵》的编纂宗旨是“一以中原雅音为定”，而“复恐拘于方言”，可见它追求通用规范的目标与《中原音韵》是相同的。《洪武正韵》作为定音依据的“中原雅音”是什么？明人沈宠绥《度曲须知》下卷说：“诸臣承诏共辑《洪武正韵》，一以中原雅音为准焉，夫雅音者，说者谓即《中原音韵》是也。”即《洪武正韵》的语音是《中原音韵》所推崇的北方共同语的“中原雅音”，也就是明朝官家通用的规范语音，即明代初期的官话。

由于《洪武正韵》是当时中原雅音“官话”的反映，其音系就应当与《中原音韵》基本相似。全书分阴声韵和阳声韵的平、上、去三声各为二十二韵，共得六十六韵；入声韵十部十韵，总共为七十六韵。舒声平上去合拢得二十二韵部，与《中原音韵》十九韵部相比只加分了三韵部：分“鱼模”为“鱼、模”两部，分“齐微”为“齐、灰”两部，分“萧豪”为“萧、爻”两部，又有独立的入声

“屋、质、曷、辖、屑、药、陌、缉、合、葉”十韵，按四声相承组合，总共为二十二韵部：

一	东董送 屋	二	支纸寘	三	齐荠霁	四	鱼语御
五	模姥暮	六	皆解泰	七	灰贿队	八	真轸震 质
九	寒旱翰 曷	十	删产谏 辖	十一	先铣霰 屑	十二	萧筱啸
十三	爻巧效	十四	歌哿个	十五	麻马祃	十六	遮者蔗
十七	阳养漾 药	十八	庚梗敬 陌	十九	尤有宥	二十	侵寝沁 缉
廿一	覃感勘 合	廿二	盐琰艳 葉				

宁继福先生经研究认为，这个分韵系统是对毛氏父子《增修互注礼部韵略》的改并重编，也参照了当时的实际语音，可备一说。《中原音韵》“入派三声”而不立入声韵目，《洪武正韵》后出而存入声韵，可见它没有完全摆脱传统韵书的束缚。当然，实际上《中原音韵》只是对词曲作品习惯把入声“派入”三声的做法加以归纳，入声在当时的实际读音中并未完全消失，但《中原音韵》阴声九韵收有分派的入声字，说明入声调虽然存而其塞音韵尾已经消变。《洪武正韵》单立入声十部且都配阳声韵，是有意识地保留入声韵，可能含有迁就传统韵书格局的成分。《洪武正韵》本来是准备作为官家正统科考韵书的，后来由于种种原因而仍用平水韵。《洪武正韵》所分舒声韵部反映当时官话音系的语音实际，与《中原音韵》近似；但又保留一定量的入声韵，是为了承官家韵书的传统。清人吴烺《五声反切正韵》说“《洪武正韵》，依周德清而增入声者也”，所见甚是。

《洪武正韵》声调上平声不分阴阳，声母上保留了全浊声母，这也有存古的意味，与《中原音韵》不一样。其声母根据书中反切可归纳为三十一类，对中古三十六字母有所归并，即“非敷”合一，“知照、彻穿、澄床、泥娘”相混等，这个声母系统与反映当时语音实际的《蒙古字韵》是基本相合的。李新魁先生经过深入研究后，认为汉语全浊声母的消变先从平声开始，故平声据清浊来分阴阳较早，而去声中的全浊音字一直保留到很晚才逐渐消失，如王文璧《中州音韵》中的反切显示，平声、上声中的全浊音声母都消失了，而去声字仍然保存了全浊音声母的残迹。[①] 因此，《洪武正韵》保存了全浊声母，致使平声不分阴阳，是有它仿效传统韵书的保守一面，但当时的官话语音中可能还有全浊声母存在，它保留全浊声母也就可能是语音实际的真实反映。语言现象是复杂

① 参见李新魁《汉语音韵学》，北京出版社 1986 年版，第 74 页。

多变的，明代的许多韵书、韵图保留了全浊声母，也说明《洪武正韵》不是一味仿古。

应该说，《洪武正韵》基本上反映了明代初年通用的官话语音系统，同时也有参照和迁就传统韵书的成分，有它特定的研究价值。由于它保存了入声韵和全浊声母，与《中原音韵》相比，就与当时的南方方音更靠近一些，有“南化”的成分，于是就有“南宗《洪武》”之说，明代南曲作者多参照它来定韵。

刘文锦《洪武正韵声类考》（《历史语言研究所集刊》三本二分，1931）、宁继福《洪武正韵研究》（上海辞书出版社，2003）是研究《洪武正韵》的主要参考资料。宁继福还发现了鲜为人知的八十韵本《洪武正韵》，经反复研究，认为：在七十六韵本《洪武正韵》于 1375 年刊行后不久，朱元璋皇帝下令返工，1379 年返工完毕，吴沉作序。不同点有：分八十韵，入声十一韵，不再是严整的阳入相配，［-p，-t，-k］韵尾混同，浊上变去等。说明承古的成分减弱，更努力反映当时官话的语音实际。

2.《韵略易通》和《韵略汇通》

《韵略易通》编成于明英宗正统七年（1442），距《中原音韵》一百年左右，距《洪武正韵》六十年左右，兰茂所撰。兰茂字廷秀，号止庵，云南嵩明人。这部书反映的可能是当时流行于云南一带的官话，记录的是实际语音，王力先生认为“书中讲述的显然是北方的普通话”，因此兰茂“可能是明初北方移民的后裔”。①《韵略易通》明确分声母为二十类，用一首《早梅诗》的二十个字作为字母来表示这个声母系统，据王力先生的拟音，这二十个声母为：

东［t］	风［f］	破［p‘］	早［ts］
梅［m］	向［x］	暖［n］	一［ø］
枝［tʂ］	开［k‘］	冰［p］	雪［s］
无［v］	人［ʐ］	见［k］	春［tʂ‘］
从［ts‘］	天［t‘］	上［ʂ］	来［l］

这二十个声母与《中原音韵》的二十一声母系统基本相合，只是将《中原音韵》的疑［ŋ］母字并入了零声母。与中古三十六字母比，主要特点是全浊声母已经消失，“知、彻、娘”三母与“照、穿、泥”合一。《中原音韵》未明列声母，《韵略易通》二十声母的明确分列，打破了三十六字母的一统天下，直接反映时音，影

① 王力《汉语语音史》，中国社会科学出版社 1985 年版，第 389 页。

响深远，这个声母系统已经与现代普通话的声母系统相差不远了。《韵略易通》分二十个韵部：一东洪、二江阳、三真文、四山寒、五端桓、六先全、七庚晴、八侵寻、九缄咸、十廉纤、十一支辞、十二西微、十三居鱼、十四呼模、十五皆来、十六萧豪、十七戈何、十八家麻、十九遮蛇、二十幽楼。这二十韵部与《中原音韵》的十九韵部大体相同，只是把“鱼模”分为“居鱼、呼模”两部，各韵部收字也大体与《中原音韵》相同。但《韵略易通》保留入声和入声韵，把入声字附在前十部阳声韵的平、上、去三声字之后，而不像《中原音韵》那样归入阴声，可能是从形式上服从《洪武正韵》的结果。这进一步说明当时当地的官话中还可能有入声存在，甚至入声字可能还收喉塞音。该书平声字是分阴阳的，只是不明标“阴、阳”之名，而用“〇”号隔开，则有阴平、阳平、上声、去声、入声五个调类。《韵略易通》在编排体例上对传统韵书改变较大，横列《早梅诗》代表各声母，下隶平、上、去、入各字，不注音切而读音自明，字下略加训释，创后来通俗韵书的常用体例，它的创新处很多，很值得研究。

《韵略汇通》是《韵略易通》的改写本，是明代末年山东掖县人毕拱辰的改并之作。把兰书的“端桓”归并于“山寒”，把“缄咸”分开归入“山寒”和“先全”，把“廉纤”归并于“先全”，把“侵寻”归并于“真文”，把“西微”韵中读［i］的字归于“居鱼”而把读［ei］的字改称为“灰微”韵，这样就比《韵略易通》少了四类，成为十六韵部。从《韵略易通》的二十韵部到《韵略汇通》的十六韵部，反映了两书相距二百多年间的实际语音变化，如其间北方话收［-m］尾的韵母消失而归并于收［-n］尾的韵母，“端桓”韵由［on］变读为［an］而与“山寒”韵同音等。声母方面，两书相承为二十声母，说明两百年间声母无多少变化。声调分上（阴）平、下（阳）平、上、去、入五个调类，与《韵略易通》相同，体例也基本同于《韵略易通》。可见《韵略汇通》确实是《韵略易通》的继承和发展。

《韵略易通》有明万历刻本和清康熙刻本，《韵略汇通》有清代山东刻本。张玉来《〈韵略易通〉研究》（天津古籍出版社，1999）、《〈韵略汇通〉音系研究》（山东教育出版社，1995）是两书研究方面的重要参考资料。

3.《合并字学篇韵便览》（《等韵图经》）

明末，徐孝纂成《合并字学篇韵便览》，书刊行于万历三十四年（1606）。全书包括四个部分：字书《合并字学集篇》、韵书《合并字学集韵》、韵图《重订司马温公等韵图经》（简称《等韵图经》）、反切总汇《四声领率谱》。其中韵书和韵图相配合，反映了当时的实际语音系统。韵图所言“司马温公”即宋代的司马光，“等韵图”指司马光编纂的《切韵指掌图》。徐孝韵图名称虽言及司马温公，但实际内容与《切韵指掌图》无关，而是根据当时顺天（今北京）一带的语音实际编写的实用型韵书和韵图，总名“便览”即表明了该书力求便利实用的编纂宗旨。该书分声调为阴平、阳平、上声、去声四类，称为“平、上、去、如”四声，“平声”指阴平，“如声”指阳平，入声字派入阳平、上声、去声而不派入阴平，与《中原音韵》做法相同，但从《便览》中阴声韵字与入声韵字混列，入声韵字跟阴声韵字普遍互作反切下字来看，入声在这时已经真正消失了，这是与《中原音韵》不同的。《便览》实有声母为十九个，《韵略易通》的“无（微）母［v］”在此书中已归入零声母。韵母系统与此前韵书相比变化很大，将十六摄合并为十三摄：“通、止、祝、蟹、垒、効、果、假、拙、臻、山、宕、流、门”，对比传统韵图的十六摄来看，韵尾收［-m］的“深、咸”两摄消失了，体现了［-m］尾韵母向［-n］尾韵母的合流，并“梗、曾”入“通摄”，并“江摄”入“宕摄”，又增加“垒摄”和“拙摄”，这十三摄实际上就是十三个韵部，与现代曲艺的十三辙“中东、衣期、姑苏、怀来、灰堆、遥迢、梭波、麻沙、乜邪、人辰、先天、江阳、由求”大体相同。《等韵图经》及时地表现了明末北方话中韵母系统所发生的较大变化，其韵系与现代北京话音系十分接近。《等韵图经》分开合口列为二十五图，每图横列声母，下依洪音细音排列，而不像《韵镜》等传统韵图列四等的区别，因而韵字的排列显示了开、齐、合、撮四呼在当时已经基本形成。韵图的排列还透出一些新的信息，如由三十六字母的知照系和日母字演变而来的［tʂ，tʂ‘，ʂ，ʐ］四母所拼的二、三等韵合流为一，则三等韵由齐齿呼变为开口呼，也就是当时的卷舌声母已经不与［-i］介音相拼了；又如见组和精组细音字合流现象，即通常所说的“尖团合流”，在《便览》中已经初露端倪。而这些正是现代汉语普通话的典型特征。

此书今有《四库存目丛书》本，主要研究参考资料有：赵荫堂《重订司马温公等韵图经》（《北辰学园》，1932）、陆志韦《记徐孝重订司马温公等韵图经》（《燕京学报》第32期）、周赛华《合并字学篇韵便览研究》（湖北人民出版社，2005）等。

4.《五方元音》

《五方元音》为清初直隶唐山人樊腾凤（1601—1664）所撰，约成书于顺治十一年（1656）之后。雍正五年（1727）辽宁年希尧增补并改名为《重校增补五方元音全书》（或《新纂五方元音全书》），主要是增韵字和加注释。嘉庆十五年（1810）赵培梓又据樊氏原书改编，名《剔弊广增分韵五方元音》。赵荫棠在《等韵源流》中称该书为明末清初之间“一部可以作殿军的代表韵书”。

《五方元音》是樊腾凤删并兰茂《韵略易通》而成，声母二十个，承《韵略易通》“早梅诗”而来，但樊腾凤认为《韵略易通》“母失次序”，他的声母恢复三十六字母的有序排列：

梆［p］	匏［p‘］	木［m］	风［f］
斗［t］	土［t‘］	鸟［n］	雷［l］
竹［tʂ］	虫［tʂ‘］	石［ʂ］	日［ʐ］
剪［ts］	鹊［ts‘］	丝［s］	云［j］
金［k］	桥［k‘］	火［x］	蛙［w］

这是有发音部位和发音方法顺序的排列，现代汉语普通话的声母排列顺序基本上就是这样的。《韵略易通》的“无”母在明代还读［v］，到清代就变为半元音［w］了，樊腾凤为了凑足二十声母，把“早梅诗”中“无”母字和部分“一”母中的零声母字归并为“蛙［w］”，把“一”母的其他字立为“云［j］”，其实“云、蛙”都是零声母，相当于《韵略易通》的“一”母，而“无”母则已经消失。这二十声母实际上只有十九个，与《等韵图经》的声类一致。

《五方元音》合并《韵略易通》的二十韵为十二韵，用天地及动物名来作韵目：天、人、龙、羊、牛、獒、虎、驼、蛇、马、豺、地。与《韵略易通》对应，是将“山寒、端桓、先全”合为“天”，改“真文”称为“人”，并把收［-m］尾的“侵寻、缄咸、廉纤”韵字分归于“天、人”二韵中；改“江阳”称为“羊”，合“东洪、庚晴”为“龙”；改“幽楼”称为“牛”，改“萧豪”称为“獒”，改“呼模”称为“虎”，改“戈何”称为“驼”，改“遮蛇”称为“蛇”，改“家麻”称为“马”，改“皆来”称为“豺”，合“支辞、西微、居鱼”为“地”。樊腾凤归并前人韵部，只立十二韵，始于“天”而终于“地”，人和动物在中间，是受了易学天尊地卑、天地人三才等观念的影响，为合“十二”元会之数，一个“地”韵就包含了《韵略易通》三个韵部，计有［ʅ，ɿ，i，uei，y］五个读音不同的韵母。但除了“地”韵这种个别的极端例子之外，该书韵部的归并基本上是语音发展演变实际情况的反映，清初有马自援《等音》、林本裕《声位》等著作分十三韵，就与《五方元音》的十二韵很相近，《康熙字典》卷首所载的《字母切韵要法》所定十二摄，也是与《五方元音》的十二韵大致相同的。王力先生在《汉语语音史》中参照现代十三辙，将其分析为十五个韵部，即“中东、江阳、支思、衣期、居鱼、姑苏、怀来、灰堆、人辰、言前、遥迢、梭波、麻沙、乜邪、由求”，这个韵部格局和现代北京话大体一致，此后的变化也就不大了。

声调方面，《五方元音》韵书表面上分上平、下平、上、去、入五类，但从其韵书收字和韵图列字及卷首“俗讹字类”的辨音材料来看，实际上入声韵尾已经消失而融入相应的阴声韵中去了。真正存在入声的《韵略易通》是入声韵配阳声韵的，《五方元音》则只是在“虎、驼、蛇、马、豺、地”六个阴声韵中收有入声字，入声韵改配阴声韵，也说明此时入声字的塞音韵尾消失而与阴声字合流了。樊腾凤在《五方元音·自序》中说：“添四声为五声，与天地之五位相当，而并无失遗”，可见他添列五声，一是附会易学观念，二是照顾传统韵书而不致使入声“失遗”，他口中所用的北方通用语其时已无入声，实有四声，他是人为地“添四声为五声”的。“阴平、阳平、上声、去声”的四声局面从此基本定型，一直沿用到现代普通话。

在反映近代语音实际的韵书中，《五方元音》被看作“殿军”，意味着现代普通话音系的主要特点在它那里基本上都具有了。比如现代普通话声母系统不分尖团音，清乾隆年间的北方话中尖团音的对立在逐渐消除，见晓组细音齐撮两呼字的声母已不断腭化为［tɕ，tɕ‘，ɕ］，故成书于乾隆癸亥年（1743）无名氏所撰的《圆音正考》（也称《团音正考》）要考求正处于尖团合流的“团音”，集中反映了这一音变现象。而在约一百年前的《五方元音》里，十二韵中都存在见、精两系的洪、细音明显分组现象，正是两系细音字声母全面腭化为［tɕ，tɕ‘，ɕ］的前奏，比《合并字学篇韵便览》走得更远，为尖团音问题的研究保存了系统的早期资料。《五方元音》十九声母加上见、精两系细音字腭化声母［tɕ，tɕ‘，ɕ］，就是二十二声母，这就形成了现代普通话声母的基本格局，此后也就变化无多了。

现代普通话韵母四呼形成过程的研究，也是能从《五方元音》中得到重要材料的。耿振生在其《明清等韵学》中说：“从中古的两呼四等到近代的开齐合撮四呼，经历了一个渐变的过程。《中原音韵》时代已经奠定了四呼的格局，明初《洪武正韵》和《韵略易通》鱼、模分韵，反映了鱼韵由［iu］变［y］的事实，现代学者认为介音［y］也是在这个时候由［iu］变来的，这就是四呼正式形成的时代。明代前期的等韵中不大注意介音分类，如张黼《韵学集成》，一个韵里边介音不同的韵类交错排列，没有固定的规则。明确地从介音角度把韵母区别为四类的，大概以桑绍良《青郊杂韵》（1581）为最早，该书没有用‘开、齐、合、撮’的名称，而有其实际的内容，用的名称叫‘四科’，把开口呼叫做‘轻科’，把齐齿呼叫做‘极轻科’，把合口呼叫做‘重科’，把撮口呼叫做‘次重科’。晚于桑绍良，有徐孝、袁子让、叶秉敬等人用‘两呼四等’的形式区别四呼，名称是从中古等韵继承下来的，表示的内容是近代的介音系统。他们把开口呼作为开口上等，齐齿呼作为开口下等，合口呼作为合口上等，撮口呼作为合口下等。上述作者已经从系统上解决了四呼的问题，只是没有运用开齐合撮的名目。”① 而《五方元音》的韵书和韵图都明确区分四呼，特别是韵图在每韵下清清楚楚地按四呼分四栏列字，只是没有标四呼之名，这是十分难得的。后来的韵书，承用四呼并标其名的很多，如《音韵阐微》（1726）“凡例”云：“今于每韵内分注开口呼、齐齿呼、合口呼、撮口呼各若干音，以为按母分音之据，乃呼法也”；又如乾隆五年（1740）印行的刘始放《学韵记要·韵谱》在韵图中清楚地按四呼分类列字并标明“开、齐、合、撮”四呼的名称，不过它们已经比《五方元音》晚了很多。

樊腾凤《五方元音》今有《四库存目丛书》本，年希尧《新纂五方元音全书》有雍正五年刻本。主要研究论文有：龙庄伟《〈五方元音〉与〈元韵谱〉》（《河北师范大学学报》1996 年第 3 期）、王平《〈五方元音〉韵部研究》（《郑州大学学报》1996 年第 5 期）等。

5.《李氏音鉴》

清人李汝珍撰《李氏音鉴》，成书于嘉庆十年（1805，有该年李汝璜序）。汝珍字松石，大兴人，小说《镜花缘》的作者。《音鉴》与此前各种韵书的编排都不同，全书用三十三段问答来表述作者的音韵观点，后列字音图表。其声母用一首《行香子》词来代表：“春满尧天，溪水清涟。嫩红飘，粉蝶惊眠。松峦空翠，欧鸟盘翾。对酒陶然，便博个醉中仙。”这三十三字即其所谓“松石字母”，实际上有介音“粗、细”之分，如“满”粗“眠”细、“陶”粗“天”细等，故实际上只有二十二个声母：

博便［p］	盘飘［p‘］	满眠［m］	粉［f］
对蝶［t］	陶天［t‘］	嫩鸟［n］	峦涟［l］
中［tʂ］	春［tʂ‘］	水［ʂ］	然［ʐ］
醉［ts］	翠［ts‘］	松［s］	欧尧［ø］
个［k］	空［k‘］	红［x］	
惊酒［tɕ］	溪清［tɕ‘］	翾仙［ɕ］	

二十一个声母加零声母，共二十二个，与今普通话声母完全相同了。有学者认为“欧、尧”当读半元音［w，j］，没有完全零声母化，那是为了承接《五方元音》的“蛙、云”二母而言的，其实不必。《音鉴》声母系统的突出特点，主要是在《五

① 耿振生《明清等韵学》，语文出版社 1992 年版，第 62—63 页。

方元音》声母基础上将中古见组细音“惊、溪、翾”和精组细音“酒、清、仙”合流为［tɕ，tɕʻ，ɕ］，彻底完成北方音系中的“尖团合流”。见、精两组细音字声母的腭化发生得很早，过程很长，其分化到《等韵图经》《五方元音》等明清韵书和韵图中已渐显清晰，到《团音正考》（1743）中已基本完成，《李氏音鉴》则正式在声母系统中明确地标示出来。至此，现代汉语普通话的声母系统就定型了，二百年来，没有什么变化。

李汝珍少年在大兴（今北京市）长大，二十岁左右随其兄到地处今苏北的海州板浦定居，《音鉴》是为童蒙初学所撰的音学入门之书，强调反映时音和方音，故他在多处表明“此编悉以南北音并明”“此编兼列南北”等，他的“北”是18世纪中后期的北京音，他的“南”是当时海州板浦音中与北京音不同的部分，问答中常常是“南音”与“北音”对比的。《音鉴》卷六《字母五声图》是以声母分类为主列成的字表，韵的分类退居其次，分韵为二十二，收［-m］尾的韵母全部归并于收［-n］尾的韵母，剥除其中掺入的“南音”成分，就是当时的北京音韵母系统，已经与现代汉语普通话差别甚微了。声调分五类：阴平、阳平、上声、去声、入声，入声分出，当然也是跟掺杂“南音”有关，但主要是与指导童蒙诵读与写作诗赋有关，他在《字母五声图》的解释中说：“图内入声悉照等韵载入，其中各音或与今时迥不相侔者，则参以指南诸书易之，至粗细微异不甚悬殊者，未敢妄加更易，皆仍其旧，以俟考证。”剔除“南音”所得北京音的声调系统也明显是“入派四声”的，即只有阴平、阳平、上声、去声四个调类，与今普通话相同，卷二第十五问“平分阴阳”谓“阴者平之低也，阳者平声之高也”，可能调值与今北京音还有些不同。

总之，《李氏音鉴》记录和论及当时的北京音，声、韵、调系统已经具备现代汉语普通话音系的框架和基本特点，是汉语中古音向近现代音演变的一个总结。这方面的详细研究，可参考杨亦鸣《〈李氏音鉴〉音系研究》（陕西教育出版社，1992）。《李氏音鉴》今传版本，主要有清同治戊辰重修本等。

6.《音韵阐微》

《音韵阐微》是清代一部重要的官修韵书，虽然承袭了传统韵书体例上一些特点，反映的也不是近代汉语的口语音系，但它运用等韵学的观念和术语来表示字音，吸收了很多新的东西，革新之处也不少，它的语音体系表现的主要是明清时代的读书音，属于近代音范畴，故列在此处讨论。

清康熙年间，李光地奉诏修撰该韵书，而由其弟子王兰生（1697—1736）实际编纂，始编于康熙五十四年（1715），成书于雍正四年（1724）。《音韵阐微》一方面承用传统的平水韵和三十六字母，另一方面受满文“合声”方法的启示，采用等韵学的原理和方法来构架韵书，富于变革精神。全书分一〇六韵，韵中分开、齐、合、撮四呼，呼下统以三十六字母，按始“见”终“日”的顺序排列小韵，即其“凡例”所谓“韵部为经，字母为纬”，框架近于《五音集韵》。该书用等韵学理来划分音类的方法和体例是对《五音集韵》的继承与发展，声调分平、上、去、入四声，整个语音体系基本上是承接《礼部韵略》，而又依时音有所改进。

该书虽然依平水韵惯例分一〇六韵，但有所改进，保留“文、吻、问、物”与“殷、隐、焮、迄”的分用，以及“迥、径”与“拯、证”的区别，因此多出六韵，实有一一二韵，并于各韵之后注明古今分韵的异同。该书采用《五方元音》等书的做法，韵书与韵图配合，韵图列于卷首，称为“韵谱”，内容的分类和列字的次序都同于韵书，只是所列的是韵书中小韵的首字而已。该书入声配阳声韵而不配阴声韵，因而是实有入声存在，平声合为一类而无阴、阳之分，声母系统仍然承用三十六字母，所以它的语音系统反映的既不是传统的《切韵》音系，也不是当时的口语音系，而是明清时期的读书音系统，这个近代汉语的读书音系统已经比较接近现代的语音了，它在当时的科举功令、诗文用韵和字音辨读等方面都起着重要的作用。也有研究者认为：“《音韵阐微》实际上包含两个语音层次：（1）与平水韵相近的传统读书音；（2）当时的官话音（凡音、今音）。”[①] 所言有一定的道理。

《音韵阐微》在反切改良上的力度很大，所用切语用字与传统韵书大不相同，形成该书最大的特色。切上字方面，开口呼被切字用“歌麻”韵切上字，齐齿呼被切字用“之微齐”韵切上字，合口、撮口呼被切字用“鱼虞”韵切上字，这些韵的字都是阴声韵字，而不是带鼻辅音韵尾的阳声韵字或带塞音韵尾的入声韵字，用它们作切上字拼切时就没有鼻辅音或塞音韵尾的干扰，且尽量使切上字与被切字开合等呼相同，这样就更容易切出准确的读音来，即“凡例”所言：“凡翻切之上一字皆取支微鱼虞歌麻数韵中字，辨其等呼法，其音自合。”切下字方面，主要采用“影、喻”纽字，一般是零声母，零声母字作切下字，拼切时就没有冗余辅音来干扰拼切的准确性，即“凡例”所言：“凡各韵清声之字皆收声于本韵之影母，各韵浊声之字皆收声于本韵之喻母，盖影喻二母中字收本韵之喉音，天下之声皆出于喉而收于喉，故翻切之下一字用影喻二母中字收归喉音，其声自合也。”再就是不勉强用生僻字作切语用字。这些都是合乎音理的改良，因此这些反切就得到广泛而持久的应用，一直用到现代辞书的编纂之中，如旧版《辞源》等，都还采用《音韵阐

① 叶宝奎《明清官话音系》，厦门大学出版社 2001 年版，第 191 页。

微》的反切。

至此，现代汉语语音系统的基本格局已经形成，汉语语音的发展史也有了一个概貌性的系统展示。此后清人编的韵书还有很多，其中反映官话音系的内容往往大同小异，抄撮汇编之类的较多，偏于应用型的“便览”“集成”之类的较常见，有建树和新见的不多，故不烦一一论及。反映近代官话音系的韵图也很多，但音系上有实质性变化的也不多见，等韵图的基本原理在介绍《韵镜》一系韵图时已经讨论过，故不再对明清韵图作进一步的介绍。需要更深入学习者，可阅读各类专门的音韵学著作和有分量的文章。

附　录

国际音标的发音和例字 *

一　国际音标简说

国际音标（International Phonetic Alphabet），直译是“国际语音字母”，简称IPA。1886年，西欧一些学校的语音教师在伦敦成立“语音教师协会”，共同讨论并拟订了一套国际语音字母方案，后来由法国的保罗·帕西和英国的丹尼尔·琼斯等人于1888年制定，发表在协会的会刊《语音教师》上。1897年协会改名为“国际语音协会”（后称“国际语音学会”），此后对音标进行过多次修订。本附录的《国际音标》表采用国际语音学会修订至2018年的方案，采用中国语言学会语音学分会2018年中文版。

国际音标的记音原则是“一音一符，一符一音”：一个声音只记一个符号，一个符号只表示一个声音。表中所列是目前较为通用的国际音标：元音表列元音28个，辅音表列辅音73个。另外列有“变音记号、超音段成分、语调和音调、其他符号”四种辅助符号表，可用来表示特殊音、变音、附加音等。组合音（如塞擦音）均不列出，可用单音符号来组合。

---

*　本附录的音标讲解以国际语音学会2018年修订的国际音标表为蓝本，为了适应汉语古今语音研究应用的需要，参考各家的汉译和增删，作了一些调整，如使用率很高的塞擦音都补入并讲解，极少用的拍音、边近音等则略而不论。主要参考文献有：岑麒祥《国际音标》（湖北教育出版社，1982），宋学《国际音标自学要领》（北京广播学院出版社，1985），林焘、王理嘉《语音学教程》（北京大学出版社，1992），周同春《汉语语音学》（北京师范大学出版社，2003）等。音标的讲解和字例，主要参考原中央民族学院罗安源师在中国音韵学会第二期音韵学研究班上的讲授内容，因资料来自听课笔记，且有增加和修改，其中的错讹由本人负责。国际音标的练习，可利用网络或光碟“音路历程”上周殿福先生的发音来作指导。

二　语音的发音原理简说

1. 语音的物理属性

一般分为“音高、音强、音长、音质”四种：音高，指声音的高低，取决于音波振动的频率，如汉语声调五度高低的变化。音强，指声音的强弱，取决于音波振幅的大小，也就是发音时用力的大小，如英语的词重音：export，［'ekspɔ:t］重音在前为名词，［eks'pɔ:t］重音在后为动词。音长，指声音的长短，取决于发音持续的时间，如英语的长短元音［i:］—［i］。音质，指声音的性质，也称音色或音品，是一音区别于其他音的基本特征，音质的不同主要取决于三点：（1）发音物体不同；（2）发音方法不同，如塞、擦等；（3）共鸣器形状不同，如鼻、口，开口度大小等。

2. 语音的基本单位

（1）字母，是语音书写的最小单位。（2）音素，是人类语音从音质角度划分出来的最小单位，具体是指在听觉上可以独立出现，而在结构上不能再分别的语音单位。（3）音位，是一定语言中能区别意义的最小语音单位。比较而言，音位大于音素，音位是音素的概括或抽象，音位少于音素。音素是生理、物理性的，音位是心理性的。音素是具体的语音单位，而音位则可以包含几个不区别意义的音素，例如：汉语中，来［lai］、搬［pan］，［a］在［-i］［-n］前；阿［ᴀ］、拿［nᴀ］，［ᴀ］自成音节或作开音节元音；高［kɑu］、放［fɑŋ］，［ɑ］在［-u，-ŋ］前。音素有［a］［ᴀ］［ɑ］三个，音位只有 /a/ 一个，对立与否是划分音位的主要根据。由此推演，语音学研究言语的声音，而音位学研究语言的声音（即有意义的声音），音位学观察和研究那些在语言中完成一定功能的声音。（4）音位变体，属于同一个音位的各个音就是这个音位的不同变体，又可分为：自由变体，能出现在同样的语言环境中而不区别意义的两个以上的音，如汉语有的方言［n，l］不分，又如英语的送气、不送气不分；条件变体，是在一定语言中各有一定的出现场合而同属于一个音位的两个以上的音，如上引 /a/—［a，ᴀ，ɑ］。（5）音质音位与非音质音位：音质音位，区别于音质所构成的音位；非音质音位，区别于音高、音强、音长所构成的高低、轻重、长短方面的音位。

3. 语音的生理基础

主要是指发音器官，人类的发音器官分为三大部分：

（1）肺、支气管、气管，其所呼吸的气流是人类发音的源动力。

（2）喉头和声带。喉头由软骨构成，呈圆筒形，下接气管，上通咽腔。外表是喉结，内为一对声带。声带是两片薄膜，约 13 毫米长，前后两端黏附在软骨上，中间的气流通路叫声门，肌肉和软骨活动，声门便或开或闭，如发［a，i，u］和［m，n］时，声门闭拢，气流冲击声带产生振动，这就是纯乐音的元音和带乐音成分的浊辅音；而发［f，s］等音时，声门张开让气流自由通过，声带不颤动，这就是带噪音的清辅音。乐音，是由有规则的音波构成的音；噪音，是由许多不规则的音波凑合而成的音。

（3）共鸣腔。指口腔、鼻腔和咽腔，它们是发音时重要的共鸣器，就像二胡的琴筒。三腔中最重要的是口腔，口腔由上下唇、上下齿、上下齿龈、上下腭、舌头、小舌等部位组成。上腭又分为硬腭和软腭两部分，软腭前与硬腭相连，是口腔上壁柔软的部分，后面连接的小舌呈小肉坠形。软腭和小舌是可以自由升降的。舌头又可分为舌尖、舌叶、舌面和舌根几部分：舌头的尖端叫作舌尖，舌尖还可以分为舌尖前、舌尖中、舌尖后三部分；舌头自然平伸时，舌尖后与齿龈相对的部分叫舌叶；舌叶之后的部分统称为舌面。舌面又可以分成舌面前、舌面中、舌面后三部分，舌面后也叫作舌根，舌根的位置大致与软腭相对。鼻腔在口腔之上，像是口腔的二楼，一、二楼之间有一扇活动的小门，那就是可以伸直或下垂的小舌。当软腭、小舌下垂而口腔内的发音器官未形成任何阻碍时，肺部呼出的气流可同时通过鼻腔和口腔，发出带有鼻音色彩的音来；如此时口腔内的发音器官形成阻碍，导致气流不能从口腔呼出，气流就完全由鼻腔呼出而发出鼻音。如软腭和小舌伸直抵住喉壁，堵住气流往鼻腔的通路，气流就完全由口腔呼出，发出的音就不是鼻音或不带鼻音色彩了。咽腔在喉头之上、口腔之后和鼻腔之下，像是通往口腔、鼻腔、喉头和食道的岔路口，咽腔的后壁叫作喉壁，会厌软骨则是喉头与咽腔之间的一个活门。口腔、咽腔中的各部分发音器官又可以协同作用，使气流冲破所构成的各种阻碍，从而发出各种声音。此外，齿位在发音中也是常起辅助作用的，正前方两颗是门齿，依次往两边排列是：侧门齿、犬齿、第一前臼齿、第二前臼齿、第一臼齿、第二臼齿、智齿。在上述发音器官中，声带、嘴唇、舌头、软腭、小舌和下腭都是可以自由活动的，可以称为主动发音器官或积极发音器官，也是发音时的节制器官；其他部分都不能自由活动，可称为被动发音器官或消极发音器官，是发音时的节制点。

实际上，发出任何一个音都是上述发音器官中若干部分协同作用的结果。人的语音发出过程是：肺部鼓气—喉部—咽腔—口腔或鼻腔。气流冲出过程要受到诸发音器官的各种节制或影响，发音时形成的节制点对应的发音器官所在部位叫作“发音部位”，发音器官在发音时造成阻碍和解除阻碍的方式叫作“发音方法”，在不同发音部位上用不同的发音方法来影响或节制气流冲出，就形成各种不同性质的音。图 1 为人类声腔发音部位剖面图：

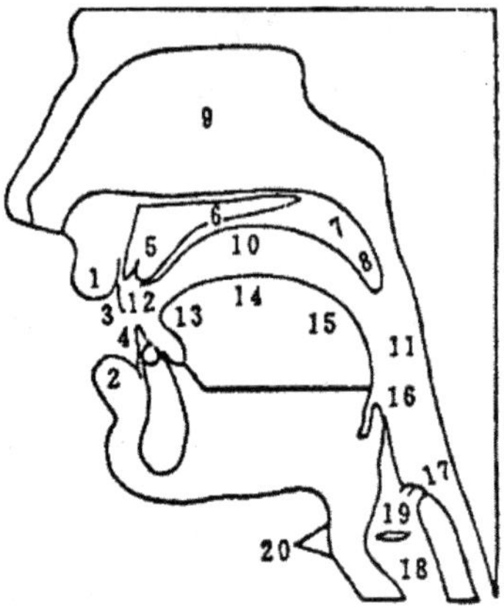

1.2. 上下唇	3.4. 上下齿	5. 齿龈
6. 硬腭	7. 软腭	8. 小舌
9. 鼻腔	10. 口腔	11. 咽腔
12. 舌尖	13. 舌叶	14. 舌面前、舌面中
15. 舌面后	16. 会厌软骨	17. 食道
18. 气管	19. 声带	20. 喉结

图 1

三　国际音标的元音

元音，是声带被气流冲击造成颤动而形成的乐音性音波，所有元音都是浊音。具体说来，话语是由音质不断变换的最小音段组合而成，最小音段又可按发音动作的不同状态分为开放型和封闭型两类：当气流依次从完全开放的喉腔、咽腔、口腔、唇腔顺利通过时，发出的最小音段就是开放型最小音段；当这些声腔的某一部分封闭而使气流受阻，发出的最小音段就是封闭型最小音段。语音学上把开放型最小音段称为“元音”（vowel），把封闭型最小音段称为“辅音”（consonant）。

元音的基本性质可跟辅音相比较而显示出来：（1）发元音时，气流在中途不受明显的阻碍，但实际上受到微小的阻碍，小到语音学上可以忽略不计，因为听感上不影响元音的音色。（2）发元音时，声带是颤动的（带音的，voiced），只有在少数特殊情况下，元音才不带音。（3）发元音时，除声带特别紧张外，发音器官的其他部位都保持均衡的紧张状态。（4）发元音时，肺部用力不是很大，因此气流不很强而能够自由地推出。（5）由于声带本身的颤动，以及声道上空腔的共鸣作用，元音就有比较大的响亮度。

从元音自身的构成条件可以对它们作一定的分类。（1）舌头前后移动的部位：绝大多数语言都是利用舌面的前后移动来发出不同元音，但汉语还有舌尖元音，是靠舌尖移动形成的，一般把舌面在口腔中前后移动分为“前、央、后”三类。（2）舌面移动的高度：舌面移动是自由的，可在任何一个高度上停下来，舌面上下移动的不同高度形成不同音质的元音。根据各种语言不同元音系统的需要，舌面高低移动可有若干等不同的分类："高、中、低"三等分高度（汉语常用）；"高、半高、半低、低"四等分高度（也称"闭、闭中、开中、开"，IPA 常用）；"高、半高、上中、正中、下中、半低、低"七等分高度（完全性高低分类）。（3）口腔开闭的程度，即下腭升降的程度：一般分"高闭、高开、中闭、正中、中开、低闭、低开"七等，这是对舌面高低的辅助性分类，因为实际上是下腭的升降带动舌面在口腔中的高低移动。（4）双唇动作的状态：双唇平展，两嘴角同时向两边拉开造成的状态，简称"展唇"；双唇圆拢，两嘴角同时向中央靠拢而造成的状态，简称"圆唇"；中性状态，两嘴张开时保持一个自然状态，即没有明显的展唇动作，也没有明显的圆唇动作，多出现于舌面中音，简称"舒唇"。结合舌面在口腔中前后、高低移动的部位和唇形圆展的状态，舌面元音在口腔及唇形上呈现为 49 种分布状态（见表 1）：

表 1

三等	四等	七等	前		央			后	
			展	圆	展	舒	圆	展	圆
高	高	高	前高展	前高圆	央高展	央高舒	央高圆	后高展	后高圆
		半高	前半高展	前半高圆	央半高展	央半高舒	央半高圆	后半高展	后半高圆
中	半高	上中	前上中展	前上中圆	央上中展	央上中舒	央上中圆	后上中展	后上中圆
		正中	前正中展	前正中圆	央正中展	央正中舒	央正中圆	后正中展	后正中圆
	半低	下中	前下中展	前下中圆	央下中展	央下中舒	央下中圆	后下中展	后下中圆
低	低	半低	前半低展	前半低圆	央半低展	央半低舒	央半低圆	后半低展	后半低圆
		低	前低展	前低圆	央低展	央低舒	央低圆	后低展	后低圆

这 49 种元音状态，除去唇形的圆展之外，在口腔中可以划分为 21 个舌位移动的音区（见表 2），这些音区的分布状态可以从舌面在口腔里位置移动的"舌位图"（见图 2）中体会得到。在同一音区内，发出的音有极其相似的音色，一般人在听觉上难以区别，在实际语言里也不表现出对立，即不区别词。同一音区里发出来的音称为"同区音"，同区音所占的音区称为"同音区"，同音区里所能发出来的无数个音的总和称为"同音群"，同音群包含着无穷无尽的但有极其细微差别的同区音。我们将要学的每一个音标符号代表着每一个特定的同音区里的同音群，任何一个音标只要不越出同一个音区，不越出它所在的那个同音群，那么它的发音就是正确的。

表 2

	前	央	后
高	1	8	15
半高	2	9	16
上中	3	10	17
正中	4	11	18
下中	5	12	19
半低	6	13	20
低	7	14	21

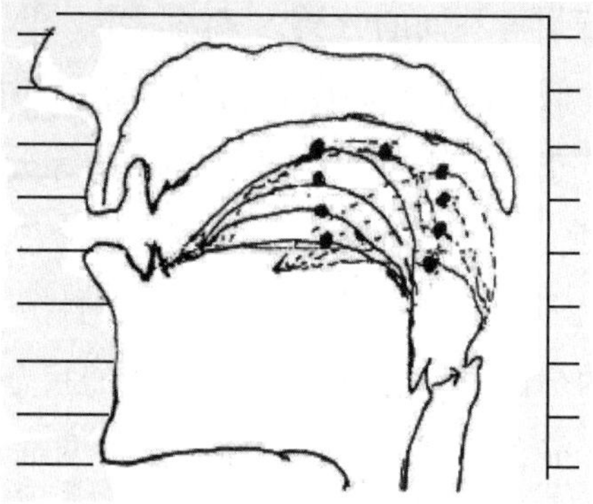
图 2

有了上述的语音知识，下面就可以进行元音的分析和认读了。发元音时，一般都要注意“舌尖、舌面、舌边、嘴唇、牙齿、软硬腭、口腔”等几个方面结合，才能做到精确定位而发音准确。

1. 标准元音的分析

IPA 选定 8 个等距离的舌位点作为舌面元音的标尺，称为“标准元音”（primary cardinal vowels），也称主要元音或基本元音。法语音系正好有这 8 个标准元音的音位，而汉语只有其中的 5 个。在图 2 舌位图中，舌面的上下前后 8 个点正是 8 个标准元音的发音部位所在，那是用 X 光照相显示出的 8 个标准元音发音的舌位图象。下面列 8 个标准元音的平面舌位图（见图 3），以及 28 个元音的平面舌位图（见图 4），以便下文逐一分析：

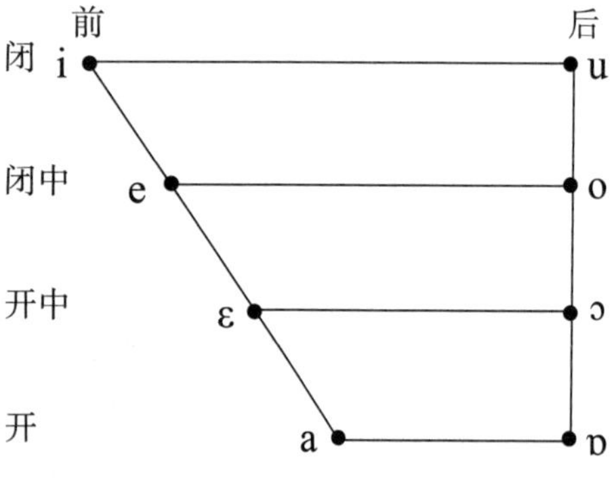

图 3

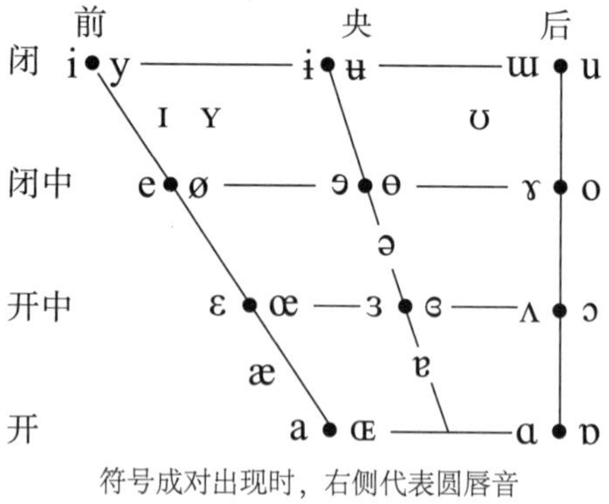

图 4

［i］舌面前不圆唇高元音（或称舌面不圆唇高元音、舌前展唇高元音）。发音特点：（1）舌尖下垂靠近下齿背（下齿龈）；（2）舌面前部向硬腭前部抬起，保持一个小的通道，小到发音时不发生摩擦；（3）舌头边缘与前臼齿接触；（4）嘴

角向两边拉开，双唇呈扁平形；（5）口腔的开度与舌面的高度一致。注意发音时不要带摩擦，除声带紧张外，其余部位处于均衡状态，口腔和舌位始终不能移动，移动就是复元音的过渡音了。

北京话“衣”［i］　英语的“beat”［biːt］　广州话“先天”［siːn t'iːn］

蒙古语“我”［pi］　藏语“骡”［dʑi］　朝鲜语“小麦”［mil］

［e］舌面前不圆唇半高元音：（1）舌尖下垂靠近下齿背（下齿龈）；（2）舌面前部向硬腭前部抬起，比［i］稍低一些，舌面位置稍向后一些；（3）舌边与前臼齿接触；（4）嘴角向两边拉开，双唇呈扁平状，口腔开度跟舌面的高度一样。

北京话“梅”［mei］　英语“get”［get］　朝鲜语“粗布”［pe］

蒙古语“母亲”［eːtɕ］　藏语“人”［ȵe］　维吾尔语“水渠”［erlq'］

［ɛ］舌面前不圆唇半低元音：（1）舌尖下垂靠近下齿背（下齿龈）；（2）舌面前部稍向硬腭前部抬起，舌面的高度比［e］要低一些，舌面位置比［e］略后一些，舌边与臼齿接触；（3）嘴角向两边拉开，双唇呈扁平状，口腔的开度与舌面的高度一致。

北京话“列”［liɛ］　英语“pair”［pɛə］　蒙古语“脸”［ts'ɛrɛ］

藏语“布”［ʐɛ］　朝鲜语“梨”［pɛ］　维吾尔语“太阳”［hɛ］

［a］舌面前不圆唇低元音（也称前 a）：（1）舌尖平放靠近下齿背（下齿龈）；（2）舌面前部稍向上抬起，整个舌面自然地下降到最低限度，比［ɛ］低一些，也后一些。

北京话“安”［an］　英语“fly”［flai］　上海话“袜”［maʔ］

藏语“我”［ŋa］　苗语“真”［ta］

［ɑ］舌面后不圆唇低元音（也称后 ɑ）：（1）舌尖平放并稍离开下齿背（下齿龈）；（2）舌面后部稍往后缩并略向上抬起，整个舌面自然地下降到最低限度。

北京话“搭”［tɑ］　英语“half”［hɑlf］　上海话“家家”［kɑ kɑ］

常州话“他”［t'ɑ］　湘西苗语“杀”［tɑ］　蒙古语“黄”［ɕɑr］

［ɔ］舌面后圆唇半低元音（也称破 o）：（1）舌尖稍微抬起并离开下齿背（下齿龈）；（2）舌面后略向后缩，并略向上抬起，比［ɑ］略高略后；（3）舌边不与臼齿接触；（4）嘴角向中央靠拢，双唇呈较大的圆形，口腔开度与舌位高度一致。

广州话“我”［ŋɔ］　英语“all”［ɔːl］　上海话“六”［lɔʔ］

蒙古语“数目”［t'ɔ］　朝鲜语“石头”［tɔl］

［o］舌面后圆唇半高元音（后半高圆唇元音）：（1）舌尖稍抬起离开下齿背（下齿龈）；（2）舌面后部向后缩并略向上抬起，比［ɔ］略高略后；（3）舌面后

的边沿与臼齿接近；（4）嘴角向中央靠拢，双唇敛成较小圆形，口腔开度与舌位高度一致。

北京话“喔”［o̠］　普通话“玻璃”［po li］　武汉话“多”［to］

长沙话“摸”［mo］　蒙古语“冰”［mos］　藏语“谁”［so］

［u］舌面后圆唇高元音（后最高元音）：（1）舌尖稍抬起，离开下齿背（或下齿龈）；（2）舌面向软腭靠拢，保持最小通道，使气流能够自由通过，不至于发生摩擦；（3）舌面后的边缘跟臼齿接触；（4）嘴角向中央靠拢，双唇敛成最小圆形，口腔开度与舌面高度一致。

北京话“五谷”［u ku］　英语“room”［ruːm］　上海话“呜呼”［u xu］

蒙古语“儿子”［xu］　藏语“牙”［su］　朝鲜语“我们”［uɾi］

2. 第二标准元音

第二标准元音（secondary cardinal vowels）也叫“次标准元音”，也是8个，与8个标准元音正好是“展唇—圆唇”的对应。

［y］舌面前圆唇高元音：是［i］的圆唇元音，双唇敛成最小圆形。

北京话“女”［ny］　长沙话“霜”［ɕyan］　常州话“须臾”［ny y］

沈阳话“褥”［y］　广州话“雪”［syt］　朝鲜语“后”［ty］

［ø］舌面前圆唇半高元音：是［e］的圆唇元音，双唇敛成较小圆形。

上海话“干”［kø］　湖北咸宁话“头”［t‘ø］　苏州话“满”［mø］

藏语“熟”［ts‘ø］　维吾尔语“肉”［gøs］　朝鲜语“外国”［økuk］

［œ］舌面前圆唇半低元音：是［ɛ］的圆唇元音，双唇敛成较大圆形。

广州话“靴”［hœ］　湖北通山话“胎”［t‘œ］

蒙古语“晚”［œrœ］　维吾尔语“笨”［dœt‘］

［ɶ］舌面前圆唇低元音：是［a］的圆唇元音，双唇敛成最大圆形。汉语普通话及各方言中都未发现有此元音，但有些科班出生的男中低音演员唱歌时用到这个元音。

［ɒ］舌面后圆唇低元音（圆唇后ɑ）：是［ɑ］的圆唇元音，发［ɑ］时嘴唇敛成最大圆形。

苏州话“太太”［t‘ɒ t‘ɒ］　南京话“他”［t‘ɒ］

英语“not”［nɒt］　傣语“父亲”［pɒ］

［ʌ］舌面后不圆唇半低元音：是［ɔ］的展唇元音。

英语“but”［bʌt］　无锡话“老小”［lʌ siʌ］　蒙古语“咸”［ɕɔrwʌk］

［ɤ］舌面后不圆唇半高元音（俗名破8）：是［o］的展唇元音。

北京话“哥”［kɤ］　长沙话“北”［pɤ］　湖南益阳话“耳朵”［ɤ to］

湖北崇阳话“儿”［ɤ］　湘西苗语“上头”［ɿɤ］

［ɯ］舌面后不圆唇高元音：［u］的展唇元音，嘴唇敛成最小圆形再放开。

武汉话“日本”［ɯ pən］　合肥话“猴”［xɯ］　汕头话“余”［ɯ］

湖南安化话“乱”［lɯ］　苗语“手”［tɯ］

3. 中介元音

中介元音一般处于两个标准元音或两个次标准元音之间，简称中元音，它们的音色比起标准元音、次标准元音来，往往要含混一些。

［ɪ］舌面前不圆唇高半高元音：是［i］［e］之间的中介元音，发音时舌面抬起的高度比［i］要低一点，比［e］要高一点。

广州话“力”［lɪk］　上海话“力”［lɪʔ］

英语“it”［ɪt］　维吾尔语“密”［zɪts‘］

［ʏ］舌面前圆唇高半高元音：是［ɪ］的圆唇元音。

苏州话“州”［tsʏ］　广州话“血”［hʏt］　维吾尔语“声音”［ʏt］

［æ］舌面前不圆唇低半低元音：是［ɛ］［a］之间的中介元音，发音时舌面抬起的高度比［ɛ］要低一点，比［a］要高一点，又称舌面前不圆唇“次半高”或“低中”元音。

英语“ass”［æs］　太原话“三”［sæ］　苏州话“好”［hæ］

中介元音还有［ᴇ］［ɷ］等，IPA 修订版未列，列有［ʊ］而极少用到，从略。

4. 央元音

［ɨ］舌面中不圆唇高元音：简称央高展唇元音。发音特点：（1）舌面的中央部分向上腭中部抬起，保持最小通道，使气流能自由通过，不发生摩擦；（2）嘴角向两边拉开，双唇呈扁平状；（3）舌后的边沿跟臼齿接触；（4）口腔的开度与舌面的高度一致。汉藏语基本上无此元音，阿尔泰语、印欧语多有此元音。

哈萨克语“舌”［t‘ɨ］　美国英语“new”［nɨu］

［ʉ］舌面中圆唇高元音：是［ɨ］的圆唇元音。

英语“july”［dʒʉˈlai］　英国南部英语“two”［t‘ʉ］

［ɵ］舌面中圆唇半高元音：也称央中高圆唇元音。

维吾尔语“湖”［k‘ɵ］

［ə］舌面中不圆唇半高半低元音：舌面中央向上腭中部抬起，抬到不高不低的自然高度，双唇略微舒展，是最自然最适中的一个央元音。

普通话“恩”［ən］　北京话“得了吧”［tə lə pə］　武汉话“去”［k‘ə］

纳西语“沟”［k‘ə］　朝鲜语“母亲”［əmənɳ］

［ɐ］舌面中不圆唇次半低元音：或称舌面中不圆唇“低半低”元音。

北京话“缸儿”［kɐɻ］　广州话“羹”［kɐŋ］

［ᴀ］舌面中不圆唇最低元音：与前［a］、后［ɑ］相对应而称为中［ᴀ］，IPA修订版表未列，但此元音汉语有时用到，故附列于此处以备用。

北京话“打骂”［tᴀ mᴀ］　维吾尔语“气球”［sᴀr］

朝鲜语“静悄悄”［kɔjəh ᴀtᴀ］

央元音还有［ɘ］［ɜ］［ɞ］等，IPA修订版未列，从略。

5. 舌尖元音

舌尖元音是汉藏语系特有的元音，其他语言没有。舌尖元音共有4个，［ɿ］和［ʅ］是高本汉增补的，［ʮ］和［ʯ］则是它们的圆唇元音。

［ɿ］舌尖前不圆唇元音：（1）舌尖前部向齿龈前部（或上齿背）抬起，保持最小通道，使气流能自由流出，不发生摩擦；（2）双唇自然平展；（3）发音时声带颤动。在汉藏语中，舌尖元音总是同辅音一起来发的，如汉语中的［ɿ］是声母［ts，ts‘，s］后的元音，汉语总是把［tsɿ］“资”、［ts‘ɿ］“雌”、［sɿ］“思”都作为一个音节整体来处理的，俗称平舌音。

［ʮ］舌尖前圆唇元音：是［ɿ］的圆唇元音。

苏州话“主”［tsʮ］、“树”［zʮ］　上海话“书”［sʮ］

［ʅ］舌尖后不圆唇元音：（1）舌尖上举并向前硬腭（或齿龈后）靠近，保持最小通道，使气流能自由通过，不致发生摩擦；（2）发音时声带颤动；（3）双唇一般呈扁平状并且略向前伸。

汉语普通话“知”［tʂʅ］、“蚩”［tʂ‘ʅ］、“诗”［ʂʅ］、“日”［ʐʅ］

［ʯ］舌尖后圆唇元音：是［ʅ］的圆唇元音。

湖北蒲圻话“主”［tʂʯ］、“迂”［ʯ］

以上元音，英语用作音位的有10个：［i，e，ɛ，æ，a，ə，ɑ，ɔ，ʌ，u］，现代汉语普通话用作音位的有8个：［i，ɛ，a，o，u，y，ɿ，ʅ］。以《广韵》为代表的中古汉语音系因各家的拟音不同而多少不一，如本书采用的王力先生的拟音用了12个舌面元音，没有用舌尖元音。至于不同的汉语方言，所用的就更是多寡悬殊了。

纵观元音的分类，角度不同分法也就不同：（1）按舌面抬起部位分：舌面前、舌面中、舌面后；（2）按舌面抬起高度分：三分、四分、七分；（3）按口腔开度状况分：高闭、高开、中闭、正中、中开、低闭、低开；（4）按嘴唇的状态分：圆唇、展唇、舒唇；（5）按舌位的区段分：舌面元音、舌尖元音。这些在前文中已经介绍过了，此外还有一些分类的角度，如：

（6）按气流最终通过的通道来分，有口元音、鼻化元音。口元音：气流终经口腔流出，舌面元音、舌尖元音都是口元音；鼻化元音：气流一半从口腔出，一半从鼻孔出，每一个口元音都可能有相对的鼻化元音，记法是在口元音上加“˜”号，如：

西安话“真”［tɛ̃］　福州话“环”［kʻuæ̃］　北京话“明儿”［miə̃ɻ］

（7）按喉壁与口腔的紧张状态分，有松元音、紧元音。一般性紧张的是松元音，常用的都是；特别紧张的叫紧元音，记法是在松元音下加“_”号，如：

哈尼语“后退”［di^{33}］—“泻”［di̠^{33}］　“马”［mo^{31}］—“想要”［mo̠^{31}］

（8）按舌形的平翘状态分，有平舌元音、卷舌元音。舌面元音和部分舌尖元音都是平舌元音；卷舌元音需要舌尖同时抬起发音，记法是在平舌元音后加“ɻ”或“ɹ”，如：

北京话的儿化音“盆儿”［pʻəɻ］　美国中部英语“heard”［həɹd］

（9）按发音持续时间长短分，有长元音、短元音。一般都是短元音；发音持续时间相对较长的是长元音，记法是在短元音后加“ː”，如：

傣语“走”［pai］—“末梢”［paːi］　“把”［pat］—“割”［paːt］

这些都是较为常用的元音分类，可供汉语音韵学古音拟测和方音调查记录之用。还有一些不常用的元音分类及其记号，可参见《国际音标》表中的“其他符号”。

四　国际音标的辅音

辅音（consonant），是气流在一定部位受到阻碍，通过某种方式冲破阻碍而发出的音。辅音是封闭型的最小音段。

辅音与元音相比较，具有如下的基本性质：（1）气流在经过喉部通向口、鼻过程中受到一定的阻碍，而元音气流不受阻碍；（2）辅音有些是带音的，有些不带音，元音都是带音的；（3）发辅音时发音器官中只有构成阻碍的部位特别紧张，而发元音时各部位均衡紧张；（4）由于有阻碍，气流不能自由通出，发辅音时肺部用力比元音大，气流也强一些；（5）大部分辅音没有元音那么响亮，每一个元音单念时都有一定的响亮度，辅音则相对弱些，因而在辅音教学时要带上某个元音来念，但理论上每个辅音都是可以单念出来的。

发某个辅音时，几分之一秒钟内可以完成其全过程，尽管这样短，其过程理论上可分为三个阶段：（1）成阻阶段，即发音部位构成阻碍的阶段；（2）持阻阶段，即呼出的气流被阻碍的持续阶段；（3）除阻阶段，即气流迫使阻碍解除的阶段。成阻、持阻是发辅音的作势阶段，除阻阶段方可成音。

发辅音时，气流受阻的部位是“发音部位”，形成和冲破阻碍的方式是“发音方法”。

辅音的发音部位从内到外主要有：（1）声带，声带本身也可以是辅音的一个发音部位，如发送气音，通过喉部的气流比较强，喉头同时带有一种很轻微的像英语［h］那样的摩擦音（英、德、日语的［h］比北京话的 h［x］部位后得多，把“have”“hand”中的 h 发成清辅音［x］是中国人念英语的特点，本当作［ɦ］，是带音很重的浊辅音）。（2）舌根（舌面后），舌根上抬靠近软腭，气流受限发出的辅音就是“舌根音”，如［k，ŋ，x］。（3）舌面中，舌面中部抬起，与后腭配合发出的是“舌面中音”（正是元音［i］的舌位，不过［i］气流不受阻，如舌面中往上抬一些，接触后腭，发生轻微的摩擦，就发出汉语“夷”、英语“yes”中的半元音［j］）。（4）舌面前，舌面前部抬起与中腭配合发出的是“舌面前音”，如［tɕ，tɕ‘，ɕ］。（5）舌叶，舌叶与前腭（齿龈后）配合发出“舌叶音”，如英语“china”［ˈtʃainə］、“bridge”［bridʒ］、“short”［ʃɔːt］中的［tʃ，dʒ，ʃ］。（6）舌尖，舌尖在发音中是最灵活的部分，可与几个部位配合发不同组的音：舌尖顶前腭发出卷舌音（舌尖后）［tʂ，tʂ‘，ʂ］，舌尖抵住上齿龈发出舌尖音［t，t‘，n，l，ts，ts‘，s］，舌尖夹在上下齿间发出齿间音［θ，ð］。（7）唇齿，上齿接触下唇发出唇齿音［f，v］。（8）双唇，双唇接触发出双唇音［p，p‘，m］。这是多数语言都较为常用的几个发音部位。

辅音的发音方法可分为 3 组 12 类。

A 组 8 类为气流受阻法。气流严格受阻形成“闭塞辅音”的有 3 类：（1）塞音（或称破裂音），塞即闭塞，发音器官的某两部分紧紧靠拢，堵住气流的道路，然后突然打开，让气流冲出，发出声音，这种情况类似于开汽水瓶盖子，或打击、弹拨乐器。（2）塞擦音，先阻塞后摩擦，是部位相同、清浊一致的一个塞音和一个擦音紧密地结合在一个发音过程里发出来的音，听起来是一个音素，如舌尖前塞擦音［ts］，是舌尖前清塞音［t］和舌尖前清擦音［s］的合音，发音过程的前半段按塞的方法完全堵住气流，后半段改用擦的方法，给气流一个狭窄的缝隙，让它从中间挤出来，t……s → ts。（3）鼻音，鼻音区别于口音，主要是软腭在起作用，软腭低垂堵住口腔的通道，让气流从鼻腔出来，就产生鼻音，如：［p］双唇紧闭后突然打开，气流从口腔冲出，是不带音的清塞音，是口音；［m］双唇紧闭后突然打开，软腭低垂使气流从鼻腔中出来，声带颤动，是带音的浊鼻音。

气流受阻不严形成“间隙辅音”的有2类：（4）擦音，擦就是摩擦，发音器官的某两个部分接触或靠近，留下一个狭窄的缝隙，让气流从这个缝隙中挤出来，如果气流通过的缝隙在口腔的正中，这就是通常所说的擦音，如［f，s，x］等。（5）边音（或称边通音），如果气流摩擦通过的缝隙在口腔的两侧，叫作边音，具体方法是舌尖和齿龈接触，正面堵住气流出路，气流从舌头的两边流出，如［l］。

发音器官颤动、闪动形成“颤闪辅音”的有2类：（6）颤音，是舌尖或小舌连续颤动而发出的音，气流呼出的通道被堵住后迅速打开，再堵住，再打开，好像是紧紧相连的一连串塞音，俄语常用的是舌尖颤音［r］，法语用的则是小舌颤音［ʀ］。（7）闪音，是舌头颤动一次所发出的音，如英语“very”中的r为闪音［ɾ］。

气流略受阻时带轻微摩擦而形成的具有元音性质的辅音有1类：（8）通音（或无擦通音），是两部分发音器官靠得很近，浊音气流通过时不引起摩擦或摩擦微弱不易觉察而在声道内引起共振的音。半元音是通音的一种，气流受到的阻碍很小，只是在通过时稍微有些摩擦，发出的音接近于无阻碍的元音，所以叫半元音，如英语“yes”中的［j］。

B组2类为声带的状况：（1）浊辅音，声带颤动，又称带音或带声（voiced），如［v, z］等；（2）清辅音，声带不颤动，也称为不带音（voiceless），如［f, s］等。

C组2类为气流通过声门的状况：（1）送气音，气流通过喉部声门时较强，有一定的挤塞和轻微的摩擦，故能感觉到有气流送出，送气符号是加右角标“h”如［p^h］，或作［p‘］；（2）不送气音，送气音所对应的破裂音（塞音）都是不送气音。

国际音标各修订版有些不同，各家的汉译名称也有不同，情况比较复杂。以上所列，只是常见常用的一些发音部位和发音方法。就汉语现代音、古音、方言标音的应用需要来看，有些是需要补充的，如辅音中的塞擦音，元音中的舌尖元音和卷舌元音等。

上述是用来自肺部的气流作动力所形成的辅音，此外还有一些非肺部气流动力的辅音，主要有：（1）内破音，又称缩气音、吸气塞音、内吸塞音，仅在信迪语、伊博语等极少数语言中有音位，发音时其成阻阶段同塞音，两部分器官紧闭，持阻阶段声带振动但喉头下降，致使声门同声道内受阻塞部位之间产生负压，其除阻爆破阶段气流就由口外吸入声道内。（2）挤喉音，又称挤喉爆破音、挤喉塞音，发音时其成阻阶段前有声道内的闭塞，后有声门的闭合，持阻阶段喉头上升，动作方向与内破音相反，致使声门同声道内受阻塞部位之间产生较高的气压，除阻阶段声门以上的气流压力冲开阻塞成声，朝鲜语中有挤喉音。（3）搭嘴音，发音时舌面抬起贴于上腭，其前方发音部位与软腭间形成一个密闭的空腔，当发音部位两部分器官往下挤压发音时，空腔内产生负压，除阻阶段气流从口外流入口内。

目前汉语各类语音研究所用的音标与 2018 年修订版有些不同，是在 1978 年修订版基础上根据汉语的特点调整并确定译名的，发音方法加进送气音、塞擦音，略去内破音、挤喉音，其他的在上文中作了译名对应，差别就不大了。这是个照顾了汉语特点的音标系统，其发音部位一般细分为 13 类辅音，现详细列出并作译名对应：（1）双唇音：双唇紧闭或接近，使气流受阻。（2）唇齿音：上齿下唇紧接，使气流受阻。（3）齿间音（齿音）：舌尖在上下齿之间或靠近上齿之下发音。（4）舌尖前音（齿龈音）：舌尖前紧贴或靠近上齿背发音（或同时靠近上下齿背）。（5）舌尖中音（齿龈音）：舌尖前紧贴或靠近上齿龈发音。（6）舌尖后音（卷舌音）：舌尖上举，紧贴或靠近前硬腭发音。（7）舌叶音（齿龈后音）：舌尖紧贴或靠近上齿龈，舌面前紧贴或靠近前硬腭，舌面边沿与上臼齿接近发音。（8）舌面前音：舌面前向齿龈和前硬腭靠近或紧贴。（9）舌面中音（腭音）：舌面中紧贴或靠近前硬腭。（10）舌面后音（舌根音、软腭音）：舌根向软腭紧贴或靠近。（11）小舌后音：舌根后部紧贴或靠近小舌发音。（12）喉壁音（咽音）：气流从喉壁或咽壁摩擦而出发音。（13）喉音（声门音）：声门紧闭发音。汉语音韵学常用的，除了齿间音、小舌音、喉壁音 3 类外，共有 10 类，列表如下（见表 3），以便对照使用：

表 3　汉语音韵学常用国际音标辅音表

发音方法			发音部位										
			唇音		舌尖音			舌叶音	舌面音			喉音
			双唇	唇齿	前	中	后		前	中	舌根	
塞音	清	不送气	p			t				c	k	ʔ
		送　气	pʻ			tʻ				cʻ	kʻ	
	浊		b			d				ɟ	ɡ	
塞擦音	清	不送气		pf	ts		tʂ	tʃ	tɕ			
		送　气		pfʻ	tsʻ		tʂʻ	tʃʻ	tɕʻ			
	浊			bv	dz		dʐ	dʒ	dʐ			
擦音	清		ɸ	f	s		ʂ	ʃ	ɕ		x	
	浊		β	v	z		ʐ	ʒ	ʑ		ɣ	h
鼻　音			m	ɱ		n			ȵ	ɲ	ŋ	ɦ
闪　音							ɽ					
边　音						l						
半元音			w ɥ	ʋ								

把上述这些因素组合起来，就可以对汉语语音研究常用及绝大多数国际音标的辅音进行发音描写，并各举数例加以说明：

1. 双唇辅音的构成

[p] 双唇不送气清塞音：双唇闭合，气流冲开双唇，声门完全敞开，声带不颤动。[p] 在音节前有成阻、持阻、除阻三个阶段，在音节最后则只有成阻、持阻两个阶段而无除阻，叫作“唯闭辅音”。如北京话“八”[pɑ]，上海话“宝”[pɔ]，广州话“十八”[sɑp pɑt]。

[p‘] 双唇送气清塞音：是 [p] 的送气音，如北京话“旁”[p‘ɑŋ]，太原话“怕”[p‘ɑ]。

[b] 双唇不送气浊塞音：是 [p] 的浊音，发音时声带颤动，如北京话“来吧”[lai bə]，上海话“爬”[bo]，英语“be”[biː]。

[m] 双唇不送气浊鼻音（或称双唇鼻音）：双唇闭合，声带颤动，气流冲开双唇，形成鼻音。如北京话“麻木”[mᴀ mu]，上海话“麻木”[mo mɔ]，广州话“三”[sɑːm]。

[ɸ] 双唇清擦音：双唇敛成最小圆形，舌面平放，气流从双唇间摩擦而出，如湖南益阳话“分”[ɸən]，藏语“猴”[ɸsi]、“打开”[ɸɕe]。

[β] 双唇浊擦音：即 [ɸ] 的浊音，如北京话“畏”[βəi]，湖南益阳话“为”[βei]，江苏松江话“湖”[βu]。

[w] 双唇舌根半元音（或称带声唇软腭通音）：所谓“半元音”是指介于辅音和元音之间的音，也可称“半辅音”，与元音比较，有轻微摩擦，无摩擦的是元音，完全摩擦则是辅音。发 [w] 时，双唇敛成最小圆形，同时舌面后向软腭抬起，气流通过舌面后再达双唇外，有轻微摩擦，声带颤动。此音有两个节制点，一在双唇，一在舌根。如上海话“湖”[wu]，北京话“望”[wɑŋ]。

[ʍ] 双唇舌根清擦音（或称不带声唇软腭通音）：[ʍ] 是 [w] 的清化音，如英语“what”[ʍɒt]。

[ɥ] 双唇舌面前半元音（或称带声唇腭通音）：双唇敛成最小圆形，同时舌面前向硬腭前部抬起，有轻微摩擦，发元音 [y] 时加上轻微的摩擦则成辅音 [ɥ]，如长沙话“雨”[ɥy^{42}]，北京话“雨”[ɥy^{214}]。

2. 唇齿辅音的构成

[pf] 唇齿不送气清塞擦音：上齿尖与下唇边咬合，堵住呼出的气流，气流冲开下唇边，使下唇边与上齿尖之间保持一条最小通路，让气流摩擦而出；或者上唇边跟下唇边接触，上齿尖也同时与下唇边咬合，气流冲出，摩擦发音。如西安话

“追猪”［pfei pfu］。

［pf‘］唇齿送气清塞擦音：是［pf］的送气音，如西安话“吹出”［pfei pf‘u］。

［bv］唇齿不送气浊塞擦音：是［pf］的浊音，如拉祜语“滚”［bvɨ^{33}］、“饱”［bvɨ^{54}］。

［ɱ］唇齿不送气浊鼻音：上唇略微抬起，上齿尖与下唇边咬合，软腭下垂，声带颤动，呼出的气流先充满口腔，然后由鼻腔冲出，如英语“camphor”［ˈkæɱfə］，拉祜语“马”［ɱvɨ^{53}］，纳西语“哭”［ŋɱi^{31}］。

［f］唇齿不送气清擦音：上齿尖与下唇边靠近，保持一条最小的通道，气流从通道中摩擦而出，声带不颤动。如北京话“夫妇”［fu fu］，英语“fifty”［ˈfifti］。

［v］唇齿不送气浊擦音：是［f］的浊音，如天津话“卫”［vei］。

［ʋ］唇齿半元音（或称唇齿通音）：上齿尖靠近下唇边，留一条细小通道，气流轻微摩擦而出。如北京话“为”［ʋəi］，英语“five”［faiʋ］。

3. 齿间辅音的构成

［tθ］齿间不送气清塞擦音：舌尖前伸，上齿咬合舌尖，气流冲开咬合处，保持极小通道，摩擦发音。如英语“but then”［bʌtθen］

［dð］齿间不送气浊塞擦音：是［tθ］的浊音，如英语“read the”［ɹiːdðə］。

［θ］齿间不送气清擦音：舌尖前伸至上下齿之间，保持极小通道，摩擦发音。如英语“three”［θɹiː］，布努语“削”［θok^{24}］，僮语“带子”［θali^{24}］。

［ð］齿间不送气浊擦音：是［θ］的浊音，如英语“those that”［ðouz ðət］。

4. 舌尖前、舌尖中辅音的构成

2018 年修订的国际音标表把舌尖前、舌尖中辅音合为“齿龈音”，故放在一起来介绍。

［ts］舌尖前不送气清塞擦音：舌尖前先与上齿龈的前部接触，堵住气流，紧接着气流把舌尖冲开，从窄道中摩擦而出，声带颤动。如北京话“曾祖”［tsəŋ tsu］，武汉话“站长”［tsʌn tsʌŋ］。

［ts‘］舌尖前送气清塞擦音：是［ts］的送气音，如北京话“操”［ts‘ɑo］，西安话“菜”［ts‘æ］。

［dz］舌尖前不送气浊塞擦音：是［ts］的浊音，如英语“deeds”［diːdz］，常州话“书橱”［su dzu］。

［s］舌尖前不送气清擦音：舌尖前接触上齿背，气流冲开舌尖，从窄道中摩擦而出。如北京话“三”［san］，苏州话“三嫂”［sɛ sɐ］，广州话“先生”［siːn saŋ］。

［z］舌尖前不送气浊擦音：是［s］的浊音，如英语 zoo［zuː］，苗语“草”［zaŋ⁵⁵］，成都话“若干人”［zo kan zən］。

［t］舌尖中不送气清塞音：舌尖中抵住上齿龈，气流冲开舌尖，破裂发音，声带不颤动，也不送气。［t］在音节后是“唯闭辅音”。如北京话“大单刀”［tᴀ tɛ tɔ］，广州话“咳”［kʻat］。

［tʻ］舌尖中送气清塞音：是［t］的送气音，如北京话“烫”［tʻɑŋ］，太原话“他”［tʻɑ］，英语“time”［tʻaim］。

［d］舌尖中不送气浊塞音：是［t］的浊音，如英语“day”［dei］。

［n］舌尖中不送气浊鼻音：舌尖中抵住上齿龈，堵住气流，同时软腭下垂，气流由鼻腔向外通出，舌尖放开，声带颤动。在汉藏语中，［n］在音节尾也是唯闭辅音，有时还可以自成音节。如北京话“男”［nan］，英语“nine”［nain］，湖南益阳话“你”［n̆ː］。

［r］舌尖中浊颤音：舌尖中对着上齿龈连续闪击，肌肉放松，声门闭合，声带颤动。如湖北潜江话“兔子”［tʻur］，羌语“刀子”［rəgi］，藏语“山羊”［ra］。

［ɾ］舌尖中闪音：舌尖中对上齿龈闪击一次，声门闭合，声带颤动。如英语“very”［ˈverɪ］，藏语“我”［ɾa］，朝鲜语“道路”［tɔɾɔ］。

［l］舌尖中不送气浊边音（也称边通音）：舌尖中抵住上齿龈，堵住气流，舌边抬起与前臼齿接近，舌面中凹下，使气流从舌边向口腔外流出，不发生摩擦，声带颤动。如北京话“来了”［lai lə］，杭州话“耳”［l̆ː］，成都话“二”［l̆ː］。

［ɬ］舌尖中不送气清边擦音：舌尖中抵住上齿龈，堵住气流，两舌边抬起，舌面中凹下，舌边与臼齿相接触，气流从两边擦出，声带不颤动。如广东台山话“回”［ɬi］，黎语“二”［ɬau¹¹］，拉祜语“月亮”［ɬᴀ³³pᴀ³³］，黔西苗语“大”［ɬo⁵⁵］。

［ɮ］舌尖中不送气浊边擦音：是［ɬ］的浊音，如黔西苗语“粗大”［ɮo³⁵］。

［ɹ］舌尖中浊擦音（或齿龈通音）：这个字母往往用乱，既代表舌尖中浊擦音的辅音，又作半元音（通音），还有人用作卷舌化符号而混同［ɻ］。注意作舌尖音时多在元音前，作卷舌音时在元音后。

5. 舌尖后辅音的构成

舌尖后辅音是舌尖翘起与齿龈后、硬腭前相接触，所以又称翘舌音或卷舌音。

［ʈ］舌尖后不送气清塞音：舌尖翘起，用舌尖后抵住齿龈后或硬腭前部，气流向外冲出使舌尖放开，声带不颤动。如西安话“站长”［ʈæ ʈɑ̃］，湘西苗语“笑”

［ʈɔ］，布努语“筷子”［ʈu²²］。

［ʈʻ］舌尖后送气清塞音：是［ʈ］的送气音，如西安话“长城”［ʈɑ̃ ʈʻɤ̃］，湘西苗语“做”［ʈʻu⁴⁴］。

［ɖ］舌尖后不送气浊塞音：是［ʈ］的浊音，如越南河内话“顶”［ɖiŋ］，美国英语“dry”［ɖɹai］。

［tʂ］舌尖后不送气清塞擦音：是塞音［t］与擦音［ʂ］的组合，如北京话“煮”［tʂu］、“站”［tʂan］。

［tʂʻ］舌尖后送气清塞擦音：是［tʂ］的送气音，如北京话“出差”［tʂʻu tʂʻai］，纳西语“挂”［tʂʻʅ³³］，苗语“灰”［tʂʻou⁵⁵］。

［dʐ］舌尖后不送气浊塞擦音：是［tʂ］的浊音，如纳西语“街”［dʐʅ³³］。

［ɳ］舌尖后不送气浊鼻音：舌尖翘起，用舌尖后抵住齿龈后或硬腭前，后舌边与臼齿接触，堵住气流，软腭下垂，气流从鼻中冲出，声带颤动。如湘西苗语“媳妇”［ɳaŋ⁴²］，布努语羊叫声［ɳe⁴¹］，越南河内话“安”［ɑɳ］，美国英语“learn”［lə:ɹɳ］。

［ɽ］舌尖后不送气浊闪音：舌尖后举起，闪击一次，如英语“sorry”［ˈsɔɽɪ］。

［ɭ］舌尖后不送气浊边音：也叫卷舌边通音，是［l］的卷舌音。

［ʂ］舌尖后不送气清擦音：舌尖后向硬腭前抬起并接触，双唇微向前伸出，气流摩擦而出发音。如北京话“数”［ʂu］，纳西语“肉”［ʂʅ³³］，布努语“苦胆”［ʂi³³］。

［ʐ］舌尖后不送气浊擦音：是［ʂ］的浊音，如北京话“软”［ʐuan］，湘西苗语“树林”［ʐu⁴⁴］。

［ɻ］舌尖后半元音：即卷舌通音，如北京话“缸儿”［kɐɻ］，“邦儿”［pɐɻ］。

6. 混合舌叶音的构成

舌尖与舌面前混合的地方叫舌叶，舌尖与舌面同起作用来发音，所以称混合舌叶音，发此类音时，双唇微向前突出，舌尖与舌面前抬起并靠近齿龈后，故又称齿龈后音。

［tʃ］混合舌叶不送气清塞擦音：舌尖和舌叶抬起，先抵住齿龈后和硬腭前，气流向外流时，先把舌尖和舌叶冲开，造成塞音的成分；接着，舌尖、舌叶跟齿龈和硬腭的最前部保持一个最小距离，气流冲出时就造成擦音成分，这样，塞音成分［t］的除阻和擦音成分［ʃ］的成阻便形成塞擦音。如广州话“止”［tʃi］，拉祜语“吃”［tʃᴀ⁵³］，嘉戎语“痕迹”［tɐtʃos］。

［tʃʻ］混合舌叶送气清塞擦音：是［tʃ］的送气音，如英语“watch”［wɒtʃʻ］，哈萨克语“茶”［tʃʻai］，维吾尔语“姐姐”［ᴀ:tʃʻᴀ］。

［dʒ］混合舌叶不送气浊塞擦音：是［tʃ］的浊音，如英语“jump”［dʒʌmp］，哈萨克语“坏”［dʒɑmɑn］，维吾尔语“生命”［dʒʌn］。

［ʃ］混合舌叶不送气清擦音：舌尖、舌叶跟齿龈后和硬腭前保持一个最小距离，气流冲出，摩擦发音，声带不颤动。如广州话“诗”［ʃi］，英语“she”［ʃiː］。

［ʒ］混合舌叶不送气浊擦音：是［ʃ］的浊音，如英语“pleasure”［ˈpleʒəɻ］。

7. 舌面前辅音的构成

因为是舌面前往上抬与上齿龈或硬腭前部接触，故称齿龈腭音，《国际音标》表只在“其他符号”中列了这一组的两个擦音，但这一组音汉语很常用，故多列出。

［ȶ］舌面前不送气清塞音：舌尖抵住下齿背或下齿龈，舌面前往上抬与上齿龈或硬腭前部接触，堵住气流，然后使气流向外冲开舌面前发出破裂音，声带不颤动。如湖南新化话“九”［ȶəu］，侗语“那”［ȶa^53］，水语“茄子”［ȶa^55］。

［ȶʻ］舌面前送气清塞音：是［ȶ］的送气音，如西安话“提”［ȶʻi］，侗语“上（山）”［ȶʻa^453］，水语“手臂”［ȶʻin^24］。

［ȡ］舌面前不送气浊塞音：是［ȶ］的浊音，如毛南语“搅拌”［nȡaːu^42］。

［tɕ］舌面前不送气清塞擦音：舌面前部抬起，抵住上齿龈和前硬腭，堵住气流，造成塞音成分，声带不颤动；接着气流冲开舌面前，使舌面前与硬腭和上齿龈保持一个最小通道，气流摩擦而出，声带不颤动。如北京话“寄居”［tɕi tɕy］，勉语“摘（果）”［tɕɛ^53］，哈尼语“煮”［tɕa̱^31］，湘西苗语“坐”［tɕioŋ^54］。

［tɕʻ］舌面前送气清塞擦音：是［tɕ］的送气音，如北京话“崎岖”［tɕʻi tɕʻy］，纳西语“冷”［tɕʻi］，湘西苗语“肚子”［tɕʻi］。

［dʑ］舌面前不送气浊塞擦音：是［tɕ］的浊音，如勉语“刺”［dʑim^52］，哈尼语“（煮）熟”［dʑa̱^31］。

［ȵ］舌面前不送气浊鼻音：先用舌面前顶住上齿龈和前硬腭，舌尖抵住下齿背，舌边与臼齿接触，堵住气流，使气流从鼻腔通出，冲开舌面，声带颤动。如仫佬语“你”［ȵa^121］，水语“臭”［ȵu^24］，勉语“土”［ȵje^55］。

［ɕ］舌面前不送气清擦音：舌面前抵住上齿龈和前硬腭，气流冲开舌面前形成一个最小通道，摩擦发音，声带不颤动。如北京话“新兴”［ɕin ɕiŋ］、“西”［ɕi］，黔东苗语“梳（头）”［ɕia^53］，侗语“盖”［ɕa^55］，布依语“夏”［ɕa^13］。

［ʑ］舌面前不送气浊擦音：是［ɕ］的浊音，如北京话“阴阳”［ʑin ʑiɑŋ］，苏州话“姨”［ʑi］，湘西苗语“少”［ʑiɔ^54］。

8. 舌面中辅音的构成

该类音总是用舌面中顶住硬腭发音，故又称为腭音。

［c］舌面中不送气清塞音：舌尖向下，离开下齿背或下齿龈，舌面中抬起，抵住前硬腭，堵住气流，然后使气流冲开舌面中发音，声带不颤动。如毛南语“硬”［ca^{51}］，湘西苗语“炒”［cia^{35}］。

［c‘］舌面中送气清塞音：是［c］的送气音，如仫佬语“梳子”［$c‘i^{42}$］，毛南语“吠”［$c‘au^{44}$］。

［ɟ］舌面不送气浊塞音：是［c］的浊音，如浙江永康话“鸡”［ɟi］。

［ɲ］舌面中不送气浊鼻音：舌面中抬起抵住前硬腭，气流从鼻腔中冲出，声带颤动。如湘西苗语“薄”［$ɲiɛ^{22}$］。

［ʎ］舌面中不送气浊边音：舌面中抵住前硬腭，气流从舌面中的两边流出来，声带颤动。

［ç］舌面中不送气清擦音：舌尖向下，离开下齿背或下齿龈，舌面中接近前硬腭，摩擦发音。如仫佬语“茅草”［$ça^{44}$］，嘉戎语“獐子”［çɑ］。

［ʝ］舌面中不送气浊擦音：是［ç］的浊音，如仫佬语“布”［$ʝa^{44}$］。

［j］舌面中半元音（也作腭通音）：舌尖抵住下齿背，舌面中抬高与硬腭前靠近，气流通过时轻微摩擦。如水语“茅草”［ja^{24}］，侗语“田”［ja^{53}］，布依语“妻”［ja^{53}］。

9. 舌面后辅音的构成

该类辅音是舌面后抬起与软腭接触发音，由于舌面后又称舌根，故又称舌根音或软腭音。

［k］舌根不送气清塞音：舌尖后缩，舌根抬起与软腭接触，堵住气流，气流冲开舌根和软腭发音，声带颤动。［k］在音节后也是唯闭辅音。如北京话“古怪”［ku kuai］，上海话“锅盖”［ku kɛ］，黎语“草”［kan^{11}］，拉祜语“瓶子”［$kɔ^{33}$］。

［k‘］舌根送气清塞音：是［k］的送气音，如北京话“开”［k‘ai］，拉祜语“话”［$k‘ɔ^{53}$］。

［g］舌根不送气浊塞音：是［k］的浊音，如上海话“共”［goŋ］，拉祜语“汗”［$gɯ^{31}$］。

［ŋ］舌根不送气浊鼻音：舌尖后缩，舌根抬起，抵住软腭，让气流从鼻腔通出，声带颤动。如西安话“我”［ŋɤ］，广州话“我”［ŋo］，水语“鸭”［$ŋa^{31}$］，毛南语“芽”［$ŋa^{231}$］。

［x］舌根不送气清擦音：舌尖后缩，舌根抬起与软腭靠拢，气流从两者间擦出。如北京话“坏”［xuai］，哈尼语“倒（水）”［xa^{55}］，纳西语“买”［$xæ^{21}$］。

［ɣ］舌根不送气浊擦音：是［x］的浊音，如纳西语“牛”［$ɣɯ^{33}$］，布依语

“五”［ɣa¹³］。

［ɰ］舌根半元音：如北京话“五爱”［u ɰai］、“河岸”［xɤ ɰan］。

10. 小舌辅音的构成

［q］小舌不送气清塞音：舌尖后缩，舌根抬起与小舌接触，堵住气流，使气流冲开小舌和舌根发音，声带不颤动。如湘西苗语“鸡”［qa³⁵］，水语“读”［qa²⁴］，拉祜语“唱”［qᴀ³³］。

［q‘］小舌送气清塞音：是［q］的送气音，如黔东苗语“客”［q‘ɑ¹¹］，水语“耳”［q‘ɑ²⁴］，拉祜语“山”［q‘ɑ³³］，哈萨克语“雪”［q‘ɑr］。

［ɢ］小舌不送气浊塞音：是［q］的浊音。

［ɴ］小舌不送气浊鼻音：舌尖后缩，舌根抬起与小舌接触，软腭下垂，堵住气流，接着气流冲开小舌和舌根，从鼻腔冲出，声带颤动。如湘西苗语“唱”［ɴɤ³⁵］，川黔滇苗语“肉”［ɴqai³¹］。

［ʀ］小舌浊颤音：气流冲击小舌，使它不断颤动，肌肉放松，声带颤动。

［χ］小舌不送气清擦音：舌根抬起与小舌接近，气流从两者间擦出，声带不颤动。如北京话“红海”［χʊŋ χai］，哈萨克语“可汗”［χɑn］。

［ʁ］小舌不送气浊擦音：是［χ］的浊音，如哈萨克语“兄”［ɑʁɑ］，水语“菌”［ʁa²⁴］。

11. 喉壁辅音的构成

喉壁音又译成咽音。

［ħ］喉壁清擦音：气流与喉壁摩擦发音，声带不颤动。如哈萨克语“宝石”［gawħar］。

［ʕ］喉壁浊擦音：是［ħ］的浊音。

12. 声门辅音的构成

［ʔ］声门不送气清塞音（或称喉塞音）：声门紧闭，堵住气流，紧接着使气流冲开声门发音，声带不颤动。如苏州话“阿三”［ʔɑ sɛ］、“八百”［pɔ paʔ］，云南玉溪话“街”［ʔɛ］。

［h］声门清擦音：声带靠拢，气流从声门中摩擦而出，声带不颤动。如苏州话“好”［hɐ］，广州话“好行”［hou haŋ］，英语“hearted”［ˈhɑtid］，朝鲜语“天”［hʌnnɯl］。

［ɦ］声门浊擦音：是［h］的浊音。

国际音标（2018年修订）

辅音（肺部气流音）

	双唇	唇齿	齿	齿龈	龈后	卷舌	硬腭	软腭	小舌	咽	声门
塞音	p b			t d		ʈ ɖ	c ɟ	k ɡ	q ɢ		ʔ
鼻音	m	ɱ		n		ɳ	ɲ	ŋ	ɴ		
颤音	ʙ			r					ʀ		
闪音		ⱱ		ɾ		ɽ					
擦音	ɸ β	f v	θ ð	s z	ʃ ʒ	ʂ ʐ	ç ʝ	x ɣ	χ ʁ	ħ ʕ	h ɦ
边擦音				ɬ ɮ							
通音		ʋ		ɹ		ɻ	j	ɰ			
边通音				l		ɭ	ʎ	ʟ			

同一格内，左侧为清音，右侧为浊音。灰色区域表示不可能发音。

辅音（非肺部气流音）

搭嘴音	内爆音	挤喉音
ʘ 双唇	ɓ 双唇	ʼ 例:
ǀ 齿	ɗ 齿／齿龈	pʼ 双唇
ǃ 齿龈（后）	ʄ 硬腭	tʼ 齿／齿龈
ǂ 硬腭	ɠ 软腭	kʼ 软腭
ǁ 齿龈边	ʛ 小舌	sʼ 齿龈擦

元音

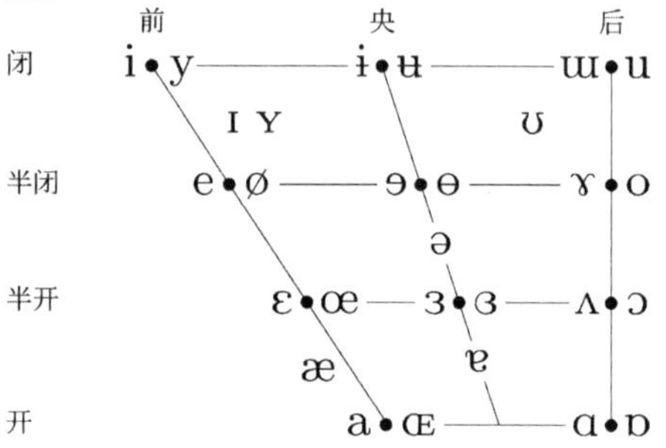

符号成对出现时，右侧代表圆唇音。

其他符号

ʍ 唇-软腭清擦音

w 唇-软腭浊擦音

ɥ 唇-硬腭浊擦音

ʜ 会厌清擦音

ʢ 会厌浊擦音

ʡ 会厌塞音

ɕ ʑ 齿龈-硬腭擦音

ɺ 齿龈浊边闪音

ɧ ʃ 与 x 同时发音

必要时，塞擦音和双重发音可通过两个音标及附于其上的连音线来表示。 t͜s k͡p

超音段成分

ˈ 重音

ˌ 次重音 ˌfoʊnəˈtɪʃən

ː 长 eː

ˑ 半长 eˑ

˘ 超短 ĕ

| 次要（音步）韵律群

‖ 主要（语调）韵律群

. 音节间断 ɹi.ækt

‿ 连读（无间断）

变音记号 某些变音记号可置于有降部的音标之上，例如 ŋ̊

̥ 清化	n̥ d̥	̤ 气声	b̤ a̤	̪ 齿化	t̪ d̪
̬ 浊化	s̬ t̬	̰ 嘎裂声	b̰ a̰	̺ 舌尖化	t̺ d̺
ʰ 送气	tʰ dʰ	̼ 舌唇化		̻ 舌面化	t̻ d̻
̹ 更圆唇	ɔ̹	ʷ 唇化	tʷ dʷ	̃ 鼻化	ẽ
̜ 更展唇	ɔ̜	ʲ 硬颚化	tʲ dʲ	^{n} 鼻音除阻	d^n
̟ 更前	u̟	ˠ 软腭化	tˠ dˠ	ˡ 边音除阻	dˡ
̠ 更后	e̠	ˤ 咽化	tˤ dˤ	̚ 无可听除阻	d̚
̈ 更央	ë	~ 软腭化或咽化	ɫ		
̽ 更中更央	e̽	̝ 更高	e̝（ɹ̝ =齿龈浊擦音）		
̩ 成音节	n̩	̞ 更低	e̞（β̞ =双唇浊通音）		
̯ 不成音节	e̯	̘ 舌根更前	e̘		
˞ 儿化	ɚ ˞	̙ 舌根更后	e̙		

语调和音调

固定音调		升降音调	
e̋ 或 ˥	超高	ě 或 ˩˥	升
é ˦	高	ê ˥˩	降
ē ˧	中	e᷄ ˦˥	高升
è ˨	低	e᷅ ˩˨	低升
ȅ ˩	超低	e᷈ ˧˦˧	升降
ꜜ	音调降阶	↗	语调上升
ꜛ	音调升阶	↘	语调下降

主要参考书目

陈复华、何九盈《古韵通晓》，中国社会科学出版社，1987 年。
陈新雄《古音研究》，（台湾）五南图书出版公司，1999 年。
丁声树、李荣《古今字音对照手册》，中华书局，1981 年。
董同龢《汉语音韵学》，（台湾）文史哲出版社，1983 年。
高本汉《中国音韵学研究》，商务印书馆，1994 年。
耿振生《明清等韵学通论》，语文出版社，1992 年。
耿振生《20 世纪汉语音韵学方法论》，北京大学出版社，2004 年。
郭芹纳《诗律》，商务印书馆，2005 年。
郭锡良《汉字古音手册》，北京大学出版社，1986 年。
何大安《规律与方向：变迁中的音韵结构》，北京大学出版社，2004 年。
何九盈《中国古代语言学史》，广东教育出版社，2000 年。
何九盈《音韵丛稿》，商务印书馆，2004 年。
洪　诚《中国历代语言文字学文选》，江苏人民出版社，1982 年。
胡安顺《音韵学通论》，中华书局，2003 年。
黄　焯《古今声类通转表》，上海古籍出版社，1983 年。
黄　侃《黄侃论学杂著》，上海古籍出版社，1980 年。
黄　侃《文字声韵训诂笔记》，上海古籍出版社，1983 年。
黄群建《音韵学概论》，武汉大学出版社，1995 年。
江　荻《汉藏语言演化的历史音变模型》，民族出版社，2002 年。
李　荣《切韵音系》，科学出版社，1956 年。
李方桂《上古音研究》，商务印书馆，1980 年。
李无未（主编）《汉语音韵学通论》，高等教育出版社，2006 年。
李新魁《韵镜校证》，中华书局，1982 年。
李新魁《汉语等韵学》，中华书局，1983 年。
李新魁《汉语音韵学》，北京出版社，1986 年。

李新魁、麦耘《韵学古籍述要》，陕西人民出版社，1993 年。
林焘、耿振生《音韵学概要》，商务印书馆，2004 年。
刘晓南《汉语音韵研究教程》，北京大学出版社，2007 年。
刘志成《汉语音韵学研究导论》，巴蜀书社，2004 年。
龙异腾《基础音韵学》，巴蜀书社，2003 年。
鲁国尧《鲁国尧语言学论文集》，江苏教育出版社，2003 年。
陆志韦《陆志韦语言学著作集》（一），中华书局，1985 年。
罗常培《汉语音韵学导论》，中华书局，1956 年。
马伯乐《唐代长安方言考》，中华书局，2005 年。
宁忌浮《古今韵会举要及相关韵书》，中华书局，1997 年。
潘悟云《汉语历史音韵学》，上海教育出版社，2000 年。
钱玄同《文字学音篇》，北京大学出版组，1918 年。
邵荣芬《切韵研究》，中国社会科学出版社，1982 年。
邵荣芬《邵荣芬音韵学论文集》，首都师范大学出版社，1997 年。
沈兼士《广韵声系》，中华书局，1985 年。
沈祥源、杨子仪《实用汉语音韵学》，山西教育出版社，1990 年。
唐作藩《上古音手册》，江苏人民出版社，1982 年。
唐作藩《音韵学教程》，北京大学出版社，1987 年。
万献初《经典释文音切类目研究》，商务印书馆，2004 年。
汪寿明《历代汉语音韵学文选》，上海古籍出版社，1986 年。
王　力《汉语音韵学》，中华书局，1956 年。
王　力《汉语史稿》，中华书局，1980 年。
王　力《汉语音韵》，中华书局，1980 / 2013 年。
王　力《汉语语音史》，中国社会科学出版社，1985 年。
王　力《清代古音学》，中华书局，1992 年。
王昌茂《汉字形音学·汉字的字音》，华中师范大学出版社，1996 年。
魏建功《古音系研究》，中华书局，1996 年。
杨　军《七音略校注》，上海辞书出版社，2002 年。
杨剑桥《汉语现代音韵学》，复旦大学出版社，1996 年。
杨耐思《中原音韵音系》，中国社会科学出版社，1981 年。
叶宝奎《明清官话音系》，厦门大学出版社，2001 年。
余迺永《新校互注宋本广韵》，上海辞书出版社，2000 年。

曾运乾《音韵学讲义》，中华书局，1996 年。
张民权《清代前期古音学研究》，北京广播学院出版社，2002 年。
张世禄《中国音韵学史》，商务印书馆，1938 年。
张世禄、杨剑桥《音韵学入门》，复旦大学出版社，1987 年。
章太炎《国故论衡》，《章氏丛书》本，上海古书流通处，1924 年。
章太炎《文始》，《章氏丛书》本，上海古书流通处，1924 年。
赵　诚《中国古代的韵书》，中华书局，1991 年。
赵荫棠《等韵源流》，商务印书馆，1957 年。
赵振铎《音韵学纲要》，巴蜀书社，1990 年。
周祖谟《汉语音韵论文集》，商务印书馆，1957 年。
周祖谟《广韵校本》，中华书局，1960 年。
周祖谟《唐五代韵书集成》，中华书局，1983 年。
周祖庠《新著音韵学》，上海辞书出版社，2003 年。
邹晓丽《传统音韵学实用教程》，上海辞书出版社，2002 年。
《中华大典·语言文字典·音韵分典》，湖北教育出版社、湖北人民出版社，2012 年。

后　记

音韵学是较难讲的课程，虽然讲授的基本内容大致相同，但每位老师的讲授各有其思路和逐步推进的脉络，同学们如果没有讲义对着看是难以听课的，而且老师的讲授顺序最好是与讲义同步，以便同学们循序渐进地理解和复习。所以，不先写好讲义就讲课，或是借用别人写的教材来应付，都可能讲不好也学不好。

勉力承乏，在武汉大学讲授音韵学课已有数年。自己编写的音韵学讲义，一直在本科和研究生课程中使用，每次都是让同学们复印，不胜烦琐，于是教学管理部门建议提交出版，以方便以后修此课的同学们使用。

这着实让我有些为难，写一本自己讲课的讲义是一回事，出版一本音韵学教材完全是另一回事。尽管讲义初写时很花了些力气和时间，自认有一定的基础，每讲一轮后又吸收同学们的意见修订一次，但还是感到离出版的水平仍有一定的距离。总觉得出版一本书，应该有较多自己的创见，而在音韵学上多有创见谈何容易。实在要出版，就得好好修订，于是就多读同类型的教材。陈新雄先生《古音研究》（第153页）说："编一部教科书，纵然未有创见，而能搜罗众说，抉择精当，条理清晰，即为一极佳教科书。"这就使我对于缺少创见的担心减少了一些，多用心去做搜罗和抉择的工作，在条理清晰上多下功夫。

我的音韵学是多年前在"中国音韵学会二期音韵班"上学的。那时办班很慎重，学员是各高校的教师，班上年龄最大的61岁，最小的21岁。教师阵容强大：严学宭老师教概论和汉藏语比较，邵荣芬老师教上古音，唐作藩老师教中古音，李新魁老师教等韵学，杨耐思老师教近代音，罗安源老师教国际音标和普通语音学，赵诚老师教商周金文音系，还特请李方桂先生、邢公畹先生等来作专题讲座。老师们不但水平高，而且都很投入，要求很严格：国际音标一个一个地发音，练习了近一个月；韵脚字一部一部地系联，马虎的要返工；仿照《韵镜》将《广韵》所有小韵连带反切填入韵图，体味等韵学的奥秘所在；等等。由此而真正体会到音韵学是"实学"，需要口耳相传，更需要扎扎实实下功夫去实际摸索，很多看似玄虚的问题听起来似懂非懂，动手去倒腾几个来回就清楚了，并非真是"绝学"。

因此，知道写教材要注重实用性，不必强求新异。正如何九盈先生《上古音》（商务印书馆，1991）《前记》所说："与其标新立异，不如采取一个比较公允而又有相当影响的体系；与其大谈原理，不如尽量注重它的实用性。"所谓"实用性"，就是要从初学者的角度出发，循序渐进，一点一点地讲透，一步一步地弄懂，一层一层地推进，最终达到系统把握的程度。还要加强可用于实践的材料和内容，给人讲十遍如何开汽车，不如教他自己开上十公里。当然，先要把开车的原理、方法、程序、注意事项一一讲明白，并一一开列出来，让人随时可以查找和对照。硕士阶段我师从北师大王宁先生学文字训诂，博士阶段师从武汉大学宗福邦先生学音韵训诂，两师均强调音义互联的重要性。"因声求义"和"以义正音"同样都注重实用性，教材对此也要给予相当的重视。

基于这些体会，结合同学们听课的感受和要求，对原讲义作了较大幅度的修改，就成了现在的样子。是否能达到预想的"实用性"目标，还得靠教学实践和同学们的使用反馈来检验，不足处必然存在，以后还会边用边听意见边修改的。

因是通论性教材，参考同仁们的著述、教材很多，未能全都标注出处，在此一并感谢！历届修习音韵学课程的一些同学，包括博士生、硕士生和本科生，有的指出讲义的错讹，有的提出修改建议，有的仔细做校读、校对工作，使本书的质量得以提高，难以一一具名，在此一并感谢！

武汉大学出版社教育出版分社的王雅红社长和陶洪蕴、胡国民编辑，为这样一本繁难的书争取立项并耐心编校，做了很多工作，在此深表谢忱！

万献初

2008年6月1日于珞珈山东山头寓所

再版后记

本教材印行后，蒙音韵学同仁抬爱，或用为高校“音韵学”课程教材，或推荐给学生作参考书，第一版很快售罄。又笔者讲授的“音韵学”课百集视频，在“超星学术视频”“土豆网”上，很快点击数就以十万计，网上购书量速增，故须尽速重印。然而，在使用过程及读者反馈中，发现原书一些错讹、失当之处，此次重印来不及全面修订，只能就发现者作字句上的改补。李华斌、杨荫冲等几届硕博士研究生细心核对表格、数据、音标及引文等，改正多处，热心读者在网络上提出修改建议，在此一并深致谢忱！待以时日，再行修订，以报读者！

万献初

2012 年 6 月

三版后记

《音韵学要略》教材出版已经十二年了，配套讲授的“音韵学课程”曾列为武汉大学研究生精品课程，由超星公司随堂录制为“超星学术视频”，有 81 集在网络上广为流传。诸如百度云网盘、腾讯视频等多家网络，以及众多大学网络课程，均有转载，修习音韵学的大学生、研究生以及各类音韵学爱好者，很容易获取视频课系统学习。

学习音韵学相对较难，看视频需有配套教材参照，因而教材需求量连年增加，《音韵学要略》第一版、第二版虽然多次印刷，网上仍时或缺货。读者在使用教材的过程中，间或发现问题、指出错讹，积极反馈到作者处。于是，商务印书馆动议出版《音韵学要略》（第三版），得到作者的认同与配合，就已提出及新发现的问题，作了认真的修改。王飙编审于第三版编校用力甚勤，订正、更新音标，核正文献及其出处，规范文字及标点符号，使第三版教材整体质量得以提高。在此深表谢忱！

万献初

2020 年 5 月 1 日于咸宁旧居

四川省“十四五”职业教育
省级规划教材立项建设教材

职业发展与就业指导

ZHIYE FAZHAN YU JIUYE ZHIDAO

主　编：王　涛　严光玉　李俊琦

北京师范大学出版集团
BEIJING NORMAL UNIVERSITY PUBLISHING GROUP
北京师范大学出版社

图书在版编目(CIP)数据

职业发展与就业指导 / 王涛，严光玉，李俊琦主编. —北京：北京师范大学出版社，2021.5(2025.7 重印)

ISBN 978-7-303-26443-8

Ⅰ. ①职… Ⅱ. ①王… ②严… ③李… Ⅲ. ①大学生—职业选择—职业教育—教材 Ⅳ. ①G717.38

中国版本图书馆 CIP 数据核字(2020)第 218460 号

出版发行：北京师范大学出版社 https://www.bnupg.com
北京市西城区新街口外大街 12-3 号
邮政编码：100088
印　　刷：三河市兴达印务有限公司
经　　销：全国新华书店
开　　本：787 mm×1092 mm　1/16
印　　张：15.5
字　　数：431 千字
版　　次：2021 年 5 月第 1 版
印　　次：2025 年 7 月第 5 次印刷
定　　价：43.00 元

策划编辑：王云英　　　　　　　责任编辑：王云英
美术编辑：焦　丽　　　　　　　装帧设计：焦　丽
责任校对：段立超　王志远　　　责任印制：赵　龙

前　言

本书充分吸收和借鉴国内外职业生涯规划与就业创业指导方面的理论和经验，根据我国高职教育规律和人才培养特点，从教育学、管理学、社会学、心理学等角度阐述大学生职业发展和就业指导的理论，以加强对大学生职业观念、职业素质、职业生涯规划和就业创业能力的培养，引导大学生树立正确的人生观、价值观和就业观，科学规划职业生涯，明确职业定位，提高就业的实效性和针对性，并逐步构建适合我国大学生就业指导课程的体系和内容。

本书以习近平新时代中国特色社会主义思想和党的二十大精神为指导，落实立德树人根本任务，全书本着必需、够用、实用的原则，从解析大学生职业规划和职业发展必备的能力入手，分为开启职业生涯规划、直面就业与求职、职场适应与职业发展三部分，涵盖就业形势和专业认知、职业素质培养、职业意识启蒙、个体发展评价、就业创业观念引导、求职途径与技巧、入职适应指导、职业发展能力等内容，对学生职业发展与就业进行全方位指导。编者综合考虑高职教育弹性学制、课时数较少、重视技能训练、培养模式多样化等因素，使理论与实践相结合、教师讲授与学生自主学习相结合，提高大学生职业发展与就业指导和课程内容的指导性、实用性和适应性。

本书在写作上力求体现如下特点。

(1)改变传统的按学科理论体系编排内容的体例，根据大学生认知规律、就业创业能力培养过程的特点，按照能力培养目标组织全书内容。

(2)针对高职教育推行工学结合培养模式的要求，各篇相对独立，便于灵活调整教学内容和进度。

(3)将职业生涯规划的研究成果同高职人才培养目标有机结合起来，增强实用性。

(4)理论教学与实践训练并重，通过案例强化理论教学的效果。书中的实践活动要求和校园文化活动、社团活动、社会实践、职业心理测评及咨询等活动有机结合，用团队活动、模拟情境训练、讲座、辅导、咨询来拓展实践性课程，切实提高大学生的职业发展能力。

(5)针对高职院校相关师资力量较为薄弱、缺乏大学生职业发展与就业指导实践经验的现状，通过内容引导，强化教与学的互动，做到教学相长。

本书由成都工贸职业技术学院王涛研究员、成都职业技术学院严光玉教授和北京财贸职业学院李俊琦副教授担任主编，王涛负责统稿并编写项目一、项目二，严光玉编写项目六、项目七、项目八、项目九，李俊琦编写项目三、项目四、项目五。王美珍、李月、苗银凤对本书的编写也做出了贡献。

在本书的编写过程中，编者参考了大学生职业发展与职业指导方面的部分书籍，以及互联网上的相关内容，在此向相关作者表示感谢。限于编者的水平，书中难免有不足之处，欢迎广大读者批评指正。

编者

目　录

MULU

模块一

开启职业生涯规划

项目一
认知学业与职业

智慧导航

职业教育之定义，是为“用教育方法，使人人依其个性，获得生活的供给和乐趣，同时尽其对群之义务”。而其目的：(一)谋个性之发展；(二)为个人谋生之准备；(三)为个人服务社会之准备；(四)为国家及世界增进生产力之准备。

——黄炎培

项目导读

子曰：吾十有五而志于学，三十而立，四十而不惑，五十而知天命，六十而耳顺，七十而从心所欲，不逾矩。孔子总结反思自己为学一生的经历，认为经过一个从自律到自觉的学习过程，才能到达思想修养和道德修养的最高境界。

当你踏入大学校门，憧憬美好的大学生活时，你也开启了人生的新历程；当你逐渐适应大学生活时，是否觉得新鲜感在渐渐消失？面对竞争激烈的就业形势，你是感到迷茫、困惑、无奈，还是认真规划大学生活，规划学业，找到新的努力方向，进行自我盘点，对自己做全面分析，通过自我分析，认识自己、了解自己？对自己的职业做出正确的选择，才能选定适合自己发展的职业生涯路线，才能对自己的职业生涯目标做出最佳抉择。

“凡事预则立，不预则废。”通过本模块的学习，同学们可以了解什么是学业，什么是学业规划，什么是职业，以及职业与专业的关系；可以充分理解学业规划和职业生涯规划对人生发展的重要意义。

学习目标

(1)了解学业的内涵和高职生学业规划的制订步骤，认知职业生涯的含义及职业生涯教育。

(2)能根据自身专业特点，进行科学合理的学业规划，掌握职业的分类，正确对待职业和专业。

(3)培养职业生涯规划的意识，并进行科学合理的生涯规划。

(4)树立正确的职业价值观，自觉将个人价值与社会价值相统一。

案例导入 | 我要成功

·任务一
·认知学业

情境导入

走出迷茫的小刘

小刘未能如愿考入本科院校，在亲友的建议下，他最终选择了一所高职院校，但他对此仍然心存不甘。入学教育期间，他参加了学长学姐的经验分享会，听到了他们在学校的学习收获和在职场上的奋斗历程。这些分享让他对高职院校有了初步的认识，也让他意识到高职院校同样可以为他提供一片属于自己的天地。尽管如此，他对如何度过大学生活还是感到困惑，担心自己会虚度光阴。面对这些困惑和迷茫，小刘决定采取行动来改变自己。他首先深入了解了自己所学的专业，通过与学长们交流和向老师咨询，逐渐发现了这个专业的魅力和前景。同时，他积极参加社团活动，提升自己的综合能力和团队协作能力。

为了明确学业目标，小刘制订了一份详细的学业规划，包括每学期的课程安排、课外阅读和实习计划等。他还关注就业市场，通过查阅招聘信息和咨询就业指导老师，了解所学专业的就业形势和政策。经过一段时间的努力，他发现自己越来越喜欢这个专业，并愿意为之付出更多的努力。同时，他的综合能力也得到了显著的提升，大学生活变得丰富多彩起来。

想一想，你是不是也像小刘一样，走出被动的自我束缚，积极主动了解高职教育、了解所学专业，了解未来的职业，开启了精彩的大学生活。

一、高等职业教育简介

高等职业教育是我国高等教育的重要组成部分，包括高等职业专科教育、高等职业本科教育、研究生层次职业教育，是高等教育的一个类型，肩负着为经济社会建设与发展培养人才的使命；同时，高等职业教育也是我国职业教育体系中的高层次教育。

（一）教育层次

我国高等职业教育已经形成了涵盖专科、本科、硕士、博士四个层次的、相对完整的体系，以下仅介绍专科和本科层次。

专科层次主要为生产建设、管理、服务培养高技术技能型人才。

本科层次的职业教育是一个新生事物，旨在培养具备高阶专业技能和理论知识、适应新技术、新产业、新业态、新模式需求的专业技术人才和复合型人才，其拥有一定专业技术知识和实践能力。

（二）高等职业教育的特征

高等职业学校教育不仅为广大中职毕业生和部分高中毕业生构建了进入高等学校接受高等教育的“立交桥”，更在发展中逐步形成了人才培养接续体系，成为与普通高等教育并行的系统。

1. 培养目标具有职业定向性

高等职业学校教育以满足社会需求为目标、以培养技术应用能力为主线培养方案，其培养目标具有服务于特定职业岗位群或技术领域的强烈针对性。一是使学生获得就业所必需的岗位技术能力与职业素质；二是使学生具备一生职业发展与迁移所必需的相对完整的某一专业技术领域的知识、能力与素质结构；三是尽可能在人文素质、思维方法及终身学习能力等方面，为学生打好基础。

2. 紧贴行业需要，服务社会需求

高等职业学校教育主动适应国家加快经济发展方式转变、产业结构调整和优化升级、主体功能区定位的要求，坚持以服务为宗旨、以就业为导向，立足区域办学校，围绕行业办专业，结合所在地区的经济社会发展情况和行业岗位需求开设专业，为经济和社会发展服务。

3. 实行“工学结合”和“校企合作”

高等职业学校教育以培养学生的技术应用能力为实践教学目标，在专业技术、技能课教学中，讲练结合，理实一体，实行“工学结合”，将课堂搬到模拟实验室、车间等工作环境中，实行现场教学，使学生的动手能力和应用技能得到较大提升。

4. 产教融合，校企“双元”育人

高职院校的人才培养借鉴“双元制”等模式，总结现代学徒制和企业新型学徒制试点经验，校企共同研究和制订人才培养方案，及时将新技术、新工艺、新规范纳入教学标准和教学内容，强化学生的实习实训。

5. 以“社会化”和“市场化”评价体系为标准

高等职业教育面向社会办学、面向就业市场培养人才，教育效果主要由社会和用人单位来评价和判断。其中最重要的评价指标包括毕业生的就业率、毕业生从事岗位工作的社会认可度等。

二、学业与学业规划

大学是人的一生中富有青春活力的阶段，但大学也是人生中容易留下遗憾的阶段。许多刚踏入大学校门的新生往往没有真正了解大学的作用，缺乏独立生活和自我管理的能力，更谈不上进行职业生涯规划，以至于在毕业之时回首大学生活，发出“等到明白大学生活应该怎样度过时，大学已向我们挥手而去”的感叹。

典型案例

糊涂的大学生活

大一新学期，小王终于步入了心目中的大学殿堂。他最大的感觉就是告别了中学时代的压力，远离了父母的“管辖”。除上课外，还有很多的闲暇时间可以自由支配。他把大量的时间和精力耗费在娱乐、放松方面，直至缺课影响了专业学习。他安慰自己说：“落下一次课没什么大不了的。等课后我自己补上就好了。”结果他每一次都这样想，课没上，书也没看。总在下决心，又总在后悔……就这样，大学三年很快就过去了。

面临实习就业，小王连续面试了几家公司，都因专业能力差、英语水平低或无丝毫特长，而以失败告终。到这时他才发现，曾经觉得很遥远的就业问题已迫在眉睫。如果当初合理规划自己的学业，有针对性地弥补自己的欠缺，提升个人综合素养，大概就不会出现今天的遗憾了。

（一）学业的内涵

《现代汉语词典》(第7版)中，“学业”一词被解释为学习的功课和作业。对高职学生来讲，学业是指在高等职业学校教育阶段进行的以学习为主的相关活动，既包括专业知识和技能学习，也包括对政治思想、职业道德、综合素质、职业能力、创新精神的全面培养。

（二）学业规划的概念和作用

学业规划是指学生依据自身的特点、兴趣及学业前景确定自己的学业目标，按照一定的原则、方法、步骤，制订在校学习阶段的目标和实施方法的过程。学业规划是顺应学生学业发展的需求而产生的，大学生学业规划具有很强的实践和理论意义，具体作用如下所示。

(1)有利于正确认识自我，明确奋斗目标，增强生活与学习的主动性。

(2)有利于更好地完成学业，提升自己的能力和综合素质，提高就业竞争力，实现顺利就业。

(3)有利于顺利度过大学适应期。

(三)学业规划的特点

对大学生来讲，学业规划有如下特点。

(1)独特性。学业生涯是学生依据自己的人生理想，为了实现自我目标而逐渐展开的一种独特的学习历程。每个人的生涯发展都是独一无二的，学业规划往往也不同。

(2)发展性。学生在校学习的不同阶段会有不同的要求，这些要求会不断地发展、变化，学业规划也应随之发展、变化。

(3)综合性。学业规划以学生角色的发展为主轴，也包括其他与学习有关的角色，如公民、子女等涵盖人生整体发展的各个层面的各种角色。

(四)学业规划的制订原则

对大学生来讲，制订学业规划时应遵循可行性原则、可调节原则、最优化原则和共性与个性相结合原则。

三、高职生学业规划

(一)高职生学业规划的三个阶段

1. 第一阶段——大学一年级

适应新环境，正确评估自己，为后续阶段打下坚实基础。在教师和辅导员的指导和帮助下全面分析自己，确定学习目标。同学们在这个阶段要尽快熟悉环境，结交朋友，认识教师，建立新的人际关系，积极参加各种社团活动，提高人际沟通能力，提升文明素养。同时培养自主学习能力，养成以创造性学习为主导、接受型学习与创造型学习相结合的学习习惯。

2. 第二阶段——大学二年级

认真学习专业知识，培养实践能力和创新能力。学校在这个阶段会开设主要的专业技能课，同学们应注重对专业知识的学习，培养专业技能；通过校内外各种实践活动全面锻炼自己，发现自己的优势与劣势，分析成功的原因，保持优势，找出失败的原因，不断改进。

在这个阶段，同学们应注重培养自己的创新能力、组织管理与社会活动能力、沟通能力及团队协作精神，尽可能全方位地展示自己的才能。

3. 第三阶段——大学三年级

积极完成实习任务与毕业设计，培养就业能力和创业能力。同学们在大学三年级要到企业生产岗位进行体验性的实习和顶岗锻炼。实习期间，同学们应认真接受学校指导教师的辅导和实习单位经验丰富的技术人员与工人师傅的现场指导，从而完成实习计划，为毕业后迅速适应工作打下基础。

在这个阶段，同学们要重视培养就业能力与技巧。通过实习，从整体上了解企业的运作模式、工作流程；从局部上明确个人的岗位职责与规范。

(二)高职生学业规划的制订步骤

1. 制订学业总体规划

(1)分析自己的兴趣爱好，明确自己想从事何种工作。兴趣是理想产生的基础，认真细致地分析兴趣与爱好，有助于选择适合自己的专业方向和研究领域，发挥所长。

(2)分析自己的能力、特长，明确自己能干什么。能力既是人的综合素质在现实行动中的表现，又是成就人生价值的一种主导性力量，任何职业都要求从业者掌握一定的技能，所以要在认定自己想干什么的基础上，明确自己已经具备的能力和需要培养的能力。

(3)分析未来，把握社会需求。同学们要着眼于未来，关注社会的发展趋势，立足于未来的需求，不盲目跟风，选择社会需要又适合发挥自身优势的专业方向和研究领域才是最好的。

(4)找出自己想干什么、能干什么与社会要求自己干什么的结合点，是学业规划的关键所在。

2. 细化学业规划

当学业总目标确定后，需要逐步分解学习目标。一般情况下可这样进行分解：三年的学习总目标—一年的学习目标—一个学期的学习目标—一个月的学习目标—一周的学习目标—一天的学习目标。这样，使总的学业规划落实到学习生活的每一天，确保有条不紊地实现学业目标。

3. 制订学业规划的一般步骤

(1)确定自身优势。了解自己的兴趣、特长、性格、职业价值观，评估市场需求、行业动态、就业前景，确定自身的优势与劣势，这是做好学业规划的基础。

(2)确立职业目标。根据自己的优势和客观条件，确定自己的职业定位和发展目标，做到人职匹配，这是制订学业规划的关键。

(3)制订学习方案。既包括课程学习目标、掌握哪些技能、参加哪些社会实践活动、如何提高学习效率，也包括如何开发自己的潜能、怎样克服学业规划道路上的各种困难、如何进行时间分配等方面的措施。

(4)调整修正目标。现实社会中存在许多不确定因素，这就需要学业规划具有一定的弹性，以便自己及时反省和修正学业目标，变更实施措施与计划。

典型案例

学业规划

某高等职业专科学校 小强

一、前言

既来之，则安之。“少壮不努力，老大徒伤悲。”与其浑浑噩噩地虚度三年的光阴，不如抓紧时间为自己充电。为了更有效地完成大学三年的学习，把握好自己的未来，现制订如下学业规划，以便鞭策自己，奋发前行。

二、自我分析

(一)基本情况

兴趣爱好：阅读军事、人文历史类图书，参加户外活动，看新闻类电视节目等。

性格：偏外向。

人生格言：强者制造机会，弱者等待机会。

(二)主要优点

(1)有理想、有激情、有自信、有原则。

(2)遵守纪律、尊敬师长、热爱学习，团结同学、乐于助人，严于律己、坚持原则，做事认真、态度端正、有责任感，热爱生活、乐观向上。

(3)重视“变”有常新，注重“量”的积累，重视“度”的衡量，有自知之明，喜欢让别人给自己提意见……

(4)善于学习借鉴、自我优化；对他人怀有真诚的友爱之心，豁达开朗；喜欢动手实践，兴趣广泛，敢于探索。

(三)主要缺点

(1)体形显得太单薄。

(2)口才一般，交际能力有限，无演讲经验。

(3)英语、计算机应用能力一般。

改善方案：大学三年中，要扬长避短，进一步发展自己的长处与优势，加强与他人沟通交流，积极参加学校各项活动，增强自信。努力学好各门课程，不偏科。

(四)其他

经常做事冲动，常为此后悔不已，但事后能够积极反省、对症下药，迅速找到解决办法，避免再次发生类似情况。

三、大学三年的规划

(一)大一阶段

(1)尽快适应大学生活，培养自主学习能力，学会利用图书馆和网络资源。

(2)初步了解自己所学的专业及社会对本专业高职人才的需求情况。

(3)锻炼身体。每天坚持晨练，积极参加学校的阳光体育活动，加入羽毛球俱乐部。

(4)努力学习计算机相关知识，提高英语水平。大一第二学期通过高等学校英语应用能力考试、计算机等级考试。

(5)继续培养广泛的兴趣爱好，扩大知识面。

(6)竞选班干部和学生会干部，积极参加学生会和各种社团活动及学校组织的集体活动，增强人际交往能力。

(二)大二阶段

(1)培养对专业的学习兴趣，努力学好专业必修课和选修课。

(2)根据职业岗位要求，学习相关拓展知识。

(3)积极参加社会实践活动，不轻易放弃任何一个锻炼自己的机会。

(三)大三阶段

(1)收集各种相关职业信息，积极寻找与发现机会，为就业或创业做好准备。

(2)认真参加企业顶岗实习，锻炼自己的实际工作能力。

(3)深入思考，做到理论联系实际，完成毕业设计。

(4)学会制作个人简历与撰写求职信，进行面试训练，锻炼求职与应聘能力。

高职生学业规划的制订要紧密结合本专业人才培养目标，在全面分析自身情况和学习能力的基础上，有针对性地提出具体的阶段性目标，力求通过努力达到目标。

素质训练

我的学业规划

一、活动目标

参考高职生小强的学业规划，结合自己的学业目标，制订一份属于自己的学业规划。

二、主要内容

1. 前言。说明制订学业规划的目的和作用。

2. 自我分析，包括个人基本情况、主要优点、主要缺点、对专业的了解以及其他方面的情况等。

3. 大学三年的学业规划。包括大一阶段的目标和任务、大二阶段的目标和任务、大三阶段的目标和任务。

4. 毕业后的就业目标。

三、分享交流

1. 以小组为单位分享自己的学业规划，相互学习借鉴。

2. 各小组推选优秀学业规划案例，在班级进行交流分享。

四、完善方案并实施

借鉴他人经验，完善自己的学业规划方案，并按照计划付诸实施。

·任务二
·认知生涯

情境导入

爬楼的故事

兄弟两人一起住在一幢公寓的第八十层楼里。一天，他们回到公寓楼的时候，发现大厦停电了。这真是一件令人沮丧的事情。两兄弟都背着大大的登山包，但也别无选择。于是，哥哥说："我们爬楼梯上去吧。"

他们就背着一大包行李开始往上爬。到了二十层的时候，觉得累了。于是弟弟提议说："哥哥，行李太重啦，不如把它放在二十层，我们先上去，等大厦恢复电力，再坐电梯下来拿吧。"哥哥一听，觉得这主意不错。于是，他们就把行李放在二十层，继续往上爬。

卸下了沉重的包袱后，两人觉得轻松多了。但好景不长，到了四十层，两人又觉得累了。想到只爬了一半，还有四十层要爬，就开始互相埋怨，指责对方不注意停电公告，才会落得如此下场。他们边吵边爬，就这样一路爬到了六十层。

到了六十层，两人筋疲力尽，累得连吵架的力气也没有了。他们一路无言，安静地继续往上爬。终于，八十层到了。到了家门口，哥哥长吁一口气："弟弟，拿钥匙来!"弟弟说："有没有搞错？钥匙不是在你那里吗?"哥哥说："天哪！钥匙还留在二十层的登山包里!"

有人说，这个故事其实在反映人生。二十岁之前，人背负着很多压力，就好像背着一个很重的登山包，加上自己也不够成熟，能力也弱，所以走得很辛苦。二十岁以后，人开始自己的职业生涯，自己喜欢做什么就做什么，想怎么做就怎么做。从二十岁到四十岁，是一生中最愉快的二十年。

到了四十岁，发现自己的青春早已逝去，又有很多遗憾，于是开始抱怨。

到了六十岁，发现自己的光阴所剩不多，于是告诉自己，不要再埋怨了，珍惜剩下的日子吧。

想一想，人是不是要等到四十年或六十年之后才会追悔？我们最在意的是什么？我们希望将来的自己和现在有何不同？我们可以做些什么来避免遗憾发生呢？对，我们可以做好职业规划(也可称作职业生涯设计)！

一、生涯规划

(一)生涯的含义与特点

1. 生涯

“生涯”最早见于庄子所说的“吾生也有涯，而知也无涯”。生涯是人的生命中的全部时间历程，即一生的意思。生涯有狭义和广义之分。狭义的“生涯”仅可理解为与个人终身所从事的工作或职业相关的时间历程；广义的“生涯”则包含非职业的活动，除了终身事业还包含了生活中的其他方面。

2. 生涯的特点

(1)独特性。每个人都有自己独特的生涯发展形态。同一种职业可以由很多人来从事，但生涯却是每个人所独有的。

(2)终身性。生涯发展是人一生当中的连续不断的过程，人生的不同阶段，都有自己不断发展和变化着的不同的追求和任务。

(3)综合性。生涯是人生扮演的各种角色的总和，涉及人生整体发展的各个层面，要用联系的眼光来审视它。

(二)生涯规划及作用

生涯规划就是对影响人们生涯发展的经济、社会、心理、教育、生理等各种因素的选择和创造。它通常建立在个体对自我全面、深刻认识的基础之上，需要与职业发展的一般性特点相结合。

一般来说，国内外学者普遍认为，生涯规划的主要作用如下。

(1)以既有的成就为基础，确立人生的方向，提供奋斗的策略。

(2)突破生活的束缚，塑造充实的自我。

(3)准确评价个人的特点和强项。

(4)评估个人目标和现状之间的差距。

(5)准确定位自己的职业方向。

(6)重新认识自身的价值并使其增值。

(7)发现新的职业机遇。

(8)扬长避短，增强职业竞争力。

(9)提升个人实力，获得长期职业发展优势。

(10)将个人、事业与家庭联系起来。

(11)了解就业市场，科学合理地选择行业和职业。

(12)尽快适应工作，提高工作满意度，实现事业的成功。

二、职业生涯

(一)职业生涯的含义

沙特尔认为，职业生涯是指一个人在工作生活中所经历的职业或职位的总称。麦克·法兰德指出，职业生涯是指一个人依据理想的长期目标所形成的一系列工作选择以及相关的教育或训练活动，是有计划的职业发展历程。萨帕指出，职业生涯是指生活中各种事件的演进方向和历程，是统合了人的一生中的各种职业和生活角色，由此表现出的个人独特的自我发展形态。职业生涯的各种定义都把职业生涯作为个人经历来界定，所以一言以蔽之，职业生涯是个体职业发展的历程。

综合以上的观点，职业生涯的基本含义如下所示。

(1)职业生涯是个体的概念，是个体的行为经历，而非群体或组织的行为经历。

(2)职业生涯是职业的概念，实质上是指一个人一生中的职业活动或经历。

(3)职业生涯是时间的概念，职业生涯期起始于最初工作之前的专门的职业学习和训练时期，终止于完全结束或退出职业工作之时。实际的职业生涯期在不同的个体之间差异很大，有长有短。

(4)职业生涯是发展和动态的概念，是指个人职业内容与职位的发展和变化。职业生涯不仅表示职业工作时间的长度，而且包含职业变更与发展的经历和过程，以及从事何种职业、职业发展的阶段等内容。

(5)职业生涯并不包含对职业生活的评价。只要有工作经历、有职业生活内容，无论从事何种职业、具有何种素质和业绩水平，都会拥有属于自己的职业生涯记录。

(二)职业生涯的特征

(1)独特性。每个人都有自己的职业发展条件、职业动力、个人需求、职业选择、职业发展路径。

(2)动态性。每个人的职业生涯都是一种发展的、演进的动态过程。一方面，随着个人的知识技能不断增强，薪酬水平也将会相应增加，职务也会不断地改变；另一方面，员工和组织之间的关系也会从最初的相互磨合到相互接纳和共同发展。

(3)阶段性。员工的职业生涯发展过程有着不同的发展阶段，组织应该就员工职业生涯各个阶段的状况，对其进行有针对性的开发与管理，充分调动员工的工作积极性。

(4)互动性。职业生涯是个人与他人、环境、组织和社会之间互动的结果。个人职业生涯的发展无法脱离客观环境的影响和制约，两者间存在非常强的交互作用。

(5)整合性。职业生涯具有整合性，涵盖人生整体发展的各个层面，而非仅仅局限于工作或职位。

综上所述，职业生涯不仅包括个体在特定行业或职业领域内的专业发展，还包括职业技能提升、职务晋升、职场人际关系建立与维护、工作与生活的平衡等多元化的内涵。随着社会经济的发展和个体自我意识的觉醒，越来越多的人开始主动规划和管理自己的职业生涯，以期实现自身价值和社会价值的最大化。

知识窗

人工智能为职业生涯规划教育带来新的机遇与挑战

作为数智时代产物的人工智能，为高校职业生涯规划教育带来了新的机遇与挑战。

1. 对职业生涯规划教育提出更高认知要求

数智时代所呼唤的培养目标越是全面、可提供的培养路径越是多元、所赋予的职业发展的空间越是广阔，我们越应该警惕忽视培养目标、盲目追求“泡沫”机遇现象的出现。因此，利用好数智时代人工智能(AI)大模型的前提条件就是拥有正确精准的认知。

2. 为职业生涯规划教育创造新的技术条件

AI大模型具有“巨量数据、巨量算法、巨量算力”等三大“巨量”特征，为大学生职业生涯规划教育提供了新的工具条件、构筑了技术底座。

3. 对职业生涯规划教育提出更高设计要求

以AI大模型为代表的人工智能为大学生职业生涯规划教育提供了坚实的技术底座，同时也对技术运用、谋划与设计提出了更高的要求。

4. 为职业生涯规划教育增加新的纵向产出

AI大模型有别于一般的大数据检索软件，在对大数据进行检索、筛选之后会对遴选出来的信息进行组合与再加工，从而产生新的内容。

5. 对职业生涯规划教育提出更高人本要求

回归大学生职业生涯规划教育、高等教育的根本任务，“立德树人”中的“人”永远是关键。再便捷、再智能的工具也无法取代工具所服务的人，我们始终要警惕“重工具、轻人本”的工具理性思维，而要怀着更饱满、更纯粹的人文情怀拥抱新科技、使用新科技。

——节选自应好，蔡飞扬，杨雪倩. 人工智能赋能大学生职业生涯规划教育的路径探索[J]. 中国高等教育，2023(Z3).

素质训练

追寻身边的职业榜样

优秀的职业榜样能够为我们提供实际可行的成功路径、专业素养的典范、职业道德的标准以及面对挫折时坚忍不拔的精神指引。他们可能是企业家、科学家、工程师、产业工人、普通劳动者等，他们的成功故事和职业经历能为同学们提供宝贵的职业经验。

一、活动目标

寻找你敬仰的职业榜样，借鉴榜样的职业经历，助力你探索自己的职业生涯。

二、主要内容

1. 寻找3名职业榜样。通过阅读新闻报道、相关书籍，或参加校友活动等，寻找成功的校友、行业楷模、人生导师等，树立自己的职业榜样。

2. 了解榜样的职业历程。了解榜样人物的成长背景、职业生涯的关键节点和他们如何克服困难、取得成功的经验等。

3. 学习可借鉴的经验。总结可以从榜样人物身上汲取的职业经验、职业精神和工作方法等。如果有机会，尝试面对面或在线与你的职业榜样进行交流，向他们请教职业发展的问题。

4. 对个人职业发展的启示。对比榜样人物，思考他们身上哪些特质和经验对自己最为适用，然后将其转化为自己的行动指南和职业规划的一部分。

三、信息汇总与交流

请同学们对收集的职业榜样信息进行汇总(表1-1)，总结对个人职业生涯发展的主要启示，并进行课堂交流。

表 1-1　职业榜样信息汇总表

榜样人物	主要职业经历	突出业绩和贡献	主要启示
榜样人物 1			
榜样人物 2			
榜样人物 3			

注意事项：选择职业榜样时，不仅要看到他们光鲜的一面，更要深入理解他们背后的付出与努力，以及如何处理挑战与困难。同时，也要结合自身的兴趣、能力和职业目标，灵活借鉴榜样的优点，选择适合自己的职业发展道路。

· 任务三
· 探究职业和专业

情境导入

技能强化与定向就业的小张

小张是某高职院校数控技术专业的学生。大一入学后，了解到该专业对动手能力和编程技术要求较高，他首先明确了自己学业规划的目标——成为一名优秀的数控机床编程员。

大一、大二期间，他着重于基础知识的学习，如机械制图、机械设计基础、数控加工工艺等，并且充分利用学校的实训设备进行实操练习。同时，他还参加了学校组织的数控技能培训班，考取了数控车床/铣床中级工证书。

大二、大三期间，他选择了一门与计算机辅助设计（CAD）相关的选修课，专门学习 UG、MasterCAM 等软件，提高了自己在复杂零件编程方面的能力。此外，他还积极参加各类数控技能大赛，屡次获奖，大大提升了个人技能水平和行业内的知名度。

大三期间，小张通过学校合作企业的实习项目，在一家大型装备制造企业进行了为期一年的顶岗实习，不仅熟悉了生产一线的工作流程，还独立完成了多个数控加工任务，得到了企业和指导老师的高度评价。实习结束后，凭借扎实的专业技能和丰富的实践经验，小张顺利获得了该企业的入职邀请，实现了定向就业。

想一想，初入高职的你，是否也期待像小张一样，充分把握学校提供的学习实践机会，实现从学校到职场的无缝对接，达到理想就业的目标。

我国传统的职业教育观念中存在误区，认为学校就是知识的殿堂，学生要专心于学习，等到学有所成再谈论职业。大多数学生对社会上的各行各业所知甚少，“职业”对同学们来说，还是一个非常陌生的概念。

一、职业及其发展变迁

（一）职业的概念

职业是指人们从事的相对稳定的、有收入的、专门类别的工作。职业是某种精细的、专门的社会分工，能反映一个人的社会身份、社会地位、知识、能力、素质水平等。换言之，所谓职业，就是以生计维持、社会角色分担、个性发挥和自我实现为目的，持续进行的劳动或工作。

（二）职业的特性

1. 社会性

首先，职业是一种社会历史现象，是劳动者进行的社会生产劳动，所以职业是社会的职业。其次，职业劳动创造社会财富，为社会的发展奠定了物质基础。最后，职业是劳动者获得的社会角色，劳动者必须遵守社会结构对某一社会角色所确定的规范。

2. 经济性

职业以获得经济收入、取得报酬或寻求发展为目的，这是职业活动区别于其他活动的重要标志。人们在取得个人经济利益的同时，也会为社会创造财富。劳动者以其获得的劳动报酬来维持家庭生活，这也是保持整个社会稳定的基础。

3. 技术性

职业是社会分工的产物，是一种专业化的社会劳动岗位。专业化就意味着技术性，不同的职业，对从业人员的技术性要求也不同。随着社会化分工的不断细化，职业的技术性越来越强。

4. 规范性

职业的规范性体现为职业行为规范和职业道德规范。职业行为规范是指从事一定职业的人员的行为标准，该规范可以由组织正式规定，也可以是非正式的。从业人员在职业活动中还应遵守一定的道德准则。

5. 时代性

职业的时代性体现在不同时期、不同时代会出现不同的热门职业。

6. 稳定性

虽然职业具有时代性，会随着时代的发展而演变，但这种演变一般是渐进的。职业的劳动内容和行为模式都是相对稳定的，由此职业劳动者也有了稳定的职业形象。

（三）新经济背景下的职业发展新变化

互联网等新经济行业的快速发展，既对就业市场中的传统职业造成了一定冲击，同时也为新兴职业的产生提供了良好的市场环境，创造了新的生机和活力。未来职业发展的新趋势，主要表现在以下几个方面。

1. 高新技术行业优势领先，知识型劳动者比例直线攀升

信息科技时代，未来企业将朝着通信技术、人工智能、新材料领域等高技术产品的产业群发展，这些行业具有知识技术密集、资源能耗较少及产值贡献率高等特点，是推动经济繁荣和增长的重要引擎。高技术产业的发展，需要较高的研发投入和庞大的研究人员团队，凭借智能性、创新性、战略性和环保性等优势来吸引海内外知识型人才不断涌入，这对社会和经济的发展具有重要的意义。

2. 传统职业逐渐更替，新兴职业技术含量不断提高

技术的不断进步，给传统职业带来了巨大冲击，同时也衍生出了许多新的工艺、服务和产品，这些新技术的开发及应用，必然导致部分职业的新旧更迭。例如，互联网通信技术的发展，导致传统的电话接线员、寻呼员等职业不复存在，同时电子商务、网络设计、在线教育培训等新行业纷纷涌现，且提高了对从业人员的技能要求。未来脑力劳动职业将越来越多，体力劳动职业将越来越少，新兴职业技术含量不断提高。

3. 职业更新速度逐步加快，职业发展边界逐渐趋于模糊

网络设施的不断完善、海量数据的快速产生及信息处理技术的不断提高，带来了社会经济结构质的飞跃，加速了新旧职业的替代和更新。同时，社会对未来人才知识的综合性结构提出了更高的要求，职业发展的边界在逐渐模糊，劳动者不仅要成为本专业领域内的技能人才，而且要能够顺应环境变化转换职业角色，成为掌握多种知识和技能的高素质复合型人才。

（四）新职业

产业不断细分，导致社会分工越来越明确，对从业人员的专业要求也越来越高。我国近年的职业变迁，体现出两个特点：其一，职业分类越来越细，越来越专业，比如银行职员这个职业有了进一步的专业化细分，出现了资金交易员、资金结算员、清算员等新职业；其二，职业的标准化程度提高，与国际职业发展接轨，比如把以前的供销员改为市场营销员，企业和公司负责人也不再笼统地被称为厂长或经理，而是演变出不同层级的职业，如董事长、总裁、总经理、部门经理、项目经理等。

2019 年 4 月，人力资源社会保障部、国家市场监督管理总局、国家统计局正式向社会发布了 13 个新职业，包括数字化管理师、人工智能工程技术人员、物联网工程技术人员、大数据工程技术人员、云计算工程技术人员、建筑信息模型技术员、电子竞技运营师、电子竞技员、无人机驾驶员、农业经理人、物联网安装调试员、工业机器人系统操作员、工业机器人系统运维员。

2020 年 3 月，人力资源社会保障部、国家市场监督管理总局、国家统计局再次联合向社会发布了 16 个新职业，包括智能制造工程技术人员、工业互联网工程技术人员、虚拟现实工程技术人员、连锁经营管理师、供应链管理师、网约配送员、人工智能训练师、电气电子产品环保检测员、全媒体运营师、健康照护师、呼吸治疗师、出生缺陷防控咨询师、康复辅助技术咨询师、无人机装调检修工、铁路综合维修工和装配式建筑施工员。

新职业吸引了大量就业人群，也是广大青年学生实现自身职业理想的新机遇。

知识窗

人工智能技术冲击和中国职业变迁方向

人工智能技术会诱致职业变迁，那么会引致职业朝何种方向转变？下面将从职业类型、职业任务属性、职业技能深度和宽度等维度，来考察人工智能技术促使职业变迁的方向性特征。

1. 职业变迁方向：新职业与数字职业视角。人工智能技术突破与广泛应用是新职业衍生的重要推动力。在 5% 的显著性水平上，人工智能技术能提高劳动者从事数字职业的概率。人工智能技术促进劳动者从传统职业转向新职业，从非数字职业转向数字职业，即人工智能技术促进了新旧职业变动。

2. 职业变迁方向：任务属性视角。人工智能技术可以模拟人类思维方式和行为，替代劳动者执行生产任务，或借助人机协作与劳动者共同完成任务，引发职业任务属性变动。人工智能技术诱发职业任务从繁重向非繁重、复杂化向简单化方向转变。人工智能既具有机器的力量、速度和抗疲劳等优势，又具有人类的识别、判断、推理和决策等能力，因此能替代人类执行那些重体力、超负荷和高精准度要求的任务，进而降低劳动者执行任务的繁重度和复杂度。

3. 职业变迁方向：技能宽度与深度视角。机器换人和人机协作重塑职业生产任务属性，会对劳动者的职业技能产生影响。人工智能技术会促进高技术复杂度职业技能宽度的增加，这意味着劳动者需要不断拓展其技能宽度，如提高认知、社交与创造等综合能力，才能够胜任新技术环境下的那些高技术复杂度职业。

人工智能技术能够引发职业变迁，职业任务呈现出向非繁重、简单化和自由化方向转变，也易使高技术复杂度职业的宽度拓展和深度降低。

——摘自王林辉，钱圆圆，周慧琳，董直庆．人工智能技术冲击和中国职业变迁方向[J]．管理世界，2023(11)，内容有所改动。

二、职业产业及行业分类

(一)职业分类

职业分类主要是以工作性质的同一性为基本原则，对社会职业进行的系统划分与归类，对社会从业者所从事的工作进行全面和系统的划分。职业分类广泛应用于社会统计、信息服务等方面，也对就业选择和职业培训有着重要影响。

图 1-1 《中华人民共和国职业分类大典(2022 年版)》

第一部《中华人民共和国职业分类大典》颁布于 1999 年。2022 年，人力资源社会保障部颁布《中华人民共和国职业分类大典(2022 年版)》(以下简称《大典》，图 1-1)。新版《大典》职业分类结构为 8 个大类、79 个中类、450 个小类、1639 个职业。在 8 个大类中，第一大类是党的机关、国家机关、群众团体和社会组织、企事业单位负责人；第二大类是专业技术人员；第三、第四、第五、第六大类职业可由职业教育培养，技术和技能人才主要集中在这些大类中；第七大类是军队人员；第八大类是不便分类的其他从业人员。

(二)产业和行业分类

1. 产业

产业是指由利益相互联系的、具有不同分工的、由各个相关行业所组成的业态总称。尽管它们的经营方式、经营形态、企业模式和流通环节有所不同，但是它们的经营对象和经营范围是围绕着共同产品而展开的，并且可以在组成的业态里的各个行业内部完成各自的循环。国际普遍流行的是三次产业划分思路，即按照人类生产发展的历史顺序进行划分。

第一产业：指靠人类自身的体力劳动直接从自然界取得初级产品的生产部门，如农业、畜牧业和林业等。

第二产业：指把从第一产业获得的原料加工成各种物品的活动，即对工农业产品进行加工的生产部门，如制造业、建筑业等。

第三产业：指人们为生产、生活和社会发展提供产品交换和服务的部门，第三产业包含的门类比较多，如商业、邮电通信业、交通运输业、房地产业、文教卫生事业等。

2. 行业

行业是指生产同类产品或具有相同工艺过程，或提供同类劳动服务的企业，或组织群体的集合，如饮食行业、服装行业、机械行业等。行业分类主要以经济活动的同质性为原则，对从事国民经济生产和经营的单位或者个体的组织结构体系的详细划分，如林业、汽车业、银行业等。

我国的《国民经济行业分类》国家标准于 1984 年首次发布，2017 年进行了第四次修订(见表 1-2)。

表 1-2 产业行业对照简表

三次产业分类	门类	类别名称
第一产业	A	农、林、牧、渔业
第二产业	B	采矿业
	C	制造业
	D	电力、热力、燃气及水生产和供应业
	E	建筑业
第三产业（服务业）	F	批发和零售业
	G	交通运输、仓储和邮政业
	H	住宿和餐饮业
	I	信息传输、软件和信息技术服务业
	J	金融业
	K	房地产业
	L	租赁和商务服务业
	M	科学研究和技术服务业
	N	水利、环境和公共设施管理业
	O	居民服务、修理和其他服务业
	P	教育
	Q	卫生和社会工作
	R	文化、体育和娱乐业
	S	公共管理、社会保障和社会组织
	T	国际组织

三、职业资格和职业技能等级

（一）职业资格管理

职业资格是对从事某一职业所必备的学识、技术和能力的基本要求，反映了劳动者为适应职业劳动需要而运用特定的知识、技术和技能的能力。

我国的职业资格证书由通过政府认定的考核鉴定机构，对劳动者的技能水平或职业资格进行客观公正、科学规范的评价和鉴定后，对合格者授予。

（二）职业资格证书的考核与等级

对于国家职业资格目录内的技能人员的职业资格，我国主要采取职业技能鉴定的方式来对申报人员的能力水平进行认定。职业技能鉴定分为知识要求考试和操作技能考核两部分。知识要求考试一般采用笔试方式，操作技能考核一般采用现场操作加工典型工件、完成生产作业项目、模拟操作等方式进行。

根据职业活动范围、工作内容、技术含量、工作责任及数量和质量要求等要素，我国将职业资格划分为不同的等级。我国的国家职业资格证书制度的等级设置，分为五个级别，即国家职业资格五级、国家职业资格四级、国家职业资格三级、国家职业资格二级和国家职业资格一级。国家职业资格五级、国家职业资格四级、国家职业资格三级分别对应技术等级的初、中、高级；国家职业资格二级和国家职业资格一级分别对应技师和高级技师，如图 1-2 所示。

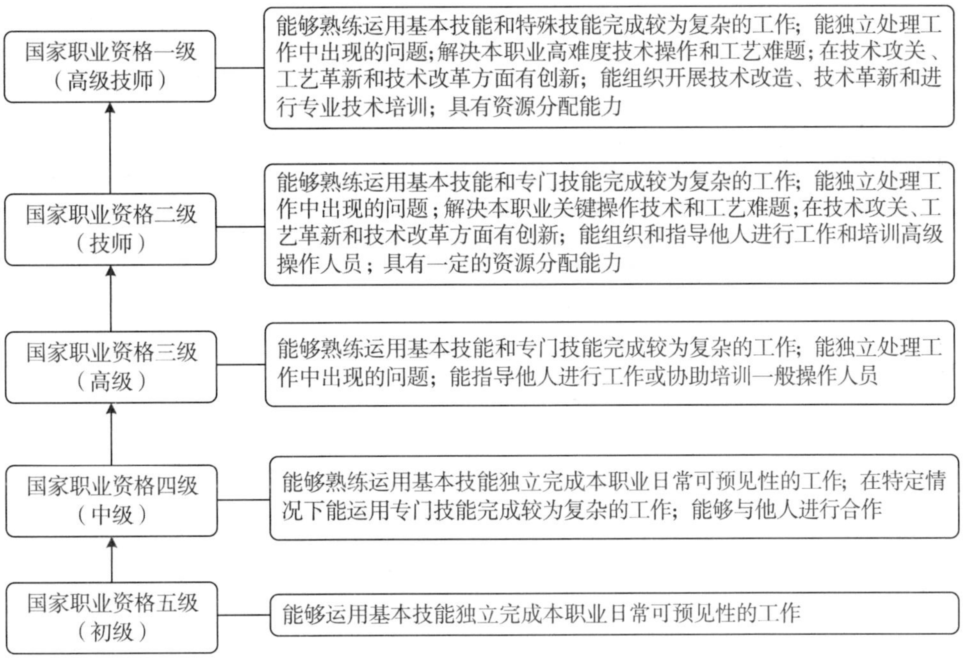

图 1-2　我国职业资格证书等级体系结构示意图

（三）职业技能等级认定

除了《国家职业资格目录》中规定的 13 种技能类职业资格外，其他技能人员职业实行职业技能等级认定，由经人力资源社会保障部门备案的各类评价机构按照各章的职业（工种）、等级在备案区域范围内向对应群体开展。改革后的职业技能等级分为八级，在初级工之下补设学徒工，在高级技师之上增设特级技师和首席技师。

任何一个进入高职院校的学生，都必须首先对自己的专业有详细的了解，熟悉本行业发展趋势，明确专业课对应的就业岗位，以及岗位的职业要求。明确所学专业和相关职业资格（职业技能等级）有关联的，应争取在校期间就参加职业技能鉴定（认定），获取相应的国家职业资格（职业技能等级）证书。

四、职业与专业

为什么学这个专业，学完之后从事什么职业？这是每个学生必须思考的问题。

（一）专业的概念

专业是指在人类社会科学技术进步、生活生产实践中，用以描述职业生涯中的某一阶段、某一人群用来谋生或长时期从事的具体业务和作业规范；也指高等学校或中等专业学校根据社会专业分工的需要设立的学业类别。

参与高职专业学习是获得相应职业发展所需的专业知识技能的有效途径。专业知识技能是指通过学习专业课程来获取的相应的专业知识和能力。专业知识技能不能够迁移，需要经过有意识的、专门的学习才能被掌握。现代社会职业发展对专业知识技能的要求越来越高，要求其具有系统性、完整性和前瞻性。大学中系统的专业学习为掌握职业发展所需的专业知识技能提供了保障。

（二）专业和职业的区别和联系

专业是学业门类，职业是社会分工，两者是不同范畴的概念，它们之间的联系在于职业能力（或专业能力）。在学业规划与升学决策中，学什么（即专业选择）是第一等重要的战略问题。从学（专）业与职业的相关性来讲，它们并不都是一一对应的，而是呈现出一对一、一对多、多对一等非常复杂的关系。

我们在进行学业规划时，先要研究和分析专业与职业的相关性，在确定了这些问题后，再具体讨论专业选择。

1. 一对一

这种情况最为简单。它是一个专业方向对应一个职业目标，这类专业一般存在于中职类学校或高职学院中，培养目标单一明确。此类职业的技术含量比较高，也比较单一。它属于学业规划中比较主动的一种。我们可以先定目标，后选路线，在各种路线中选择求学成本最低的一条。这类专业和职业一般适合专业技术人员。

2. 一对多

这类专业一般存在于普通高校中，人们常说的“宽口径，厚基础”，就是指这类专业。这类专业所对应的职业目标有多个，从职业的人格特征来看，两种甚至多种人格类型的职业它都有涉及，如经济学专业。先定专业再定职业目标是一种比较被动的人生发展态势，然而这一类型可以让学生比较顺利地由被动转化为主动。作为大学入学的新生，一定要抓住这一关键时机，从被动走向主动。

3. 多对一

这种类型就是指多种专业都可以发展到某一种职业的情形。这类职业一般属于管理型人格的职业，比如新闻记者、营销主管等。这种类型也适合于先确定职业目标、后确定专业方向的情形。

素质训练

职业采访交流会

一、活动目标

了解不同职业的具体内容，确立自己的职业兴趣与方向，了解该职业发展的影响因素。

二、程序与规则

1. 请同学们每人采访三种职业的从业者，采访的提纲已经拟好；其中，第一种职业是自己最理想的、最想从事的职业，第二种职业是自己最讨厌的、最不想从事的职业，第三种职业是自己随意选择的职业。

职业采访提纲

(1)职业名称是什么？
(2)该职业与人际、文字、数字或事务中的哪一个关系较密切？
(3)主要的工作内容是什么？
(4)主要工作场所是在室内，还是户外？
(5)计薪方式是固定薪资，还是有灵活性？
(6)工作方式是固定在单位，还是需要经常出差？
(7)工作时间是固定还是自行调配？
(8)从业者所需要的教育训练有哪些？
(9)从业者所需具备的特殊能力和个人特质有哪些？
(10)从业者所需具备的证书有哪些？
(11)从业者的升迁发展机会如何？
(12)从业者的就业市场如何？
(13)从业者可能的压力来源有哪些？

2. 采访后开一个交流会，每人做5～10分钟的报告。

3. 在交流会上，要汇报、交流为什么会采访这个职业，该职业的相关内容是什么，采访的时候有什么样的心情。

三、训练环境

包括教室、会议室、小型报告厅等。

四、讨论

如果采访可以再来一次，你会做什么样的改动？为什么？

项目二
认清工作环境

智慧导航

只有把抱怨环境的心情，化为上进的力量，才是成功的保证。

——罗曼·罗兰

项目导读

《孙子兵法》中说："知己知彼，百战不殆。"这对职业生涯规划同样适用。了解自己是职业生涯规划的基础，认识社会环境则是实施职业生涯规划的保障。社会环境中充满了职业机会，这些机会对自己的发展和成长将起到重要作用。为了更好地进行职业选择与职业生涯规划，我们必须对外部环境进行分析，弄清环境对职业发展的要求、影响及作用，对各种影响因素加以衡量、评估，并做出反应。

在制订个人职业生涯规划时，需要分析环境的特点、环境的发展变化、环境对自己提出的要求或挑战，以及环境中存在的对自己有利的条件与不利的条件等。

本项目把职业生涯探索的视角转向对工作环境的分析，不仅帮助同学们认识形势，而且帮助同学们认识到工作环境是实现职业生涯目标的外部平台，学会通过多角度、多途径、多种方法与策略获取工作世界的信息并有效管理好这些信息；促使同学们用外界的职业需求指导自己的学习和生活，提升自身的职业品质。环境分析是成功进行职业生涯决策的关键一步。

学习目标

(1)了解社会环境中影响职业生涯发展的因素，了解企业类型并能进行企业探索。

(2)了解岗位概念并能进行岗位探索。

(3)能界定微观环境对职业的影响，解析终身学习与职业发展的关系；能运用观察周边环境的办法，创造有利于自我职业的外部条件。

(4)养成分析社会环境的思维模式，积极应对社会环境的变化。

(5)学会利用辩证分析方法发现个人优势，提升职业素养。

案例导入｜大学生外卖骑手体现新择业观

任务一 分析宏观环境

情境导入

返乡就业的"新农人"小李

小李是高职农业技术与管理专业的毕业生。他积极响应国家乡村振兴战略，选择返回家乡发展现代农业。他利用所学到的现代农业种植技术、农业机械操作及农业经济管理知识，指导农民使用现代化农机具，引进优良品种，并帮助合作社开拓网络营销渠道，成为推动家乡农业现代化进程，带动周边农民增收致富的"新农人"。

乡村振兴的基础是人才振兴。在推进中国式农业农村现代化过程中，"新农人"就是一支具有生机活力的骨干力量。小李立志扎根农村，用所学知识和技术服务于乡村，带领村民共同走向富裕，不仅为自己开创了一个全新的职业领域，实现了个人价值，也真正助力乡村振兴和长期发展。

想一想，小李回乡就业发挥了哪些优势，对你将来的就业有哪些启示。

分析社会环境，从宏观角度主要是分析社会政治环境、经济环境、法律环境、科学技术环境、生态自然环境和人口资源环境等，以全面了解国家或地区的政治、经济、法律、科技、生态建设等的现状与发展趋势，了解社会环境为我们提供的职业与职业保障，从而科学分析社会职业岗位的数量和结构，科学把握社会职业岗位的随机性和波动性。

社会环境对我们的职业生涯乃至人生发展都有重大影响。对社会大环境包括国际、国内与自己所在地区环境三个层次的分析，可以帮助我们了解和认清国际、国内和自己所在地区的政治、经济、科学技术、法治建设，以及政策要求和发展方向，以更好地寻求各种发展机会。

一、政治环境

政治环境包括国家的方针、政策、法律法规等，这里主要关注大学生就业政策。大学生就业政策是国家为实现一定时期内的路线、方针而制定的高层次人力资源配置的行动准则，体现了一定时期的社会发展的需要，是大学生就业过程中应遵循的基本规范。

二、经济环境

经济环境指一个国家或一个地区在一定时期内的经济发展状况，它直接影响到劳动力的就业状况。大学生在做职业生涯规划前，要注意研究和分析现实的社会经济生活状况，结合自身专业特点和个人发展愿景，适应产业结构升级和劳动力素质的要求，努力在科技含量高、技术密集型的产业类型中增强就业竞争优势，从中选择适合自己发展的职业。

另外，地区间经济发展水平的差异也会给大学生的就业选择带来一定影响。经济发达的城市，竞争激烈、生活节奏快、消费水平高，对刚步入社会的大学生来说，生存压力较大。所以，大学生在毕业时应对外部的经济环境有充分的了解，结合自身的实际情况去选择适合自己的区域环境。

知识窗

从数智经济到共享发展

数智经济是在数字产业化和产业数字化的过程中形成的，数字智能科技的通用性、融合性、共享性以及平台发展模式，使数智经济具有了共享性质。共享经济的本质在于闲置资源的供给者和需要这些资源的消费者之间以可接受的交易成本建立供需匹配。

一、数智经济的兴起

数智经济正成为共享经济的主要内容和发展趋势，新经济的智能性日渐突出。十多年来，中国拥抱数智技术和新经济的共享优势，从共享单车、共享汽车，到利用数字技术发展起来的阿里巴巴、京东、抖音、拼多多等电子商务平台，以及普遍性的电子支付、手机银行，都是共享经济领域的开拓创新。我国紧抓新一轮科技革命和产业变革的机遇，把数字技术应用、数智经济发展，引导到资源、机会、过程、权力等方面的共享发展上，扩大了数智经济的共享范围，推进了数智经济走向成熟。

二、数智经济从萌芽到形成体现共享性质

如今的信息、通信、数据、智能等技术更加成熟，共享平台已为人们广泛认知和应用，依靠新科技支撑的数字经济具有典型的共享性质。从电商到金融、服贸，再到数字化条件下的制造等实体经济的扩展，都体现出数智经济的共享性质，扩展和丰富了共享经济的内容。数智经济的共享范围扩大，数智经济的共享平台创新，数智经济的公共性质逐步显露。数智经济拓展了共享经济的外延、深化了其内涵。

三、数智经济成为共享经济的有利条件

共享经济经历了十多年的爆发式增长，深受企业、创业者和消费者追捧。数智经济成为共享经济，还需要同社会、政府的数字治理协调配合，政府和社会治理也可利用共享平台予以监管，能够更加准确地进行实时追踪、运行后台监测、及时处理交易之间的矛盾。企业和公众从中获得的便捷体验、国家在处理公共事务中大幅削减的成本等，由此而带来的经济效益和社会共享都归功于数智经济的迅猛发展。

四、数智经济商业模式向社会共享方式拓展

以数字化为载体的共享发展理念和模式，是基于数字技术创建的平台，第三方可以是商业机构、组织或者政府。其在共享资源的基础上突破了发展经济的界限，可以利用数字技术的平台，通过各方面的数字化，促进社会建设、文化建设以及社会治理。可通过数智经济在外延上的开放体系和内涵上的包容体系，促进共享经济由商业模式向社会模式转变，将外延由经济领域拓展到社会、文化等方面，其内涵深化在于开放、自主、包容等深层次变革。

——选自邵春堡. 从数智经济到共享发展[J]. 党政干部论坛，2023(10)，内容有改动。

三、法律环境

法律环境是指国家或地方政府所颁布的各项法规、法令和条例等，它是社会活动的准则。具体到与就业相关的法律环境，主要指我国大学生就业政策、就业扶持政策和促进就业服务的相关措施等。

从 2000 年至今，我国大学生就业政策总体上是在“市场导向、政府调控、学校推荐、大学生与用人单位双向选择”的就业机制下进行的。同时国家特别重视在政策上加强对大学毕业生的引导和鼓励，发挥国家力量的调控性和补充性。

不同部门、不同地区出台的促进大学生就业的优惠政策较多，大学生应尽可能在规定范围内“用足”这些政策。例如，于规定年限内，在电子商务网络平台开办网店的高校毕业生，可享受小额担保贷款和贴息的政策等。

此外，很多地方搭建了信息化就业服务平台，求职者可以通过微博、微信、客户端等查看招聘信息，并与招聘企业交流。

四、科学技术环境

科学技术环境主要包括国家对科技开发的投资方向和支持重点、科技发展动态、科技成果转化速度和科技产业化程度等。科技的发展会带来职业发展的理论更新、观念转变、思维变革和技能提升，这些影响深远的要素值得大学生给予特别关注。

五、生态自然环境

生态自然环境是指与人类密切相关的、影响人类生活和生产活动的各种自然力量(物质和能量)或作用的总和。建设生态文明是关系人民福祉、关乎中华民族未来的大计，是实现中国梦的重要内容。

大学生应当抓住环境保护的历史性机遇，顺应产业结构优化和经济转型升级趋势，积极关注和参与生态环境保护活动。结合自己的学识专长、兴趣爱好和体能状况，以适当超前的意识发掘环保产业的潜能和力量，践行绿色创业和绿色就业。这样做既可维护环境可持续发展，又能促进环保产业发展，实现“既要金山银山，又要绿水青山”的美好目标。

六、人口资源环境

人口资源环境包括人口规模、人口增长、人口结构、人口密度等。一切职业活动、职业关系、职业现象和职业问题都同人口发展过程相关。我国人口多、底子薄、资源相对不足、环境承载力有限、区域发展不平衡、适龄劳动人群规模庞大，解决就业问题仍将是长期而艰巨的任务。

素质训练

感知宏观环境变化

一、活动目标

1. 通过调查分析，感知宏观环境变化，提升洞察力。
2. 通过信息整理，积累相关资料，了解相关行业的发展变化。

二、活动准备

(一)材料准备

黑笔、A4 纸、大卡纸。

(二)建议时间

课上 30 分钟，课下时间自定。

三、主要流程与注意事项

(一)主要流程

步骤 1　确定三个理想的行业(最好与所学专业相关)。

步骤 2　了解这些行业的特点、人才需求和发展趋势等内容。

步骤 3　进行有针对性的信息收集和整理。

步骤 4　开展小组活动，交流分享各自归纳整理的行业信息。

步骤 5　通过信息的整合和分析，瞄准目标行业，制订个人发展计划。

步骤 6　课上交流，教师总结。通过充分了解行业信息，更好地了解行业发展环境。

(二)注意事项

1. 明确调研对象，带着问题去寻找信息，调研更有针对性。
2. 制订的发展计划要具有合理性，有利于按照计划采取积极的行动。

· 任务二
· 分析微观环境

情境导入

产教融合育人的受益者——小杨

高职生小杨所在的高职院校建立起了产教融合育人机制，与国内领先的某信息技术服务公司进行深度合作，共同推出“信息技术服务与管理”特色专业。该校企合作项目将企业的真实项目引入教学过程，使得理论学习与实践操作紧密结合。在教学过程中，公司派遣高级项目经理和技术骨干担任客座教授，参与课程设计与讲授，向大学生传授行业最新的技术动态和服务管理理念。小杨积极参与校企合作项目，在实习阶段，凭借企业提供的实践平台，有机会接触并处理真实的企业项目，极大地提升了自己的实践能力和解决问题的能力。毕业后，小杨由于对企业文化和业务流程熟悉，且具备一定的实操经验，顺利获得该企业的录用，实现了高质量就业。

想一想，小杨的成功就业，对你今后的学业学习和实习就业有哪些启示。

分析社会环境，从微观角度主要是分析个人所在的企业、组织、学校、社区、家族、交际圈等较小的环境。这些微小的社会环境因素对个人的职业生涯有着直接或间接的影响，作用于个人具体的社会活动范围、内容及条件，影响着个人职业岗位的选择和人生的发展轨迹，从而决定了个人职业生涯的具体际遇。

微观环境一般包括企业环境、学校环境、家庭环境和工作环境等几大类。

一、企业环境

企业是从业者赖以生存和发展的土壤。一方面，每个企业都有自己的发展目标、运作模式。了解企业的基本情况是成为企业一员的基础，便于自己以后迅速适应新环境。另一方面，为了生存和发展，企业本身也要随时关注、适应社会大环境的变化，并采取相应的变革措施，这必将影响到其成员的个人生涯。企业环境分析的对象包括企业在本行业中的地位、现状和发展前景，所面对的市场状况，产品在市场上的发展前景，能够提供的岗位。企业环境具体包括企业性质、企业实力、企业发展阶段、企业文化、企业领导人等。

二、学校环境

学校环境是指个体所在学校的教学特色与专业优势、课程设置、社会影响力等。办学理念是学校的灵魂，它包括学校的办学宗旨、办学目标、办学策略，具体表现在校训、校风、校规、校歌、建校原则、办学宗旨、育人取向、培养目标、育人途径、学风建设、教师形象、校园文化、工作重心等方面。先进的办学理念对内表现为凝聚力、向心力，对外表现为核心竞争力和品牌效应。高职院校面对严峻的就业形势和高等教育的扩招压力，应当内外兼修，突出办学特色。

不同学校毕业生的就业率相差甚远。这表明用人单位在选择人才时，毕业学校仍然是个重要的参考因素。原因主要是基于人才的使用评价。用人单位认为某些高校的毕业生普遍具有更高的能力和素质。从就业状况看，大学毕业生供需比和就业率与学校所处层次及学校的社会影响有着很大的关系，这被称为“学校效应”。与此同时，同一层次的学校，也因办学特色、办学历史、人才培养等因素而有品牌的差异。例如，某些高职类的学校因其鲜明的专业特色，注重学生的实验实训环节，加强对学生动手操作能力的培养，在就业形势十分严峻的情况下，依然可以保持90%以上的就业率。

（一）校园文化

校园文化环境对学生的影响是直接的、持续的、潜移默化的，并且是非常重要、非常深远的。有没有上过正规的大学，有没有充实的大学生活，对于一个人特别是对于一个青年有十分重要的影响，这不仅是有没有坐在大学课堂里系统地听过几年课的问题，而且是有没有受过校园文化环境熏陶的问题。

校园文化是以学生为主体、以校园为主要空间，涵盖院校领导、教职员工，以育人为主要导向，以精神文化、环境文化、行为文化和制度文化等建设为主要内容，以校园精神、文明观念为主要特征的一种群体文化，本质是一种人文环境和文化氛围。健康的校园文化，可以陶冶学生的情操，启迪学生的心智，促进学生的全面发展。

（二）专业学习

大学学业与基础教育相比，最大的不同就是整个阶段都是围绕着专业学习进行的，专业特色贯穿了学习过程的全部，甚至成为大学生形象识别的标志。学习专业知识、提高专业技能、培养职业素质是大学生的根本任务。大学生要根据社会需要、时代发展和个人兴趣、特长爱好及所学专业等确立自己在大学期间专业学习的目标，并依据制订的规划及早付诸行动。

（三）社团活动

参加社团活动是对大学生学习的有益补充，有助于拓宽知识面，培养社交能力，提高综合素质，同时培养自己的组织能力和语言表达能力。但参加社团活动并不是越多越好，而应该精益求精，每个人都可以根据自身兴趣爱好或自我提高计划的具体内容，有针对性地选择相关活动项目，量身打造专属于自己的社会活动。特别是投身公益活动，更能体现一个人关心他人、扶助弱小、奉献社会的精神面貌，大学生应热情投入、积极表现。

（四）实习兼职

大学生通过毕业之前的课外兼职和实习活动能够积累丰富的职业经验和社会体验。同时可以实际验证自己的职业生涯规划，判断规划是否适合自己，决定规划能否满足自己的需要以及该如何进行调整。大学生在兼职和实习期间要做个有心人，多结交相关专业的业内人士，积累自己的人脉资源，扩大自己的交际圈，为毕业后的就业和职业发展铺垫道路。

三、家庭环境

家庭是人生活的重要场所，一个人的家庭是造就其素质甚至影响其生涯的主要因素之一。人的社会化，实际从出生的一瞬间就已开始。一个人在幼年时期，就开始受到家庭的深刻影响，这会使人形成一定的价值观和行为模式，许多人还会受到家庭中的父母的教诲和各种影响，自觉或不自觉地习得某些职业知识和技能，受到某种职业价值观的影响。英国教育家约翰·洛克说：“家庭教育决定孩子一生的命运。”家庭的教育方式、父母对子女升学和就业的期望、家庭的社会经济地位等都会对孩子将来的就业和择业带来影响。

四、工作环境

工作环境是指人的工作所依存的地方，是大学生职业定位的重要因素之一。大学生需要了解的工作环境主要涉及交通是否便利、人际环境是否和谐、职业发展前景如何等。

工作环境的探索途径不是单一的，应该将各种途径结合起来使用，以提升所获信息的质量。比如通过网络、影视、专业杂志、他人经验、个人亲自体验等方式来综合了解。

素质训练

盘点你的家族职业树

一、活动目标

通过家族成员的职业了解你的职业世界。

二、主要内容

你知道你家族的成员都从事些什么工作吗？你对他们的工作有什么看法？让我们借由家族职业树的探索，来帮助你了解家人对你的职业期待以及你的自我期许究竟与家族职业有哪些关联。

首先，请你将家庭中的亲属及职业填写在图 2-1 的家族职业树上。

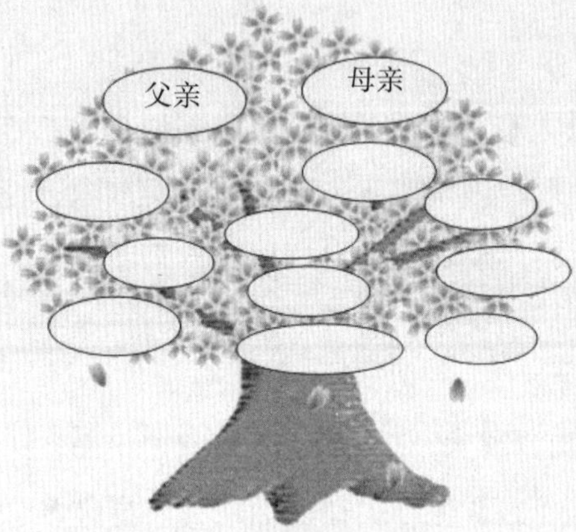

图 2-1 家族职业树

其次，请你认真思考并回答以下问题。

问题	我的思考
1. 我家族中大多数成员从事的职业是：	
2. 我想要从事这些职业吗？为什么？	
3. 父亲如何形容他的职业？他平时会提到哪些职业？他怎么说的？	
4. 父亲的想法对我的影响：	
5. 母亲如何形容她的职业？她平时会提到哪些职业？她怎么说的？	
6. 母亲的想法对我的影响：	
7. 家族中还有谁对职业的想法对我影响较大？他们怎么说？	
8. 家族中对彼此职业感到满意或羡慕的是什么？（例如：堂哥在医院当医生，不仅收入高，而且社会地位高）	
9. 家人彼此羡慕的职业是？	
10. 对他们的想法我觉得：	
11. 我觉得家人对我选择职业的影响是：	
12. 我的家人最常提到有关职业的事是：	
13. 对我的影响是：	
14. 哪些职业是我绝不考虑的：	
15. 哪些职业是我愿意考虑的：	
16. 选择职业时，我还重视哪些与家庭有关的因素？	

三、总结并回答以下问题

1. 家庭环境中哪些因素对你的职业选择有影响？

2. 盘点你的校内资源，哪些资源可以用来帮助你进行职业生涯规划？

·任务三
·了解组织和岗位

情境导入

某公司招聘广告

一、基本条件

(1)国内公办全日制普通高等院校统招的具有派遣资格的应届毕业生，毕业生必须取得相应的毕业证书。

(2)所学专业为石油化工类主体专业，品行端正，综合素质好，身体健康，热爱煤化工事业，能适应生产一线的工作需要。

(3)学习成绩和综合测评在本专业居于平均水平以上，专业课成绩良好。

(4)优先引进学习成绩优异、获得过市级以上荣誉称号和校级以上奖学金、参加过重大比赛并获主要奖励、取得过相应等级的职业技能资格证书、担任过学生干部的优秀毕业生。

二、薪资待遇

实习培训期：税前7000～8000元/月，每年薪资有一定幅度的增长。

正式上岗后：执行岗位绩效工资制度，提供具有市场竞争力的薪酬。

三、福利待遇

(1)五险一金(养老、医疗、失业、工伤、生育保险和住房公积金)，同时提供补充养老保险。

(2)免费提供住宿及工作餐。

(3)提供疗养补贴、保健津贴、夜班津贴、交通补贴、通信补贴、高温补贴等。

(4)发放重要节假日礼金和生日礼品。

(5)法定年休假、探亲假、婚丧假、产假、病假、事假等完善的节假日管理制度。

(6)提供免费定期体检等。

四、其他

(一)招聘专业

化工工艺、化工机械、高分子材料、电气自动化、仪表自动化、工业分析与检验、给排水、环境工程(水处理)、热能工程等化工类及相关专业。

(二)招聘、录用工作程序

(1)与学校进行洽谈，达成订单培养意向。

(2)发布招聘公告，收集应聘大学毕业生简历。

(3)对简历进行审核，确定面试人员名单。

(4)进行面试，必要时增加笔试。

(5)确定意向人员，与其所在学校签订订单培养协议。

(6)会同学校与意向人员签订三方协议。

(7)会同学校对意向人员进行为期一年的培训与考核。

(8)订单培养结束前一个月，会同学校对意向人员进行考核，为考核合格者办理正式录用手续。

(9)毕业生毕业的当年7月，正式录用的大学毕业生入职报到。

想一想：企业对大学毕业生的招聘条件，充分体现了其对大学毕业生的专业、职业技能的要求。你认为通过关注拟从事工作岗位的招聘要求，分析其需要的技能，应为就业做好哪些准备？

工作世界是一个系统，了解工作世界不仅要了解职业、行业等，还要了解组织和岗位。本任务将具体细化到工作岗位，通过分析，揭开工作世界的面纱。

一、组织机构

组织就是指人们为实现一定的目标，互相协作结合而成的集体或团体，如党团组织、工会组织、企业、军事组织等。这里所指的组织主要指的是学生就业的组织(在本书中也称“用人单位”)，对即将步入职场的大学生而言，不同的就业组织对于不同人才的需求也不同(图 2-2)。

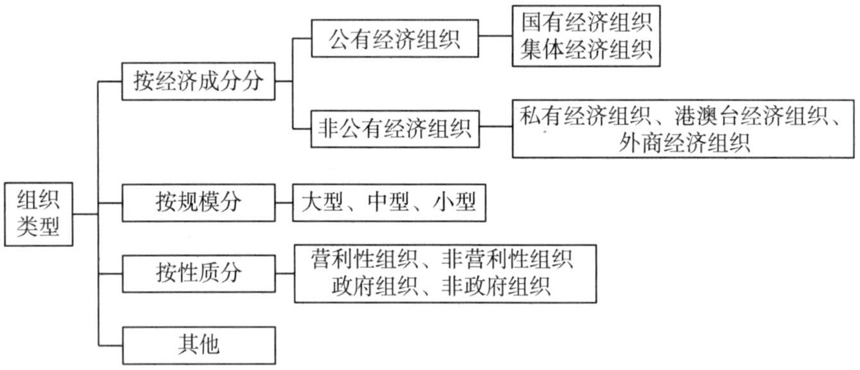

图 2-2 学生就业组织类型

不同的组织对于人才的要求不同，也会有不同的择业需求。国有经济类型的组织有更稳定的工作，外资企业有更多与国外合作的机会和管理经验；规模大的组织有更大的组织内部发展空间、更多的培训机会，规模小的组织有更多独当一面的锻炼机会。以营利为目的的组织更看重为企业创造经济利润的能力，而非营利性的组织更看重社会公益性、社会责任感等其他能力。

(一)国家机关

国家机关是指中央和地方的各级行政管理部门，包括国家权力、行政、司法、军事等各方面的机关。

国家机关自设立之日起即具有法人资格。但是，并非其各级部门均有法人资格。国家行政机关的各职能机构的所属部门及其派出机构并非法人，如财政部的各司和局、乡司法所、派出所等。在军事机关中，团以上具有独立编制的军事机关才具有法人资格，而营、连、排、班则不具有法人资格。

(二)事业单位

事业单位可以分为三种情况：一是具有管理公共事务职能的组织，如中国证券监督管理委员会等，其录用的工作人员是参照公务员法进行管理的。二是实行企业化管理的事业单位，这类事业单位与职工签订的是劳动合同。三是提供公益服务的事业单位，如医院、学校、科研机构等，有的劳动者与单位签订的是劳动合同，有的劳动者与单位签订的是聘用合同（图 2-3）。

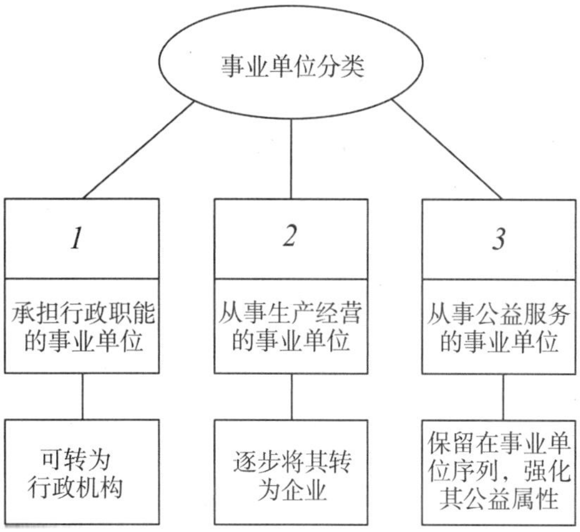

图 2-3　事业单位分类

（三）企业单位

企业是以营利为目的经济性组织，包括法人企业和非法人企业，是用人单位的主要组成部分。

（四）社会团体

社会团体是由一定数量的社员（自然人或法人）组成的、依法登记而成立的团体。按照有无法人资格，可以分成法人社团和非法人社团两种类型。全国性的社会团体必须具有法人地位，而其他社会团体则视具体情况而定，不一定必须具备法人资格。

二、企业探索

企业探索就是指大学生通过理论分析和实际调研来对自己喜欢的企业进行全方位解读。在校期间有针对性地了解企业是踏上职业之旅的重要一步。企业探索的具体内容如下所示。

第一，简介历史，例如何时成立、对外的介绍是什么。

第二，产品服务，例如核心产品、产品线或服务是什么。

第三，经营战略，例如经营策略是什么。

第四，组织机构，例如规模和部门设置是怎样的，都有哪些岗位。

第五，企业文化，例如企业的发展战略。

第六，人力资源战略，例如校园招聘的途径和职位是什么。

第七，薪酬福利，例如各级待遇是怎样的。

第八，员工构成，例如创始人、现任领导、现任高层、核心员工、目标部门主管和员工、企业过往员工的构成。

知识窗

查找企业信息的方式

首先，查询企业信息最简单的方法就是通过“国家企业信用信息公示系统”来查询，我们通过该系统可以查到企业的营业执照信息和股东及出资信息等，但该系统对于动产抵押登记信息、股权出质登记信息、行政处罚信息、知识产权信息等一般不会主动披露。

其次，借助“天眼查”，用大数据的形式查询企业。它是一个商业查询平台，实现了企业信息、企业发展、司法风险、经营风险、经营状况、知识产权等 40 种数据维度的查询（企业工商信息、法律诉讼、法院公告、商标专利、向外投资、分支机构、变更信息、债券、网站备案、著作权、招投标、失信、经营异常、企业年报、招聘及新闻动态等），还拥有深度商业关系梳理、专业信用报告呈现等功能。

再次，可以通过登录企业网站、现场参观、实习等查找企业信息。

最后，可以借助朋友圈，通过该单位的某些员工侧面了解企业，或通过在这家企业工作的校友，也可以了解到其规模、效益、企业文化、薪资水平等。

三、岗位探索

（一）岗位

岗位是组织为完成某项任务而确立的，由工种、职务、职称和等级内容组成。例如，某企业的岗位分类如表 2-1 所示。

表 2-1　某企业岗位分类

岗位类型	岗位内容
企业管理	指经公司发文聘任的副主任级及以上管理岗位
国内业务	指产品国内销售、服务等岗位
国际业务	指产品海外销售、服务等岗位
人力资源	指人力资源招聘、培训、绩效、考勤、薪酬、福利、员工关系等岗位
行政管理	指行政、文秘、接待、公关等岗位
企划管理	指品牌推广、策划、企业文化管理等岗位
商务管理	指营销策划、支持、标书制作、商务报价、应收款管理、销售合同管理、风险管控等岗位
供应管理	指物资采购、供应商管理、报关、外协等岗位
法律事务	指法律风险预防与控制、法律纠纷处理等岗位
投资管理	指资本运作、项目投资、股权管理、证券期货等岗位
生产工程	指非生产一线的工业工程、生产安全管理等岗位
网络信息	指 IT 网络及硬件维护、软件开发及维护等岗位
基建工程	指基建招标管理、施工管理、工程质量管理、基建审计等岗位
财务管理	指出纳、会计核算、总账、成本管理、税务筹划、资金管理等岗位
审计考核	指内部审计、经营考核等岗位
生产支持	指生产、技术、质量、设备等部门的内勤岗位及非生产一线的生产调度、统计、ERP 录入等岗位
技术研发	指新产品开发、设计岗位
技术工艺	指产品开发中工艺改进等岗位
生产工艺	指生产过程中的工艺改进、开发等岗位
质量工程	指产品非一线的质量过程控制等岗位
体系管理	指质量体系管理与维护等岗位
机械工程	指机械设计、机械设备开发与改进等岗位
电气工程	指设备电气设计、开发、改进等岗位

（二）岗位探索

岗位探索就是对岗位本身和影响岗位发展的因素的初步调研。岗位是任职者自己的阵地，个人要占领一片阵地时，一定要对阵地有全面、准确的了解，而这种了解的方式就是探索、调研。

1. 岗位描述

岗位描述包括岗位的定义、工作内容及任职者要具备的素质，这是岗位的基本内容，是了解一个岗位最直观的信息。

2. 岗位晋升通路

岗位是在职能的基础上根据具体需要分化产生的，所以同一部门、同一职能一般有多个类似岗位，了解这些岗位能为自己的岗位轮换、工作转换、升职等带来方便。因此，求职者需要了解的内容包括两个方面：与该岗位相关的岗位是什么(即发展方向，为轮岗、转换工作做准备)和该岗位的职业发展通路是什么(即岗位晋升方向)。

3. 不同背景下的岗位要求

岗位的通用要求加上不同背景下的岗位理解构成了一个岗位的最终描述。要特别考虑以下三个方面的因素：不同行业对这个岗位的理解是什么(行业背景下的岗位要求)，不同类型企业及企业所处发展阶段对这个岗位的理解是什么(企业背景下的岗位要求)，不同领导和上司对这个岗位的理解和要求是什么(人为背景下的岗位要求)。

4. 个人与岗位的差距

在综合了解岗位要求后，求职者就可以进行差距量化和差距补充了。全面、准确地了解自己是量化自身条件与岗位要求间的差距的前提和基础。差距是可以量化的，如英语口语等级差距等。这种量化可以使行动方向更明确，知识补充更有针对性。

(三)岗位研究

1. 概念

岗位研究，是指对组织中某个特定工作岗位的性质、任务或者职责、权力、隶属关系、工作条件、任职资格等相关信息进行收集与分析，以便对该岗位的工作做出明确的规定，并确定完成该工作所需要的行为、条件和人员的过程。

岗位研究主要包括工作说明和工作规范两方面内容。

(1)工作说明。是指职位的基本信息和工作的具体特征，如对工作的目标、范围、任务、内容、责任、考核标准、方法和工作环境等的详细描述。

(2)工作规范。是指对完成某项工作所需要的知识、技能以及职责、程序的具体说明，它是工作分析结果的一个组成部分。工作规范可以让员工详细地了解其工作的内容和要求，以便顺利地进行工作。

2. 岗位说明书

岗位说明书是对于企业期望员工做些什么、企业规定员工应该做些什么、员工应该怎么做和在什么样的情况下履行职责等内容的总汇。岗位说明书可包括以下内容。

(1)岗位基本资料。包括岗位名称、岗位工作编号、汇报关系、直属主管、所属部门、工资等级、工资标准、所辖人数、工作性质、工作地点、岗位分析人等。

(2)岗位分析日期。其目的是避免使用过期的岗位说明书。

(3)岗位工作概述。简要说明岗位工作的内容，并逐项说明岗位工作活动的内容，以及各活动内容所占时间的百分比、活动内容的权限、执行的依据等。

(4)岗位工作责任。包括直接责任与领导责任，要逐项列出任职者的工作职责。

(5)岗位工作资格。从事该项岗位工作所必须具备的基本资格条件，主要有学历、个性特点、体力要求以及其他方面的要求，包括必备资格和理想资格。

(6)岗位发展方向。部分企业的岗位说明书中还会加上岗位发展方向的内容，希望通过岗位发展方向，不仅明确企业内部不同岗位间的相互关系，而且还能够帮助员工明确发展目标，将自己的职业生涯规划与企业的发展结合在一起。

典型案例

某公司销售经理工作说明书

一、岗位资料

岗位名称：销售经理　　岗位工作编号：

岗位人数：1　　职位等级：

所属部门/科室：营销总部　　直属上司职位：营销总部经理

临时替代岗位：营销总部经理

可轮调岗位：大区经理、客户服务部经理

可升迁岗位：营销总部经理

二、汇报程序及督导范围

直接汇报对象：营销总部经理

直接督导＿＿＿＿＿个岗位，共＿＿＿＿＿人

间接督导＿＿＿＿＿个岗位，共＿＿＿＿＿人

三、岗位职责

1. 参与公司营销策略的制订
2. 制订公司年度、季度销售计划
3. 组织完成公司年度销售目标
4. 制订公司销售预测计划，参与公司生产计划的制订
5. 考核直属下级并协助制订绩效改善计划
6. 监督并控制销售费用开支
7. 制订销售系统年度培训计划并督导实施
8. 处理客户投诉
9. 管理回款
10. 处理销售特殊情况

四、权限范围

1. 考核权
2. 部门人事任免建议权
3. 稽核权

五、使用设备

计算机

六、任用资格

受教育程度：大专以上　　年龄：28岁以上

经验：3年以上相关工作经验

基本技能：组织能力、沟通能力、文字处理能力、管理能力

基本素质：敬业、自立、自觉、严谨、公正、严于律己

特殊要求：有较丰富的销售经验，熟悉 CRM 系统

七、业务接触对象

部门外：质量部、财务部、客户、客户服务中心

部门内：所属下级

八、绩效考核标准

（略）

撰写人：__________　初审人：__________　核准人：__________

日期：__________

（四）职位环境分析

职位是指承担一系列工作职责的任职者所对应的组织位置，它是组织的基本构成单位。职位与任职者一一对应，同一岗位可以设置多个职位。就业时尽管求职者一般最初考虑的是职业和专业的对口性，但真正入职时还要考虑到具体的职位。所以，对职位的探索也是职业探索的重要组成部分。对职位的探索可以是多方面、多维度的。表 2-2 为职位评价条目。

表 2-2　职位评价条目

入职机会	招聘人数		职位招聘的人数
	招聘政策		招聘的灵活程度以及招聘途径等
	用工制度		聘用后是否有签约合同以及签约年限等
入职条件	基本条件要求	性别	是否对性别有特殊要求
		籍贯	是否对籍贯有特殊要求（特别是户籍所在地）
		外形	是否对身高、裸眼视力等有特殊要求
		年龄	是否对年龄有特殊要求
		婚姻状况	是否对婚姻状况有特殊要求
		政治面貌	对是否为党、团员有特殊要求
	教育培训要求	毕业院校	对毕业院校是否有特殊要求
		专业方向	对专业方向有何要求
		学历程度	对学历程度有何要求
		外语、计算机	对外语、计算机水平有何要求
		培训经历	对接受过何种与职位工作有关的培训是否有要求
		资格证书	对所应取得的职业资格证书是否有要求
	心理要求	性格	对性格特征有何特殊要求
		能力	对总体能力水平及强势能力有何特殊要求
	工作经验		对与职位工作有关的工作经验是否有要求
	社会关系		对社会关系网有何特殊要求

续表

工作实况	工作内容	对象		职业行动的直接动作对象及为了完成职位职责所需的活动指向领域、对象
		任务、责任		需要做什么、达到什么目标
		设备		工作所借助的仪器、工具等
	工作强度	工作时间	上下班	从事该职位工作的上下班时间
			加班	从事该职位工作需要加班的时间或加班频率如何
			节假日	从事该职位工作是否影响节假日休息
			出差	从事该职位工作需要出差的频率和时间长度
		工作量		工作任务的饱和程度
	工作环境	物理环境	工作设施	工作场所的办公设备、办公用品、设施等
		社会环境	人际关系	工作场所的人际氛围、同事间的关系等
			工作气氛	工作场所员工的工作积极性、配合性等
			学习氛围	员工的学习积极性、谋求再培训再发展的积极性
	工作控制		直接上司	分管领导的风格、喜好、能力水平及价值倾向等
			监督与管理	对该职位的工作进行监督、管理的方式及严格程度等
			绩效考评	如何对该职位的工作进行考评
待遇与发展	薪酬福利		工资	根据职务等级、职位测评结果以及工龄、学历和资历等因素确定的报酬
			奖金	根据职工的业绩及单位的经济效益而支付给员工的额外报酬
			津贴	一般不与员工的业绩直接挂钩而作为政策性的报酬，是薪酬的补充
			福利	由单位及职位带来的所有非货币报酬
	个人发展		培训、进修	岗前、职后所能接受的培训和进修项目以及培训、进修的频率与机会
			晋升	从事该职位工作能得到的晋升空间与机会
			职业变通	横向转换职业或职位的机会
	社会关系		人际关系资源	从事该职位工作能获得的人际关系网

1. 入职机会与入职条件

入职机会指客观的机遇及制度因素，竞争条件指自身的素质条件与职位要求的匹配性。入职机会涉及招聘人数、招聘政策、用工制度等，入职条件涉及基本条件要求(性别、籍贯、外形、年龄、婚姻状况、政治面貌)、教育培训要求(毕业院校、专业方向、学历程度等)、心理要求(性格、能力)、工作经验和社会关系等。

2. 工作实况

工作实况包括工作内容(对象、任务、责任、设备)、工作强度(工作时间、工作量)、工作环境(工作设施、人际关系、工作气氛、学习氛围)、工作控制(直接上司、监督与管理、绩效考评)等。

3. 待遇与发展

待遇与发展包括薪酬福利(工资、奖金、津贴、福利)、个人发展(培训、进修、晋升、职业变通)、社会关系(人际关系资源)等。

典型案例

小王的辞职

小王来到公司的人力资源部。“张经理，”小王说，“可能我无法适应目前的工作，我希望在这个月末试用期结束时离开公司。”

张经理听后很惊讶。小王是两个月以前到公司销售部担任销售部经理助理的。在这段时间，人力资源部通过销售部经理及销售部其他同事了解了小王试用期的工作情况。大家反映都很好，想不到小王会主动提出辞职。

三个月以前，销售部经理提出了增加经理助理职位的需求。人力资源部就所需增加的岗位进行工作分析，经过与销售部经理协商，编写了该岗位的工作说明书。其中对岗位职责的描述如下。

(1)协助经理处理国外业务的联系及英文书面文件、合同。

(2)在需要的情况下可担任英文翻译。

(3)整理销售部内部业务文档。

(4)负责在网站上发布有关公司的业务信息，并进行公司网页的更新、调整。

工作岗位对语言能力方面的要求决定了应聘人员最好是英语专业的毕业生或在国外生活过的人；而网站管理又对应聘人员的计算机水平提出了较高的要求，要求能制作网页和进行数据库处理，应聘者最好是具备计算机专业学历的人员。

看到这样的任职资格要求，人力资源部感到这个岗位的招聘工作难度较大。当招聘信息在人才招聘渠道发布后，应聘的人员不多。小王是华南地区某商学院毕业的学生，毕业后在广告公司做过业务工作，后来去英国留学，在国外所学的专业是计算机应用，回国才一年，各方面的条件完全符合招聘岗位的要求。经过两次面试，销售部和人力资源部都觉得小王是这个岗位的最佳人选，于是通知小王来公司报到上班。

“为什么你会觉得自己不能适应这项工作呢?”张经理问小王。

小王说：“工作中业务文件处理、与客户的业务联系都没有问题，内部文档也能按要求管理好，但是我不了解我们公司生产产品的技术参数和生产能力，在与客户联系的过程中，需要根据客户的需要为客户量身定制产品的技术参数并在合同中注明交货期限。销售部要求我向客户提供技术方案和我们能为客户量身定制的产品的规格、型号，有时还要决定我们什么时候能给客户供应哪些类型的产品。这些工作需要较多技术方面的知识，而且我不是销售部经理，无法做决定。目前我承担的工作与应聘时对我提出的工作要求完全不一样。”

想一想：小王为什么会辞职呢？销售部经理助理这一职位的工作说明书存在什么问题？有何影响？

素质训练

客串 HR(人力资源管理人员)

一、活动任务

撰写一份岗位说明书。

二、准备工作

1. 准备材料：纸、笔。

2. 组织形式：6～8人为一个小组。

3. 建议时间：30 分钟。

三、主要内容

1. 列出所学专业相关的初始岗位(2～3 个)。

2. 了解岗位说明书的内容构成。(对未来职业的初始岗位进行初步描述)

3. 查阅资料，按小组汇总材料。

4. 小组分享材料。

5. 总结评价。

(1)初始岗位与专业的关系是什么?

(2)岗位说明书的主要内容是什么?

项目三
认知自我

智慧导航

知人者智，自知者明。胜人者有力，自胜者强。

——老子

我们的决定，决定了我们。

——萨特

项目导读

自我认知是职业生涯规划的基础，是大学生择业意识从“我想干什么”的设想转变为“我能干什么”的现实性过程，也就是实现择业者知行合一的过程。在职业生涯中，了解自己的人将获得更多对自我的控制力，从而实现职业上的成功与满足。

如果一个人不能正确地认识自我，看不到自我的优点，觉得处处不如别人，就会产生自卑心理，丧失信心，做事畏缩不前。相反，如果一个人过高地估计自己，就会自大、盲目乐观，导致工作失误。因此，恰当地认知自己，能够克服这些不切实际的想法，寻找到适合自己的职业。

本项目从自我认知的概念、内涵及作用出发，告诉大家职业规划是一个“从内而外”的过程。当代大学生可以通过对自己的职业兴趣、职业性格、职业价值观及职业能力的探索，多维度地了解自己、认知自我，了解自己的职业特征，从而初步找到自己理想的工作方式。

学习目标

(1)了解自我认知的概念、作用及方法。

(2)了解职业兴趣和职业性格的内涵和鉴定方法。

(3)了解职业价值观和职业能力的内涵及探索方法。

(4)能运用一些心理学理论去探索自己的职业兴趣和职业性格，掌握合适的职业能力，助推自身职业生涯发展。

(5)培养稳定健康的个性和人格，培育正确积极的社会主义职业价值观。

(6)认识个人的社会价值，强化积极服务社会的职业价值观。

案例导入｜越来越现实的理想

· 任务一
· 领悟自我认知

情境导入

小程的自我探索之旅

小程就读于某高职院校的汽车检测与维修技术专业。在大一的课程学习和实训中，小程虽然掌握了扎实的汽车维修技术，但他发现自己并不满足于日复一日的机械性工作，反而对新能源汽车的研发和推广产生了浓厚的兴趣。在一次新能源汽车论坛上，小程了解到新能源汽车行业的广阔前景及对跨学科复合型人才的需求。通过反思和自我剖析，他意识到自己具备较好的逻辑思维能力，对新技术和创新有极高的敏感度，而且在与人沟通交流时能够清晰表达观点，这些特质非常适合从事新能源汽车的产品策划和技术推广工作。

基于这种自我认知，小程调整了自己的学习重心，除了加强汽车技术方面的专业知识学习外，他还广泛涉猎了新能源汽车政策法规、市场营销、环保知识等领域，并积极参加各类新能源汽车相关的比赛和研讨活动，以提升自己的综合素质。临近毕业时，小程凭借深厚的汽车技术功底、对新能源汽车行业的独到见解及出色的沟通协调能力，成功入职了一家新能源汽车企业，担任产品策划专员。

小程的经历充分展示了高职大学生如何在求学过程中不断深化自我认知，结合个人兴趣和社会需求进行职业定位。他在实践中挖掘出自己的潜在优势——强烈的创新意识、良好的逻辑思维能力和卓越的沟通技巧，这使他能够在众多同龄人中脱颖而出，找准了符合自己特质的职业道路。

想一想：你也像小程一样，对自己有清晰的认知吗？

有这样一种笑谈——“每一个门卫都是哲学家”。因为每个门卫每天都会高频率、重复探询三个问题。这三个问题恰恰是千百年来所有哲学家都苦苦追寻的，即“你是谁？”“你从哪里来？”“要到哪里去？”的确，这些是认知自我的基本问题。

一、自我认知的概念和内涵

（一）概念

自我认知，也称自我探索，是指个人对于自己的反省与识别，是关于自己是个怎样的人，应该有怎样的行为以及他人会对自己如何评价的认识。自我认知包括自我感觉、自我观察、自我印象、自我分析、自我评价等。

从职业生涯规划范畴来讲，自我认知就是从个人职业发展角度对自我进行分析、研究，明确个人的职业发展方向，获得自我价值认同。它是个体进行职业决策的重要前提，可以从兴趣、人格、能力、价值观等几个维度进行探索。性格决定一个人最自然的行为，兴趣决定一个人喜欢做什么，能力决定一个人能够做什么，价值观决定一个人愿意做什么。

具体而言，大学生应明确以下几点。

(1)我喜欢什么？主要包括自己的兴趣、爱好、特长等。

(2)我适合做什么？主要是指自己的性格是否与工作的需求吻合。

(3)我能够做什么？主要是指自己所掌握的专业知识、专业技能和工作经验，以及个人综合素质、潜能等。

(4)我注重什么？主要是指探索自己的职业价值观，之所以选择这份工作，是因为看重工作带来的社会地位、经济利益、休闲时间等，这些都与个人的价值观相关。

(5)我应做什么？这是自我分析的最后一步，也是职业生涯规划的关键一步，既是确定一个人在特定时间、特定地域能干什么、不能干什么，应在什么行业、什么领域从事什么样的职业或工作的职业定位，也是人职匹配、人岗匹配从而获取职业成功的关键。

(二)内涵

自我认知一般有以下四个维度。

(1)兴趣。解决问题的意愿与动机，不是测验的分数。

(2)性格。基因与心智成长共同作用的产物，不是道德修养。

(3)技能。合适的人生发展平台，不是他人的评价。

(4)价值观。意义的创造与表达，不是社会地位。

这四个维度之间的关系如图 3-1 所示，它们整合成一个完整的独特的个体，即“自我”，在职业选择中共同起作用。其中价值观是核心，性格是关键，兴趣和技能是两个重要的辅助因素。

图 3-1　自我认知的四个维度

在选择职业的过程中，我们可能会受到各种外来因素的影响，比如家人期望、朋友期待等。可以尊重他人的建议和观点，但重点一定是遵从自己的性格、兴趣、能力等。因为性格会告诉我们自己适合做什么，兴趣会告诉我们自己喜欢做什么，能力和技能会告诉我们自己能做什么。我们选择职业时，需要综合考虑各个因素，自主选择。

二、自我认知的意义和作用

自我认知是职业生涯规划中的关键步骤和环节。如果自己的主观评价高于社会客观评价，往往会导致遭遇碰壁或失败；如果主观评价低于社会客观评价，会导致信心不足、犹豫不决，很可能会错失良机。只有本人对自己的主观评价与社会对自己的客观评价趋于一致时，才容易成功。因此，正确的自我认知是职业生涯规划得以有效实施的必要条件。

(一)自我认知帮助大学生树立职业目标

尺有所短，寸有所长。每个人都有别人无法比拟的长处，也有自我难以克服的缺点。职业生涯规划必须结合自身特点，不同的兴趣、性格、爱好与能力，会引发不同的职业理想和职业目标。自我认知，是对自我的深层次剖析，可以了解自己的能力大小，明确自己的优势和劣势，根据过去的经验选择，推断未来可能的工作方向，从而彻底解决“我能干什么”的问题。

(二)自我认知是自信的源泉和依据

我们在自己的生活经历和所处的社会境遇中，能否客观地认识自我、评价自我，能否正确地塑造自我形象、把握自我发展、培养积极的自我意识，将在很大程度上影响或决定我们未来的成败。每个人都是独特的，都有自己的优势，也都有自己的不足，只有全面客观地认识自我，才能充分地接纳自我，进而树立自信。也就是说，自信是产生在正确认识自我的基础之上的。过于高估自己就是自负，而过于看低自己则是自卑，这些对职业生涯来说都是不利的。

(三)自我认知是职业生涯规划的基础和起点

选择适合自己的职业，自我认知是重要的第一步。它包括认识自己的优势与劣势、自己的独特性和发展潜力，认识自己的生理特点，认识自己的理想、价值观、兴趣爱好、能力、性格等心理特点。人不能超越实际凭空想象自己的职业发展，也不能低估自己的实力，这些都不能使人生的职业生涯得到正确的规划。

（四）自我认知是择业成功的前提

自我认知是择业中的关键因素。求职过程中，如果对自己有客观全面的了解，那么对企业提出的职业要求、任职资格就会自觉去比较、匹配，对自己能否胜任这份工作有着清醒的认识，从而做出正确选择，增加成功概率。因此，认识自我是求职成功的重要前提，求职者应正确地了解自己，以积极正确的态度面对用人单位的要求。

三、自我认知常用分析方法

一般来说，自我认知可以通过以下一些方法进行综合分析。

（一）自我反省法

曾子曰："吾日三省吾身。"苏格拉底说："未经反省的生活是无价值的生活。"通过对自己一些成长经历的回顾，比如过去哪些事情让自己觉得干起来非常快乐，哪些事情觉得干起来很痛苦，可以发现自己的职业兴趣、能力特点。通过反省，还可以发现自己的成绩和进步，找出自己存在的不足，明确努力的方向。在自我反省时，要尽量客观评价自己，避免因为个人偏见而出现较大失误。

（二）他人评价法

《旧唐书·魏徵传》中说道："夫以铜为镜，可以正衣冠；以古为镜，可以知兴替；以人为镜，可以明得失。"全面的自我认识，应当包括来自周围不同人的建议。他人评价是探索自我的一个重要方法。除了自己，可以评价我们的还有父母、亲戚、老师、同学等和我们长期共同生活的人。相较于自我反省，他人的反馈意见可能更为客观，也许不是所有人都能对我们进行全面的评价，但他们有可能对我们某一方面有所了解。经常思考自己与他人的差距，有利于深入认识自我。

（三）橱窗分析法

橱窗分析法是自我探索的一个重要方法，是一种借助直角坐标系的不同象限来表示人的不同部分的分析方法。坐标的横轴正向表示别人知道，负向表示别人不知道；纵轴正向表示自己知道，负向表示自己不知道(图 3-2)。

横纵坐标轴把橱窗分成了 4 个部分，即 4 个橱窗，含义分别如下所示。

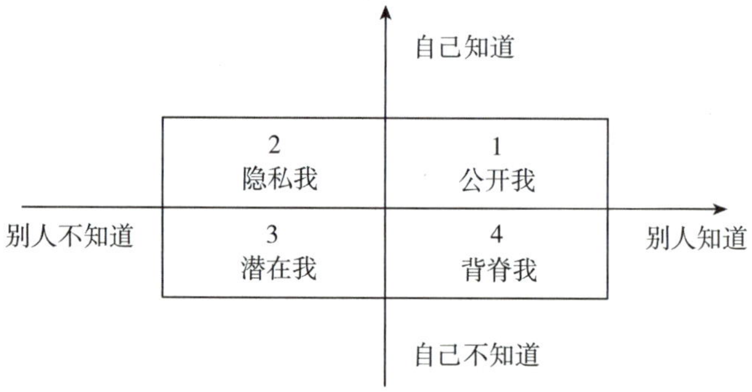

图 3-2 橱窗分析法

橱窗 1 为"公开我"，指的是自己知道别人也知道的部分，属于个人展现出来、无所隐藏的信息。例如，个人的外貌、身高、性别等。

橱窗 2 为"隐私我"，指的是自己知道别人不知道的部分，属于个人内在的隐私和秘密。例如，一些童年往事、痛苦心酸的经历、身上的隐疾、心中的某些不快及自身不愿让人知道的信息等。

橱窗 3 为"潜在我"，指的是自己不知道别人也不知道的部分，是潜能巨大、有待开发的部分。例如，从没有上台讲话的人，可能一直不知道自己的演讲能力很棒。

橱窗 4 为"背脊我"，指的是自己不知道别人却知道的部分，就像自己的背部，自己看不到，别人却看得很清楚。例如，个人习惯的小动作、口头禅等，自己很难发现，除非别人告知。

橱窗分析法能帮助个体有意识地探索"潜在我"和"背脊我"的内容。对于"潜在我"的探索，需要个体积极主动探索新的领域、尝试新的行动。对于"背脊我"，个体只要能够虚心诚恳、真心实意地主动征询他人的意见和看法，就能够了解"背脊我"的部分。

（四）360°评估法

360°评估法源于人力资源管理中的绩效考核方法，其特点是评价维度多元化。360°评估法是由熟悉自己、与自己关系密切的来自不同层面的人员作为评估者，如家人、老师、朋友、同学等，对自己进行的多角度评估。这种方法可以减少盲目的自我评估，当别人对自己的印象都很一致时，这个反馈意见就非常值得重视。要注意的是，在获得很多反馈时，应该懂得分辨，尤其是对于那些差异很大的反馈信息，就更需要花一些时间去了解和辨别。

（五）职业测评法

这是大学生在进行自我探索时最常用到的方法。借助先进的职业发展理论，使用比较成熟的职业测评工具，对自己进行全方位的、深层次的量化评价和分析，更科学地、全面地认知自己，进而清晰地确定自己喜欢又适合的职业发展方向。

首先，应该选用权威性比较高的测评工具；其次，在测评中，一定要按自己的真实想法回答，避免主观情绪；最后，要选择一个安静、没有外界干扰的环境。

素质训练

自我探索与自我评估

1. 运用橱窗分析法进行自我探索

请同学们运用图3-2所示的橱窗分析法，从如下四个方面进行自我探索，并把分析小结填入表3-1，并与大家进行交流，形成更加清晰的自我认知。

表3-1 橱窗分析法用表

自我分类	分析方法	自我探索小结
公开我	归纳汇总个人特质，如身高、年龄、学历、性格、兴趣爱好等。	
隐私我	可以采取撰写自传或24小时日记的方式来了解自我。	
潜在我	可以通过人才测评来发现自己平时注意不到的潜力，也可以在学习和生活过程中，多做尝试来发现自己的潜力。	
背脊我	可以采取同自己的家人、朋友等交流的方式，可以借助录音、录像设备，要做到尽量开诚布公，对别人提出的问题有则改之，无则加勉。	

2. 运用360°评估法进行自我评估

请同学们运用360°评估法，从如下五个方面进行自我探索，并把自己的优缺点分析填入表3-2，相互交流评估结果，使得评价结果更加客观。

表3-2 360°评估法用表

评价类型	优点	缺点
自我评价		
家人评价		
朋友评价		
同学评价		
教师评价		
评价总结		

·任务二
·探索职业兴趣与职业性格

情境导入

兴趣爱好与成功就业

小黄是某高职院校广告设计与制作专业的学生，自幼酷爱绘画，有着丰富的想象力和创造力。进入高职后，他始终坚持将自己的兴趣与专业紧密结合，全身心投入广告设计的学习与实践中。在校期间，他积极参加各类广告设计比赛和校园文创活动，创作出一系列富有创意的作品。其中，他的毕业设计——一套城市形象宣传海报，以其独特的视觉风格和深入人心的主题立意，荣获了省级大学生广告艺术节一等奖。此外，小黄还主动寻求实习机会，先后在多家广告公司进行实践，从创意策划到设计执行，全面锻炼和提升了专业技能。他的作品因其新颖独特的视角和精湛的设计手法，得到了实习单位的高度认可。毕业后，小黄凭借扎实的专业基础、丰富的项目经验和鲜明的个人风格，顺利加入了心仪已久的一家知名广告公司，担任平面设计师一职。

小黄以自身的才华和努力成功叩开了知名广告公司的大门，实现了由兴趣到职业的完美过渡，正是“兴趣是最好的老师”这一理念在职业教育中的生动体现。

想一想：你是否也有自己的兴趣爱好？这些兴趣爱好如何助力自己未来的就业之路？

一、职业兴趣及其作用

（一）兴趣和职业兴趣

兴趣是指人们力求认识某种事物和从事某项活动的心理倾向，以特定的人、事物或活动为对象，常伴随着积极的情绪体验。

职业兴趣是人们追求某种职业或从事某种职业的个性取向。显然，职业兴趣与职业满意度直接相关。

一个人对某种职业感兴趣，他在学习和工作中就能全神贯注、积极热情，富有创造性地努力完成任务。一个人对自己的专业或工作毫无兴趣，即使聪明能干，如果缺乏自觉主动、不断追求的热情，也不可能在本专业或本行业中有所建树。在择业过程中，职业兴趣一旦产生，就会成为择业的最佳定向因素。

（二）兴趣的三个发展阶段

从兴趣的发生和发展来看，兴趣一般经历三个阶段：有趣—乐趣—志趣。

1. 有趣

有趣是兴趣过程的第一阶段，也是兴趣发展的低级水平，它往往转瞬即逝，非常不稳定。处于这一阶段的兴趣常常与人们对某一事物的新奇感相联系，随着这种新奇感消失，兴趣也会自然逝去。

2. 乐趣

第二阶段为乐趣，又被称为爱好。它是在有趣定向发展的基础上形成的，是兴趣发展的中级水平。在这一阶段或水平上，人们的兴趣会向专一的、深入的方向发展。如一个人对无线电感到很有乐趣，他不但会学习这方面的知识，还会亲自装配和修理，并参加有关的兴趣小组活动。

3. 志趣

乐趣同一个人的社会责任感、理想、奋斗目标结合起来时，便会转化为志趣。它是兴趣发展的高级水平。志趣是取得成就的根本动力，是成功的重要保证，具有社会性、自觉性和方向性三个特点。

（三）职业兴趣的作用

1. 职业兴趣会影响职业选择

求职择业的过程中，人们除了考虑待遇等问题外，常常把是否对某种工作有兴趣作为考虑的重要因素。一旦发现自己对某种职业有浓厚兴趣，人们就会努力地去谋取或追求这一职业，并在得到这一职业后，尽心尽力去做好自己的工作。

2. 职业兴趣可开发个体潜力

在职业活动中，职业兴趣能够促使一个人去发挥自己的主动性和创造性，以一种积极的态度来面对工作。当遇到困难时，在职业兴趣的引导下，人们会积极地去思考，想方设法解决这一难题，而不轻易放弃。在这一思考过程中，人们的潜力会得到充分开发，能力不知不觉得以增强，从而更容易在职业中取得新成果，促进个体进步。

3. 职业兴趣可助力职场适应

在职业兴趣的引导下，人们会以一种乐观向上的态度面对所处的职业环境，并自觉地努力去适应它，以求得到更大发展。人们会尽快地适应本职工作，进入自己的职业角色，使自己在职业活动中尽早摆脱“新手”地位。

（四）职业兴趣的培养

职业兴趣是可以通过多种途径和自我的努力去改变、发展和培养的。通常来看，大学生可从以下几个方面努力。

（1）培养广泛的兴趣。具有广泛兴趣的人，不仅对自己职业领域的东西有浓厚兴趣，而且对其他方面也有一定的兴趣。这类人眼界比较开阔，解决问题时可以从多方面得到启发，在职业选择上有较大空间。

（2）要有中心兴趣。人的兴趣应广泛，但不能空泛，要有一定的集中爱好，即“广而专”。围绕中心兴趣展开多种兴趣，才能学有所长，获得深邃的知识。如无中心兴趣，往往会知识肤浅，没有确定的职业方向，心猿意马，难有成就。

（3）重视培养间接兴趣。人在最初接触某种职业时，往往对职业本身缺乏强烈的兴趣。可以先从间接兴趣入手培养职业兴趣，如了解该职业在社会中的意义、对人类的贡献、职业的发展机会，或通过接触行业里的“高手”并聆听其心得等，以引发兴趣。

（4）积极参加职业实践。只有通过职业实践，才能对职业本身有深刻的认识和了解，才能激发自己的职业兴趣。职业实践活动包括生产实习、社会调查、参观访问及组织兴趣小组等。

（5）客观评价自己的能力来确定职业兴趣。兴趣是成功的前提，但要实现事业上的成功也必须具备该职业所要求的能力。因此，在培养职业兴趣的同时要客观评价自己的能力，看自己是否适合某种职业。在此基础上形成的职业兴趣才是长久的。

二、兴趣类型及相关职业

兴趣本身不是为了从事职业而产生的，但它可以根据职业的种类进行分类，这样就出现了职业兴趣类型。不同的职业需要不同的兴趣类型。例如《加拿大职业分类词典》分析了 10 种兴趣类型的特点及适宜从事的职业(表 3-3)。

表 3-3　10 种兴趣类型的特点及适宜从事的职业

序号	兴趣类型	特点分析	适宜职业举例
1	喜欢与具体事务打交道	喜欢接触工具、器具和数字，不喜欢与人打交道。希望能很快看到自己的劳动成果，并从完成的产品中得到满足	制图员、修理工、裁缝、木匠、建筑工、出纳员、会计员、勘测人员、工程技术人员、机器制造人员等
2	喜欢与人打交道	喜欢与人交往，一般对销售、采访、传递信息一类的工作感兴趣	记者、推销员、营业员、服务员、教师、行政管理人员、外交联络人员等
3	喜欢与文字打交道	喜欢有规律的活动，习惯在预先安排的程序中工作，愿意干有规律的工作	邮件分类员、办公室职员、图书管理员、档案整理员、统计员等
4	喜欢从事农业、生物、化学类工作	喜欢生物、化工方面的实验性活动	农业技术员、饲养员、化验员、制药工、菜农等
5	喜欢从事社会福利和帮助人的工作	喜欢帮助别人解决困难，乐于帮助人，试图改善他人状况，为他人排忧解难	律师、咨询人员、科技推广人员、教师、医生、护士等
6	喜欢做组织和管理工作	喜欢掌管一些事情，以发挥重要作用，希望受到众人尊敬和获得声望，愿意做组织管理工作	各级各类组织的管理者，如行政人员、企业管理干部、学校领导和辅导员等
7	喜欢研究人的行为和心理	喜欢涉及人的话题，对个人的行为和心理状态感兴趣	研究人、管理人的工作者，如心理学、政治学、人类学、人事管理、思想政治教育等研究工作者，以及教育工作者、经济管理工作者、社会科学工作者、作家等
8	喜欢从事科学技术工作	喜欢通过逻辑推理、理论分析、独立思考和实验去发现和解决问题，对分析、推理、测试活动感兴趣，善于理论分析，喜欢独立地解决问题，也喜欢通过实验得出新发现	生物、化学、工程学、自然科学工作者和工程技术人员等
9	喜欢从事有想象力和创造力的工作	大多喜欢独立工作，对自己的学识和才能非常自信。乐于解决抽象的问题，而且急于了解周围的世界	社会调查员、经济分析员、各类科学研究工作者、演员、画家等
10	喜欢从事操作机器的技术型工作	对运用一定技术来操作各种机械、制造产品感兴趣	飞行员、驾驶员、机械制造人员、建筑工人、石油和煤炭开采人员等

三、霍兰德职业兴趣理论

霍兰德(John L. Holland)是美国著名的职业指导专家，于 1959 年提出了具有广泛社会影响的职业兴趣理论。该理论认为职业选择是个人兴趣的延伸和表现；每一个具有特定兴趣类型的人，都会对相应的职业类型中的工作或学习感兴趣；个人的兴趣与工作环境之间的适配与对应，是职业满意度、职业稳定性与职业成就的基础。职业兴趣包括六种基本类型，即现实型(R)、研究型(I)、艺术型(A)、社会型(S)、管理型(E)和常规型(C)，并以六边形表示出来，如图 3-3 所示。六个角分别代表六种职业兴趣类型；每种类型与其他五种类型之间有连线，连线距离越短，两种类型的相关系数就越大；连线距离越长，两种类型的相关系数就越小。比如，现实型与研究型、常规

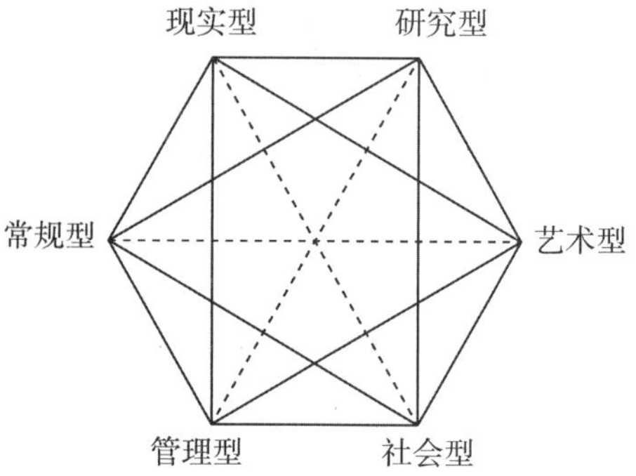

图 3-3　霍兰德职业兴趣的六种基本类型

型的相关程度最高，与艺术型、管理型的相关程度次之，与社会型的相关程度最低。

霍兰德职业兴趣的六种基本类型内容如下。

(1)现实型(R)。

这类人习惯于发现目标、创造目标。特点是遵守纪律、喜欢安定、感情较为贫乏、洞察力不够敏锐。他们喜欢操纵工具、机器，能适应客观自然和具有明确任务的环境，重视物质的实际收益。这类人比较适合从事有明确要求和需要一定技能技巧、能按一定程序进行的工作，如农业、机械、电子技术、采矿等行业。

(2)研究型(I)。

这类人好奇心强、重视分析和反省。他们乐于选择观念革新、具有开拓性的生产环境。他们喜欢需要观察和科学分析的创造性活动与需要探索精神的工作，如科研、创作、计算机编程等工作。

(3)艺术型(A)。

这类人具有丰富的想象力，有理想、常激动、善于创新。他们精于利用情感、直觉与想象来开创艺术形式或创造艺术作品。他们习惯从事非系统的、自由的，要求利用感情和直觉来欣赏、领会或创造艺术形式的行业，如美工、作曲、影视、文学创作等。

(4)社会型(S)。

这类人乐于助人、惯于交际、容易合作、重视友谊、责任心强。他们能适应要求理解、缓和他人行为的环境。他们特别适合从事那些为他人直接服务、为别人谋福利、与他人建立和发展各种关系的职业，如教育、咨询、医疗等行业。

(5)管理型(E)。

这类人具有高度热忱和冒险精神，他们自信、交游广阔、精力旺盛、善于表达自己的意见。管理、生产销售、政治、外交等方面的职业比较适合他们。

(6)常规型(C)。

这类人顺从，具有良好的自我控制能力，但缺乏想象力。他们喜欢稳定、有秩序的工作环境。他们适合从事对众多信息进行加工和整理的工作，如办事员、仓库管理员、会计等。

然而，大多数人并非只有一种性向(倾向性或适应性)，比如，一个人的性向中很可能同时包含着社会性向、现实性向和研究性向。霍兰德认为，这些性向越相似，相容性就越强，则一个人在选择职业时所面临的内在冲突和犹豫就会越少。

四、职业性格及其类型

(一)性格与职业性格

人们常说：“性格决定命运。”这句话的意思是，什么样性格的人适合从事什么样的职业。在职业选择上，性格和职业相匹配，能够增强人在职业上的幸福感。国外甚至有专家认为性格比能力更为重要。这也是近年来许多用人单位招聘时首先进行性格测试的原因。

1. 性格的概念

性格是一个人在对现实的稳定态度和习惯化了的行为方式中所表现出来的个性心理特征。人的性格特点主要表现在态度、意志、情绪、理智四个方面。

态度主要是指处理各种社会关系方面的性格特征，如善于交际或行为孤僻、正直或虚伪、细致或粗心。意志主要是指人在对自己行为的自觉调节方面的性格特征，如主动或被动、勇敢或怯懦。情绪主要是指人产生情绪活动时在强度、稳定性、持续性和主导心境等方面表现出来的性格特征，如情绪起伏波动的大或小。人的基本情绪有愉快、惊奇、悲伤、厌恶、愤怒、恐惧、轻蔑、羞愧等。愉快是正面的，惊奇是中性的，悲伤、厌恶、愤怒、恐惧、轻蔑、羞愧都是负面的。在这些基本情绪中，人的负面情绪占多数，因此人很容易不知不觉进入不良情绪状态。大学生应塑造阳光心态，把自己的正面情绪调动出来，使自己经常处于积极的情绪当中。理智主要是指人在认知过程中的性格特征，如幻想型和现实型。

性格的特征并不是孤立的，而是互相联系的，在个体身上结合为一体，形成一个人不同于他人的“标签”。大学生了解自己的性格特征，有利于今后的职业发展，从而形成自己的职业性格。

2. 职业性格

职业性格是指人们从事某种职业后，因为职业需求或者该职业对从业者普遍的要求所形成的较为固定的性格要素集合。如果一个人的性格和职业性格匹配，那无疑是一件幸福的事情；如果一个人的性格与职业性格相差甚远，可以说是一种折磨。每一种职业都对从业者的性格特征有特定的要求。例如，驾驶员需要注意力稳定、动作敏捷，护士需要耐心细致、热情待人，艺术家需要想象力、创造性。

（二）性格与职业的关系

孔子非常重视性格的作用。鲁国大夫季康子向孔子打听他几个得意门生的才干，问：“有军事才能的子路可否从政?”孔子说：“子路个性相当果敢，可为统御之帅；从政又有何困难?”季康子又问：“请子贡出来做官好不好?”孔子说：“子贡性格通达，把事情看得很清楚，功名利禄全不在眼内，从政又有何困难?”季康子又问：“冉求是否可以从政?”孔子说：“冉求是个才子、文学家，名士气很浓，从政又有何困难?”一生仕途坎坷的孔子，已经对个人性格对事业发展带来的影响有了深刻的认识。可见，一个人从事的职业和未来的发展方向都是与其性格息息相关的。

人的性格类型与职业之间有着一种内在的相关性。一方面，不同的性格类型适合不同的职业要求；另一方面，从事某种特定职业的人员，会按照职业的要求，不断巩固或者调整原有的性格特征，甚至影响从业者原有的一些特点。根据自己的性格特征，选择适合从事的职业，会更容易取得成功。

典型案例

大学生选择职业还得“量体裁衣”

小周快毕业的时候，家里人建议他留在本地找一份比较稳定的工作，理由是小周从小老实本分，性格也较为内向，思维不够活跃，想法也较为单纯。“当时正在招社会工作者，家人都希望我参加考试，认为这个工作比较适合我，是个不错的机会。”可小周自己却认为这个工作太局限，而且每月工资远没有达到他的预期，便断然放弃了这次机会。

小周身边有两个好朋友，毕业后都选择外出闯荡，一位做汽车销售员，另一位做电影城服务人员。不出三年，前者升职为销售助理，也有了自己的汽车，而后者当上了领班，月收入超过了5000元，这都令小周羡慕不已。他们的学历和小周一样，也都是从基础工作做起。小周不顾家人的反对，毅然去了外地。

在两位朋友的推荐下，小周先后在汽车卖场及电影城工作，但都因为业绩不达标，待满三个月的试用期就离开了。“卖汽车全靠脑子和嘴巴，朋友私下也给了我很多指点，比如要和顾客拉近关系，要主动和潜在客户加强联系，要尽可能扩大自己的销售对象等，可我天生口才就不怎么好，真不知道该和顾客说什么、怎么说。”

如今，小周回到老家，采纳家人的意见，准备参加事业单位的招聘考试。两年的求职经历让他明白了，选择职业很关键，一定要切合自身性格特点，找到自己的优势和劣势，只有“量体裁衣”，才会事半功倍！

想一想：人生的秘诀在于经营自己的长处。在现实生活中，我们只有选择适合自己性格的职业，才能发挥自己的长处来工作。如果性格与职业搭配相当，职业生涯之路必然会多一分平坦。

（三）性格类型与职业偏好

迄今为止，各个领域中较常见的性格类型评价工具是 MBTI 性格类型理论，它是目前国际上权威的、广泛使用的性格评价理论。它是 20 世纪 50 年代，美国的一对母女迈尔斯和布瑞格斯在著名心理学家荣格的理论基础上，逐渐发展出的性格类型理论。

MBTI 性格类型理论，把人的性格分为四个维度，每个维度有两个方向，共计八个方面，分别如下。

精神关注的方向：外向(E)—内向(I)。

收集信息的方式：感觉(S)—直觉(N)。

决策方式：思维(T)—情感(F)。

行事方式：判断(J)—知觉(P)。

这八个方面分别影响我们行事的风格。

(1)外向(E)和内向(I)——我们与世界的相互作用是怎样的？

(2)感觉(S)和直觉(N)——我们自然留意的信息类型是什么？

(3)思维(T)和情感(F)——我们如何做决定？

(4)判断(J)和知觉(P)——我们的做事方式是什么？

每个人的性格都落足于每个维度两端的中点的这一边或那一边，每个维度的两端被称作“偏好”。例如：如果落在外向的那一边，那么就可以说你具有外向的偏好；如果落在内向的那一边，那么就可以说你具有内向的偏好。

MBTI 的性格分类标准及性格类型见表 3-4。

表 3-4 MBTI 的性格分类标准及性格类型

分类标准	类型	特点
精神关注的方向	外向(E)	注意力和能量都主要指向外部的人和事，习惯于从事外界活动，喜欢与人打交道
	内向(I)	注意力和能量主要集中于内心世界，喜欢独处、内省、孤僻和安静
收集信息的方式	感觉(S)	注意和留心事物的细节，用感官接收信息，着眼于现在
	直觉(N)	用超越感官的方式获取信息，相信灵感，从整体上看事物，着眼于未来
决策方式	思维(T)	崇尚逻辑公正、通过事实和数据做出决定，有一套既定的行为准则，很少把个人情感牵扯到决定当中
	情感(F)	通过个人的价值观和感受做出决定，通常表现为主观化和感情化，注重人际和睦
行事方式	判断(J)	倾向于通过思维去组织、计划和调控自己的生活，喜欢条理分明、秩序井然，希望凡事都在掌控中，注重结果，通过完成任务获得满足
	知觉(P)	倾向于用知觉的方式做决定，不介意变化，态度总是灵活机动的，希望事情能任其自然发展，注重过程，通过接触新事物获得满足

MBTI 的四个维度和每个维度的两个方面，一共可以组成 16 种性格类型(见表 3-5)。

表 3-5　MBTI 人格理论的 16 种人格类型的可能的职业偏好、可能适应的职业环境对照

性格类型	可能的职业偏好	可能适应的职业环境
ISTJ 内向/感觉/思维/判断	会计或办公室管理人员 工程师 警察或法律工作 生产、建设、保健	注重事实和结果 提供安全结构和顺序 能保持稳定的情绪
ISTP 内向/感觉/思维/知觉	科研、机械、修理 农业 工程师和科学技术人员	注重迅速解决问题 目标和行动取向 不受规律限制 着眼于眼前的经历
ESTP 外向/感觉/思维/知觉	市场销售、工程和技术人员 信用调查、健康技术 建筑、生产、娱乐	注重第一手经验 工作具有灵活性 及时满足需要、技术取向
ESTJ 外向/感觉/思维/判断	商业管理、银行、金融 建筑生产、教育、技术、服务	注重正确高效地做事 任务取向、注重组织结构 具有稳定性和可预知性 实现可行的目标
ISFJ 内向/感觉/情感/判断	保健专业、教学或图书馆工作 办公室管理、个人服务、文书管理	看重有条理的任务 注重安全与隐私 结构清晰、有效率、安静、服务取向
ISFP 内向/感觉/情感/知觉	机械和维修、工厂操作、饮食服务、办公室工作、家务工作	善于合作、喜爱自己的工作 允许有自己的私人空间 灵活、具有审美能力、谦恭
ESFP 外向/感觉/情感/知觉	保健服务、销售工作或设计工作、管理工作、机械操作、办公室工作	注重现实、行动取向 活泼、精力充沛、适应性强、和谐 以人为本、舒适的工作环境
ESFJ 外向/感觉/情感/判断	保健服务、接待员、销售 看护孩子、家务工作	可以帮助他人 气氛友好的、善于欣赏的 有良心的、喜欢按实际条件办事
INFJ 内向/直觉/情感/判断	教学或图书馆工作 媒体专家 社会服务、研究和发展	关注人类的思想和心理健康 协调、安静、有组织的 有情感、喜欢有反省的时间和空间
INFP 内向/直觉/情感/知觉	咨询、教学、文学、艺术 戏剧、科学、心理学 写作、新闻工作室	关注他人的价值 合作的氛围 允许有思考的时间和空间 灵活、安静、不官僚
ENFP 外向/直觉/情感/知识	教学、咨询 广告、销售、艺术、戏剧 音乐	关注潜能、丰富多彩、积极参与的氛围 活泼的、不受限制的 提供变化和挑战、思想进取
ENFJ 外向/直觉/情感/判断	销售、艺术家、演艺人员 咨询 教学、保健	愿意为帮助他人而改变 社会化的、和谐的 有秩序、以人为本、鼓励自我表达
INTJ 内向/直觉/思维/判断	科学、工程师、政治、法律 哲学、计算机专家	注重长远规划的实现 有效率的、以任务为重 允许独自一人思考 支持创造性和独立性、人员多产、有效率

续表

性格类型	可能的职业偏好	可能适应的职业环境
INTP 内向/直觉/思维/知觉	科学、研究、工程师 社会服务、计算机程序 心理学、法律	喜欢解决复杂的问题 鼓励独立、隐私 灵活的、不受限制的、安静的 喜欢自己做决定
ENTP 外向/直觉/思维/知觉	管理 操作和系统分析 销售经理、市场营销 人事	结果取向的、独立的 喜欢解决复杂的问题 目标取向、果断 有效率的系统和人员 挑战性的、结构性的
ENTJ 外向/直觉/思维/判断	各类企业的高级主管 总经理 企业家、社会团体负责人 政治家	坦诚、果断，有天生的领导力 善于做长期的计划和设定目标 自信，有智慧，富有想象力 工作中原则性强、要求高

素质训练

霍兰德职业兴趣测试

一、测试目的

根据霍兰德职业兴趣测试题，了解自己的职业兴趣类型特点，为自己确定职业生涯规划提供参考依据。

二、测试内容

以下是一个包含90道题的问卷，每道题是一个陈述句，请你根据自己的真实情况对这些陈述进行评价，如果符合实际情况就在相应的题目前打“√”，否则打“×”，请不要漏答。

(　)1. 强壮而敏捷的身体对我很重要。

(　)2. 我必须彻底地了解事情的真相。

(　)3. 我的心情受音乐、色彩和美丽事物的影响极大。

(　)4. 和他人的关系丰富了我的生命，并使它有意义。

(　)5. 我相信自己会成功。

(　)6. 我做事必须有清楚的指引。

(　)7. 我擅长自己制作、修理东西。

(　)8. 我可以花很长的时间去想通事情的道理。

(　)9. 我重视美丽的环境。

(　)10. 我愿意花时间帮别人解决个人危机。

(　)11. 我喜欢竞争。

(　)12. 我在开始实施一个计划前会花很多时间去筹划。

(　)13. 我喜欢使用双手做事。

(　)14. 探索新构思使我满意。

(　)15. 我希望寻求新方法来发挥我的创造力。

(　)16. 我认为能让别人分担自己的焦虑是很重要的。

( )17. 成为群体中的关键任务执行者，对我很重要。
( )18. 我对于自己能重视工作中的所有细节而感到骄傲。
( )19. 我不在乎为了工作把手弄脏。
( )20. 我认为教育是个发展及锻炼脑力的终身学习过程。
( )21. 我喜欢非正式的穿着，喜欢尝试新颜色和款式。
( )22. 我常能体会到某人想要和他人沟通的需要。
( )23. 我喜欢帮助别人不断改进。
( )24. 我在决策时，通常不愿冒险。
( )25. 我喜欢购买小零件，做成成品。
( )26. 有时我长时间阅读，玩拼图游戏，冥想生命本质。
( )27. 我有很强的想象力。
( )28. 我喜欢帮助别人发挥天赋和才能。
( )29. 我喜欢监督事情直至完工。
( )30. 如果我面对一个新情境，会在事前做充分的准备。
( )31. 我喜欢独立完成一项任务。
( )32. 我渴望阅读或思考任何可以引发我好奇心的东西。
( )33. 我喜欢尝试创新的概念。
( )34. 如果我和别人有摩擦，我会不断尝试化干戈为玉帛。
( )35. 要成功就必须定高目标。
( )36. 我喜欢为重大决策负责。
( )37. 我喜欢直言不讳，不喜欢拐弯抹角。
( )38. 我在解决问题前，必须把问题进行彻底分析。
( )39. 我喜欢重新布置我的环境，使它们与众不同。
( )40. 我经常借着和别人交谈来解决自己的问题。
( )41. 我常想起草一个计划，而由别人完成细节。
( )42. 准时对我来说非常重要。
( )43. 从事户外活动令我神清气爽。
( )44. 我不断地问："为什么？"
( )45. 我喜欢自己的工作能够抒发我的情绪和感觉。
( )46. 我喜欢帮助别人找可以和他人相互关注的办法。
( )47. 能够参与重大决策是件令人兴奋的事情。
( )48. 我经常保持清洁，喜欢有条不紊。
( )49. 我喜欢简单而实际的周边环境。
( )50. 我会不断地思索一个问题，直到找到答案。
( )51. 大自然的美会深深地触动我的灵魂。
( )52. 亲密的人际关系对我很重要。
( )53. 升迁和进步对我极重要。

( )54. 当我把每日工作计划好时，我会较有安全感。

( )55. 我不害怕过重的工作负担，且知道工作的重点。

( )56. 我喜欢能使我思考并给我新观念的书。

( )57. 我希望能看到艺术表演、戏剧及好的电影。

( )58. 我对别人的情绪低潮相当敏感。

( )59. 能影响别人使我感到兴奋。

( )60. 当我答应做一件事情时，我会尽力监督所有细节。

( )61. 我希望繁重的体力工作不会伤害任何人。

( )62. 我希望能学习所有使我感兴趣的科目。

( )63. 我希望能做些与众不同的事。

( )64. 我面对别人的困难乐于伸出援手。

( )65. 我愿意冒一点险以求进步。

( )66. 当我遵循成规时，我感到安全。

( )67. 我选车时，最先注意的是好的引擎。

( )68. 我喜欢能刺激我思考的话。

( )69. 当我从事创造性的事情时，我会忘掉一切旧经验。

( )70. 我对社会上许多需要帮助的人加以关注。

( )71. 说服别人依计划行事是件有趣的事情。

( )72. 我擅长检查细节。

( )73. 我通常知道如何应对紧急事件。

( )74. 阅读新发现的书是件令人兴奋的事情。

( )75. 我喜欢美丽、不平凡的东西。

( )76. 我经常关心孤独、不友善的人。

( )77. 我喜欢讨价还价。

( )78. 我花钱时小心翼翼。

( )79. 我用运动来保持强壮的身体。

( )80. 我经常对大自然的奥秘感到好奇。

( )81. 尝试不平凡的新事物是件相当有趣的事情。

( )82. 当别人向我诉说他的困难时，我是一个好听众。

( )83. 如果做事失败了，我会再接再厉。

( )84. 我需要确切地知道别人对我的要求是什么。

( )85. 我喜欢把东西拆开，看看能否修理它们。

( )86. 我喜欢研读所有的事实，再有逻辑地做出决定。

( )87. 没有美丽事物的生活，对我而言是不可思议的。

( )88. 人们经常告诉我他们的问题。

( )89. 我常能借着资讯网络和别人取得联系。

( )90. 小心谨慎地完成一件事是件有成就感的事情。

三、评分方法

1. 请把题目打"√"和打"×"的结果填入表 3-6。

表 3-6 题目汇总表

现实型(R)	1	7	13	19	25	31	37	43	49	55	61	67	73	79	85
研究型(I)	2	8	14	20	26	32	38	44	50	56	62	68	74	80	86
艺术型(A)	3	9	15	21	27	33	39	45	51	57	63	69	75	81	87
社会型(S)	4	10	16	22	28	34	40	46	52	58	64	70	76	82	88
管理型(E)	5	11	17	23	29	35	41	47	53	59	65	71	77	83	89
常规型(C)	6	12	18	24	30	36	42	48	54	60	66	72	78	84	90

2. 分数计算。

计算出每种类型打"√"的数目，并填在下面：

现实型：____________；研究型：____________；艺术型：____________；

社会型：____________；管理型：____________；常规型：____________

3. 将上述分数从高到低依次排好，并填在下面：

第一位：____________；第二位：____________；第三位____________；第四位：____________；第五位：____________；第六位：____________。

四、测试结果

根据以上的探索和测试结果，对照霍兰德职业代码，就可以找出与自己职业兴趣类型相符的职业。

任务三 职业价值观与职业能力

情境导入

欧阳的职业发展之路

欧阳是某高职院校酒店管理专业的毕业生，她深知服务业的核心在于以人为本。作为一名酒店管理专业的学生，她明白树立积极正向的职业价值观，培养服务意识、维护职业形象的重要性。在校学习阶段，欧阳不仅扎实掌握酒店管理的各项理论知识，还积极参与各类实习实训，从客房服务到宴会策划，从客户服务到酒店运营，全面提升自己的实操能力。同时，她还积极参与各类志愿者活动，培养自己的服务意识和人文关怀。毕业后，欧阳进入一家五星级酒店工作，从最基层的前台接待做起，她始终坚持以客户为中心，用真诚和专业赢得了客人们的赞誉。同时，她还利用业余时间参加了酒店管理相关的高级研修班，不断提升自己的管理水平并拓宽行业视野。经过几年的努力，欧阳凭借出色的工作表现和卓越的服务质量，逐渐获得了酒店内部的认可，晋升为部门主管，负责酒店的日常运营与管理工作。欧阳的成功，在于她树立正确的职业价值观基础，不断提升职业能力，能够更好地适应并胜任工作，实现个人职业生涯的持续发展。

想一想：从欧阳身上，我们能够得到哪些职业价值观的启示？怎样做能提升自身的职业能力呢？

一、价值观与职业价值观

（一）价值观的概念

价值观就是我们在生活和工作中所看重的原则、标准或品质。它指向我们一生中最重要的东西，因此它也是一套自我激励机制。

生涯大师舒伯认为，职业价值观是个人追求的与工作有关的目标，即个人在从事满足自己内在需求的活动时所追求的工作特质或属性，它是个体价值观在职业问题上的反映。

（二）价值观和职业的关系

价值观是人们在考虑问题时所看重的原则和标准，是人们内在的驱动力。因此，价值观在人们的生涯发展中往往起到极其重要的作用，甚至可能超过了兴趣和性格对个人的影响。具体来说，价值观和职业的关系主要表现在以下三方面。

1. 价值观对职业的影响

价值观往往决定职业期望，影响职业方向和职业目标选择。在职业生涯规划中，价值观被视为职业定位的最关键因素，只有所从事的职业与自我价值观相符合时，才不会有心理冲突，才能充分调动起积极性，最大限度地去发挥自己的能力，满足自我实现的高层次需要，产生成就感。价值观受所从事职业的影响而发展变化。通过对所从事职业的认知、了解和体验，人的价值观的内容也会不断改变和更新。在从事某项工作之前，个人对工作的认识是表面的、肤浅的，只有经历并努力后，才会有收获，才能发现它的价值所在。

2. 价值观对择业的影响

每个人的职业价值观不尽相同，对某一职业的评价和取向也会不同。如果在择业时选择了与自己的职业价值观不符的职业，就很难在这个岗位上工作下去。大学生在选择职业时，常常面临着价值观的冲突。例如，在高薪待遇、事业发展、人际和谐、环境舒适、工作安稳等方面有矛盾时，究竟应最看重什么？左右你选择的，往往就是自己内心的职业价值观，它影响着个人决策。因此，在进行生涯规划和职业选择时，我们应当重视自身的职业价值观，追求有意义的人生。

3. 价值观对职业生涯规划的影响

价值观是人们在考虑问题时所看重的原则和标准，是人们内在的驱动力，在人们的职业生涯发展中起着极其重要的、决定性的作用。由于个人的身心条件、年龄阅历、教育状况、家庭影响、兴趣爱好等的不同，人们在职业取向上的目标和要求也不相同。例如，你的父母是不是常用他们的价值标准来影响你对专业、职业的选择？当你与父母意见发生分歧时，实质上就面对着不同价值观之间的矛盾冲突。

（三）职业价值观

1. 职业价值观的概念

职业价值观是人们在选择职业时的一种内心尺度。它是指人生目标和人生态度在职业选择方面的具体表现，也就是一个人对职业的认识和态度及其对职业目标的追求和向往。理想、信念、世界观对职业的影响，集中体现在职业价值观上。职业价值观决定人的职业期望，影响职业方向和职业目标选择，决定个人就业后的工作态度和工作绩效水平，从而决定职业发展的质量。

由于个人的身心条件、年龄阅历、教育状况、家庭影响、兴趣爱好等方面的不同，人们对各种职业有着不同的主观评价。

由于社会分工的发展和生产力水平的影响，各种职业在劳动的内容、劳动难度和强度、劳动条件和待遇、所有制形式和稳定性等诸多问题上，都存在着差别。劳动内容、劳动手段、劳动方式、劳动对象等的不同，决定了每种职业都有各自的特性。加上传统思想观念等的影响，各类职业在人们心目中有区分，这些评价影响了人们的职业价值观。

职业价值观是可以发生变化的，个人所处的生涯发展阶段、社会环境的不同，他的需求也会发生改变，从而可能导致职业价值观的改变。当今多元社会中职业价值观的冲击也会导致原有职业价值观体系的混乱乃至改变。因此，职业价值观需要被不断地澄清和审视。

2. 职业价值观的意义

职业价值观是一个人对各种职业价值的基本认识和基本态度。俗话说："人各有志。"这个"志"表现在职业选择上就是职业价值观，它探讨人们在职业选择和职业生活中，在众多的价值取向里，优先考虑哪种价值。我们与他人产生矛盾冲突或决定妥协放弃时，常常是出于职业价值观的考虑。

职业价值观包含具有明确的目的性、自觉性和坚定性的职业选择态度和行为，对一个人的择业动机、职业目标和职业方向的选择起着决定性的作用。由于职业价值观的不同，有的人喜欢平稳安定的职业，有的人喜欢富有挑战和刺激的职业，有的人喜欢领导和指挥别人的职业，有的人喜欢能赚钱的职业。因此，认真分析和了解个人的职业价值观，对职业定位、职业生涯规划有重要意义。

价值观对动机模式有重要影响。同等客观条件下，具有不同价值观的人，其动机模式不同，产生的行为结果也不同。因此，不同价值观在职业选择中也有不同作用。

第一，负面价值观会阻碍职业选择。

负面价值观经常会影响同学们择业的过程。有些同学在择业中会陷入失望、彷徨等消极的心理状态，导致心理不和谐。因此，如何培养正确的价值观成为学校和个人都应重视的问题。

第二，正确价值观能促进职业选择。

正确的价值观可以促进同学们找到适合自己的职业。例如，在职业价值观中看重发展因素的同学，其自我满意度较高，自我灵活性也较好。这些同学往往具备很强的竞争力，并且对所选单位比较了解，就业准备充分，具有较强的进取心，善于学习。

(四)树立正确的职业价值观

1. 处理好职业价值观与金钱的关系

金钱是一种成就性的报酬，它是个人在确定职业价值观时首要面对的问题。有些毕业生在求职时，将金钱作为首选目标，这从根本上讲并没有错。对大多数人来说，其现在拥有的知识、能力、经验和阅历还不足以使其一走上社会就能获得大量金钱回报。怀有一夜暴富的心理是不好的，更是危险的，容易误入歧途。特别是面对严峻的就业形势，更应理性地降低对金钱的期望。把眼光放远一些，应尽可能将自我成长和自我实现作为毕业求职时的首选目标。

2. 处理好淡泊名利与追逐名利的关系

追逐名利是人的欲望使然，欲望可以使人成就大的事业，也可使人自我毁灭。以合理、合法、公正、公平的方式追名逐利，在一定程度上对个人和社会都会有益，但它要有限度，该知足时则知足，该进取时则进取。

3. 职业价值观的排序与取舍

职业价值观的特性决定人们不会只有唯一的职业价值观，但在现实生活中往往"鱼和熊掌不可兼得"。既然是选择，必然有"舍"，才能"得"。所以，要对自己的职业价值观进行排序，找出最重要、次重要的方面，并提醒自己不可能什么都得到。否则就会患得患失，终其一生也不清楚自己到底想要什么，更谈不上职业生涯的成功和对社会的贡献。总之，没有一种职业能完全满足一个人所重视的各种价值观，因而，了解自己的各种价值观的权重排序并懂得取舍是非常必要的一件事情。

4. 处理好职业价值观中个人与社会的关系

个人不能离开社会而独立存在，只有在工作中为社会多做贡献才能实现自我的职业价值。当然，我们不必忽略择业中的个人因素，只去尽社会责任，那样反而既不利于个人，又对社会造成损失。例如，让一个富有科学创造力、不善言辞的学者去从事幼儿园教师工作，可能使国家损失多项重大发明，而社会不过多了一个也许并不出色的幼儿园教师而已。我们摒弃的是那种只考虑个人、毫不考虑国家和社会需要的职业价值观。

5. 处理好职业价值观与职业选择的关系

受家庭环境、教育、兴趣爱好等多方面影响，不同个体的职业价值观是不同的，进而会影响人们对就业方向和具体职业岗位的选择。每一个求职者由于其所受教育的不同、兴趣爱好的差异和所处环境的影响，其职业取向上的目标和要求也不相同。在许多场合，我们往往要在一些得失中做出选择。例如，是要工作舒适轻松，还是要高的工资待遇？当两者有矛盾冲突时，最终影响我们决策的是存在于自己内心之中的职业价值观。因此，我们很有必要明确并不断审视自己的职业价值观。

二、职业能力与自我效能

（一）能力和职业能力

1. 能力的概念

从心理学角度看，能力指顺利地完成某种活动所具备的稳定的个性心理特征，是人们得以从事某种活动的先决条件。能力总是与活动联系在一起，它只有在活动中才能体现出来，并在活动中得以发展。

能力按照其获得的方式(先天具有与后天培养)，可以分为能力倾向和技能两大类。能力倾向是每个人与生俱来的特殊才能。技能是人通过后天学习和练习而获得的能力。

在现实生活中，个人的能力水平往往是能力倾向和技能两方面相互作用的结果，能力通常表示个人在工作中能够做什么。

2. 一般能力和特殊能力

人的能力多种多样。从职业的角度，按照适用性一般可以将人的能力分为一般能力和特殊能力。

一般能力，是指顺利完成各种活动所必备的基本能力。这种能力集中体现在认知活动中，也就是一般意义上的智力，我们也可称之为“认知能力”或“认知智力”，如注意力、观察力、记忆力、想象力、思维力和言语能力等。

特殊能力，是指顺利完成某种特殊活动所必备的专项能力，与某些职业活动密切相关，如在进行音乐、绘画、飞行活动中，就需要相应的音乐、绘画及高空作业适应能力等。由于个体的早期生活经历不同，能力会有差异。能力的差异表现在质和量两方面：质的差异表现在个体具备不同的特殊能力及能力类型方面，量的差异表现在能力发展的水平和年龄差异方面。

3. 职业能力的类别

职业能力通常可以分为语言能力、数理能力、空间判断能力、觉察细节能力、书写能力、运动协调能力、动手能力、社会交往能力、组织管理能力九个方面。不同职业要求人有不同的能力。教师、播音员、记者等职业要求从业者有较强的语言能力，统计、测量、会计等职业要求从业者有较强的数理能力，画家、建筑师、医生等职业对从业者的形态知觉能力要求颇高，手指灵活的人则适于从事外科医生、乐师、雕刻家等职业。

在职业活动中，个体还表现出职业能力的差异，在职业决策能力、实际动手能力、创造力、适应社会能力、人际交往能力等方面均有差异。在人的成长发展中，一般能力和特殊能力有机地结合在一起，一般能力是特殊能力的基础，为特殊能力的发展和发挥创造了有利条件。所以在职业活动中，我们在注重发展自己特殊能力的同时，也应注重对自己一般能力的发展，这样才能提高职业活动的整体效率。一个人的能力如果没有遇到合适的土壤，就只能被称为潜在能力，不能被叫作现实能力。潜在的能力只有在外部环境和教育条件许可时，才能发展成为现实的能力。

典型案例

招聘信息分析

在表3-7所展示的这则招聘信息中，营销类专业就是我们所讲的专业知识能力的体现，它的重要性常常被求职者夸大；有一定的沟通表达能力、驾驶能力是可迁移能力，它是用人单位最看重的部分；能适应长期出差、吃苦耐劳是自我管理能力，是个人最有价值的“资产”，是个人职业生涯成功的关键。我们作为大学生，在校期间，要努力学习，扎实学好自己的专业知识能力；积极锻炼，提高可迁移能力；自我沉淀，加强自身修养，提升自我管理能力，努力把自己培养成复合型人才。

表3-7 某工程机械设备有限公司招聘信息

招聘岗位	销售类	招聘人数	4人
职位类别	普通职位	工作性质	全职
月薪水平	5000～6000元	工作地区	四川成都
学历要求	专科及以上	专业要求	机械类专业或营销类专业
其他要求	有一定的沟通表达能力，能适应长期出差，吃苦耐劳，有驾驶证者优先		
有效期	三个月		

4. 影响职业能力发挥的因素

(1)影响职业能力发挥的个人因素包括以下5个方面。

①职业兴趣。职业兴趣是指人们对某类专业或工作所抱有的积极态度。不同的人对于同一职业可能抱有积极的态度、消极的态度，或者无所谓的态度。

②性格。性格影响着一个人对职业的适应性，一定的性格适合于从事一定的职业；同时，不同的职业对从业者有不同的性格要求。

③职业发展愿望。职业发展愿望即自己愿意从事何种职业。如果一个人对某一种职业产生了兴趣，就会迸发出强大的行为动力，推动着他去开发自身全部潜能，大大提高自身的工作效率。

④能力。这里所说的能力指劳动者从事社会生产活动的能力，即职业工作能力。

⑤教育。教育上的成功与个人的成功与晋升有明显的关联，教育是实现个人成功的主要因素。

(2)影响职业能力发挥的社会因素包括以下4个方面。

①社会关系。社交圈为某一类型的人提供机会，“生存机会”多半由社交圈决定。虽然社交圈深深地影响着个人的职业生涯，但是各个社会群体之间的界限并非牢不可破。不仅社会关系有变动的可能，而且这种变动是被人接受的。

②经济发展水平。在经济发展水平高的地区，企业相对集中，优秀企业也就比较多，个人职业选择的机会就比较多，因而有利于个人职业的发展；反之，在经济欠发达的地区，个人职业选择机会较少，

个人职业生涯也会受到限制。

③社会文化环境。社会文化是影响人们行为、欲望的基本因素。它主要包括教育水平、教育条件和社会文化设施等。在良好的社会文化环境中，个人能力受到良好的教育的熏陶，从而为职业生涯打下更好的基础。

④政治制度和氛围。政治和经济是相互影响的，政治不仅影响到一国的经济体制，而且影响着企业的组织架构，从而直接影响到个人的职业发展。政治制度和氛围还会潜移默化地影响个人的追求，从而对职业生涯产生影响。

（二）能力与职业的匹配

每个人具备的能力不同，选择的职业就会有差异。从能力差异的角度来看，在选择职业时应遵循下列原则。

1. 能力类型要与职业相吻合

研究表明，职业可以根据工作的性质、内容和环境划分为不同的类型，并且对人的能力也有不同的要求。

第一，要注意能力水平与职业类型应基本一致。对一种职业或职业类型来说，由于其所承担的责任不同，可分为不同层次，对人的能力也有不同要求。因此，在根据能力类型确定了职业类型后，还应根据自己所达到或可能达到的能力水平确定相吻合的职业层次。

第二，要充分发挥能力倾向原则。能力倾向指的是一个人的潜能，即其能力的发展前景和未来可能的潜在成就。它包括人的身体条件、智能、性格、兴趣等是否适合某个职业领域。大学生在进行职业生涯规划时，更应该注重的是自己的能力倾向。可以通过能力倾向测评准确地掌握自己的能力倾向，更好地确定自己的职业发展方向，使自己得到充分的发展。

每个人都具有一个由多种能力组成的能力系统，在这个系统中，每个人各方面能力的发展是不平衡的，常常是某方面的能力占优势，而另一些能力则不太突出，选择职业时应选择最能运用自身优势能力的职业。

2. 一般能力要与职业相吻合

不同的职业对人的一般能力的要求是不同的，有些职业对从业者的智力水平有绝对要求，如大学教师、科研人员、律师等都要求有较高的智商。智力在很大程度上决定着人们所从事的职业类型。

3. 特殊能力要与职业相吻合

特殊能力又称专业能力，也称特长，是指从事某项专业活动的能力。要顺利完成某项工作，除要具有一般能力外，还要具有该项工作所要求的特殊能力。例如，数学研究需要具有计算能力、逻辑思维能力和空间想象能力，画家需要具备较强的颜色识别能力等。一般认为，计算能力、音乐能力、绘画能力、写作能力、动作协调能力、空间想象能力等都是特殊能力。

（三）职业核心能力

职业核心能力是人们职业生涯中除岗位专业能力之外的基本能力，它可以让人自信和成功地展示自己，并根据具体情况选择和应用。它适用于各种职业，适应岗位的不断变换，是伴随人终身的可持续发展能力。它在德国、澳大利亚、新加坡被称为“关键能力”；在美国被称为“基本能力”，在全美测评协会的技能测评体系中被称为“软技能”；在我国有时候被称为“关键能力”“基础技能”“共同能力”。

1998 年，我国劳动和社会保障部（现为人力资源社会保障部）在《国家技能振兴战略》中把职业核心能力分为八项，称为“八项核心能力”，包括与人交流、与人合作、解决问题、自我学习、信息处理、数字应用、创新革新、外语应用。八项职业核心能力可以分为“职业社会能力”和“职业方法能力”两类。

1. 职业社会能力

职业社会能力是指与他人交往、合作、共同生活和工作的能力，它既是基本生存能力，又是基本发展能力，是劳动者在职业活动中，特别是在一个开放的社会生活中必须具备的基本素质。职业社会能力包括“与人交流”“与人合作”“解决问题”“外语应用”能力。

2. 职业方法能力

职业方法能力是指主要基于个人的，一般有具体和明确的方式、手段的能力，它主要指独立学习、获取新知识技能、处理信息的能力，是劳动者的基本发展能力，是在职业生涯中不断获取新的知识、信息、技能和掌握新方法的重要手段。职业方法能力包括“自我学习”“信息处理”“数字应用”“创新革新”能力。

（四）职业能力测评方式

根据前程无忧人力资源调研中心发布的《2017 人力资源白皮书》，企业对一般员工培训投入主要集中在以下几方面：专业岗位技能、执行力、团队合作与建设、职业素养、沟通技巧。与企业培训对比，我们可以窥见现在企业对大学生职业能力方面的关键需求点。

1. 能力倾向测试

能力倾向测试，又称性向测试，它可以预测一个人将来在某方面的“可能”成就，挖掘其职业发展潜能。最常用的有如下几种。

(1)差别能力倾向测验(DAT)，分别测验文字推理、数字推理、抽象推理、文书速度、准确性、机械推理、空间关系、拼写和语言应用。

(2)一般能力倾向成套测验(GATB)，包含对 11 项能力倾向的评估，分别是一般学习能力、语言能力、数理能力、判断能力、图形知觉能力、符号知觉能力、运动协调能力、手指灵活度、手腕灵巧度、眼手足协调能力和颜色鉴别能力。

(3)我国公务员录取考试中常用到的行政职业能力测验(administrative aptitude test，AAT)，是用来测试公务员工作所具备的一般潜能的一种职业能力测试，包含政治理论、数量关系、判断推理、常识判断、语言理解与表达、资料分析六个方面的行政能力测试。

2. 经验分析

通过对过去的成就事件进行分析和总结，对自己的能力进行排序，明确自己所具备的职业能力，常用的有“成就故事清单”等方法。

知识窗

成就故事清单

请写下生活中令你有成功感的具体事件，然后对其进行分析，看看你在其中使用了哪些技能，尤其是可迁移技能。

这些“成就事件”不一定是工作或学习上的，也可以是在课外活动或家庭生活中发生的，比如同学聚会、一次美好而难忘的旅行等。不必是惊天动地的大事，只要符合以下两条标准，就可以被视为“成就”：一是你喜欢做这件事情时体验到的感受；二是你为完成它所带来的结果而感到自豪，如果同时你还获得了他人的认可和表扬那就更好了。

在撰写成就故事时，每一个故事都应当包含以下要素。

1. 你想要达到的目的，即需要完成的事情。

2. 你面临的障碍、限制或困难。

3. 你的具体行动步骤，即你是如何一步一步克服障碍、完成目标的。

4. 对结果的描述，即你取得了什么成就。最好能够量化评估(用某种方法衡量或以数据说明)。

5. 至少写出七个故事(越多越好)。如果有条件的话，请和两三个同伴一起逐一进行分析和讨论，说说在其中你都使用了一些什么样的能力。最后看看在这些故事中是否有重复出现的技能，它们就是你喜爱施展并且也擅长的能力，将这些能力按优先次序加以排列。

(五)提升自我效能感

1. 自我效能感的概念

自我效能(self-efficacy)指人对自己能否成功地进行某一成就行为的主观推测与判断。这个概念是积极心理学中的一个重要概念，由美国斯坦福大学心理学家阿尔伯特·班杜拉(Albert Bandura)在20世纪70年代首次提出。

班杜拉对自我效能感的定义是“人们对自身能否利用所拥有的技能去完成某项工作行为的自信程度”。班杜拉认为除了结果期望外，还有一种效能期望。结果期望指的是人对自己某种行为会导致某一结果的推测。如果人预测到某一特定行为将会导致特定的结果，那么这一行为就可能被激活和被选择。

2. 自我效能感的功能

自我效能感影响或决定人们对行为的选择，以及对该行为的坚持和努力程度；影响人们的思维模式和情感反应模式，进而影响对新行为的习得和表现。

(1)自我效能感高的人。期望值高，显示成绩，遇事理智处理，乐于迎接应急情况的挑战，能够控制自暴自弃的想法，在需要时能发挥智慧和技能。

(2)自我效能感低的人。畏缩不前，显示失败，情绪化地处理问题，在压力面前束手无策，易受到恐惧、恐慌和羞涩的干扰，当需要时，其知识和技能无以发挥。

3. 影响自我效能感形成的因素

(1)个人自身行为的成败经验。一般来说，成功的经验会提高效能期望，反复的失败会降低效能期望。但事情并不这么简单，成功的经验对效能期望的影响还受个体归因方式的左右，如果个人将其归因于外部机遇等不可控的因素就不会提升效能感，把失败归因于自我能力等内部可控因素就不一定会降低效能感。因此，归因方式直接影响自我效能感的形成。

(2)替代经验或模仿。人的许多效能期望来源于观察他人的替代经验。这里的一个关键是观察者与榜样的一致性，即榜样的情况与观察者非常相似。

(3)言语劝说。言语劝说因其简便、有效而得到广泛应用。言语劝说价值的大小取决于它是否切合实际，缺乏事实基础的言语劝说对自我效能感的影响不大，在直接经验或替代性经验基础上进行劝说的效果会更好。

(4)情绪唤醒。班杜拉在“去敏感性”的研究中发现，高水平的唤醒使成绩降低且影响自我效能。当人们不为厌恶和刺激所困扰时更期望成功，但个体在面临某项活动任务时的身心反应、强烈的激动情绪通常会妨碍行为的表现，从而降低自我效能感。

(5)情境条件。不同的环境提供给人们的信息是大不一样的。某些情境比其他情境更难以让人适应和控制。当一个人进入陌生而又易引起焦虑的情境中时，其自我效能感水平与强度就会降低。

上述几种信息对效能期望的作用依赖于个人对其是如何认知和评价的。人们必须对与能力有关的因素和非能力因素对成败的作用加以权衡，人们觉察到效能的程度取决于任务的难度、付出努力的程度、接受外界援助的程度、取得成绩的情境条件及结果的展示模式。班杜拉的社会学习理论认为，这些因素作为效能信息的载体影响成绩，主要是通过自我效能感的中介影响发生的。

4. 通过计划提高自我效能

通过合理的职业生涯规划和设定合理的目标，大学生可以有效提升自我效能感，研究自我管理的心理学家们为我们提供了以下建议。

(1)设定的目标应该具体，相应的任务可以用数字来衡量。模糊的目标会让人感觉不真实，并且遥不可及，而不能量化的任务会使人难以评估自己是否正在按照计划行事。既明确知道了自己想要什么，又列出了用来衡量自己行为的指标，就可以随时检验自己处在什么样的阶段，以及计划的完成情况。

(2)计划必须是此时此刻的你可以独自实现的，所有的任务都是可以完成的。如果在短期内实现最终目标有一点吃力，不妨把它拆解为一些相关的小目标。在遇到困难而无法前进时，可以问问自己："现在我能做到的最容易的事情是什么?"每一个小小的、稳定的进步都构成一个成就经验。成就经验可以提高你的效能感，改变你对自己能力的信念。你会借助这些小小的成功，挑战更高更难的其他任务。所以，如果你计划中的一个子目标实现了，哪怕它在别人看来不值一提，你自己也别忘了好好庆祝一下。

(3)要记得给计划中的每一条都加上明确的时间限制。这个世界存在无数种可能，但没有约束力的计划难以推动我们马上行动。拖延的问题几乎会影响到每一个人。阻止我们去完成每天的工作任务的最大障碍就是拖延。做好时间管理，给计划中的每一个小目标都明确规定完成时间，并严格按时间节点推进，才能形成良好的自我效能感。

典型案例

小陈的成功创业故事

深圳某高职院校市场营销专业的毕业生小陈，在校期间担任过系学生会主席，积极参与校内各类市场营销大赛并屡获殊荣。在营销大赛过程中，需要制作 PPT 进行路演。他积极向身边的同学请教 PPT 的制作方法，上网搜索相关的素材和图片。每次比赛过程中，他的 PPT 都非常精美，文字内容翔实准确，逻辑清晰，讲解明确，经常得到第一名。他积累了比赛经验之后，也屡屡接单，为企业策划推广活动，得到客户的认可和好评。

毕业之后，他认真分析自己的性格特点和自身能力，果断开始创业，成立文化策划公司。半年后就成立了自己的营销策划公司，业务规模逐渐扩大。

想一想：小陈在校期间担任过系学生会主席，锻炼了自己的组织协调能力与决策能力，运用自己的学习能力掌握了 PPT 的制作方法，培养了快速学习、沟通、搜集信息和文字处理的能力，面对生活中新的问题能够迎难而上、有效加以解决。小陈的例子说明，他的自我认知是全面而准确的。正确的自我认知促成了他在职业生涯上的成功。小陈的经历对我们有什么启示?

素质训练

多元能力分析

一、自测

表 3-8 中每项能力满分为 10 分，请给自己的每项能力打分(时间：10 分钟)。

表 3-8　多元能力自测表

能力类型	含义	分数（满分为 10 分）
语言能力	听、说、读、写能力	
逻辑思维能力	根据需求有效传递信息、用数学方法来解决问题的能力； 用科学的原理和方法来解决问题，运用逻辑推理来判定解决问题的建议、结论和方法的优缺点的能力	
管理能力	绩效监督、协调安排、说服他人、谈判、指导他人、解决复杂的问题、判断和决策、时间管理、财务管理、物资管理、人力资源管理的能力	
动手能力	具体专业操作技能方面的能力	
身体协调能力	运用四肢和躯干的能力，身体统合神经、肌肉系统产生正确、和谐、优雅的动作的能力	
沟通能力	理解工作文件的句子和段落，理解对方讲话的要点，适当地提出问题的能力； 交谈中有效传递信息，理解信息中的启示，用于解决问题，帮助做出决定的能力； 关注并理解他人的反应，积极地寻找方法来帮助他人的能力	
自省能力	能够正确地意识和评价自身的情感、动机等能力，形成自尊、自律和自制的能力	

二、分析

试分析自己的哪项能力还可以提高。

可迁移的技能水平评估

时间：20 分钟。

要求：请对表 3-9 所列出的各项技能水平进行自我评估，并在“高”“中”“低”栏目下打“√”。

表 3-9　可迁移的技能水平评估表

技能领域	技能	高	中	低
管理	计划组织			
	分派职责			
	命令			
	关注细节			
	评价同学、同事及自己的工作绩效			
	利用数据库和相应软件来组织和呈现信息			
	灵活处理问题			
	同时管理多项任务，分出先后顺序			
沟通	倾听、提问的技巧			
	提供信息			
	接收信息			
	记录回答、报告等，并对文件做专业的分类			
	向大或小规模的群体展现信息			
	让别人接受你的观点			

续表

技能领域	技能	高	中	低
沟通	协调工作事项			
	掌握一门外语			
	自信和独特地表达自己			
	利用电子手段来交流——通过网络和电子邮件来呈现、交换信息			
问题解决	分析问题			
	处理抽象的问题			
	对于同一个问题提出多种解决方法，挑选出最合适的一种			
	利用批判性的思考方式来看待各种因果关系			
	设置并达到目标			
	创造性地思考			
人际关系	领导一个团队			
	衡量和评价他人的工作			
	解决问题和冲突			
	激励别人			
	为别人提供支持			
	了解工作环境和人们的需要并做出适当的回应			
	和不同人很好地共事			
	教导和培训他人			
学习	善于发现并记录			
	充满好奇心			
	勤奋并有毅力地工作			
	勇于克服障碍			
	利用网络数据库进行工作			
	利用网络来做研究			

项目四
职业决策与生涯规划

智慧导航

人无远虑，必有近忧。

——《论语》

项目导读

人生好比是一次航行，面对浩瀚无垠的大海，如果我们想拥有精彩的人生之旅，那就需要精心设计航线。没有规划的人生，就好比漫无目的的航行。只有精心准备的航行才会令人惬意，也只有科学规划的人生才会精彩。如果大学生缺乏明确、清晰、适当的职业生涯规划，在选择职业时，就会带着很大的主观性和盲目性。只有制订合理的职业生涯规划，在校大学生才可以树立大学目标，积极投入大学生活。合理的职业生涯规划还能促使大学生在职业生涯规划实施的过程中不断调整心态，毕业后可以快速地与社会融合。

成功的人生需要正确的规划。合理地规划自己的职业生涯，就是为自己的人生设计清晰的目标和前进路径，就是做自己事业的工程师，它是每个大学生迈向成功人生的第一步。本项目主要通过阐述职业生涯及其规划的理论、职业生涯规划的步骤与方法，以及如何进行职业生涯规划的管理，引导和帮助同学们充分认识职业生涯规划的重要性，掌握职业生涯规划的基本方法，并能够科学地设计和有效地维护和管理自己的职业生涯，从而最大限度地实现人生的目标与价值。

学习目标

(1)掌握职业决策的一般步骤。

(2)认识职业生涯目标，了解确立职业生涯目标的原则，认识职业生涯管理的概念及各个阶段。

(3)掌握职业决策的常用方法，掌握职业生涯规划的基本步骤，能够进行职业生涯路线选择、决策及自我管理。

(4)认识到目标对个人的重要性。

(5)自觉结合国家战略和社会需要，制订调整个人职业生涯规划，将个人、集体发展融入国家发展中。

案例导入｜比塞尔的故事

· 任务一
· 职业目标决策

情境导入

小张同学，考入了某高职学校，在家里上重点大学的哥哥的对比下，他觉得自卑失落。进入高职学校读书后，他一天到晚无所事事。开学一段时间后，班主任李老师找他谈话。李老师看他上课反应很快，感觉他文化基础应该不错，在了解到他平日喜欢研究家里的各种家具电器后，鼓励他努力学习专业知识，申请进入数控维修集训队，李老师还说道："哥哥成绩好读重点大学，你也很聪明，只要在一个领域深入耕耘，也会有成绩，现在国家大力发展职业教育，你要是能进入集训队，参加比赛取得好成绩，也一样有出息。"小张同学被李老师的话点醒了。从此他上课认真听讲，高效完成学习任务后就去图书馆找专业相关的书籍，后面申请进入学校数控维修集训队。经过认真钻研和刻苦训练，他参加全国职业院校技能大赛取得了不错的成绩。毕业后他被一家军工企业录用，成了一名技术高超的工匠。

想一想，如果小张同学没有及时在读书期间找到自己的奋斗目标，那将会在学校蹉跎三年，毕业后他的生活会怎么样。

一、职业生涯目标

职业生涯目标是大学生职业生涯规划中的指南针。如果没有它，整个职业生涯将会迷失方向。每个人在起航前必须明确在这次远航中要达到哪几个目标，这样才能制订出航行计划，找出合理的航线，顺利到达目的地。

（一）职业生涯目标概念

职业生涯目标是指个人在选定的职业领域内的未来时点上所要达到的具体目标，是人在职业领域的理想的具体化。整个生涯规划，就是围绕着一系列的大小目标展开的，没有目标就不构成规划，确立目标是制订职业生涯规划的关键。

（二）职业生涯目标分类

1. 按照时间分类

职业生涯目标按照时间不同，可以分为短期目标（1～2 年）、中期目标（3～5 年）、长期目标（5～10 年）、人生目标（40 年以上）。分别与职业生涯规划的短期规划、中期规划、长期规划、人生规划相对应，如同拾级而上，一步步地发展。

（1）短期目标。通常是指每日、每周、每月、每季、每年的目标，是将中期目标和长期目标具体化、现实化和可操作化，是最清楚的目标，有明确且具体的完成时间；有明确的努力方向，通过努力能适应环境的需要，实现起来完全有把握。

（2）中期目标。通常是结合自己的志愿、组织的环境及要求制订的，与长期目标相一致；有比较明确的执行时间，根据外部环境变化可做适当的调整；可以发挥自己的能动性，实现的可能性非常大。

（3）长期目标。通常是自己认真选择的，和组织、社会的发展需求相结合；有实现的可能，并有更大的挑战性；与志向相吻合，能够通过努力实现理想；与人生目标相融为一，激励自己为创造美好未来而坚持不懈。

（4）人生目标。通常指整个人生的发展目标，时间在 40 年以上。

2. 按照性质分类

按照性质分类，可以将职业生涯目标分为外职业生涯目标和内职业生涯目标。

外职业生涯是指从事一种职业的工作时间、工作地点、工作单位、工作内容、工作职务与职称、工资待遇、荣誉称号等因素的组合及其变化过程，也就是通过我们的名片、证书、工资单等外在形式可以表现出来的东西。

内职业生涯是指从事一种职业时的知识、观念、经验、能力、心理素质、内心感受等内在因素的组合及其变化过程。

内职业生涯的发展是外职业生涯发展的前提，内职业生涯的发展可以带动外职业生涯的发展；外职业生涯的发展能够促进内职业生涯的发展。

职业生涯道路上成功的关键是内职业生涯的不断发展。大学生在校期间要抓住一切机会，不断地锻炼和提高自己的综合素质，更新就业观念，完善知识结构，提高技能水平，增强合作意识，丰富人生阅历，增长领导才干等。

二、职业生涯目标原则

职业生涯目标也应遵循“目标管理原则”，即 SMART 原则(图 4-1)。

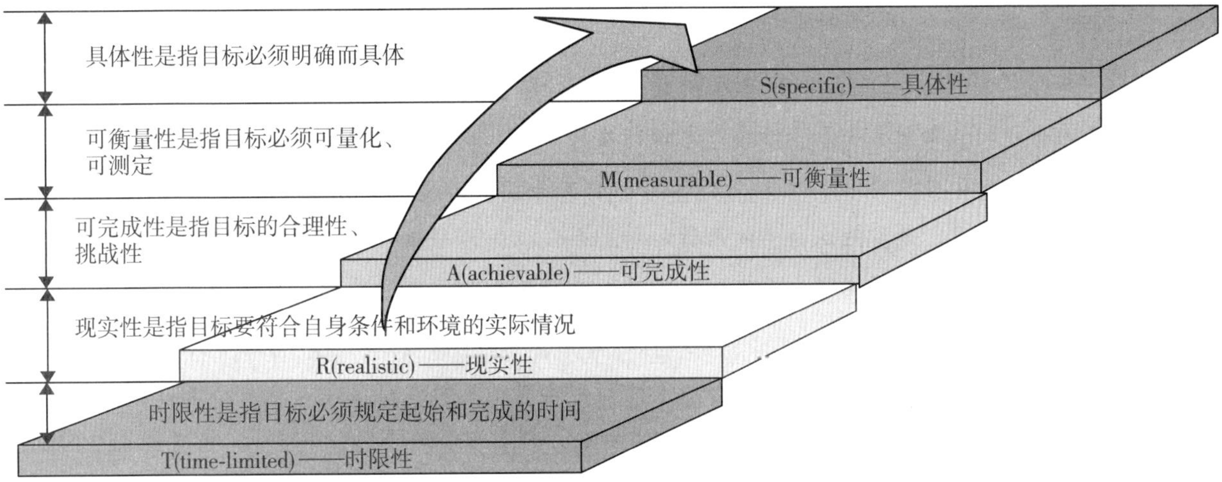

图 4-1 职业生涯规划 SMART 原则

SMART 原则，是使管理者的工作由被动变为主动的一个有效的管理手段。在职业生涯目标确认过程中，大学生既是目标的制订者，也是实现目标的执行者，为此我们可以将此原则作为确立目标的指导原则，实现更准确的职业生涯目标定位。

(一)S——具体性(specific)

具体性是指目标必须是清晰的、可产生行为导向的。比如，“我要成为一个优秀的大学生”就不是一个具体的目标，而“我要获得今年的一等奖学金”就是一个具体的目标。

(二)M——可衡量性(measurable)

可衡量性是指目标必须能用可量化的指标来表达。比如“我要获得今年的一等奖学金”这个目标，就对应着许多可以量化的指标——出勤、考试成绩、参加活动的结果等。

(三)A——可完成性(achievable)

可完成性有两层意思：一是目标应该在自己能力范围内，如果经常达不到目标，体验不到成就感，就会感到沮丧；规划未来的职业生涯目标时，涉及多种可变因素，这些因素有些是不可预测的，因此设定的目标应该具有一定的弹性，以便增强其适应性。二是目标要具有一定的挑战性。所提出的目标必须是经过相当的努力才能实现的，不是轻轻松松就能实现的。太容易达到的目标不仅很难激发个人的潜能，长此以往也会让人失去斗志。

（四）R——现实性（realistic）

现实性指规划的目标要与现实生活和环境一致，而不能是简单的"白日梦"。规划的目标一定要以事实为依据，根据自身特点、组织发展和社会发展的需要来制订，不能想当然。目标应该具有相对的稳定性和连续性，各个具体规划应与人生总体规划一致。

（五）T——时限性（time-limited）

时限性指必须确定完成目标的日期，不但要确定最终目标的完成时间，还要在多个较小时间段上设立"时间里程碑"，以便对进度进行监控。规划是预测未来的行动，其内容是确定将来的目标，因此各项主要活动如何实施、何时完成，都应该有时间和顺序上的合理安排，以此作为检查行动的依据。

我们确定了职业生涯发展的目标，但是目标一定与我们的现状有一定的差距，我们就要进行职业规划来实现职业目标。由于未来的每一天都是未知的，所以我们往往会感觉到计划赶不上变化，在做好职业生涯规划后，我们还需要运用职业生涯管理的技巧去不断调整，应对不断变化的未来。

典型案例

小张是否要做兼职？

上大二的小张纠结要不要去做一份房产电话销售的兼职，于是咨询职业指导王老师。兼职工作时间是周六和周日，一个月要保证累计 7 天，时间不够要扣工资，另外如果客户约定要去看房却没有去，则要扣 100 元工资。兼职地点离学校很近，如果小张能去，每个月可以收入几百元钱，但是如果自己有事儿累计时间不够，或者客户没有按约定时间看房都会扣工资。兼职占用了周末的时间，小张非常犹豫。

小张已经投递了简历，对方通知她下个周末就可以上班了，她可以选择去或者不去，但必须在周五前做出决定。小张也问了几个同学，有的说："去吧，赚点零花钱有什么不好呢"。有的说："还是别去了吧，周末几乎占满了，没什么休息时间了。""如果有事儿耽误了，天数不够或者客户没有按约定去看房，还要扣钱，不值得去。"听了大家七嘴八舌的建议，她又开始纠结了。

王老师并没有给出建议，而是问小张，毕业后有什么打算。小张说自己特别想读本科。老师又问她只是随口说说，还是下定决心要认真复习，一定要考上。小张坚定地说，她是下定决心要好好学习，认真准备。王老师又问她，如果考上本科的准备情况满分是 10 分的话，她现在的准备情况可以打多少分，小张说，只能打 2 分，自己就英语好点，其他的都还没有准备呢。老师又问，去做这份兼职，一个月的 4 个周末占用了 7 天，平时周一到周五除了正常的学习任务以外，有足够的时间去复习吗？小张想了想说没有，现在课挺多的，还有很多作业，只有周末才能复习。小张突然明白了，说："王老师，我知道了，现在去做这份兼职，要耽误很多时间，占用了复习备考的时间，不利于自己完成目标。"

在这个案例中，关于是否要去做兼职的决策，小张拿到了入职通知，有决策权，时间底线是周五。她问了同学的观点，还是无法决策。老师了解了她的目标，指出去做兼职不利于完成目标。最终小张在老师的引导下，做出了合理的选择，果断放弃了这次兼职机会，把重点放在努力备考上来。

三、职业生涯决策

职业生涯决策是指个人根据各种条件，经过一系列活动以后确定目标，并且为实现目标而制订优秀的个人行动方案。

在进行职业生涯决策前，我们要清楚以下几点内容：一是决策无处不在，我们每个人每天都要做各种各样的决策；二是由于未来是未知的，所以没有完美的决策，任何决策都有风险；三是决策后要积极行动，决策包含做出选择并积极行动；四是在决策前我们要尽可能多地搜集各个选项相关的信息，信息不全会影响我们做出合理的决策。

(一)职业生涯决策的基本策略

在生涯目标之中，职业生涯目标处于核心地位，贯穿整个人生历程。职业生涯目标决定一个人的职业发展。在设定职业生涯目标和进行职业定位时，应结合自身实际，可遵循以下五个基本策略。

1. 择己所爱

一个人只有对自己所从事的职业有着浓厚的兴趣，才能激发起对该项工作强烈的求知欲、探索欲，才会使自己全身心地投入，在工作中有所发明，有所创造。这既是对自我能力的开发和展现，又是对工作的促进和推动。

2. 择己所长

任何职业都要求从业者掌握一定的技能，具备一定的能力条件，必须对照自己的能力，选择最有利于发挥自己优势的职业。

3. 择世所需

社会需求是确定和调整职业生涯目标的重要参考因素，社会需求是不断变化的，要认真分析社会需求，准确预测未来行业或者职业的发展方向和趋势。

4. 择己所适

确定职业生涯目标时要寻找最适合自己的，而不必强求是别人眼中最好的。看起来风光的，却未必适合自己，可能会让人身心俱疲，总也无法达到人生目标。

5. 择己所利

职业生涯是我们个人整个生涯的一部分，也需要考虑到一个简单动机——经济利益。马斯洛的需求层次理论认为，人只有首先满足了自身的生存需求，才能逐步实现安全、归属、自我尊重、自我实现等需求。所以确立职业生涯目标时，要择己所利，本着利己、利他、利社会的原则，确立适合自己的目标。

(二)职业生涯决策的一般步骤

1. 确认决策截止时间

在做决策的思考过程中，我们首先要明确必须做出决策的最晚时间，要在截止时间前做出决策，以免错过选择的机会。对于没有明确截止日期的决策，可能是情绪上的一些困扰，往往不需要我们做出具体的决策而是需要处理好自己的情绪。

2. 判断是否有决策权

面临着决策时，我们要考虑自己是否具有决策权。如果我们在三家公司之间纠结，可能我们并没有投出简历，更没有获得入职通知书，那我们就没有必要烦恼，因为我们根本没有决策权。还有一些事情，不是我们自己说了算的，这些事情的决策，取决于拥有决策权的人，我们只能选择是被动接受，还是主动适应。

3. 判断是否有利于实现目标

面对一个决策无法做出选择时，我们要考虑一下，各个选项是否有利于帮助我们实现目标，如果选项对于我们实现目标毫无意义，甚至还会起到反向作用，我们要果断放弃这个选项，而能够促进和帮助我们实现目标的选项，才是合理的。

4. 通过他人折射自己的观点

由于人们在面对一些选择时，往往会出现当局者迷的情况，而人们在评价他人的观点时，却非常理性。因此，我们不妨去问问身边的人，比如父母、老师、同学以及朋友等，他们给出的看法和建议后，我们就会对他们的看法和建议给出自己的评判，从而折射出我们自己的观点。

以上四个步骤，在具体决策时，不分先后，不管用哪一个步骤，只要能帮助我们合理决策就可以了。

（三）职业生涯决策的常用方法

职业生涯决策一般分为两种类型的问题。一种是同质类问题，也就是几个选项的性质相同，比如我们在三家同个行业的企业的相同岗位间做选择，就属于这种类型的问题。另外一种是异质类问题，比如同学们在毕业后可以在就业、升学、当兵或者创业等几种出路中进行选择，而这几种出路完全不同，就属于异质类问题。

同质类问题的决策，可以使用决策工具决策平衡单，而异质类问题的决策，可以使用决策工具决策体验单。各种决策问题，在进行分析时，还可以用 SWOT 分析法来进行评估和分析。

1. SWOT 分析法

“S”“W”“O”“T”分别代表优势(strength)、劣势(weakness)、机会(opportunity)、威胁(threat)。

“S”“W”，主要指内部条件分析；“O”“T”，主要指外部条件分析。这种方法可以帮助个人找出对自己有利的、值得发扬的因素，以及对自己不利的、要避开的因素，发现存在的问题，找出解决的办法，明确以后的目标和发展方向。

(1)“S”：“我”的优势及利用方法，主要指自己的个性特征、个人成就、实践经验、专业知识等方面的优势，如曾经做过什么、学过什么、最成功的是什么，并说明自己将如何发挥。

(2)“W”：“我”的弱势及弥补方法，主要指自己身体条件、性格、经验或经历等方面的劣势，并简要说明自己将如何克服。

(3)“O”：“我”的机会及利用方法，主要指社会大环境(如行业发展、工作环境、工作地点、人脉关系等)对自己职业发展的有利方面，并简要说明将如何把握。

(4)“T”：“我”面临的威胁及排除方法，主要指社会大环境(如行业发展、工作环境、工作地点、人脉关系等)对自己职业发展的不利方面，并简要说明如何规避。

2. 职业生涯决策平衡单法

大学生在进行职业生涯决策时，经常会碰到两个或两个以上不同的职业发展方案。若能将其直观量化，就会使职业生涯目标更加清晰。职业生涯决策平衡单法是评估职业生涯决策的代表性方法，实施程序主要有以下五步。

第一步，建立“职业生涯决策平衡单”，列出可能的职业选项，即 3～5 个潜在职业选项(见表 4-1)。

表 4-1　职业生涯决策平衡单示例

项目类别	项目选项	权重（1～5）	方案一		方案二		方案三	
			加分	减分	加分	减分	加分	减分
自我物质方面	1. 经济收入							
	2. 工作的困难度							
	3. 升迁机会							
	……							
他人物质方面	1. 家庭经济收入							
	2. 家庭社会地位							
	3.							
	……							
自我精神方面	1. 成就感							
	2. 兴趣的满足							
	3. 达成长远生活目标的机会							
	……							
他人精神方面	1. 父母对工作的赞许程度							
	2. 配偶对工作的赞许程度							
	3. 朋友对工作的赞许程度							
	……							
总分								

第二步，判断各个职业选项的利弊得失。集中于四个方面，分别是自我物质方面、他人物质方面、自我精神方面、他人精神方面。

首先，是自我物质方面，包括：

A. 经济收入；

B. 工作的困难度；

C. 对工作的兴趣程度；

D. 选择工作任务的自由度；

E. 升迁机会；

F. 工作的稳定、安全；

G. 从事个人兴趣的时间(休闲时间)；

H. 其他(如社会生活方面的限制或机会、对婚姻状况的要求、工作接触的人群类型等)。

其次，是他人物质方面，包括：

A. 家庭经济收入；

B. 家庭社会地位；

C. 与家人相处的时间；

D. 家庭的环境类型；

E. 可协助组织或团体(如福利组织、政治组织等)；

F. 其他(如家庭可享有的福利)。

再次，是自我精神方面，包括：

A. 因贡献社会而获得的自我肯定感；

B. 工作任务合乎伦理道德的程度；

C. 工作涉及自我实现的程度；

D. 工作的创意发挥和原创性；

E. 工作能提供符合个人道德标准的生活方式的程度；

F. 达成长远生活目标的机会；

G. 其他。

最后，是他人精神方面，包括：

A. 父母对工作的赞许程度；

B. 朋友对工作的赞许程度；

C. 配偶对工作的赞许程度；

D. 同事对工作的赞许程度；

E. 社区邻里对工作的赞许程度；

F. 其他(如社会团体、政治团体对工作的赞许程度)。

第三步，确定各项考虑因素的权重。个体在各个方面的利弊得失之间，会因身处不同情境而有不同的考量。因此，要在详细列出各考虑层面之后，再进行加权计分。

第四步，计算出各个职业选项的得分。把各因素的权重和利弊得失分数相乘后再累加，计算各个生涯选项的总分。

第五步，排定各个职业选项的优先顺序。依据各职业选项总分的高低，排定优先次序。这样，职业选项的优先次序就可作为我们职业生涯决策的依据。

自我物质方面的因素包括收入、健康、工作、休闲生活、未来发展等。自我精神方面的因素包括潜能、兴趣、成就感、改变生活的程度、生活方式等。

他人物质方面的因素包括家庭收入、与家人分担的家庭事务、与家人相处的时间、与朋友相处的时间等。他人精神方面的因素包括家人的荣誉感、家人的认同感、家人的担心等。

对每个考虑因素按照自己的情况设置权重，对最重要的加 5，对最不重要的减 5，0 则表示可有可无。

3. 决策体验单法

我们可以通过决策体验单(表 4-2)来进行职业生涯决策。

表 4-2 决策体验单

项目	内容
选项	
价值	
挑战	
行动	
未来	

选项：

决策中的一种选项。

价值：

这个选项能给我们带来的价值，将们写在对应的空格里面。

挑战：

选项能给我们带来价值的同时，也具有一些挑战，需要我们去克服一些困难，我们可以提前预想到哪些挑战和困难，将它们写在对应的空格里面。

行动：

我们要想得到选项给我们带来的价值，势必要做出一些行动去克服要面临的挑战和困难。将要采取的行动写在右边的空格里。

未来：

假如我们选择了这个选项，我们将获得选项带给我们的好处，也会面临这个选项带给我们的挑战，对于这些挑战，我们将做出一些行动来一一应对。想象一下，未来我们是否愿意为了选项带给我们的价值去付出行动，以及我们愿意拥有这样的生活的倾向程度是多少。

典型案例

小慧的职业生涯决策平衡单

小慧是一名即将毕业的高职生，家境贫寒且弟弟年幼。自入学之初，她就非常勤勉努力，希望通过优秀的成绩获得奖学金来减轻家庭经济负担。功夫不负有心人，几年来她的成绩一直都在班级里名列前茅。不仅如此，文字功底扎实的她在读书期间还陆续发表了几篇高质量的作品，深受几家杂志社的青睐。其中一家杂志社甚至表示愿意招录她，虽然起薪不高，但是小慧为此欣喜不已。这正是自己梦寐以求的职业啊！

毕业前夕，老师把小慧找来谈心，希望她能够继续深造，说凭借她现在的基础，获得更高的学历肯定没有问题，现在的社会越来越重视文凭，有了高学历何愁没有好工作。

小慧明白老师的意思，自己的学历不高，继续深造是早晚的事情，凭借自己的努力，将来肯定能找到起点更高的工作，但是，继续深造需要支付一笔不少的学费，家里压力比较大。

正当小慧难以抉择的时候，另一家销售公司向小慧抛出了橄榄枝。原来这家公司有个项目急需一名文字功底扎实的策划，公司经理看到了小慧的作品后对她非常欣赏，愿意出双倍工资聘请她。

小慧陷入深深的迷茫中：一个是自己的兴趣所在，一个是有发展潜力的升学之道，一个是解决家庭燃眉之急的现实之需，自己该何去何从呢？

下面是小慧利用职业生涯决策体验单做出的职业决策的结果(表 4-3)。

表 4-3　小慧的职业生涯决策体验单

第一种情况：选择升学	
项目	内容
选项	升学
价值	1. 学历提升后，就业前景更好。 2. 认识更多的优秀的新朋友，圈子升级。 3. 可以向更多优秀的老师学习。
挑战	1. 需要多交两年学费，且少挣两年钱，家里经济压力增大，给父母造成负担。 2. 为了升学，需要付出很多精力复习准备考试，有考不上的可能，具有一定的风险，影响就业。 3. 目前有两家企业给了就业机会，两年后，经济情况会发生变化，不一定能找到现在同样条件的单位。

续表

行动	1. 申请助学贷款。 2. 利用课余时间做兼职勤工俭学。 3. 努力提升自己的能力，使自己具有就业竞争力。
未来	在毕业前的一段时间，自己要全力以赴准备考试，努力后也有考不上的可能。如果考试成功，进入本科院校继续学习需要交两年的学费，可以申请助学贷款，但是未来经济压力会比较大。入学后自己要在努力追赶本就比自己优秀的本科同学，使自己具备就业竞争力的同时，还要做兼职勤工俭学。自己是否愿意过这样的生活呢？
第二种情况：选择销售公司	
项目	**内容**
选项	销售公司
价值	1. 发挥自己文字功底好的优势。 2. 能够锻炼自己的销售能力，这也是未来自己想要提升的方向。
挑战	1. 相比杂志社，销售公司稳定性要差些。 2. 自己的销售能力比较欠缺，需要提升。
行动	1. 进入公司后，积极行动，多向优秀的同事学习。 2. 多实践，在实践中积累经验，总结提升。
未来	自己在进入这家销售公司工作后，能够发挥自己的文字功底，同时还能提升自己的销售能力，未来不会担心自己被 AI 替代。虽然不如杂志社的工作稳定，但是自己的文字功底和销售能力提升后，无论走到哪里都有就业竞争力。自己是否愿意过这样的生活呢？

小慧使用决策体验单体验了升学和去销售公司就业两个选项。综合考虑两个选项能够带来的价值、需要面临的挑战、自己能够采取的行动，以及自己是否愿意过那样的生活后，她出于为家庭减轻经济负担的考虑，最终选择了去需要文字功底的销售公司。这样可以在发挥自己写作优势的同时，又能锻炼和提升自己的销售能力，这正是她目前想要的。

素质训练

根据图 4-2 的模版制作愿景板。

步骤一：

将一段时间(例如一年)想要实现的目标列出来，例如，提高学习成绩、考驾照、学会记账理财、制订健身目标等，在网上找到能代表自己目标的图片，有绘画基础的也可以手绘，将目标放在 A4 纸的顶端。

步骤二：

底端写上是哪个阶段的目标，并绘制一条实现路径。

步骤三：

将目标拆分为若干个阶段，制订每个阶段的目标，写出来。

步骤四：

想一想，每个阶段可能会遇到哪些自身的或者外界的障碍，并给出解决的办法。

愿景板制作好后，可以贴在自己经常看到的书桌前，或者放在随身携带的笔记本中，也可以拍照后设置为手机桌面或者壁纸。随时提醒自己，聚焦在自己的目标上。

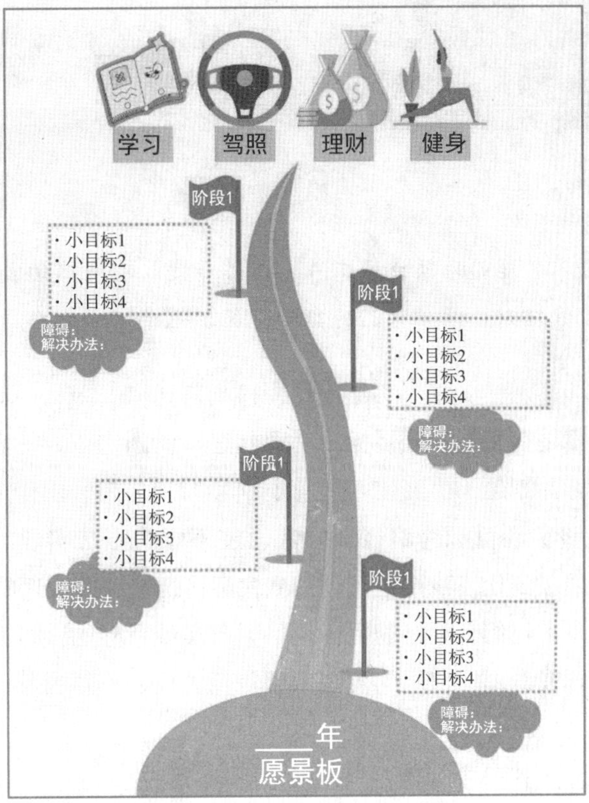

图 4-2　愿景板模板

职场小贴士

企业目标与职业目标

进入职场后，在制订职业目标时，要结合工作单位的考核评价体系。将自己的目标与企业的需求结合起来。例如，某地铁公司的晋升机制是工作满几年后可以考取晋升一个级别，考核有具体的要求，那么我们在制订自己的职业目标时，就要参考企业的晋升和评价考核办法。脱离了企业的目标，我们的个人目标也将无从实现。

企业目标是我们每个人心中的帆，它凝聚了企业最核心的价值理念，代表着企业的发展方向，是企业前进的风向标。同时，它也应该是所有员工努力的目标，更是整个团队奋斗的动力。所以，作为一个对公司忠诚的员工，我们在制订自己的工作目标时，一定要学会将个人目标融入企业目标之中。只有组织的目标实现了，我们的目标才有实现的可能。

众所周知，所有的员工都是为了实现企业的目标而走到一起的，企业之所以能具有强大的生命力，就在于所有员工的目标一致。如果大家的目标不一致，企业这个组织就是松散的，即便它聚集了很多人，其力量也不一定很强大。企业的终极目标无一例外都是为了创造财富，任何一家企业的老板都需要那些主动寻找工作、主动完成工作、主动创造财富的员工。所以，身为员工，我们在实现个人目标的同时，也要最大限度地帮助企业创造经济效益。员工的个人目标要和企业目标保持一致。如果我们并不认同所在企业的目标，那么，我们将会在工作中感到十分痛苦，既无法实现自己的目标，也无法为企业做出贡献，自己也将无法得到工作的回报。

· 任务二
· 职业生涯规划与管理

情境导入

小胡同学毕业后成功进入某地的地铁公司工作，工作稳定，有明确的晋升通道。他根据企业的晋升标准制订了自己的职业生涯规划。结合自己的实际情况，他时不时地对自己的职业生涯规划进行调整，以适应企业和自己的发展。

职业生涯规划的基本逻辑是探索合理的目标，对现状进行清晰定位，然后制订计划分阶段逐步实现目标。然而有些人可能会说：计划赶不上变化，提前规划还有什么用？由于未来是不可预知的，环境变了，情况变了，我们可以调整实现目标的路径，或者通过不同的方法实现目标。另外，随着事态的发展，也有可能想要的东西发生了变化，我们也可以根据实际情况来调整我们的目标。

职业生涯规划的意义在于，我们有既定的目标，每天有实现目标的计划并付诸行动。在实践过程中不断根据实际情况调整计划，或者根据自己的想法调整目标。但是不管目标、计划、行动怎样变化，我们一直都有前进的方向，不会迷茫，每一天都很充实。

宋代史学家司马光在《资治通鉴》中写道："读史以明志，知古而鉴今。"同样，在职业生涯的践行过程中，我们如何过好自己的职业生涯，如果有前人的案例和经验，那么我们就可以提前做好规划，不至于随波逐流。生涯领域的理论就是研究和总结人们职业生涯，甚至是生涯发展的经验、规律，用于指导人们的生涯发展。对个人来说，理解并应用这些职业生涯理论，将有助于更好地规划自己的职业道路，实现个人价值和成就。

典型案例

小许的转变

2014 年 9 月，抱着学会一门赖以生存的手艺的初衷，小许初中毕业后来到了成都某职业院校学习焊接技术。一次，他在学校的荣誉展示栏上看到本专业优秀毕业生的简介，被他们的专业成就深深震撼了，他在心中默默许下愿望——有朝一日，自己也要和他们一样成为优秀的高技能人才。

接下来的生活，他再也不是抱着浅尝辄止的心态去学习，而是立志要做一个焊接工匠。坚定目标后，他开始心无旁骛地学习和操练。上课专心记录老师讲的每一个要点，实训时认真对待每一次操作，凭借在班上优秀的成绩，经过班主任陈老师推荐和技能考核进入焊接集训队。在集训队训练期间，学校承办焊接技能大赛，小许都会去当志愿者，观摩比赛，从中汲取到了很多经验教训。终于，苦心人天不负，2018 年 5 月，小许代表四川省参加全国中等职业学校职业技能大赛，荣获"焊接技术一等奖"，实现了四川省在"焊接技术"赛项金奖"零的突破"。由于出色的技术，小许被破格晋升为焊接技师，同时被授予成都市"技术能手"荣誉称号。

毕业后，小许就职于一个军工研究机构，收入非常不错。他说，过去已经成为"过去时"，将以此作为新的起点，去迎接新的挑战，为成长为一名优秀的巴蜀工匠坚定地奋斗下去！

小许的案例告诉我们，祖国的建设需要各行各业的人才。我们要结合自己的实际情况，找到适合自己的方向，在这个领域努力提升自己的知识储备和技能水平，在为祖国建设添砖加瓦的同时，自己也能获得生活所需。

一、职业生涯发展代表理论

(一)金斯伯格职业生涯发展阶段理论

金斯伯格的研究重点是从童年到青少年阶段的职业心理的发展过程，他将职业生涯的发展分为幻想期、尝试期和现实期三个阶段，见表 4-4。

表 4-4 金斯伯格职业生涯发展阶段理论

阶段		主要心理和活动
幻想期 (11 岁以前)		以少年儿童想象“早日长大成人，成人后从事某种工作”的空想或幻想为特征；对外面的信息充满好奇和幻想，在游戏中扮演自己喜爱的角色；此时的职业需求特点是，单纯以自己的兴趣爱好决定，并不考虑自己的条件、能力和水平，也不考虑社会需求和机遇
尝试期 (11～17 岁)	兴趣阶段 (11～12 岁)	开始注意并培养自己对某些职业的兴趣，独立意识增强
	能力阶段 (13～14 岁)	开始以个人的能力为核心，衡量并测验自己的能力，将其表现在各种相关的职业活动上
	价值观阶段 (15～16 岁)	逐渐了解自己的职业价值观，注意职业的社会地位，并能兼顾个人与社会的需要，以职业的价值性选择职业
	综合阶段 (17 岁)	将上述三个阶段进行综合考虑，并综合相关的职业选择资料，以此来正确了解和判定未来的职业生涯发展方向
现实期 (17 岁以后)	试探阶段	根据尝试期的结果，进行各种试探活动，试探各种职业机会和可能的选择
	具体化阶段	根据试探阶段的经历做进一步的选择，对一种职业目标有所专注，并努力推进这一选择，进入具体化阶段
	特定化阶段	依据自我选择的目标，做具体的就业准备。青年人为了特定的职业目的，进入更高一级学校或接受专业训练；已有工作但不满意者，想重新进修，再找工作，也属于这个阶段；能够客观地把自己的职业愿望或要求，同自己的主观条件、能力，以及社会需求密切联系和协调起来，有具体的、现实的职业目标

金斯伯格的职业生涯发展阶段理论，展示了从幼年到青年期个体职业心理发展的生动图景，实际上解释了初次就业前人们职业意识和职业追求的发展变化过程，表明早期职业心理的发展对人生职业选择有着重大的影响。

(二)舒伯职业生涯发展理论

舒伯认为可依据年龄将人生阶段与职业发展配合，分为成长阶段、探索阶段、确立阶段、维持阶段、衰退阶段，并且每个阶段各有其发展任务(表 4-5)。

表 4-5 各阶段的子阶段划分

主阶段名称	子阶段名称及特点		
成长阶段	幻想期(10 岁之前)，在幻想中扮演自己喜欢的角色	兴趣期(11～12 岁)，以兴趣为中心，理解、评价职业，开始做职业选择	能力期(13～14 岁)，更多地考虑自己的能力和工作需要
探索阶段	试验期(15～17 岁)，个人在空想、议论和学习中开始全面考虑意愿、兴趣、能力、价值观和社会就业机会等，开始对未来职业进行尝试性和暂时性的选择	转变期(18～21 岁)，个人接受专门教育训练并进入劳动力市场、开始正式选择的时期，由一般性的职业选择转变为带有特定目标的选择，这时个人着重考虑现实，在现实和环境中寻求“自我”的实现	尝试期(22～24 岁)，选定工作领域，开始从事某种职业，对职业发展目标的可行性进行实验，这个时期拥有似乎适合自己的职业，并想把它当作终身职业

续表

主阶段名称	子阶段名称及特点	
确立阶段	发展期(25～30岁)，对最初就业时选定的职业和目标进行检讨，如有问题则需要重新选择、变换职业工作，是富有创造性的时期	稳定期(31～44岁)，确定稳定的职业目标，并致力于实现这些目标，重点是寻求职业及生活上的稳定
维持阶段	—	
衰退阶段	—	

1. 成长阶段

从出生到14岁左右是成长阶段，此阶段的一个重点是身心的成长。个人通过经验可以了解周围环境，尤其是工作环境，并以此为试探和选择的依据。成长阶段属于认知阶段，它又分为幻想期、兴趣期、能力期三个阶段。此阶段个人通过游戏、玩耍、影视媒体、朋友、教师和观察等，开始了解自我、探索自我，逐渐建立起自我概念。需要、幻想与喜好是这一阶段最重要的特征。

2. 探索阶段

15～24岁是探索阶段，主要涉及学校期和工作早期。探索阶段又分为试验期、转变期、尝试期三个阶段。个人通过学校考试、课外活动、社会实践、业余工作等活动研究自我，对自己的能力、兴趣和性格有所认识，形成自我概念和职业概念，并进行职业上的探索。同时个人试探性地选择自己的职业，试图通过更换不同的工作或工作单位而选定自己一生将从事的职业。

3. 确立阶段

25～44岁是确立阶段，属于选择、安置、立业阶段，它又分为发展期、稳定期两个阶段。此阶段经由早期的幻想、试探之后，职业生涯在此时成型，呈现一种固定于某种职业的趋向。个人在职业生涯中主要关心的是在工作中的成长、成就、发展或晋升，其中，成就、发展或晋升的激励作用最大。

4. 维持阶段

45～65岁是维持阶段，属于专精、升迁阶段。此阶段个人心态趋于保守，重点是维持家庭和工作间的和谐关系，传承工作经验，寻求接替人选。享受努力后成功的喜悦即成果，抑或面对失败和不如意的困境，冒险探索新领域，寻求新的发展。

5. 衰退阶段

65岁以上是衰退阶段，属于退休阶段。此阶段人的精力、体力逐步衰退，逐渐退出工作，结束职业生涯。个人在这一阶段要学会接受职权和责任的减少，学习接受新的角色，适应退休后的生活，以减缓身心的衰退，维持生命力。

1980年，舒伯在原有的职业生涯发展阶段理论之外，加入了角色理论，提出了"生活广度—生活空间的职业生涯发展观"，并根据职业生涯发展阶段与角色彼此间交互影响的状况，描绘出一个多重角色生涯发展的综合图形，即个人一生生涯彩虹图(Life-career Rainbow)(图4-3)。

在彩虹图中，既有代表横跨一生的生活广度的横向层面，显示人生主要的发展阶段和大致的年龄，也有代表纵贯上下的生活空间的纵向层面，由一组职位和角色所组成。角色之间是交互影响的：某一角色的成功可能带动其他角色的成功；反之，某一角色的失败也可能导致另一角色的失败。这除了受年龄增长和社会对个人发展任务的期待的影响外，往往跟个人在各个角色上所花的时间和感情投入的程度有关，因此除横向层面和纵向层面之外，还存在一个深层层面。

(三)施恩的人生周期理论

美国著名心理学家施恩认为，一个人一生要面临各种各样的问题，归纳起来有三个方面：一是成

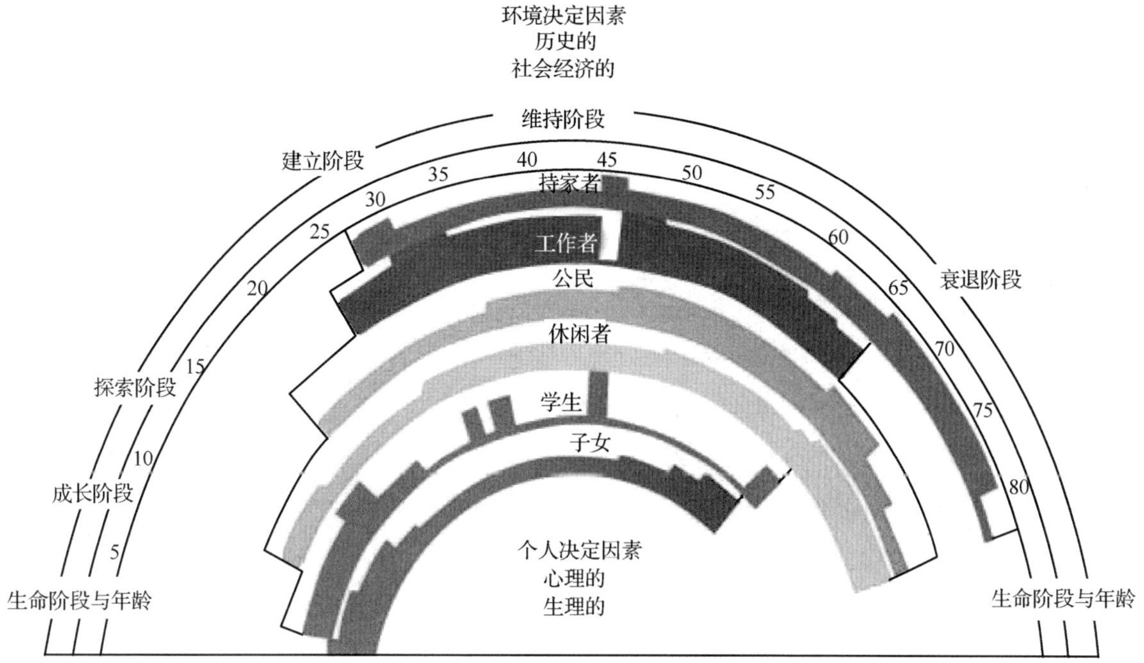

图 4-3 个人一生生涯彩虹图

长、学习中遇到的问题；二是家庭婚姻中遇到的矛盾和难题；三是工作过程中的苦恼和困难。施恩把人的一生归纳为三种周期相互交叉作用的结果，即“婚姻—家庭”生活周期、“生物—社会”生命周期、“工作—职业”生涯周期。其中各个周期存在重叠或矛盾冲突。

“生物—社会”生命周期显然首先与年龄相关，同时也受到法律政策和社会因素的影响，其中个人生物因素及家庭背景因素因人而异。大致来说，30 岁、40 岁、50 岁是人生的关键转折点。该周期可分为如下人生阶段：成人早期阶段、成人中期阶段、成人后期阶段、成人晚期阶段。

从“婚姻—家庭”生活周期来看，一般人要经历青春期、单身成年、结婚成家、生儿育女、抚养后代及照料年迈父母等人生阶段。虽然现代人的家庭婚姻观念和生活方式有了很大的变化，但是个人的基本生活内容和人生过程却不会有太大的改变。

每个人的职业选择和职业生涯路径不尽相同，一般要经过成长探索、职业确立、维持和下降三个阶段，而且都是在一定的“生物—社会”生命周期和“婚姻—家庭”生活周期的背景下形成的。

(四)职业锚理论

职业锚理论也是由施恩提出的，是人们选择和发展自己的职业时所围绕的中心。

1. 职业锚的内涵

职业锚是指个人在工作过程中遵循着自己的需要、动机和价值观，经过不断搜索确定的长期职业定位。“锚”是人们选择和发展自己的职业时所围绕的中心，指当一个人不得不做出职业选择的时候，无论如何都不愿意放弃的至关重要的东西。

职业锚的核心内容是职业自我观的构成，包括自身的动机和需要、自身的才干和能力、自身的态度和价值观。

(1)动机和需要。以实际情况中的实际工作经验来自我检测和自我诊断，以他人的反馈为基础来认知自我的能力。

(2)才干和能力。以在组织的各种作业环境中的实验工作经验和成功为基础，来认知自我的能力。

(3)态度和价值观。以自我的价值观与雇佣组织和工作环境的准则之间的实际碰撞为基础，逐步重视自己所擅长的东西，并在这些方面提高自己的能力。

2. 职业锚的类型

施恩根据自己对麻省理工学院毕业生的研究，确定了八种基本的职业锚类型：技术和职能型、管理型、自主和独立型、安全和稳定型、创造和创业型、服务和奉献型、挑战型、生活型(图 4-4)。

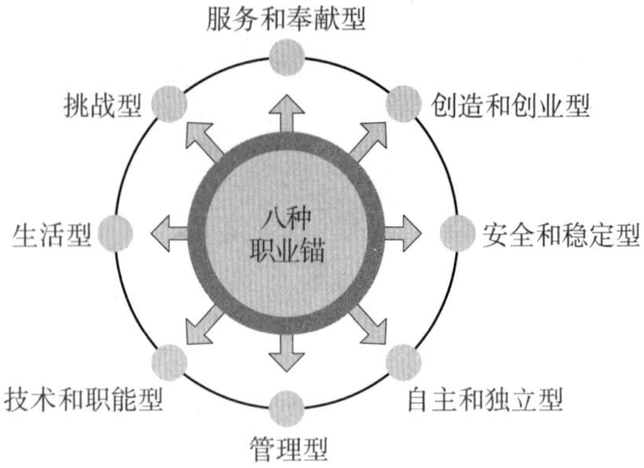

图 4-4　职业锚的类型

(1)技术和职能型(technical or functional competence)。技术和职能型的人，追求在技术和职能领域的成长和技能的不断提高，以及应用这种技术和职能的机会。他们喜欢来自专业领域的挑战，一般不喜欢从事一般管理工作，因为这将意味着放弃在技术和职能领域的成就。他们对自己的认可来自他们的专业水平。

(2)管理型(general managerial competence)。管理型的人追求并致力于工作中的晋升，倾心于全面管理，独自负责一个部分，可以跨部门整合其他人的努力成果。他们想去承担整个部分的责任，并将公司的成功与否看成自己工作的成败。

(3)自主和独立型(autonomy and independence)。自主和独立型的人希望随心所欲地安排自己的工作方式、生活习惯，追求能施展个人能力的工作环境，最大限度地摆脱组织的限制和约束，宁愿放弃晋升或工作能力扩展的机会，也不愿放弃自由与独立。

(4)安全和稳定型(security and stability)。安全和稳定型的人追求工作中的安全与稳定感。他们因可以预测到稳定的未来而感到放松，关心财务安全，如退休金和退休计划。稳定感源于忠诚和完成上级交办的工作。尽管有时他们可以达到一个较高的职位，但他们并不关心具体的职位和具体的工作内容。

(5)创造和创业型(entrepreneurial creativity)。创造和创业型的人愿意去冒风险，克服面临的障碍，希望用自己的能力去创建属于自己的公司或创造完全属于自己的产品(或服务)。他们想向世界证明他们是靠自己的努力去创建公司的。他们可能正在别人的公司工作，但同时他们也在学习并评估未来的机会，一旦他们感觉时机成熟，便会走出去创建自己的事业。

(6)服务和奉献型(service and dedication to a cause)。服务和奉献型的人一直追求他们认可的核心价值，如帮助他人、改善人们的安全状况、生产新的产品以消除疾病。他们一直追寻这种机会，这意味着即使变换公司，他们也不会接受不允许他们实现这种价值的工作或晋升机会。

(7)挑战型(pure challenge)。挑战型的人喜欢解决看上去无法解决的问题，战胜强硬的对手，克服无法克服的困难和障碍等。对他们而言，参加工作或职业的原因是工作允许他们去战胜各种不可能的困难。新奇、变化和挑战是他们追求的终极目标。

(8)生活型(lifestyle)。生活型的人喜欢允许他们平衡个人需要、家庭需要和职业需要的工作环境。他们需要一个能够提供足够的弹性让他们实现这一目标的职业环境，甚至为此可以牺牲他们职业的一些方面，如提升带来的职业转换。他们将成功定义得比职业成功更为广泛，他们对于自己如何去生活、在哪里居住、如何处理家庭事业以及在组织中的发展道路等内容的认识是与众不同的。

3. 职业锚的作用

职业锚问卷是国外职业测评中运用极广泛、极有效的工具之一。职业锚问卷是一种提供职业生涯规划咨询和自我了解机会的工具，能够协助组织或个人进行理想的职业生涯发展规划。

职业锚在个人职业生涯中，在个人与组织事业的发展过程中，都发挥着重要的作用：一是有助于个人选择职业生涯发展道路；二是有助于个人确定职业生涯目标，发展职业角色形象；三是有助于个人提高自己的工作技能和职业竞争力。

知识窗

我国学者提出的具有中国传统的职业生涯理论

金树人教授以教师为例，提出本土化的生涯发展阶段理念，用五个字归纳如下。

工：实习教师，像工人一样，学习基本功夫。这个阶段的教师在思考自己的生命意义。

士：初任教师，像士兵一样冲锋陷阵，开始为自己的生涯“出征”。

王：中坚教师，像孩子王一样。开始关注自己生命的各个部分，会让自己的生涯丰满，成为自己的人生设计师(life designer)。当然，在这一阶段，不同人在不同的细分时期会凸显出不同的角色。

主：专业化的教师，当家做主。这个阶段的教师会有真正意义上的分化，他们的职业锚会逐渐凸显。

玉：资深教师，如玉内敛。

金树人教授所阐述的传统生涯理念与需求层次论对应模型，如图 4-5 所示。

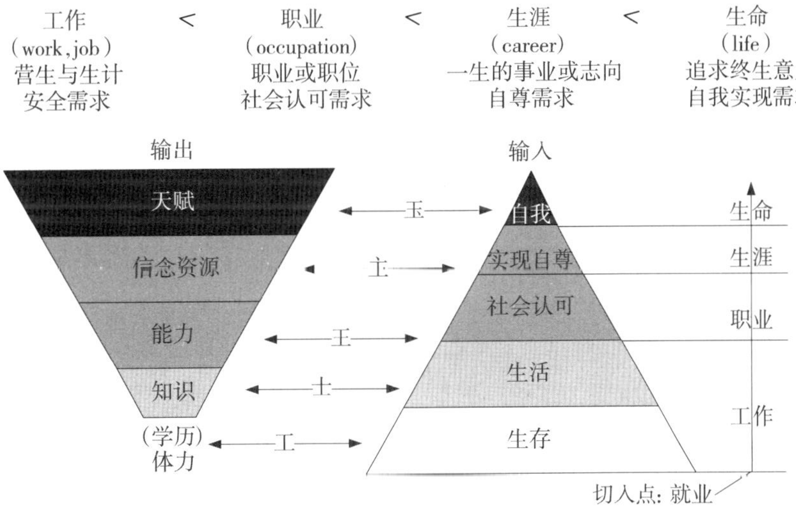

图 4-5　传统生涯理念与需求层次论对应模型

二、职业生涯规划基本步骤

职业生涯规划是一个周而复始的连续过程。这个过程中包括确定志向、自我评估、环境评估、明确职业生涯目标、确定职业生涯路线、制订行动计划、执行与实施、评估与修正八个步骤，如图 4-6 所示。

(一)确定志向

“志不立，天下无可成之事。”规划职业生涯时，首先要确定志向，要有对自己的职业生涯进行规划的想法和意识，要有意愿、主动地去规划自己的职业生涯，才能起到良好的规划效果。

(二)自我评估

系统的职业生涯规划是一个“从内而外”的过程，因此在进行职业规划时，要先认识自己。

自我评估的内容主要包括四个方面：①生理自我，包括自己的相貌、身材和穿着打扮等。②心理自我，包括自己的个性、兴趣、能力、价值观等。③理性自我，包括自己的思维方式、思维方法、道德水准、情商等。④社会自我，包括自己在社会中所扮演的角色，自己在社会中的责任、权利、义务和名誉，他人对自己的看法以及自己对他人的看法等。

这四个方面涉及的因素很多，其中要重点分析的是自己的价值观、兴趣和个性心理特征，而个性心理特征又包括性格、能力和气质。

职业院校学生可以利用职业测评软件，收集与自身个性、兴趣、能力、价值观相对应的职业定位。

（三）环境评估

环境因素对于个人职业生涯发展的影响是巨大的，作为社会生活中的个体，每个人都不可能离群索居，都需要生活在特定的组织环境之中，环境为每个人提供了活动空间、发展条件、成功机遇。环境评估包括对社会、政治、经济和组织环境的分析，即评估和分析环境条件的特点、发展与需求的变化趋势、自己与环境的关系以及环境对个人提出的要求、环境对自己的影响等。

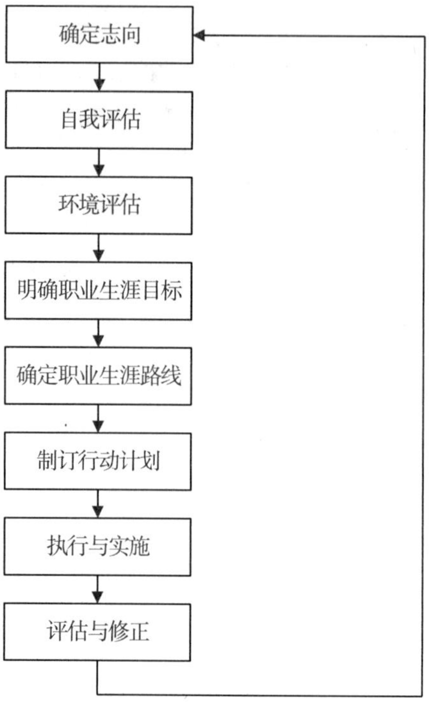

图 4-6　制订职业生涯规划的基本步骤

大学生需要结合自我评估的职业定位，主要考虑职业的分类和内容、自己的专业与职业的关系、具体职业对工作人员的要求及其条件和待遇、当前的热点职业有哪些、发展前景如何、社会的发展对该职业会产生怎样的影响等，以便更好地进行职业生涯规划和路线选择。

（四）明确职业生涯目标

就整个职业生涯来说，个人设定的目标可以是多层次、分阶段的。设定一个多层次的目标可以使我们更快地摆脱窘境，保持开放、活泼的心境。远大的抱负很少能够一蹴而就，应当分解成若干易于达到的阶段性目标，确立一个适度的目标体系。由于职业生涯跨越一个人的青年、中年和中老年时期，人在各时期的体能、精力、技能、经验、为人处世的特点有着明显差别，所以，有针对性地制订阶段性目标更为可行。

职业生涯目标选择正确与否，直接关系到人生事业的成功与失败。选择正确的职业生涯目标至少应考虑以下几点：一是性格与职业的匹配，二是兴趣与职业的匹配，三是内外环境与职业相适应。

（五）确定职业生涯路线

职业生涯路线是指一个人选定职业生涯目标后从哪个方向实现自己的目标，是向专业技术还是行政管理方向发展，方向不同，要求就不同。

（六）制订行动计划

行动计划与措施的制订需要分析自身条件与职业生涯目标的差距，以缩小差距为目的，制订出可以实现又具有挑战性的行动计划与措施。

与短期目标、中期目标、长期目标、人生目标相对应的行动计划与措施也分为短期、中期、长期、人生。需要注意的是如果人生规划时间跨度较长则难以掌握，而 10 年以内的计划相对比较合适，所以可以按时间跨度制订行动计划与措施。随时间长短的变化而制订出 10 年、5 年、3 年、1 年、1 个月、

1 周、1 天的行动计划和措施。其中 5 年计划是将 10 年计划分为两个阶段，使其更加具体、详细，将目标、行动和措施进一步分解，以此类推。1 年的计划还应该更加具体、切实可行。1 个月的计划应对具体的学习、工作任务的数量和质量提出要求。1 周的计划较 1 个月的计划更为具体、详细。1 天的计划则要选取 3～5 件事，按事情轻重缓急、先后顺序依次去做。

对面临就业的大学生和刚入学的大学生而言，行动计划与措施的内容也有很大的不同。对于面临就业的大学生，撰写求职简历、应聘、面试、工作、参加组织培训和教育、构建人际关系网、谋求晋升及换工作等都是行动计划与措施的内容。例如：在工作方面，计划采取什么措施来提高自己的工作效率；在业务素质方面，计划如何提高自己的业务能力；在潜能开发方面，计划采取什么样的措施开发自己的潜能；在前瞻性准备方面，计划参加何种业余进修，计划掌握何种技能或专业知识等。面临就业的大学生要有具体的计划和明确的措施，便于自己定时检查。

刚入学的大学生，在确定好职业生涯目标、选择完职业生涯路线后，应该首先根据自身职业生涯路线最低两个阶段的职业发展制订其间的行动及措施。主要包括如下的内容。

第一，要进行学业规划。学习专业知识、相关技能、做人的道理、成功的方法等，这将影响个人一生。

第二，要进行成长规划。大学期间成长规划的主要内容包括养成良好的生活习惯、培养健康的兴趣和良好的心态、树立正确的恋爱观、学会自我管理、培养良好的思维方式、培养科学的世界观、拥有梦想等。

第三，要进行时间规划。大学生在校期间，很多人没有升学压力，闲暇时间相对较多，有的同学却倍感空虚，甚至在嬉戏、消遣、睡觉中虚度了不少时光。做好时间规划的目的是要在最短的时间里，完成更多目标，以求时间利用的最大化，即提高时间利用的质量，保障职业生涯规划得以有效实施。

（七）执行与实施

职业生涯规划的执行和实施过程中，可以采用 PDCA 循环法。PDCA 循环是美国质量管理专家戴明提出的，又被称为“戴明循环”，如图 4-7 所示。PDCA 是英文单词 plan(计划)、do(执行)、check(检查)和 act(处理)的首字母的组合。该循环有四个阶段：P 阶段、D 阶段、C 阶段、A 阶段，也被称为“计划阶段”“执行阶段”“检查阶段”“处理阶段”。PDCA 循环法就是按照这样的顺序进行质量管理，并且循环不断地进行下去的科学程序。

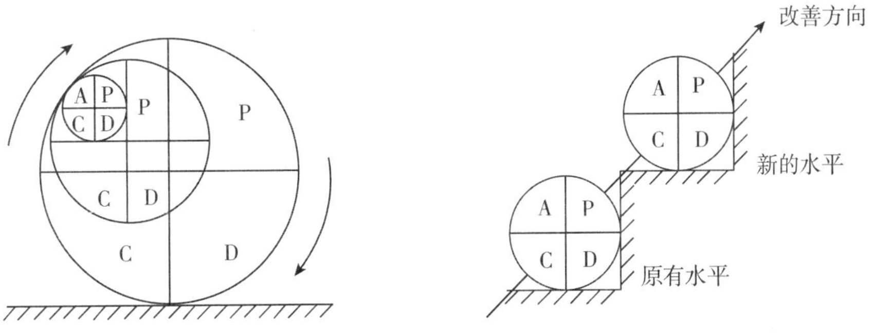

图 4-7 PDCA 循环

1. 计划阶段

这个阶段的工作主要是找出存在的问题，通过分析，确定并改进目标，确定完成这些目标的措施和方法。

实现目标的过程就是缩小自身同目标之间差距的过程。只有明确自己的能力、知识、观念等现状与所确定的职业生涯目标之间的差距，才可能有的放矢地采取措施以弥补差距，保证目标的最终实现。

2. 执行阶段

按照制订的计划和措施，严格地去执行。在实施过程中会发现新的问题或情况，如果原来制订计划时的条件等发生变化，则应及时修订计划内容，以保证能够达到预期目标。

3. 检查阶段

在分阶段完成计划时，应根据所确定的目标和要求，对执行计划的结果实事求是地进行评估。未完全达到目标也没有关系，以后还有改进的机会。

4. 处理阶段

(1)总结经验，巩固成绩。根据检查的结果进行总结，把成功完成计划的经验和失败的教训纳入自己的信息库中，并将其积累起来，以提高工作效率。与此同时，为了更好地提高自己的能力，应寻找新的目标，开始新的 PDCA 循环。

(2)解决问题，转入下一个循环。检查未解决的问题，找出原因，将其应用于下一个 PDCA 循环中，作为制订下一个循环计划的资料和依据。对于新产生的问题，要不断总结经验，坚持改进，才会获得成功。

PDCA 循环的特点是环环相扣、相互促进、不断循环、螺旋式上升和发展。PDCA 循环的四个阶段并不是截然分开的，而是紧密衔接连成一体的，各阶段之间也存在着一定的交叉现象。在实际工作中，个人往往是边检查边总结边调整计划，不能机械地去理解和运用 PDCA 循环法。正因为每次循环都能使个人能力有所提高，才使得大学毕业生就业水平不断提高。

(八)评估与修正

职业生涯评估主要是对各阶段的预定目标和实际结果之间的差距进行分析，找到产生差距的原因。任何行动计划在实施之后都可能出现以下几种情况：一是目标被基本完成，说明目标设定合理，措施合适，行动适当。二是目标被轻松完成，说明目标设定得太低。三是目标不能被完成，可能是目标设定得太高，也可能是目标合适但是计划和措施不合适，还有可能是目标与计划措施都合适，但是执行不力。

1. 目标过高或过低

若目标设定得过高以至于超过个人能力，就会伤害自信心，需要适当降低目标；若目标设定得过低，以至于不需要花费多大精力就可以完成，这种目标就没有什么价值，自己的能力也无法充分发挥，需要适当提高目标。

2. 计划措施与目标不匹配

当计划措施与目标不匹配时，个人就需要对计划和措施进行修正，如目标是考英语四级，但是计划和措施中没有安排足够的英语学习时间，这就需要调整计划和措施中的英语学习安排，压缩其他现阶段相对不太重要的目标的时间。

3. 执行力不足

当执行力不足时，个人就需要时常对计划和措施的执行情况进行检查，督促自己执行，也可通过增加奖惩措施来督促自己执行。如计划中安排了英语学习的具体时间，但其他事情耽误了英语学习，导致目标无法实现，这就需要"吾日三省吾身"，每天对计划和措施的实施情况进行检查，通过奖惩措施，提高自身的执行力。

此外，事物总是处在运动和变化中，由于自身和外部条件的变化，职业生涯规划也需要随着时间的推移而变化。在经过一段时间实施后，要有意识地检查评估自己的计划和措施的执行情况和阶段目标的完成情况，这样可以检验自己的职业定位与职业方向是否合适。在这一过程中要总结经验和教训，不断对自我与环境进行评估，修正对自我与环境的认知，纠正最终目标与分阶段目标的偏差，保证职业生涯规划行之有效。也可在这一过程中发现自己的认知错误，重新选择和确定职业生涯目标、职业生涯路线，不断磨合，实现事业上的成功。

综上所述，职业生涯规划围绕确定的志向展开，在整个过程中，确定志向、自我评估、环境评估、明确职业生涯目标、确定职业生涯路线、制订行动计划、执行与实施、评估与修正是一个不断循环的过程。

知识窗

职业生涯规划书撰写

一份完整的职业生涯规划书应包括以下内容。

1. 封面。包括姓名、专业、班级等个人基本信息。

2. 正文。包括总论(前言、引言)、自我探索、环境分析、职业定位、计划实施、评估调整、结束语7个部分。

(1)总论(前言、引言)。主要写规划的目的及自己对规划意义的认识等。

(2)自我探索。包括对兴趣、能力、性格、价值观、胜任能力等的测评结果，并进行自我探索小结。

(3)环境分析。包括家庭环境分析、学校环境分析、社会环境分析、职业环境分析。根据以上分析进行环境分析小结。

(4)职业定位。是指在自我探索及环境分析的基础上，通过SWOT等方法为自己确立明确的职业生涯目标、职业发展策略，并提出具体路径。

(5)计划实施。通过各种积极的具体措施与行动去争取实现职业生涯目标。也就是为实现自己的职业生涯发展目标制订比较详细而又切实可行的行动计划和策略方案。

(6)评估调整。听取多方意见，并检查是否符合具体、清晰、可操作、可量化原则，写明要评估的内容。

(7)结束语。主要对在自己进行职业生涯规划的过程中帮助过自己的人表示感谢，最后给自己鼓励，表明自己完成规划所确定目标的决心和信心。

高职学生的职业生涯发展路线一例

图4-8是典型的高职院校学生的职业发展路径，左侧的一条线是管理型的职业发展路径，右侧的一条线是技术型的职业发展路线。需要指出的是，职业生涯发展路线可能会出现交叉和转换，可根据自身情况来决定。

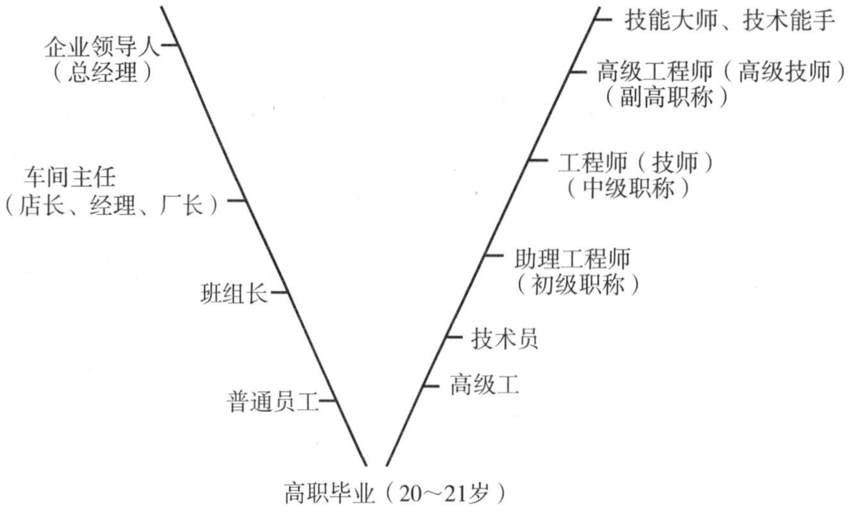

图 4-8　高职院校学生的职业发展路径

三、职业生涯管理

职业生涯管理一般包括组织职业生涯管理和个人职业生涯管理。

在此我们只探讨个人职业生涯管理(或称自我职业生涯管理)。个人职业生涯管理指以实现个人发展的最大化为目的，通过对个人兴趣、能力和发展目标的有效管理，实现个人的发展愿望。个人职业生涯管理的重要性在于：对个人来说，它关系到个人的生存质量和发展机会；对组织来说，它关系到员工的竞争力。

典型案例

沉睡的理想在选择中醒来

刘宇(化名)是某高职院校二年级的学生，马上就要步入三年级，看着身边的同学，有的人已经开始为升本而苦读，有的人已经开始制作简历并购买正装，为面试认真做起了准备。刘宇开始后悔在大学一年级的时候没有重视职业生涯规划，当时觉得那些离自己太遥远，没有想到这么快就要面临职业选择了。他觉得自己好像还没有考虑好这个问题，却马上要面临毕业的抉择了，是要工作还是要继续上学深造？他一时间很迷茫、很慌乱。

刘宇的内心独白

其实我有想法：我是一个很有想法的人，就是想法太多，不知道该怎么选择了。其实我想升本，也想创业，又想就业，我都不知道我到底该怎么选择。我挺后悔在大学一年级的时候没有认真对待职业生涯规划课，那时候我跟很多同学一样，觉得职业生涯规划离自己太遥远。现在，只能等到毕业临近眼前的时候再来考虑这些问题了。

大展身手是我内心深处的声音：虽然我这个人看上去有一些腼腆，可是我知道我其实是一个很倔强的人，我不愿意服输。我内心深处有一个非常强烈的声音，那就是，我要一个舞台！我要大展身手！

专业就是我的最爱：这个专业是我自己选择的，我觉得自己很喜欢这个专业，可以说这个专业是我的最爱。所以这两年我非常认真地学习专业知识，并且寻找机会在校内、校外打工，把我学到的专业知识运用到实际中去。我特别佩服我的专业课老师，他的观点我特别赞同。

爸爸妈妈以我为傲：我的爸爸妈妈都是普通人，很平凡，他们对我的影响很大。他们靠着辛勤劳动供养我上大学，他们为我骄傲。他们总说，对于我的专业他们没有能力给任何建议，如果我愿意升本，他们无论如何也会支持我的。如果我选择工作他们也很高兴，儿子可以工作挣钱了，他们就放下了一半的心。我觉得他们为我付出了太多，我应该早些工作来挣钱供养他们。

我有三把椅子可以坐：这三把椅子都有诱惑我的地方，我都想坐上去。可是我只能选择一把。

我先坐在这把被定义为升本的椅子上吧，坐上去就感到了它给我带来的好处：它可以让我拿到一张本科的文凭，弥补一下我的遗憾；可以让我学到更多的专业知识；可以让我有机会认识更多的朋友；还可以增加我的见识。坐在这里我已经感觉其实那张文凭对我来说没有那么重要了，因为本科院校也没有那么好。至于更多的专业知识、见识还有更多的朋友，我通过其他两个选择也能得到啊。

坐到创业这把椅子上，我能够获得的优势是：可以满足自己追求自由的需要，按照自己的理想去奋斗太让我激动了；可以把自己的很多点子运用其中；还可以锻炼自己各方面的能力。只是创业首先需要我有经济基础，这是一个硬性条件，但我现在还不具备。还需要有几位与我一起打拼的兄弟，但我还没有寻找到。我还需要具备很多能力，比如综合管理能力、研发能力、应对挫折的能力。

最后坐到就业这把椅子上：我就可以得到工资来减轻父母的压力；可以为创业提供经济基础；可以认识很多同事并扩展人脉；可以寻找一起创业的兄弟；可以积累工作经验；可以增加专业知识；还可以锻炼我的很多能力，比如处理复杂问题的能力、人际交往的能力、管理的能力、应对挫折的能力等。这把椅子让我受益匪浅。在这把椅子上我也能大显身手，把所学专业知识很好地运用于工作中，干好本职工作。我会在这把椅子上，利用业余时间继续学习，获得本科学历。时刻关注公司的运营情况，积累工作经验。我要每月都有收入积累，并且不忘时刻收集资金投入方面的信息，为投资做准备。五年以后争取在工作上获得提升，为获得更好的职业发展，我打算继续学习深造，积累工作经验。可能十年之后，在资金允许的情况下，我会自己创办企业，寻求更大发展。

我有足够的耐心和毅力面对我的选择：现在我知道我自己的选择是什么，我会行动起来，而且我有足够的耐心和毅力面对我的选择给我带来的一切，包括面试中的不尽如人意的情况，包括工作与专业的不完全对口。我想我会给自己的第一份工作设定一个时间期限，无论选择什么样的工作都是为了实现我的理想。

点评

在这个案例中，刘宇同学的主要困惑是如何在转折时期规划自己的职业生涯，以及面对多种选择自己该怎么做出抉择。在任何选择面前我们都要聆听自己内心深处的声音，知道自己到底需要什么、到底在乎什么，所以刘宇同学明确了自己的最强烈声音是要大展身手，其实就是要施展自己的才华和实现自己的价值。而且我们从这个案例可以看到，很多大学生对职业生涯规划的认识很不到位，总觉得要等到毕业再来考虑也不晚，殊不知这样会错过很多机会。

个人职业生涯管理(图 4-9)是个人对其职业生涯进行规划、选择、开发和调整的活动过程。

个人可以自由地选择职业，但任何一个具体的职业，都要求从事这一职业的个人具备特定的条件，如教育程度、专业知识与技能水平、体质状况、个人气质及思想品质等。一个人的择业自由度在很大程度上取决于个人所拥有的职业能力和职业品质，而个人的时间、精力、能力毕竟是有限的，要使自己拥有不可替代的职业能力和职业品质，就应该根据自身的潜能、兴趣、价值观和需要来选择适合自身的职业，将自己的潜能转化为现实的价值，这就需要对自己的职业生涯进行规划和设计。

每个人都应当对职业生涯的各个阶段进行有效的自我管理，只有这样才能最终实现人生目标。个人职业生涯各阶段的管理内容如下。

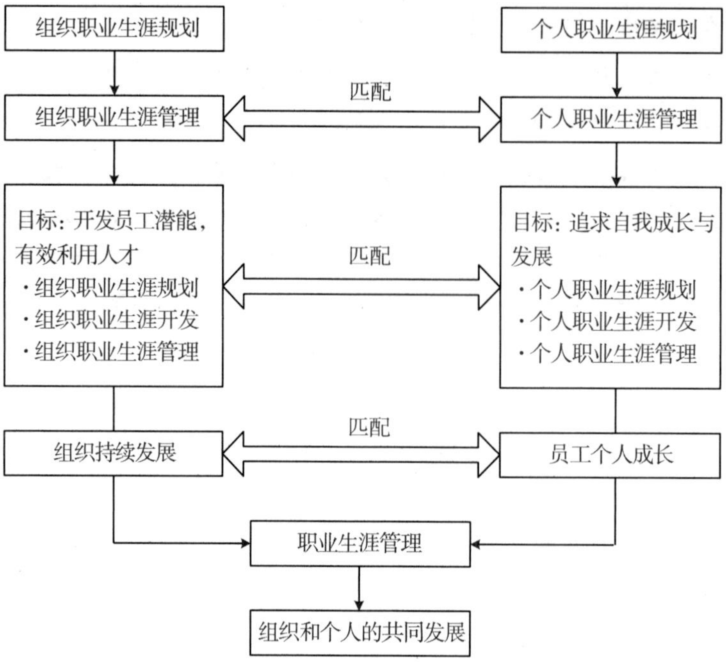

图 4-9　个人职业生涯管理

（一）早期阶段的管理内容

1. 树立正确的入职理念

①培养积极的态度。

积极认知：加深对所选组织与工作的认知与理解，主动接受组织文化。培养情感：积极培养热情、快乐向上的情感与情绪。树立意识：有忠于组织和服务于组织的信念；有高度的责任心、事业心，爱岗敬业。

②树立正确的价值观。

要真心接受工作单位与职业，要充分认识职业的重要性，要形成积极向上的价值系统。

2. 个人组织化的转变

①熟悉工作环境，树立良好的形象。

②掌握职业技能，学会如何工作。

弄清岗位职责，明确工作任务；克服依赖心理，学会独立工作；从小事做起，树立良好的形象。

③适应组织环境，学会与人相处。

积极接受组织中的人际关系；尊重上司，学会与上司相处；寻找个人在组织中的位置，建立心理认同。

④正确面对困难，学会如何进步。

3. 与组织配合制订规划

①向组织提供自己的真实资料；②主动获取自我优势与不足的信息；③争取获得晋升机会；④与管理人员沟通发展的取向；⑤与管理人员一同制订可行的方案；⑥按既定的行动方案努力；⑦与组织内外不同工作群体的员工广泛接触。

（二）中期阶段的管理内容

1. 个人能力与职业生涯特征

①职业能力稳步提高，并逐步成熟。

具备较强人际交往的能力和处理各种事情的技能；价值观、世界观成熟与成型，事业心、责任心增强，形成沉稳、踏实和一丝不苟的工作作风；职业技能娴熟，有较稳定的长期贡献。

②职业发展轨迹呈“∩”形。

2. 中期阶段管理

①根据实际情况，适当调整职业生涯目标。

②在寻找新的职业发展机会的时候，重新学习，提高求职成功的能力。

③树立终身学习的理念。

④保持身心健康。

寻求学习、提高的机会，克服人生事业发展的高原平台，提高自信心，并培养积极的心态。

合理安排时间，做到张弛结合。

3. 职业生涯危机处理方法

①保持积极进取的精神和乐观的心态。

②进行新职业与角色的选择和决策。

在原职业岗位上精益求精，成为骨干专家；充当项目带头人和良师的角色；离开原岗位，寻求新的职业角色；进入管理领域。

③成为一名良师，担负言传身教的责任。

担任教师、辅导员或教练；担任业务带头人、榜样、伯乐。

④维护职业、家庭和自我三者均衡发展。

重新进行自我评估；选择职业、家庭和自我发展的运行模式，重新定位今后的人生。

（三）后期阶段的管理内容

1. 个人能力与职业生涯特征

①进取心、竞争力和职业能力明显下降。

②职权、责任减少，地位下降，角色发生明显变化。

③个人优势尚存，仍可发挥余热，尽职贡献。

2. 后期阶段管理

①接受竞争力和进取心下降的现实，学会接受和扮演新角色。

②学会接受职权、责任的减少和地位的下降。

要从思想上认可个人在工作中职权、责任的减少，以及地位的下降，求得心理上的平衡；将思想重心和生活重心逐渐从工作转移到个人生活和家庭生活方面，寻找新的满足源。

③学会如何应对“空巢”问题。

思想重心向家庭重心倾斜，多给配偶一些时间，通过多种方法增进同配偶的关系；随着生活重心的转移，个人时间的增多，发展个人爱好和兴趣；注重人际交往，增进亲情和友谊；积极参加社会活动，寻找适合自己的新职业。

④回顾自己的整个职业生涯，着手准备退休。

做好思想准备，培养个人兴趣，策划退休后的生活；利用好退休前的时间，注重培训年轻员工，并使自身职业工作有圆满的结果；为退休之后的生活做好财务准备；在退休前可采取“阶段退休”的方式逐步退出职业领域。

需要强调的是，个人在职业生涯管理中，首先必须树立正确的职业理想、明确的职业目标。一个人选择什么样的职业，以及为什么选择某种职业，如何通过该职业为社会、为国家多做贡献，都应该以正确的职业理想为出发点。任何人的职业理想都必然要受到社会环境、社会现实的制约。社会发展的需要是树立职业理想的客观依据，凡是符合社会发展的需要和人民利益的职业理想都是高尚的、正确的，并具有现实的可行性。大学生的职业理想更应把个人志向与国家利益和社会需要有机地结合起来。

素质训练

认识自己

一、填写SWOT分析示例表格(表4-6)

表4-6　SWOT分析示例表格

	机会	威胁
外部因素	(1) (2) (3) …… 利用优势和机会的组合	(1) (2) (3) …… 消除劣势和威胁的组合
	优势	劣势
内部因素	(1) (2) (3) …… 改变劣势和机会的组合	(1) (2) (3) …… 监控优势和危胁的组合
分析之后的整体结论		

二、设计你的职业生涯规划方案

请借助职业生涯规划系统软件设计一份属于自己的职业生涯规划方案。

要求：

(1)职业生涯规划方案应包括自我分析、职业环境分析、职业目标定位、计划实施、评估调整等方面。

(2)在进行自我职业兴趣、职业个性、职业价值、职业能力分析时，要运用成熟的职业生涯规划系统软件进行测试，写出分析报告。

(3)在进行自我分析和职业环境分析之后，进行职业定位，制订具体而切实可行的实施计划。

(4)对方案进行反思和修正，使方案更具有说服力。

撰写你的成就故事

每个同学在自己的成长过程中都有最喜欢做的、最擅长做的事情，也取得过令自己满意的成就，或者希望去实现的梦想。挖掘自己的成就故事，可以帮助你发现自己的优势和专长，明确自己的职业价值观。

(1)写下生活中令你有成就感的具体事件，并对其进行分析，看看你在其中使用了哪些技能。

(2)只要符合以下两条标准，就可以被视为“成就”。

第一，你喜欢自己做这件事时体验到的感受。

第二，你为完成它所获得的成果感到自豪。

(3)在撰写成就故事时，每个故事都应当包含以下要素。

第一，你想达到的目标，即需要完成的事情。

第二，你面临的障碍、限制、困难。

第三，你的具体行动步骤，即你是如何一步步克服障碍、达到目标的。

第四，对结果的描述，即取得了什么成就。

第五，对结果的量化评估，即对你取得的成就进行衡量和评估。

评价反思

对照学习目标进行自我评估(表 4-7)，并对自己的学习情况进行评分。如有不清楚或不明白的内容，请咨询老师进一步学习提升。

表 4-7 自我评估表

序号	请根据学习具体内容进行打分	
	学习内容	自评分数(6～10 分)
1	掌握职业决策的一般步骤	
2	认识职业生涯目标；了解确立职业生涯目标的原则；认识职业生涯管理的概念及各个阶段	
3	掌握职业决策的常用方法；掌握职业生涯规划的基本步骤；能够进行职业生涯路线选择、决策及自我管理	
4	认识到目标对于个人的重要性	
5	自觉结合国家战略和社会需要，制订调整个人职业生涯规划，将个人、集体发展融入国家发展中	
合计得分		
总结反思		
存在不足：		
改进措施：		

模块二

直面就业与求职

项目五
做好就业准备

智慧导航

世界上的一切都必须按照一定的规矩秩序各就各位。

——莱蒙特

情报——对敌人和我们周围的世界的了解——是制定全部政策的基石。

——汉森·鲍德温

项目导读

就业是民生之本，关系到千家万户的生活。党的二十大报告提出，就业是最基本的民生。强化就业优先政策，健全就业促进机制，促进高质量充分就业。这是就业工作的目标，更是党和政府对人民的庄严承诺。解决好就业问题，使人人都有通过辛勤劳动实现自身发展的机会，是党和政府的使命所在。

当然，就业不仅是一个人的谋生手段，也是一个人价值的体现。伴随着新一轮科技革命和产业变革的来临，“大众创业、万众创新”的政策将极大释放中国人民潜在的创造力。推进大众创业、万众创新，是培育和催生经济社会发展新动力的必然选择，是扩大就业、实现富民之道的重要举措，是激发全社会创新潜能和创业活力的有效途径。

本项目阐述我国大学生就业政策的发展和变化以及现行大学生就业政策的特点，全面分析当前我国就业的总体形势、积极就业政策和公共就业服务，以及毕业去向和就业渠道，帮助高职毕业生转变就业观念、了解就业政策、有效获取就业信息、了解和掌握创业的内涵和意义，促进青年学生做好充分的就业准备。

学习目标

(1)了解我国当前的就业形势与高职毕业生的就业现状，了解我国的积极就业政策和公共就业服务，认识正确就业观的内涵与树立正确就业观的途径。

(2)掌握高职毕业生的主要去向及利弊，掌握高职毕业生求职就业的主要路径。

(3)认识国家发展战略与高职毕业生就业的新机遇，树立正确就业观；树立“岗位创业”观念，将创业作为职业生涯的一种选择。

(4)树立正确的就业观念，将个人理想与国家发展、社会进步相结合，树立远大的职业理想。

案例导入 | 毕业季到来，大学生就业状况如何

·任务一
·认识就业形势

情境导入

小王的就业观念正确吗?

小王是一名市场营销专业的高职学生，正处于毕业找工作的阶段。在校期间，他对待学业比较懈怠，认为市场营销主要靠的是天赋和口才，不需要深入学习和理解理论知识。因此，他常常旷课，把大部分时间用在了打游戏和与朋友聚会上面。他自信满满地认为自己凭借出众的口才和外表，一定能够轻松找到一份高薪的市场营销工作。然而，现实却给了小王一个沉重的打击。他的简历几乎没有得到任何回复，即使有些企业邀请他面试，最终也都没有下文。小王开始感到沮丧和困惑，不明白为什么自己的求职之路如此坎坷。

小王的经历告诉我们，错误的就业观念不仅会影响我们的求职之路，还会阻碍我们的职业发展。只有深入了解市场需求、不断提升自己的专业素养和实践能力，才能适应市场变化，找到一份满意的工作。

想一想：你认为小王的求职之路为何如此坎坷?

就业既是重大的经济问题，也是重要的社会和政治问题。扩大就业，减少失业，是经济社会发展的基本目标。理论上讲，就业是指具有劳动能力的人，运用生产资料从事合法社会活动，并获得相应的劳动报酬或经营收入的经济活动。具体而言，就业是指在法定年龄内，具有劳动能力的人在一定的工作岗位上从事有报酬或有经营收入的合法劳动。

一、世界就业发展趋势

就业问题是工业革命后因雇佣劳动而产生的社会经济现象。从自由放任到宏观政策调控，再到积极的劳动力市场政策、完善的现代就业服务体系和法治化建设，世界各国政府对就业问题的认识不断深化，并在促进就业的过程中扮演着越来越重要的角色。

纵观 100 年来世界范围内的社会经济发展史，全球就业呈现以下三大趋势。

(一)产业变动进程加快，服务业逐步成为就业主体

发达国家在经历了漫长的经济发展进程之后，才完成了“劳动力的工业化”和“劳动力的服务业化”这两个重要转变。当前，在发达的市场经济国家，服务业已成为就业活动的主体。后起国家和地区则以较快的速度实现了这种转变。在发展中国家，服务部门的就业率也在增长，特别是在低生产率和低收入的服务部门。造成这种状况的主要原因是劳动力供给的压力大，失业率高，正规部门的就业机会少。

总体来看，在劳动力结构转向工业化和服务业化的过程中，不同类型的国家有着不同的特点：发达国家直接向有助于提高生产率的现代三次产业转移；转型国家是在工业化完成的背景条件下，面对结构调整所带来的需求压力，把更新劳动者的知识结构和发展现代商业服务业作为主攻方向；发展中国家是在巨大的人口压力下，在扩大服务业就业的同时，不断提升工业部门的就业水平。

(二)灵活就业比重不断上升，就业模式日趋多样化

随着服务业成为经济活动的主体和现代信息通信技术的发展，灵活就业的比重在不断上升，就业模式日趋多样化，出现了短期就业、季节性就业、非全日制就业，家庭就业、自营就业、派遣就业，以及

兼职就业、远程就业等多种就业形式。

(三)工作岗位的创造与消失速度加快，就业稳定性下降

20 世纪 90 年代以来，以信息技术为特征的产业革命和日益加剧的全球企业竞争，对就业特别是对工作组织和职业岗位的寿命产生了巨大的影响，工作岗位创造与消失速度都在加快，就业不稳定性上升。

高新技术的发展，促进了产业结构的变化，出现了一种以相对成本为基础的全球劳动大分工。发达国家正沿着“价值链”向上移动，而将低附加值的产业对外转包给人工成本较低的发展中国家。例如，在欧美国家，“信息职业”已占各种新职业数量总和的 40%以上。在高新技术创造出的软件编程、网络设计和通信服务等新职业中，劳动者频繁变换着工作，为不同的雇主服务。又如，由于管理和咨询活动对经济、社会乃至个人生活的影响越来越大，它们成为另一个发展较快的职业群组。旅游、康乐、健身、医疗，以及其他生活服务领域中都有许多新职业涌现出来。

未来就业面对的一个最大挑战，也是当前最热门的话题，就是人工智能的崛起。以色列学者尤瓦尔·赫拉利指出，由于人工智能(AI)的发展，绝大多数生产性和服务性的岗位会被取代。绝大多数人会失去就业岗位，未来绝大多数人会没有工作可做。因为所有的岗位全都被机器人占领了，所有人的工作全都被机器人取代了。这种观点听起来有些偏激，但仍有不少人赞同。

另外一种观点与之截然相反。持这一观点的学者认为，每一次生产力的大变革带来的都是人类的劳动向深度和广度的进一步突进。现在新经济、新业态已经影响了 8 亿～10 亿人的就业。在以前，我们难以想象，人类会有这么多的工作、这么多的服务、这么多的产业活动会和移动互联网联系在一起，会和智能算法联系在一起。移动互联网和智能算法的出现，带来了大量新机会、新岗位。所以，不管科学技术和生产力怎么发展，人类最后总会创造出无数新的、让人意想不到的岗位。

二、我国就业形势分析

(一)就业与国民经济发展密切相关

我国正经历经济增速放缓、产业结构优化升级、增长动力由要素驱动转为创新驱动的新常态时期。

“就业为民生之本。”在经济下行压力加大、产业结构调整不断深化的情况下，我国就业局势总体保持稳定。城镇新增就业连续多年超过 1000 万人，城镇登记失业率、调查失业率都保持在比较低的水平。这归功于经济的持续发展、经济结构的不断调整优化以及改革政策红利的持续释放。

1. 经济持续发展，稳定和扩大就业

“十一五”到“十三五”期间统计表明，GDP 每增长一个点，平均拉动就业 100～200 万人。因此，经济发展是稳定和扩大就业的重要前提。

2. 经济结构调整优化，拉动就业

不同的经济结构对就业的拉动能力是不同的，特别是第三产业对就业的拉动能力，平均要高出第二产业 20%。2019 年第三产业增加值比重为 53.9%，高出第二产业 14.9 个百分点。所以，经济结构优化，对拉动就业至关重要。

3. 改革持续释放红利，促进就业

政府持续转变职能，推进“放管服”改革，推进商事制度改革，推进以“营改增”为重点的税收制度改革，同时大力倡导大众创业、万众创新。新的技术、新的业态、新的动能在不断增加，就业形态多元化，创业带动就业的倍增效应也不断显现。

（二）对今后一段时间就业形势的判断

1. 总量压力仍存在、结构性矛盾突出的基本特征仍将持续

从总量上看，劳动力供给增速趋缓，总量逐步减少，总量压力相对缓解，但仍然高位持压。2012 年开始，我国劳动年龄人口数量持续下降，与以往高速增长的发展趋势明显不同，就业总量的压力从增量向存量转变。但未来相当长一段时间内，我国的就业总量仍将处于一种持续中高压状态。据测算，到 2030 年，我国 16～59 岁的劳动人口仍将一直保持在 8 亿以上。

从结构上看，就业结构性矛盾不断上升。与改革开放初期和国有企业改革攻坚阶段出现的就业结构性矛盾不同，当前就业结构性矛盾是在经济社会发展持续转型到一定阶段时形成的，劳动力的需求和供给结构都存在显著的转型特征。

2. 应对外部经济环境变化带来就业形势不确定性

当前，中国经济与世界经济深度融合。世界经济环境的变化，必然对我国经济产生冲击，进而影响到就业领域。这种影响主要体现在两个方面：一方面，贸易摩擦对外贸生产经营企业有直接影响，可能导致部分企业短期内出现经营困难而减少就业岗位；另一方面，贸易摩擦的持续发展，可能导致供应链在全球范围内的调整，部分相关企业可能重新布局生产线，并进一步影响消费市场，这将在更长时间内对我国就业增长和就业结构调整产生广泛和深入的影响。

3. 应对新技术革命的机遇与挑战

世界银行发布的《2019 年世界发展报告》指出，近十年来，以人工智能为代表的技术爆炸正在重塑社会经济格局。新技术革命的迅猛发展，是以工业智能化、互联网产业化、工业一体化为代表，以人工智能、清洁能源、量子信息、3D 打印、智能制造、虚拟现实、生物医药技术和新材料科学等为主的全新技术革命。新技术革命将重构生产、分配、交换、消费等经济活动环节，既推动产业转型升级，带动经济高速增长，又实现生产力的新跃升以及生产要素的重新配置，必然对就业产生广泛而深刻的影响。回顾人类工业文明的历史进程，技术革新对就业的影响通常具有两面性，既有“创造效应”，也有“替代效应”。

从“创造效应”看，技术的革新和进步将催生出一批新模式、新业态，带来新兴产业的发展和经济增长的加速，直接创造新的岗位需求，还将增强生产与消费对接的便利性，降低产品成本及价格，刺激消费、扩大需求，进而带动相关产业甚至整个经济的增长，拓展新的更广阔的就业空间。随着技术进步，需要深度思考、增强用户体验、满足个性化需求的一些岗位将大量产生，科学研究、技术发明、创业设计、产品研发、工程设计、程序设计、文创、教育、管理咨询等方面的人才需求将会增加。受益于信息化、智能化水平的提高，就业时间和空间的约束将逐渐减少，劳动者将不再拘泥于“朝九晚五”般的固定工作时间，就业的灵活性、多元化和个性化特征也会越来越明显。

再从“替代效应”看，一是技术进步可能导致短期内技术性失业的风险增加；相对于技术的快速发展、流水线的迅速更替，人的观念转变和能力提升是一个较慢的过程，转岗转业也需要一个过程，若不能及时进行知识、技术和观念的更新，原有的部分中低技术人员将面临失业风险。二是新技术革命也将加大人力资源投资成本，短期内技能结构矛盾将更加突出。新技术革命会使人力资源市场岗位需求产生结构调整和优化，在一定程度上缓解普工需求过度的问题，为高校毕业生创造更多更匹配的就业机会，但同时也对人力资本提出了更高要求。若高等教育改革不能及时跟进，技术技能人才培养规模不能有所扩大，部分院校、部分专业毕业生就业难的问题仍将难以化解，而复合型、技术技能型、创新创业型劳动力将严重短缺，技术性失业和高层次人才短缺的矛盾将同时存在，技能结构矛盾将进一步加剧。三是

技术鸿沟将可能导致劳动力市场的进一步分化，使收入差距扩大。财富向资本和技术拥有者、知识技能人才聚集的趋势将会加剧，劳资之间、不同劳动者之间的收入分化将会加剧。资本、技术等的鸿沟扩大，也可能进一步加剧劳动力市场结构的分化和断裂，出现一定规模的低端、低质量的劳动力市场，这种失业风险和部分劳动者的下沉，可能导致社会贫富差距扩大和不同收入群体间的隔阂，成为经济社会发展中的潜在风险。

4. 应对新经济、新形态发展的机遇与挑战

与新技术进步相伴而生的，是新产业、新业态、新模式的经济部门和经济活动的繁荣，新的动力和增长点逐步形成，战略性新兴服务业、高技术服务业、科技服务业、文化及相关产业服务业、生产性服务业、电子商务及相关的快递业等实现较快增长。云计算、大数据、物联网、人工智能等技术层出不穷，在线旅游、医疗、教育、网约车、第三方支付等“借网而生”，智能制造、个性化定制、普惠金融、智慧城市等也催生出一批新模式和新业态，“大众创业、万众创新”持续推进，新企业、新经济蓬勃发展，创客群体不断扩大，营造了新的就业增长空间。

一段时期内，我国就业形势总体上仍将保持稳定态势，就业总量压力持续、就业结构性矛盾突出的基本特征不会改变。同时也将面临一些新的挑战和问题，人口结构的深刻调整、世界经济格局和外部经济环境的不确定性、新业态和新技术革命等都会对就业产生广泛而深刻的影响。

（三）新业态推动下的未来职场新趋势

信息技术革命、产业升级和消费者需求的多样化，带动了新业态的产生和发展，由此带来产业链的分化和融合、互联网与各行业的跨界整合，共享经济模式的快速渗透也为未来职场带来新的变化。

1. 新经济推动消费和服务升级，传统雇佣关系转为合作关系

信息时代的新经济，呈现出比工业时代的规模经济和范围经济更丰富、更深刻的内容。未来消费和服务的优化升级方式，更注重智能、绿色和安全等体验，使消费和服务由生存型向发展型转变，由单一化向多元化转变，由大众化向个性化转变。共享经济、平台经济等新经济的推动，也促使生产活动的组织方式发生了跨越性的变革。“90后”的员工，是伴随着互联网发展而成长的，更注重人文情怀、工作环境和发展空间等条件。未来企业与员工之间的单向雇佣关系，也将逐渐转变为双方共赢的合作模式。

2. 共享平台优化岗位供需配置，工作形式趋于灵活协作状态

共享经济以互联网平台为媒介，整合线下的闲散物品或劳动力服务，通过以较低的价格或成本实现供给方和需求方的最优匹配，实现对物质和人力资源的高效利用。国内的共享经济正逐渐渗透到交通出行、房屋住宿、金融、知识技能、生活服务等各个领域。这种模式允许人们平衡地配置工作和生活的时间，尤其是有助于提高家庭中女性成员的劳动参与率，其工作场所更加多元，工作时间更加灵活，工作方式更加人性化。

3. 大中企业趋向扁平化、高效化，小微企业“职场社群”异军崛起

面对日新月异的产品和不断变化的需求，大中企业这样的中央集权组织已经很难适应快速的变化。只有顺应扁平化和高效化的发展趋势，才能使有限的要素和资源得以充分利用，进而构建跨越传统分工的新型产业体系。同时，小微企业也在“大众创业、万众创新”政策扶持下，向“职场社群”的模式快速发展，将吸纳更为广泛、深入的社会参与和互动，以分散化、自组织的创新模式，充分满足客户的个性化、多样化需求。

4. 人工智能逐渐取代劳力工作，企业人才争夺战将愈演愈烈

以“无人驾驶”“农用机器人”“机器仓管员”等为代表的人工智能技术崭露头角，正逐步取代基础的劳力工作。一些科技巨头公司，如微软、百度，争相开拓着各自的人工智能领域，抢占行业制高点。全球范围内的人才争夺战将愈演愈烈。

三、高职毕业生就业的新特点与新变化

（一）大学生就业难将持续存在，总量和结构矛盾并存

教育部公布的数据显示，自 2001 年开始，中国的大学毕业生数量每年都创新高。在劳动力市场总体供大于求的形势下，大学生就业的结构性矛盾突出。主要表现在供给与需求的类型结构性矛盾、层次结构性矛盾、专业结构性矛盾方面。

1. 供给与需求的类型结构性矛盾

根据生产或工作活动的过程和目的及人力资本在社会活动过程中的主要功能，可将人力资本分为两人类：一类是发现和研究客观规律的学术型人力资本；另一类是应用客观规律为社会谋取直接利益的应用型人力资本。从人才市场的需求结构来看，依托于技术来实现的产品与服务创新越来越成为企业发展的关键，企业对应用型人力资本即技术技能型人才的需求较大。作为世界制造业中心之一和产品加工最具活力的国家，中国在快速发展的同时面临着技术技能型人力资本存量不足的现实问题。技术技能型人才“产能不足”和理论学术型人才“产能过剩”，是大学生就业市场人才供给中类型结构性矛盾的突出表现。

2. 供给与需求的层次结构性矛盾

研究生教育供给规模的扩大，造成研究生数量的快速增长开始超过劳动力市场的实际需求。研究生在就业市场中面临知识失业或者从事与学历不匹配的工作，这不仅挤占和浪费了教育资源，还直接助长了“唯学历论”的不良风气。在人才使用上有些单位脱离实际，盲目求高，出现了一股“人才高消费”热潮，既不能人尽其才，又浪费了有限的人才资源，使人才短缺的问题日益突出。

3. 供给与需求的专业结构性矛盾

大学生就业市场供给与需求的专业结构性矛盾具体表现为以下三点。

（1）部分专业人才供给产能不足。专业设置与国家宏观产业结构、经济结构并不完全匹配，高校人才培养的供给不能及时适应产业转型升级和新兴职业对专业人才的要求，从而出现“结构性缺失”。

（2）部分专业人才供给产能过剩。高等教育人才培养的专业结构调整不能适应新兴行业企业人才需求的变化和新兴职业的人才需求，人才供给的差异化特征不明显，导致大学生就业市场中部分专业的毕业生供给远远大于需求。

（3）专业人才培养质量不高。部分高校忽视师资、课程、质量保障制度以及设施设备等办学条件，不注重专业的内涵建设，课堂教学停留在知识传授的初级阶段，大学生就业能力得不到有效提升，专业人才培养质量与用人单位需求不匹配，从而导致毕业生在就业市场中缺乏核心竞争力。

（二）高职毕业生就业现状与前景

高职毕业生的就业现状表现为以下五点：一是我国现阶段经济形势导致毕业生就业压力增大；二是就职于民营企业的毕业生较多；三是刚入职的毕业生的薪酬较低；四是“跳槽”现象突出；五是就业区域偏向于经济发达的省市。

高职院校毕业生就业质量偏低是多数高职院校中存在的现象。究其原因：一是就业单位层次较低；二是就业率无法反映真实的就业情况；三是专业就业对口率相对较低；四是就业后的起薪低，退出就业市场的学生增多，很多毕业生宁愿退出就业市场，要么在城市中“漂流”，要么在家里待业，做个“啃老族”；五是学生就业满意度较低，违约数量较多。

（三）影响高职毕业生就业的因素

1. 环境因素

我国经济正处于转型升级的关键阶段。第二产业占 GDP 的比重呈下降趋势，第三产业占 GDP 的比重呈上升趋势，并且服务业所占比重越来越大。国际金融环境恶化导致东部外向型经济受到打击，大量劳动密集型产业逐渐向中西部转移，中西部经济发展较为迅猛。但大多数毕业生依然愿意留在东南沿海的经济较发达地区，这就造成了区域性的供需不平衡。高职院校毕业生多就职于民营企业，而东部沿海地区民营企业产能已经过剩，人才相对饱和，毕业生不易找到工作。中西部尤其是西部地区由于产业转移，人才需求量较大，但因生活条件相对经济发达地区来说差一些，所以毕业生不愿去，企业也招不到人。

2. 择业期望值

部分学生在择业过程中期望值过高，希望工作环境好、薪酬高。特别是一些独生子女，在家受宠，在外不能吃苦；他们想留在大城市，进大公司，否则宁愿在家待着。这说明高职院校毕业生的择业期望值过高，一些自己能胜任的工作由于条件不理想而不想去，条件好的工作自己又做不了，导致供需错位现象产生。

3. 毕业生自身素质

高职院校面临的主要问题是学生层次下降。自大学扩招后，高职院校的录取分数线逐年降低。分数虽然不能代表能力，但在一定程度上也反映了高职院校录取的学生的学习能力与素质修养普遍下降。根据《国家职业教育改革实施方案》的要求，高职院校需要进一步提高人才培养质量。

（四）高职毕业生就业的新机遇

党中央和各级政府高度重视毕业生就业工作。实施就业优先战略和更加积极的就业政策，完善劳动者自主就业、市场调节就业、政府促进就业和鼓励创业相结合的机制，多渠道增加就业岗位。一大批高职毕业生享受到优惠政策，如毕业生应征入伍学费代偿、高职学生当"大学生村官"可免试读成人本科、高职学生自主创业可享受小额贷款等。

总体来看，虽然高职毕业生就业形势复杂，挑战不少、压力较大，但其面对的机遇同样是前所未有的。

1. "一带一路"倡议

"一带一路"是"丝绸之路经济带"和"21 世纪海上丝绸之路"的简称。它将充分依靠中国与有关国家既有的双多边机制，借助既有的、行之有效的区域合作平台，借用古代丝绸之路的历史符号，高举和平发展的旗帜，积极发展与共建国家的经济合作伙伴关系，共同打造政治互信、经济融合、文化包容的利益共同体、命运共同体和责任共同体。截至 2019 年 9 月，中国企业对共建国家的投资累计已经超过 1000 亿美元。对外承包工程价值超过 7200 亿美元，共建国家对中国的投资也达到了 480 亿美元。中马友谊大桥、亚吉铁路、瓜达尔港等一大批重大项目落地，共建国家建设了一批境外经贸合作区，累计投资 300 多亿美元，创造就业岗位 30 多万个。

2.《中国制造 2025》

国务院于 2015 年 5 月印发了《中国制造 2025》，明确提出，坚持"创新驱动""质量为先""绿色发展""结构优化""人才为本"的基本方针，坚持"市场主导，政府引导""立足当前，着眼长远""整体推进，重点突破""自主发展，开放合作"的基本原则，通过"三步走"实现制造强国的建设目标。

《中国制造 2025》的颁布，势必带动相关产业的发展，带来大量的就业岗位。

3. 长江经济带

长江经济带是指沿长江而形成的经济区域。长江经济带覆盖上海、江苏、浙江、安徽、江西、湖北、湖南、重庆、四川、云南、贵州等11省(市)。

2016年9月，《长江经济带发展规划纲要》正式印发，确立了长江经济带“一轴、两翼、三极、多点”的发展新格局。“一轴”是以长江黄金水道为依托，发挥上海、武汉、重庆的核心作用，“两翼”分别指沪瑞和沪蓉南北两大运输通道，“三极”指的是长江三角洲、长江中游和成渝三个城市群，“多点”是指发挥三大城市群以外的地级城市的支撑作用。

4. 京津冀协同发展

京津冀协同发展，核心是京津冀三地作为一个整体协同发展，要以疏解非首都核心功能、解决北京“大城市病”为基本出发点，调整优化城市布局和空间结构，构建现代化交通网络系统，扩大环境容量和生态空间。推进产业升级转移，推动公共服务共建共享，加快市场一体化进程，打造现代化新型首都圈，努力形成京津冀目标同向、措施一体、优势互补、互利共赢的协同发展新格局。

京津冀协同发展，拥有国家政策的大力支持，发展前景光明，对改善大学生就业状况也有重要的意义。

5. 粤港澳大湾区

粤港澳大湾区指的是由广州、佛山、肇庆、深圳、东莞、惠州、珠海、中山、江门9市和香港、澳门这2个特别行政区组成的城市群，是继美国纽约湾区、美国旧金山湾区、日本东京湾区之后的世界第四大湾区，是国家建设世界级城市群和参与全球竞争的重要空间载体。

2017年4月，国家发展和改革委员会制定并印发了《2017年国家级新区体制机制创新工作要点》。其中，广州南沙新区的工作要点为深化粤港澳合作探索，推动建设粤港澳专业服务集聚区、港澳科技成果产业化平台和人才合作示范区，引领区域开放合作模式创新与发展动能转换。这也必将推动区域乃至全国的大学生就业工作。

知识窗

分区域就业市场分析

今后一段时期，我国将建设京津冀、长三角、珠三角等世界级城市群，提升山东半岛、海峡西岸城市群的开放竞争水平。培育中西部地区城市群，发展壮大东北地区、中原地区、长江中游、成渝地区、关中平原城市群，规划引导北部湾、山西中部、呼包鄂榆、黔中、滇中、兰州—西宁、宁夏沿黄、天山北坡城市群发展。促进以拉萨为中心、以喀什为中心的城市圈发展。由此创生的就业机会，正为各级各类毕业生们带来更多选择。

1. 一线城市就业市场特点

一线城市房价高、交通拥堵，工作岗位竞争激烈，但还是有数不清的毕业生涌入这些城市，去追寻自己的梦想。

原因在于，一线城市发展迅速，比二、三线城市拥有更多与国际接轨的技术和理念，拥有更好的学习资源与教育环境。而有些资源不但会影响到个人发展，甚至有可能影响到下一代的发展。因此，占尽资源优势的一线城市，自然成了求职者眼中的“香饽饽”。对于部分人来说，选择一线城市是因为其周边交际圈的变化，他们身边的大多数朋友或亲人前往一线城市工作和定居，他们也因此选择了同一城市。交际范围与人脉质量，可以影响到职业变动和薪金等级。退居二、三线城市，也许对某些人来说更容易找到工作。然而，要高薪，要发展，还是一线城市机会更多。

同时，一线城市由于产业的高端化及其区域经济中心的定位，对求职者的学历、资历、能力、专业技术等的要求相对较高。特别是求职者进入大城市之初，会面临较大的租房、交通、交友等压力。一线城市现代服务业比较发达，但必要的公共生活设施所需要的以操作为主的技能人才也是不可或缺的。

2. 二、三线城市就业市场特点

所谓二、三线城市，是指除北上广深以外的省会城市以及经济水平较高、城市规模较大、区域辐射力较强的地级市。各类人才的就业地点不再局限于以北上广深为代表的一线城市，形成了向二、三线城市发展的趋势。

尽管一线城市仍保持着相对较高的就业签约率，但是随着一线城市逐步收紧城市人口扩张的趋势，加之生活成本高、居住压力大、环境污染和交通拥堵等问题，传统一线城市对毕业生的吸引力正在逐步减弱。与此同时，随着新一线城市和二、三线城市的发展和毕业生就业观念更加多元、就业选择更趋理性的变化，二、三线城市正逐渐成为大学生就业的重心。

从高技能人才流动到二、三线城市创业就业的原因中，我们可以看出，当前一线城市面临"城市病"的压力，需要疏解一些功能；另外，一些二、三线城市有着良好的产业基础、人口条件、公共服务，处于迅速崛起与转型之中。对技能人才来说，选择一线城市会面临人才扎堆、竞争激烈的局面，而二、三线城市具有落户难度低、综合生活成本低、政策扶持力度大、竞争压力较小等优势，更适合职业生涯发展。

四、我国的积极就业政策和公共就业服务

鉴于我国的经济发展状况、劳动力现状和就业形势，我国一直实行积极的就业政策。在借鉴其他国家经验和总结地方成功做法的基础上，我国在 2002 年就形成了积极的就业政策框架。2007 年《中华人民共和国就业促进法》的制定和颁布使促进就业的政策体系、制度机制被纳入法治化轨道。2008 年以来，在应对国际金融危机和重大自然灾害中，政策内容得到进一步丰富和完善，形成了更加积极的就业政策。

（一）促进就业的政策体系、制度和机制

1. 政府促进就业的六项职责

促进就业和治理失业是各国政府的重要职责，也是世界各国政府执政的重要目标，在我国更是各级政府执政为民的重要体现。《中华人民共和国就业促进法》对政府在促进就业中承担的重要职责做出了明确规定，主要包括以下六个方面：发展经济和调整产业结构，增加就业岗位；制定并实施积极的就业政策；规范人力资源市场；完善就业服务；加强职业教育和培训；提供就业援助。

2. 促进就业的十大政策

政策是政府履行责任的具体体现。《中华人民共和国就业促进法》将经过实践检验、被证明是行之有效的积极就业政策上升为法律规范，主要从十个方面进行了规定，即有利于促进就业的经济发展政策，财政保证政策，税收优惠政策，金融支持政策，城乡统筹、区域统筹、群体统筹的就业政策，支持灵活就业、援助困难群体就业的政策，以及失业保险促进就业的政策。

（二）我国公共就业服务现状

我国公共就业服务体系的初步建立，在缓解我国就业压力、帮助失业人员再就业、维护劳动力市场秩序、树立市场服务标杆、促进人力资源合理流动和配置、维护劳动者权益等方面都发挥了重要作用。

1. 公共就业服务的法律法规

我国的宪法和劳动法明确规定了公民平等就业的权利，规定了国家应该为公民创造劳动就业条件。2008 年开始实施的《中华人民共和国就业促进法》，从法律上对公共就业服务机构的设立、功能、经

费保障等做出了明文规定。同时,《中华人民共和国劳动合同法》《中华人民共和国劳动争议调解仲裁法》《劳动保障监察条例》等法律法规的颁布和实施,为完善劳动力市场、促进和稳定就业、提升劳动者就业能力、构建和谐劳动关系提供了基本制度保障。

2. 公共就业服务和组织体系

我国已初步构建了中央、省、市、区县、街道(乡镇)、社区(行政村)五级管理、六级服务的公共就业服务体系(图 5-1)。

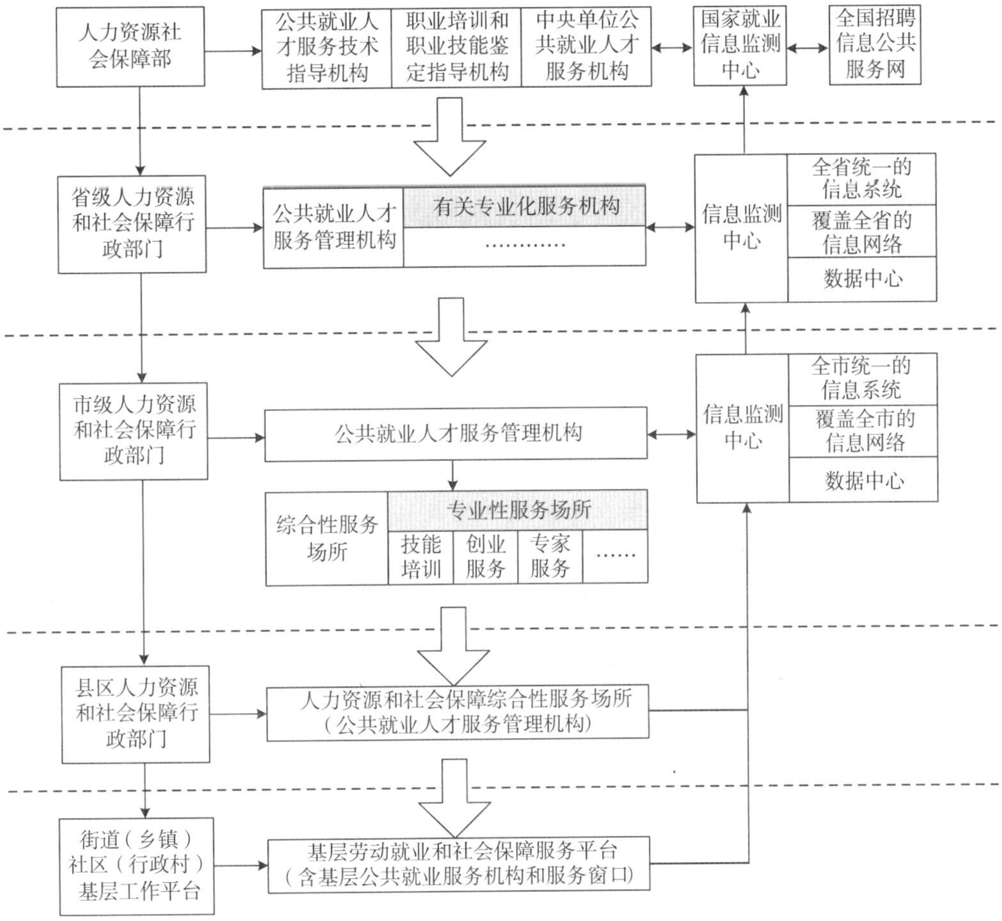

图 5-1　公共就业服务体系建设框架

《中华人民共和国就业促进法》规定,公共就业和人才服务机构应当免费为劳动者提供就业政策法规咨询、信息发布、职业指导和职业介绍、就业援助、办理就业和失业登记等基本服务。

我国公共就业服务强调"托底"功能,突出对就业困难群体的服务;强调社会共促就业,注重发挥各部门和社团组织在就业服务工作中的作用;推行"人本服务",注重提升服务质量和效率。

知识窗

大学生就业创业的主要政策文件和服务平台

以下是国家层面出台的关于大学生就业创业的政策文件,请查询阅览。

1.《国务院办公厅转发人力资源社会保障部等部门关于促进以创业带动就业工作指导意见的通知》(国办发〔2008〕111 号)

2.《教育部关于大力推进高等学校创新创业教育和大学生自主创业工作的意见》(教办〔2010〕3 号)

3.《国务院办公厅关于深化高等学校创新创业教育改革的实施意见》(国办发〔2015〕36 号)

4.《国务院关于大力推进大众创业万众创新若干政策措施的意见》(国发〔2015〕32 号)

5.《教育部办公厅关于进一步做好高校毕业生就业创业工作的通知》(教学厅〔2016〕5 号)

6.《中共中央办公厅　国务院办公厅印发〈关于进一步引导和鼓励高校毕业生到基层工作的意见〉的通知》(中办发〔2016〕79 号)

7.《教育部关于贯彻落实中央文件精神进一步引导和鼓励高校毕业生到基层工作的通知》(教学〔2017〕3 号)

8.《国务院关于做好当前和今后一个时期促进就业工作的若干意见》(国发〔2018〕39 号)

为方便高校毕业生和用人单位了解政策、获取相关咨询服务，2019 年人力资源社会保障部在中国国家人才网开通高校毕业生就业创业政策宣传平台。该平台汇集了近年来出台的促进高校毕业生就业创业政策，发布了各地公共就业人才服务机构联络清单。通过该平台，高校毕业生可以浏览各省(自治区、直辖市)政策视频，了解省情省貌、当地面向高校毕业生引才优惠政策和就业创业服务举措；可以查询各地促进高校毕业生就业创业的政策清单、政策措施和办理渠道；还可以拨打电话进行就业政策和服务咨询。

典型案例

李梅的就业形势认知之旅

李梅是一名即将毕业的高职学生，专业是机械制造与自动化。在校期间，她努力学习专业知识，积极参加各种实践活动，但在面临毕业就业时，她感到有些迷茫和不知所措。一开始，李梅认为只要自己的专业成绩优秀，就能轻松找到一份好工作。于是，她将自己的简历投向了许多知名的机械制造企业，但收到的回复寥寥无几。她开始感到困惑，不明白为什么自己的求职之路如此艰难。

在一次与辅导员的谈话中，李梅得知了当前就业形势的严峻性。辅导员告诉她，随着技术的发展和产业升级，企业对于人才的需求也在不断变化。除了专业知识外，企业更看重的是求职者的综合素质和实践能力。要充分了解当前的就业形势，满足企业的用人需求，把自己锻炼成企业需要的人才，才能够找到理想的工作。

李梅深受启发，开始重新审视自己的求职策略。她开始关注行业动态和市场需求，了解企业对于人才的需求和招聘趋势。在求职过程中，李梅不再仅仅依赖于简历投递，而是主动出击，通过校园招聘会、企业宣讲会等方式与企业接触。她还利用网络平台，加入了一些与机械制造相关的社群，与同行交流经验，了解行业动态。经过一段时间的努力，李梅终于收到了几家企业的面试邀请。在面试中，她充分展示了自己的专业知识和实践能力，得到了企业的认可。最终，她成功入职一家知名机械制造企业，开始了自己的职业生涯。

五、树立正确的就业观

高职毕业生的就业观念和就业环境正在日益发生变化，毕业生在择业过程中也呈现出许多新特点，就业观正发生着全方位的改变。

(一)就业观的构成要素

就业观指的是人们对某一特定职业的根本看法和态度，也是社会对从事某种专业的工作人员的较为恒定的角色认定。就业观念是职业人所具有的意识，是人们对职业劳动的认识、评价、情感和态度等心理成分的综合反映，也是职业道德、职业操守、职业行为等职业要素的总和。

就业观由三个要素构成，即维持生活、完善个性、服务社会。三者的地位和比重不同，构成不同的就业观，包括职业地位观、职业待遇观、职业苦乐观等。

1. 职业地位观

持有这种职业观的人希望获得较高的社会地位，看重别人对自己的尊重和自己的名声。因此，这类人在工作中会努力争取机会来锻炼和表现自己，对有益于提升自己社会地位的工作，会表现出积极、专注和用心。在这种情况下，个体会重视学习、努力提升自己，并且一般会目标明确、重视利用资源。但是，过于追求这种名声，个人的思维就会变狭窄，会造成在原则方面向现实做出妥协的现象。

2. 职业待遇观

重视收入的人追求殷实富足的生活，利润意识强，因此有较强的工作动力，不介意工作强度和工作环境等因素。但是，这类人有可能因为缺乏长远的眼光而急功近利。一些毕业生在职业选择上存在着思想误区，对薪酬、职位、地域等工作条件的要求过高，导致职业定位存在偏差。有的毕业生对一、二线城市的期望过高，而忽略中小城市。同时，许多毕业生的职业规划意识也较为薄弱。

3. 职业苦乐观

愿意在工作中得到自我价值提升的人，往往希望工作中不断出现新的、具有一定难度的任务，以刺激能力的发挥。因此，这类人在工作中能苦中作乐，把完成高难度的任务当作一种成就，并且能力提升或晋升的速度会很快，个体的自信心和效能感也会逐渐增强。但是，如果过于重视工作内容的挑战性，个体对工作内容就可能会比较挑剔，一般的、简单的、常规的工作不会引起他们的重视，可能会出现怠慢现象，不利于职场新人稳步发展。

知识窗

关注高校毕业生就业新动态

1. 先就业再择业

对于应届毕业生而言，由于受到工作经验、户口等多种因素制约，要找到一份理想的工作有一定难度。所以，“先就业后择业”的观念在应届毕业生中颇为流行。毕业生们希望通过积累工作经验使自我价值得到较大提升，从而期待之后能找到更理想的工作。

2. 慢就业

所谓“慢就业”，是指一些大学生毕业后，既不打算马上就业也不打算继续深造，而是选择游学、支教、暂时在家陪父母或者创业考察等来慢慢考虑人生道路的现象。慢就业反映了大学生就业观念的转变，面对更多的选择，大学生开始注重职业长期规划和就业质量。这种情况多发生在经济发达地区和家庭条件较好的毕业生中，因此广大毕业生应当量体裁衣，针对个人实际情况进行职业规划。

3. 专业不对口

面对严峻的就业形势，不少毕业生先就业后择业，选择了与自己的专业不对口的工作。某第三方调查机构的调查结果显示，2016 届高校毕业生参加工作后，超过 30% 的毕业生的工作与专业不对口。而造成毕业生难以学以致用的原因，主要是专业对口的工作不符合自己的职业期待，迫于现实，只能选择先就业再择业。在职场中，很多人并没有从事与自己专业对口的工作，但是他们依然能把工作做得很好，在岗位上实现了自己的人生价值。

4. 频繁跳槽

对刚毕业的大学生来说，刚踏入社会难免不太适应，在初次选择职业时会感觉比较茫然，不能够理性对待。会对工作环境、人际关系、工作压力和工资待遇等感到不满意，这些问题导致毕业生频繁跳槽。据调查，新录用大学生在1～2年内的流失率在30%以上的企业占到被调查企业总数的50%。甚至像联想集团这样的大型企业，也认为他们为高校毕业生的高流失率“交的学费太高”。

5. 打工不如当老板

越来越多的在校学生或毕业生选择了自己创业当老板的发展道路。其中相当一部分人认为要想通过打工取得成功是非常困难的，并把这称为“玻璃天花板效应”。因此，现在自己当老板的人越来越趋于年轻化。当然也有人认为，学生直接当老板的成功率不高，因此也有一部分毕业生选择先打工后自主创业。

（二）树立正确的就业观

1. 勇于面对竞争

竞争意识是现代人必备的素质之一，面对就业竞争的现实，毕业生应当摆脱被动依赖、消极等待的状况，敢于竞争，树立“爱拼才会赢”的观念，做好多方面的竞争准备。

第一，树立强烈的竞争意识。人才市场上的供求关系总会存在一些这样或那样的不平衡之处，同一职业往往有较多的择业者参与争夺，如果没有主动竞争的思想准备和积极的行动，是难以顺利就业的。

第二，培养雄厚的竞争实力。竞争实力是综合素质的体现，包括思想品德素质、专业素质、文化素质、身心素质等。竞争实力是在学生生活的过程中逐渐培养和塑造出来的。在公开、公正、公平的竞争原则下，竞争实力就是个人实现择业理想的资本。

第三，坚持正确的竞争原则。毕业生在就业竞争面前，要保持自己的人格尊严，诚实守信，凭自身的实力并运用恰当的竞争技巧去赢得用人单位的青睐。

第四，保持良好的竞争心态。有竞争就有风险，参与竞争就难免受到挫折。毕业生尤其要注意提高遭受挫折后的心理承受能力，把挫折看成锻炼意志、增强能力的好机会。主动摆脱受到挫折后的颓丧情绪，认真分析失败的原因，调整自我心态和择业目标，争取新的机会，绝不能因此而灰心、丧气，一蹶不振。

2. 先就业，再择业，后创业

要打破一步到位、一劳永逸的就业观。毕业生不必急于在短时间内找一个固定的“铁饭碗”，要树立不断进取的职业流动观念，并学会在流动中发现机会、抓住机会、把握机会。

从现阶段的就业形势看，国家的宏观政策是鼓励大学生自主创业，为广大毕业生的自主创业提供了良好的社会环境。创业已经成为无数毕业生心中的梦想。自主创业给具有创造力、活力的毕业生提供了就业和深造以外的“创新之路”。

3. 到基层、农村去

全国的几十万个行政村，加上基层社区及其他的基层所提供的就业岗位，为毕业生提供了非常多的就业机会。村民委员会主任、村党支部书记，乡镇以上的国家各级公务人员，农村种植业、养殖业、家庭农场的主办人，乡镇企业、区街工业、个体企业的管理和技术人员等，无一不为毕业生提供了发挥特长、大展拳脚的广阔空间。当代学生应积极响应国家和社会的召唤，到基层去、到西部去、到生产第一线去、到祖国和人民最需要的地方去，接受锻炼、接受挑战。没有艰苦的锻炼，没有基层工作经验和能力的积累，是很难有大作为和前途的。

4. 发挥专业所长，也注重综合素质

毕业生在择业时首先要考虑自己所学的专业，根据专业特点谋求职业，以做到专业特点与职业要求相匹配，发挥专业优势，同时也不能忽略综合素质和能力。大多数用人单位招聘人才时更注重应聘者的个人能力和综合素质，对于专业是否完全对口并不过分计较。一味强调专业对口，会使毕业生在激烈的竞争中失去很多机会。一个具有开拓精神的毕业生，应看重行业的发展前景，并及时调整自己的择业方向，勇于选择与自己所学专业相近或相关的职业。学校的教育不仅是让学生学习专业知识和技能，更重要的是培养学生的综合素质和综合能力。

（三）实现高职毕业生就业“七大转变”

1. 从“城市”向“基层”的转变

“孔雀东南飞”“死守天（天津）南（南京）海（上海）北（北京），不去新（新疆）西（西藏）兰（兰州）”等现象是过去大学生就业流向大城市和经济发达地区的写照。当前，一方面，高校毕业生就业面临着困难和一些问题；另一方面，广大基层特别是中西部地区、边远地区和广大农村及艰苦行业还存在着人才匮乏的状况。实际上，基层的天地广阔，蕴藏着众多机会。大学生下基层就业的现象会越来越多，这也是社会不断进步的表现。

大学生完全可以把到基层就业视为创业的起点、成才的开始。通过了解国情民意，积累经验，增长才干。大学生就业应该将姿态“放低”，将人生目标“抬高”，着眼未来的发展。

2. 从“国企”单位向“私企”单位转变

传统职业观念影响下，人们都希望能够到政府机关、事业单位或国有大型企业谋职、发展，而不愿意到民营企业求职。但是，政府机关、科教文卫等事业单位、科研院所、大型三资企业由于多种原因（如体制原因、产业结构原因等），吸纳大学毕业生的能力有限，很难大量接收毕业生就业。

随着改革的深入，经济新常态的发展，民营企业单位大量增加，随之而来的是对人才的大量需求。以前大学生担心民营企业规模小，经营管理水平低，个人没有发展前途；怀疑民营企业管理不规范，福利待遇没保障；还害怕民营企业工作不稳定，办公环境差。而随着发展民营企业发生了重大变化，特别是一些发达地区的民营企业发展非常迅速。人才市场薪资调查表明，民营企业灵活的用人机制和激励手段为人才创造了比在其他单位更好的个人发展空间。随着社会养老保险、医疗保险、失业保险、住房公积金制度的建立和完善，毕业生在民营企业工作也不用担心“五险一金”的缴纳等个人保障问题。

3. 从“白领”向“蓝领”的转变

受传统就业观念影响，很多大学生想成为“白领”，工作轻松、收入较高，有一定的社会地位。对于“蓝领”，很多人在观念上把它看成体力劳动岗位、“卖苦力”。在技术飞跃发展的今天，“蓝领”已不再是以前的工作形式，知识型、技能型的“蓝领”正越来越受到社会的重视，社会地位和收入水平已大幅提高。“工匠精神”正成为国家的需要和高职毕业生未来的发展方向。

对大学毕业生来说，当“蓝领”并不是什么低人一等的行为。相反，他们更能发挥自己的专业特长，在生产实践中获得实实在在的工作经验，提高自己的专业水平。在今后的职业发展中，位于生产一线的大学生“蓝领”也远比办公室里的“白领”有更多升职加薪的机会。真正在生产线上摸爬滚打过的人，有更全面的专业素质，也更熟悉企业各方面的运作，有望在职场竞争中脱颖而出。

4. 从“打工”向“创业”的转变

打工是一种被动的就业行为，而自主创业是给自己“打工”，是一种主动的就业行为。新一代大学生精力旺盛，有着强烈的挑战自我、实现自我的激情，并且无负担，没有太多牵挂，有较高的文化水平，专业基础知识扎实，具有创新意识，自主学习知识的能力强，善于接受新知识。由于宏观创业政策的鼓励，已涌现出一大批大学生创业者，其中不乏非常成功的典范。

5. 从“被动就业”向“主动就业”转变

现代社会对人才的需求越来越高，特别是竞争上岗的推广和实行，使人才间的竞争更加激烈。因此，大学生要树立竞争就业、上岗靠本事的思想，打破“等、靠、要”的消极就业观念，不断学习新的知识与技能，不断提高自身素质，把自己打造成适应社会需要的人才。

大学生在择业时应表现出强烈的主动性。主动通过互联网或身边朋友，了解心仪行业和公司的招聘情况，并大胆自荐。对于符合自己选择意愿的好工作，应不遗余力地去争取。随着技术的进步、新兴行业的兴起、信息接收渠道的多元化和个人家庭经济基础发生变化，大学生要有意识地做好自己的职业规划，开启自己的就业之门。

6. 从“终身就业”向“动态就业”转变

传统就业观念向来视稳定为生活的重要条件。在计划经济制度下，一次就业定终身，是一种普遍的就业心理。而现代社会为人们提供了广阔的和更加独立的发展空间，毕业生不必急于在短时间内找一个固定的“铁饭碗”，因为大学毕业生涉世不深，社会经验不足，不可能一下子就找到适合自己的就业岗位，不妨先找一个工作，这样既可以缓解家庭的经济压力，又可以在流动中求发展，所以大学毕业生应当打破一步到位、一劳永逸的就业观。一部分毕业生在毕业时将户口迁回生源地，把档案托管在工作地的人才中心，在哪里找到岗位，就在哪里就业，在流动中寻找与能力相符，与专业对口，与特长、优势一致的工作岗位。

7. 从“贪图享乐”向“艰苦奋斗”转变

我国经济保持中高速发展，人们的物质生活水平不断提高。大学生是就业大军中的佼佼者，无疑会成为社会的宠儿和焦点。但一部分大学生缺乏吃苦耐劳、艰苦奋斗的精神。在选择职业时，他们大多不愿意到艰苦的环境和岗位上去。由于吃不了苦、缺乏敬业精神而“待业”或失业的不乏其人。

我国现在还是发展中国家，与世界发达国家的水平相差甚远，总体上还是落后的，底子薄、物质基础差，这就决定了大学毕业生仍然要保持和发扬艰苦奋斗的优良传统。

素质训练

机器换人，动了你的岗位吗?

活动目标：正确分析新技术对就业形势的影响。

活动时间：20 分钟。

活动步骤：

(1)阅读以下材料。

国际机器人联合会、世界经济论坛曾预测，到 2020 年，全球将有 500 万个工作岗位可以实现自动化。而到了 2021 年，世界经济论坛再度发布报告预测称，随着人工智能(AI)和机器人开发的推进，到 2025 年半数以上的工作将由机器人等机械承担。该报告称，2022 年全世界将失去 7500 万个工作岗位，但随着自动化程度的推进，将创造出 1.33 亿个新工作岗位。不过报告还指出，需要对劳动者进行重新培训与教育。因此，随着技术革新，职场将发生重大变化。

我国机器人研发起步于 20 世纪 70 年代。进入 21 世纪后，随着我国劳动力成本快速上涨，人口红利逐渐消失，生产方式向柔性、智能和精细转变，对工业机器人的需求也大幅增长。

“机器换人”的普及对就业岗位数量和结构都将产生深远影响。目前，创造就业岗位最多的纺织服装、采掘和电子信息等产业中出现了“机器换人”的趋势。但从现阶段看，机器人和人类劳动者间的替代关系并不显著。机器人具有竞争优势的行业和领域，与我国劳动力比较优势最显著的行业和领域并非完全重叠，也就是说，机器人只会在个别产业和环节上替代手工操作，短期内主要还是对生产效率和产品质量的提高产生积极影响，不会改变我国制造业劳动力密集程度较高的特征，也不会造成严重的失业问题。

有专家指出，机器人的出现，对人类劳动者就业岗位的影响如下：一是替代劳动者岗位；二是填补人类劳动者无法胜任的岗位；三是开辟人类工作的新岗位。

(2)通过网上搜集材料等，分析下列问题：人工智能和机器人等新技术对自己所学的专业的就业岗位有什么影响？将创造哪些新的就业岗位？将淘汰哪些原有的岗位？对本专业高职毕业生的能力提出了什么新的要求？

(3)分组讨论，每组10人左右。

(4)每组派一名代表阐述本组观点。

(5)教师进行点评、总结。

·任务二
·明晰毕业去向

情境导入

李明的毕业去向困惑

李明是一名学习计算机应用技术的高职学生，他目前正处于对未来职业方向的迷茫和困惑之中。在高职学习的三年里，他努力学习专业知识，积极参加各种实践活动，掌握了编程基础知识并拥有一定的项目开发经验。然而，在面临毕业去向的选择时，他却感到无所适从。一方面，他希望能够进入一家IT企业，从事与自己专业相关的工作，运用自己的专业技能；另一方面，他也对创业充满了兴趣和热情，想要通过自己的努力，实现创业梦想。李明的困惑在于，他既担心进入企业后可能会受到各种限制，无法充分发挥自己的创造力和想象力；又担心创业的风险太大，自己缺乏足够的经验和资源来应对各种挑战。他试图通过咨询老师、同学和亲友来寻求建议，但每个人的看法都不尽相同，这让他更加迷茫。

想一想：如果你是李明，你会如何抉择呢？

一、高职毕业生主要去向分析

自从实行“自主择业、双向选择”的就业制度以来，大学毕业生就业走向了多元化的局面，形成了多种多样的就业方式。

(一)升学深造(考研或专升本)

许多毕业生为了提升自身的学历水平，提高就业竞争力，谋求更好的就业岗位和更高层次的就业，纷纷加入继续升学深造的行列。2010年，我国考研报名人数140万，2020年则飙涨到341万，而录取比例仅维持在30%左右。

1. 利

升学深造可以延缓就业压力，推迟就业期；有些城市、学校能给研究生(或本科生)解决户口问题；升学深造还可以提高自身学历，增强竞争力；国家出台了新的扩招政策，升学相对容易，能够拿到更高的文凭；如果在学术上有创见，可以沿着这个方向一直努力，毕业后可以获得稳定的工作。

2. 弊

研究生(或本科生)毕业后，就业压力仍在，而且还要面对新的同等学力竞争者，压力越加沉重；读研(或读本科)期间，不一定能学到对自身职业规划直接有用的知识，可能会浪费积累经验的时间。

本科或研究生毕业后，年龄优势相对减弱。而且，一般而言，学术研究层次越高，就业面往往越窄，面临的竞争也更趋激烈。但因所学学科的深入化和细分化特点，已很难放弃寻求本专业的工作岗位。

3. 建议

如果对某个专业、某种学问有无法遏制的热爱和相应的研究能力，就不要浪费自己的爱好和天分，应当继续深造，终可有所建树。但如果升学只是为了规避和缓解就业压力，则不建议考研(或升本)，因为升学毕业后压力会只增不减，而且会使你丧失积累经验的机会，试想 2 至 3 年内你将与多少机会失之交臂。

年龄有时候是一种优势，因为年轻，会有犯错误的时候，也会有改正错误的机会，善用年龄优势可以为自己留下余地。

(二)报考公务员

我国每年都要从大学毕业生当中招收一定数量的优秀毕业生充实党政机关公务员队伍。自身素质好的学生，可以在毕业前参加公务员资格考试。在取得公务员资格后，通过双向选择实现就业。由于公务员职业的稳定性，所以每年报考的人数都很多，竞争十分激烈。

国家公务员考试(简称“国考”)，是指中央、国家机关公务员考试，时间相对比较固定，笔试时间一般为每年 11 月的第四个星期日。国考是国家部、委、署、总局招考中央国家机关的工作人员的一种方式，招考条件相对苛刻、严格。

中央、国家机关的公务员考试包括笔试和面试。从 2006 年开始，无论报考什么岗位，都需要参加“行政职业能力测验”和“申论”的考试，不同岗位和级别的试题会有所不同。

1. 利

国家公务员有稳定的收入和生活，有良好的保障；虽然公务员收入不是很高，但福利待遇较好；有一定的社会地位；其职业轨迹具有确定性，工作没有太大的变动性；成为国家机关的工作人员，本身可以使人获得荣誉感。

2. 弊

国家公务员的工作较枯燥；考试、考核较多，晋升与考试、考核挂钩；虽然收入稳定，但没有大幅提高的可能，只能保持平均水准。

3. 建议

有志于从政的人、真心想为国计民生做贡献的人、想要一份稳定工作的人都可以选择报考公务员。公务员这一工作，能够保证安定的生活和充足的个人时间；如果想要晋升，则要有长期奋斗的决心。

(三)国有企业和事业单位(应聘或报考)

国有企业是指全部或大部分的财产属于国家所有和控制的企业，是依法自主经营、自负盈亏、自我发展、自我约束的法人实体和市场竞争主体。事业单位是指国家为了社会公益目的，由国家机关举办或者其他组织利用国有资产举办的，从事教育、科技、文化、卫生等活动的社会服务组织。

国有企业和事业单位历来是大学毕业生就业的一条主渠道。在用人方面，国有企业实行所有权与经营权分离以后，推行全员聘用制，国有企业具有自主招聘职工的权利。事业单位也采取了一系列改革措施，增强用人自主权，按照择优录用的原则，试行聘用制度。因此，“自主择业、双向选择”的就业体制为企事业单位和毕业生双方都带来了机遇，为毕业生提供了广阔的选择和就业空间。

1. 利

国有企业和事业单位的工作人员拥有稳定的收入和良好的福利保障；有国家做后盾，工作的安全系数高；注重员工素质，要求员工为人处世遵循一定规则，可以学到不少东西；有些行业和岗位工作相对安逸，从业者面对的心理压力相对较低；能够锻炼人，能够帮助个人形成良好的就业观。

2. 弊

国有企业和事业单位入门难，不容易进入；有的注重资历，想要出人头地，一般需要多年的奋斗；有的企业或部门中的人际关系较复杂；位于中西部的国有企业和事业单位，大多待遇一般。

3. 建议

国有企业和事业单位人际关系较复杂，初入其中的大学毕业生也许会摸不到门路，而注重资历的现实也让部分毕业生难以适应。当然，国有企业和事业单位也正在克服上述弱点。国有企业和事业单位能够全方位地锻炼人，总体来说，是不错的就业选择。

(四)应聘私营企业和合资、外资企业

私营企业是指私人投资经营的企业，主要分为独资企业、合伙企业和有限责任公司三种。外资企业主要指中外合资经营企业、中外合作经营企业和外商独资经营企业。这些企业的用工体制都采用劳动合同制，员工和企业之间存在雇佣劳动关系。一般来说，私营企业是通过自筹资金、自我积累发展起来的，人才比较缺乏，发展机会较多。外资企业通常资金雄厚、技术先进、管理科学，并享受一定的优惠政策，具有较高待遇。近年来，这两类企业的快速发展，为高校毕业生实现人生价值提供了更为广阔的舞台。

1. 私营企业

(1)利。在私营企业工作能够充分运用个人的能力，发展空间较大；能够很快学到实用的知识；私营企业工作不单调，需要一职多能，无形中可以提高自己多方面的能力；在私营企业中工作能够劳有所得，企业会按照个人的贡献决定其待遇，形成良性循环；私营企业的工作自由性大，升职、积累经验相对更快，想跳槽也更容易。

(2)弊。在私营企业工作面临的风险较大，比如经济危机到来时，私营企业可能倒闭；有的公司不能保证福利；企业人文环境参差不齐，有些极好，有些极差；竞争相对激烈，工作环境不稳定，失业可能性大；有些私营企业在制度方面存在不合理之处。

(3)建议。很多毕业生愿意选择私营企业，认为私企的门槛较低，更易积累经验。但是，私营企业的素质参差不齐，毕业生缺乏经验，很容易被第一份工作定型，错误的观念和不良的职场习惯会限制自身的后续发展。当然，私营企业同样可能有广阔的发展空间，不会束缚个人的才能。对私营企业，毕业生应慎重考虑。

2. 外资企业(或合资企业)

(1)利：外资企业高薪、福利好、工作环境好；有系统的企业文化、管理制度，能够学到更多的东

西；强调个性和创造性，有利于培养个人能力，也有利于搭建自己的人际关系网；注重员工发展，能够给员工提供诸多培训机会；外资企业通常实力雄厚，不会出现拖欠工资、罔顾员工权利等现象。

(2)弊：外资企业的工作起点高，发展空间不大；工作量大，加班频率高；竞争激烈，要随时紧绷神经；进入核心机构极为困难；对外语有很高的要求。

(3)建议：外资企业的高薪高酬是很多毕业生追求的目标。进入外资企业，感受成熟的企业环境和管理系统，有利于毕业生学到更多的东西，不论是个人能力，还是行业观念、企业文化意识，外资企业都能够全方位地充实员工的头脑。但是，外资企业竞争激烈，在晋升过程中容易遇到瓶颈，有些人会进入外企学习先进的管理经验和技术，然后自己创业。

(五)自主创业

我国经济的快速发展、产业结构调整、非公有制经济迅速崛起，为大学生自主创业、施展才华提供了良好机遇。一些学生毕业后不是向社会寻求工作，而是运用自己的知识和能力进行创业。他们不仅解决了自己的就业问题，在为社会创造财富的同时，还创造了更多的就业机会。自主创业已成为大学生就业的一种新形式，也对大学生综合素质提出了更高要求。

1. 利

自主创业可以不必为人打工，自己的事业自己做主；能够全方位锻炼个人的能力；可以最大限度地激发个人潜质；还可以培养系统性的思维能力；除此之外，创业成功的成就感无可取代。

2. 弊

毕业生创业需要一笔较大的开支，需要长远的目光和周密的规划；毕业生社会经验少，往往会眼高手低，盲目乐观，容易碰壁，若创业失败，则会受到巨大的打击。

3. 建议

大学毕业生想要成功创业，不只需要远大的理想，还要有激情、行动力、领导能力、商业信用和极强的适应性，毕业生在心智、观察市场的眼光、领导气质方面都还有一定欠缺。想创业的人无须急于一时，可以先进入一家成熟公司就业，待积累丰富的经验和人际关系之后再辞职创业，更为妥当，成功率也更高。

(六)参军或参选士官

为了加快军队现代化建设的步伐，部队加大了接收地方大学生的工作力度，越来越多的大学生走进军营。军队接收的地方大学生以本科生、理工类专业为主，也兼收其他类别的毕业生。大学本科毕业生参军入伍以后，属于军官，高职专科参选士官成功的属于士官。此外，我国还从高校招收未毕业大学生参军。在校本专科学生，不论入学时间长短，都可以报名参军，同时保留大学学籍，服役期限届满可以回到大学继续学习。如果在部队表现良好，有过立功记录，回到大学后将视立功等级享受减免学费、免试推荐专升本等优惠。

(七)出国留学或工作

经济全球化带来国际交往增加，越来越多的年轻人希望有机会到国外去学习或工作，学习国外先进的科学技术和管理经验，体验世界各地的风土人情。因此，可以通过出国留学或人才、劳务输出的方式来达到出国的目的。

1. 利

出国留学或工作可以增长见闻，开阔视野，成为一个有见识的人；掌握一门外语，将会受益终身；可以磨炼自己的生存能力，培养自己的吃苦精神，学习国外的优秀之处。

2. 弊

出国留学需要大笔金钱，投资不一定有回报；国外消费水平高，也许常会感到入不敷出；有些国家排他性强，无法真正融入当地学生之中；国外经济危机频发，工作机会相对更少；如果没有学到真正的知识，就会白白浪费几年光阴和大笔金钱。

3. 建议

年轻的时候有机会多见见世面，是件好事。如果有条件出国留学，不妨尝试一下。但是，如果没有好的学校或者好的专业，大可不必出国，把同样的资金用来创业或投资，意义更大。

（八）自由职业等其他形式

自由职业者是指跟体制或者出资人不存在法律效力合作关系而拥有合法收入的个体。自由职业者多为从文从艺人员，如自由撰稿人、美术人、音乐人、IT 从业者、策划人等。当然，随着社会的发展、体制的改革、技术的进步，自由职业者也正在向其他领域不断扩展。有学者指出，医生、律师等将会成为最大的自由职业者群体。

1. 利

自由职业者能充分发挥自己的才能爱好，有充裕的自由时间；能够灵活安排自己的生活；工作的挑战性高，生活不易枯燥；可以按照自己的理想生活，获得心灵上的充实感。

2. 弊

自由职业者通常没有稳定收入，必须自己关注社保和养老问题；容易与社会脱节，不容易融入大群体；其工作对自制力的要求极高；可能会出现入不敷出的情况；有江郎才尽的顾虑。

3. 建议

自由职业者的生活虽然令人羡慕，但存在的隐患也不容忽视，自控力强、计划性强、有理财观念的人能够适应自由职业，并保证自己的生活；对容易产生惰性的人而言，还是需要以传统的工作模式来加以自我规范，不建议太过“自由”。

知识窗

新职业开辟就业新空间

2019—2022 年，人力资源社会保障部会同有关部门发布了 5 批共 74 个新职业，包含民宿管家、家庭教育指导师、研学旅行指导师、机器人工程技术人员等。不断涌现的新职业，不仅为人们提供了发展新机遇和就业新选择，带动相关产业快速发展，也体现了新技术、新需求的发展趋势，成为观察我国经济发展的风向标。

伴随经济社会发展，新兴职业不断涌现。观察已公布的新职业，可以发现数字职业、绿色职业等是“上新”重点。

以 2022 年发布的新职业为例，18 个新职业中，数字经济发展催生的数字职业高达 9 个，包括机器人工程技术人员、增材制造工程技术人员、数据安全工程技术人员、数字化解决方案设计师等。中国信息通信研究院发布的数据显示，我国数字经济规模从 2016 年的 22.6 万亿元增长到 2021 年的 45.5 万亿元，占 GDP 比重达 39.8%。

中国人民大学劳动人事学院原院长杨伟国认为，我国数字经济正处于高速发展阶段，已经成为经济增长的新动力。“当前，数字经济已经融入人们的生活，这促进了新产品、新业态、新商业模式的出现，进而催生出新职业。”杨伟国说。

人力资源社会保障部有关负责人介绍，碳达峰、碳中和是实现经济社会更高质量可持续发展的必要路径，正在悄然改变能源与经济结构，推动产业转型升级，一批绿色职业应运而生。有的绿色职业产生于新领域，例如碳汇计量评估师、综合能源服务员等。有的绿色职业脱胎于传统产业，例如占据主体能源地位的煤炭资源，其清洁化、大型化、规模化、集约化利用和由单一燃料属性向燃料、原料方向转变的产业发展新趋势，使煤提质工这一新职业从传统产业中诞生。

近年来，不少人们以前知之甚少甚至闻所未闻的新就业形态，逐渐演变为标准清晰、任务明确的新职业，不断满足着更加个性化、多元化、精细化的美好生活需要。例如，为满足广大旅游消费者个性需求的民宿行业蓬勃发展，短短几年间从业者数量便实现由少数到百万级的规模跨越，民宿管家也得以设立为新职业。再比如，城市轨道交通建设如火如荼开展，城市轨道交通设施不断投入运营，对城市轨道交通行业从业人才的需求量已达数十万人，城市轨道交通检修工这一职业，守护着广大城市居民出行安全，将为服务人民美好生活提供坚实保障。

二、高职毕业生基层就业的主要项目

（一）农村教师特岗计划

特岗教师计划是中央实施的一项针对西部地区农村义务教育的特殊政策，通过公开招聘高校毕业生到西部地区“两基”攻坚县、县以下农村学校任教，引导和鼓励毕业生从事农村义务教育工作，创新农村学校教师的补充机制，逐步解决农村学校师资总量不足和结构不合理等问题，提高农村教师队伍的整体素质，促进城乡教育均衡发展。

（二）“三支一扶”计划

2006 年 2 月 25 日，中共中央组织部、人事部(现人力资源社会保障部)、教育部、财政部、农业部(现农业农村部)、卫生部(现国家卫生健康委)、国务院扶贫办(现国家乡村振兴局)、共青团中央决定，联合组织“三支一扶”，实施高校毕业生“三支一扶”计划，引导和鼓励高校毕业生到西部去、到基层去、到祖国最需要的地方去，为促进农村基层教育、农业、卫生、扶贫(现为帮扶乡村振兴)等社会事业的发展、建设社会主义新农村和构建社会主义和谐社会做出贡献。

（三）大学生志愿服务西部计划

大学生志愿服务西部计划，是共青团中央、教育部实施的，由财政部、人力资源社会保障部给予相关政策、资金支持的计划。该项计划从 2003 年开始实施，按照公开招募、自愿报名、组织选拔、集中派遣的方式，每年招募一定数量的普通高等学校应届毕业生或在读研究生，到西部基层开展为期 1～3 年的教育、卫生、农技等志愿服务。

（四）大学生村官

大学生村官工作是国家开展的选派项目。大学生村官岗位性质为“村级组织特设岗位”，系非公务员身份，其工作、生活补助和享受的保障待遇及应缴纳的相关费用由中央和地方财政共同承担。大学生村官的工作管理及考核比照公务员有关规定进行，由县(区、市)党委组织部牵头负责，乡镇党委直接管理，村党支部协助实施；人事档案由县(区、市)党委组织部管理或县(区、市)人力资源和社会保障部门所属人才服务机构免费代理，党团关系转至所在村。

大学生村官选聘工作由省(区、市)组织人力资源和社会保障部门定期、统一组织实施，或者由省、市两级组织人力资源和社会保障部门共同组织实施。选聘工作一般通过发布公告、个人报名、资格审查、考试、组织考查、体检、公示、决定聘用、培训上岗等程序进行。由县(区、市)组织人力资源和社会保障部门与大学生村官签订聘用合同，聘期一般为2～3年。大学生村官主要通过留村任职工作、考录公务员、自主创业发展、另行择业、继续学习深造五条出路实现有序流动。

知识窗

高校毕业生基层就业政策公告

根据教育部高校学生司（高校毕业生就业服务司）、教育部学生服务与素质发展中心发布的公告，关于高校毕业生基层就业的政策有以下几方面：

（一）基层服务项目

1.“三支一扶”计划：引导和鼓励高校毕业生到基层工作的示范性项目，包括支教、支农、支医和帮扶乡村振兴等服务，服务期为2年。“三支一扶”人员工作生活补贴标准，参照当地乡镇事业单位从高校毕业生中新聘用工作人员试用期满后的工资收入水平确定。2024年中央财政支持招募“三支一扶”人员3.44万名，有条件的地方可结合基层实际需求和服务期满人员就业情况适当扩大招募规模。

2.“特岗计划”：引导和鼓励离校毕业生到中西部地区从事农村义务教育工作。服务期为3年。“特岗计划”教师在服务期内按规定参加社会保险，与当地在职在编教师享受同等待遇，工资性补助标准为中部地区3.88万元/年，西部地区4.18万元/年。服务期满，考核合格且愿意留任即可入编并落实工作岗位。2024年全国招聘“特岗计划”教师3.7万名。

3.“西部计划”：服务内容分为乡村教育、服务乡村建设、健康乡村、基层青年工作、乡村社会治理、卫国戍边、服务新疆、服务西藏8个专项。“西部计划”志愿者服务期为1～3年，服务协议一年一签。“西部计划”作为中央举办、地方受益的国家项目，所需经费由中央和地方财政共同承担。2024—2025年度“西部计划”全国项目实施规模为3万人，鼓励各地参照全国项目要求规范实施“西部计划”地方项目。

（二）基层服务项目优惠政策

1. 公务员招录优惠。每年拿出公务员考录计划的一定比例，专门用于定向招录服务期满且考核称职（合格）的服务基层项目人员，服务基层项目人员也可报考其他职位。

2. 事业单位招聘优惠。鼓励在项目结束后留在当地就业，参加各基层就业项目相对应的自然减员空岗，全部转用服务期满的高校毕业生。

3. 考学升学优惠。服务期满后三年内报考硕士研究生初试总分加10分，同等条件下优先录取，高职（高专）学生可免试入读成人本科。

4. 国家补偿学费和代偿助学贷款政策。参加各基层就业项目的毕业生，符合规定条件的，可享受相应的学费补偿和助学贷款代偿政策。

5. 服务期满自主创业政策。服务期满自主创业的，可享受税收优惠、行政事业性收费减免、小额贷款担保和贴息等有关政策。

6. 其他政策。各基层就业项目服务年限计算工龄，服务期满到企业就业的，按照规定转接社会保险关系。

（三）其他基层就业项目

1.“大学生乡村医生专项计划”：2023年起实施“大学生乡村医生专项计划”，医学专业离校毕业生可免试申请乡村医生执业注册。符合条件的高校毕业生，通过事业单位公开招聘，择优聘用为乡镇卫生院工作人员、在村卫生室工作，可按程序给予事业编制保障等政策。

2. 城乡社区就业：加快城乡社区工作者队伍建设，引导高校毕业生等青年人才向城乡社区治理和服务领域流动。城乡社区工作者队伍出现空缺岗位优先招用离校毕业生，加大从离校毕业生中招聘社区专职工作人员力度。

3. 鼓励设立地方基层项目：有条件的地方可结合基层治理模式创新，挖掘更多服务乡村振兴，就业创业、社会保障、社会救助、养老服务、应急管理等就业机会，设立省级基层就业项目，出台地方优惠政策引导毕业生到基层就业。

(四)基层就业优惠政策

1. 学费补偿和助学贷款代偿政策。对高校毕业生到中西部地区、艰苦边远地区和老工业基地县以下基层单位就业、履行一定服务期限的，按规定给予学费补偿和国家助学贷款代偿(本专科学生每人每年最高不超过16000元、研究生每人每年最高不超过20000元)。

2. 基层机关招录政策，艰苦边远地区基层机关招录高校毕业生可适当放宽学历、专业等条件，降低开考比例，可设置一定数量的职位面向具有本市、县户籍或在本市、县长期生活的高校毕业生。

3. 职称评审政策。对长期在基层一线工作或作出重要贡献的基层专业技术人才，可适当放宽申报职称评审的学历和任职年限要求。有条件的地区可试行基层专业技术人才职称定向评价、定向使用、单设标准、单独评审，取得的职称限定在基层有效。

4. 教育培训政策。各地组织实施的创新创业培训项目等，安排一定比例班次或人次专门面向在基层工作的高校毕业生。

5. 就业补贴政策。支持高校毕业生积极投身城乡社区服务领域创业，按规定落实税费减免、创业补贴、创业担保贷款等政策。鼓励城乡社区综合服务设施为高校毕业生创业提供免费场地支持。对高校毕业生到城乡社区服务领域灵活就业的，按规定落实社会保险补贴等政策。

三、大学生应征入伍政策

(1)国家鼓励大学生应征入伍服义务兵役，这里的“大学生”如何界定？

指根据国家有关规定批准设立、实施高等学历教育的全日制公办普通高等学校、民办普通高等学校和独立学院，按照国家招生规定录取的全日制普通本科、专科(含高职)、研究生、第二学士学位的应(往)届毕业生、在校生和已被普通高校录取但未报到入学的学生。

征集的大学生以男性为主，女性大学生征集根据军队需要确定。

(2)公民应征入伍需要满足哪些政治条件和基本身体条件？

征集服现役的公民必须热爱中国共产党，热爱社会主义祖国，热爱人民军队，遵纪守法，品德优良，决心为抵抗侵略、保卫祖国、保卫人民的和平劳动而英勇奋斗。征兵政治审查的内容包括：应征公民的年龄、户籍、职业、政治面貌、宗教信仰、文化程度、现实表现以及家庭主要成员和主要社会关系成员的政治情况等。

公民应征入伍要符合国防部颁布的《应征公民体格检查标准》和有关规定。其中，有几项基本条件：

身高：男性160 cm以上，女性158 cm以上。

体重：男性不超过标准体重的30%，不低于标准体重的15%；女性不超过标准体重的20%，不低于标准体重的15%。

标准体重＝(身高－110) kg。

视力：大学生右眼裸眼视力不低于4.6，左眼裸眼视力不低于4.5。屈光不正，准分子激光手术后半年以上，无并发症，视力达到相应标准的，合格。

内科：乙型肝炎表面抗原呈阴性，等等。

(3)应征入伍服义务兵役大学生的年龄是如何规定的？

男性普通高等学校在校生为年满17至22周岁、大学毕业生放宽到24周岁。

女性普通高等学校在校生和毕业生为年满17至22周岁。

(4)高校毕业生应征入伍服义务兵役要经过哪些程序？

①网上报名预征。有应征意向的高校毕业生可在征兵开始之前登录“全国征兵网”进行报名，填写、打印《应届毕业生预征对象登记表》和《高校毕业生应征入伍学费补偿国家助学贷款代偿申请表》(以下分别简称《登记表》《申请表》)，交所在高校征兵工作管理部门。

②初审、初检。毕业生离校前，在高校参加身体初检、政治初审，符合条件者确定为预征对象，高校协助兵役机关将《登记表》和《申请表》审核盖章发给毕业生本人，并完成网上信息确认。初审、初检工作最晚在7月15日前完成。

③实地应征。高校应届毕业生可在学校所在地应征入伍，也可在入学前户籍所在地应征入伍。

④组织高校应届毕业生在学校所在地征集的，结合初审、初检工作同步进行体格检查和政治审查，在毕业生离校前完成预定兵工作，9月初学校所在地的县(市、区)人民政府征兵办公室为其办理批准入伍手续。政治审查以本人现实表现为主，由其就读学校所在地的县(市、区)公安部门负责，学校分管部门具体承办，原则上不再对其入学前和就读返乡期间的现实表现情况进行调查。

⑤在入学前户籍所在地应征入伍的，高校应届毕业生7月30日前将户籍迁回入学前户籍地，持《登记表》和《申请表》到当地县级兵役机关参加实地应征，经体格检查、政治审查合格的，9月初由当地县(市、区)人民政府征兵办公室办理批准入伍手续。

(5)大学生征集工作由哪个部门牵头负责？

高校所在地兵役机关会同有关部门进入高校开展征集工作，高校由学生管理部门或学校武装部门牵头负责，有意向参军入伍的大学生可向所在学校学工部(处)、就业中心、资助中心或武装部咨询有关政策。

(6)高校毕业生应征入伍服义务兵役享受哪些优惠政策？

高校毕业生应征入伍服义务兵役，除享有优先报名应征、优先体检政审、优先审批定兵、优先安排使用“四个优先”政策，家庭按规定享受军属待遇外，还享受优先选拔使用、学费补偿和国家助学贷款代偿、退役后考学升学优惠、就业服务等政策。

(7)高校毕业生应征入伍“四个优先”政策是怎样规定的？

高校毕业生预征对象参军入伍享受“四个优先”政策：

①优先报名应征。报名由县级兵役机关直接办理。夏秋季征兵开始前，县级兵役机关通知其报名时间、地点、注意事项等。确定为预征对象的高校毕业生，持《应届毕业生预征对象登记表》，可以直接到学校所在地或户籍所在地县级兵役机关报名应征。

②优先体检政审。体检由县级兵役机关直接办理。夏秋季征兵体检前，县级兵役机关通知其体检时间、地点、注意事项等。确定为预征对象的高校毕业生，未能在规定时间内在学校参加体检的，本人持《登记表》，可在征兵体检时间内报名直接参加体检。

③优先审批定兵。审批定兵时，应当优先批准体检政审合格的高校毕业生入伍。高职(专科)以上文

化程度的合格青年未被批准入伍前，不得批准高中文化程度的青年入伍。

④优先安排使用。在安排兵员去向时，根据高校毕业生的学历、专业和个人特长，优先安排到军兵种或专业技术要求高的部队服役；部队对征集入伍的高校毕业生，优先安排到适合的岗位，充分发挥其专长。

(8)大学生应征入伍服兵役给予国家资助的内容是什么？

高等学校学生应征入伍服兵役国家资助，是指国家对应征入伍服兵役的高校学生，在入伍时对其在校期间缴纳的学费实行一次性补偿或获得的国家助学贷款(国家助学贷款包括校园地国家助学贷款和生源地信用助学贷款，下同)实行代偿；应征入伍服兵役前正在高等学校就读的学生(含按国家招生规定录取的高等学校新生)，服役期间按国家有关规定保留学籍或入学资格、退役后自愿复学或入学的，国家实行学费减免。

(9)高校学生应征入伍享受学费补偿、国家助学贷款代偿及学费减免的标准是多少？

按照《关于调整完善国家助学贷款有关政策的通知》(财教〔2024〕188 号)、《财政部、教育部、总参谋部关于印发〈高等学校学生应征入伍服义务兵役国家资助办法〉的通知》(财教〔2013〕236 号)、《关于对直接招收为士官的高等学校学生施行国家资助的通知》(财教[2015]462 号)文件规定：

①学费补偿、国家助学贷款代偿及学费减免标准，本专科生每人每年最高不超过 20000 元，研究生每人每年最高不超过 25000 元。

②学费补偿或国家助学贷款代偿金额，按学生实际缴纳的学费或获得的国家助学贷款(国家助学贷款包括本金及其全部偿还之前产生的利息，下同)两者金额较高者执行，据实补偿或者代偿。退役复学后学费减免金额，按学校实际收取学费金额执行。超出标准部分不予补偿、代偿或减免。

③获学费补偿学生在校期间获得国家助学贷款的，补偿资金必须首先用于偿还国家助学贷款。如补偿金额高于国家助学贷款金额，高出部分退还学生。

④从 2015 年起，国家对直接招收为士官的高等学校学生施行国家资助，入伍时对其在校期间缴纳的学费实行一次性补偿或获得的国家助学贷款(包括校园地国家助学贷款和生源地信用助学贷款)实行代偿。

(10)高校学生应征入伍服兵役都可以享受国家资助政策吗？

在校期间已免除全部学费的学生，定向生、委培生和国防生，均不享受学费补偿和国家助学贷款代偿政策。

(11)高校学生应征入伍服兵役享受学费补偿、国家助学贷款代偿和学费减免的年限如何计算？

学费补偿、国家助学贷款代偿和学费减免的年限，按照国家对本科、专科(高职)、研究生和第二学士学位规定的相应修业年限据实计算。以入伍时间为准，入伍前已达到的修业规定年限，即为学费补偿或国家助学贷款代偿的年限；退役复学后应完成的国家规定的修业年限的剩余期限，即为学费减免的年限；复学后攻读更高层次学历不在减免学费范围之内。

专升本、本硕连读、中职高职连读、第二学士学位毕业生补偿学费或代偿国家助学贷款的年限，分别按照完成本科、硕士、高职和第二学士学位阶段学习任务规定的学习时间计算。

专升本、本硕连读学制在校生，在专科或本科学习阶段应征入伍的，以实际学习时间实行学费补偿或国家助学贷款代偿；在本科或硕士学习阶段应征入伍的，以本科已学习时间或硕士已学习时间计算，实行学费补偿或国家助学贷款代偿，其以前专科学习时间或本科学习时间不计入学费补偿或国家助学贷款代偿。中职高职连读学生学费补偿或国家助学贷款代偿的年限，按照高职阶段实际学习时间计算。

(12)高校学生申请应征入伍服兵役国家资助的程序是什么？

①应征报名的高校学生登录全国征兵网，按要求在线填写、打印《高校学生应征入伍学费补偿国家助学贷款代偿申请表》(一式两份)并提交学校学生资助管理部门。在校期间获得国家助学贷款的学生，需同时提供《国家助学贷款借款合同》复印件和本人签字的一次性偿还贷款计划书。

②学校相关部门对《高校学生应征入伍学费补偿国家助学贷款代偿申请表》中学生的资助资格、标准、金额(如有生源地信用助学贷款，学校应联系贷款经办银行或贷款经办地县级学生资助管理机构确认贷款金额)等相关信息审核无误后，对《高校学生应征入伍学费补偿国家助学贷款代偿申请表》加盖公章，一份留存，一份返还学生。

③学生在征兵报名时将《高校学生应征入伍学费补偿国家助学贷款代偿申请表》交至入伍所在地县级人民政府征兵办公室(以下简称"县级征兵办")。学生通过征兵体检被批准入伍后，县级征兵办对《高校学生应征入伍学费补偿国家助学贷款代偿申请表》加盖公章并返还学生。

④学生将《高校学生应征入伍学费补偿国家助学贷款代偿申请表》原件和入伍通知书复印件，寄送至原就读高校学生资助管理部门。

(13)因个人原因被部队退回，高校学生已获国家资助的经费要被收回吗？

因本人思想原因、故意隐瞒病史或弄虚作假、违法犯罪等行为造成退兵的学生，学校取消其受助资格，并不得申请学费减免。各省(区、市)人民政府征兵办公室应在接收退兵后及时将被退回学生的姓名、就读高校、退兵原因等情况逐级上报至国防部征兵办公室，并按照学生原就读高校的隶属关系，通报同级教育行政部门。

被部队退回并被取消资助资格的学生，如学生返回其原户籍所在地，已补偿的学费或代偿的国家助学贷款资金由学生户籍所在地县级教育行政部门会同同级人民政府征兵办公室收回；如学生返回其原就读高校，已补偿的学费或代偿的国家助学贷款由学生原就读高校会同退役安置地县级征兵办收回。各县级教育行政部门和各高校应在收回资金后十日内，逐级汇总上缴全国学生资助管理中心。收回资金按规定作为下一年度学费补偿或国家助学贷款代偿经费。

(14)高校毕业生入伍服义务兵役年限是多少？

我国现行的义务兵役制度服役年限是两年。

(15)大学生士兵退役后享受哪些就学优惠政策？

①高职(专科)学生入伍经历可作为毕业实习经历。

②退役大学生士兵入学或复学后免修军事技能训练，直接获得学分。

③设立"退役大学生士兵"专项硕士研究生招生计划。根据实际需求，每年安排一定数量专项计划，专门面向退役大学生士兵招生。在全国研究生招生总规模内单列下达，不得挪用。

④将高校在校生(含高校新生)服兵役情况纳入推免生遴选指标体系。鼓励开展推荐优秀应届本科毕业生免试攻读研究生工作的高校在制订本校推免生遴选办法时，结合本校具体情况，将在校期间服兵役情况纳入推免生遴选指标体系。在部队荣立二等功及以上的退役人员，符合研究生报名条件的可免试(指初试)攻读硕士研究生。

⑤将考研加分范围扩大至高校在校生(含高校新生)。退役人员在继续实行普通高校应届毕业生退役后按规定享受加分政策的基础上，允许普通高校在校生(含高校新生)应征入伍服义务兵役退役，在完成

本科学业后3年内参加全国硕士研究生招生考试，初试总分加10分，同等条件下优先录取。

⑥退役大学生士兵专升本实行招生计划单列。高职(专科)学生应征入伍服义务兵役退役，在完成高职学业后参加普通本科专升本考试，实行计划单列，录取比例在现行30%的基础上适度扩大，具体比例由各省份根据本地实际和报名情况确定。

⑦高校新生录取通知书中附寄应征入伍优惠政策。高校向新生寄送录取通知书时，附寄应征入伍宣传单，宣传单主要内容包括优惠政策概要、报名流程指南、学籍注册要求等。

⑧放宽退役大学生士兵复学转专业限制。大学生士兵退役后复学，经学校同意并履行相关程序后，可转入本校其他专业学习。

⑨具有高职(高专)学历的，退役后免试入读成人本科，或经过一定考核入读普通本科；荣立三等功以上奖励的，在完成高职(专科)学业后，免试入读普通本科。

⑩应征入伍的高校毕业生退役后报考政法干警招录培养体制改革试点招生时，教育考试笔试成绩总分加10分。

知识窗

应征入伍享受学费补偿、国家助学贷款代偿及学费减免年限

高校学生应征入伍服义务兵役享受学费补偿、国家助学贷款代偿和学费减免的年限，按照国家对本科、专科(高职)、研究生和第二学士学位规定的相应修业年限据实计算。以入伍时间为准，入伍前已达到的修业规定年限，即为学费补偿或国家助学贷款代偿的年限；退役复学后应完成的国家规定的修业年限的剩余期限，即为学费减免的年限；复学后攻读更高层次学历不在减免学费范围之内。

专升本、本硕连读、中职、高职连读、第二学士学位毕业生补偿学费或代偿国家助学贷款的年限，分别按照完成本科、硕士、高职和第二学士学位阶段学习任务规定的学习时间计算。

对于专升本、本硕连读学制在校生，在专科或本科学习阶段应征入伍的，以实际学习时间实行学费补偿或国家助学贷款代偿；在本科或硕士学习阶段应征入伍的，以本科已学习时间或硕士已学习时间计算，实行学费补偿或国家助学贷款代偿，其以前专科学习时间或本科学习时间不计入学费补偿或国家助学贷款代偿。中职高职连读学生学费补偿或国家助学贷款代偿的年限，按照高职阶段实际学习时间计算。

四、高职毕业生就业求职的主要途径

(一)学校推荐就业

学校推荐是毕业生就业的主要途径，教育部规定每年11月20日以后用人单位可以到高校招聘应届毕业生，学校推荐一般包括学校举办企业专场招聘会和校园大型招聘会等形式。在企业来学校招聘前，学校会通过各种途径对用人单位进行查证，有时学校还会派人到用人单位进行实地考察和洽谈，以确保学校推荐给大学生的用人单位的资质及福利待遇是真实有效的。

1. 企业专场招聘会

企业专场招聘会指一个企业面向某一所高校的毕业学生的在该学校单独举行的专场招聘活动。一般企业会提前一个星期左右的时间与学校就业指导部门或相关部门联系，双方商定准确的招聘时间、专业、数量、学生到企业实习期间及签约后的具体待遇。如果是熟悉的企业，学校对企业的情况已经了解，就不用另行考察；如果是新企业，学校将通过实地考察、上网查询等手段对企业进行考察。招聘程序一般如下。

(1)发布企业招聘公告(一般通过通知、橱窗、学校就业指导网或者微信、短信等手段)，将企业的基本情况、招聘时间、专业、人数、待遇等告知应届毕业生，供他们参考；同时公布企业专场招聘会的具体时间、地点。

(2)企业依照约定的时间到学校，学校将有意向的毕业生集中到指定场所，由企业招聘人员向学生进行宣讲，介绍企业的基本情况、企业文化及本次面向学校招聘的人数、专业、具体要求，宣讲结束后学生有问题可以当场向企业招聘人员提出，企业招聘人员现场给予解答。接下来企业会对有意向的学生进行笔试，有的还会进行心理测试，笔试后可能会有部分学生被淘汰，对笔试通过的学生企业将进行面试，接收学生的求职简历。

(3)有的企业在离开学校前会决定录用学生的名单，有的企业会将结果带回公司向相关领导汇报后再告知学校录用学生名单。学校接到企业通知后会通过特定方式公布录用学生名单。未被录用的学生可参加其他单位的招聘，已被录用的学生没有特殊原因原则上不得再参加其他单位的招聘活动。

2. 校园大型招聘会

校园大型招聘会是学校同时邀请许多企业在校园举行的大型集中招聘活动。大型招聘会一般参加的企业多，毕业生可选择的余地大；但是也正因为企业多，参加大型招聘会的学生往往会觉得这个企业可以，那个企业也不错，以至于举棋不定、难以取舍，有时还会出现一个毕业生被几个用人单位同时录用的情况；大型招聘会由于参加企业和学生较多，所以企业与毕业生个人之间双向交流往往不够充分；组织的难度相对大一些。校园大型招聘程序与专场招聘基本相同。

(二)参加社会招聘会

社会招聘会是由政府组织或人事、劳动部门的人才市场组织，用人单位和求职者双方在同一时空直接进行交流和洽谈的一种集市式招聘形式。招聘会上供需双方直接见面洽谈，双向交流，反馈及时，省略了许多不必要的中间环节，增加了洽谈的成功率，节省了时间，提高了应聘效率。另外，招聘会上就业信息集中、便于收集，应聘者在招聘会上可以同时和多家招聘单位见面洽谈，选择余地较大。社会招聘会与学校组织的招聘会的流程差不多，只是用人单位的组织方式不同。被录用学生可参加其他单位的招聘。

(三)网上求职

网上求职、网上招聘的就业方式已经成为一种时尚。对大学毕业生来说，网上求职既省钱又省事，已成为寻求就业的主流途径之一。

1. 查询、检索就业信息

互联网上的就业网站很多，不必一一浏览，应选择信息完整、丰富、全面并且针对性强、可信度高的就业网站。大型企业一般会有自己的网站，并且随时更新招聘信息，毕业生要经常关注这些网站，随时把握企业动向，以便谋求到合适的职位。

2. 登记电子简历

网上求职需要把个人简历上传到就业网站上，让用人单位阅览。在登录就业网站时，应该选择访问量大、更新快、可注册会员、登记后有专用简历编号、密码可以修改、具有自动向招聘单位发送简历功能的网站。最好能把个人的简历保存到网站人才库里，成为网站会员，其主要目的是能使招聘企业检索到自己的简历并且使自己能够享受到其他的求职帮助服务，如职位推荐、求职咨询、简历设计等。填写简历时应尽可能详细、真实，简历的内容最好是把自己的学历、经历、成绩、能力、求职意向等填写得全面、具体，把自己最好、最有优势的方面展示出来。

3. 用电子邮件求职

当对用人单位比较了解并有求职意向后，用电子邮件发送求职申请是个很好的方法。这种方法方便快捷，也能防止被骗。

4. 建立个人主页

为了让用人单位全面了解自己的情况，最好的方法是建立个人主页，把自己的有关情况罗列出来，使人一目了然。在充分了解当今大型企业和公司的主要人才需求的情况下，要全面地展现自己的才能和独特之处。个人主页要设计得新颖，让人觉得有内涵又不失风度。

（四）利用亲友等社会关系求职

利用自己的亲友、同学、同乡等社会关系搜集就业信息和进行求职也是大学生就业的一个重要途径。许多用人单位也愿意录用经熟人介绍或者推荐的求职者。大学毕业生在求职的过程中，如果在关键时刻有关键人物帮自己引荐，无疑效果会更好：一是亲友介绍的单位都是经过认真筛选的，相对可靠；二是亲友介绍的单位的福利待遇不会太差。因为有亲友这一层关系，到单位后有人关照，工作上会少走弯路，会成长得更顺利一些。即便身怀真才实学也要有伯乐赏识，因此，利用亲友关系求职也是一个不错的选项。

（五）自荐求职

在没有其他关系的介绍和推荐的情况下，大学毕业生可以带着自己的简历直接到一些选定的公司登门造访，勇敢地把自己介绍给对方，赢取用人单位的赏识和青睐。求职中的主动性表现在两个方面：一是主动为自己寻找机会，主动登门拜访来推销自己；二是在面试后主动做一些适当的工作。在直接登门拜访之前需要事先做好充分准备，可通过公司网站或其他途径对该公司进行了解，做到有的放矢；此外，在拜访时要表现得自己对该用人单位有极高的热情、兴趣以及相当的了解，给招聘负责人留下深刻的印象。

当然，主动求职要因人、因公司而异，因为主动求职并非对任何公司都有用，是否主动登门求职，还要根据自身的实际情况来决定，可根据工作性质的不同、职位的高低和公司文化等多种因素来选择是否主动登门求职。

（六）通过中介机构求职

人才交流实行市场化之后，人才中介机构一直扮演着“媒介”的重要角色，许多高校应届毕业生通过人才中介机构的渠道来寻找工作。大学毕业生可以到人才中介机构专设的委托招聘部门去办理就业代理登记，投放简历，委托推荐。在选择代理求职的中介机构时，毕业生要警惕那些操作不规范的“伪中介”和“黑中介”。此外，还要注意了解该中介机构的一些具体情况。

五、用好大学生就业市场

就业市场是市场经济条件下人力资源的配置市场，按市场运行规律对人力资源进行配置。大学生就业市场是为了适应社会主义市场经济发展的需要而建立起来的，专门为高校毕业生求职择业和用人单位挑选毕业生提供服务的场所。

依据其外在表现，可将大学生就业市场分为两类，即有形市场和无形市场。

（一）有形市场

有形市场是指有固定的场所、具体的时间和地点、特定的参与对象的大学生就业市场形式。有形市场按不同的分类标准，主要有表 5-1 所示的几种类别。

表 5-1　有形就业市场的类别及其特征

分类依据	具体类别	具体形式及特征
举办单位	单所学校举办的大学生就业市场	针对本校大学生的专业特点及其服务行业，邀请相关的用人单位参加，主要为本校大学生就业服务而举办的招聘会、洽谈会. 其优势是高职院校通过产学合作的方式使供需双方建立经常性的联系，与用人单位共建一批稳定的实训和就业基地，学校对大学生就业的指导和服务作用得以充分发挥，从而使这类就业市场的签约率较高，市场效益较佳；此种类别因其高效、可靠、真实、规范而深受大学生和用人单位的欢迎。
	多所学校联办的大学生就业市场	指两所或两所以上的高校联合举办的大学生就业市场。 其优势是通过强弱联合或强强联合，避免了就业市场规模小、单位少、效能差的问题。
	企业自办的大学生就业市场	由大型企业或集团举办的招聘自身所需人才的就业市场。
	政府主管部门或人才中介机构主办的大学生就业市场	一种是由省(自治区、直辖市)主管大学生就业的部门组织各高校所设立的大学生就业市场；另一种是由地方人事主管部门或人才中介机构设立的大学生就业市场。
举办区域	区域性大学生就业市场	由地方大学生就业主管部门举办的为本地区经济发展服务的大学生就业市场和各大经济区联合举办的区域性大学生就业市场。
	国际性大学生就业市场	由国内外人才中介组织举办的大学生就业市场。 其优势是实现了大学生在国际上的流动，招聘的人才可在国内外大型企业或跨国公司就业，从而形成国际性的大学生就业市场。
举办类别	分科类大学生就业市场	地方大学生就业主管部门从用人单位和学校两方面考虑，从市场细化的角度出发，把理、工、农、医、师等学科类的毕业生分别集中起来，与相应的用人单位进行双向选择。
	分层次大学生就业市场	指因招聘单位对学历层次的要求不同而形成的研究生就业市场、本科和专科大学生就业市场等。
	分行业大学生就业市场	由中央部委主管大学生就业的部门主办的主要为本系统、本行业大学生和用人单位服务的就业市场。

（二）无形市场

无形市场是指不受时间和空间的限制，毕业生按照自身择业意向来挑选工作单位的大学生就业市场形式。这种市场一般没有具体的时间和地点，没有固定的场地，也没有一定的参加对象，但其存在是客观的，并且发挥着越来越大的作用。无形市场的主要表现形式是网络市场和新媒体市场(微信平台)，如各级教育主管部门建立的高校毕业生就业信息网、各高校建立的毕业生就业网以及其他的人才招聘网、求职网等。

六、创业选择和创业政策

（一）什么是创业

《现代汉语词典》(第 7 版)对“创业”的解释是“创办事业”。而“事业”是指人所从事的，具有一定目标、规模和系统并对社会发展有影响的经济活动。《辞海》(第 7 版)对“创业”的解释是“创立基业”。“基业”是指事业的基础。由此可见，创办事业是创业的本质。

创业有广义和狭义之分。广义的创业是指人类的创举活动，或指带有开拓、创新性质并有积极意义的社会活动。只要开创的是人们以前没有做过的，对社会产生积极影响的事业，都可以说成是创业。例如，美国的荣斯戴特提出：“创业是一个创造增长的财富的动态过程。”

另外，从更广义的角度理解，个人根据自己的性格、兴趣、知识与能力等选择自己的角色、职业和工作岗位，在这一岗位上创造性地发挥自己的特长和才干，实现个人价值并为社会带来财富的活动，也属于创业，因此创业也包含"岗位创业"的含义。

（二）大学生创业的原因

创业不是"少数人的独门绝技"，创业是人人都需要了解的。正因如此，"大众创业、万众创新"近几年经常被社会主流媒体提及，甚至成为一种风潮。那么，为什么对大学生来讲，即便不创业，也要了解创业呢？大致有以下几种回答。

第一，创业本身就是一种职业。

第二，创业可以实现自我价值——这也是证明自己的最好途径。

第三，创业是出于经济方面的要求。

第四，替别人打工不如为自己打工。

第五，创业是不想回家啃老的无奈之举。

第六，创业可以获得时间上的自由。

第七，创业可以积累社会经验，提高个人能力。

第八，创业是对个人能力的考验。

第九，创业可以使自己交到不少真心的朋友。

第十，可以享受到国家自主创业的相关优惠政策。

（三）大学生创业与就业的差别

所谓大学生创业，即大学生创办自己的企业。大学生创业，是指大学生在学习期间创办事业，毕业后不选择就业而直接成立公司。

选择就业与选择创业，是大学生择业的两条完全不同的道路，主要有以下几个方面的差别。

第一，担当角色的差异。二者在企业中的地位、所肩负的责任和使命均有较大差异。创业者通常处于新创企业的高层，在企业实体的创建过程中，创业者始终是负责人，始终参与其中；而就业者通常处于中低层，到达高层需要一个过程，通常也不需要对企业的成长负责，只需要做好本职工作就可以了。

第二，技能要求的差异。创业者通常身兼多职，要有战略眼光，也要有具体的经营技能，从而要具备相当全面的知识和技能；就业者通常具备一项专业技能即可开展自己的工作。

第三，收益与风险的差异。就业的主要投入是数年的教育成本，而创业的成本除了教育成本外，还包括前期准备中投入的人力、物力和资金成本。一旦失败，就业者并不会丧失教育成本，但创业者会损失在创业前期投入的几乎一切成本；一旦成功，就业者只能获得约定的工资、奖金及少量的利润，创业者则会获得大部分经营利润，其数额理论上没有上限。

第四，成功依赖的因素的差异。就业在很大程度上可以依靠企业实体，但创业更多的还要考虑自身的经验、学识与财力，以及各种需求和各种资源占有等条件。

（四）创业的意义

1. "济天下"——创业对社会的意义

只要简单回顾一下近几十年间创业者所创造出的新行业，诸如个人电脑、生物技术、闭路电视、电脑软件、办公自动化、手机服务、电子商务、互动网络、虚拟技术等，就不难想象出创业者是如何改变了世界的发展进程和人们的生活、工作和学习方式。

首先，创业可以增加社会财富，促进经济发展和社会繁荣。

创业过程是增加社会财富的过程，企业在生产经营的过程中，为社会创造了财富，增加了社会价值，并大大增加了国家的财政税收。企业的产品和服务拉动了国内市场需求，满足了人民生活的需要，丰富了市场，促进了社会经济的繁荣。创业还改变了传统的产业格局，催生了很多崭新的行业，加速了经济结构调整。在创业过程中，社会资源得到优化配置，市场体系不断得到完善，市场竞争活力得以保持。

其次，创业可以实现先进技术的转化，促进生产力提高和科技创新。

创新是创业的主要驱动力量，创业是新理论、新技术、新知识、新制度的孵化器，也是新理论、新技术、新知识、新制度形成现实生产力的转化器。

2010 年 5 月，苹果公司的市值超过微软，成为世界上最大的科技公司。过去在科技世界尚未引发行业革命浪潮的苹果公司，如何让自己在短短的 10 年内发生颠覆性的变化，从而让世界刮起"苹果"旋风，让大家对它新推出的每一个产品都翘首以盼呢？归根结底在于其可持续的技术创新能力。苹果公司在准确把握消费趋势的前提下，通过持续的技术创新使自己始终处于行业领先地位。

再次，创业可以提供就业岗位，缓解社会就业压力。

我国人口众多，劳动人口就业问题一直是一个关乎民生的大问题，解决就业问题是我国的一项长期任务。我国正处在改革开放后的第四次人才流动时期，在这次流动中，四股劳动力大军纷纷涌向中国的劳动市场，主要表现在四个方面：一是大学毕业生人数激增；二是农村劳动力向城镇转移的步伐还将进一步加快；三是随着我国国企改革力度的加大和经营机制的转换，下岗工人的数量会继续增加；四是"海归"人数增加。受人口基数、人口年龄结构、人口迁移及社会发展进程等因素影响，21 世纪前 30 年我国仍面临着较大的就业压力。

中小型创业企业不仅解决了创业者本身的工作岗位，同时也为需要工作的人们提供了大量的工作岗位，扩大了就业率，降低了失业率，大大缓解了社会就业压力，从而稳定了社会秩序。

最后，创业可以激发整个社会的创新意识和创业精神，有利于观念的转变。

在美国，创业革命使得"为自己工作"的观念深深扎根于美国文化中。在我国，如火如荼的创业大潮使得无数人投身其中，对于形成创新、宽容、民主、公正、诚信等观念具有积极作用。

知识窗

创业者的社会价值

20 世纪 90 年代以来，美国社会经济、科技的高速增长堪称当代奇迹。对此，相关研究者认为，创业革命是美国经济持续繁荣的基础。据统计，美国 95%以上的财富是由 1980 年以后新出现的比尔·盖茨等新一代创业者们创造的。在世界上的其他地方，如欧洲各国、日本，创业同样推动着经济的快速增长。

在我国，经过近 30 年的改革开放，创业活动催生了中小企业的迅速崛起。新创的中小企业是中国经济新的增长点，提供了大量的产品和服务，对我国经济持续高速增长，对促进我国的城市化进程和现代化建设，起到了重要的作用。

——选自常建坤、李时椿：《论美国创业活动和创新精神及其对中国的启示》(内容有所改动)，载《南京财经大学学报》，2007(6)

2."善其身"——创业对创业者的意义

创业是一个伟大的历程，为个人提供了精彩的大舞台。创业起步可高可低，创业的发展空间无限。

通过创业，个人可以有效实现人生价值，把握人生航向。

第一，创业可以主宰自己的工作，充分发挥自己的才干。

许多人之所以对工作感到厌倦，积极性不高，重要原因之一是自己给别人“打工”，个人的创意、想法往往得不到肯定，个人的才能无法充分发挥，愿望得不到实现，工作缺乏成就感，行事受到诸多约束，往往感觉自己“怀才不遇”。而创业则可以使个人完全摆脱原有的种种羁绊，摆脱在行为上受制于人的局面，充分施展自己的才华，发掘最大潜能，使自己的人生价值得到更好的体现。

第二，创业可以帮助个人积累财富，在一定程度上满足个人对物质的追求欲望。

打工者的收入有高有低，但通常是有限的，没有太多提升的空间。而摆脱这些烦恼的最佳途径就是开创一份完全属于自己的事业。它能提供给创业者的利润是没有上限的。根据统计资料，在美国福布斯富豪榜前四百名的富人中，有75%是第一代的创业者。而在各类名目的中国富豪榜中，以创业起家的入选者也不在少数。

第三，创业能够使个人有机会和实力去回馈社会，产生极高的成就感。

创业者创造的企业一方面为社会提供了产品或服务，另一方面为个人、社会创造了财富。企业融入社会再生产的大循环之中，从多个环节为国家和社会做出贡献。这种贡献使得创业者个人能够从中收获巨大的成就感。

第四，创业能够使个人从事自己喜欢的事业并从中获得乐趣。

创业者选择创业项目，通常会从个人感兴趣的领域着手，将其与自己的知识技能、专业特长等结合起来。而做自己喜欢做的事本身就是一种享受。

第五，创业能够使个人从挑战和风险中得到别样的享受和刺激。

创业过程中充满挑战和风险，同时也充满因克服种种挑战而获得的无穷乐趣。在创业过程中，创业者可以感受到无穷的变化、挑战和机遇，这是一个令人兴奋的过程。创业者可以通过克服创业过程中的重重困难来获得激励和快感，同时还可以丰富自己的人生体验。

总之，创业是实现人生理想和价值、推动自身全面发展的有效途径。

知识窗

大众创业、万众创新

创新创业是我国新时代背景下的大主题。李克强总理在2014夏季达沃斯论坛开幕式上首次对外提出了“大众创业、万众创新”的战略性想法。李克强总理说，要借改革创新的“东风”，在全国掀起一个“大众创业”“草根创业”的新浪潮。为了提高创业效率，政府也颁布了一系列政策帮助创业者创业，首先就是进行商事制度改革，将工商、税务、质检的“三证三号”合并为“一证一号”，降低企业注册场所要求，简化企业登记和注销流程，原来办理这些手续需要30个工作日，现在被压缩到了5个工作日。

自2014年我国正式实施商事制度改革以来，已经有很多人投入创业的大潮中来了。取消注册资本实缴制之后，许多人的创业热情空前高涨。

2015年5月7日上午10点左右，李克强总理走进北京中关村创业大街的一家咖啡店，与年轻人聊起了“大众创业、万众创新”的话题。李克强总理考察的这家咖啡店是专门为创业者提供服务的“孵化器”，此行被认为是对创业者的鼓舞，同时也给所有创业者打了一针强心剂。李克强总理还考察了深圳柴火创客空间，体验了“创客”的创意产品。他在现场评价说，创客充分展示了“大众创业、万众创新”的活力。这种活力和创造，将会成为推动中国经济未来增长的不熄引擎。

在许多创客咖啡屋、大学科技园、孵化园、众创空间，创业者可以共享创业的基本资源，年轻人的奇思妙想不断汇集，相互交流，彼此分享，可以催生很多新的团队，将创业想法转变成现实。在北上广这些大都市，创客的数目很多，为创客提供服务和支持的创客空间、孵化器等也日趋成熟。“大众创业、万众创新”激发了全社会的创新潜能，让整个社会焕发出创业活力。国家与地方也密集推出了推动创新创业的一系列举措，将创客们带入一个“黄金时代”。

随着我国经济的进一步发展，资源竞争日益激烈，环境约束日益强化，经济发展步入新常态，原来的要素驱动、投资驱动向需要驱动、创新驱动转变，所以国家鼓励和支持各类市场主体不断开发新产品、开拓新市场，培育新兴产业，形成小企业“铺天盖地”、大企业“顶天立地”的发展格局，实现创新驱动发展，打造新引擎，形成新动力。

素质训练

师兄师姐毕业去向大调查

请从学校就业信息网、就业指导部门或者辅导员、任课老师处查询近三年的以下就业数据：

1. 学校的总体就业率
2. 本专业的就业率
3. 本专业签约毕业生最集中的前三个行业
4. 本专业签约毕业生最集中的前五家单位
5. 本专业签约毕业生最集中的前五个岗位
6. 本专业签约毕业生最集中的前五个城市或地区

项目六
踏上求职征途

智慧导航

工欲善其事，必先利其器。

——孔子

人生的道路虽然漫长，但紧要处常常只有几步，特别是当人年轻的时候。

——柳青

项目导读

对求职者而言，就业成功与否不仅取决于就业者的知识水平和能力高低，也取决于获取就业信息的多少，以及能否掌握科学准确的就业信息。信息就是资源，信息就是财富，信息影响就业质量。就业信息对每一位谋求工作的毕业生来说都至关重要。择业决策的过程实质上就是一个与择业有关的信息收集、处理和转换的过程。信息多样化给求职者获取信息、传递信息和利用信息提供了更大的选择空间，毕业生就业一般要收集、筛选、整理就业信息，准备求职材料，制作简历，经过自荐、笔试、面试等几个阶段，最终获得就业岗位。

就业材料优劣在很大程度上决定毕业生能否获得面试的机会，同时，毕业生的书面资料也是用人单位了解毕业生的窗口。通过这个窗口，用人单位可以了解毕业生的经历、能力、品行、特长，进而决定进一步的考察计划。所以说，撰写有说服力和吸引力的书面材料，能够使自己赢得主动，踏向求职成功的第一步。在求职过程中，笔试成绩高低是毕业生能否脱颖而出的实证，而面试的成败则决定着毕业生能否进入复试、试用和签约录用环节。

本项目将全面介绍如何收集、处理就业信息，如何调适就业心理和准备求职材料，各类笔试考试、面试的内容及与面试技巧相关的内容。

学习目标

(1)了解就业信息的收集渠道和就业信息的作用，学习调适就业心理的常用方法。

(2)能有效收集就业信息并学会对其进行筛选、分析和整理，掌握撰写求职信及个人简历的格式、方法和技巧，掌握面试的一般程序。

(3)塑造积极求职心态，展现良好个人形象。

(4)增强主动求职意识，坚守诚信原则，树立正确的职业观念与道德意识。

案例导入｜成功属于有准备的人

·任务一
·分析就业信息

情境导入

小倩的困难

小倩是某高职院校艺术设计专业大三学生。即将毕业的她也和其他学生一样忙于求职。找工作的时候，她跑了很多单位，也参加了招聘会，可是都没有结果。尤其在毕业前的一次大型人才招聘会上，小倩递交了很多份个人简历，却都石沉大海。转眼间就要毕业了，小倩的工作还是没有着落。她身边的同学，有的参加了专升本考试，有的已经找到工作，有些同学甚至收到了好几个单位的面试通知。随着毕业的时间越来越近，她感到异常烦躁、焦虑，食欲也随之下降；甚至开始怀疑自己大学期间所有的努力都是徒劳的，觉得对不起父母和学校老师，感觉自己很没用，简直就是个废物。

想一想：小倩的情况反映了什么问题，如果请你帮助她，你会怎么做？

一、就业信息的收集

就业信息是指通过各种媒介传递的有关求职就业方面的消息和情况，如就业形势、政策、就业机构、供需双方的情况及用人信息等。

（一）就业信息收集的渠道

毕业生一般可通过以下渠道收集就业信息。

1. 各级就业主管部门和就业指导机构

教育部、人力资源社会保障部每年都要制定毕业生就业的有关方针、政策，各省、自治区、直辖市的主管部门也要相应制定就业方面的法规、决议、决定、规划、举措等，各级毕业生就业指导机构也会开展信息交流和咨询服务，帮助毕业生认清就业形势，把握就业时机，调整就业心态，理顺就业思路。

2. 高校就业主管部门

高校就业指导中心（或就业处）是毕业生就业的重要主管部门，与各省市的毕业生就业主管部门以及有关用人单位保持联系，能及时掌握国家有关的就业政策和规定，地方的有关政策、各地举办的“双选会”信息，以及有关用人单位的需求信息等。它们提供的信息在质量、数量上都具有明显优势。此外，就业指导中心有专业的就业指导老师，具备专业的职业指导和职业规划知识，能为毕业生有效地提供针对性服务。

3. 各地人力资源服务中心

各地人力资源服务中心为了促进地方经济的发展，会发布来自全国各地的单位的招聘信息。信息量大且集中可靠，能够帮助毕业生在较短的时间内获取各种职业信息。

4. 各类“双向选择”供需见面会

各级各类供需见面会，如省级联合举办供需见面会、地市级联合举办供需见面会、多所学校联合举办供需见面会、行业间联合举办供需见面会等，通过多种形式组织毕业生与用人单位对接。对毕业生来说特别要关注的是校园招聘会，因为无论是校园大型招聘会还是企业专场招聘会、宣讲会，都带有明确的针对性，其信息的准确性和实用性都非常强。

5. 有关新闻媒体

毕业生就业作为社会普遍关注的热点问题，新闻界对其非常重视。毕业生可以通过网络、报刊、广播、电视等新闻媒体了解就业市场动态，获得信息资料。近年来，网上双选招聘因其快捷的优势已变得十分普遍。

6. 各种人际关系

借助人际关系网络，包括自己的亲戚、朋友、老师、同学及校友资源等，也可以获取就业信息。通常由熟人推荐的就业机会，在同等条件下就业的成功率更高。

7. 社会实践、毕业实习或业余兼职

大学生通过与社会接触，也可加强与用人单位的联系，直接掌握就业信息。通过好的表现，就近获得就业岗位。

8. 用人单位

毕业生开始求职时可以“普遍撒网”，向自己认为适合的用人单位写自荐信，确定重要目标后，通过电话预约，然后登门拜访，毛遂自荐。这也不失为获取就业信息、获得就业成功的途径之一。

9. 网络

随着信息时代的到来，通过网络求职也是一种交流方式。用人单位和毕业生通过网络互相选择、直接交流，跨越时空界限，打破单向选择的传统人才交流格局。

（二）就业信息的作用

就业信息可以有效地帮助毕业生分析当前的就业形势、政策、用人单位的情况，尽早确定自己的就业目标，做到早定位，早行动。

就业信息可以给毕业生提供就业的机遇，每一条有用的就业信息都是一次就业的机会。互联网信息时代，谁了解的就业信息面广，真实性高，谁就有机会找到理想的工作。

就业信息可以让毕业生了解用人单位的条件，及时补充知识，加强对自身综合素质的培养，增强就业竞争意识。

就业信息有利于毕业生在今后的自主创业、职业发展中，更好地适应岗位需要；对那些延缓就业的学生来说更是进一步了解社会、对照用人单位的要求提升自身能力的途径。

（三）就业信息收集的原则

(1)准确。要确保信息源真实可靠，收集过程中要严格分析、筛选，去伪存真，排除错误的信息。

(2)时效。要花最少的时间以最快的速度进行收集，因为信息本身具有时效性，只有及时收集到的信息才是有效的。

(3)系统。对于就业程序、目标岗位相关信息、意向单位招聘信息等，要全面、系统地了解，以便把握方向，达到预期目的。

(4)目的。在收集中要有方向性、针对性，不能漫无目的地收集。同时，应尽量获取关键信息，才能在求职中占据优势地位。

（四）就业信息收集的内容

就业信息的内容非常广泛，通常应该重点收集以下几个方面的信息。

1. 社会对本校、本专业毕业生的需求状况

依据其受欢迎程度及时调整自己的择业期望值，有的放矢。

2. 招聘单位的具体情况

(1)招聘单位的准确全称、隶属关系，上级主管部门(指人事管理权限)，所招聘人才的专业、数量、使用意图、具体工作岗位及要求等。

(2)招聘单位的性质及其在行业中、地区中的地位及发展前景。

(3)招聘单位的发展历史，目前的硬件设施、发展规模、经济效益、职工收入状况及其他福利待遇(奖金、住房等)情况。

(4)招聘单位的管理体制、岗位设置、技术人员、管理人员、职工培训机会、个人发展前景等方面的情况。

(5)招聘单位的人事管理制度、人才使用情况，如晋升通道、劳动合同签订年限等。

(6)招聘单位的地理环境、文化氛围、办公条件等。

(7)招聘单位的联系方式，如地址、联系人、电话、传真、电子邮箱、邮编等。

3. 其他对毕业生求职择业有利的信息

如重要的社会关系、本地区毕业生的供需情况、男女生比例等。

二、就业信息分析与鉴别

(一)对用人单位信息的具体分析

掌握用人单位信息，不仅指在招聘广告和职业信息中选出最适合自己的求职机会，而且应包括在初步确定意向职业或岗位后，对该招聘单位及应聘岗位的工作要求有所了解。掌握和了解用人单位的信息量越大，判断的准确率就越高；反之，则越低。

对于用人单位的信息，可以从单位介绍资料中获得，也可以从当地工商管理部门或企业的主管单位了解到。如果认识该单位的工作人员，还能获得更多有价值的信息。亲自到企业去社会实践、实习与参观考察，也能对企业有近距离的真实认识。

毕业生也可考虑建立个人就业信息管理库(表 6-1)、供需见面会信息管理库(表 6-2)、用人单位基本情况数据库(表 6-3)等。

表 6-1　个人就业信息管理库

收集时间	单位名称	单位性质	招聘专业	招聘人数	所在地或网址	联系部门和联系人	联系电话	电子邮箱	备注

表 6-2　供需见面会信息管理库

举办时间	见面会名称	主办单位	举办地点	联系人	备注

表 6-3　用人单位基本情况数据库

单位名称	所有制形式	所在地	总体概况	经营范围	经济状况	福利待遇	发展前景

(二)就业信息的鉴别

一条比较好的就业信息应该包括以下要素。

第一，用人单位的全称、性质及上级主管部门名称。

第二，用人单位的实力、远景规划、在行业中及社会上的地位。

第三，对求职者年龄、身高、相貌、性别、体力等生理条件方面的要求。

第四，对求职者的敬业精神、工作态度等方面的要求。

第五，对求职者的学历、职业技能和其他才能的特殊要求。

第六，对求职者的价值观、兴趣、气质等心理特征方面的要求。

第七，个人发展的机会、工资收入、福利待遇等。

对就业信息进行鉴别的目的主要是辨别其真伪及可靠性、实用价值等，鉴别的对象主要是之前阶段加工整理的资料。

（三）就业信息的筛选

筛选就业信息的环节主要包括准确鉴别和合理排序。

1. 准确鉴别

信息的价值源于真实。首先要对不同渠道收集到的大量需求信息进行认真分析，确定其真实可靠程度。有的用人单位真心求才，所发布的就业信息真实可靠；有的用人单位实力不济，浮夸粉饰，真假参半；还有一些中介机构浑水摸鱼，发布虚假信息，以诈骗钱财为目的。这就要求每一位毕业生提高警惕，分析和鉴别所收集信息的真伪。通过一切可能的知情人，从不同角度分析和澄清疑点，全面印证、去伪存真，避免上当受骗。除了通过有关渠道和知情人去核实，有条件的话最好实地考察后再做决定。

2. 合理排序

筛选信息时，可以草拟一个职业选择提纲，确定择业标准，再按照标准进行初选，去粗取精、去伪存真，把自己需要的信息选出来，最后进行精选。

就业信息可以全面收集，但在比较筛选之后，就要把那些“小道消息”“二手消息”与经证实的、有根据的信息区别开来。前者有待于进一步证实，后者要重点选出、标明，注意留存。即使在真实的信息里面也不是每条都适合毕业生自己的实际情况。因此，毕业生要对自己掌握的就业信息进行比较和选择，分析各用人单位所需要的人才特点、对人才使用的方向以及该单位未来发展的前景等。有些用人单位从长远看能够给求职者比较大的发展空间，虽然目前可能条件差一些，这就要求毕业生独具慧眼。

进行信息排序后首先应对自己有全面且准确的评价，不但要清楚自己想干什么，更要弄明白自己能干什么。要清楚自己的兴趣爱好、气质特点、性格特点、基本素质、专业知识、技术能力等。在此基础上，才可以判断就业信息是否适合自己。

随着信息时代的到来，求职不仅是实力的竞争，也是信息的竞争。谁掌握了有效的就业信息，谁就能把握就业的先机。就业信息是职业选择的基础，是选择职业的重要依据。

典型案例

迷失在就业信息海洋中的小杨

小杨临近毕业，开始疯狂地收集各种就业信息。他每天都会登录各大招聘网站，浏览成千上万的岗位信息；他关注各种企业公众号，试图从中获取第一手的招聘信息；他还加入了校友群和求职群，希望能够从学长、学姐或者同届同学那里得到一些建议。

然而，随着信息的不断增加，小杨却发现自己越来越难以抉择。每个岗位都看起来不错，每个企业都似乎有着广阔的发展前景。他开始担心自己错过了更好的机会，也害怕一旦做出了决定，将来会后悔。每当夜深人静时，小杨躺在床上，脑海中总是浮现出各种各样的招聘信息和岗位信息。他开始怀疑自己的能力，担心自己找不到合适的工作。他开始失眠、焦虑，甚至逃避现实。偶然的一次机会，他遇到了一位经验丰富的学长。学长告诉他，求职并不是一场信息战，而是一场自我认知和定位的旅程。在获取信息时，要学会筛选和甄别，重点关注那些与自己职业定位相匹配的岗位和企业，避免被无效信息所干扰。最后，制订一个详细的求职计划，有条不紊地推进求职进程。小杨听了学长的话，恍然大悟。他开始重新审视自己的职业定位和发展方向，有针对性地收集信息，制订求职计划。虽然过程中仍然会遇到困难和挑战，但他已经不再感到迷茫和焦虑。他相信，只要坚持下去，一定能够找到属于自己的职业道路。

三、高职生就业心理误区

求职与其说是一场技术战，倒不如说是一场心理战。渴望顺利就业的高职学生，需要尽早了解影响求职的就业心理误区，自觉加强就业心理准备，努力提高自我的就业心理调适能力，塑造积极的就业心态，为顺利就业做好准备。

（一）期望值过高

随着国家经济的发展，高职毕业生择业期望值过高成为普遍的现象。据调查，90%以上的毕业生希望选择位于经济发达地区、工作环境好、效益好、工资高的单位。高职毕业生对自身在社会中的定位没有正确的认识和分析，容易高不成、低不就。一味地追求大城市、热门单位、热门职业，追求高薪、舒适、名气，就造成了“有的工作没人做，有的人没有工作”的现象，出现结构性失业的状况。

（二）焦虑恐惧

焦虑会使人在心理上产生危机感、迷茫感，甚至是恐惧感。许多大学生在焦虑之下产生虚幻心理，这是由心理冲突或害怕挫折引起的。他们既希望能尽快走上社会，谋求到理想的职业，又担心被用人单位拒绝，怕自己在择业上的失误会造成终身遗憾，产生就业恐惧感，对走上社会感到万分迷惘，甚至患上“择业焦虑症”。

（三）自卑胆怯

大学生在择业前，往往踌躇满志，渴望大显身手。一旦受到挫折，就容易自信心减弱，自尊心受损，产生自卑心理，甚至对自己全盘否定。有自卑心理的学生往往会伴有胆怯心理，不敢向用人单位推销自己，尤其在面试中较为常见。自卑感强的学生对自己的个性特点缺乏准确、客观的了解，求职时很容易产生消极心理。比如在择业中总是拿不定主意，过分退缩，对自己能胜任的工作，也不敢说“行”，没有年轻人应有的朝气。

在激烈的择业竞争中，大学生心理上的最大障碍是自己，阻碍成功的最大敌人也是自己。可在心里多预演成功的面试场景和结果，尽可能多给自己进行一些良好的自我心理暗示。

（四）盲目从众

从众心理是指一个人由于受到群体压力的影响，在认知、判断、信念与行为等方面与群体中的多数人保持一致的现象。这类人对自己的职业能力缺乏信心，求职就业时容易随波逐流，盲目从众。部分大学生缺乏社会实践锻炼，独立性不强，容易接受暗示，在困难和矛盾面前不知所措，不敢果断地做出选择和决定，只有“随大流”才能感觉“安全”。实际上，这种做法在一定程度上会给求职增加难度，也影响个人的发展。求职择业是一件严肃且郑重的事情，一定要认真考虑，谨慎行事，绝不能跟着感觉走。

（五）攀比心理

攀比心理指大学生在求职过程中，不从自身实际出发，不考虑新形势下用人单位对毕业生专业、能力、层次等方面的要求，盲目追求起点高、薪水高、职位高的工作岗位，也不考虑所选单位是否适合自己，只顾一味攀比。

（六）依赖心理

一些毕业生缺乏独立意识，就业时存在过分依赖心理。过分依赖学校，不主动寻找工作单位，等着学校给他们介绍工作单位，连面试都需要父母、朋友陪同，否则就会信心不足。一些大学生在机会面前顾虑重重，不能主动地参与就业市场竞争，不能积极地展示自己、推销自己，而是期望依靠外部条件或力量促成顺利就业，因此常常陷入“拖延、优柔寡断”的局面。

（七）挫折心理

挫折心理是指个人在从事有目的的活动时遇到障碍而表现出来的情绪反应。一个人产生心理挫折后，就可能陷入苦闷、焦虑、失望、悔恨、愤怒等多种情绪之中，甚至产生悲观情绪。大学生由于长期生活在校园中，生活经历比较简单，没有经受过挫折的考验，所以心理承受能力和自我调节能力相对较差，情绪波动性大，情感较为脆弱，缺乏应对挫折的准备。

一些学生参加校内外招聘会，处处投简历，却常常石沉大海。屡屡失败之后，就会产生挫折心理。他们忧心忡忡，悲观失望，对自己和未来失去信心，不思进取，消极等待，沉浸在失败的阴影里无法自拔。

（八）嫉妒心理

嫉妒心理的主要特征是把别人的优越之处视为对自己的威胁，因而感到心理不平衡，甚至是恐惧、愤怒，于是借由贬低、诽谤以至报复的手段来求得心理补偿。

在求职过程中受环境、机遇及其他诸多因素的影响，即便对同等资历的求职者来说，其求职结果也会产生落差，反映到自身就会生成一定的嫉妒心理。有些同学常常会拿自己身边同学的就业标准来定位自己的就业标准，看见别人留在了大城市，找到了好工作，觉得自己的各方面条件也不错，必须找个更好的工作才行，否则就没有面子；还有些同学，长时间没有找到满意的工作，就感到目标渺茫，人生无望，情绪一落千丈，对社会、学校产生不满和愤恨情绪。有些人把自己的失败迁怒于同宿舍或同班的同学，贬抑、挖苦、中伤、打击别人。

职场小贴士

高职生就业心理调适

（一）就业心理调适策略

1. 更新就业观念，正视社会现实

我国的经济、教育结构仍存在不均衡现象，社会为大学生提供的工作岗位确实还不可能令每一个人都满意。但随着毕业生就业制度的改革，大学生职业选择的机会也在持续增加。因此，大学生必须从实际出发，更新就业观念，正视社会现实。大学毕业生的眼光不能仅仅停留在用人单位的待遇方面，而应结合自身特点，考虑用人单位是否具备供自己发挥个人潜能的空间。

2. 积极参与竞争，坦然面对挫折

“双向选择”的就业制度为高校毕业生和用人单位提供了双向选择的机会。因此，大学生应珍惜机遇，积极参与竞争，在竞争中寻找自己的位置，实现职业理想。就业竞争日益激烈，求职失败、遭遇挫折也是正常的事情。因此，对于职场上的得失，要以平常心对待，要理性看待失败。面对求职过程中的挫折和困难，高校毕业生应冷静分析，能屈能伸，学会化解求职心理压力，以积极的态度面对求职过程中遭遇的挫折。

3. 克服依赖心理，实现真正自立

高校毕业生大多在父母无微不至的关爱下成长，大多由父母解决一切困难。正因为缺少挫折的磨炼，部分大学生在毕业前仍习惯依赖父母、老师的帮助，没有实现真正意义上的自立。因此，有些大学生在择业过程中缺乏自信，把希望寄托在“拉关系”“走后门”上；有的毕业生甚至让家长出面与用人单位洽谈就业事宜。实际上，毕业生应该意识到现实世界是一个需要每个社会成员都积极参与竞争的社会，应该充分认识到自己才是求职的主体，要发挥自身的积极主动性，树立强烈的主体意识。

4. 调整就业心态，促进人格完善

在求职时，自己或身边的同学出现一些不健康的心态是正常的，没有必要过度担心、害怕。当然，对于这些不良心态也要学会主动调适，必要时还可以寻求有关心理专家的帮助。进行自我心理调适的方法有很多。

第一，可进行积极的自我心理暗示，鼓励自己、相信自己，帮助自己渡过难关。

第二，可以向朋友、老师倾诉，寻求他们的安慰与支持。

第三，还可以通过体育锻炼、听音乐、郊游等方式转移自己的注意力，排解心中的烦闷，放松自己的心情。

通过对自己在就业时出现的种种不良心态的分析，可以发现自己平时不容易察觉的一些人格缺陷。应该说这些人格缺陷是产生这种就业心理问题的根本原因，如果现在没有很好地完善自己的人格，那么这些问题还会在今后的工作、生活中继续给自己带来困扰。因此，有关问题暴露得越早越好，同时也不必为自己所存在的人格缺陷而懊恼，因为很少有人的人格是绝对完美的，关键是要在发现自己的问题的基础上，积极改善自己、发展自己，使自己的人格更趋成熟，使自己将来的人生道路更加顺畅。

5. 开拓进取，勇于创业

“大众创业、万众创新”已成为当前社会的共识，因此大学生也可以有自主创业的打算。创业既可以毕业后马上实行，也可以在有一定的社会积累后再实行。据不完全统计，大学生创业率在美国高达25%，在日本有10%，我国大学生自主创业也呈快速上升的势头。新时代的大学生，应有敢闯敢干的精神，树立自主创业意识。关键是要有准确的观念与思路，要对自己有合理的规划与定位，要与有市场经验的人合作，摆脱学生公司的思维，进行科学化、职业化的管理。

(二)就业心理调适方法

所谓心理调适，就是根据自己的发展及环境的需要对自己的心理进行控制和调节，从而最大限度地发挥个人潜力，维护心理平衡，消除心理困扰。

1. 自我激励法

自我激励主要指用生活中的哲理、榜样的事迹或明智的思想观念来激励自己，同各种不良情绪做斗争，坚信未来是美好的。因为失败、挫折已成为过去，要勇敢面对下次机会。即使遇到意外事件或就业受挫，也要鼓励自己不冲动、不急躁，而应开动脑筋、冷静思考、寻找对策。大学生在就业过程中，要相信自己的实力，自我激励，增强信心，消除自卑感，保持良好的情绪和心态。

2. 注意力转移法

注意力转移法即把注意力从消极情绪转移到积极情绪上，当不良情绪出现时，可以采用转移注意力的方法激活新的兴奋中心，以抵消或冲淡原来的兴奋中心，使不良情绪逐渐消失。例如，听听音乐、参加体育运动、冥想放松、玩玩小游戏等，使自己及时摆脱不良情绪，回归平静。

3. 适度宣泄法

当遇到各种矛盾冲突，引发不良情绪时，较好的宣泄方法是向挚友、师长倾诉自己的忧愁、苦闷，使不良情绪得到疏导。在倾诉烦恼的过程中，可以获得更多的情感支持和理解，获得认识和解决问题的新思路，增强克服困难的信心。也可以通过打球、爬山等运动量较大的活动，消除压抑心理，恢复心理平衡，但应注意场合、身份、气氛，注意适度，这种宣泄应是无破坏性的。

4. 自我安慰法

自我安慰法又称自我慰藉法。就业过程中，大学生常常会遇到挫折，当经过主观努力仍无法改变时，可适当地进行自我安慰，以缓解内心的矛盾冲突，消除焦虑、抑郁、烦恼和失望情绪，这样有助于保持心理平衡。在遭受挫折时，可用“亡羊补牢，未为晚也”“塞翁失马，焉知非福”等话语来自我安慰，解脱烦恼。总之，应保持平常心，排除诸如不满、愤懑、妒忌、焦虑、恐惧等负面情绪的干扰。

5. 合理情绪疗法

人们的情绪困扰是不正确的认知即非理性信念造成的。因此，通过对认知进行纠正，以合理的思维方式代替不合理的思维方式，就可以最大限度地减少不合理的思维给人们情绪带来的不良影响。

知识窗

基于岗位胜任力视角的招聘简章解读

招聘公司名称：四川××制造有限公司。

职位名称：生产线操作员。

岗位职责：

1. 负责生产线上的设备操作，确保生产流程的顺畅进行。
2. 严格按照生产计划和作业指导书进行操作，保证产品质量和生产效率。
3. 对设备进行日常维护和保养，及时发现并报告异常情况。
4. 协助生产线上的其他员工，完成生产任务，确保生产目标的达成。
5. 遵守公司的安全规章制度，确保个人和他人的安全。

任职要求：

1. 专科及以上学历，机械、电子、自动化等相关专业应届毕业生。
2. 对生产制造行业有兴趣，愿意从基层岗位开始发展。
3. 具备良好的学习能力和团队合作精神，能够迅速适应新环境和新工作。
4. 细心、耐心，具备一定的动手能力和问题解决能力。
5. 身体健康，能够适应一定程度的体力劳动和加班工作。

招聘简章解读：

生产线操作员作为生产制造型企业的基础岗位，其岗位职责不是简单的设备操作，而是涉及团队协作、问题解决以及安全生产等多个方面。从岗位胜任力的视角来看，一个优秀的生产线操作员需要具备多方面的能力和素质。

首先，岗位胜任力强调员工在特定岗位上完成工作任务和达到预期目标的能力。因此，生产线操作员需要熟练掌握设备操作技巧，确保生产流程的顺畅进行，这是其基础技能的重要组成部分。其次，生产线操作员需要与团队成员紧密合作，共同完成生产任务。因此，良好的团队合作精神和沟通能力也是必要的。再次，由于生产线操作涉及设备的维护和保养，因此员工需要具备一定的问题解决能力和动手能力，能够及时发现并处理异常情况，确保生产线的稳定运行。最后，安全生产是制造型企业不可忽视的重要环节。生产线操作员需要严格遵守安全规章制度，确保个人和他人的安全，这是不可忽略的重要职责。

任职要求部分是对岗位胜任力的具体化。专科及以上学历的要求保证了应聘者具备基本的理论知识和专业素养；对生产制造行业的兴趣和愿意从基层岗位开始发展的态度，体现了应聘者的职业追求和发展潜力；良好的学习能力和团队合作精神是应聘者快速适应新环境和新工作的重要保障；细心、耐心以及动手能力和问题解决能力则是完成生产线操作员岗位职责所必需的基本素质；身体健康和能够适应一定程度的体力劳动和加班工作的要求则确保了应聘者能够胜任这一岗位的体力要求。

素质训练

请锁定五家有意愿且符合入职要求的目标企业，分别完成就业信息管理表(表 6-4)。

表 6-4　就业信息管理表

公司名称：	信息来源：	公司性质：	公司规模：
公司文化：	业内排名：	竞争对手：	工作地点：
招聘岗位：	工资待遇：	晋升方式：	岗位职责：
专业要求：	学历要求：	能力要求：	特长要求：
其他要求：	联系方式：		

· 任务二
· 准备求职材料

情境导入

诚信求职

小张是某高职学校计算机专业的毕业生，在校期间各方面表现都不错。临近毕业，他也像其他同学一样，从各个方面收集就业信息，如学校主管部门的网站、院系发布的信息，以及自己从招聘网站等收集的信息等，并且对这些信息进行了整理和筛选。当得知学校近期要举办双选会时，他也积极准备相关求职材料，还特地花钱找广告公司制作了精美的简历。

招聘会十分热闹，小张拿着简历，穿梭于会场之中，一会儿就将简历投递完了。正当他准备返回时，发现一家传媒公司招聘的职位就是他想要的。这家公司他以前也了解过，待遇等方面都不错，只是有一项明确要求，即必须有在校期间参加计算机方面的技能竞赛获得的奖项。小张虽说学习成绩优秀，但他平时喜欢独自钻研，不喜欢参加集体活动，也没有这方面的奖项，但他此时非常想去这家公司。他走过去，负责招聘的中年男子笑着问：“同学，你的简历呢?”小张这才意识到手里一份简历都没了，只好匆忙把姓名、学校、专业、特长填在一张空白纸上递给负责人，当负责人特别强调要有竞赛获奖证书时，小张果断地说“有”，负责人表示让他尽快补一份简历送来，小张也来不及再找公司制作简历，就草率地自己打印了一份简历交给了负责人。

等了一周，公司通知他来面试，他非常高兴地来到面试现场，谁知面试官首先就向他要获奖证书，他一时间蒙了，因为他根本就没有证书。结果他无比尴尬，只得灰溜溜地离开。

想一想：如果你是小张，会怎么做呢?

“工欲善其事，必先利其器。”对大学生来说，欲善“求职”之事，应先利“求职材料”之器。一份准备充分、内容吸引人的求职材料，是踏上求职之旅的“通行证”。

制作求职材料，是大学生实现就业愿望的第一步。求职材料是用人单位了解求职者的窗口，通过这个窗口，用人单位可以了解到求职者成长过程中的学习、实践和生活的缩影。求职材料的优劣在很大程度上决定着求职者能否获得面试机会，求职者必须精心准备自己的求职材料。

一、求职材料的组成

一般情况下，一份完整的求职材料包括毕业生就业推荐表、求职信、个人简历、附件及其他相关材料。求职者可根据不同单位、不同岗位对求职材料的不同要求，决定材料的组合和取舍。

（一）毕业生就业推荐表

毕业生就业推荐表(见表 6-5)是学校为帮助毕业生就业，专门向用人单位出具的一份正式的推荐函。该表一般由三部分组成：一是毕业生本人情况介绍；二是毕业生所在院系推荐意见；三是学校就业主管部门推荐意见。一般来讲，这个表格是学校推荐毕业生的正式书面材料，因而具有较高的权威性和可靠性。用人单位往往对该表比较重视，所以毕业生要认真填写。

表 6-5　毕业生就业推荐表(样表)

<table>
<tr><td rowspan="7">个人资料</td><td>姓　名</td><td></td><td>性　别</td><td></td><td rowspan="4"></td></tr>
<tr><td>出生日期</td><td></td><td>政治面貌</td><td></td></tr>
<tr><td>学　历</td><td></td><td>身体状况</td><td></td></tr>
<tr><td>所学专业</td><td></td><td>身　高</td><td></td></tr>
<tr><td>联系电话</td><td colspan="2"></td><td>邮　箱</td><td></td></tr>
<tr><td>入学前户籍所在地</td><td colspan="4"></td></tr>
<tr><td>个人特长及爱好</td><td colspan="4"></td></tr>
<tr><td rowspan="2">成绩与荣誉</td><td>成绩表</td><td colspan="4"></td></tr>
<tr><td>在校期间
所获荣誉</td><td colspan="4"></td></tr>
<tr><td>实践经历</td><td>社团活动、兼职
和实习实训</td><td colspan="4"></td></tr>
<tr><td rowspan="5">语言及技能</td><td>所学语种</td><td></td><td>级　别</td><td colspan="2"></td></tr>
<tr><td>计算机操作情况及能力</td><td colspan="4"></td></tr>
<tr><td rowspan="3">所获技能证书</td><td></td><td rowspan="3">等
级</td><td colspan="2"></td></tr>
<tr><td></td><td colspan="2"></td></tr>
<tr><td></td><td colspan="2"></td></tr>
<tr><td colspan="2">自我评价</td><td colspan="4"></td></tr>
</table>

续表

辅导员意见	签字： 年　月　日
系主任意见	签字： 年　月　日
学校意见	（签章）
招聘单位意见	（签章）

该表要用钢笔如实填写，字迹应端正清楚。“成绩表”一栏要附上由学校教务部门提供的成绩单，并加盖教务部门公章方有效。“学校意见”栏要提出推荐范围。

用人单位确定接收毕业生后，必须与毕业生、学校一起签订毕业生就业协议书，办理有关手续。

（二）求职信

求职信也称自荐信，是求职者有目的地向用人单位做自我介绍的书面材料。求职信要针对特定的用人单位乃至特定的人而写，主要表述求职者的主观愿望、自身具备的素质和特长，以求吸引招聘者的注意力，进而取得面试机会。

求职信在求职过程中具有极其重要的作用，是大学生进行自我推销、展示公关能力的重要途径。

（三）个人简历

个人简历就是概括描述求职者简要经历的书面材料，是对一个人技能、成就、经验、教育背景、求职意向的总结。用人单位通过个人简历了解求职者的经历，并对其受教育程度、兴趣和特长等有一个初步的印象。

个人简历应包括以下基本内容。

(1)个人基本情况。必须有姓名、性别、联系方式、出生年月、籍贯、政治面貌、婚姻状况、身体状况、兴趣爱好、个人特长等。

(2)学业情况。毕业学校及所学专业、获得的学位及毕业时间、学过的专业课程(可附上详细成绩单)，以及一些对工作有利的辅修课程。

(3)个人经历。主要是学习和社会工作的实践经历，有些用人单位比较看重在课余参加过哪些活动，如实习、社会实践、志愿者工作以及学生会、团委、社团等的工作。不要列入与自己意向工作毫不相干的经历。

(4)荣誉和成就。包括能够证明自身素质和能力的各项荣誉证书、奖励，还可以把自己较有成就的经历写上去。

(5)求职愿望。主要表明自己想做什么，能做什么，尤其是能为用人单位带来什么。

个人简历要注意三方面的要求：一是要准确、真实、简明扼要；二是要反映出个性和创意，不能千篇一律；三是要有重点，尽量突出有利信息。

个人简历末尾可另附附件及其他材料。主要包括毕业证书、各种资格证书、公开发表的论文及作品、奖状和荣誉证书及院系教师的推荐信。有些用人单位也要求提供申请表、登记表、报名表、身份证和学生证的复印件等材料。一般情况下，投递材料只提供复印件，当获得面试机会时，才有必要向用人单位提供原件。求职者应该根据用人单位的需要准备好相应材料。

(四)成绩单

成绩单是大学毕业生学习成绩的证明，通常为表格形式，应由学校教务部门出具并盖章。

(五)参加社会实践、实习的鉴定材料

参加社会实践和实习能让毕业生体验社会生活，为毕业后踏进社会做好充分的准备，积累相关经验，提高自身的实力。鉴定材料是社会实践单位和实习单位给予的书面评价，对日后就业有一定的帮助。

(六)封面

封面是求职材料的门面，就像一个人的脸面，它折射出一个人的喜好和素养。一个精心制作的封面能起到吸引招聘者眼球的作用，提高求职成功率。通常精美的封面能让对方感觉你很有创意，也更能表达你的诚意。

(七)装订要求

求职材料一般需要装订成册，装订时要考虑以下要求。

(1)装订顺序要遵循重要程度。求职材料装订中，要充分考虑用人单位对求职材料各种信息的需求程度，所以最好按照求职材料所反映的信息的重要程度来安排装订顺序。常见的装订顺序为：封面、求职信、个人简历、毕业生就业推荐表复印件、成绩单、其他证明材料(包括各种证书的复印件、各种作品或成果的复印件)。

(2)所有求职材料切忌歪斜，字体应该一致，排版的行距应该一致。

(3)所有求职材料的纸张应该整洁干净，大小尽量一致。

(4)切忌用松动的透明文件夹装材料，以免求职材料脱落，造成散页、掉页。

二、求职信及其写作

求职信也叫自荐信、自荐书，是个人简历的附信，属于商业信函，可放在简历的前面，也可放在简历的后面。求职信能够很好地补充简历本身缺乏描述性词语的不足。

(一)求职信的一般格式

(1)称呼。要顶格写，如“尊敬的招聘主管”“尊敬的单位领导”等。

(2)开头。要以问候语开头。

(3)正文。介绍自己的条件，要注意表现自己的成绩，突出优势。

(4)结尾。要强调求职愿望并向招聘方致敬。

(5)附件。选用的证明材料要有盖章和签名。

（二）求职信的写作技巧

首先，要语气自然，写信就像说话一样，语气可以正式但不能僵硬。

其次，要通俗易懂，写信时要考虑读者对象的知识背景，不要使用生僻词语和过于专业的术语。

再次，要言简意赅，要尽可能简明扼要，切忌长篇大论。

最后，要具体明确，不要使用模糊、笼统的字眼，多使用实例、数字等具体说明。

1. 开头

求职信的开头部分，除了称呼和问候语外，还需要包括自我介绍、获取招聘信息的渠道及意向职位等内容。求职信的第一句话很重要，如果写得好，不仅可以让收信人愿意继续阅读，而且可以在第一时间给他留下极佳的印象。

求职信的第一句话有很多写法，归纳起来主要有以下形式。

(1)概述式。用一句话概述你所具备的任职资格及工作能力。例如："在完成了会计学专业的学习，并取得了注册会计师资格以后，我相信自己能够卓有成效地为贵公司的发展做出贡献。"

(2)提名式。如果条件允许的话，可以提及一位推荐你到用人单位求职并且为该单位所熟悉或尊崇的人。必须写全这个人的姓名，后面加上职衔，也可以简单地称"先生"或"女士"。例如："贵公司企划部的王某某先生告诉我，你们需要一位优秀的策划人员。"

(3)提问式。针对用人单位的需要，先提出一个设问或假设，然后用一句话表述你诚挚地希望自己能够帮助对方实现目标。例如："如果贵公司需要每分钟能打 100 个字以上的秘书，本人将是绝佳人选。"

(4)赞扬式。先赞扬用人单位最近一段时间所取得的显著成就或发生的明显变化，再表示自己愿意为其效力。例如："贵公司近期公布了本年度业绩，盈利之高为业内人士所津津乐道，本人真诚地希望为贵公司效力。"但是要记住，语气千万不要过度热情，否则就会有奉承之感。

(5)应征式。说明自己通过什么途径了解到用人单位的招聘信息，并肯定自己的条件符合用人单位的要求。例如："本人的受教育程度和工作经验满足贵公司在网上公布的招聘条件。"

(6)独创式。可以用比较新奇的、能表现你在某些方面的过人才华的句子作为开头。但是，这种开头只能用于申请需要丰富想象力的职位，如广告文案、装潢设计、平面设计、工业设计等。

2. 正文

求职信的正文部分一般陈述三方面的内容，对招聘单位的认知和理解、自身综合能力即求职资格、能为招聘单位做出什么贡献。

(1)描述对招聘单位的认知和理解。

这方面的内容通常描述招聘单位有什么好的方面能够吸引你，要表达适当的认可、赞赏，让对方知道你愿意为其服务。如果对方是一家大公司，那么可以说说它的名声、销售业绩、影响力、公司文化或其他任何能让其感到骄傲的地方；如果对方是一家中小型企业，那么可以说说所处行业及公司前景。

这一部分的内容不是必需的。如果你对招聘单位及其行业背景有清楚的认识，最好能有自己的独特见解，避免千篇一律，刻意陈述。如果对招聘单位及所处行业情况不是十分了解，那么最好不要班门弄斧，以免有溜须拍马之嫌。

(2)描述自身综合能力。

这是求职信的核心部分。需要有的放矢地说明个人技能和个性特征如何满足公司岗位要求，要让招聘人员明白为什么你是最佳人选。

对于教育背景、知识技能、工作经验等，通常在简历中应做翔实介绍。为此，在求职信中，只需要针对招聘单位及应聘岗位的要求，围绕两三个要点发挥，突出自己的知识技能和工作能力，以引起招聘单位的兴趣。

切记这部分内容一定要有针对性，要突出与所申请职位有关联的内容。所陈列的每一方面的知识技能和实践经历，都要能充分表明自己可以胜任该职位，从而让招聘人员认可你是最好的人选，从而使自己顺利通过筛选进入面试程序。

(3)强调能为招聘单位做出什么贡献。

上面所描述的能力是就求职者自身情况而言的，而招聘单位更看重的是求职者能为自身做出什么样的贡献。这里有个误区，即很多求职者为了表示自己的谦虚，在求职信中大书特书自己的不足，并表示希望能够在将来的工作中得到学习提高的机会。事实上，这种谦虚是没有必要的，每个单位都会对自己的员工进行培训，但是这并不是招聘员工的初衷，招聘，是看重员工可能带来的贡献。

3. 结尾

求职信结尾部分的内容可以包括以下几个方面。

(1)强调自己对应聘职位的兴趣。在求职信的结尾，可以再次强调自己对应聘职位的兴趣，点到为此，不必啰唆，语气也不必太过于“乞求”。

(2)表明自己希望得到面试机会。呈递求职信和简历是为了能得到面试机会，而并非为了马上就能得到工作机会。没有一个招聘单位会因为某人求职信和简历写得好就免去其面试环节直接签约。为此，只需表明自己希望能得到面试机会，或者告知招聘单位自己将在什么时间向对方确认资料是否安全到达，以及询问面试事宜。

(3)向招聘者表示谢意和祝福。如同在书信的最后要向对方表示敬意和祝福一样，在求职信的结尾，也应当写上一些诸如“顺祝愉快安康”“深表谢意”之类的通用祝福词语。

(4)署名、日期和联系方式。外国人一般会在名字前加上“你诚挚的”“忠诚的”“值得信赖的”之类的形容词，但在国内，这种方式还是不要效法，以免不伦不类。按照中国人的习惯，在求职信的右下角直接写上自己的名字即可。日期应写在名字下方，应用阿拉伯数字书写，年、月、日都要写全。尽管联系方式在简历上已经注明，但还是建议毕业生在求职信结尾处再写明自己的详细通信地址、邮政编码和联系电话，方便招聘人员繁忙之中也能快速找到自己的联系方式。

(三)求职信的注意事项

1. 为每家单位(或每一类单位)调整措辞

不要递交适用于任何职位的通用求职信。要确保信中的语气适合所申请单位的氛围。要琢磨招聘要求，调整求职信措辞，使其适合对应的意向单位。

2. 要写具体事例

要在求职信上用事例证明自己为什么适合这份工作，以及为什么想来这家单位。推销自己的一个好方法是把经历和职位描述联系起来，列出和招聘要求相匹配的技能和经历。不要夸大其词、自我吹嘘，这类行为只会引人反感。

3. 篇幅要短

求职信不仅要短，更要引人入胜。求职信中要重点突出自己背景材料中与用人单位最相关的内容。通常招聘人员对与其招聘单位有关的信息最敏感，所以求职者要把自己与招聘单位和职位之间最相关的信息表达清楚。

求职信要言简意赅，切忌长篇大论。求职信的功用只为争取一个面试机会，求职者不太可能凭一封求职信就可以找到一份心仪的工作。招聘人员的工作量很大，时间宝贵，求职信篇幅过长会使其失去阅读的兴趣。

4. 内容要和简历不一样

不要在求职信里重复简历上的一切内容。求职信是展示自己的亮点和个性的媒介。重复写过的内容只会浪费宝贵的机会。

一般不宜主动在求职信中提到自己的弱点。如果没人问你最大的缺点是什么，就不要急着把它说出来。求职信不是用来反思自我的。

5. 关注招聘单位而不是自己

在求职信中应尽量表现出自己对招聘单位的关心及如何帮助其成长。别过多用“我要”，而是要体现自己对招聘单位有何用处。

6. 严格遵守求职信格式

求职信篇幅不能超过一页，尽量分四到五个段落。第一段应该进行自我介绍，说明自己想申请的职位，并且用一句话总结自己喜欢这份工作以及适合这份工作的原因。接下来的两个段落应该写该工作需要的技能和能深入体现自身素质的成就。如果需要更多细节的话，甚至可以再用些篇幅来解释自己的条件是多么适合这份工作。最后应该简短强调为什么对这个职位充满期待，并对招聘人员花时间看求职信表示感谢，也可以礼貌地让他们知道自己方便随时联系。

7. 语句无错，前后一致

一封好的求职信不仅能体现求职者清晰的思路和良好的表达能力，还能反映出求职者的性格特征和职业化程度。所以一定要注意措辞和语言，写完之后要通读几遍，精雕细琢，切忌有错字、别字、病句及文理欠通顺的现象。否则，就可能使求职信“黯然无光”或者带来更为负面的影响。一定要反复修改求职信，至少让一个朋友帮忙检查有无语法、断句和逻辑错误，并且确保前后一致。

8. 力争脱颖而出

求职信最常见的问题是“千人一面”。的确，网络给求职者提供了更多的方便，但面对着互联网上成千上万的职位，有的求职者采用了“天女散花”式发求职信的方式，事实上成功率很低，连“广种薄收”都达不到，多以“广种无收”而告终。原因很简单，这种千篇一律、没有任何针对性的求职信，招聘人员看得太多了。此时，是否具有针对性已成为决定求职信奏效与否的“生命线”。另外，个性化也很重要。有的求职信中没有任何豪言壮语，也没有任何华丽的辞藻，却能够使人读来觉得亲切、自然。

求职小贴士

求职信范文

尊敬的××先生：

您好！

非常感谢您在百忙之中翻阅我的材料，希望您能给我一个机会。

我很庆幸能在贵公司的网站上面看到这个能充分发挥自己专业特长的工作岗位，能得到你们的关照是我的期盼。得力的助手能令您工作顺心，合适的工作单位有助于我施展才华，因此我冒昧给您写了这封自荐信。

我叫××，是××职业学院的应届毕业生，所学专业是数控技术。主修课程有数控编程及操作、数控工艺与装备、数控机床结构、机械制图、机械技术基础、AutoCAD、CAXA 制造工程师等。

本人大学三年来对专业的知识掌握比较扎实，而且还多方涉猎，在数控车铣床方面进行过特别培训，懂得一般的零件编程、加工及数控加工工艺。掌握 AutoCAD、CAXA 等绘图软件及自动编程，可以进行 FANUC 数控系统及其他系统的手工编程。懂得机械制图和识图，熟悉数控床机的操作，了解机床的基本维护等知识。在其他方面，我还掌握基本的钳工操作，熟悉 Word、Excel 等办公软件的使用；普通话流畅，善于沟通。

当然，大学三年的学习生活中，我也有一定的社会实践经历，养成了冷静自信的性格和踏实严谨的工作作风，并且拥有参加社会竞争的勇气。然而，我所学知识是有限的，大学培养的仅仅是一种思维方式和学习方法。因此，我将在今后的实践中虚心学习，不断钻研，积累工作经验，提高工作能力。我热切期望能加入贵公司，请给我一个机会，我会用行动来证明自己。

为了方便您的审查，随信附有我的简历一份，希望贵公司能给我一个发挥能力的机会。

祝贵公司事业蒸蒸日上！

此致

敬礼！

求职人：×××

××××年××月××日

三、个人简历的制作

个人简历，对于找工作至关重要，有时甚至起到决定性的作用。通过对众多单位组织的大学毕业生招聘的调查，我们得知，简历最好能在 15 秒内给阅读者留下深刻印象。

常用的个人简历格式有三种，即图表式(图 6-1)、时间顺序式、学习工作经历式。图表式是用图表的形式列出自己的基本情况和学习、工作经历，使人一目了然；时间顺序式是按年月顺序，列出自己的学习工作经历，特点是条理清楚；学习工作经历式则是根据需要有选择地列出自己的学习、工作经历，充分表现自己的技能、品德。对刚从大学毕业的求职者来说，宜采用第一种格式。

(一)个人简历的内容

1. 个人的基本情况

主要指姓名、年龄、性别、籍贯、学历、政治面貌、联系方式(电话号码和电子邮箱)等。个人的基本情况的写作应该简单、直观、清晰并且没有冗余信息。

2. 教育背景

按照次序，写清所在学校名称、专业、学习年限及相关证明等，让招聘单位迅速了解求职者的学习背景，以判断其与应聘职位的相关性。

3. 工作或社团经验

大学生一般没有工作经验，但经常会利用假期等时间勤工俭学、做兼职或积极参加各类性质的社团活动，可充分提供在校期间的打工经验、社团经验，说明自己承担的工作、组织的活动等经验，供招聘单位参考。

4. 爱好和特长

无论是因所学专业还是个人兴趣而发展出来的特长，只要是与工作性质有关的，都应写出来。这将有助于招聘单位评估求职者的所长与其应聘职位的要求是否相符。

5. 知识、技能水平

包括知识结构(主修课程和从事的科研活动)描述、外语和计算机水平及其他技能方面的证书等。

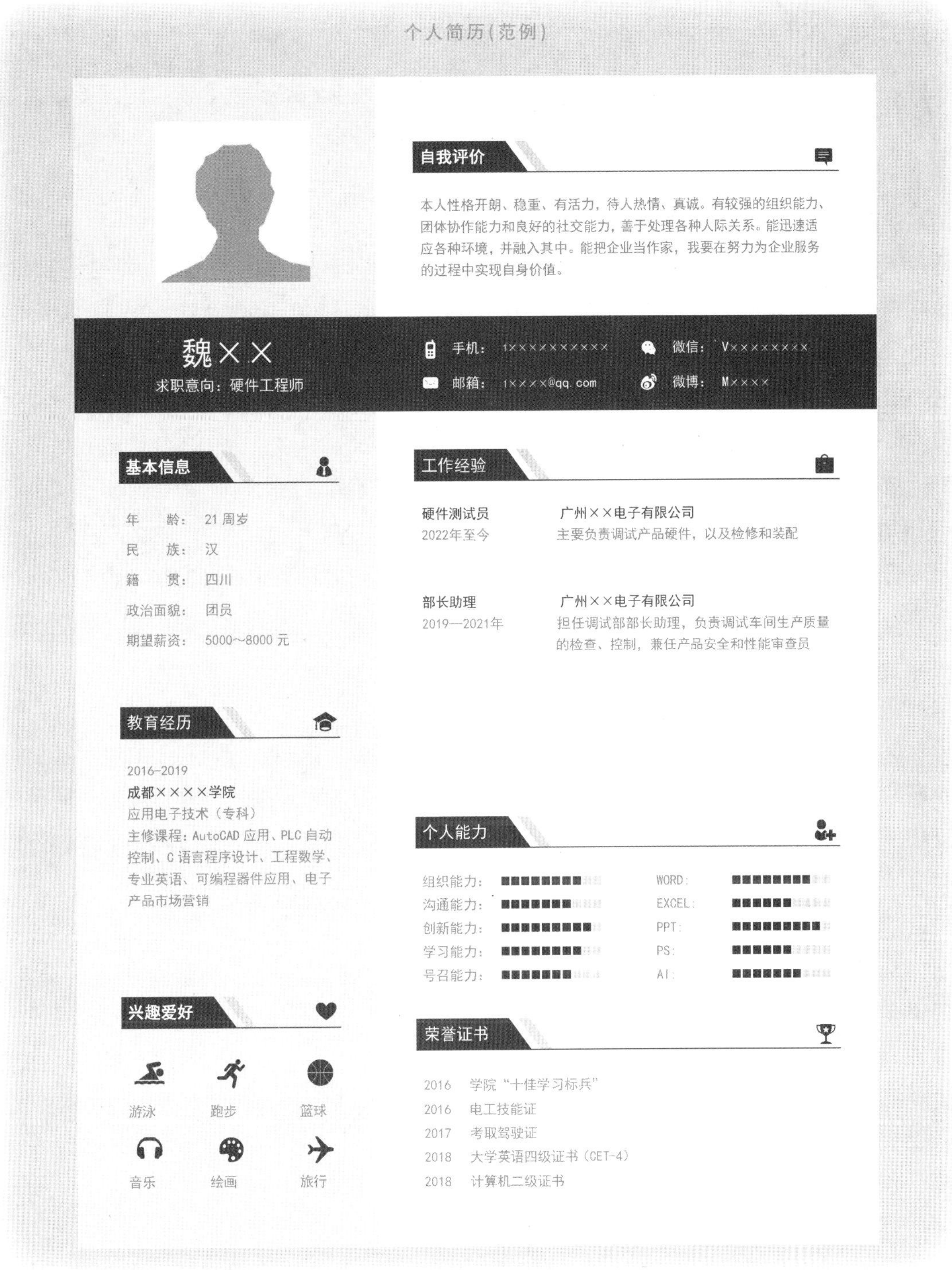
个人简历(范例)

自我评价

本人性格开朗、稳重、有活力，待人热情、真诚。有较强的组织能力、团体协作能力和良好的社交能力，善于处理各种人际关系。能迅速适应各种环境，并融入其中。能把企业当作家，我要在努力为企业服务的过程中实现自身价值。

魏××
求职意向：硬件工程师

手机：1××××××××××
邮箱：1××××@qq.com
微信：V××××××××
微博：M××××

基本信息

年　龄：21 周岁
民　族：汉
籍　贯：四川
政治面貌：团员
期望薪资：5000~8000 元

工作经验

硬件测试员
2022年至今
广州××电子有限公司
主要负责调试产品硬件，以及检修和装配

部长助理
2019—2021年
广州××电子有限公司
担任调试部部长助理，负责调试车间生产质量的检查、控制，兼任产品安全和性能审查员

教育经历

2016-2019
成都××××学院
应用电子技术（专科）
主修课程：AutoCAD 应用、PLC 自动控制、C 语言程序设计、工程数学、专业英语、可编程器件应用、电子产品市场营销

个人能力

组织能力：
沟通能力：
创新能力：
学习能力：
号召能力：
WORD：
EXCEL：
PPT：
PS：
AI：

兴趣爱好

游泳　跑步　篮球
音乐　绘画　旅行

荣誉证书

2016　学院"十佳学习标兵"
2016　电工技能证
2017　考取驾驶证
2018　大学英语四级证书（CET-4）
2018　计算机二级证书

图 6-1　图表式个人简历

6. 求职意向

在个人简历上需清楚地表明自己意向就业的地域、行业、具体岗位等，以便招聘单位了解求职者的志向与追求，从而做出正确选择。

7. 联系方式与备注

个人简历上要清楚地标明求职者的电话号码(固定电话应加上长途区号)、手机号码，以及电子邮件地址、传真号码等。要确保招聘单位能通过简历中的联系方式迅速联系到自己。

（二）简历的撰写原则

1. 真实性原则

求职材料是毕业生对自己大学生活的全面总结，在内容上必须保证真实，切忌为赢得用人单位好感而弄虚作假。

2. 规范性原则

简历既要全面反映自身的基本情况，又要反映自身的优势、特长、爱好；要突出自己的优点、成绩，也要说明自身存在的缺点；要说明自己对用人单位及职位感兴趣的原因，还要表达自己努力工作的决心。填写简历使用的术语也要规范，例如，“健康状况”一栏，一般应填写“健康”，而不能填写优秀、良好、一般、健壮等。

3. 个性化原则

简历要体现出求职者的个性，不能“千人一面”，更不能“张冠李戴”。由于不同的用人单位对求职者的要求不尽相同，个人简历的准备也应根据不同的单位而有所差异。

4. 突出重点原则

个人简历必须讲求简明扼要，突出重点，要让人迅速、明确地看到求职者的基本情况。有些同学的简历做工精巧，设计美观，但就是没有重点，很多页里写的都是一些无关紧要的信息，如学校简介、院系简介、人生格言等，没有实际价值。

5. 设计美观原则

准备求职简历的目的之一是吸引用人单位对求职者的注意力。因此，求职简历的设计就显得尤为重要。一般来讲，求职简历应采用 A4 纸打印或复印，复印件不要放大或缩小，并且应当对简历进行必要的版面设计。理工类专业毕业生的简历，版面讲究自然、朴实、理性、洁净；文学、艺术、管理、软件设计等专业毕业生的简历，则应该更富有创意和美感。

（三）简历撰写的注意事项

1. 针对岗位定内容

撰写简历不能千篇一律，需要针对每个招聘岗位撰写有针对性的、个性化的求职简历。

2. 求职意向需具体

求职意向越具体，越有利于招聘单位进行初步选择，明确的求职意向能提升求职成功率。

3. 联系方式要留全

简历中手机号码和电子邮箱都要留，如果有能够联系到本人的固定电话，也可以留在简历上，以备不时之需。

4. 使用招聘关键词

在对个人的知识结构、技能及综合素质进行描述时，尽量使用招聘关键词，这样可以给招聘者留下此人更符合岗位需求的印象。

5. 篇幅以一至两页纸为宜

简历一定要朴实简洁，切忌出现大段描述性的文字。一份简历用一至两页 A4 纸即可，这样可以使招聘者一目了然。

6. 学历实践重顺序

建议在教育背景部分先写最高学历，而后依次倒序撰写。同样，在社会实践或学生工作经历部分，也建议先写与招聘信息中所要求的经历、能力最为匹配的相关信息，而后按照重要顺序书写。

7. 数字呈现显优势

多用招聘单位关注的数字信息来突出个人的优势，尽量选用阿拉伯数字，效果会优于中文数字。

8. 文字细节莫忽略

简历成稿后一定要多检查几遍，不能出现错别字或者内部文字不统一的情况。有错别字或不规范的简历会给招聘单位留下不认真和不重视的印象。

数字讲堂

企业如何筛选大学应届毕业生的简历

企业在筛选大学应届毕业生的简历时，会遵循一套严谨而系统的流程，以确保能够挑选出最适合公司需求的新鲜血液。以下是企业筛选大学应届毕业生简历的主要步骤和考虑因素。

一、初步筛选

学历与专业背景：企业首先会查看应聘者的学历和专业，确保符合职位的基本要求。对于某些特定岗位，如技术类或研发类，企业可能更偏好具有相关专业背景的应聘者。

学校声誉：毕业于知名或重点院校的学生通常会更受青睐，因为这些学校的毕业生往往具备较高的综合素质和学习能力。

基础技能：企业会检查应聘者是否具备职位所需的基本技能和资质，如外语能力、计算机水平等。

二、深入评估

实习与项目经验：企业会特别关注应届生的实习和项目经验，这些经历能够反映应聘者的实际操作能力和团队协作精神。具有丰富实习经验和优秀项目成果的应聘者往往更具竞争力。

个人素质与潜力：除了专业技能和经验外，企业还会关注应聘者的个人素质，如沟通能力、创新思维、解决问题的能力等。同时，企业也会评估应聘者的潜力，看其是否具备长远发展的可能。

自我评价与职业规划：企业会关注应聘者对自己的评价和对未来职业发展的规划，以判断其是否与公司的文化和价值观相符，以及是否有明确的职业目标和发展方向。

三、面试与综合评估

简历筛选后，企业会邀请部分应聘者参加面试。在面试过程中，企业会对应聘者的专业技能、个人素质、团队协作能力等进行更深入的评估。同时，企业也会考虑应聘者的性格特点和适应能力，以判断其是否适合公司的团队氛围和工作环境。

综上所述，企业在筛选大学应届毕业生的简历时，会综合考虑多个方面，以确保能够找到最适合公司需求的人才。因此，作为应届生，在撰写简历时应注重突出自己的专业背景、实习经验、个人素质和职业规划，以提高自己的竞争力。

四、其他求职材料的准备

(一)封面

求职材料封面应包括学校名称、专业名称、学历、姓名、联系方式等内容。按照人们长期形成的快速阅读习惯，文件(或文件中的某一段落)的头和尾通常是阅读焦点，因此在这两部分中务必体现出最为重要的数据。而一旦用人单位选中，如何与应聘者取得联系就成为主要的问题。因此，在整份封面的一头一尾(或头或尾)，务必将本人的联系方式突出地标明。

要记得把简历做成活页式的，事先多设计一些封面，针对不同的面试官和职位，搭配相应的封面，可以提高求职成功率。必须针对不同的行业和职位，采用不同的封面，否则会事倍功半。

求职材料封面设计方法主要有以下几种。

1. 色彩创意法

根据广告学理论，鲜明的色彩通常可以吸引眼球，配以合适的图案可以将观看者的目光吸引到相应的焦点。这种类型的封面不需要显示关于自己的任何信息。其目的只有一个，即用色彩和图形来展示自己的个性和风格，让招聘人员有翻开简历的兴趣。

2. 徽标照片法

将印有自己学校徽标的求职材料封面投递给用人单位，有时也能引人注意。可以在封面上面三分之一处，左侧放置学校徽标，右侧标明校名等信息，中间罗列个人信息，最下面的三分之一，放置母校有代表意义的照片。

3. 朴素格言法

求职者有时不需要华丽的辞藻，不需要艳丽的色彩，仅用一句话就能打动面试官。朴实的语句、简单的构图，可展现求职者内心的宽广和博大。这种类型的封面一定要注意格言和图案的搭配，力求简洁明了。

4. 漫画线条法

应聘动漫、创意职位类的求职者可以使用漫画线条法，通过求职材料封面就可以让面试官直接感受求职者扎实的美术功底和创意。

(二)毕业生就业推荐表与成绩单

毕业生就业推荐表是毕业生双向选择就业推荐表的简称，是学校用于向用人单位推荐毕业生的书面材料，表中所填内容反映了学生的个人信息、学习成绩、奖惩情况、社会实践经历等方面的情况，是用人单位选择人才的重要依据，直接关系到毕业生的切身利益。毕业生就业推荐表在自荐材料中有举足轻重的地位，可以说是学校认证，具有权威性的材料，用人单位对此有较高信任度。把它放在自荐材料中可加大自荐材料的可信度及自荐力度。

毕业生就业推荐表一般包括本人及家庭的基本情况、在校期间学习成绩和奖惩情况、自我鉴定、组织意见等部分。因为学校的毕业生就业推荐表统一规范，易给人千篇一律的感觉，内容上也难以全面反映毕业生的特点，缺乏个性，所以毕业生在编写其他自荐材料时注意不要重复，而要进行必要的补充和添加。必要时可在毕业生就业推荐表中选取具有价值和有利于求职的重点部分(如学习成绩、组织意见等)，将其加到其他自荐材料中。

因学校发给毕业生的正式就业推荐表(即盖上学校学生就业指导服务中心公章的毕业生就业推荐表)每人只有一份，所以自己可多复印几份，以备在双向选择的过程中与其他材料一起递交给用人单位。只有当用人单位决定录用自己且自己也愿意去该单位就职时，才能将盖有学校就业指导服务中心公章的推荐表交给该单位。

成绩单是由学校的教务部门出具并盖章的成绩证明，在应届毕业生求职时是必须具备的。用人单位可以通过成绩单了解毕业生的学业水平和具体科目的学习情况。

（三）各种获奖证书和技能证书

1. 外语水平和计算机水平证书

包括各类英语水平证明，如大学英语四、六级成绩单，公共英语等级考试的证书，计算机二、三级考试的证书，参加各类培训取得的证明等。

2. 技能证书与职业资格证书

(1)职业资格证书。求职路上，多一种职业资格证书，就可能多一条就业门路。职业资格证书表明持证者接受过该职业所需要的职业知识与技能方面的教育，并具备这方面的能力，如电工证书、律师资格证书、教师资格证书等都是职业资格证书。

获得职业资格证书需要通过职业资格鉴定。高职大学生通过职业资格鉴定获取职业资格证书的途径有两条，即校内途径和校外途径。校内途径就是参加学校组织的职业资格鉴定。学校根据人力资源和社会保障部门的安排，公开信息，由系或辅导员、班主任具体组织安排；学生只需按照学校的安排认真及时参与，包括交纳一定的费用、填写表格、准备好制作证书用的照片等，然后按时到指定地点参加考试，考试通过后由学校通知学生领取证书。校外途径是指学生在学校组织的职业资格鉴定活动之外，获得其他的职业资格证书，这需按当地职业技能鉴定指导中心的安排认真按时参与。

(2)职业技能鉴定证书。职业技能鉴定是指按照国家规定的职业标准，通过政府授权的考核鉴定机构，对劳动者的专业知识和技能水平进行客观公正、科学规范的评价与认证的活动。职业技能鉴定包括职业资格一级(高级技师)、职业资格二级(技师)、职业资格三级(高级)、职业资格四级(中级)、职业资格五级(初级)的资格考评。

（四）获奖证明

获奖证明包括在大学期间参加各种比赛或活动的获奖证明、奖学金证明或优秀学生干部证书等。

（五）推荐信

推荐信也是大学生求职过程中不可忽视的部分。这里所指的推荐信并不是那种找关系、托人情“走后门”的“条子”，而是权威人士所写的实事求是、认真负责的推荐信。有的单位是比较重视推荐信的，而写推荐信的权威人士也是十分珍惜自己的声望的，真正的学者、教授或某一领域的权威不会滥用别人对自己的信任进行不负责任的推荐。

素质训练

求职目标视角下的简历素材梳理

简历素材梳理有助于求职者全面、系统地回顾自己的经历和能力。通过梳理学习经历、实习经历、项目经验、技能证书等素材，能够更清晰地认识自己的优势和特长，从而更有针对性地展示自己与目标岗位的要求。简历素材梳理还有助于同学们发现自身存在的不足和需要提升的地方。在梳理过程中，可能会发现自己的某些技能或经验尚显薄弱，可以作为一个提醒，促使自己在未来的学习和工作中不断提升改进。

明确了简历素材梳理的重要性，我们需要根据自身情况，在求职目标的视角下完成以下活动(关键词尽量来自真实的招聘简章)。

1. 目标岗位：____________________。

2. 目标岗位应掌握的核心知识：____________________。

3. 目标岗位应掌握的核心技能：____________________。

4. 目标岗位应具备的核心素养：____________。

5. 支持你胜任这一岗位的课堂活动、实习(兼职)、实践、比赛、项目、学生干部经历或社团活动经历等(先罗列后整理填写)。

(1)课堂活动、实习(兼职)、实践、比赛、项目、学生干部经历或社团活动经历的情况：单位名称、岗位名称、工作职责、目标任务等。

A. ____________

B. ____________

C. ____________

D. ____________

(2)在此过程中完成的任务。(关键词+数字说明)

A. ____________

B. ____________

C. ____________

D. ____________

(3)在此过程中取得的业绩。

A. ____________

B. ____________

C. ____________

D. ____________

(4)通过以上经历的描述，你认为可以为目标岗位创造价值的才能有哪些？

A. ____________

B. ____________

C. ____________

D. ____________

· 任务三
· 掌握面试技巧

情境导入

场景一：小李的面试时间是上午九点，但是因为堵车，他九点十分才进入面试的公司。小李看见一位公司员工，于是很着急地一边跑一边问：请问×××面试室在哪儿？

场景二：求职者小赵正在和面试官交流，面试官问："你对我们公司了解吗？为什么想加入我们呢？"小赵回答说："老师在群里发布了贵公司的招聘信息，我看了介绍，有一定了解。本来我是想要专升本的，但是如果不实习就业的话，我担心不能完成实习任务，所以希望加入公司。"

想一想：这两位同学的做法或回答你赞同吗？

一、笔试

笔试是用以考核应聘者特定的知识、专业技术水平和文字运用能力的一种书面考试形式。这种形式可以有效地评估应聘者的基本知识、专业知识、管理知识、综合分析能力和文字表达能力等素质。许多知名企业在招聘时，要对求职者先进行笔试，只有通过笔试者，才能进入面试。

(一)可能的笔试内容

(1)知识面的考核。主要考查通用性的基础知识和担任某一职务所必须具备的业务知识。

(2)智力测试。主要测试毕业生的记忆力、分析观察能力、综合归纳能力、思维反应能力，以及对于新知识的学习能力。

(3)技能测验。主要是针对求职者处理问题的速度与质量的测试，检验其对知识和智力运用的程度和能力。

(4)性格测试。主要是通过一些心理测验试题或一些开放式的问题来考查求职者的个性特征。

(二)笔试的类型

笔试可以在面试之前，也可以在面试之后，作为继续考核合格者的一种手段。用人单位一般会为毕业生安排以下几种笔试。

1. 文化基础知识测试

用人单位往往会根据自己单位的实际出发，采取笔试的形式来考查大学生的文化水平，考查其文化基础是否扎实，文字表达能力水平的高低。一般考试内容涉及知识面广、题目多、难度适中。

2. 专业知识考试

专业知识考试，又称深度考试。考试内容主要是和招聘岗位有直接关系的专业知识。这类考试有以下特点。

一是范围广。试卷上往往出现与该专业有关的各类知识。例如，化学类专业知识考试包括普通化学、有机化学、无机化学、物理化学等。

二是知识新。考试不仅包括专业方面的一些基础知识，还涉及该专业或行业目前发展的最新动态。

三是针对性强。这类考试目的明确，即选拔本单位所需的专业人才。因此，这类考试更注重对知识的运用。通常试题中会有一部分题目与用人单位的产品或实际情况有关。

3. 非技术性笔试

这类笔试一般来说更常见，对于求职者的专业背景的要求也相对宽松。非技术性笔试的考查内容相当广泛，除了常见的英文阅读和写作能力、逻辑思维能力、数理分析能力外，还会涉及时事政治、生活常识、情景演绎甚至智商测试等。

有的用人单位会进行综合能力测试，这种测试包含智商测试的内容，但难度更高。例如，求职者要在规定的时间内对一组数据或一组资料进行分析，找出其合理的地方和存在的问题，并设计出解决的方案。这是对毕业生的阅读理解能力以及发现、分析和解决问题的能力等素质的全方位测试。

(三)笔试的技巧

笔试主要适用于一些对专业技术要求和对录用人员素质要求很高的大型企事业单位，如一些涉外部门、专业公司及国家机关等。

在参加笔试之前，应了解笔试的范围，以便做好准备，充分发挥出自己的水平，争取获得好的成绩，取得应聘的成功。笔试可分为以下三种。

(1)专业考试。主要检验应聘者担任某一职务时是否能达到其所要求的专业知识水平和相关的实际能力。如外资企业、外贸企业要考外语，公检法机关录用公务员时要考法律知识。

(2)智力测试。主要测试应聘者的分析和观察问题的能力、综合归纳能力、思维反应能力。

(3)技术测试。主要测试应聘人员处理问题的速度和效果，检验知识和智力运用的程度、能力。

(四)笔试准备

良好的笔试成绩来自平时的努力学习。大学生在大学期间应刻苦学习，将所学专业的基础知识熟练掌握，这样在考试时就能信心十足，得心应手。

1. 笔试前应进行复习

复习已学过的知识是准备笔试的重要方式。笔试一般有大体的知识范围，可围绕这个范围翻阅一些有关的图书资料。有些课程的内容，因学习时间已久，可能淡忘，经过复习，有助于恢复记忆。知识可分为主要靠记忆掌握的知识和必须通过不断运用来掌握的知识。从用人单位的角度看，主要目的是考核求职者对所学知识的运用能力。因此，在复习过程中一定要善于将知识运用到对实际问题的解决中去，学以致用，要合理地分配和统筹时间，讲究效率。

2. 保持良好的身心状态

临考前，要适当减轻思想负担，保证睡眠充足，适当参加一些文体活动，从而使高度紧张的大脑得到放松和休息，以充沛的精力参加考试。

3. 做好临场准备

提前熟悉考场环境，有利于消除应试时的紧张心理。应仔细察看考场注意事项，尽量按要求做好。除携带必备的证件外，一些考试必备的文具(钢笔、橡皮等)也要准备齐全。

二、面试

面试是用人单位招聘时最重要的一种考核方式，是供需双方相互了解的过程，是一种经过精心设计，以交谈与观察为主要手段，了解求职者信息和能力的一种测评方式。多数大学生因为面试经历少，不懂面试技巧，信心不足，常常不知所措。掌握面试技巧，是大学毕业生求职择业时面临的新课题。

(一)面试的主要类型

根据面试的实施方式，面试可被分为五类。

(1)一对一的个别面试。常用于第一轮面试，主要目的是排除一些素质相对较差者。

(2)多对一的主试团面试。由多个部门组成主试团，考核求职者的人格素养、业务素质、行为风格等。

(3)多对多的小组面试。面试对象有多个，便于对求职者进行比较。

(4)小组讨论面试。由求职者组成一个临时工作小组，讨论给定的问题并且做出决策。该方法的目的是考核求职者的领导能力、组织能力、口头表达能力、说服力、洞察力、人际关系技巧等。

(5)评估中心面试。一些专业化程度高的招聘单位通常会用一两天的时间通过评估中心进行人才选拔。评估中心将进行一系列综合性的考核，包括公文筐测试、无角色小组讨论、演讲、管理游戏、案例分析等，目的是考核求职者的适应能力及在一个全新的、毫无准备的情境中处理问题的能力。

(二)面试内容

因为面试官不同、职位不同、时间不同、地区不同，针对求职者的测评内容也并非完全一样，而且偏重的方面也不同。比如，如果应聘的职位属于组织或人事部门，测评就可能偏重于考查求职者的道德水准、政治标准、纪律标准，以及政治立场和为人处世的原则等。如果在一般行政业务部门，求职者处理问题的能力就显得比较重要。一般而言，面试测评有一些通用的基本内容，主要包括以下几方面。

1. 仪表仪态

仪表仪态指求职者的体态、外貌、气色、衣着举止、精神状态等。比如国家公务员面试对仪表风度的要求较高。研究表明，仪表端庄、衣着整洁、举止文明的人，一般做事有规律、注意自我约束、责任心强。

2. 专业知识

专业知识测评主要了解求职者掌握专业知识的深度和广度，其专业知识与职位要求的符合程度，是对专业知识笔试的验证和补充。面试对专业知识的考查更具灵活性和深度，所提问题也更接近招聘岗位对专业知识的实际应用需求。

3. 工作实践经验

工作实践经验测评一般根据求职者个人简历或求职登记表，进行相关提问。查询求职者有关背景及过去工作的情况，以补充、证实其所具有的实践经验。通过工作经历与实践经验了解和考查求职者的责任感、主动性、思维能力、口头表达能力及遇事时的理智状况等。

4. 口头表达能力

口头表达能力测评主要考查面试中求职者是否能够将自己的思想、观点、意见顺畅地表达出来。考查的具体内容包括表达的逻辑性、准确性、感染力、音质、音色、音量、音调等。

5. 综合分析能力

综合分析能力测评主要考查面试过程中，求职者能否对面试官所提出的问题通过分析抓住其本质，并且能否做到说理透彻、分析全面、条理清晰。

6. 反应能力与应变能力

反应能力与应变能力测评主要考查求职者对面试官所提问题的理解是否准确、贴切，以及回答是否迅速、准确；对于突发问题的反应是否机智敏捷，回答恰当；对于意外事情的处理是否妥当。

7. 人际交往能力

人际交往能力测评指面试官在面试过程中，通过询问求职者经常参与哪些社团活动、喜欢同哪种类型的人打交道、在各种社交场合所扮演的角色等，了解求职者的人际交往倾向和与人相处的技巧。

8. 求职动机

求职动机测评主要了解求职者为何希望来本单位工作、对哪类工作最感兴趣、在工作中追求什么，以判断本单位所能提供的职位或工作条件等能否满足求职者的工作要求和期望。

9. 工作态度

工作态度测评的目的有二：一是了解求职者对过去学习、工作的态度；二是了解其对应聘职位的态度。在过去学习或工作中态度不认真、做好做坏都无所谓的人，在新的工作岗位也很难做到勤勤恳恳、认真负责。

10. 上进心

上进心强烈的人，一般在事业上有明确的奋斗目标，并为之积极努力；通常表现为努力把现有工作做好，且不安于现状，工作中常有创新。上进心不强的人，一般安于现状，无所事事，不求有功，但求敷衍了事，因此对什么事都不热心。

11. 自我控制能力与情绪稳定性

自我控制能力对国家公务员及许多其他类型的工作人员(如企业的管理人员)显得尤为重要。情绪稳定性强的人，一方面，在遇到上级批评指责、工作有压力或个人利益受到冲击时，能够克制、容忍，理智对待，不致因情绪波动而影响工作；另一方面，在工作时也更有耐心和韧劲。

12. 业余兴趣与爱好

业余兴趣与爱好测评主要了解求职者休闲时间喜爱从事哪些运动、喜欢阅读哪些书籍、喜欢收看什么电视节目、有何嗜好等。了解一个人的兴趣与爱好，对录用后的工作安排有参考价值。

13. 其他

面试时面试官还会向求职者介绍本单位及拟聘职位的情况与要求，讨论有关工薪、福利待遇等求职者比较关心的问题，以及回答求职者可能要问到的其他问题等。

(三)面试前的准备

面试是求职的关键环节，需要事先做好准备，主要包括以下几个方面。

1. 研究用人单位

“知己知彼，百战不殆。”面试前对用人单位进行充分了解，对于顺利通过面试非常重要。求职者要通过多种渠道(如宣讲会、网站、社会关系等)，设法了解目标单位和意向职位的情况，了解其所在地、规模、背景、经营状况和发展前景，以及工作要求、待遇、培训情况。了解该单位的文化有助于判断其环境是否良好；知道需要招聘什么样的员工，可以帮助自己恰当地回答问题。

2. 审视自己

面试准备中最重要的还是充分了解自己，面试前要梳理一下自己的情况，对照应聘岗位的招聘要求，问一问自己：“我是否对这个岗位感兴趣？我参与竞争的优势是什么？我的劣势是什么？如果被问到劣势方面，我该如何应对？”

3. 物品准备

面试前，应把自己准备带去参加面试的文件包整理好，带上必需品，带好个人简历、求职信、各种荣誉证书和成绩单的复印件等。多带一份简历，有备无患。

4. 面试训练

应届毕业生缺乏面试经验，在面试前有必要进行面试的学习和训练。先了解各种面试形式，学习他人经验，并可向学长请教，还可以3～5人一组，轮流扮演面试官和求职者，模拟面试，锻炼表达能力，积累经验。

5. 心理准备

面试过程，是一个复杂的心理变化过程，成功的关键在于自己优秀的素质以及良好的临场发挥。面试前要进行心理调适，克服紧张情绪，并排除心理干扰。面试时要适度放松，才能发挥出最佳水平。

(四)面试的一般程序

1. 面试开始阶段

这段时间里，求职者应该确定面试时使用的总体语调和应当营造出的气氛。这是面试中最重要的一个阶段，因为第一印象的好坏很可能决定用人单位是否录用求职者。面带微笑、大方得体、信心满满，是最好的面试状态。

2. 正式面试阶段

这段时间里，面试双方的主要任务是互相了解情况。面试官在这段时间里要同时对求职者做出三方面的评价。

第一，求职者的能力和性格是否适合这项工作。

第二，如果求职者成为单位中的一员，能做出什么贡献。

第三，如果决定聘用该求职者，是否有决策错误的风险。

求职者必须让面试官觉得自己热情、友好，使其相信自己完全符合上述三方面的要求。求职者还应该利用这段时间主动打听招聘单位及工作情况。一方面可以表现出自己对招聘单位非常关注，另一方面也可以从面试官的介绍中了解其对人才的真实诉求。

3. 面试结束阶段

此时求职者应该做到以下几点。

第一，表现出自己对该招聘单位的兴趣。

第二，对面试官表示感谢。

第三，如果结果还没有确定下来，可以问："我在哪些地方符合你们的要求？哪些地方不符合？"或者问："我有希望被录用吗？"这些问题表达了自己对该招聘单位的兴趣，效果就像问"我有希望成为主要候选人吗？"一样。这样做的好处是加深面试官对自己的印象，提高中选的可能性。

第四，要善于觉察面试官暗示面试结束的种种迹象，如开始整理纸张或不再继续提问，这就是暗示面试结束了，求职者应及时且有礼貌地告辞。

（五）面试着装

服装、外貌同交谈一样，是面试官了解求职者的重要途径。从某种程度上说，其重要性绝不亚于面试中的语言对白。如果一个求职者能镇定自若，注意仪态，穿着得体，面试时就可能脱颖而出。求职者在衣着服饰方面要注意以下几点。

第一，男同学应穿深色西装，打领带，要注意衬衣袖口的清洁。

第二，女同学忌讳服饰过于繁杂、鲜艳，应该避开大红、橙色、粉红、紫色等颜色。

第三，要尽量少佩戴饰品，突出大学毕业生年轻、有朝气的一面，以清新的形象示人。

第四，要擦去皮鞋灰尘和污痕，要系牢鞋带。男同学的鞋子颜色一般不要比裤子颜色淡，女同学不要穿鞋跟过高的鞋子。

第五，切勿穿休闲装、运动装参加面试。

职场小贴士

面试注意事项

（一）面试中的礼仪

礼仪是一个人素质与教养的具体表现。面试中良好的礼仪能向面试官传递信息——我非常尊重您，也很希望获得这份工作，同时我对自己充满自信。

1. 赴约守时

守时是职业道德的一个基本要求，如果你面试迟到，那么不管你有什么理由，都会被视为缺乏自我管理和约束能力，即缺乏职业能力，会给面试官留下非常不好的印象。提前10分钟到达面试地点效果最佳。在面试时迟到或是匆匆忙忙赶到都是不妥的，而提前半小时以上到达亦会被视为没有时间观念。

2. 进入招聘单位后的礼仪

求职者必须明白自己的面试有可能从一踏入单位大门就开始了，必须时刻小心留意。到了招聘单位后，最好径直前往面试地点，不要四处闲逛，让人误会自己别有用心或图谋不轨。如果招聘单位有前台服务人员，则应当开门见山说明来意，到指定区域落座。若无前台，则找面试工作人员求助。这时要注意用语文明，“您好”和“谢谢”是必要的。

3. 等待面试时的礼仪

参加面试时可以自带一些报刊用来在等待时阅读，而不要来回走动，以免显得自己急躁不安，也不要与别的求职者聊天。多余的谈话对周围的影响是难以把握的，也许会导致应聘失败。当然，如果此时有该单位的介绍材料，可以仔细阅读了解，会对面试有所帮助。求职者应当特别注意，在等待面试期间，有时会发生一些预想不到的事情，这时千万要谨慎，这有可能就是招聘单位有意设计的情境测试。

4. 进入面试现场后的礼仪

无论门是敞开的还是关闭的，进入面试室之前都一定要敲门。连续敲两次门较为合适。敲门时千万不可敲得太用力。进门后应转过身去正对着门，用手轻轻将门合上，然后面带微笑走向面试官。走到面试官面前，应问候一声“您好”或“大家好”，等面试官示意你坐下时方可坐下。坐下后不要背靠椅子，也不要弓着腰；不必把腰挺得笔直，那样反倒会给人留下死板紧张的印象，而应以自然的姿势就座。

5. 面试过程中的形体礼仪

面试中，要保持上身正直，微向前倾，目光应注视面试官的眼部或脸部以示尊重，双手放在扶手上或交叉于腹前，双腿自然弯曲并拢，双脚平落地面；注意力集中，认真聆听面试官所提的问题，有条理地进行回答，切忌答非所问。面试过程中，如果工作人员向你发放资料或索要资料，一定起身接受或递送，同时说声“谢谢”。

6. 学会聆听

耐心聆听面试官提出的问题，弄清楚问题的内容。有些求职者在别人说话时，唯唯诺诺，频频点头，仿佛都听进去了，等别人说完，却又问道：“很抱歉，您刚才说了什么?”求职者的这种心不在焉、听漏重点的行为是很失礼的。所以参加面试时，一定要集中精神，细心地听完对方讲话。

7. 谈吐文雅、谦逊，态度热情

谈话时，眼睛要适时注意对方，不要东张西望，也不要漫不经心；不要眼皮低垂，也不要表现得缺乏自信。激动地争辩某个问题也是不明智的，冷静地保持不卑不亢的风度是最合适的。有的招聘单位会专门提一些无理的问题来试探求职者的反应，也就是“压力面试”。求职者如果处理不好，乱了分寸，面试效果显然就不会理想。

8. 回答问题时的礼仪

聆听问题时，可以适当点头或答话。对面试官提出的问题要逐一回答，条分缕析。回答时要口齿清楚，声音适度，内容应简练、完整；不要打断面试官的问话或抢问抢答，否则会给人急躁、鲁莽、不礼貌的印象。的确未听懂时，可礼貌地要求面试官重复问题(尽量不要出现这种情况)。当不能回答某一问题时，应如实告诉面试官，含糊其词和胡吹乱侃均会导致失败。对重复的问题也要有耐心，不要表现出不耐烦的情绪。

9. 退场时的礼仪

面试结束时，应站起来对面试官表示感谢。走出面试室时应先打开门，然后转过身来向面试官鞠一躬，再次表示感谢并告别，然后轻轻地将门合上。

10. 面试结束后的礼仪

可以分析一下自己在面试中的得失，事后写封信给面试官以示感谢，以增强自己在他们心目中的印象。

（二）面试行为的注意事项

1. 忌数落别人

切勿在面试时当着面试官数落同学、老师的不是。这样不但得不到同情，反而会令人觉得你记仇、不念旧情且不懂得与别人相处，因而招来面试官的反感。

2. 忌说谎邀功

面试时切勿说谎，伪造自己的所谓辉煌历史，或将不属于自己的功劳据为己有，即使现在能瞒天过海，也难保谎言将来不会有被揭穿的一日。因此，面试时应实话实说，可以扬长避短，但绝对不能以谎话代替事实。

3. 忌准备不足

无论学历如何高，资历如何深，工作经验如何丰富，当面试官发现求职者对申请的职位知之不多甚至连最基本的问题也回答不好时，其对求职者的印象分自然会大打折扣。面试官不但会觉得求职者准备不足，甚至会认为他们根本无志于这方面的发展。因此求职者在面试前应做好准备工作。

4. 忌长篇大论或少言寡语

面试时切勿滔滔不绝、喋喋不休。面试官最怕求职者长篇大论，没完没了。面试时只需针对问题，挑重点回答。与此相反，有些求职者十分害羞，不懂得把握机会表现自己，无论回答什么问题，答案往往只有一两句话，更有甚者只回答"是""有""好""可以"等，这同样不可取。如果性格胆小害羞，则应多加练习，做到谈吐自如。

5. 忌语气词过多

使用太多"呢""啦""吧"等语气词，会使面试官心烦意乱。语气词或口头禅太多，会让面试官误以为求职者自信心和准备不足。

6. 忌欠缺目标

面试时，千万不要给面试官留下没有明确事业目标的印象。一些求职者其他条件不错，但无事业目标，就会缺少主动性和创造性，对企业的贡献有限。面试官情愿聘用一个各方面表现虽较逊色，但具有事业目标和工作热忱的求职者。

数字讲堂

常见的面试问题及技巧

不论用什么形式面试，在面试中涉及什么类型的问题，面试官的主要目的都是考查求职者的三大能力（专业知识能力、可迁移能力和自我管理能力），并且判断该求职者是不是公司需要的人才。所以不论面试问题如何变化，围绕以下核心问题来做好准备很重要。

自我介绍：这是面试中最常见的问题，目的是让面试官了解你的基本情况和背景。

为什么选择我们单位：面试官想了解你对单位的了解程度，以及你的加入动机。

你的职业规划是什么：面试官想了解你的职业目标和对未来的规划。

你在实习或学习期间有什么收获：面试官想了解你的实践经验和学习成果。

你遇到过的最大挑战是什么，如何解决的：面试官想了解你的问题解决能力和应对挑战的态度。

你还有什么问题想问单位：面试官想要了解你的关注点还有什么。

以下是一些回答技巧。

自我介绍：简洁明了，突出自己的优势和与职位相关的经历。避免背诵式的口吻，尽量使用自然的口头语言。

对招聘单位和职位的了解：在面试前要对招聘单位和所申请的职位有深入的了解，这样可以在回答问题时更加自信和专业。

展示职业规划：可以结合招聘单位的业务和发展方向，表达自己的职业规划，并说明为什么这个职位能够帮助你实现这些目标。

分享实习或学习经历：要具体、生动地描述你的经历，并强调你从中获得的技能和经验。

谈论挑战和解决方案：要诚实地描述你遇到的挑战，并详细说明你是如何克服这些挑战的，以此展示你的解决问题的能力。

此外，还有一些面试技巧可以帮助你更好地应对面试。

塑造职业形象：穿着得体，仪态大方，展现出与职位相符的特点。

主动展现自我：在面试中主动展示自己的才学、实力和人品，但要注意适度，避免过于自夸。

注意细节：在面试过程中要注意言谈举止，给人留下良好的印象。

守时：尽量提前到达面试地点，展现出你的专业素养和诚信度。

典型案例

情境面试

大学生小强参加一个企业的招聘会。面试时，求职者一个个走进招聘办公室。面试官身后的墙壁上贴着一张醒目的告示——每人面试只有五分钟时间，敬请配合。

许多求职者一进办公室，面对如此短的时间要求倍感紧张。为抓住有限的时间便向面试官滔滔不绝地介绍自己的情况和经验。即使面试官办公室的电话响起，也不愿轻易中断。

轮到小强时，当他进到办公室后，发现地上有一张用过的白纸，他便随手捡起放到桌子上，然后恭恭敬敬地站在那里等待面试官的问话。谈话进行约 2 分钟时，办公桌上的电话便响了起来。小强心想："面试的紧要程度总还是次要的吧，万一公司有什么事情呢。"于是小强笑了笑，在铃响两遍后，拿起电话递给了面试官。这时，面试官露出了笑容，说："恭喜你，你被录用了！"。

小强入职后偶然问起当初自己为什么会被录用，那位面试官笑着说，面试中地上撒落的纸和电话是故意安排的现场测试。公司认为能够主动捡起纸和主动中止面试不影响接电话的人，一定是认真、顾全大局的人。

大部分毕业生在面对面试时，能很好地"表现"和"包装"自己。因此，现在不少单位除常规面试之外，更重视从面试场外的一些场景暗中考查求职者。因为在一个自然随意、没有约束条件的环境下，处于非应试状态中的求职者，其表现才更加自然和真实。

实际面试过程中，面试官可能只采取一种面试形式，也可能同时采用几种面试形式。无论面试形式怎样变化，其目的只有一个，即综合考查求职者的专业知识背景、智商、情商、仪表、气质、口才和应变等能力。可以说，面试是对一名毕业生进行综合素质测试的途径。

素质训练

模拟面试

模拟面试就是通过安排仿真的面试现场、正规的面试流程，让同学们亲身感受面试的全过程。模拟面试的整个过程应力求达到真实面试的效果。面试结束后，老师会现场为同学们分析其面试表现，并提出改进建议。

活动：全员模拟训练。

目标：全员模拟训练，观察面试情况，发现自身所存在的问题，课后及时改正。

全员模拟训练流程：

1. 前期准备

由6～8人组成一个小组，分小组进行模拟面试准备。

2. 资料准备

准备不少于10家企业的招聘信息、岗位信息以及15个面试问题和面试评价表等材料。

3. 课堂实践

实践时间为30分钟，具体步骤如下。

(1)按小组进行模拟面试。小组成员应表现出真实的面试场景。

(2)选出2个小组进行现场模拟，第一小组从成员中选人扮演面试官、求职者并设计15个问题。

(3)第一小组进行模拟面试，按面试流程完成面试任务。

(4)第二小组对第一小组的表现进行评价。

(5)老师进行总结和点评。

项目七
就业程序与就业权益

智慧导航

法者，所以兴功惧暴也；律者，所以定分止争也；令者，所以令人知事也。

——管仲

项目导读

高职毕业生应按照国家规定办理毕业手续。

就业协议书是明确毕业生、用人单位、学校三方在毕业生就业工作中的权利和义务的书面文件。就业协议书的签订，意味着求职找工作的过程结束。协议在毕业生到单位报到、用人单位正式接收毕业生后自动终止。就业协议书一经签订，各方就必须严格履行。

落实了工作或与用人单位确定了工作意向，并不意味着就此完成就业。与用人单位签订劳动合同是一个关键环节，它是劳动者合法权益得到有力保障的重要举措之一。

本项目主要介绍国家和地方政府关于大学生就业手续办理的政策与规定，以及近几年出台的与大学生就业相关的优惠政策，以指导大学生掌握并遵循国家政策，顺利实现就业。本项目的学习重点在于掌握毕业生在就业中享有的权利和应尽的义务，就业协议和毕业程序、劳动合同和就业权益的维护，以及派遣制员工、社会保险和公积金等常识。

学习目标

(1)了解就业协议签订与解除的程序，了解毕业生派遣、档案和户口、人事代理等相关知识及办理程序。

(2)熟悉并掌握就业工作流程，识别和防范常见的就业陷阱。

(3)能依据相关法律，维护自己和他人的合法权益，增强法治观念和法治价值观。

(4)树立诚信就业意识，增强就业权益自我保护意识。

(5)培养法治观念与契约精神，遵守法规与道德规范，学会维护就业权益，树立诚信公正的就业价值观。

案例导入 | 违反就业协议需支付违约金吗？

·任务一
·签订就业协议

情境导入

违约的李明同学

李明是某高职学院机电一体化技术专业的应届毕业生。在学校的积极推荐下，李明与一家知名的自动化设备制造企业——智汇科技有限公司(简称"智汇科技")签订了就业协议书。协议书中明确了双方的权益与义务，包括工作岗位、薪资待遇、服务期限及违约责任等条款。然而，就在李明即将完成毕业手续，准备入职的前夕，一个意外的机会出现了。一家位于沿海城市的初创科技公司——未来创新科技公司，向李明抛出了橄榄枝。这家公司虽然规模不大，但正处于快速发展阶段，且提供的岗位与李明的专业高度契合。面对这一突如其来的诱惑，李明陷入了深深的思考。经过几天的挣扎与考虑，李明最终决定接受未来创新科技公司的邀请，要和智汇科技解除就业协议。他深知这一决定可能带来的后果，但还是鼓起勇气，向学校就业指导中心和智汇科技表达了自己的意愿。经过和智汇科技协商，李明最终同意支付一定数额的违约金，并承诺在未来的职业生涯中更加注重诚信和契约精神。

想一想：签订就业协议书时应秉持什么态度，如果要违约，应该怎么妥善处理?

一、毕业生就业的权利和义务

(一)权利

《中华人民共和国宪法》《中华人民共和国劳动法》《中华人民共和国高等教育法》《普通高等学校毕业生就业工作暂行规定》等法律法规和政策均规定了毕业生应有的权利。概括起来主要有以下内容。

1. 获取信息权

掌握就业信息是毕业生择业成功的前提和关键，毕业生只有在充分占有信息的基础上，才能选择用人单位。毕业生获取的信息应该是公开、及时、全面的。信息公开指所有用人单位的需求信息必须向全体毕业生公开，任何单位和个人不得隐瞒、截留需求信息。信息及时是指毕业生获取的信息必须及时、有效，不能将过时且无利用价值的信息传递给毕业生。信息全面是指毕业生有权获得准确、全面的就业信息。

2. 自主选择权

根据双向选择、自主择业原则，毕业生有权自主选择用人单位，学校、其他单位和个人均不得干涉。把任何个人意志强加于毕业生，均被视为侵犯毕业生的自主选择权。

3. 接受就业指导权

接受就业指导是每个毕业生都具有的权利。《中华人民共和国高等教育法》规定，高等学校应当为毕业生提供就业指导和服务。《普通高等学校毕业生就业工作暂行规定》中明确指出，高等学校的一个主要职责就是对毕业生开展毕业教育和就业指导工作。

高等学校就业指导主要是为了帮助毕业生根据自身特点和社会职业需要，选择最能发挥自己才干的职业，全面、迅速、有效地与工作岗位结合，实现自己的人生价值和社会价值。毕业生应该充分行使该项权利，树立正确的择业观，增强择业意识，掌握求职技巧，提高主动适应社会需要的能力。

4. 被推荐权

高等学校的一个重要职责就是向用人单位推荐毕业生。历年的工作经验证明，学校的推荐在很大程度上影响到用人单位对毕业生的取舍。毕业生享有被推荐权包含以下内容。

(1)如实推荐。高校对毕业生进行推荐时应实事求是，根据毕业生本人的实际情况向用人单位进行介绍、推荐。不能故意贬低或随意提高对毕业生在校期间表现的评价。

(2)公正推荐。学校对毕业生进行推荐时应做到公平、公正，给每一位毕业生推荐就业的机会。公正推荐是学校的基本责任，也是毕业生享有的最基本权利。

(3)择优推荐。学校根据毕业生在校期间的表现，在公平、公正的基础上，还应择优推荐，用人单位录用毕业生时也应坚持择优标准。

5. 公平受录用权

女性就业难仍然是困扰女性毕业生的一大问题。公平受录用权是毕业生最迫切需要得到维护的权益。

6. 违约求偿权

毕业生、用人单位签订就业协议书后，任何一方不得擅自毁约。如用人单位无故要求解约，毕业生有权要求对方严格履行就业协议，否则用人单位应对毕业生承担违约责任，支付违约金，毕业生有权利要求用人单位进行补偿。

(二)义务

1. 回报国家、社会的义务

《中华人民共和国宪法》规定，劳动对于公民来说，既是权利也是义务，劳动者的权利和义务是统一的。对于毕业生而言，不仅必须履行公民应尽的劳动义务，而且要按照“得之于社会，还之于社会，报之于社会”的原则，积极回报国家、社会和家庭，承担起自己应尽的义务。

2. 服从国家需要的义务

虽然毕业生在择业过程中有相当大的自主权，可以根据个人意愿选择用人单位，但作为当代大学生，上大学不完全是一种投资于未来发展的个人行为，国家和社会为大学生的成才付出了巨大代价。因此，大学生就业还应服从国家的需要。

3. 如实介绍自己情况的义务

毕业生在求职择业过程中应如实向用人单位介绍自己的情况，这是基本的择业道德要求，也是应尽的义务。毕业生在填写推荐表、撰写求职信、与用人单位洽谈时，必须实事求是，不得弄虚作假。只有如实介绍自己的情况，才能获得用人单位的信任。

4. 遵守和履行就业协议的义务

毕业生与用人单位通过双向选择签订协议书，以约束双方的行为。遵守协议是就业工作顺利进行的保证。一经签订协议书，毕业生就不能随便违约。一旦违约，不仅会影响学校正常的就业秩序，还会损害用人单位、学校和其他同学等各方面的利益。因此，毕业生必须增强信用意识。

5. 完成高校毕业生去向登记信息确认的义务

根据《教育部办公厅关于建立高校毕业生毕业去向登记制度的通知》，从 2023 年起，不再发放《全国普通高等学校本专科毕业生就业报到证》，取消就业报到证补办、改派手续，不再将就业报到证作为办理高校毕业生招聘录用、落户、档案接收转递等手续的必需材料。毕业生离校时要确认去向登记信息。确认时毕业去向、档案转递、户口迁移等信息有变更的，须在原有登记系统（全国登记系统或省级登记系统）更新，更新完成后再予确认。确认后，毕业生可在全国登记系统查看（或下载）本人去向登记信息表。

二、关于就业协议书

就业协议书（又称三方协议、就业协议）是《普通高等学校毕业生就业协议书》的简称，它是明确毕业生、用人单位、学校三方在毕业生就业工作中的权利和义务的书面文件，能解决应届毕业生与户籍、档案、保险、公积金等相关的一系列问题。协议在毕业生到单位报到、用人单位正式接收毕业生后自动终止。

依据教育部高校学生司有关通知，各省级高校就业工作主管部门牵头负责，可以结合本地情况对就业协议书内容和形式进行修订和完善。例如，北京地区高校毕业生就业协议书由北京市教委修订后统一印发，用于明确毕业生、用人单位、学校三方在毕业生就业过程中的权利和义务关系（表 7-1）。

表 7-1　北京地区普通高等学校毕业生就业协议书

<table>
<tr><td rowspan="7">毕业生基本情况</td><td>姓名</td><td></td><td>性别</td><td></td><td>民族</td><td></td><td>出生日期</td><td></td></tr>
<tr><td>政治面貌</td><td></td><td>健康状况</td><td></td><td>身份证号</td><td colspan="3"></td></tr>
<tr><td>毕业学校</td><td></td><td>院（系）</td><td></td><td>专业</td><td colspan="3"></td></tr>
<tr><td>学号</td><td></td><td>培养方式</td><td></td><td>学历</td><td></td><td>学制</td><td></td></tr>
<tr><td>生源地区</td><td colspan="3">/省（自治区、直辖市）　/市（地区）　/县（区）</td><td>毕业时间</td><td colspan="3">年　月</td></tr>
<tr><td>电子邮箱</td><td colspan="3"></td><td>手机号码</td><td colspan="3"></td></tr>
<tr><td>家庭地址</td><td colspan="3"></td><td>家庭联系人电话</td><td colspan="3"></td></tr>
<tr><td rowspan="6">用人单位基本情况</td><td>单位名称</td><td colspan="3"></td><td>社会统一信用代码</td><td colspan="3"></td></tr>
<tr><td>单位地址</td><td colspan="2"></td><td>邮政编码</td><td colspan="4"></td></tr>
<tr><td>联系人</td><td></td><td>联系电话</td><td></td><td>单位传真</td><td></td><td>电子邮箱</td><td></td></tr>
<tr><td>职位类别</td><td colspan="7">公务员/科学研究人员/工程技术人员/农林牧渔业技术人员/卫生专业技术人员/经济业务人员/金融业务人员/法律专业人员/教学人员/文学艺术工作人员/体育工作人员/新闻出版和文化工作人员/其他专业技术人员/办事人员和有关人员/商业和服务业人员/生产和运输设备操作人员/军人/其他人员</td></tr>
<tr><td>行业类型</td><td colspan="7">农、林、牧、渔业/采矿业/制造业/电力、热力、燃气及水生产和供应业/建筑业/批发和零售业/交通运输、仓储和邮政业/住宿和餐饮业/信息传输、软件和信息技术服务业/金融业/房地产业/租赁和商务服务业/科学研究和技术服务业/水利、环境和公共设施管理业/居民服务、修理和其他服务业/教育/卫生和社会工作/文化、体育和娱乐业/公共管理、社会保障和社会组织/国际组织/部队</td></tr>
<tr><td>单位性质</td><td colspan="7">机关/科研设计单位/高等教育单位/中初教育单位/医疗卫生单位/其他事业单位/国有企业/外商投资企业/个体工商户/其他企业（含民营企等）/部队/农村建制村/城镇社区/其他（含社会组织等）</td></tr>
</table>

续表

<table>
<tr><td rowspan="3">用人单位基本情况</td><td>档案转寄单位名称</td><td colspan="3"></td><td>档案转寄地址</td><td colspan="2"></td></tr>
<tr><td>档案接收联系人</td><td></td><td>接收电话</td><td></td><td>邮政编码</td><td colspan="2"></td></tr>
<tr><td>户口迁移地址</td><td colspan="6"></td></tr>
<tr><td rowspan="2">学校（培养单位）基本情况</td><td>学校名称</td><td></td><td>联系人</td><td></td><td>联系电话</td><td colspan="2"></td></tr>
<tr><td>通信地址</td><td colspan="3"></td><td>邮政编码</td><td colspan="2"></td></tr>
<tr><td colspan="8">经毕业生（甲方）、用人单位（乙方）、学校/培养单位（丙方）协商，同意达成以下约定：
1. 甲、乙、丙三方须共同遵守本协议所列内容。
2. 甲、乙双方如有其他约定，可本着平等协商、权利义务对等的原则另附约定，并视为本协议的一部分。
3. 其他约定（如工作地点等，可另附页说明）：________________________________
____</td></tr>
<tr><td>毕业生意见</td><td colspan="7">签名（手写，打印无效）________ 年 月 日</td></tr>
<tr><td>用人单位意见</td><td colspan="3">用人单位人事部门意见：
负责人：__________（公章）
年 月 日</td><td colspan="4">用人单位上级主管部门意见：
（有人事权的单位此栏可略，无人事权的单位请加盖上级主管部门人事公章或人事代理机构公章）
负责人：__________（公章）
年 月 日</td></tr>
<tr><td>学校（培养单位）意见</td><td colspan="3">毕业生所在院（系）意见：
负责人：__________（公章）
年 月 日
实行一级管理的院校、科研单位此栏可不填。</td><td colspan="4">学校（培养单位）毕业生就业主管部门意见：
负责人：__________（公章）
年 月 日</td></tr>
<tr><td colspan="8">备注：本协议书限国家统一招生录取的普通高等教育非定向毕业生使用。</td></tr>
</table>

第一联：学校/培养单位留存（复印无效）　　　　北京市教育委员会印制　NO. BJB

就业协议书主要包含三部分内容：毕业生情况及意见，包含毕业生的基本情况和应聘意见，由毕业生本人填写；用人单位情况及意见，包含用人单位基本信息，毕业生档案转寄单位名称、地址，毕业生户口迁移地址和用人单位意见等内容，由用人单位填写；学校意见，包含学校联系人、院（系、所）意见、学校毕业生就业部门意见等内容，由学校就业主管部门填写。

就业协议书最重要的作用是明确毕业生、用人单位、学校三方在毕业生就业中的权利和义务：毕业生按照就业协议书的内容，毕业后在规定的时间内到用人单位报到；用人单位在毕业生毕业后，做好各项接收工作，安排毕业生就业；学校按照就业协议书内容，审核并列入建议就业方案，报国家教育主管部门备案，并根据就业协议书内容，办理就业手续和户口、档案迁移手续。

对于就业协议书的法律性质及责任承担尚无立法上的明确规定，但就业协议书具有法律约束力。根据民法的相关理论，民事法律行为生效的要件是主体合格、意思表示真实、内容合法。就业协议书是高校毕业生在就业阶段通过与用人单位的平等协商自愿签订的确定单位愿意接收、学生愿意去此单位工作、学校经审核同意就业的协议，就业协议书一经签订，对三方当事人都有法律约束力。因此，就业协议书具有民事法律上的合同效力，需要当事人严格遵守。

(一)签约须知

教育部颁布的《普通高等学校毕业生就业工作暂行规定》第二十四条规定："经供需见面和双向选择后，毕业生、用人单位和高等学校应当签订毕业生就业协议书，作为制定就业计划和派遣的依据。"

(二)签署意见与签字盖章

1. 毕业生情况及意见

该部分内容由毕业生本人填写，包括姓名、性别、年龄、民族、政治面貌、培养方式、健康状况、专业、学制、学历和家庭地址。要特别注意"培养方式"一栏中，属于国家计划招收的毕业生要填写"统招"。在"毕业生意见"一栏中，毕业生要填写自己的应聘意见，要对是否愿意到用人单位就业表明自己的意见，同时也应将与用人单位在洽谈中达成的基本条件写明，以避免日后发生争议。

2. 用人单位情况及意见

该部分内容由用人单位填写，包括单位名称、联系人、联系电话、单位性质和档案转寄地址等。用人单位意见包括两方面内容，即用人单位人事部门意见和用人单位上级主管部门意见。

3. 学校意见

学校意见主要包括两级意见，即学院(系)意见和学校毕业生就业主管部门意见。学院(系)意见是毕业生所在单位的基层意见，学院(系)在签署意见时除进行初步审核外，还要了解毕业生具体的就业去向。学校毕业生就业主管部门意见是代表学校一方在就业协议书上签字盖章。

(三)毕业生与用人单位双方约定

毕业生与用人单位双方约定栏是为毕业生、用人单位、学校三方共同约定的其他条款所设计的。在双方约定中，毕业生与用人单位约定的条款如果不涉及学校的有关规定，不违反政策，并只在毕业生与用人单位之间约定，学校是不予干涉的。

(四)签订就业协议书时应注意的问题

1. 查明用人单位的主体资格

签订就业协议书的当事人必须具备合法的主体资格。一般而言，用人单位必须具有从事各项经营或管理活动的能力，应有录用指标和录用自主权。

2. 按规定程序签订协议

毕业生凭学校发放的就业协议书，在与用人单位签约后交学校就业部门盖章。此程序由学校最后把关，有利于维护学生的合法权益。

3. 有关条款的内容必须明确

毕业生与用人单位签约时，应尽量采用示范条款。如确有必要进行变更或增删，亦应在内容上尽量明确。

4. 注意与劳动合同的衔接

由于毕业生就业协议书签订在先，为避免日后订立劳动合同时产生纠纷，应尽可能将劳动合同的主要内容体现在就业协议书的约定条款中，并明确表示在日后订立劳动合同的同时应对就业协议书中的约定予以确认。

5. 对合同的解除条件做事先约定

毕业生就业协议书一经订立，就对当事人具有约束力，不得随意解除，否则应承担违约责任。

知识窗

就业协议书和劳动合同有什么区别

就业协议书和劳动合同是两种不同的合同类型，它们在主体、签订依据、内容、签订时期、法律效力和合同性质与目的等方面都存在明显的区别。了解这些区别有助于毕业生在求职过程中更加明确自己的权利和义务，从而更好地维护自己的合法权益。

1. 主体不同

• 就业协议书：主体包括毕业生、用人单位和高等院校。其中，学校作为一个主体，其作用是维护毕业生就业工作的良好秩序，保障毕业生和用人单位的合法权益，并兼有证明学生毕业信息的真实性。

• 劳动合同：主体是劳动者和用人单位，即只有劳资双方参与合同的签订。

2. 签订依据不同

• 就业协议书：依据的是教育部门颁发的规章或相关政策文件，如《普通高等学校毕业生就业工作暂行规定》等。

• 劳动合同：依据的是《中华人民共和国劳动法》《中华人民共和国劳动合同法》等法律法规。

3. 内容差异

• 就业协议书：主要涉及毕业生自身情况、就业意向、用人单位同意接收、学校派遣等内容。它更侧重于毕业生与用人单位之间的初步约定和意向表达。

• 劳动合同：必须明确劳动合同期限、工作内容、劳动保护和劳动条件、劳动报酬和劳动纪律、合同终止条件，以及违反合同的责任等必备条款。劳动合同的内容更为详细和具体，涉及劳动者和用人单位之间的权利和义务关系。

4. 签订时间不同

• 就业协议书：一般在学生毕业前签订，作为毕业生与用人单位之间初步约定的书面证明。

• 劳动合同：通常在毕业生毕业后，正式进入用人单位工作时签订。它是确立劳动者与用人单位之间劳动关系的法律文件。

5. 法律效力不同

• 就业协议书：其法律效力始于签订之日，终于毕业生与用人单位签订劳动合同之时。它主要起到过渡和保障作用，确保毕业生在择业过程中的权益。

• 劳动合同：一经签订即具有法律约束力，双方必须严格遵守合同条款。劳动合同的有效期由双方约定，并在合同中明确。

6. 性质与目的不同

• 就业协议书：属于普通民事协议范畴，适用《中华人民共和国民法典》等相关法律。它的主要目的是在毕业生与用人单位之间建立初步的就业意向和约定。

• 劳动合同：属于劳动法范畴，是劳动者与用人单位之间确立劳动关系的法律文件。它的主要目的是明确双方的权利和义务关系，保障劳动者的合法权益。

（五）签订就业协议书的原则

1. 主体合法原则

签订就业协议书的当事人必须具备合法的主体资格。也就是说，毕业生必须取得毕业资格。如果学生在报到时未取得毕业资格，用人单位可以不予接收而无须承担法律责任。用人单位应有录用指标和录用自主权，否则毕业生可解除协议而无须承担违约责任。高校应根据用人单位的要求如实介绍毕业生的在校表现，也应将所掌握的用人单位的信息发布给毕业生。高校在毕业生签订就业协议书的过程中应进行监督和指导。

2. 平等协商原则

当事人在签订就业协议书时的法律地位是平等的，一方不得将自己的意志强加给另一方。学校也不得采用行政手段要求毕业生到指定单位就业(不包括有特殊情况的毕业生)，用人单位亦不应在签订协议书时要求学生缴纳高额的风险金、保证金。除协议书规定的内容外，当事人如有其他约定事项，可在协议书的“备注”栏中加以补充确定。

（六）签订就业协议书的步骤与程序

1. 签订就业协议书要经过要约和承诺

用人单位收到毕业生材料、对毕业生进行考查后，表示同意接收毕业生，即为要约。毕业生持学校统一印制的就业推荐表或复印件参加各地供需洽谈会(人才市场招聘会)，进行双向选择或向用人单位寄发书面材料，即为要约邀请。签订就业协议书时要约是法定程序。毕业生收到用人单位的用人邀请后从中做出选择，与用人单位签订协议书，即为承诺。

要约是向特定的人做出的意思表示，同时要约内容必须具体、明确。要约到达受要约人时生效，受要约人做出承诺时合同即告成立。因此用人单位在毕业生同意到单位工作后就业协议即告成立，不能随意变更。

2. 签订就业协议书的程序

(1)毕业生本人填写就业协议书。

(2)用人单位签署意见并加盖单位公章。在必要情况下，“用人单位上级主管部门意见”栏应填写人事局或教育行政部门的意见，以便派遣和迁移户口档案；若招聘单位是部队、国家机关、省管企事业单位，只需加盖单位公章即可。毕业生于非公有制单位就业或自主创业，暂时无法办理户口、档案转移手续，可凭借与单位签署的劳动用工合同或工商营业执照，到当地毕业生就业主管部门或人才就业服务机构办理人事代理关系，签订就业协议书。

(3)用人单位或毕业生本人将就业协议书交至学校院系，由学校院系签署意见并加盖公章，纳入就业计划派遣。

(4)用人单位或毕业生本人将就业协议书交至学校招生就业处或就业中心，由学校就业主管部门签署意见并加盖公章。

(5)毕业生、用人单位各留一份就业协议，学校留两份(其中一份交至学校所属毕业生就业主管部门）。

（七）无效就业协议

无效就业协议指因欠缺就业协议的生效要件而无效的就业协议，主要包括两种情形。

1. 一方采取欺诈手段签订的就业协议书无效

例如，用人单位不如实介绍本单位情况，或根本无录用指标却与毕业生签订就业协议书，或毕业生在签订就业协议书时对个人情况有重要隐瞒等。无效就业协议产生的法律后果由有欺诈行为的一方承担。

2. 就业协议书未经学校审查同意无效

就业协议书未经学校审查同意无效，学校将不予列入就业方案，不予办理就业报到手续。若学校经审查认为该协议书对毕业生明显有失公平，或违反公平竞争、公平录用的原则，或不符合国家有关政策规定，学校有权拒签。就业协议被确认为无效的，法律后果由责任方承担，并赔偿经济损失。

知识窗

录用通知书不是就业协议

招聘录用工作中，毕业生经常会听到“offer”一词。offer即“录用通知书”，是用人单位向被录用者发出的一种工作邀请函，其中说明了毕业生的上班时间、薪水和福利等情况。一般是在劳动者通过用人单位面试，用人单位决定录用后发出的，要求劳动者在上面签字。劳动者签字即表明接受对方的录用意向，愿意到用人单位工作。这种情形在外企中比较常见。

录用通知书是毕业生和用人单位达成的一个录用意向，并不涉及学校。因此，对高校毕业生而言，除了与用人单位签署录用通知书外，还应与其签订就业协议书，以更好地维护自己的合法权益。

在北京和上海等对户口要求较严的大城市，如果高校毕业生与用人单位之间只签录用通知书，而没有签订就业协议书，则会导致用人单位无法帮助毕业生落户或接收档案。当发生这种情况时，毕业生可在毕业前找一家单位挂靠户口和档案(如人才交流中心)，也可将户口迁回原籍。

（八）就业协议的解除

1. 就业协议的解除分为单方解除和三方解除

(1)单方解除。单方解除包括单方擅自解除和单方依法或依协议解除。单方擅自解除协议，属违约行为，解约方应对另两方承担违约责任。单方依法或依协议解除，是指一方解除就业协议有法律上或协议上的依据。如学生未取得毕业资格，用人单位有权单方解除就业协议；毕业生录取研究生后，可解除就业协议；依协议规定，毕业生未通过用人单位所在地组织的公务员考试，用人单位有权解除协议。此类单方解除，解除方无须对另两方承担法律责任。

(2)三方解除。三方解除是指毕业生、用人单位、学校三方经协商一致，解除原订立的协议，使协议不发生法律效力。此类解除因是三方当事人真实意思表示一致的体现，三方均不承担法律责任，三方解除应在就业计划上报主管部门之前进行，如就业派遣计划下达后三方解除，还须经主管部门批准办理调整改派。

就业协议书一经毕业生、用人单位、学校签署即具有法律效力，任何一方不得擅自解除，否则违约方应向权利受损方支付协议条款所规定的违约金。

2. 毕业生违约的后果

毕业生违约，除本人应承担违约责任、支付违约金外，往往还会造成其他不良后果，主要表现在以下方面。

第一，就用人单位而言，用人单位往往在录用过程中做了大量工作，有的甚至对毕业生将要从事的具体工作也已有所安排，同时毕业生就业工作时间相对比较集中，一旦毕业生违约，势必使用人单位的录用工作付诸东流。用人单位想重新选择其他毕业生，时间上也不允许，从而造成工作上的被动局面。

第二，就学校而言，用人单位往往将毕业生违约行为认为是学校的行为，从而影响学校和用人单位的长期合作关系。

用人单位由于毕业生存在违约现象，会对学校的推荐工作表示怀疑。从历年情况来看，一旦毕业生违约，该用人单位在几年之内不愿到其所在学校来挑选毕业生。面对激烈的就业竞争，用人单位的需求就是毕业生择业成功的前提，如此下去，必定影响今后学校的毕业生就业工作。同时影响学校就业计划方案的制订和上报，并影响学校的正常派遣工作。

第三，就其他毕业生而言，用人单位到校挑选毕业生，一旦就某一具体岗位与某毕业生签订就业协议，就不可能再就这一岗位录用其他毕业生。

若日后该毕业生违约，其他当初希望到该用人单位工作的毕业生由于录用时间等，也无法补缺，造成就业信息浪费，影响其他毕业生就业。因此，毕业生在就业过程中应慎重选择，认真履约。

第四，就毕业生本人来说，违约既浪费金钱又浪费时间。

毕业生签约的时候要仔细考虑，减少违约的可能性。希望毕业生做到从我做起，注重诚信，共同维护毕业生良好的社会声誉；签约前谨慎考虑，签约后信守承诺。

3. 解约手续的流程

一旦毕业生与用人单位签订就业协议书，双方就已构成契约关系。毕业生如因故需要终止与原签约单位的协议，必须按所在学校规定办理解约手续。

(1)办理解约手续需要准备以下材料。

第一，原签约单位同意解除协议的书面函件(原件)。

第二，新单位同意接收的函件(原件)。

第三，原签约的协议书。

第四，本人要求违约的书面申请。

(2)从学校就业网站下载并填写解除就业协议申请表，由所在系部(或学院)主管毕业生就业工作的辅导员和主管领导签署意见。

(3)学校就业主管部门将对毕业生的申请材料进行审核批准。经审核同意的，发放新的就业协议书。对手续不全、材料有虚假、对学校声誉影响较大的违约申请，将不予同意或延期审核。

(4)曾经办理过解约的毕业生，与新单位签约后，学校不再受理该生的第二次解约申请；原则上不受理签约后一个月内递交的解约申请。

(5)到国内外升学以及被录取为国家公务员的毕业生，在征得原单位书面同意的前提下，不受解约受理时间的限制。

三、就业工作流程

大学生就业管理机构大致由三部分组成：教育部负责制定全国毕业生就业的相关政策；各省、自治区、直辖市和中央有关部委的毕业生就业工作主管部门负责属地内所有高校毕业生的就业工作；各高等院校的毕业生就业工作主管部门负责本院校毕业生的就业工作。大学生就业主要的工作流程如下。

(一)核对毕业生资源信息

毕业生资源信息是指学校每年需要列入就业计划的毕业生的基本信息，如毕业生姓名、身份证号、学号、专业、入学时间、生源所在地、培养方式等。

(1)应届毕业生的生源所在地是指入学前户口所在地，如有在读期间家庭户籍变更的，需出示异地户籍部门证明和户籍迁移证复印件，才可更改生源地名称。

(2)毕业生资源信息中毕业生的姓名必须与高考录取通知书中的姓名一致，在读期间更改姓名的毕业生，需出示有更改登记的户口本复印件及身份证复印件。

(3)毕业生的学号与身份证号将作为毕业生以后办理户口及档案转移等就业手续的识别号，因此，录入时需要保证其准确性。

(二)填写就业推荐表

1. 填写就业推荐表须知

毕业生就业推荐表是学校为帮助毕业生就业，专门向用人单位出具的一份正式的推荐函。该表对毕业生和单位都很重要，一个毕业生只能持有一份原件，若需联系不同的单位，可使用复印件，待确定单位后，再将原件交给就业单位。

2. 填写就业推荐表要规范

封面："学校名称"栏填学校全称，"学历"栏填"大学本科"或"专科"等，"专业名称"栏以资源信息表上的名称为准。

内表一：姓名、出生日期必须与户口簿、身份证上的相一致，不得有异，"入学前户籍所在地"栏格式为"××省××市××县(区)"，"家庭地址"栏一般填父母居住地地址，家庭地址与生源地有出入者，应在家庭住址栏内注明。

内表二："自我鉴定"栏就毕业生本人在大学学习期间的思想、学习、工作、生活等方面的表现做自我评价，勿过于简单。

内表三："本人求职意愿"栏填毕业生本人求职行业、岗位、地区以及其他具体要求。"院系推荐意见"栏由院系详细填写，并签名盖章；毕业生和所在院系填写完相关内容后，以院系为单位统一交到学校就业工作管理部门盖章。

(三)填写毕业生登记表

毕业生登记表是学生毕业档案材料之一，内容包括学生基本情况、学习经历、社会关系、自我鉴定、班委鉴定、院系意见及学校意见等。登记表由毕业生本人按"填表说明"认真填写。自我鉴定内容是对自己在学校期间思想政治、学习等方面的表现的总结，必须如实填写。

(四)户口迁移

学生在校的户口是临时户口，如果毕业时没有落实接收单位，必须办理暂缓就业手续或将户口迁回原籍。办理户口迁移手续的毕业生凭报到证到学校户籍管理部门领取"户口迁移证"(图 7-1)，认真核实后交到接收单位。

如就业单位有改变，毕业生可凭新的报到证到学校户籍管理部门更改"户口迁移证"。办理了暂缓就业手续的毕业生，若暂缓期满仍未落实接收单位或不办户口迁移者，按暂缓就业的规定处理。毕业生离校后若不慎将"户口迁移证"遗失，应立即公开发表遗失声明，然后由学校就业工作部门开具证明，重新办理户口关系迁移。

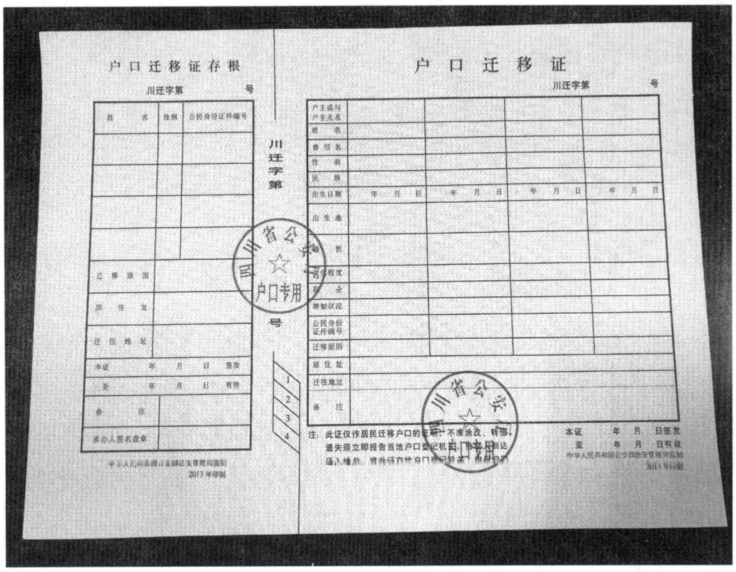

图 7-1　毕业生户口迁移证样式

（五）党组织关系接转

毕业生党员离校前应与其签约单位党组织联系以确定组织关系转移去向，各党支部根据毕业生就业计划填写《毕业生党员组织关系转出情况登记表》，并安排专人到学校党支部办理相关手续。因组织关系转移去向不明，暂时无法统一办理的，由毕业生党员本人于毕业当年到学校党办办理相关手续；对毕业离校时未落实就业单位，户口转至入学前户籍所在地的毕业生党员，其组织关系则要转到入学前户籍所在地县（市）级以上的党组织。凡不就业继续升学或办理出国手续的毕业生党员，其党员组织关系原则上要及时转出。凡是将档案和户口转到各地县级以上人才交流服务中心的，其党员组织关系可以转到相应的人才交流中心党组织。

（六）升学深造

升学深造要以获得录取通知书为依据，不能以毕业生提出的申请为依据。对于普通专升本的毕业生不签发报到证。专升本的毕业生，在学校就业方案上报后提出不再攻读的，省级毕业生就业主管部门不再为其办理调整改派等手续。

（七）出国留学

符合国家规定申请自费出国留学的毕业生，必须在学校规定的时间内（一般为每年 5 月底或 6 月初）提出书面申请。经批准后，学校不再将其列入就业方案及为其派发就业报到证，其档案和户口直接转回生源地。超过规定时间，学校不再受理自费留学申请。申请自费留学的毕业生，不能办理申请暂缓两年就业手续。办理了暂缓就业手续的毕业生，在暂缓就业期限内提出出国留学申请的，由省级毕业生就业主管部门办理派遣手续，将其派遣回生源地，到生源地有关部门办理申请出国留学手续。

（八）毕业离校

1. 需完成的事项

毕业生在毕业离校之前，需完成下列有关的事项。

第一，接受毕业教育。

第二，填写《高等学校毕业生登记表》。

第三，归还所借图书资料和所借公物。

第四，偿还在校期间贷款。

第五，上交学生证、借书证。

第六，办理党团组织关系转移证明。

第七，领取户口迁移证、毕业证书。

第八，完成所在院校提出的其他事务。

2. 离校时间

根据教育部规定，结合学校实际，毕业生离校的时间一般定于 6 月底或 7 月初，以便让毕业生在 7 月底前到单位报到。

四、关于毕业生档案

毕业生档案是对学生毕业前的家庭情况、学习成绩、政治思想表现、身体状况等情况的文字记载材料，是用人单位选拔、聘用毕业生的重要依据。

（一）毕业生档案的作用

(1)毕业生档案是确定本人身份、家庭情况、社会关系、学习经历等的历史资料。

(2)毕业生档案是办理评定职称、出国、升学、生育等手续的凭据。

（二）毕业生档案包含的内容

第一是高考录取档案。

第二是学生学籍卡。

第三是高等学校毕业生登记表。

第四是学习成绩登记表。

第五是实习鉴定表。

第六是大学期间的奖惩材料。

第七是入团、入党志愿书。

第八是大学体格检查表。

第九是报到证(白色报到证副本)。

（三）毕业生档案的转递

1. 档案去向

已有就业单位的毕业生的人事档案由学校毕业生档案管理部门分别按报到证的去向或就业协议书上的档案交寄地址，填写档案投递地址，投寄到毕业生工作单位所归属的人事档案管理部门；专升本毕业生按学生考取所在学校地址投递档案；办理了暂缓就业的毕业生的人事档案由省级毕业生就业主管部门统一保管；已办理出国留学的毕业生按其生源地地址将其档案转回生源地人事档案管理部门；既没有就业单位，也没有办理暂缓就业的毕业生的档案，则转回生源地就业主管部门保管。

2. 档案投寄方式

毕业生的档案根据学校就业工作部门的就业方案统一办理转递手续。毕业生离校后，学校一般会在一个月左右的时间内将档案转递出去，用人单位也可以开具证明，派人到学校调取，毕业生本人不得携带档案。

3. 查询档案

毕业生在报到后的 3 个月内，应向接收单位的人事主管部门了解本人档案是否已交寄到单位。若单位未接收毕业生档案，毕业生可凭单位人事部门证明到学校查询，或由接收单位的人事部门向学校毕业生档案管理部门申请查询。

数字讲堂

毕业生档案转递和存放(政策解读·问答)

高校毕业生档案是反映个人政治面貌、学习经历和工作经历的历史记录材料。档案怎么转、谁来管、怎么用？想要知道以下问题，请看政策解读之你问我答。

问：档案有什么作用？

答：高校毕业生档案在校时被称为学生档案，毕业工作以后在此基础上形成的人事档案，是相关部门机构开展人事管理和服务的重要依据。办理职称评审、报考公务员、参加事业单位公开招聘、入党政审、养老待遇核准等事项，都需要用到档案中的相关材料。高校毕业生一定要重视，并按照有关规定做好档案转递。

问：毕业后，档案转到哪里？

答：如果到机关、国有企事业单位就业或定向招生就业的，档案转递到就业单位或定向单位。

到非公单位就业、灵活就业及自主创业的，转递到就业创业地或户籍地公共就业人才服务机构。在超大城市就业的，具体政策要咨询当地人社部门。

暂未就业的，可以根据本人意愿转递到户籍地公共就业人才服务机构，或按规定在高校保留两年。

问：谁能保管高校毕业生档案？

答：非公单位就业和暂未就业的高校毕业生的档案，可以保管在档案管理服务机构，包括县级以上人社部门所属的公共就业人才服务机构，以及经省级人社部门授权管理流动人员人事档案的服务机构。

问：档案是如何转递的？可以由高校毕业生本人转递吗？

答：档案是严禁个人保管、携带和转递的。

毕业生离校前，高校首先按规定整理毕业生登记表、成绩单、党(团)组织、奖惩记录等材料，形成完整的高校毕业生档案。然后根据毕业生填写的毕业去向登记信息确定就业单位名称、转递编号等内容，填写《高等学校毕业生档案转递单》后，将档案和转递单一并通过机要通信或邮政特快专递渠道寄出。

问：高校毕业生如何找到自己的档案？

答：教育部门已建立高校毕业生去向登记制度，高校按照毕业生填写的毕业去向登记信息转递档案。毕业生可通过原就读高校相关部门查询档案转递信息，也可以通过全国人力资源和社会保障政务服务平台查询。

问：高校毕业生档案存放是否收费？

答：不收取费用。自2015年1月1日起，已取消收取人事关系及档案保管费、查阅费、证明费、档案转递费等名目的费用。

问：档案内的信息有变化，需要更新吗？

答：档案管理服务机构依据档案材料提供服务，相关部门形成新材料时，应及时进行归档。

对高校毕业生而言，要及时将反映政治面貌、工作经历、教育培训、职业资格、职称等材料，以及工作变动中形成的劳动合同、企业录用手续、就业登记、劳动用工备案等材料，主动移交给档案管理服务机构。档案管理服务机构将甄别整理后进行归档。

问：如果辞职、再就业，档案存放在哪里？

答：档案在户籍地档案管理服务机构存档的，可继续由原机构保管。档案在就业地档案管理服务机构存档的，应及时转递至户籍地，或根据新工作单位性质，转递至新工作单位或新就业地档案管理服务机构。转档手续可以在档案管理服务机构窗口办理，也可以在相关线上平台办理。

问：如何线上办理档案相关服务？

答：2021 年年底，全国跨地区流动人员人事档案管理服务运行平台上线，支持档案基础信息数据已被上传至平台的流动人员在线办理转递接收等高频服务，也可以查询相关存档信息。具体业务可注册登录全国人力资源和社会保障政务服务平台，在“跨省流动人员人事档案管理服务”专栏进行办理。

五、关于暂缓就业

（一）暂缓就业的作用

暂缓就业是指在每年 5 月底学校向省高校毕业生就业指导中心上报毕业生就业计划时，部分毕业生未落实就业单位，又不愿把户口、人事关系迁回原生源地，而将人事关系暂时寄存在省级毕业生就业主管部门，将户口暂留学校的一种办法。暂缓就业可以延长毕业生找工作的时间，为部分被用人单位要求先实习后签约的毕业生提供了缓冲时间。

（二）办理对象

符合资格的应届普通高校毕业生均可申请办理暂缓就业。适合办理暂缓就业的毕业生主要有以下几种类型。

（1）已与用人单位签订就业协议书，但在学校规定的时间内（一般为每年 5 月底至 6 月初）仍未得到用人单位上级主管部门审批或取得接收函的毕业生；

（2）有就业意愿，但在学校规定时间内（一般为每年 5 月底至 6 月初）未找到就业单位而又不愿意将档案户口迁回生源地的毕业生；

（3）自主创办企业暂未获有关部门正式批准的毕业生；

（4）准备考取公务员的毕业生。

在此特别说明，外籍生源、港澳台生源、未取得毕业资格、毕业前申请出国（出境）的学生不得申请暂缓就业。

（三）申请暂缓就业的程序

（1）毕业生本人在规定的时间内，向学校提出申请，经批准后签订暂缓就业协议书。

（2）省级毕业生就业主管部门打印条形码并下发到各高校，各高校将条形码按要求分别粘贴在暂缓就业协议书（三份，一份上交省就业指导中心，一份由学校留存，一份由学生保管）上。暂缓期间，毕业生的户口暂留学校，档案由省级毕业生就业主管部门集中保管，暂缓期为两年。暂缓期间如能落实就业单位者，可按照有关就业程序办理就业报到手续。逾期未落实单位者，其户口和档案转回生源地自谋职业。毕业生申请暂缓就业的时间一般为每年 5 月底至 6 月初。

（四）暂缓就业注意事项

（1）暂缓就业协议书为三方协议，学校作为协议中的丙方，负责提供用人单位所需的学生（乙方）的表现等鉴定材料。

（2）根据有关规定，暂缓就业毕业生的户口保留在原所在地，党（团）组织关系留在原毕业院校。

（3）在暂缓就业期间，省级毕业生就业主管部门负责为学生出具与升学（出国留学除外）或报考公务员有关的证明。如果毕业生需要办理与就业、升学无关的证明（如失业证、未婚证、计划生育指标等）必须解除暂缓就业协议，并把档案和户口转回生源地才能办理。

(4)办理暂缓就业的毕业生必须办理离校手续，暂不签发报到证。暂缓就业期限届满，毕业生仍未落实就业单位的，省级毕业生就业主管部门将其档案寄回生源地的毕业生就业主管部门，学生回校领取报到证及办理户口迁移等手续。

(5)暂缓就业期间，毕业生不能计算工龄及评审职称，并且无法购买社会和医疗等保险。

(6)暂缓就业期限内，如毕业生有违法违纪以及民事纠纷、劳务纠纷、债权债务纠纷，责任及后果自行承担。毕业生被劳动教养或因犯罪被追究刑事责任的，省级毕业生就业主管部门有权取消其暂缓就业资格，将毕业生档案转回生源地的毕业生就业主管部门。暂缓就业期间，医疗费用、人身意外伤害费用，由毕业生个人承担。

六、关于人事代理

(一)人事代理

人事代理指由政府人事部门所属的公共就业和人才服务机构，按照国家有关人事政策法规要求，接受单位或个人委托，在其服务项目范围内，为多种所有制经济尤其是非公有制经济单位及各类人才提供人事档案管理、职称评定、社保办理、出国政审等全方位服务，是实现人员使用与人事关系管理分离的一项人事改革举措。

(二)服务项目

公共就业和人才服务机构可在规定业务范围内接受用人单位和个人委托，从事下列人事代理服务。

第一，流动人员人事档案管理。

第二，因私出国政审。

第三，在规定的范围内申报或组织评审专业技术职务任职资格。

第四，转正定级和工龄核定。

第五，大中专毕业生接收手续。

第六，其他人事代理事项。

按照《人才市场管理规定》，人事代理方式可由单位集体委托代理，也可由个人委托代理；可多项委托代理，也可单项委托代理；可由单位全员委托代理，也可由部分人员委托代理。

单位办理委托人事代理，需向代理机构提交有效证件及委托书，确定委托代理项目。经代理机构审定后，由代理机构与委托单位签订人事代理合同书，明确双方的权利和义务，确立人事代理关系。

知识窗

择业、签约阶段常见的几种侵权现象

一、择业阶段

择业阶段是指大学生和用人单位还未形成合同关系、劳动关系的阶段，也就是通常所说的求职阶段。这个阶段的侵权主要表现为以下几种类型。

1. 对大学生平等权的侵犯

有的用人单位在招聘时通过擅自设置限制性规定或者提高条件，对女学生或者病毒携带者制造就业障碍，实行就业歧视。遇到就业歧视的情况，大学生应当主动与用人单位做好协商沟通工作，必要时可以通过有关行政主管部门的监管、新闻媒体的监督，或者是劳动仲裁、法律诉讼等途径，依理、依法力争。

2. 对大学生知情权的侵犯

有的用人单位为了能招到优秀的高校毕业生，在所提供的招聘信息中夸大其词、隐瞒自己单位的真实情况，致使一些大学生轻信上当，在找工作时浪费了自己宝贵的求职时机，有的甚至误入不法企业精心设置的陷阱之中。毕业生在应聘时一定要保持清醒的头脑，不要轻信用人单位的一面之词，可以通过咨询有关行政主管部门、实地调查、走访客户、询问员工、网络查询等多种途径全面客观地了解用人单位的真实情况。

3. 对大学生隐私权的侵犯

有的用人单位为了详细了解应聘者的情况，在面试时会问应聘者非常隐私的个人问题，如“有没有异性朋友”等无礼的问题。有的用人单位草率处理大学生的推荐资料，致使大学生的私人信息流失。用人单位的这些行为既是对大学生的不尊重，也侵犯了大学生的隐私权。大学生在应聘时一定要有保护隐私的意识，要策略性地回避用人单位侵犯隐私权的询问，推荐表的内容应当简洁明了，以客观介绍自己的基本素质和能力为主，以免暴露自己的隐私。

4. 对大学生财产权的侵犯

有的用人单位巧立名目，向大学生收取报名费、培训费、考试费等不合理费用，借录取为名行乱收费之实。大学生应当依照法律法规和政策的规定，拒绝用人单位不合规的收费要求，并且向有关行政主管部门举报。

二、签约阶段

签约阶段即大学生与用人单位签订就业协议书的阶段，该阶段的侵权现象主要表现为以下几种类型。

1. 无主体资格的虚假签约

无主体资格的就业协议是无效的，这就意味着大学生的就业权益失去了保障。主体资格的无效问题有些是大学生自己的因素造成的，如在报到时未取得毕业资格，或者没有满足用人单位附带的生效条件，用人单位可以不予接收而无须承担法律责任。还有些是用人单位的过错造成的，如用人单位不具有从事各项经营或管理活动的能力，没有录用指标和录用自主权，而进行虚假签约。因此，大学生应当在审视自己的主体资格的同时，严格审查用人单位的主体资格。

2. 就业协议的内容不合法

内容不合法或损害公共利益的就业协议是无效的，大学生必须严格审查双方签订的劳动合同内容是否符合法律、法规和政策要求，不能无原则地迁就用人单位，从事非法工作。

3. 违约金过高

有些用人单位刻意设置高额违约金，造成毕业生改派成本过高。因此，大学生在签订就业协议书时，要与用人单位慎重协商违约金额，根据自己的职业生涯规划选择合适的用人单位，确定适宜的签约期限，对于那些违约金约定数额较高的企业，大学生应该考量自己承受风险的能力，量力而行。

素质训练

练习操作毕业生毕业去向登记系统

为方便大家快速了解“全国高校毕业生毕业去向登记系统”的使用流程，请根据以下“说明宝典”练习操作。

“全国高校毕业生毕业去向登记系统”的登录方式有很多种，例如网址 https://dj.ncss.cn/登录，或者“全国大学生就业服务平台”微信公众号进行毕业去向登记确认及核验。下面选择一种方式进行说明。

1. 在微信中搜索“四川高校毕业生就业创业”，关注微信公众号。

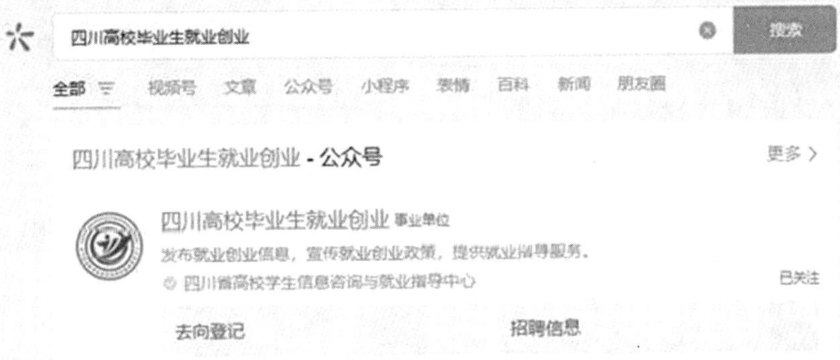

2. 在“就业服务”中选择“去向登记”使用学信网账号进行登录。

注意！注意！

首次登录须核对本人基本信息是否正确。若信息无误，点击“信息确认无误，进入系统”；若信息有误，请及时联系学校就业部门进行更正(手机号码、电子邮箱需由本人在学信网账号信息中修改)。确认无误后的信息将会显示在电子就业协议书上，请务必仔细核对，否则会影响后续签约。

3. 进入“登记系统”页面，点击“毕业生去向登记”模块。

4. 进入功能模块引导页面，选择“毕业去向填报”。

温馨提示①："毕业去向填报"界面分为去向填报和登记记录两大部分。去向填报包括签就业协议书就业、其他形式就业、升学、未就业等4种类型。登记记录用于显示毕业生登记的毕业去向及签约信息、用人单位发起的在线签约邀请、学校(院系)审核进度及结果等。

温馨提示②：页面顶部可切换功能模块，点击右上角的…可查看个人信息，下载操作指南。

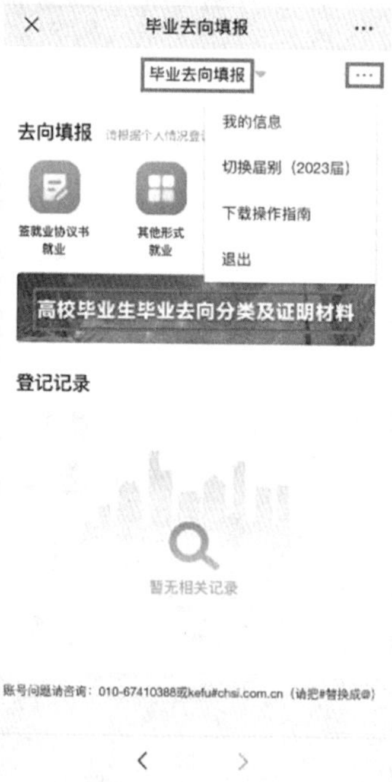

同学们在填报前，一定要仔细阅读"高校毕业生毕业去向分类及证明材料"说明！

任务二 就业程序与就业权益

情境导入

刚毕业的大学生小李，入职了一家自己心仪的单位，他对未来的职业生涯充满了希望，也决心在公司好好工作，挣钱养活自己。

入职后，公司人力资源部门拿给他一叠厚厚的劳动合同，并跟他说看看没有问题就签字，他心想这么大个公司应该不会有问题，而且自己也不懂合同，看着厚厚的一沓，也没有耐心看下去，只是匆匆浏览了一下主要条款，如工资待遇、工作时间等，觉得大致符合预期，便毫不犹豫地签了字。

然而，在工作了一段时间后，李明逐渐发现了一些问题。公司经常要求他在周末或者节假日加班，却没有按照法律规定支付足额的加班费，他还发现自己的社保缴纳基数低于实际工资。小李找到人力资源部门的同事询问时，才发现劳动合同中约定的条款非常模糊，拒绝了他的合理诉求。小李这才意识到自己当初在签订劳动合同时的疏忽和无知，让自己陷入了不利的境地。

紧接着，他便发现公司业务在进行调整，他所在的部门被整体裁撤。在没有提前30天接到书面通知的情况下，公司要求他离职，而且只给了很少的经济赔偿。

小李感到非常无助和委屈，他试图通过法律途径来维护自己的权益，但被告知他所签订的劳动合同对于一些关键权益约定不够明确，无法得到他预期的赔偿。最终小李经过不断的努力和漫长的艰辛，在法律的帮助下得到了一定的赔偿，但是他却付出了巨大的时间和精力成本，也对他的职业生涯的发展产生了负面的影响。

如果小李在毕业前，就能够对劳动合同以及就业权益的保护有一定的了解和准备，他将会避免自己的合法权益受到侵害。

一、劳动合同

劳动合同，是指劳动者与用人单位确立劳动关系、明确双方权利和义务的协议。订立和变更劳动合同，应当遵循平等自愿、协商一致的原则，不得违反法律、行政法规的规定。劳动合同一经依法订立即具有法律约束力，当事人必须履行劳动合同规定的义务。

对初涉职场的大学生来说，与用人单位签订劳动合同是一个关键环节，它是劳动者合法权益得到有力保障的重要举措之一。

（一）劳动合同的订立、履行、变更、解除和终止

1. 劳动合同的订立原则

（1）订立劳动合同时应遵循合法原则。

合法原则包括劳动合同的主体合法、劳动合同的内容合法、劳动合同订立的程序和形式合法三个方面。

第一，劳动者主体合法即劳动合同的当事人必须具备合法资格，劳动者应是年满16周岁、身体健康、具有劳动权利能力和劳动行为能力的公民，可以是中国人、外国人、无国籍人。用人单位应是依法成立或核准登记的企业、个体经济组织、国家机关、事业组织、社会团体，具有用人的权利能力和行为能力。

第二，劳动合同的内容合法指应包含劳动合同期限、工作内容、劳动保护和劳动条件、劳动报酬、劳动纪律、劳动合同终止的条件、违反劳动合同的责任等必备条款，以及试用期条款、保守商业秘密和技术秘密条款、禁止同业竞争条款等可备条款。除以上必备条款和可备条款外，《中华人民共和国劳动合同法》还规定了禁止双方当事人约定的条款，即用人单位在与劳动者订立劳动合同时，不得要求劳动者提供担保或者以其他名义向劳动者收取财物。

第三，劳动合同订立的程序和形式必须符合法律规定，未经双方协商一致、强迫订立的劳动合同无效，劳动合同依法可采用书面劳动合同的形式或电子劳动合同的形式。

(2)订立劳动合同时应遵循平等自愿、协商一致的原则。

平等是指在订立劳动合同的过程中，双方当事人法律地位平等，不存在命令与服从关系；自愿是指劳动合同的订立及其合同内容的达成，应完全出于当事人自己的真实意愿，任何一方不得将自己的意愿强加于对方，也不允许第三者非法干预；协商一致是指双方当事人经过充分协商，达成一致意见，订立劳动合同。

典型案例

用假学历订立劳动合同的后果

2018年1月，某高校毕业生史某应聘到某化工公司工作，双方于2018年2月订立了为期5年的固定期限的劳动合同。工作期间，史某因多次严重违反单位规章制度，收到公司发出的3份书面警告通知书，其综合素质因此受到质疑。后经核实，史某入职时的学历系虚假的。化工公司做出解除劳动合同的决定，史某请求法院确认该决定违法，并要求支付赔偿金。法院经审理认为，史某入职时伪造学历，被告是在被欺诈的情况下与原告建立并保持劳动关系的；《中华人民共和国劳动合同法》规定，采取欺诈、胁迫等手段订立的劳动合同无效或者部分无效。因此，法院的判决结果是化工公司做出的解除劳动合同的决定合法有效，无须向原告支付赔偿金，驳回了史某的诉讼请求。

伪造学历证书、职业资格证书、获奖荣誉证书或其他资历材料等，有违诚实信用原则。一经发现，用人单位有权解除劳动合同，并无须支付经济补偿金。

2. 劳动合同的必备条款

劳动合同的必备条款包括：劳动合同期限、工作内容、劳动保护和劳动条件、劳动报酬、劳动纪律、劳动合同终止的条件、违反劳动合同的责任。

此外，双方还可以协商约定劳动合同的补充条款。其中，违反劳动合同的责任条款比较重要，因为《中华人民共和国劳动法》和《违反〈劳动法〉有关劳动合同规定的赔偿办法》规定双方可以协商约定责任的认定、赔偿的范围、计算方法和承担方式，所以由用人单位提供的格式合同的“霸王条款”常见于此，毕业生尤其需要认真阅读这部分内容，避免“掉坑”。

3. 劳动合同的履行

劳动合同的履行是指劳动合同的双方当事人按照合同规定，履行各自承担的义务的行为。依法订立的劳动合同具有法律约束力，当事人必须履行合同约定的义务，任何个人或者第三方不得非法干涉劳动合同的履行。

4. 劳动合同的变更

劳动合同的变更是指双方当事人遵循平等自愿、协商一致的原则，对尚未履行或尚未完全履行的合同，依照法律规定的条件和程序，对原劳动合同进行修改或增删的法律行为。

劳动合同的变更一般是协议变更，双方当事人就变更的内容及条件进行协商，达成一致意见后，应签订书面协议。提出变更劳动合同的一方，给对方造成经济损失的，应给予经济上的补偿。

5. 劳动合同的解除

劳动合同的解除是指劳动合同当事人在劳动合同期限届满之前依法提前终止劳动合同关系的法律行为。劳动合同的解除可分为协商解除、用人单位单方面解除、劳动者单方面解除及自行解除等。

6. 劳动合同的终止

劳动合同的终止是指符合法律规定或当事人约定的情形时，劳动合同的效力即行终止。《中华人民共和国劳动法》规定："劳动合同期满或者当事人约定的劳动合同终止条件出现，劳动合同即行终止。"

（二）电子劳动合同

电子劳动合同，是指用人单位与劳动者按照《中华人民共和国劳动合同法》《中华人民共和国民法典》《中华人民共和国电子签名法》等法律法规规定，经协商一致，以可视为书面形式的数据电文为载体，使用可靠的电子签名订立的劳动合同。

1. 电子劳动合同的法律法规依据

2021年3月，人力资源社会保障部下发了《人力资源社会保障部办公厅关于订立电子劳动合同有关问题的函》（人社厅函〔2020〕33号），明确用人单位与劳动者协商一致，可以采用电子形式订立书面劳动合同。采用电子形式订立劳动合同，应当使用符合《中华人民共和国电子签名法》等法律法规规定的可视为书面形式的数据电文和可靠的电子签名。用人单位应当采取有效措施，保证电子劳动合同的生成、传递、储存等满足《中华人民共和国电子签名法》等法律法规规定的要求，保证其完整、准确、不被篡改。符合《中华人民共和国劳动合同法》规定和上述要求的电子劳动合同一经订立即具有法律效力，用人单位与劳动者应当按照电子劳动合同的约定，全面履行各自的义务。

2. 订立电子劳动合同的信息化平台

订立电子劳动合同所依托的信息化平台大致分为两种类型：一类是企业自建平台，一些实力较强、信息技术水平较高、用工规模大的企业，自建平台系统与劳动者订立电子劳动合同。第二类是第三方搭建电子劳动合同服务平台。这种类型又分为三种情况：第一种是企业付费给市场化的电子合同签订平台，由其为企业签订电子劳动合同提供服务。第二种是在当地人社部门指导支持下，由大型企业或人力资源服务公司搭建电子劳动合同服务平台，供其他企业使用。第三种是政府直接搭建公共服务平台，供企业和劳动者免费使用。

知识窗

订立电子劳动合同

为指导用人单位和劳动者依法规范订立电子劳动合同，人力资源社会保障部根据《中华人民共和国劳动合同法》《中华人民共和国民法典》《中华人民共和国电子签名法》等法律法规，组织编写了《电子劳动合同订立指引》，指导有订立电子劳动合同意愿的用人单位和劳动者，参照《电子劳动合同订立指引》协商一致订立电子劳动合同，确保电子劳动合同真实、完整、准确、不被篡改。要求各地结合本地实际，加快建设电子劳动合同业务信息系统和公共服务平台，及时公布接收电子劳动合同的数据格式和标准，逐步推进电子劳动合同在人力资源社会保障政务服务中的全面应用。

电子劳动合同订立指引

第一章 总则

第一条 本指引所指电子劳动合同，是指用人单位与劳动者按照《中华人民共和国劳动合同法》《中华人民共和国民法典》《中华人民共和国电子签名法》等法律法规规定，经协商一致，以可视为书面形式的数据电文为载体，使用可靠的电子签名订立的劳动合同。

第二条 依法订立的电子劳动合同具有法律效力，用人单位与劳动者应当按照电子劳动合同的约定，全面履行各自的义务。

第二章 电子劳动合同的订立

第三条 用人单位与劳动者订立电子劳动合同的，要通过电子劳动合同订立平台订立。

第四条 电子劳动合同订立平台要通过有效的现代信息技术手段提供劳动合同订立、调取、储存、应用等服务，具备身份认证、电子签名、意愿确认、数据安全防护等能力，确保电子劳动合同信息的订立、生成、传递、储存等符合法律法规规定，满足真实、完整、准确、不可篡改和可追溯等要求。

第五条 鼓励用人单位和劳动者使用政府发布的劳动合同示范文本订立电子劳动合同。劳动合同未载明《中华人民共和国劳动合同法》规定的劳动合同必备条款或内容违反法律法规规定的，用人单位依法承担相应的法律责任。

第六条 双方同意订立电子劳动合同的，用人单位要在订立电子劳动合同前，明确告知劳动者订立电子劳动合同的流程、操作方法、注意事项和查看、下载完整的劳动合同文本的途径，并不得向劳动者收取费用。

第七条 用人单位和劳动者要确保向电子劳动合同订立平台提交的身份信息真实、完整、准确。电子劳动合同订立平台要通过数字证书、联网信息核验、生物特征识别验证、手机短信息验证码等技术手段，真实反映订立人身份和签署意愿，并记录和保存验证确认过程。具备条件的，可使用电子社保卡开展实人实名认证。

第八条 用人单位和劳动者要使用符合《中华人民共和国电子签名法》要求、依法设立的电子认证服务机构颁发的数字证书和密钥，进行电子签名。

第九条 电子劳动合同经用人单位和劳动者签署可靠的电子签名后生效，并应附带可信时间戳。

第十条 电子劳动合同订立后，用人单位要以手机短信、微信、电子邮件或者APP信息提示等方式通知劳动者电子劳动合同已订立完成。

第三章 电子劳动合同的调取、储存、应用

第十一条 用人单位要提示劳动者及时下载和保存电子劳动合同文本，告知劳动者查看、下载电子劳动合同的方法，并提供必要的指导和帮助。

第十二条 用人单位要确保劳动者可以使用常用设备随时查看、下载、打印电子劳动合同的完整内容，不得向劳动者收取费用。

第十三条 劳动者需要电子劳动合同纸质文本的，用人单位要至少免费提供一份，并通过盖章等方式证明与数据电文原件一致。

第十四条 电子劳动合同的储存期限要符合《中华人民共和国劳动合同法》关于劳动合同保存期限的规定。

第十五条 鼓励用人单位和劳动者优先选用人力资源社会保障部门等政府部门建设的电子劳动合同

订立平台(以下简称政府平台)。用人单位和劳动者未通过政府平台订立电子劳动合同的，要按照当地人力资源社会保障部门公布的数据格式和标准，提交满足电子政务要求的电子劳动合同数据，便捷办理就业创业、劳动用工备案、社会保险、人事人才、职业培训等业务。非政府平台的电子劳动合同订立平台要支持用人单位和劳动者及时提交相关数据。

第十六条 电子劳动合同订立平台要留存订立和管理电子劳动合同全过程证据，包括身份认证、签署意愿、电子签名等，保证电子证据链的完整性，确保相关信息可查询、可调用，为用人单位、劳动者以及法律法规授权机构查询和提取电子数据提供便利。

第四章 信息保护和安全

第十七条 电子劳动合同信息的管理、调取和应用要符合《中华人民共和国网络安全法》《互联网信息服务管理办法》等法律法规，不得侵害信息主体合法权益。

第十八条 电子劳动合同订立平台及其所依赖的服务环境，要按照《信息安全等级保护管理办法》第三级的相关要求实施网络安全等级保护，确保平台稳定运行，提供连续服务，防止所收集或使用的身份信息、合同内容信息、日志信息泄漏、篡改、丢失。

第十九条 电子劳动合同订立平台要建立健全电子劳动合同信息保护制度，不得非法收集、使用、加工、传输、提供、公开电子劳动合同信息。未经信息主体同意或者法律法规授权，电子劳动合同订立平台不得向他人非法提供电子劳动合同查阅、调取等服务。

第五章 附则

第二十条 本指引中主要用语的含义：

(一)数据电文，是指以电子、光学、磁或者类似手段生成、发送、接收或者储存的信息。

(二)可视为书面形式的数据电文，是指能够有形地表现所载内容，并可以随时调取查用的数据电文。

(三)电子签名，是指数据电文中以电子形式所含、所附用于识别签名人身份并表明签名人认可其中内容的数据。

(四)可靠的电子签名，是指同时符合下列条件的电子签名：

1. 电子签名制作数据用于电子签名时，属于电子签名人专有；

2. 签署时电子签名制作数据仅由电子签名人控制；

3. 签署后对电子签名的任何改动能够被发现；

4. 签署后对数据电文内容和形式的任何改动能够被发现。

(五)可信时间戳，是指权威机构使用数字签名技术产生的能够证明所签名的原始文件在签名时间之前已经存在的数据。

第二十一条 本指引未尽事宜，按照有关法律法规和政策规定执行。

3. 电子劳动合同的订立流程

订立电子劳动合同主要分为以下几个步骤：第一步，选择一个可靠的电子劳动合同订立平台；第二步，完成实名认证；第三步，发起合同签署。接下来，进行盖章签署并发送给对方。对方在收到签署通知后，会进入平台进行内容审核和意愿认证，最后完成盖章。所有相关方签署完毕后，合同通常会被自动保存并锁定，防止后续修改。所有签署方会收到签署完毕的合同副本。

典型案例

姜师傅维权

姜师傅此前在某酒店做泊车零工，后因与酒店主管发生分歧辞职，在索要离职前工资时遇到了麻烦。幸运的是，之前当地人社局来店里指导订立的电子劳动合同此时派上了大用场。对于零工而言，劳资双方往往忽视订立劳动合同，这就导致一旦出现劳动纠纷，劳动关系认定难、讨薪维权难。好在当地人社局针对这一问题，推出电子劳动合同订立平台。该平台所订立合同明确工作地点、时间及薪酬、社会保险和职业伤害等八大关键要素。在劳资双方意见一致后，通过“人脸识别”技术线上订立电子协议，用人单位一键落章，提供签约、保存、查阅、调用的全链条式服务。有了这份电子合同，姜师傅在劳动维权点通过政府提供的政策解读、法律咨询、权益保障等服务最终追回欠薪。

（三）订立劳动合同的注意事项

劳动者在与用人单位订立劳动合同时，应该注意以下几点。

1. 正确行使订立劳动合同过程中的知情权

《中华人民共和国劳动合同法》第八条规定：“用人单位招用劳动者时，应当如实告知劳动者工作内容、工作条件、工作地点、职业危害、安全生产状况、劳动报酬，以及劳动者要求了解的其他情况。”应聘时，毕业生有权了解用人单位的基本情况、工作内容和劳动报酬等。此外，用人单位还应根据劳动者的要求，及时反馈是否录用等情况。

2. 劳动合同应采用书面劳动合同的形式或电子劳动合同的形式

劳动合同可以对劳动内容和法律未尽事宜做出详细、具体的规定，使双方明确权利和义务，促进双方全面履行合同，防止因一方违约而给另一方带来损失。劳动合同在发生劳动争议时是解决纠纷的重要证据，使用人单位和劳动者解决纠纷更为便利，降低争议解决成本和社会耗损费用。因此，订立一份完备、公平合理的劳动合同对于企业和员工来说都很重要。

3. 劳动合同中要约定试用期

一些单位为了逃避责任，在试用期内，往往不与职工订立劳动合同。一旦试用期满，就找种种借口辞退员工。根据劳动合同期限的长短，《中华人民共和国劳动合同法》第十九条规定：“劳动合同期限三个月以上不满一年的，试用期不得超过一个月；劳动合同期限一年以上不满三年的，试用期不得超过二个月；三年以上固定期限和无固定期限的劳动合同，试用期不得超过六个月。”

用人单位违反规定与劳动者约定试用期的，由劳动行政部门责令改正；违法约定的试用期已经履行的，由用人单位以劳动者试用期满月工资为标准，按已经履行的超过法定试用期的时间向劳动者支付赔偿金。

4. 禁止设定担保和收取抵押金

《中华人民共和国劳动合同法》中明确规定：“用人单位招用劳动者，不得扣押劳动者的居民身份证和其他证件，不得要求劳动者提供担保或者以其他名义向劳动者收取财物。”

用人单位违反规定，扣押劳动者居民身份证等证件的，由劳动行政部门责令限期退还劳动者本人，并依照有关法律规定给予处罚；用人单位违反规定，以担保或者其他名义向劳动者收取财物的，由劳动行政部门责令限期退还劳动者本人，并以每人 500 元以上 2000 元以下的标准处以罚款；给劳动者造成损害的，应当承担赔偿责任。

二、毕业生订立劳动合同后的法律保护

根据《中华人民共和国劳动法》《中华人民共和国劳动合同法》及《中华人民共和国劳动争议调解仲裁法》的有关规定，毕业生在订立劳动合同后发生劳动争议的，应注意以下法律事宜。

（一）入职后及时与企业订立劳动合同

高校毕业生入职一月内要积极与企业订立劳动合同，明确工作内容、薪资待遇等关键权益，别因羞涩或不确定而忽视。及时订立合同是对自己负责，提供工作保障，有法可依。若企业拖延，毕业生要勇敢沟通，说明其重要性。

根据《中华人民共和国劳动合同法》第八十二条“不订立书面劳动合同的法律责任”规定，用人单位自用工之日起超过一个月不满一年未与劳动者订立书面劳动合同的，应当向劳动者每月支付二倍的工资。违反规定不与劳动者订立无固定期限劳动合同的，自应当订立无固定期限劳动合同之日起向劳动者每月支付二倍的工资。这一规定旨在确保劳动者与用人单位之间形成明确的劳动关系，避免因未订立劳动合同而导致的劳动关系难以确定的问题，从而保护劳动者的合法权益。

一些用人单位可能会因为各种原因（如贪图方便或规避风险）而未与劳动者订立劳动合同，这不仅违反了法律规定，也增加了劳动争议的风险。因此，法律规定未订立劳动合同的情况下需要支付二倍工资，以此来督促用人单位履行法律义务，保障劳动者的合法权益。支付二倍工资也是一种经济上的惩罚，旨在促使用人单位遵守法律规定，及时与劳动者订立书面劳动合同。如果是劳动者的原因导致合同未能订立，用人单位应在一个月内书面通知劳动者终止劳动关系。

典型案例

小张的遭遇

小张进入某公司工作 20 天仍未订立劳动合同。后来小张在工作中发生工伤，右眼被纱管打伤，在镇卫生院检查后无法治疗，又被送往县人民医院治疗，缝针后又被转往某市医院治疗 13 天。小张向某市劳动人事争议仲裁委员会申请，要求确认自入职来至治疗结束与被告存在劳动关系，并要求被告支付入职后至治疗结束的双倍工资差额。该市劳动人事争议仲裁委员会作出驳回原告的仲裁请求的裁决。原告不服该裁决，向法院提起诉讼，请求判决原告入职后与被告存在事实劳动关系。而被告辩称，原、被告之间不存在劳动关系，请求驳回原告的诉讼请求。最终经审理认为，原告提供的证人证言，微信聊天记录、微信支付凭证能够相互印证，证明原告在受伤前 20 天开始为被告提供劳动，受公司的规章制度管理，从事有报酬的劳动，双方建立事实劳动关系，判决被告支付小张自入职后到工伤治疗结束的双倍工资差额。

（二）毕业生与用人单位发生劳动争议的原因

（1）因确认劳动关系而发生争议。

（2）因订立、履行、变更、解除和终止劳动合同而发生争议。

（3）因除名、辞退和辞职、离职而发生争议。

（4）因工作时间、休息休假、社会保险、福利、培训及劳动保护而发生争议。

（5）因劳动报酬、工伤医疗费、经济补偿或者赔偿金等而发生争议。

（6）法律、法规规定的其他引发劳动争议的原因。

（三）发生劳动争议后，双方可以协商解决或申请调解

当事人向劳动争议调解委员会申请劳动争议调解，可以书面申请，也可以口头申请。口头申请的，

调解组织应当当场记录申请人基本情况、申请调解的争议事项、理由和时间。调解劳动争议，应当充分听取双方当事人对事实和理由的陈述，耐心疏导，帮助其达成协议。经调解达成协议的，应当制作调解协议书。调解协议书由双方当事人签名或者盖章，经调解员签名并加盖调解组织印章后生效，对双方当事人具有约束力，当事人应当履行。自劳动争议调解组织收到调解申请之日起 15 日内未达成调解协议的，当事人可以依法申请仲裁。

（四）毕业生与用人单位发生劳动争议后申请仲裁的程序

毕业生与用人单位发生劳动争议后应向劳动争议仲裁委员会提交仲裁申请。仲裁申请人应当提交书面的仲裁申请，并依照被申请人的数量提交副本。申请书应载明法定内容，包括以下几方面。

第一，劳动者的姓名、性别、年龄、职业、工作单位和住所，用人单位的名称、住所和法定代表人或者主要负责人的姓名、职务。

第二，仲裁请求和所根据的事实、理由。

第三，证据和证据的来源、证人的姓名和住所。

仲裁委员会在收到申请后 5 日内做出是否受理的决定，不予受理或 5 日内不做出任何答复的，申请人就该劳动争议事项可向人民法院起诉。决定受理的，应当制作受理决定书并送达申请人，在受理后 5 日内将申请书副本送达被申请人。被申请人收到申请书副本后，应当在 10 日内提交答辩书。被申请人未提交答辩书的，不影响案件的仲裁。

（五）毕业生与用人单位发生劳动争议后申请仲裁的时效

劳动争议申请仲裁的时效期间为一年。仲裁时效期间从当事人知道或者应当知道其权利被侵害之日起计算。

（六）未毕业大学生亦可订立劳动合同

法律并未禁止在校大学生成为劳动力市场的劳动者。具有完全民事行为能力的在校大学生具备劳动合同主体资格。如果在校大学生与用人单位建立起长期、稳定的关系，遵循用人单位规章制度、接受管理、从事安排的工作且有明确岗位并获得经济报酬，那么双方实际上就建立了劳动关系。然而，如果在校大学生是以实践课堂知识、参加工作实习为目的，不求取劳动报酬或者通过短期、不定期劳务获得勤工俭学报酬，则不应认定双方建立了劳动关系。所以，不能单纯以“兼职”或“实习生”来判断双方是否存在劳动关系。

在校大学生应聘时应如实陈述自己的在校情况，若用人单位明知对方尚未毕业仍愿意建立劳动关系，应认定双方构成劳动关系。反之，如果用人单位并无招录在校大学生的意愿，而大学生为获得就业机会隐瞒未毕业等真实情况，可能因构成欺诈而影响劳动合同的效力。无论是大学生选择实习见习、勤工俭学还是毕业入职，抑或是用人单位考虑降低用工成本、招揽优质人才，劳资双方都应提高法律意识，妥善保存入职及在职相关资料，及时订立书面实习协议或劳动合同，以明确双方权利和义务，保护自身合法权益。

典型案例

魏某某维权

2023 年 5 月 22 日，在校大学生魏某某入职一家建筑公司，双方签订了见习协议书，约定见习期为 2023 年 6 月 1 日至 2024 年 5 月 31 日。同时，双方口头约定，魏某某取得毕业证书后签订正式劳动合同，试用期两个月，自其取得毕业证书之日起计算。2023 年 7 月 10 日，魏某某顺利取得毕业证书。

8月18日，双方签订劳动合同。但到了9月，公司以魏某某业绩不达标为由不同意转正。9月18日，魏某某以公司未依法缴纳社会保险、未及时订立劳动合同等为由提出解除劳动合同。此后，魏某某申请劳动仲裁未被受理，于是诉至法院，要求确认与该建筑公司在2023年5月22日至2023年9月17日存在劳动关系。

法院经审理认为，用人单位自用工之日起便与劳动者建立了劳动关系。魏某某在2023年5月22日入职时虽未取得学历证书，但他是具备劳动能力的成年人，具备劳动者资格。魏某某在见习期间遵循公司规章制度、接受公司管理、从事公司安排的工作，符合劳动关系成立的要素。因此，法院判决该建筑公司与魏某某自2023年5月22日起至2023年9月17日止存在劳动关系。

三、就业陷阱与防范

现实中，常见就业陷阱主要表现在以下五个方面。

（一）招聘陷阱

常见的招聘陷阱种类较多，主要包括以下三种类型。

1. 招聘会不合法

有些招聘会利用大学生就业心切的心理，打着毕业生就业的名义，实质上未经有关主管部门审批。要么广告上公布的知名企业未到场，要么到场的单位良莠不齐，有的只是为了凑数。而举办单位的目的就是赚取高昂的门票费。同时，有的招聘单位还骗取学生的信息，并出卖学生的个人信息，给一些违法之徒提供便利。有些企业甚至打着招聘的幌子，逼迫毕业生做传销或做其他违法的事情。

2. 以面试为由，骗取求职者钱财

一些不法分子从网络或其他途径得到毕业生个人信息，便以某企业名义打电话给毕业生，假装通知其面试。在毕业生不设防的情况下，骗取钱财后逃之夭夭。

3. 变相收费

有些单位不当场签约，要求通过网络或电话继续洽谈，而这些网络或电话洽谈都是收费的；有些单位向大学毕业生收取报名费、资料费或培训费等，等求职者交了费用之后，再将其拒之门外。

面对招聘陷阱，大学毕业生在求职的时候一定要擦亮眼睛。

首先，找工作时，一定要到正规的、信誉高的招聘会和专业人才网站应聘，对自己的个人信息要有必要的保留。

其次，投简历前，一定要通过亲朋好友、学校就业中心、网络等核实用人单位的真实性，查阅网上公布的企业“黑名单”，谨防上当。

再次，面试时，应自行前往公司，不要让陌生人带路，不要相信陌生人的话，更不要将财物交予陌生人。

最后，要提防在求职过程中被骗取钱财，国家明令禁止企业在招聘过程中以任何名义收取费用。

（二）协议陷阱

在签协议时常出现的问题包括以下三种类型。

1. 口头承诺

口头承诺因缺乏法律依据而没有法律约束力。一旦发生问题，学生往往成为弱势一方，权益受到侵害。一些单位在和求职者谈条件的时候，常常口头承诺给予优越条件，但在签协议时却不将这些承诺写入就业协议书。大学毕业生毕业后来到单位工作时，才发现现实条件与当初的约定相差甚远，因无法律依据而成为权益受害的一方。

2. 签订不平等协议

由于大学生劳动力市场存在着较为严重的买方市场性质，大学生就业压力较大，“强资本、弱劳工”的现象严重影响着大学生的求职心理，导致他们在求职中“低人一等”。再加上大学生维权意识较差，致使大学生对签订的就业协议要么不知情，要么在签约的时候根本没有留意相关条款，从而促成霸王条款的出现。

3. 以就业协议书代替劳动合同

有些大学生因为不懂劳动法，以为就业协议书就是劳动合同。大学毕业后到单位报到，不知道应该要求单位与其订立合法有效的劳动合同，盲目认为就业协议书的条款就是合同的内容。一些不正规的用人单位也故意不与大学毕业生订立劳动合同，因为就业协议书的法律效力有时限，在毕业生到用人单位报到后即告终止，而劳动合同受到的法律约束力较强，内容也更加具体、全面，一旦发生劳动争议，就容易对用人单位不利。

针对协议陷阱，大学毕业生在与用人单位签订就业协议时，一定要睁大眼睛，认真仔细地识别协议中是否存在陷阱。一是要看协议是否合法；二是要看协议是否全面；三是要对协议文本仔细推敲；四是正式报到上班后，一定要求在协议书的基础上，与单位协商订立一份有效的劳动合同，防止因发生争议而损害自身的合法权益等。

（三）试用期陷阱

现实中，试用期陷阱常常困扰着大学毕业生，主要有以下三种类型。

1. 不约定试用期，可能暗藏玄机

某些单位要求大学生报到时就立即订立劳动合同，不约定试用期，马上正式上岗。可当大学毕业生还在暗自庆幸单位不需试用时，却发现单位各方面情况都不尽如人意，和之前承诺的大相径庭，工作内容和自己想象的也完全不同，于是决定另谋高就。这时，才发现自己“无意”间放弃了试用期这一有利机会。这种情况下，如毕业生要单方面解除劳动合同，一方面要提前 30 天通知，另一方面可能要付出违约的相应代价。

2. 只约定试用期，榨取廉价劳动力

因为试用期工资、福利待遇和正式录用之后差距较大，而在目前人才市场上招聘的费用并不高，一些用人单位就利用“无休止”的试用期，来降低自己的劳务成本。例如，有些单位以避免麻烦为由，只以口头或书面形式与大学毕业生约定几个月的试用期，声称试用期结束了，就直接正式录用，订立正式劳动合同。在试用期内，单位只提供比正式员工低很多的待遇。而大学毕业生为了能留下来，往往工作非常努力，甚至不计较暂时的工资待遇。试用期结束，单位却以各种理由将毕业生拒之门外。

3. 试用期过长或无故延长试用期

有的单位与大学毕业生约定的试用期严重超过《中华人民共和国劳动合同法》规定的标准，有的甚至长达 1 年。也有些用人单位约定的试用期虽在法律规定的范围内，但以各种理由延长试用期，变相榨取大学毕业生的廉价劳动力。更有甚者，在几次延长试用期后，最终仍将求职者解聘。

面对试用期陷阱，大学毕业生最好的办法就是拿起法律的武器保护自己。

首先，对于第一种情况，大学毕业生应努力收集企业的信息，对于信誉不好的企业，一定要多加提防，必要的时候，可以自己提出约定一定期限的试用期，有些时候约定试用期恰恰是保护自己合法权益的有效手段。

其次，大学毕业生应增强法律意识，对《中华人民共和国劳动合同法》应该有一定了解。

最后，用人单位在试用期解除劳动合同所使用的理由，必须符合相关法律的规定，大学毕业生一定要把握好这一标准，不能让用人单位说辞退就辞退。

（四）培训陷阱

一些不良企业利用大学毕业生求职心切又没有足够强的就业竞争力的弱点，以找工作要先交培训费，培训后却以各种理由推脱，不兑现承诺。他们打着提供优质岗位的旗号，宣扬专业培训体系，承诺培训后安排高薪工作，大学毕业生易被吸引。但交培训费后，培训质量差，老师水平不齐、课程混乱、环境糟糕。培训结束，企业以各种借口不安排工作且不退费。大学毕业生求职要警惕，对先交培训费的企业仔细甄别，不被虚假承诺迷惑，多渠道了解企业真实情况，避免陷入求职陷阱，保护自身合法权益。

典型案例

花钱培训即可入职？当心"求职陷阱"！

临近大学毕业的小刘，努力投身于求职的浪潮中，然而几轮面试下来，并没有找到满意的职位。正当他心急如焚之时，网上一则培训招聘信息映入了他的眼帘，承诺只需要交7万元进行6个月的计算机系统培训，就可以直接到定向的国企、私企入职，入职后实习期工资8000元，转正后收入就能过万。正当小刘因为高昂的培训费用犹豫不决时，培训班的负责人提出，可以组织他们到一家对口的企业参观。看到培训班管理人员和公司管理层有说有笑，小刘他们彻底打消顾虑，缴纳了培训费用。

进入培训班后，小刘却发现班里已有一些学生，他们像插班生一样一起听，讲得课程也很基础，不像是入职后会用到的知识。面对小刘的疑问，管理方告诉小刘，培训实际上只是一个形式。他们联系的公司急需人才，但规定所有新入职的员工都必须经过培训和考试，以满足企业的入职流程和留痕记录。听到这样的解释，小刘心中的疑虑有所缓解，既然培训只是走过场，应该不会有太大的问题。于是，他决定继续参与培训，希望能够顺利通过，进而获得一份稳定的工作。

小刘上完培训课程之后参加了考试，然后就回家等待入职通知了，但是一个多月过去了，对方一直都没联系他。面对小刘的质问，负责人却说考试不合格，企业不予录取，可以安排他在培训班跟着下一批学员继续学习，直到考过，而且学费一分不收。没想到两个月后，他去上课时却发现培训班关停了，管理方也联系不上了，这下小刘可慌了。忙向其他同学打听，才知道培训班从第一批开始培训百余人，没有给一个人解决工作。小刘连忙报警，最终追回了培训损失。而这家企业的负责人最终以诈骗罪被判处有期徒刑七年。

知识窗

关于试用期的权益，你都了解了吗？

问题1：试用期到底应该多长？一个月，两个月，还是六个月？

如前述，《中华人民共和国劳动合同法》第十九条对试用期有明确规定。其规定中的"以上"包含本数，"不满"不包含本数。也即，若是劳动合同期限为一年的，试用期可约定为两个月，但不能超过两个月。

需要注意的是，“以完成一定工作任务为期限的劳动合同或者劳动合同期限不满三个月的，不得约定试用期”。还要注意的是，试用期应包含在劳动合同期限内。劳动合同仅约定试用期的，则试用期不成立，该期限应计为劳动合同期限。

问题 2：试用期内如被公司调岗，还要重新设置试用期吗？

《中华人民共和国劳动合同法》第十九条规定：“同一用人单位与同一劳动者只能约定一次试用期。”

试用期是劳动者与公司在劳动合同上协商确定的，如果试用期已经过了，调换工作岗位，不能重新设立试用期。如果在试用期内调整了工作岗位，之前已经消耗的试用期不用重新再来一遍，只要继续履行剩余试用期即可。如果因为调换了部门，双方协商一致，依法变更试用期长短的话，之前已经履行的那部分试用期也不用重新再来一遍，而是按新的试用期长短履行剩余的试用期。

问题 3：总公司和分公司的试用期是通用的吗？

如果劳动者离职后，过了一段时间再次进入同一用人单位，哪怕属于不同的工作岗位，也不能再设立试用期。同样，如果在法人实体上不是同一用人单位，劳动者在原单位办理了离职手续，在新单位办理了录用手续，即使它们是关联公司，新单位也可以设立试用期。但要注意，关联公司必须都是独立法人，分公司不属于独立法人，不可以利用这种方式设立试用期。

问题 4：试用期离职需要提前几天告知用人单位？

《中华人民共和国劳动合同法》第三十七条规定：“劳动者在试用期内提前三日通知用人单位，可以解除劳动合同。”《中华人民共和国劳动合同法》第三十八条规定：“用人单位有下列情形之一的，劳动者可以解除劳动合同：(一)未按照劳动合同约定提供劳动保护或者劳动条件的；(二)未及时足额支付劳动报酬的；(三)未依法为劳动者缴纳社会保险费的；(四)用人单位的规章制度违反法律、法规的规定，损害劳动者权益的；(五)因本法第二十六条第一款规定的情形致使劳动合同无效的；(六)法律、行政法规规定劳动者可以解除劳动合同的其他情形。”

依此规定，劳动者若是想在试用期内“跳槽”，必须提前三日通知用人单位，方可解除劳动合同，不能随时卷铺盖就走人。如果要留下良好的职业口碑、树立良好的职业形象，应估算自己手头的工作，尽量留出足够的工作交接时间。不过依据《中华人民共和国劳动合同法》的规定，如果用人单位以暴力、威胁或非法限制人身自由的手段强迫劳动者劳动的，或者用人单位违章指挥、强令冒险作业危及劳动者人身安全的，劳动者可以立即解除劳动合同，不需事先告知用人单位。

问题 5：试用期内公司能随意解除劳动合同吗？

《中华人民共和国劳动合同法》第二十一条规定：“在试用期中，除劳动者有本法第三十九条和第四十条第一项、第二项规定的情形外，用人单位不得解除劳动合同。用人单位在试用期解除劳动合同的，应当向劳动者说明理由。”《中华人民共和国劳动合同法》第三十九条规定：“劳动者有下列情形之一的，用人单位可以解除劳动合同：(一)在试用期间被证明不符合录用条件的；(二)严重违反用人单位的规章制度的；(三)严重失职，营私舞弊，给用人单位造成重大损害的；(四)劳动者同时与其他用人单位建立劳动关系，对完成本单位的工作任务造成严重影响，或者经用人单位提出，拒不改正的；(五)因本法第二十六条第一款第一项规定的情形致使劳动合同无效的；(六)被依法追究刑事责任的。”《中华人民共和国劳动合同法》第四十条规定：“有下列情形之一的，用人单位提前三十日以书面形式通知劳动者本人或者额外支付劳动者一个月工资后，可以解除劳动合同：(一)劳动者患病或者非因工负伤，在规定的医疗期满后不能从事原工作，也不能从事由用人单位另行安排的工作的；(二)劳动者不能胜任工作，经过培训或者调整工作岗位，仍不能胜任工作的……”

用人单位可解除劳动合同的条件是必须证明劳动者在试用期间有上述情形。用人单位在试用期解除劳动合同的，应当向劳动者说明理由。在这种情况下，用人单位解除劳动合同无须支付经济补偿金。如果用人单位没有证据证明劳动者在试用期间有上述情形的话，就不能解除劳动合同。

以“在试用期间被证明不符合录用条件”这一项为例，到底怎么样才是“不符合录用条件”呢？在签订劳动合同时，企业若没有向求职者明确公示求职者所在岗位存在着哪些情况或条件符合解除合同的条件，那么企业则不能以“不符合录用条件”为由随意解除合同。若企业违反相关规定，求职者可携相关有效的证据至有关部门进行申诉，并获得补偿金。用人单位若依据《中华人民共和国劳动合同法》规定的相关情形提出解除合同的话，需要提前三十日以书面形式通知劳动者本人或者额外支付劳动者一个月工资，才可以解除劳动合同。

问题6：试用期内可以休假吗？

假期分很多种，法定年休假、病假、婚假、产假等属于国家法律法规所规定的假期，试用期员工有权享受。不过法定年休假有单位安排的特点，假设试用期过后，员工仍然有机会使用年休假的，单位有权拒绝员工在试用期内休年休假的请求。至于事假等非法定假期，单位有权拒绝试用期内的员工请假。

问题7：员工在试用期内请病假，企业可以延长试用期吗？

试用期必须约定在劳动合同中，没有劳动合同，或者口头约定的试用期都不作数。至于试用期内劳动者请的病假比较多，是否可以延长试用期，要看两个方面。首先是法律规定的试用期上限。一年的劳动合同只能设立两个月的试用期，那就不能再延长。如果是三年劳动合同，试用期上限是六个月，那就看第二个方面“双方协商一致”。双方协商一致后可以变更劳动合同，试用期作为劳动合同的条款之一，也可以变更。因此，在不突破法律所设定的试用期上限的情况下，若双方协商一致，就可以延长试用期。

（五）智力陷阱

在知识化、信息化高速发展的今天，“智力产品”成了企业的核心竞争力。而大学毕业生对知识产权的维护却存在着很大的空白。一些用人单位正是利用了大学毕业生的这些弱点，设计了一个个智力陷阱。比如用人单位以招聘考试为名、“召集”创意为实，无偿占有毕业生的程序设计、广告设计、策划方案、文章译稿等。很多求职者笔试、面试后就没了用人单位的消息，而自己曾提供的策划方案、设计等却在该公司的产品、活动中出现。智力陷阱是近年来新出现的求职陷阱，其性质更为恶劣，大学毕业生要提高警惕，多加小心。

（六）劳务陷阱

大学毕业生求职的时候，招聘单位明明说的是招聘合同制工人，结果大学毕业生被录用后却发现自己变成了“劳务工”或“派遣工”。

1. 劳动合同与劳务合同

劳动合同与劳务合同虽然只有一字之差，但两者的法律性质却完全不同。签订了劳动合同，双方便形成了劳动法律关系，双方的权利义务关系要受到《中华人民共和国劳动法》的调整和约束。而劳务合同却是一种民事协议，由《中华人民共和国民法典》来调整，劳务关系双方当事人是完全平等的民事主体，双方的关系是基于商品经济的财产关系，双方的争议不受《中华人民共和国劳动法》的调整和约束。一些用人单位利用大学毕业生的无知，在招聘的时候将一切条件都承诺得很好，订立合同的时候，却拿劳务合同让大学毕业生签字。而大学毕业生一方面警惕心较弱，另一方面维权意识不够强，再加上年轻人常常粗心大意，草草签字了事。岂不知，一字之差，天壤之别，最终陷入“劳务工”的圈套。

2. 正式工与劳务派遣工

劳务派遣的用工方式是在我国出现的一种较新型的用工方式。但相关的法律法规的长期缺位，给很多用人单位带来了可乘之机。2008 年 1 月 1 日实施的《中华人民共和国劳动合同法》及 2008 年 5 月 1 日实施的《中华人民共和国劳动争议调解仲裁法》，无疑使用人单位用工的附加成本增加。一时之间，很多用人单位谈“法”色变，劳动关系管理问题成了用人单位的一个心病。在这种情况下，很多用人单位选择了“劳务派遣”这一较新的用工方式，企图规避法律问题。为了规范劳务派遣，维护劳动者的合法权益，促进劳动关系和谐稳定，人力资源社会保障部制定了《劳务派遣暂行规定》，自 2014 年 3 月 1 日起施行。

很多大学毕业生在求职的时候，通过初试、笔试、复试、面试，最后和单位签订了就业协议书或劳动合同。签了合同之后才发现，协议(合同)中的甲方名称并不是该单位，而变成了人力资源公司。一时间，大学毕业生成了人力资源公司派遣到该单位的派遣工。

面对可能出现的劳务陷阱，一方面，大学毕业生在找工作，尤其是签协议的时候要小心谨慎，认真阅读协议内容，看清楚协议中的用工单位名称是不是自己应聘的公司，看清楚到底是劳动合同还是劳务合同；另一方面，大学毕业生应增强维权意识和维权能力，熟悉能够保护自己合法权益的法律、法规，以便在求职过程中有效识别求职陷阱，保护自己的合法权益。

知识窗

关于派遣制员工

劳务派遣又称人才派遣、人才租赁、劳动派遣、劳动力租赁，是指劳务派遣单位与被派遣劳动者订立劳动合同，并将被派遣劳动者派遣到用工单位工作的用工方式。实际用工单位向被派遣劳动者给付劳务报酬，劳动合同关系存在于劳务派遣单位与被派遣劳动者之间，但劳动力给付的事实则发生于被派遣劳动者与用工单位之间，大致如图 7-2 所示。

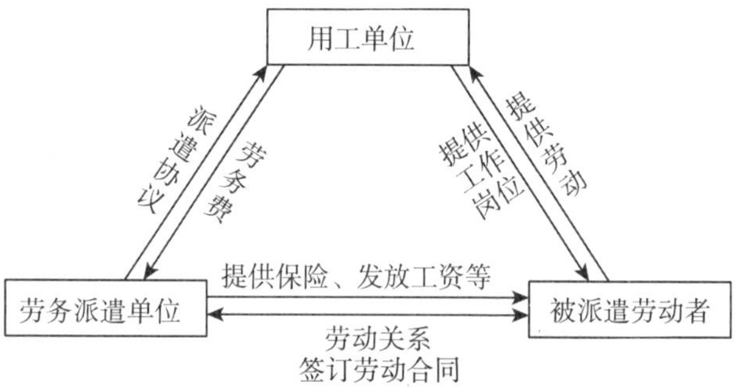

图 7-2 劳务派遣

2008 年，《中华人民共和国劳动合同法》正式把劳务派遣作为一种用工方式确定下来，之后劳务派遣便如雨后春笋般发展起来了。国有企业使用劳务派遣工的比例最大，其次是外资企业，机关事业单位也普遍使用劳务派遣工。

灵活用工模式在国外非常成熟。我国产业结构的变革正带来用工方式的根本性变化，因灵活用工(劳务派遣制用工)能为企业带来更低的用工成本和更高的产能效率，灵活用工在我国呈现飞速增长的趋势。然而与国际水平相比差距仍然很大。我国灵活用工比例正在不断提高，这将为我国人力资源外包服务市场带来近 20 年的快速成长期。

此外，2014 年 3 月《劳务派遣暂行规定》正式施行，明确规定用工单位使用的被派遣劳动者不得超过其用工总量的 10%，这意味着企业用工风险增高，人力资源控制与优化要求增加，企业人力资源相关成本上升，日常处理大量员工入离职等事务的压力增大。企业通过灵活用工可以规避用工风险，降低用工成本。规定的出台意味着那些能够在合法背景下解决企业弹性用工需求的服务，将更受青睐。

四、社会保险和公积金

(一)社保项目

社会保险是指国家通过立法，按照权利与义务相对应原则，多渠道筹集资金，对参保者在遭遇年老、疾病、工伤、失业、生育等风险情况下提供物质帮助(包括现金补贴和服务)，使其享有基本生活保障、免除或减少经济损失的制度安排。

《中华人民共和国社会保险法》规定，国家建立基本养老保险、基本医疗保险、工伤保险、失业保险、生育保险等社会保险制度。其中，基本养老保险制度包括职工基本养老保险制度、新型农村社会养老保险制度和城镇居民社会养老保险制度；基本医疗保险制度包括职工基本医疗保险制度、新型农村合作医疗制度和城镇居民基本医疗保险制度。

(二)社保费率

1. 用人单位及其职工缴纳社会保险费的费率

用人单位缴纳基本养老保险、基本医疗保险和失业保险的费率，原则上为本单位工资总额的20%、6%左右和2%；用人单位缴纳工伤保险费实行行业差别费率和浮动费率，有关费率的确定按照国家相应规定执行；用人单位缴纳生育保险费的费率由统筹地区政府根据实际情况自行确定，但不得超过用人单位工资总额的1%。职工本人缴纳基本养老保险、基本医疗保险和失业保险的费率，为本人工资的8%、2%和1%。

2. 参保个人缴纳社会保险费的费率

无雇工的个体工商户和灵活就业人员参加职工基本养老保险的缴费费率为20%，其中8%计入个人账户；无雇工的个体工商户和灵活就业人员参加职工基本医疗保险的缴费费率，按国家有关规定执行，统筹地区可以参照当地基本医疗保险建立统筹基金的缴费水平确定。

3. 定额方式缴纳社会保险费

城镇居民参加居民基本医疗保险和农村居民参加新型农村社会养老保险及新型农村合作医疗，主要采取定额方式缴纳社会保险费。

(三)住房公积金

1. 住房公积金定义

住房公积金，是指国家机关、国有企业、城镇集体企业、外商投资企业、城镇私营企业及其他城镇企业、事业单位、民办非企业单位、社会团体及其在职职工缴存的长期住房储金。住房公积金的定义包含以下五个方面的含义。

(1)住房公积金只在城镇建立，农村不建立住房公积金制度。

(2)只对在职职工建立住房公积金制度。无工作的城镇居民、离退休职工不实行住房公积金制度。

(3)住房公积金由两部分组成，一部分由职工所在单位缴存，另一部分由职工个人缴存。职工个人缴存部分由单位代扣后，连同单位缴存部分一并缴存到住房公积金个人账户内。

(4)住房公积金缴存具有长期性。住房公积金制度一经建立，职工在职期间就必须不间断地按规定缴存，除职工离退休或发生《住房公积金管理条例》规定的其他情形外，不得中止和中断。这体现了住房公积金的稳定性、统一性、规范性和强制性。

(5)住房公积金是职工按规定存储起来的专项用于住房消费支出的个人住房储金，具有两个特征，即积累性和专用性。

2. 缴存比例

2016年，住房城乡建设部明确，根据《住房公积金管理条例》和《建设部、财政部、中国人民银行关于住房公积金管理若干具体问题的指导意见》(建金管〔2005〕5号)规定，自2016年5月1日起，职工和单位住房公积金的缴存比例均不得低于5%，原则上不高于12%。2016年2月21日起，职工住房公积金账户存款利率调整为统一按一年期定期存款基准利率执行，上调后利率为1.50%。

（四）订立劳动合同时社会保险和公积金注意事项

毕业生订立劳动合同时，在社会保险和住房公积金方面要注意以下事项。

1. 社会保险方面

(1)种类与覆盖。

劳动合同中应明确涵盖养老保险、医疗保险、失业保险、工伤保险和生育保险这五种法定社会保险。确认公司会按照国家规定为员工缴纳保险费，避免遗漏某种保险而导致未来权益受损。

(2)缴纳时间起算。

明确从入职之日起公司就应当开始为员工办理社会保险缴纳手续。根据法律规定，用人单位自用工之日起即与劳动者建立劳动关系，需及时缴纳社保费，即使在试用期内也不例外。

(3)缴纳基数与比例。

基数确认：要明确社保缴纳基数是如何确定的，一般是按照员工上年度工资收入总额的月平均数作为本年度月缴费基数来确定，但不能低于当地社保部门规定的最低缴费基数，也不能高于最高缴费基数。如果员工的工资低于当地最低缴费基数，那么将按照最低缴费基数来缴纳社保费；如果员工的工资高于当地最高缴费基数，那么将按照最高缴费基数来缴纳社保费。

比例清晰：了解当地政府规定的用人单位和劳动者各自需要承担的社保缴纳比例。不同地区、不同险种的缴纳比例会有所不同，例如在北京，养老保险员工和用人单位分别缴纳8%和16%，医疗保险员工和用人单位分别缴纳2%和9%，失业保险员工和用人单位分别缴纳0.5%和0.5%，工伤保险用人单位承担全部费用，缴费比例为0.2%至1.9%，生育保险员工个人不缴费，用人单位承担全部费用，缴纳比例为0.8%。

(4)权益与待遇了解。

医疗待遇：清楚医疗保险的报销范围、报销比例、起付线等规定，以及如何使用医保卡就医、买药等。了解在生病或受伤时，能够享受到哪些医疗费用报销和相关待遇。

养老保障：知晓养老保险需要缴纳多少年才能在退休后领取养老金，以及养老金的计算方式等，以便对自己未来的养老生活有一定的预期。

失业保障：明白在什么情况下可以领取失业保险金，领取的期限和金额标准是怎样的，以便在面临失业时能够及时申请并获得相应的生活保障。

工伤认定与赔偿：了解工伤认定的程序和条件，在工作中如果发生意外受伤或患职业病，能够及时申请工伤认定，并清楚可以获得哪些工伤待遇，如医疗费用报销、停工留薪期工资、伤残津贴等。

生育福利：对于女性劳动者，要清楚生育保险提供的生育津贴、产前检查费用报销、分娩费用报销等福利；男性劳动者也可能享有一定的陪产假等权益。

2.

(1)缴存义务明确。

劳动合同中需明确公司有为员工缴纳住房公积金的义务，按照国家规定，只要是单位录用员工，应当自上班之日起30天内到住房公积金管理中心办理登记缴存手续。

(2)缴纳时间与比例。

确定住房公积金的缴纳时间，一般与社保同步，从入职当月或次月开始缴纳。同时要明确公司和个人各自的缴纳比例，通常缴纳比例为5%～12%，但具体比例会因地区和公司政策而异。

(3)账户管理与查询。

账户开设与管理：确认公司会为你开设个人住房公积金账户，并了解如何查询账户余额、缴存明细等信息。通常可以通过当地住房公积金管理中心的网站、手机应用程序、客服热线等方式进行查询。

账户转移与封存：如果未来更换工作单位，要清楚住房公积金账户的转移手续如何办理，确保原单位的公积金账户余额能够顺利转移到新单位；如果离职后暂时没有新的工作单位，了解账户的封存规定以及对个人权益的影响。

典型案例一

社保缴纳基数过低

小张毕业后与一家中型企业订立了劳动合同，合同中对于社保缴纳只是简单提及按照国家规定办理，但未明确缴纳基数。工作一段时间后，小张发现公司是按照当地最低社保缴纳基数为他缴纳社保费，而他的实际工资远高于这个基数。小张认为公司这样做不合理，影响了他未来的养老、医疗等保障待遇。小张与公司协商要求按照实际工资缴纳社保费，但公司拒绝。小张随后申请劳动仲裁，要求公司调整社保缴纳基数并补缴差额部分。

典型案例二

住房公积金未缴纳

小王毕业后进入一家创业公司，订立劳动合同时，公司没有提到住房公积金的缴纳问题。小王刚开始也没有在意，后来了解到其他同学所在的公司都缴纳住房公积金，而自己却没有。小王向公司询问，公司表示公司处于发展阶段，暂时无法为员工缴纳住房公积金。小王觉得自己的权益受到了侵害，向住房公积金管理中心反映情况，要求公司补缴住房公积金。

素质训练

大学生就业手续办理模拟咨询活动

一、目的

熟练掌握大学生就业手续办理的各项流程，锻炼口头表达能力和临场应变能力。

二、准备

1. 将全体同学平均分为A、B两个大组，每大组又平均分为若干个小组，每个小组以3～5人为宜。

2. 以小组为单位，小组成员分头准备，熟悉并掌握大学生就业各项手续的办理流程，并拟定若干个准备咨询的问题，问题要联系实际、具体明确，避免过于宽泛。

3. 按照小组人数，准备椅子、桌子若干，将其排成咨询服务工作台。

三、实施

(一)第一阶段(15分钟)

A组同学扮演学校就业办工作人员、就业指导教师；B组同学扮演应届高校毕业生，就大学生就业手续办理问题，向A组同学进行咨询。A组同学进行解答，咨询问题不少于5个。

(二)第二阶段(15分钟)

角色互换，B组同学扮演学校就业办工作人员、就业指导教师；A组扮演应届高校毕业生，就大学生就业手续办理问题进行咨询。由B组同学进行解答，B组已咨询过的问题，A组不得重复提问，否则B组同学有权拒绝回答。同样，咨询问题不少于5个。

四、点评总结

教师就各小组的表现进行点评和总结。

评价反思

对照本学习项目的学习目标进行自我评估(表7-2)，并对自己的学习情况进行评分，如有不清楚或不明白的内容，请咨询老师进一步学习提升。

表7-2 自我评估表

序号	请根据学习具体内容进行打分	
	学习内容	自评分数(6～10分)
1	了解就业协议签订与解除的程序，了解毕业生派遣、档案和户口、人事代理等相关知识及办理程序	
2	熟悉并掌握就业工作流程，识别和防范常见的就业陷阱	
3	能依据相关法律，维护自己和他人的合法权益，增强法治观念和法治价值观	
4	树立诚信就业意识，增强就业权益自我保护意识	
5	培养法治观念与契约精神，遵守法规与道德规范，学会维护就业权益，树立诚信公正的就业价值观	
总结反思	合计得分	
存在不足：		
改进措施：		

模块三

职场适应与职业发展

项目八 职场适应

智慧导航

翁曰："以我酌油知之。"乃取一葫芦置于地，以钱覆其口，徐以杓酌油沥之，自钱孔入，而钱不湿。因曰："我亦无他，惟手熟尔。"康肃笑而遣之。

——欧阳修

良庖岁更刀，割也；族庖月更刀，折也。今臣之刀十九年矣，所解数千牛矣，而刀刃若新发于石刑。彼节者有间，而刀刃者无厚；以无厚入有间，恢恢乎其于游刃必有余地矣，是以十九年而刀刃若新发于石刑。

——庄子

项目导读

经历了求职的艰辛，同学们终于跨出校门，进入社会，走上了向往已久的工作岗位。许多同学初涉职场，意气风发，满怀激情，在正欲一展身手的时候，却发现想象中的职场和现实有太多不一样。职场的环境和文化，与校园的截然不同。如何适应这一环境转变，顺利度过职业适应期，无疑是摆在每一位大学毕业生面前的现实问题。

从校园跨入社会的过程，是个体职业生涯发展的关键阶段，也是个人融入社会的重要阶段。当然，职业发展初期也是实施终身职业生涯规划的起始阶段。如果适应得好，个人就能顺利进入下一阶段的发展。否则，会产生压力、焦虑、挫败等，影响下一阶段的发展。只有把握好职业初期这个特殊的时期，才能取得个人职业发展的良好开端，并不断适应以后的职业发展。

初入职场，面对一个几乎完全陌生的环境，一时迷茫在所难免。此时，如果每位"菜鸟"都能客观地审时度势，尽快地完成从学生到职业人的角色转换，顺利地度过这个转换的适应期，就必然能得心应手地展开工作，迅速成长为"职场老手"。

学习目标

(1)认知职业适应的内涵，了解职场礼仪的基本内容。

(2)了解明尼苏达工作适应论的原理。

(3)掌握职场角色转变技巧和职业适应策略；掌握职场礼仪规范，能根据场合设计良好的仪容仪表。

(4)能运用明尼苏达工作适应论指导自己快速适应职场。

(5)树立塑造并维护自我良好职业形象的职业意识。

(6)培养爱岗敬业的社会主义核心价值观。

案例导入 | 拖延的代价

· 任务一
· 转变角色和适应职场

情境导入

小李和小赵毕业后同时进入一家数控加工企业工作。小李开始跟着一位师傅学习，每天师傅会安排他做一些装夹刀具、清理机床等打下手的工作，让他干啥他就干啥，没有安排的时候，他就无所事事，师傅忙起来没空管他时，他就不知道自己该干点啥了。小赵开始跟着另外一位师傅学习，除了完成师傅安排的工作以外，他注意观察车间的各个岗位都有几个人，怎么倒班，每天具体都在干什么。不是很忙的时候，就和师傅聊天，向师傅了解车间各个岗位的同事的工作情况，晋升历程等等。慢慢的，在了解了各个岗位、各种级别的同事的工作内容、岗位职责以及大概的薪资待遇后，他开始给自己规划未来五年的职业蓝图。他把自己想要成为的同事作为职业目标，开始主动学习岗位涉及的各种知识和技能，不懂就问，进步很快，也非常受同事们欢迎。而相比之下，小李头脑里从来没有想过未来怎么样，每天仅仅是完成别人交待的任务而已，没有主动性，没有去了解自己实习期过了之后要在什么岗位上工作。结果可想而知，实习期满后，小赵成功留下来签订了劳动合同，而小李却被劝退了。

从小李和小赵两个人的对比案例中，我们可以看出，大学生毕业进入职场后，如何快速转换角色、适应职场、融入职场是摆在毕业生面前的第一道关卡，这个关卡影响毕业生未来几年的职业发展。

初入职场的毕业生，在职业初期需要先适应职场的工作要求，再提升个人的职业技能，从而在组织中获得发展和升迁。明尼苏达大学的戴维斯与罗圭斯特等人提出的明尼苏达工作适应论，可以为个人的职业适应与职业发展提供指导，帮助个人尽快进行角色转换，适应职场并获得发展。

一、明尼苏达工作适应论的内容

明尼苏达工作适应论强调在职业互动过程中个人与组织相符合的心理学理论（图 8-1）。也就是说只有当工作环境能满足个人的需求，个人的职业技能也能满足组织的岗位要求时，个人在该工作领域中才能得到持久的发展。

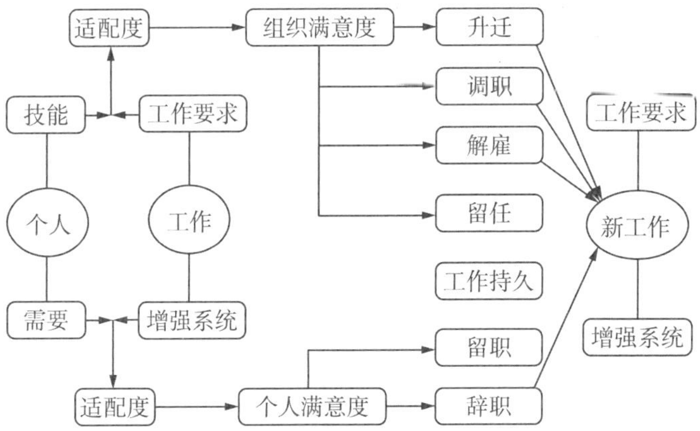

图 8-1 明尼苏达工作适应论图示

在个人与组织互动过程中，组织用工作要求对个人的职业技能进行考核得到组织满意度，不同的组织满意度，对应个人在组织内的不同发展情况，当个人的职业技能超出组织的工作要求时，个人可能会获得升迁；当个人的职业技能刚好满足组织的工作要求时，个人可能会留任或者调岗；当个人的职业技能不能满足组织的工作要求时，个人可能会被解雇。

相反，个人用组织的职业回馈与自己的内在需求进行对比，得到个人满意度。职业回馈超过个人需求时，个人满意度高，个人可能会选择继续留任；而当组织的职业回馈长期低于个人需求时，个人满意度低，个人可能会选择离职另谋高就。

二、认知角色和角色转变

毕业生初入职场，要清楚自己由学生角色转变成了职业角色，要清楚两种角色对自己的要求的不同，尽快从学生角色转变为职业角色。

(一)角色与职业角色

角色，本义是专指演员扮演的剧中人物，也指戏曲演员专业分工的类别。社会学对角色的定义是“与社会地位相一致的社会限度的特征和期望的集合体”。通俗讲，角色就是人们在生活中的人际关系和肩负的责任的集合体。人在一生中要扮演很多角色，即使在同一阶段，同一个人身上，也可能有多重角色，如父亲、儿子、兄长、长者、晚辈、上司、下属、邻居、朋友、老师、学生等。

职业角色是指社会和职业规范对从事相应职业活动的人所形成的一种期望行为模式。

(二)学生角色与职业角色的区别

1. 学生角色

大学阶段是人生中增长知识、发展智力、求学成才的关键阶段。大学生的中心任务是努力学习以专业知识为主的多方面知识，培养以专业能力为主的各种能力。因此，这是一个接受教育、储备知识、培养能力的重要阶段。大学生在校期间以学习为主，经济上主要依靠家庭，所以人们将其界定为学生角色。其主要任务是在社会教育环境的保证下和家庭的经济资助下，学习知识，培养能力，全面提高自身素质，努力使自己成长为社会的合格人才。

2. 职业角色

职业角色千差万别，却有一定的共同特征，即职业角色扮演者具有自己的社会职位和一定职权，具有相应的职业规范，拥有一定的基础知识和业务能力，履行一定的义务，在经济上独立。因此，可以这样定义职业角色：在某一职位上，以特定的身份，依靠自身知识和能力并按照一定的规范具体地开展工作，在行使职权、履行义务为社会做出贡献的同时取得相应的报酬。

高职院校的学生完成学业，步入工作岗位，实际上就是一个人由学生角色向职业角色转变的过程。这两种角色存在着很大的不同，主要体现在社会责任、社会规范、社会权利、面对的环境、人际关系、对社会的认识等几个方面(表 8-1)。

表 8-1　学生角色和职业角色的区别

内容	学生角色	职业角色
社会责任	遵守纪律，勤奋学习，接受教育，储备知识，掌握本领，有限度地参与社会实践，逐步完善自己，成为对社会有用的人；在学校里为了学习，可以尽量尝试，无须承担过多的社会责任	以特定的身份去履行自己的职责，依靠自己的本领或技能独立作业，为社会付出，服务于社会；如果在工作中犯了错误，是没有挽回的机会的，要承担成本和风险，承担相应的社会责任
社会规范	通过国家制定的《高等学校学生行为准则》和各学校制定的《大学生手册》来规范；违反规范时，主要是以接受教育和帮助为主	对职业角色的规范因职业的不同而不同，非常具体，而且要严格执行；一旦违背就必须承担相应的责任，被扣减薪水，甚至被追究法律责任
社会权利	主要是依法接受教育，并取得经济生活的保证或资助，也就是说生活上遇到困难可以依赖家长，学习上遇到问题可以请教老师	依法行使职权、开展工作，运用自我的知识能力，向外界提供自己的劳动，并在履行义务的同时取得报酬；脱离对家庭依赖，处于完全的独立状态，自己支付生活所需的费用；有自己的社会交往圈子，独立面对和处理工作及生活中的种种问题

续表

内容	学生角色	职业角色
面对的环境	生活环境简单；学习时间可弹性安排，有较长的节假日；学术上鼓励讨论甚至争论	要去适应不同地域的生活环境和习惯；工作节奏紧张；有规定的上下班时间，不能迟到早退，有时要加班加点，节假日较少；领导通常对讨论不感兴趣，多以经济利益为导向
人际关系	人际关系比较简单；可以保持个性，孤芳自赏，可以不喜欢同学、老师，那只是个人的事；竞争只是促进学习的手段，没有太大的利益冲突	人际关系较为复杂；与同事关系不好，就会影响团队的合作和业绩，成为出局的人；竞争的结果关系到利益的分配，谁能在竞争中取胜，谁就能获得更多的收益
对社会的认识	认识和了解社会的途径是间接的，主要来自书本，来自课堂；认识的内容主要是理论性的，对社会的期望值很高，有完美的理想，充满着浪漫的色彩	认识社会的途径是直接的，是通过亲身的实践来加深对社会的认识和了解的；认识的内容是具体的，带有现实主义的色彩

（三）角色转变的原则

根据明尼苏达工作适应论，由学生角色向职业角色转变，要深入了解个人所在工作岗位的工作要求，按照工作职责的规定条目对应自己的职业能力，做工作职责规定要做的事，对照岗位要求逐步提升自己的职业技能以满足工作岗位的要求，并避免出现工作失误。在职业适应过程中遵循以下几点原则。

1. 踏踏实实，安心本职

许多大学生进入工作岗位后还留恋着大学生活，不能尽快适应新的生活节奏，在工作几个月甚至一年后还静不下心来，“这山望着那山高”，挑肥拣瘦，拈轻怕重，难以进入工作角色，这对角色的转变非常不利。毕业生应尽快从大学生活中脱离出来，踏踏实实工作，努力地适应新环境，全身心地投入工作中去，才能尽快完成角色转变。

2. 善于观察，勤于思考

大学生要胜任职业角色，还需要积极开动脑筋，在工作中做到善于观察、勤于思考、勇于创新。只有善于观察，真正探索到职业对象的内部结构，掌握第一手资料，才能发现问题，并运用自己所学的知识努力去解决问题；只有勤于思考，在工作中才会有见解，才能逐步培养自己的独立工作能力，将所学知识和技术创新地应用于实际工作，不断提出问题、解决问题，不断总结提高，更好地胜任职业角色，开拓工作新局面。

3. 甘于吃苦，乐于奉献

大学毕业生走上工作岗位以后，应当从一开始就甘于吃苦，严格要求自己，树立主人翁意识，增强社会责任感和归属感，培养无私奉献的精神，任劳任怨，不计较个人得失，努力承担岗位责任，主动适应工作环境，促使自己更好、更快地完成角色转变。

三、如何实现角色转变

由学生到职业人，需要一个过程甚至一个艰苦的过程，需要坚持不懈地努力。进入新的职业角色，要获得单位领导和同事的认可，需要具备与职业角色相匹配的品质和才能，积极主动地承担岗位职责，并有效地完成工作任务。大学生在校时，接触的书本知识较多，实际动手机会少，解决问题的能力相对较弱，入职初期在工作上碰到问题在所难免。因此，要充分发掘自身优势，努力克服困难，在工作实践中锻炼成长。要想更好地实现角色转变，可从以下几方面努力。

(一)树立良好的第一印象

毕业生就业后，在新的工作环境中树立自己给他人的第一印象十分重要。给人的第一印象好，人们与其交往的热情就高，也就更容易打开工作局面。第一印象在人与人相互认识和交往过程中的作用十分重要。在心理学上，第一印象可被称作前摄作用，即通常说的“先入为主”，它具有光环作用(晕轮效应)、定势作用，即毕业生给人的第一印象，会对其以后的发展趋势产生固定的影响——别人可能已据此决定了以后的态度。

树立好的第一印象往往会扩大自己的优点，弥补自己的不足。即使出点差错，往往也更容易得到别人的理解或谅解。

知识窗

首因效应

首因是指当人们第一次认知客体时，在大脑当中留下的第一印象。首因效应是指个体在社会认知过程中，通过第一印象最先输入的信息，对客体以后的认知产生影响的作用。

美国心理学家洛钦斯于1957年首次采用实验方法对首因效应进行了研究。他用文字来描述一个名字叫吉姆的人。第一段把他描述成一个开朗、外向、喜欢交际的人。第二段却把他描述成一个害羞、内向、不喜欢交际的人。然后，他将描述交给四个小组的人阅读。第一组按第一段到第二段的顺序阅读，第二组按第二段到第一段的顺序阅读，第三组只读第一段，第四组只读第二段。结果，洛钦斯发现各小组的人对吉姆的评价大体是基于其先读的那一段的描述。第一组有78%的人认为吉姆比较开朗，第二组只有18%的人这么认为，第三组有95%的人也持同样的观点，第四组则仅有3%的人对此观点没有异议。这个实验表明，产生首因效应的关键原因是信息输入的先后顺序——先入为主。

(二)熟悉工作环境

有的毕业生工作后仍沉湎于校园生活，迟迟不能适应新的生活节奏和工作要求，无法安下心来做事，难以进入工作角色，势必影响角色转变的顺利实现。毕业生一旦进入工作岗位，就应尽快熟悉用人单位的工作环境、工作流程和具体要求，扎扎实实、脚踏实地地工作。在第一时间熟悉单位工作环境，包括记住领导办公室、会议室、会客室、文印室和卫生间等的位置；记住上司、团队工作伙伴名字；记住相关科室、部门的办公室门牌号和办公位置；熟悉公司组织机构，了解行业发展状况等。

1. 了解企业文化和不成文的规则

企业文化是一个公司长期以来形成的具有纲领性和指导作用的一系列精神原则和行为规范的总和。公司的企业文化通常来源于高层领导者的思想和理念，反映了他们对管理、客户服务、员工价值等的观点和想法。对新员工而言，熟悉企业文化是了解企业的关键。只有了解企业文化并使自己的行为符合公司的总体目标，适应企业发展的要求，才能迅速融入公司和人际交往关系中。此外，每个单位都有一些不成文的规则，了解这些规则，也有助于适应新的工作环境。

2. 尽快熟悉自己的工作内容

熟悉自己所从事的工作岗位的责任、权利和义务。一是弄清楚自己工作岗位的任务及责任。二是要明确工作岗位处理事务的工作权限。三是要明确工作岗位处理事务的程序，按程序办事。四是要掌握工作岗位所需要的基本技能，包括操作工具、操作程序等。五是要明确自己的主管部门和主管人员，并对其负责。六是要了解工作岗位在整个工作过程中的地位和作用。七是要了解企业的发展规划，从而为使自己的工作适应新的变化做好准备。熟悉了工作环境，适应了职业岗位，明确了工作职责，就基本能够适应自己所担当的职业角色。

（三）安心做好岗位工作

毕业生一旦进入工作岗位，就应脚踏实地，踏踏实实地工作。在工作之余要不断充实自己，认真学习，虚心请教。切不可一入职就“这山望着那山高”，一心想换岗位。

典型案例

同样的起点，不同的结果

有两名食品检验专业的高职院校毕业生，同时被当地一家知名的大型肉制品企业录用，都被分配到屠宰车间。又脏又累的工作使毕业生甲感到苦不堪言，很快就打了退堂鼓。而毕业生乙则坚持下来，他不怕苦不怕累，认真负责，受到主管领导的赏识，试用期一过，就被调入专业对口的检验科工作。几年以后，乙已是该企业检验科的科长，而甲更换了几家工作单位后，还没有找到一份顺心的工作。该企业人事部经理说：“我们单位录用的毕业生，无论什么学历，都要先在一线车间锻炼一段时间，这既是对他们是否具有吃苦耐劳精神的考验，也是为了让他们熟悉一线工作的特点，然后量才使用。”

高校毕业生走上工作岗位以后的第一步非常重要。在这个案例中，毕业生甲因为怕苦怕累，不能安心做好本职工作，没有走好关键的第一步；而毕业生乙则因为立足岗位，安心工作，适应了职业角色，成功地迈出了职业生涯的第一步。

（四）认真对待岗前培训

岗前培训对于新入职大学毕业生的角色转变非常重要和必要。它不仅让新员工了解到用人单位的基本情况，熟悉规章制度和工作程序，更重要的是可以帮助新员工树立集体主义观念、主人翁意识，培养人际协调能力和奉献精神。通常岗前培训班表现可以直接反映新员工的素质，用人单位对此都非常重视，并据此择优录用，分配岗位。新入职大学毕业生要认真把握岗前培训这一充实自己、表现自己和提升自己的机会。

（五）注重培养职业兴趣

职业兴趣是人们对某种职业活动具有的比较稳定而持久的心理倾向。要做好自己的工作，首先要对这份工作感兴趣并且热爱这份工作。因此，培养对当前职业的兴趣非常重要。毕业生选择工作时，应对工作的性质和内容有所了解，主动理解职业角色，确立职业角色，培养职业兴趣，做到爱岗敬业，立足岗位成才。

（六）虚心学习，乐于奉献

1. 虚心学习

进入工作岗位后，毕业生要把领导交办的每项工作任务都当成考验自己的机会。在新的工作环境中，技术人员、师父、领导、同事在职业岗位上工作多年，具有丰富的专业知识和实践经验，都是自己最好的老师。职场新人应根据岗位的特点、性质、工作程序及其相互关系，虚心学习他们观察分析问题和解决问题的方法，学习实际工作中需要的真本领，不断提高业务水平，尽快实现角色转换。

2. 乐于奉献

作为一名职场新人，毕业生从一开始就应严格要求自己，树立岗位意识、角色意识和主人翁意识，培养高度的责任感和积极奉献精神，努力承担岗位责任，勇挑工作重担，勤于思考，乐于奉献，逐步培养自己独立开展工作的能力，以便更好地承担角色责任。

(七)处理好各种人际关系

职场人际关系微妙复杂，稍有不慎，就会使自己陷于被动，可以说每个在职场上摸爬滚打过的人都对此深有感触。在职场上打拼，就必须处理好与领导、同事、客户、竞争对手等的关系。有时需要自我保护，有时需要换位思考，有时还需要以德报怨。想要减少职场中的人际关系冲突，就要更多地从自身这方面进行提升，做到沉稳、细心、讲诚信、有胆识、有担当。

(八)克服不良心理品质

大学毕业生走上工作岗位后，应注意克服以下不良心理品质。

1. 性格内向、多疑

性格内向、多疑的人在单位里不太愿意主动和任何人交流，常给人一种冷漠、难以接近的感觉。同时，又觉得自己刚到一个新的单位容易受到别人的伤害，自我保护意识过强，经常把注意力集中在对其他人的防备上。

2. 自私、嫉妒心重

自私、嫉妒心重的人凡事总是先考虑自己，自私自利，争名夺利，既缺乏自知之明，又容不得别人超过自己，尤其是对在工作上做出突出成绩，并受到组织和领导的提拔重用的学历、能力不如自己的人，心理上很难平衡，甚至还怀恨在心。

3. 骄傲、瞧不起人

少部分毕业生自以为毕业学校好，各方面条件都很优越，自己又年轻，专业基础扎实，一到单位就对这个看不顺眼，对那个看不惯，唯我独尊。

四、职业适应的内涵

与角色转变同样重要的是职业适应。对一个刚刚毕业的大学生来说，如何尽快适应新的职场环境并且有所作为显得尤为紧要。从明尼苏达工作适应论可以看出，毕业生初入职场的职业适应阶段，最重要的是清晰工作岗位的职业技能需要，根据岗位要求梳理自己已有哪些职业技能，还有哪些职业技能需要提升，一一对照提升。通过本部分内容的学习，同学们会掌握职业适应的策略。

典型案例

小尹的坚持

小尹是成都某职业院校数控技术专业的毕业生。大三时进入校企合作的订单班学习精密检测技术。在学校岗前培训之后，他和很多同学一起进入了该公司工作。进入公司 4 年的时间，他已经从技术员晋升到了资深技术员，目前每天的主要工作是测量仪器校准，校准规范编写，检查标准建立等。在一同去公司工作的同学中，他算是晋升比较快的。

当年一起去该公司工作的同学有些已经离开了，在谈及这部分离开的同学时，小尹说，刚进入公司的时候，大家都有点不适应，在企业工作和在学校学习不一样，工作的实际情况和很多同学来前想的也不一样，好几个同学都因为这样那样的问题离开了。他当时也有过这样的阶段，有些工作不是一下子就能轻松应对的，公司的领导也跟学校的老师不一样，他及时调整了自己的心态，工作不会的就多问。领导和老师不一样，同事和同学不一样，他就主动和他们沟通，多思考，谨言慎行。慢慢地靠着自己踏实肯学，为人正直善良，工作能力提升的同时，他的人际关系也越来越好，顺利度过了适应阶段，开始稳步发展。他逐渐在工作中能够独当一面，岗位晋升的同时，工资待遇也提升到了比较满意的水平。

从学生角色到职业人角色的转变需要一个过程。作为一名职场新人，首先要搞清楚企业的大环境是怎样的，岗位的要求有哪些，目前自己的技能水平如何，这中间有多大差距，哪些人可以帮助自己，可以怎样去提升这些能力，弄清楚这些后，剩下的就是努力提升和调整自己，最终不断适应职场。

（一）职业适应中常见的问题

职业适应中的问题有社会原因，也有个人因素。对毕业生来说，首先是要思考自身的哪些因素导致自己在职业适应上出现了问题，并予以积极克服。大致来说，毕业生在职业适应能力方面的问题主要集中在定位问题、心态问题及经验问题三个方面。

1. 定位问题

中国就业市场曾经爆出两条特别引人注目的新闻——南方某高校毕业生号召成立“薪资联盟”，抵制用人单位压低薪资标准，拒签薪资低于每月 2500 元的就业协议；与此同时，东北某高校毕业生为了挤进向往的单位，主动提出“零工资就业”，即在见习期不要钱，经过考验认可后再建立劳动关系。这两个截然相反的现象，却同时反映了现今大学毕业生就业择业时在工作定位上的问题。前者体现了一些大学生不切实际的一厢情愿，对社会现实缺乏基本的判断力，没能根据现实情况的变化及时调整自己的心理定位。因此即使之后进入了职场，也会因为期望值过高、优势心理作祟而影响其职业适应力。后者则显得过于被动消极，同样是对自己的职业定位产生了偏差，无底线的低姿态不代表能换来工作上的好结果。

2. 心态问题

一项调查显示，50%的学生认为在 35 岁前自己就将达到职业生涯的顶峰。这种想法实在不切实际。症结还是部分学生只考虑自己能从工作中得到什么，而很少思考自己为集体贡献了什么。还有一些大学生抱着“骑驴找马”的心态，总想着先随便找个工作，然后边应付工作边想着跳槽，并没想过脚踏实地工作。这些心态上的偏差都会影响单位对大学毕业生的评价，从而影响大学毕业生的整体职场形象。

3. 经验问题

影响大学毕业生职业适应的另一个关键因素是缺乏实际工作经验。从现今许多招聘启事中不难看出，“具有相关工作经验”是用人单位非常看重的一个条件。对没有任何经验的新入职大学毕业生来说，单位需要花费很多人力、物力、财力对其进行培养，还要担心培养后人才的流失问题。有时候培养毕业生的成本远远高于短时间内其能够为单位所提供的价值。正是出于对这些因素的考虑，单位在招聘方面的要求和大学生本身普遍缺乏工作经验的现实之间出现了矛盾，这也是导致大学生在职业适应方面出现问题的一个重要原因。

（二）职业适应的标志

职业适应的标志是指对自己有信心，形成了被人承认的职业定位，建立了新的良好的生活状态，并由此开始积极的职业生涯。

1. 自信快乐，形成良好的工作心态

工作的情绪决定了工作的满意程度，快乐地工作其实是一种良好精神的体现。我们若是每天都用积极愉快的态度走向工作岗位，就能用富有创造性和建设性的方法去对待一切疑难和不顺利。

职场的自信心来自两个方面，一个来自内在的知识、理想和人生体验积累，另一个来自外在的得体、自如的表现。真正的自信心是一种坚定的信念，也是一种完美无缺的形象再现。

2. 热爱工作，培养进取的工作作风

即使做的是一份自己不太喜欢的工作，也要心甘情愿去做，凭借对工作的热爱去发掘自己身上蕴藏着的潜力、热情和巨大创造力。有可能你的热情会赋予工作以生命和活力，使工作更具挑战性和趣味性。热爱工作会使人身心充满活力，不断提高自己的能力和工作兴趣。

五、职业适应的策略

（一）调整心态

1. 克服自傲心理，从小事做起

很多刚毕业的人认为自己接受了比较系统正规的高等教育，拿到了文凭，学到了知识，已经是比较高层次的人才了，所以希望马上从事业务工作，不屑于从身边的琐碎小事做起，看不起基层工作。

年轻人刚参加工作，能力还未成型，不可能马上担任重要工作。领导往往会先安排一些普通工作，这绝不是不重视，而是对年轻人素质的一种考验。大学毕业生要学会服从工作安排，遵守角色规范。在平凡小事中培养自己敬业、细致、耐心、认真的品质，切不可自傲自负。初入职场，不要将工作目标定得过高，可将期望值降低一些。

2. 消除畏惧心理，放开手脚踏实工作

许多大学毕业生在角色转变过程中还是丢不开学生角色，对全新的职业角色充满畏惧。原因大致有三种：一是怕做不好工作让人讥笑，怕出事故，怕担责任；二是怕吃苦受累，对工作尤其是基层的艰苦工作感到恐惧；三是怕领导不重用自己，同事不帮助自己。这些心理往往会导致毕业生工作时放不开手脚，患得患失，反而限制了自身能力的发挥。只有克服畏惧心理，虚心学习，深入实际工作当中去，不怕吃苦、不计较个人得失，主动适应环境，才能更好、更快地完成角色转变。

3. 虚心接受批评，从容面对挫折

对刚毕业的大学生来说，从跨入工作岗位的那天起，就必然会受到新群体的评价，其中难免会有批评。正确的态度应当是接受批评，虚心求教，认真自省，积极调整，以实际的表现来改变别人对自己的评价。要善于从他人的批评中认识自己，以此来反思、提高。切不可由此产生对立情绪，拒绝接受批评。

工作中遇到挫折时不能急于自我否定、畏缩不前，也不能怨天尤人，要用冷静的态度客观分析自己失败的原因，进行正确的受挫归因。相信自己的能力与毅力，树立战胜困难的信念。学会从挫折中吸取经验教训，以后少走弯路。

（二）学会内部沟通

1. 正确处理与领导的关系

(1)要学会尊重上级。

下级服从上级是最基本的常识，但是经常有人不能做到，原因常常是下级认为上级在某些方面比较弱(比如年龄小于下属、技术能力不强、管理经验不足)，不少人会因此对上级缺乏必要的尊重。

职场比拼的是综合素质。上级抓的是全局，不必样样精通。要注意维护上级的权威，不在背后贬低领导，不当众指责领导，愿意接受领导的批评指正。当然，尊重并不等同于跟领导套近乎，不是庸俗地巴结奉承，也不是一味地讨好献媚。

(2)要学会懂“规矩”。

不懂“规矩”，在不该说话的时候说话、不该做主的时候做主，这是刚入职的人常犯的错误。毕业生绝不能自作主张、封闭工作信息，或者不汇报、在领导面前逞能等。

2. 正确处理与同事的关系

(1)要学会尊重他人、平等相处。

在新单位中，虽然同事们的职务、能力、才学、气质、性格、爱好等各不相同，但每个人都可以是自己的老师，因为他们有丰富的工作经验和娴熟的业务技能，要尊重他人的劳动和劳动成果，尊重他人的人格和感情，也要尊重他人的生活习惯。

要以平等的态度对待每一个同事。不要以职务高低、权力大小来决定对待他人的态度；不要亲近一部分人，故意疏远另一部分人；不要认为某人对自己有用就刻意亲近，某人暂时无用就避而远之。要尽力与所有同事发展平等的友好关系。

(2)要学会少说多做，注意分寸。

毕业生刚工作时，与同事都不熟悉，这时自己的一举一动都会深深印在同事的脑海中。所以言谈举止要得体，对人讲话要彬彬有礼，要注意分寸，不能想说什么就说什么，要多看、多想、多听、少说。即使看法不一致，也应求同存异，不妄加评论。要抱着少说多做的心态，多从诸如打水、扫地、分报纸这样的琐事做起，和大家打成一片。

(3)要学会扩大心胸，避免冲突。

同事之间，是天然的合作者，又是客观的竞争者。这种微妙的关系，必然会使毕业生产生既渴望合作又心怀警觉的复杂心理。要处理好这种关系，就要以诚相待，互相支持；要严于律己，宽以待人，学人之长，补己之短；要在竞争中学先进，帮后进，领先时不骄傲自满，落后时不灰心气馁。面对冲突，应学会有效沟通，如寻找合适的时间、合适的地点进行交流；最好以商量的口气提出自己的意见和建议，耐心地听取对方的意见和建议，在互相尊重、相互谅解中达成一致意见。如对方不能同意，要用幽默的方式避免不愉快或转移话题。争论结束后，无论谁对谁错，都要让对方明白自己是对事不对人，避免隔阂产生。

(4)要学会保持距离，远离是非。

职场中，职位升迁、薪酬发放等都与个人利益息息相关。因此，同事间的关系比较微妙和复杂，要保持一段距离，凡事取中道而行，适可而止。

不要打听别人的隐私，如生活状况、感情纠葛等。单位里如果有一些人喜欢评论是非，就难免出现各类小团体。刚到单位的新人，不可能了解事情的来龙去脉，更没有正确分析判断的能力，因此要远离是非，不参与议论，更不去散布传言。正因为缺乏资历，新人反而最容易成为是非旋涡的牺牲品。所以，不利于团结的话不要说，不利于团结的事不要做，不要搬弄是非，不猜疑嫉妒，堂堂正正做人。

(5)要积极参加活动，积累人脉。

要培养自己的归属感，主动和同事打成一片，多参加集体活动。闲暇之余，也可以适度和同事们一起聚餐、娱乐等。这样能增进对彼此的了解，也能获得更多的快乐，更自然地与同事们融为一体，培养和谐的人际关系。

知识窗

成功企业家谈如何对待第一份工作

关于如何对待第一份工作，请听一听企业家们的建议。

1. 马云：第一份工作请干满 5 年，这个世界不缺机会

马云曾对杭州师范大学阿里巴巴商学院的毕业生说，毕业生的第一份工作，绝大部分不会是他们的最后一份工作。但对第一份工作的坚持，比对后面工作的坚持更为重要。不论是选择考研、出国、创业，不管从事什么工作，记住，在短暂的时间内，要向身边的每一个人学习。做的时候不要想离开，有一天等机会来了，再选择下一个机会。这个世界不缺机会。

2. 俞敏洪：做第一份工作时要有“只顾耕耘，不求收获”的心态

面对第一份工作时，不要去想成败，而应该去想怎么样全力以赴地把工作做好。你全力以赴以后做成功了，那就表明你做这件事情是合适的。如果说全力以赴以后依然做失败了，也很正常，因为你没有工作经验，也许这份工作不适合你做。只顾耕耘，不求收获，是做第一份工作时最重要的心态。

3. 李彦宏：独立思考，明白自己适合干什么

“大学最重要的是独立思考，我回国创业是因为我看到了中国的机会。”李彦宏曾对北航学子说，“当你心中有理想时，那些艰苦条件都变得不重要。”

李彦宏的第一份实习工作是在松下。在松下实习时，他发现在工业界搞研究和在学校搞研究不同，工业界研究的是实用的东西，学校研究的是宏观的、基础性的东西。在实习工作中李彦宏逐渐感到，他的兴趣不在学术研究上，而在做实用的产品上。这也让李彦宏第一次开始思考自己适合干什么。

素质训练

企业需求调查，自我能力分析，找到差距，制订计划，提升能力。

请你在招聘网站上搜索一家和你专业相关的，毕业后很想去的公司，对照你最想去的工作岗位，分析企业该岗位的岗位需要，对照自己目前的能力情况，找到差距，并尝试制订一份计划（表 8-2），在毕业前将自己的能力提升至满足该岗位需要的水平。

表 8-2　个人提升计划

企业名称：		岗位名称：	
岗位要求：			
任职资格：			
请你对该岗位的岗位要求和任职资格进行分析，将该岗位需要的专业知识技能、可迁移技能和自我管理技能逐条填写在下面的表格中，并分析自己目前的能力水平与之的差距，思考提升的办法。			

续表

职业技能类型	企业需要	个人现状	提升办法
专业知识技能			
可迁移技能			
自我管理技能			

·任务二
·职场礼仪和形象管理

情境导入

不拘小节的业务员

某照明器材厂的业务员金先生按原计划，手拿企业新设计的照明器材样品，兴冲冲地登上六楼，连脸上的汗珠也未来得及擦一下，便直接走进了业务部张经理的办公室，正在处理业务的张经理被吓了一跳。

“对不起，这是我们企业设计的新产品，请您过目。”金先生说。

张经理停下手中的工作，接过金先生递过的照明器，随口赞道：“好漂亮啊！”他请金先生坐下，倒上一杯茶，然后拿起照明器仔细研究起来。

金先生看到张经理对新产品如此感兴趣，如释重负，便往沙发上一靠，跷起二郎腿，一边吸烟一边悠闲地环视着张经理的办公室。

当张经理问他电源开关为什么装在这个位置时，金先生习惯性地用手搔了搔头皮。虽然金先生做了较详尽的解释，张经理还是有点半信半疑。谈到价格时，张经理强调：“这个价格比我们预算高出较多，能否再降低一些？”金先生回答：“我们经理说了，这是最低价格，一分也不能再降了。”张经理沉默了半天没有开口。金先生却有点沉不住气，不由自主地拉松领带，眼睛盯着张经理。张经理皱了皱眉：“这种照明器的性能先进在什么地方？”金先生又搔了搔头皮，反反复复地说：“造型新、寿命长、节电。”

张经理托词离开了办公室，只剩下金先生一个人。金先生等了一会，感到无聊，便非常随便地抄起办公桌上的电话，同一个朋友闲谈起来。最终这笔业务合作并没有谈成功。

业务洽谈中，为表示对彼此尊重，双方必须重视自己的仪容仪表和行为举止。上述业务洽谈没有顺利完成，原因在于金先生在与张经理的交往中，没有注意自己的仪态和言行。首先，金先生在进入办公室之前没有提前确认张经理是否方便接待。不敲门而直接进入，是非常不礼貌的行为。金先生去拜访时，连脸上的汗水都未擦干，在交谈过程中还不断抓挠头皮，这些也都非常不恰当。在介绍产品性能时，金先生并没有做好充分准备，不能将新研发产品的特性充分介绍给对方。此外，金先生在与张经理商议价格时，没有注意运用语言技巧，使双方的沟通非常不顺利。

一、职场礼仪要求

(一)礼仪的作用

只要有人和人的关系存在，就会有礼仪存在。职场交往中，适宜的微笑表情、良好的行为规范、得体的服饰仪表是成功的重要因素。因此，即将走入社会的大学生们需要掌握职场礼仪规范，树立塑造并维护自我良好职业形象的意识。

在现实生活中，每个人都不能脱离社会而独立存在，都希望自己在交际活动中能取得成功，那么礼仪就是一把帮助个人在社会中取得成功的金钥匙。礼仪的基本原则是：尊重为本、真诚为贵、宽容为美、适度为宜。

(二)职场礼仪的基本要求

职场礼仪是指人们在职业场所中应遵循的一系列礼仪规范。学会这些礼仪规范，将使一个人的职业形象大大提高。恰当地应用职场礼仪，有助于完善和维护职场人的职业形象，助力职场和事业取得成功，帮助毕业生成长为一名优秀的职业人。

概括而言，职场礼仪可以分为仪容仪表和行为举止两个方面。

1. 仪容仪表

(1)着装得体。在办公场合要衣饰适宜、简洁、庄重。男性一般以西装为主。女性衣着忌过于短小或透明，尺寸也不宜过于紧身。

(2)发型要合适。男性头发宜前不盖眉，侧不掩耳，后不及领。女性根据年龄、职业、场合的不同，头发应梳理得当。

(3)面部要清爽。男性宜每日剃须修面。女性宜以淡妆修饰。要保持口腔清洁。

(4)表情要自然，目光要温和，嘴角要略显微笑。

(5)手部要清洁。要定期修剪指甲并保持手部洁净。女性在正式场合不宜涂抹浓艳的指甲油。

2. 行为举止

坐如钟、站如松、行得稳、站得正，是基本要求。站的时候要两眼平视前方，两肩自然放平，两臂自然下垂，挺胸，收腹，提臀。站的时候切忌东倒西歪、弯腰驼背。坐的时候要轻稳，保持上身直立，双腿自然并拢，切忌抖动腿脚。走的时候要抬头、挺胸、收腹，双臂自然摆动，脚步应轻盈稳健，切忌摇头晃脑，歪肩晃膀，亦不可用鞋子摩擦地面，发出声响。

二、职场仪容仪表

职业人的个人形象对于展现自身良好的工作态度、增添自尊自爱、获取他人尊重、塑造良好企业形象都有着至关重要的作用。在与客户面谈或参加展会时，我们自身也在被审视、被观察。举手投足、衣着打扮、仪容仪态都会在短短三五秒之内，给客户留下第一印象。从一定程度上说，外在形象是会说话的。

(一)保持良好仪容的基本要求

仪容通常指人的外观、外貌。在商务交往中，每个人的仪容都会引起别人的关注，并纳入别人对自己的整体评价中。

1. 仪容的内涵

仪容的最终目标是实现“美”的特质。仪容美的特征主要包括三个方面的内容。

一是自然美。它是指仪容的先天条件好，天生丽质。尽管以貌取人不可取，但先天美好的仪容相貌，无疑会令人赏心悦目，感觉愉快。二是修饰美。它是指依照规范与个人条件，对仪容施以必要的修饰，扬其长，避其短，设计、塑造出美好的个人形象，在人际交往中要尽量令自己显得端庄大方，自尊自爱。三是内在美。它是指通过努力学习，不断提高个人的文化、艺术素养和思想、道德水准，培养出自己高雅的气质与美好的心灵，使自己秀外慧中，表里如一。

真正意义上的仪容美，应当是上述三方面的高度统一。忽略其中任何一个方面，都会使仪容美失于偏颇。在这三者之间，仪容的内在美是最高的境界，仪容的自然美是人们的心愿，而仪容的修饰美则是仪容礼仪关注的重点，也是我们要学习的重要内容。要实现仪容的修饰美，自然要注意修饰仪容。

2. 仪容美的基本要素

仪容美的基本要素是貌美、发美、肌肤美。

(1)貌美。貌美主要有两个方面的指向：一是指我们的五官比例协调、轮廓线条和谐，即“天生丽质”的貌美。面部结构的黄金比例，是“三庭五眼”，人的五官在这个范围内，会给人一种视觉上的平衡感。二是指我们根据自己的面部特征和脸形，选择适合自己的妆容进行妆饰，即“后天打造”的貌美。

(2)发美。发美是仪容礼仪中不可缺少的部分，只求妆容美，而不注意发型样式与妆容的结合，是不能恰到好处地体现出整体和谐之美的。发式发型要与头发类型相配、与脸形协调、与身材相配、与服装相得益彰。

(3)肌肤美。肌肤有光泽、颜色红润、富有弹性，能给人以健康自然、精力充沛、富有个性的印象。这与我们日常的皮肤护理、生活饮食习惯都密不可分。

(二)仪容修饰

1. 整洁

整洁是对职场人员仪容的最基本要求，要做到仪容整洁，重要的是需要长年累月坚持不懈地进行以下仪容细节的修饰工作。

(1)坚持洗脸、洗澡。若脸上常有灰尘、污垢或污渍，会给人懒和脏的感觉。除了早上起床后、晚上睡觉前洗脸之外，工作中也要适时关注脸上是否干净。若有污渍，影响了面部干净，要及时清理。洗澡可以除去身上的尘土、油垢和汗味，并且使人精神焕发，有条件的话要常洗澡。

(2)保持头发干净、整洁。一方面，要经常清洗头发，这不仅可以使头发保持干净，而且有助于头发的正常生长。另一方面，要定期修剪头发，特别对男士来讲，通常应当每半个月左右修剪一次，保持头发整洁。

(3)保持手部卫生。每个人身上，手是与外界直接接触最多的一个部位，最容易沾染脏东西，所以要勤洗手。此外，还要常剪手指甲，不要留长指甲，因为这不符合一般职场人士的身份，给人不卫生的印象。

(4)注意口腔卫生。口腔是表现清洁感的一个重点。第一，不要让食物残渣留在牙齿上或是牙缝里，若开口说话让人看见，将会非常影响职业形象。第二，应当特别注意口中的异味。与人交谈时如果口中散发出难闻的气味，会使对方很不愉快，自己也很难堪。要避免这种情况，我们就要养成早晚刷牙、餐后漱口的习惯。

(5)保持衣服整洁。衣服要整洁、干净，若有褶皱、污渍等，会让人觉得邋遢、不修边幅，影响整体的形象。此外，要勤换内衣，定期清洗外衣，保持衣服由内到外的干净整洁。

2. 美观

漂亮、美丽、端庄的仪容是形成优美良好的社交形象的基本要素之一。要使仪容达到美观的效果，首先必须了解自己的脸形及脸的各部位特点，其次要清楚怎样化妆、美发才能扬长避短，最后在把握脸部个性特征的情况下，在正确审美观指导下对脸部进行修饰。

3. 自然

自然是美化仪容的最高境界，它使人看起来真实而动人。有位化妆师说过："最高明的化妆，是非常考究的化妆，能让人家看起来好像没有化过妆一样，并且化出来的妆与本人的身份相匹配，能自然地表现出自己的个性与气质。次级的化妆是把人突显出来，让人醒目，引起众人注意。拙劣的化妆是一站出来别人就会发现你化了很浓的妆，而这层妆是为了掩盖自己的缺点或年龄的。最坏的一种化妆，是化妆后扭曲了自己的个性，失去了五官的协调，如小眼睛的人化了浓眉，大脸蛋的人化了白脸，阔嘴的人涂了红唇……"可见化妆的最高境界是"无妆"，是自然。

4. 协调

仪容的协调包括以下几个方面。

(1)妆面协调。指化妆部位的色彩搭配、浓淡协调，所化的妆针对脸部的个性特点，整体设计协调。

(2)全身协调。指脸部化妆、发型与服饰协调，力求取得完美的整体效果。

(3)角色协调。指针对自己在社交中扮演的不同角色，采用不同的化妆手法和化妆品。例如，作为职业人员，应注意化妆后体现端庄、稳重的气质；作为专门从事公关、礼仪、接待、服务的人员，要表现出一定的魅力，就应浓淡相宜，给人青春、亲切的印象，符合人们共同的爱美之心。

三、职场行为举止

职场交往中，规范而优雅的仪态能给他人留下美好的印象。仪态是指人的表情和行为举止，包括站姿、坐姿、走姿、蹲姿、手势和面部表情等方面。

(一)站姿礼仪规范

1. 站姿要领

一要平，即头平正，双肩平，两眼平视；二要直，即腰直，腿直，后脑勺、背、臀、脚后跟成一条直线；三要高，即重心上拔，看起来显得高；四要收，即下颌微收，收腹，收臀；五要挺，即挺胸，挺直腰背。

2. 标准站姿

标准站姿的基本姿势是头正，颈直，腰挺，两眼平视前方，嘴微闭，肩平并放松，挺胸收腹，两臂自然下垂，手指并拢，中指压裤缝，两腿挺直，两脚脚尖向前，身体重心在两脚之间。女士两脚并拢，或呈"V"形；男士可两脚分开，一般以 10 厘米左右为宜(图 8-2)。

图 8-2　女士和男士标准站姿

3. 礼宾站姿

女士礼宾站姿的基本姿势是头正，颈直，腰垂，下颌微收，双目平视前方，面带微笑，嘴微闭，肩平并放松，挺胸收腹；双脚形成左或右丁字步，即一只脚跟靠于另一脚内侧中间偏上位置，两脚尖展开角度约 60°，右手握左手的手指部分，左手四指不外露，左右手大拇指皆内收进手心并放在小腹处，手腕不能翻折，腕部与前臂在一条线上。男士礼宾站姿的基本姿势是两脚分开，距离约与肩宽相同，右手握左手手腕部分并放在小腹处。女士和男士礼宾站姿如图 8-3 所示。

图 8-3　女士和男士礼宾站姿

（二）坐姿礼仪规范及注意事项

正确的坐姿仪态可以给人一种端正大方的印象，而不良的坐姿则会让人觉得懒散无礼。入座时要轻稳，入座后上体自然挺直，挺胸，双腿自然弯曲，双肩平整放松，双臂自然弯曲，双手自然放在双腿上或椅子、沙发扶手上，头正、嘴角微闭，下颌微收，双目平视，面容平和自然保持微笑。坐在椅子上，应坐满椅子的三分之二，脊背轻靠椅背。离座时，自然稳当。

1. 标准坐姿

双腿垂直式坐姿(正式场合基本坐姿)，坐满椅子的三分之二，小腿与地面垂直，女士两膝并紧，男士两膝分开，两臂自然弯曲，女士右手握左手自然放在腿部，男士两手分别放在两个膝盖处(图 8-4)。

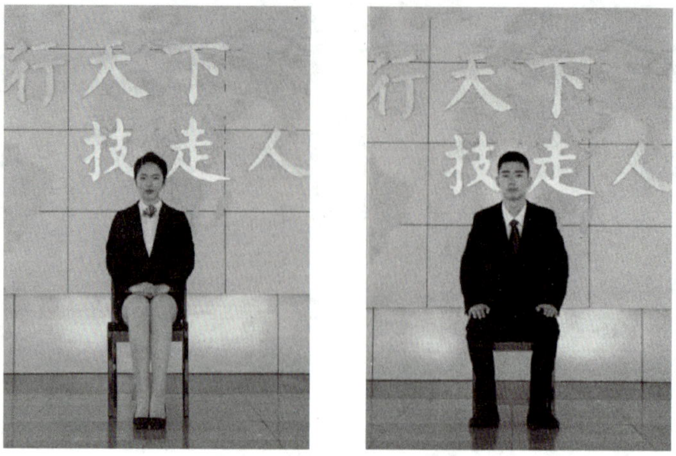

图 8-4　女士和男士标准坐姿

2. 其他形式的坐姿

斜放式坐姿(图 8-5)，在标准坐姿基础上，一只脚向某一侧平移一步，脚掌内侧着地，另一只脚向同一侧移，两脚脚尖平行，前脚掌外侧着地，脚跟提起，双脚靠拢斜放，大腿与小腿均成 90°角，小腿不回曲，以充分显示小腿长度；两脚、两腿、两膝靠拢，不得漏出缝隙，两臂自然弯曲，右手握住左手自然放于腿部中间位置。重叠式坐姿(图 8-6)，要求将双腿完全地一上一下交叠在一起，交叠后两腿之间没有缝隙。双腿斜放于一侧，斜放后的腿部与地面成约 45°角，叠放在上的脚的脚尖指向地面且脚面绷紧。

图 8-5　斜放式坐姿

图 8-6　重叠式坐姿

(三)走姿礼仪规范

行走过程中，保持头正、肩平，挺胸收腹，双臂自然下垂并前后摆动，步幅要适度，保持 1.5～2 个脚长的距离，步速在行进时尽量保持匀速状态。行走过程中不要左顾右盼，抓耳挠腮，多人走路时，不要勾肩搭背或奔跑蹦跳，也不要大声喊叫等。此外，在行走过程中，如需要变向行走，主要通过后退步和侧身步来实现。

1. 后退步

向他人告辞时，先向后退两三步，再转身离去。退步时，脚要轻擦地面，不可高抬小腿，后退步幅要小。转体时先转身体，头稍后再转，要始终面带微笑。

2. 侧身步

当走在前面引导来宾时，应尽量走在宾客的左前方。髋部朝向前行的方向，上身稍向右转体，左肩稍前，右肩稍后，侧身向着来宾，与来宾保持两三步的距离。当走在较窄的路面或在楼道中与人相遇时，也要采用侧身步，两肩一前一后，并将后背朝向他人，不可将胸部朝向他人。

(四)蹲姿礼仪规范

下蹲前要站立在所取物品的一侧，蹲下屈膝去取，注意重心要稳，两腿合力支撑身体，臀部向下，另外蹲下时一定要保持上半身挺拔，神态自然，面带微笑。

1. 高低式蹲姿(男女通用)

下蹲时左(或右)脚在前，右(或左)脚稍后(不重叠)，两腿微收向下蹲。左(或右)脚全脚着地，小腿基本垂直于地面，右(或左)脚脚跟提起，脚掌着地。右(或左)膝低于左(或右)膝，右(或左)膝内侧靠于左(或右)小腿内侧，形成左(或右)膝高右(或左)膝低的姿态，臀部向下。基本上以膝低的腿支撑(图 8-7、8-8)。

2. 交叉式蹲姿(仅女士可用)

下蹲时，左(或右)脚在前，右(或左)脚在后，左(或右)小腿垂直于地面，全脚着地，右(或左)腿在后与左(或右)腿交叉重叠，右(或左)膝由后面伸向左(或右)侧，右(或左)脚跟抬起，前脚掌着地，两腿前后靠紧，合力支撑身体。臀部向下，重心稍前倾，上半身保持挺拔状态(图 8-9)。

图 8-7　男士高低式蹲姿

图 8-8　女士高低式蹲姿

图 8-9　女士交叉式蹲姿

(五)手势礼仪规范

得体适度的手势不仅可以给对方以肯定、明确的印象和优美文雅的美感，还可以表现出对对方的尊重和欢迎。在使用手势礼仪时应庄重含蓄、自然优雅，其基本原则是简洁明晰、灵活调整、幅度适中和控制频率。常用的引导手势包括横摆式、斜下式、引领式和直臂式。

1. 横摆式

横摆式(图 8-10)手势常表示“请进”。五指伸直并拢，然后以肘关节为轴，手从腹前抬起向右摆动至身体右前方，不要将手臂摆至体侧或身后。同时，脚站成右丁字步，目视来宾。一般情况下要站在来宾的右侧，并将身体转向来宾。

2. 斜下式

斜下式(图 8-11)手势常表示“请坐”。当请来宾入座时，要用双手扶椅背将椅子拉出，然后一条手臂曲臂由前抬起，再以肘关节为轴，前臂由上向下摆动，使手臂向下成一斜线，指尖朝向座椅。

3. 引领式

给对方指引行进方向时应采用引领式手势。手指并拢，掌伸直，屈肘从身前抬起，向指引方向摆去，摆到与肩同高时停止，肘关节基本伸直，倾斜角度不超过 15°。目光要随着手势走，指引完方向后，手臂不可以马上放下，要保持手势送出去几步，体现对他人的关怀和尊敬。

4. **直臂式**

面对对方时，手掌应自然伸直，掌心斜向上方，手指并拢，拇指自然稍微分开，手腕和手臂成一直线，以肘关节为轴，弯曲 140°左右为宜，手掌与地面基本上形成 45°角，向指引方向摆去(图 8-12)。

图 8-10　横摆式

图 8-11　斜下式

图 8-12　直臂式

四、职场表情规范

职场交往中，表情是一种无声的言语，是人际交往中相互沟通的主要形式之一。美国著名的心理学家艾帕尔·梅拉里斯认为：信息传达的效果＝7％的文字＋38％的语言＋55％的表情动作。因此，表情礼仪就显得格外重要。

(一)表情礼仪遵循的原则

1. **表现谦恭**

与人交往时，个人待人谦恭与否，人们可以从表情神态方面很直观地看出来；同时，交往对象对此也会非常重视。

2. **表现友好**

在生活和工作中，对待任何交往对象，皆应友好相待。这一态度，自然而然就会在表情神态上表现出来。

3. **表现真诚**

人们在相互交往时，既要让个人的表情神态谦恭、友好，更要出自真心，发乎诚意。这样做的话，才会给人表里如一、名副其实的感觉，才能取得别人的信任。

(二)眼神的运用

眼神注视的时间、部位和角度不同，所传达的信息和情感也不一样，因此得体地运用眼神礼仪非常重要。

1. **注视别人的时间长短不同，表示的态度不同**

如果注视对方的时间占全部相处时间的三分之一左右，则表示友好；如果注视对方的时间占全部相处时间的三分之二左右，则表示重视；如果注视对方的时间不到相处时间的三分之一，则表示轻视；如果注视对方的时间超过了全部相处时间的三分之二以上，往往表示敌意。

2. **注视的角度不同，表示的态度不同**

正视对方时需要正面相向注视，表示重视对方；平视对方时要在身体与被注视者处于相似的高度的情况下，平视被注视者，表示双方地位平等与注视者的不卑不亢；仰视对方时要保持自身所处的位置低于被注视者，要抬头向上仰望，表示对被注视者的重视和信任；俯视他人指的是注视者所处的位置高于被注视者，往往表示自高自大或对被注视者不屑一顾。

3. 注视的部位不同，不仅表示自己的态度不同，也表示双方关系有所不同

一般情况下，不宜注视他人头顶、大腿、脚部与手部。对异性而言，通常不应注视其肩部以下位置，尤其不应该注视其胸部、裆部、腿部。关系平常的人一般只注视对方的面部，关系密切的人可以注视对方的身体。

（三）微笑礼仪

微笑是一种表示宽容和接纳的信号，它缩短了彼此的距离，使人与人之间心心相通。喜欢微笑着面对他人的人，往往更容易走入对方的心底。无怪乎有人说微笑是成功者的先锋。

典型案例

十二次微笑

飞机起飞前，一位乘客请空姐给他倒一杯水用来吃药，空姐很有礼貌地说："先生，为了您的安全，请稍等片刻，等飞机进入平稳飞行后，我会立刻把水给您送过来，好吗？"

15 分钟后，飞机早已进入平稳飞行状态。突然，乘客服务铃急促地响了起来，空姐猛然意识到："糟了，由于太忙，我忘记给那位乘客倒水了。"空姐来到客舱，看见按响服务铃的果然是刚才那位乘客，她小心翼翼地把水送到那位乘客眼前，微笑着说："先生，实在对不起，由于我的疏忽，延误了您吃药的时间，我感到非常抱歉。"这位乘客抬起左手，指着手表说道："怎么回事，有你这样服务的吗？你看看，都过了多久了？"空姐手里端着水，心里感到很委屈，但是，无论她怎么解释，这位挑剔的乘客都不肯原谅她的疏忽。

在接下来的飞行中，为了弥补过失，空姐每次去客舱给乘客服务时，都会特意走到那位乘客面前，面带微笑地询问他是否需要水，或者别的什么帮助。然而，那位乘客余怒未消，摆出不合作的样子，并不理会空姐。

临近目的地前，那位乘客要求空姐把留言本给他送过去，很显然，他要投诉这名空姐。此时空姐心里很委屈，但是仍然非常有礼貌，而且面带微笑地说道："先生，请允许我再次向您表示真诚的歉意，无论您提出什么意见，我都会欣然接受您的批评！"那位乘客脸色一变，准备说什么，可是没有开口，他接过留言本，开始在本子上写了起来。

空姐本以为这下完了，没想到，等到飞机安全降落，所有的乘客陆续离开，她打开留言本后，却惊奇地发现，那位乘客在本子上写下的并不是投诉信，相反，这是一封热情洋溢的表扬信。是什么使得这位挑剔的乘客最终放弃了投诉呢？在信中，空姐读到这样一句话："在整个过程中，你表现出真诚的歉意，特别是你的十二次微笑深深打动了我，使我最终决定将投诉信写成表扬信！你的服务质量很高，下次如果有机会，我还将乘坐你们的这趟航班。"

人际交往中，微笑是员工为自己打开成功之门的钥匙。少了它，纵使工作上有不俗的表现，也难以打开成功之门。在微笑时，不仅口要笑，眼也要笑，眼睛的作用是十分重要的。眼睛有传神送情的特殊功能，又是心灵的窗户，因此，口到、眼到、神色到的微笑才能打动人心。

五、职场着装服饰

（一）着装的礼仪规范

1. 场合着装的搭配原则

穿着得体是一种礼貌，不仅体现了一个人的文化修养和素质，也体现了一个人对他人的尊重。在参

加面试招聘或会议谈判时，穿着正装，化妆得体，会让人精神抖擞，信心倍增，有利于提高办事的效率。

(1)TPO 原则。当前国际上通行的着装礼仪要遵循 TPO 原则，TPO 是 time(时间)、place(场合)、object(目的)三个词开头字母的缩写。time 即穿着要应时。place 即穿着应该因地制宜，这里所指的场合主要包括两个方面：正式场合和社交场合。object 要求个体应根据交往对象、交往目的的不同选择服饰。

(2)整体性原则。整体性原则要求着装的各个部分相互呼应、精心搭配。身形、内在气质和服装款式、色彩搭配合理，相得益彰。尽可能做到完美、和谐、得体，展现出整体美。

(3)个性化原则。一方面，个性化原则要求着装应与自身条件相适应。服装的选择应与自己的年龄、肤色、身高、职业和体形相协调，力求反映自己的个性特征。另一方面，个性化原则要求在不违反礼仪规范的前提下，在某些方面可体现自身与众不同的个性，但是切忌盲目追逐时髦。

(4)着装要和职业协调。穿着除了要和身材、体形协调之外，还要与自身职业相协调，不同的职业有不同的穿着要求。例如，教师、公务员一般要穿着庄重一些，这样可以给人留下一个良好的印象，不要打扮得过于妖冶，衣着款式也不要过于怪异；医生穿着要力求显得稳重和富有经验，一般不宜穿着过于时髦给人以轻浮的感觉，这样不利于对病人进行治疗；而演员、艺术家则可以根据他们的职业特点，体现个人风格，穿着得时尚一些，甚至标新立异也不为过。

2. 女士场合着装的搭配技巧

女士在一般职场中主要选择丝绸、羊毛和棉麻质地的西服套裙和西裤。但是在衣服的版型、颜色和图案选择上要根据自己的身材特点进行挑选。每个人的体形都不是完美无缺的，服装最大的意义在于美化出更美的体形。根据自己的体形选择服装，利用视觉上的错觉达到令人意想不到的效果。

(1)身材较胖且较矮小者，即大矩形身形者，应选择厚薄适中、质地柔软、有竖条纹的衣服，不宜选择材质较厚重、有横条纹的服装。

(2)体形瘦高者，即小矩形身形者，宜穿有浅色横条纹或大方格等的服饰，以视错觉来增加体形的横宽感。同时可选用红、橙、黄等暖色的服饰加以搭配，使之看上去或健壮一些，或丰满一些，或更匀称一些。

(3)身材较丰满者，即椭圆形身形者，适合穿宽松式上装或深色、冷色且单一色彩的上装，而且上装款式不宜繁复，以避免使他人的视觉停留在其上。

(4)肩部比较宽者，即倒三角和水桶形身形者，适合采用深色、冷色且单一色彩的服装，以使肩部显窄些。注意不宜采用有垫肩或者肩部线条太明显的服装，同时也不宜采用有横条图案的服装。

3. 男士场合着装的搭配技巧

男士在正规场合要着西服。西服分正装和便装两种。男士在正规的商务场合着西服正装才符合规范，西服正装全身上下不能超过三种颜色。西服正装是指上下同质同料(质料一般是较高档的毛料)且颜色为深色(以深蓝和深灰色系为最佳)的两件套西服或三件套西服。三件套是指在上衣里面多加一件同质同料的马甲。

此外搭配西服的衬衫必须是长袖(即使是在夏天)。衬衫通常为单色，其中，白色是最佳且最安全的选择；面料最好是纯棉，但需要经过专业清洗，以保证浆过并熨烫平整；领子要挺括，不能有污垢、油渍；衬衫下摆要放在裤腰里，并要系好领扣和袖扣；衬衫衣袖要稍长于西服衣袖 0.5～1 厘米，领子也要高出西服领子 1～1.5 厘米。此外，男士要尽量保证自己皮带、皮包和皮鞋的颜色和材质一致，即遵循“三一定律”，一定要穿黑色或深色无花纹的中筒棉袜，保证在坐下时，裤脚下也不会露出袜口甚至腿。

（二）饰品搭配原则和技巧

男士和女士在选择配饰时都应遵循小而精致的原则，不能过分夸张和张扬。女士配饰可以有耳钉、婚戒、项链、手镯和胸针等。而男士的配饰主要包括眼镜、领带、手表和婚戒等。女士在佩戴饰品时，要尽量在颜色和材质上保持一致，如佩戴玫瑰金色珍珠耳饰，那么在其他饰品的选择上也应该尽量保持统一。另外，为避免饰品太多，显得繁复杂乱，种类一般以 1～3 类为最佳。男士在选择领带时，除了要使领带的颜色和花纹与西服搭配，还要根据参加的场合和即将面对的对象进行选择，如场合较严肃正式可选择条纹和方格图案的领带，场合较轻松可选择圆点和碎花图案的领带。

当然，职业形象是需要综合打造的，体形、服装、饰品配件，包括谈吐、举止都同等重要。如果将体形要素、服饰要素比喻为硬件的话，那么个性和文化修养则是软件。具备了一定的文化修养，才能使自身的形象更加丰满、完善。硬件可以借助形象设计师来塑造和变化，而软件则需靠自身的不断学习和修炼。只有当硬件和软件合二为一时，才能达到形象设计的最佳效果。

六、典型职场情境礼仪规范

（一）称呼礼仪规范

职场新人首先要学会如何“喊人”。职场称呼看起来是小事，实际上却是一门学问，但是约九成职场新人遇到过“开口难题”，到底应该怎样称呼同事才最合适？

1. 正确称呼对方

(1)职务性称呼。可以在职场交往过程中根据职场交往对象的职务来称呼对方以示尊重，一般是在职务前加上姓氏(适用于正式场合)，比如“张董事长”“王总经理”“李秘书”或者“王处长”“孟局长”等。至于使用某些职务的简称，如“张局”“李处”“罗总”等，现下也颇为流行。

(2)职称性称呼。可以在职称前加姓，强调特定个体，赋予更多亲切、尊敬的意味，例如“张教授”“陈助理”等，这种称呼多见于口头，较之直称，略显郑重。

(3)职业性称呼。在职场交往过程中可以根据对方从事的行业和具体职业来称呼对方，如“王老师”“乔律师”“赵会计”和“陈医生”等。

(4)一般性称呼。先生、夫人是对年纪较大、声望较高的人士使用的尊称。使用时可不带姓名。此类称呼在我国职业场合也广为使用。

2. 称呼对方的原则和注意事项

称呼对方主要应遵循得体原则和尊重原则，在称呼对方时应该根据场合的不同而进行灵活的变化。称呼时要遵循先尊后卑、先长后幼、先女后男以及先疏后亲的顺序。此外，在称呼对方时不要用不雅的词汇，如“二胖”“小黑”等绰号；遇到生僻的姓氏或者多音字可以提前查阅或者询问对方，以免因称呼错误而造成尴尬的场面。当然，职场交往过程中应尽量记住对方的全名，这样能使对方觉得自己受到重视和尊重，进而获得对方的好感。

（二）握手礼仪规范

握手礼仪是职场交往中的基本礼节，也是适用范围最广泛的见面致意礼仪，它可以应用在表达欢迎、亲近、友好、寒暄、祝贺、感谢、慰问和再见等的场合。

1. 握手的正确姿势

握手时双方都应该起身面对面站立，相距 1 米左右，上身向前稍微倾斜，伸出右手，手掌高度大概在胯骨位置，四指并拢伸直，大拇指向斜上方张开与四指成约 60°，手掌垂直于地面。双方虎口(大拇指与手掌连接的关节处)相交，同时其余四指弯曲相互握住对方的手掌，微笑并用双目平视对方，配以相应的问候语，如“您好”“见到你很高兴”“祝贺你”和“再会”等，同时双方握着的手轻轻上下晃动两到三下，然后松开(图 8-13)。注意握手时间不宜过长，应控制在 5 秒钟以内，时间过长会让对方觉得不舒服，特别是与女士握手过于用力或时间过长，都是十分失礼的行为。

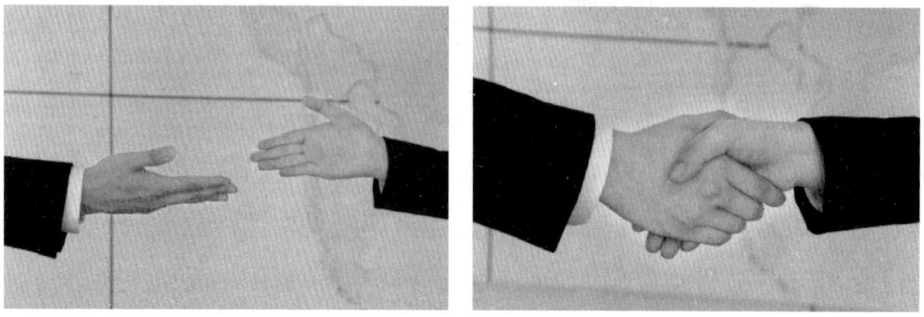

图 8-13　握手的正确姿势

2. 握手的原则

握手时应遵循尊者优先的规则，即由尊者优先伸出手，他人只能在其之后给予反应，而不可贸然抢先伸手。

(1)在一般情况下，握手时应遵循以下原则。

男士与女士握手时，应由女士先伸手。

上级与下级握手时，应由上级先伸手。

长辈与晚辈握手时，应由长辈先伸手。

已婚女士与未婚女士握手时，应由已婚女士先伸手。

(2)在单位或公司接待客人的场合，握手时应遵循以下原则。

客人到达时，主人先伸手，以表示欢迎。

客人告辞时，客人先伸手，以表示感谢。

(3)在正式场合(职场)，无长幼、男女之别，只有上下级以及职务高低之分，应由上级或职务较高者先伸手。

3. 握手时的注意事项

在职场交往过程中握手致意看似简单，然而我们经常会忽略一些细节从而造成尴尬的场面，对彼此交往产生不利的影响，一般应避免出现以下错误。

其一是用左手与他人握手。

其二是不摘下手套、墨镜和帽子就与人握手。

其三是同别人握手时将另外一只手插在衣袋里。

其四是与人握手时面无表情，心不在焉，没有寒暄，纯粹应付。

其五是坐着时与人握手。

其六是与他人交叉握手。

(三)介绍礼仪规范

1. 自我介绍

自我介绍，是指在社会交往及商务场合，由自己来介绍自己，将自己的基本情况介绍给其他人，使对方认识自己的行为过程。自我介绍通常适用于以下三种情境。

(1)本人希望结识他人。在社交和正式场合中，自己与不相识或者陌生的人相处时，打算进入新的交际圈，希望介绍自己给对方认识。

(2)他人希望结识本人。在社交和正式场合，有不相识者请求自己做自我介绍。

(3)本人认为有必要让他人了解或认识本人。例如，在非常希望认识对方而对方对自己不甚了解或一无所知时，或是在出差、旅行途中，与他人不期而遇，认为有必要与之建立临时的关系。

2. 自我介绍的技巧

在做自我介绍的时候将自己的名字介绍得有特色一些，会有利于加深对方对自己的印象；此外，自我介绍应内容简洁且有针对性，时间尽量不要超过1分钟。在进行自我介绍时，最忌讳平淡无奇、内容雷同且没有个人特色，这样不能把个人的特点展示出来。

3. 为他人做介绍

(1)为他人做介绍的定义。是指由第三方作为中间人，为彼此都不相识的双方进行引见，是一种双向的介绍方式。除此之外，当其中一方认识另一方，而后者不认识前者时，中间介绍人也可以进行单向的介绍，即只将双方中的某一方介绍给另一方认识。

(2)为他人介绍的手势和原则。中间介绍者在为他人做介绍时动作要适中且规范。通常用右手，掌心朝上，四指并拢，拇指张开，手臂与身体夹角成60°左右指向被介绍的一方，并转头向另一方点头微笑，注意对方是否听清介绍信息。在为他人做介绍时，始终应遵循“尊者有优先知晓权”的原则。引见主客双方时，应首先介绍主人一方，将主人的相关信息告知客人。在正式场合中，介绍人应该先将职位或职务较低的一方介绍给职位或职务较高的一方。在社交场合，将男性一方先介绍给女性的一方认识。

(四)名片的使用规范

初次见到对方时，首先要以亲切态度致意并简单做自我介绍，随后将名片递给对方，应将其郑重地放在西装的内袋里，不要放在裤子口袋里。递接名片时最好用双手，以名片的正面向着对方。如果是事先约好才去的，对方已对你有一定了解，或有人介绍，就可以在打招呼后直接面谈，在面谈过程中或临别时，再拿出名片递给对方，以加深印象，并表示与对方保持联络的诚意。接过名片后要点头致谢，不要立即收起来，也不应随意玩弄和摆放，而是要认真看并将对方的姓名、职务、职称轻声读出，以示敬重。此外，如果没有把握念对对方的姓名，可以请教一下对方，然后将名片放入自己口袋或手提包、名片夹中。

(五)接打电话礼仪

职场中，电话沟通交流工作必不可少。当电话铃响起时，应尽快集中自己的精力，暂时放下手头正在做的事情，以便大脑能清晰处理电话带来的信息或商务机会。如果让电话铃响的时间过长，对方很可能会挂断电话，就容易失去得到信息或生意的机会。以下几点技巧可以供大家参考借鉴。

1. 不可等来电铃声超过三次才接

有时候电话响一次就接了，会给人以一种很唐突的感觉，但是当来电响了三次以后再接，会让对方等得不耐烦。如果是客户的话，可能会影响双方的合作。所以，在电话铃声响两次后接是最佳状态。如果确实抽不开身去接电话，在电话响了超过三次后才接起，应向对方表示歉意，说一句“让您久等了”。拿起电话之后，要先问好，并自报家门；让对方确定所打的电话是无误的，避免因为打错电话而浪费时间。手边要准备好纸和笔，重要信息应随时记录；自己的电话尽量自己处理，如需转接，应向对方解释清楚；若对方要求与其他人通话，应尽快帮忙转接；若对方要找的人不在，应温和地告知对方，并询问是否需要帮助。

2. 接打电话的注意事项

接打电话时，应做到声音洪亮清脆，吐字清晰，表达准确，语言从容得体、自然恰当，态度热情大方、不卑不亢。打电话前要确认好对方的电话、姓名、职务及谈话要点；电话接通后，应立即以尊称问候对方，自我介绍并说明去电主旨，倾听对方意见；如果对方不在，可以请代接电话的人代为转达，并真诚致谢。要注意通话时的语气。电话是非常直观的一种沟通方式，也是一种非常便捷的沟通方式，所以一定要注意语气，因为对方不仅会注意你讲话的内容，也会在意你的语气，在工作电话中应尽量采用礼貌用语，语气要给人积极主动的感觉，让对方产生愿意沟通的心情，这样成功的机会就会大很多。

3. 与客户通电话要坚持后挂电话的原则

当对方与你说再见的时候，同时你也要礼貌地回复对方一下，表示尊重对方，等对方先把电话挂掉，确认通话结束后才能把电话挂掉。挂电话时不要发出过大的声音。

4. 使用手机的礼仪

在工作场合不要大声打电话；如有电话呼入，尽量不要接，或者起身到人少处接听；在参加重要会议时尽量关闭手机或将其调为振动；不能一边和人讲话，一边编辑手机信息；不要编辑或是转发思想内容不健康的信息；不使用的时候，尽量把手机放在包中或是上衣内袋，不要总是拿在手中或别在腰带上。

(六)拜访礼仪

1. 拜访礼仪规范

拜访应选择在比较合适的时间，不能未预约就登门拜访，要提前预约好拜访时间和地点。在具体的拜访时间选择上，最好是利用对方比较空闲的时间。到对方公司拜访，最好不要选择星期一，因为新的一周开始的时候，往往也是被访人比较忙碌的时候。另外，拜访具体时间最好在上午 9:30～10:30，或者下午 3:00～4:00，既要避免打扰对方进餐，也要尽可能错开拜访对象比较忙的时间段。最好是在工作时间内前去拜访，应尽量避免占用对方的休息日或者节假日。如果没有急事，应绝对避免在清晨或夜间拜访。要控制拜访时间，不做难辞之客，拜访时间在半小时以内为最佳，不宜超过 1 小时。

2. 馈赠礼品的注意事项

馈赠礼品是与接受者增进联络感情，达成合作意向的重要交往手段。馈赠者必须考虑接受者个人的喜好和文化禁忌。不论是国际交流，还是国内来往，不论是正式活动，还是日常生活往来，馈赠礼品前不仅要依据交往对象的国家、宗教、文化、年龄、性别、职业和爱好等来选择礼品，还要注意礼品的独特性、宣传性、文化性和时尚性。这样既可以传达自己真诚的心意，也能加深收礼者对自己的印象。

馈赠礼品时切记不要冒犯对方的禁忌，否则不仅会使对方误会，甚至可能引起纠纷和冲突。收礼方的禁忌主要是因文化风俗的不同而产生的。如美国人比较注重礼物的包装，但比较忌讳用珍贵动物的头部作为商标图案，也不喜欢在商标图案中使用一般人不熟悉的古代神话人物；在向加拿大人赠送鲜花时，不要选择白色的百合花，因为他们只有在开追悼会的时候才会用这种花。因此，在选择礼品时，一定要提前认真了解对方的禁忌，以避免引起不必要的尴尬和冲突。

(七)位次礼仪

1. 乘车礼仪

在职场交往中，乘车时首先要分清座次顺序，按照国际惯例，主要应遵循“以右为尊”“前高后低”的原则。但也要依据具体情况而定，因车型不同和驾车者的变化，尊位也会有所变化。

(1)乘坐双排五座位的小轿车时，如果由司机驾驶车辆，座次一般以后排右边为尊，左边次之，前排副驾驶的座位为工作人员或接待人员的座位。如是主人自己亲自驾车，则尊位是主人右侧的副驾驶座，主宾应坐在这个位置上。

(2)乘坐中型商务车或面包车时，尊位是司机身后靠窗的位置，陪同主宾的领导紧靠尊位的左侧落座，其他人员依次在后排就位，司机旁边的位置应是工作人员的座位。

(3)乘坐中大型巴士车时，不论是由何人驾驶，均遵循“前座高于后座、右座高于左座”，以及“距离前门越近座次越高”的原则。

2. 会议位次礼仪

在职场交往中，为了洽谈业务，公司经常会举行一些重要的会议，举行会议时的位次排列问题是不可忽视的重要细节之一。会谈或面见时通常采用半圆形或长方形桌或椭圆形的桌子，主客并列或相对而坐。一般情况下座次安排遵循“居中为尊，以右为尊”的原则。以长方形桌为例，当主客相对而坐时，礼宾座次是主宾居中且面门而坐，其余来宾在主宾两侧按先右后左顺序安排座位；主方相关人员则在宾客的对面入座。这里要特别注意，如需记录或翻译人员，则应将其安排在主谈人的后方或右侧。

(八)餐饮宴请座次礼仪

1. 宴请座次礼仪

宴请客人也是职场交往中非常重要的活动，对客人来说是一种礼遇，因此在座次安排上也不能疏忽。一般宴请分为中式和西式两种方式。

(1)中式宴请一般用圆桌。遵循国际惯例“以右为尊”。一般情况下面向门且远离门的座位为尊位，其他位次依据职位高低，以离主人的远近定主次，遵循“右主左次”原则，离门最近的位置为最次。如果主宾夫人也出席，则主宾坐在男主人右侧，其夫人坐在女主人右侧。

(2)西式宴请一般采用条形桌。同样遵循国际惯例“以右为尊”的原则。西式宴请一般会考虑女士优先、面门为上、男女交叉或朋友与陌生人交叉排列的原则。

2. 用餐礼仪

在商务场合中，很多生意的敲定和合作的达成，是在饭桌上一锤定音。因此用餐礼仪，更是一项对职场新人的重要考验。要学会文明用餐，尤其是在用西餐时要注意刀叉的正确使用方法，左手持叉，右手持刀，一般按照由外向内的顺序取用餐具。用餐完毕后，将刀叉并拢斜放在盘中即可，注意刀刃要朝向自己。在用餐期间如果用力过猛，打翻酒杯或餐具，应沉着冷静，不要着急，并向主人和邻座说一声“非常抱歉”。另外，如果席间需要祝酒，应暂停进餐和交谈；主人和主宾离席敬酒时，被敬者应立即起立举杯，碰杯时酒杯要低于对方，以示尊敬。敬酒时要注意保持风度，只祝酒而不劝酒。

素质训练

职业适应能力测试

本测试共有20道题，每道题后附有3个可供选择的答案。请在仔细阅读后，选出一个最符合你的实际情况的答案，将选项填在题干后的括号内。

1. 假如朋友突然带一个你最不喜欢的人到你家里，你会(　　)。

A. 表示惊奇

B. 把你的感觉完全隐藏起来

C. 暂时忍耐，以后再把实情告诉你的朋友

2. 对自己的某次失败，你(　　)。

A. 只要别人有兴趣，随时都可以告诉他

B. 只在谈话时顺便说出来

C. 决不说，怕会被别人抓住弱点，对自己不利

3. 遇到困难时，你(　　)。

A. 毫不犹豫地向有关人员征求意见

B. 经常向熟人请教

C. 很少麻烦别人

4. 你骑车去一个较远的地方参加社交活动，却找不到目的地，你(　　)。

A. 赶快查自带的地图

B. 大声埋怨不知何时才能到达目的地

C. 耐心等待过路车或路人，向其问个清楚

5. 当你选择衣服时，你(　　)。

A. 总是固定选择一种款式

B. 跟随新潮流，希望它适合自己

C. 在选定以前，先听取朋友或售货员的意见

6. 当你知道将会遇到不愉快的事时，你会(　　)。

A. 自己先进入紧张状态

B. 相信事实并不会比预料的糟糕

C. 感觉自己完全有办法应付

7. 在嘈杂混乱的环境里，你(　　)。

A. 总觉得很烦，不能静下心来学习

B. 仍能集中精力学习，但效率降低了

C. 不受影响，继续学习

8. 和别人争吵起来时，你(　　)。

A. 能有力地反驳对方

B. 常常语无伦次，事后才想起如何反驳对方，可是已经晚了

C. 能反驳，但无多大力量

9. 每次参加正式的考试或竞争，你(　　)。

A. 常常比平时的成绩更好些

B. 常常不如平时的成绩好

C. 和平时成绩差不多

10. 当必须在人很多的公开场合讲话时，你(　　)。

A. 常常怯场，不知所措或说话结结巴巴

B. 虽然感觉难，但还是想方设法完成

C. 总能侃侃而谈

11. 对于团体或社会性的集会，你(　　)。

A. 总是想找领导讨论

B. 只有在知道讨论的题目时才参加

C. 讨厌在集会上说话，所以不参加

12. 当受到别人的批评时，你(　　)。

A. 想找机会反过来批评他

B. 想查明受批评的原因

C. 想直接听一下别人批评自己的理由

13. 当情况紧迫时，你(　　)。

A. 仍能注意到该注意的细节

B. 粗心大意，丢三落四

C. 慌慌张张

14. 参加各种比赛时，比赛越激烈，群众越热情，你(　　)。

A. 成绩越好

B. 成绩越上不去

C. 成绩不受影响

15. 碰到阻力或困难时，你(　　)。

A. 经常改变既定的主意

B. 不改变既定的主意

C. 越有干劲

16. 你符合下列哪种情况？(　　)

A. 不安于现状，总想改变点什么

B. 凡事只求“规范”，不做破格的事

C. 礼貌要讲，但事也要办

17. 你赞成下面哪一种说法？(　　)

A. 只要是正确的，就坚持，不怕打击，不怕被孤立

B. 在矛盾方面让一让，就过去了

C. 尽量求和平，把批评和斗争降到最低的限度

18. 假如自己被登报，你(　　)。

A. 有点自豪，但并不以为然

B. 很高兴，想让朋友也看看

C. 完全不感兴趣

19. 为了给人留下好印象，你(　　)。

A. 想方设法，并花一定时间考虑计划

B. 不特意去做，但有机会就利用

C. 根本不想在别人面前做这件事

20. 你同意下列哪一种观点？(　　)

A. 为了深入了解自己的国家，学习外国的东西是件好事

B. 外国的事与我们没有任何关系

C. 学习外国的东西比学本国的东西更有趣

计分方法：根据自己的选择，对照下面的计分表(表 8-3)，计算出你的分数。

表 8-3　职业适应能力测试计分表　　单位：分

选项	1	2	3	4	5	6	7	8	9	10	11	12	13	14	15	16	17	18	19	20
A	2	2	3	2	1	1	1	3	3	1	2	1	3	3	1	3	3	3	2	2
B	1	3	2	1	3	2	2	1	1	2	3	3	2	1	2	1	1	1	3	3
C	3	1	1	3	2	3	3	2	2	3	1	2	1	2	3	2	2	2	1	1

如果你的得分为 49～60 分，说明你的适应能力很强；如果你的得分为 37～48 分，说明你的适应能力较强；如果你的得分为 25～36 分，说明你的适应能力一般；如果你的得分在 25 分以下，说明你的适应能力较差，需要在今后的学习、生活和工作实践中有意识地培养自己在这方面的能力，提高心理承受能力和适应能力。

参展者职业形象是否得体？

一、任务背景

某中韩合资从事护肤品和彩妆产品生产的大型企业，下个星期为了推广自己的新产品而组织和开展产品推介会，诚邀全国各地经销商和相关企业的销售经理来参加本次活动。将会有 8 位性别、体型、身高、气质和肤色不同的公司人员去参加本次推介会。

在面对这样的场合时，每位参展者如何根据自身特点选择适合自己的正装？如果要化妆，是选择浓妆还是淡妆？在与他人交往过程中应该如何让自己的行为举止表现得自然、得体、礼貌又大方？

二、活动内容

(1)结合所学职业形象塑造的礼仪知识来设计，展示职业风采。

(2)结合仪态礼仪规范进行站姿、坐姿、走姿、蹲姿和表情的相关训练。

(3)进行面部修饰(包括女性发型设计)并搭配自然干净的妆容。

(4)根据服装搭配原则和技巧，为即将出席推介会的 8 位公司员工选择出适合的西服套装和配饰。

(5)依据评分表，小组先互评，教师随后进行点评。

三、活动过程

1. 分组情况

根据本班实际人数进行分组，每组 8 人并确定组长人选，按照要求明确分工，做到全员参与，责任落实到每一个学生。

2. 实施过程

各组组长首先根据项目的具体任务进行分工，根据任务的难易程度进行时间规划，从组内分别选出擅长仪态训练、面容修饰和服装搭配的同学，由这些同学带领大家进行有针对性的练习和方案设计。训练活动结束后各组选出一名代表负责对活动做总结发言。在活动实施过程中组长和教师负责对各组活动完成的进度和效率进行监督控制。

3. 任务评价(参考表 8-4)

表 8-4　任务评价表

评价项目	评价标准	分值	实际得分
站姿、坐姿、蹲姿和走姿	头正、肩平、胸腰挺直、收腹、微收下颌，手臂自然下垂或右手叠放在左手上，动作规范且优美	20	
表情	眼神柔和，眼睛平视前方，脸部始终带着得体的微笑	10	
面部	面容整洁干净，发型和脸形搭配相得益彰，妆容清新淡雅	30	
服装	服装干净、熨挺，西服套装颜色、版型适合个人的特点，能凸显个人魅力	30	
配饰	配饰数量适当，质地和颜色搭配	10	

项目九
职业发展

智慧导航

人生是一个永不停息的工厂，那里没有懒人的位置。工作吧！创造吧！

——罗曼·罗兰

人类一生的工作，精巧还是粗劣，都由他每个习惯所养成。

——富兰克林

项目导读

社会在不断发展变化，职业的结构、内容和用人要求也在不断地变化。当毕业生刚刚走出校门，踏入社会的时候，展现在其面前的是一个几乎完全陌生的环境。毕业生拥有了第一份工作，以及新的经历、新的环境。这时，应尽快完成从学生到职业人的角色转变，适应新岗位的要求，适应职场，健康发展。职业不是一成不变的，个体职业生涯也是一个循序渐进的发展过程，是个体在职业领域中不断学习与进步的过程。在职业发展过程中，个体要想进步，就要不断学习，为实现职业顺利发展创造条件；要加强自我职业生涯规划管理，使职业发展有一个良好的方向。

本项目强调职业素养、职业能力、团队意识、时间管理、情绪管理、沟通能力及知识能力在职业发展中的作用。希望毕业生通过提升自身职业素养，合理管理好时间，培养实干、创新的工匠精神，不断提高获取知识、运用知识和创新知识的能力，顺应社会和职业的发展要求。

学习目标

(1)了解职业技能的基本概念及内涵。

(2)了解职业技能的分类及提升方法。

(3)了解职业情绪的分类及处理策略。

(4)能运用职业技能的分类及提升方法指导自己提升职业技能。

(5)能运用职业情绪的处理策略指导自己处理未来可能会遇到的职业情绪。

(6)自觉树立工匠精神理念，培养劳动光荣的社会风尚和精益求精的敬业风气。

案例导入｜细节决定成败

·任务一
·提升职业技能

情境导入

小张的愿望

小张毕业后进入了一家自动控制公司，在一个操作技术岗位适应了一段时间，能够完成日常工作，顺利实现了从学生角色向员工角色的转变。为了更好地帮助小张成长，单位安排了一位师傅给他，让他跟着学习。小张发现虽然自己目前能够应对每天的工作，但是看着师傅每天能够技术娴熟地解决各种各样的问题，什么样的难题都难不倒师傅，他非常羡慕。他很想像师傅一样，成为专业领域的技术大拿，可是他又觉得自己跟师傅的差距实在是太大，真是不知道自己什么时候才能像师傅那样厉害。

从前面我们学过的明尼苏达工作适应论可以看出，个人在与职业的互动过程中能够有长足的发展，最关键的是个人的职业技能要能够满足并超过组织的工作要求，获得较高的组织满意度，这样个人才能在组织中继续留任甚至获得升迁。因此，职业发展的关键是个人职业技能的提升。

一、职业技能的分类与提升

能力是顺利实现某种活动的心理条件。哈佛大学著名哲学家和美学家纳尔逊·古德曼教授和霍华德·加德纳教授在《心智的结构》一书中提出“多元智力”的概念，认为人的智能是多元的，包含言语、音乐、逻辑、视觉、身体、自知、交往及自然观察等八个方面。能力分为先天具有的能力和后天培养的能力两大类。技能是指人们通过后天的学习和练习而获得的能力，通常表现为某种动作方式和动作系统，有时表现为操作活动，有时表现为心智活动。

（一）职业技能

职业技能是某个职业领域完成职业活动所要具备的技能，分为专业知识技能、可迁移技能和自我管理技能三个方面。

1. 专业知识技能

知识是人类历史经验的总结，从心理学的角度来说，知识是以思想内容的形式为人类所掌握的，个人所掌握的知识就是信息在头脑中的存储。专业知识技能是指个体所掌握的某一专业领域的理论知识，这部分技能需要通过背诵、记忆获得，而且不仅要全面，还要系统。例如，高等职业院校专业人才培养方案中的理论知识。数控技术专业要掌握的机械制图、金属材料与热处理、机械制造技术基础、机械设计基础等课程的内容即为本专业的专业知识，专业人士需要通过背诵、记忆获得该领域的专业知识技能。

2. 可迁移技能

可迁移技能是个体所能胜任的活动，具体表现为一个人所能从事的工作内容。往往通过观察、实践、思考、熟练等过程掌握。因为这部分技能往往具有通用性，所以被称为可迁移技能。例如，高等职业院校专业人才培养方案中规定要学习的实践课程。数控技术专业要掌握的数控机床编程与操作、数控机床维护与检修、工业机器人编程等实践课程的内容即为本专业的可迁移技能。

专业人士需要在前期认真观察老师或师傅的操作过程，再上手操作进行实践。实践过程中由于需要综合运用到专业知识和专业经验，往往第一次上手操作会比较生疏，甚至做不好，实践过后要认真思考，总结经验并在后续的操作实践过程中不断熟练直至掌握，这个过程也应了中国那句古话“熟能生巧”。可迁移技能往往是企业最看重的技能，关乎一个人能否胜任岗位的工作。

3. 自我管理技能

自我管理技能是一个人在工作中所表现出来的特征和品质。自我管理技能往往通过认同、模仿、领悟等途径获得。例如，守时、上进、积极、诚信、行动力强等。不同的专业有不同的要求。

例如，高等职业学校数控技术专业教学标准中要求该专业的自我管理技能有：(1)坚定拥护中国共产党领导和我国社会主义制度，在习近平新时代中国特色社会主义思想指引下，践行社会主义核心价值观，具有深厚的爱国情感和中华民族自豪感。(2)崇尚宪法、遵法守纪、崇德向善、诚实守信、尊重生命、热爱劳动，履行道德准则和行为规范，具有社会责任感和社会参与意识。(3)具有质量意识、环保意识、安全意识、信息素养、工匠精神、创新思维。(4)勇于奋斗、乐观向上，具有自我管理能力、职业生涯规划的意识，有较强的集体意识和团队合作精神。(5)具有探究学习、终身学习、分析问题和解决问题的能力。(6)具有良好的语言、文字表达能力和沟通能力等。

自我管理技能在企业招聘时也会体现在岗位职责要求中，如有敬业爱岗、吃苦耐劳和团队精神，听从指挥，服从分配，完成上级交给的各项任务等。

这些优秀品质的培养需要个人首先要在认知上认同，然后向具有这些优秀品质的人学习并不断模仿，最终通过深刻领悟而获得。自我管理技能高低往往是影响职业生涯成功与否的关键。有时候也被称为职业素养。

(二)团队合作能力

团队是由员工和管理层组成的一个共同体，该共同体合理利用每一个成员的知识和技能来协同工作，解决问题，实现共同目标。团队精神能反映一个人的素质和能力。一个团队是一个有机的整体，个人只有完全融入这个有机整体之中，才能最大限度地体现自己的价值。

知识窗

团队的价值

成功的团队提供给我们的是尝试积极开展合作的机会，而我们要在其中寻找生活中真正重要的东西——乐趣，包括工作的乐趣、合作的乐趣。

意大利排协专家卡罗尔·西里先生，在看了多场中国女排比赛后，认为2004年奥运会上中国女排的胜败取决于赵蕊蕊的状态的好坏。可是，在奥运会开始后的第一场比赛中，赵蕊蕊就因腿伤复发而无法上场，媒体惊呼：“中国队将与金牌无缘。”

在这种情况下，中国女排的球员们并没有因赵蕊蕊的倒下而失去斗志，她们尽自己的力量一场一场地去拼。最终在与俄罗斯的夺冠赛中，身高仅有1.82米的张越红以一记重扣使球越过了对方身高2.02米的队员加莫娃的头顶，砸向了地板，宣告这场历时2小时19分、出现过50次平局的巅峰对决结束。经过了漫长又艰辛的比赛，中国女排终于凭借团队的努力又一次摘下了奥运会金牌。卡罗尔·西里的预言并没有实现，这是为什么呢？

(三)沟通能力

在项目八中，我们已经学习了如何正确地处理与领导的关系、与同事的关系。实际上，沟通能力不仅体现在这种内部沟通中，也是贯穿职场的一种重要职业素养，包括外在技巧和内在动因。

其中，恰如其分和沟通效益是人们判断沟通能力的基本尺度。恰如其分，指沟通行为符合沟通情境和彼此相互关系的标准或期望；沟通效益，则指沟通活动在功能上达到了预期的目标，或者满足了沟通者的需要。

沟通能力看起来是外在的东西，而实际上是个人素质的综合体现。一个具有良好沟通能力的人，可以将自己所拥有的专业知识及专业能力充分发挥，并能给对方留下“我最棒”“我能行”的深刻印象。

（四）情绪控制能力

情绪是人们对事物的一种直观的情感反应。心态良好的人能适度地表达和控制自己的情绪，喜不狂，忧不绝，胜不骄，败不馁；既不妄自尊大，也不退缩畏惧；对于得不到的东西不强求，在社会允许的范围内满足自己的需要。

一个人想有所成就的话，就要有情绪调控的能力。成功者控制自己的情绪，失败者被自己的情绪所控制。职场新人若能有效控制情绪，保持一种良好平静的自我心态，就拥有了超越自我的最好保障。

（五）解决问题的能力

在职业生涯发展过程中，总会碰到各种各样的困难和挑战。因此，培养解决问题的能力也是职业发展不可缺少的重要内容。

一个人工作的过程就是不断地发现问题、解决问题的过程。工作的好坏在一定程度上取决于个人解决问题能力的高低。一个员工的持续竞争优势只有通过不断解决问题的价值创造过程才能获得。看问题，不能只看表象，要探究其根本原因，站在企业的角度系统而全面地审视问题。通常情况下，一个问题的解决办法可能有很多种，可以在评估各个方案的优劣之后，选择最适合的解决办法；然后，严格有效地去执行。

（六）学习与创新能力

学习与创新能力就是源源不断获取新知识的能力。现代社会是一个竞争日益激烈的社会，为了能适应现代社会的需要，从业者必须具备学习与创新的能力。这两者也是职业能力的重要内容。

（七）敬业精神

敬业精神是指人们基于对一件事情、一种职业的热爱而产生的一种全身心投入的精神，是社会对人们工作态度的一种道德要求。它的核心是无私奉献意识，是指在职业活动领域树立主人翁意识、事业心，追求崇高职业理想，培养认真踏实、恪尽职守、精益求精的工作态度。

（八）积极主动

职场总是欢迎那些能自动自发地去处理工作并将工作做到最好的人。

当领导不在的时候，一般公司里会有三种员工：第一种员工积极自律，比领导在的时候更加认真负责地工作；第二种员工严谨慎重，领导在与不在一个样；最后一种两面三刀，领导在时一个样，领导不在时另一个样。

我们至少要做第二种员工，不管领导在否，不管别人有没有看到，自己一定要努力，到最后收获最大的一定也是自己。

二、培育工匠精神

2008 年金融危机以来，制造业和实体经济再次被重视。美国提出“再工业化”，德国提出“工业 4.0”，日本提出“再兴战略”，法国提出“新工业法国”。作为制造业大国，我国制造业面临挑战，提出建设制造业强国的目标——“中国制造 2025”。

我国正处于经济转型升级、产业结构调整的关键时期，要推动中国制造业从“中低端”向“中高端”迈进，推动中国从“制造大国”走向“制造强国”，离不开工匠精神的回归。在此背景下，党的十九大报告明确强调，要建设知识型、技能型、创新型劳动者大军，弘扬劳模精神和工匠精神，营造劳动光荣的社会风尚和精益求精的敬业风气。

（一）工匠精神的内涵

工匠精神属于职业精神的范畴，是从业者的一种价值取向和行为表现，与其人生观和价值观紧密相连，是从业过程中对职业的态度和精神理念。工匠精神是一种积极进取的态度和超越平庸、追求卓越的境界，更是心系匠艺传承与实干兴邦的担当、作为和情怀。一般包括以下几个方面。

1. 敬业精神

敬业精神是指从业者对工作始终保持认真、负责、热爱的态度和精神理念，包括爱岗敬业、无私奉献、尊师重道等精神。从这个层面上讲，工匠精神不应当被狭隘地认为是只有工人或蓝领才需具备的精神，而是广泛包括各行各业的人在各自工作岗位上所应有的价值追求与精神品质。因此，工匠精神是一种全民族的精神，它存在于每一个人身上和心中。

2. 创造精神

创造精神具体表现为用心钻研、脚踏实地、勇于创新、持续专注、注重细节。我们熟知的大国工匠，个个都是持续专注、敢于开拓创新的推动者。工匠精神所倡导的执着、专注，并不是简单的机械重复或是因循守旧、一成不变，而是强调在原有的技术上精益求精，在传统技艺基础上不断钻研、革新，在一点一滴的积累中实现技术和工艺创新的过程。它的核心内涵是要不断地钻研、革新及传承，然后厚积薄发、有所作为。

3. 品质精神

品质精神是指努力想要把产品品质提升到至善至美的精神，包括精益求精、追求极致、孜孜不倦、永无止境的精神。工匠精神的目标就是要打造本行业的精品。工作不单单是赚钱、养家糊口的手段和途径，更是一种对行业的执着坚持，对打造精益求精的产品的追求和信仰。希望把产品的每个细节做到极致、注重工艺的精致化、对产品卓越品质的坚持和追求正是工匠精神的重要体现。

4. 服务奉献精神

包括用户至上、不怕辛苦、淡泊名利、耐得住寂寞的精神。这是一种爱，是指对自己事业的不求回报的爱和全身心的付出，是抛开盲目的利益冲动，俯下身段，脚踏实地，以非功利的心态选择和对待职业。把本职工作当成一项事业来热爱和完成，从点点滴滴中寻找乐趣；努力做好每一件事、认真善待每一个人，全心全意为工作服务，用无私奉献绘制出事业的美丽蓝图。

（二）工匠精神与职业发展

工匠精神是职业发展对从业者提出的时代要求，对高职毕业生的成长至关重要。用人单位考查毕业生时，不仅重视专业技能，更关心毕业生是否具有崇高的职业精神和良好的职业素养。如果能强化对高职生工匠精神的培养，将极大地提高其人力资本附加值，促进其就业和未来职业发展。

首先，用人单位需要从业者吃苦耐劳，坚持不懈。如果同学们能以一种肯吃苦、能坚持的精神对待工作，必定能在众多求职者中脱颖而出，成功就业，也能更快赢得用人单位的赏识和信任。

其次，用人单位需要从业者认真负责，爱岗敬业。高职教育培养的是应用型人才，同学们未来将直接进入社会从事一线工作，更应该具备较高的职业素质，而责任意识和爱岗敬业更是必不可少的精神。

最后，用人单位需要从业者勇于创新和精益求精。优秀的从业者不仅能刻苦坚持，爱岗敬业，也应具有钻研和学习的精神。只有不断学习，勇于创新，提高技艺，精益求精，才能创造出更高质量的产品，才能提高自己的对外竞争力。

可见，在社会呼吁工匠精神，各行各业大力倡导和弘扬工匠精神的新时代，工匠精神已成为个人就业和职场发展的核心竞争力之一。

（三）工匠精神的培养

高职学生要把握自身工匠精神培养的主体地位。工匠精神单纯依靠外力作用无法领会，需要同学们的实践体悟。一般要经历以下三个阶段。

1. 树立工匠精神思想理念

要充分认识到工匠精神是我国的传统文化，也是制造强国的战略需求，更是大国工匠的象征；要充分看到工匠精神对自身的重要意义，工匠精神是自身职业发展和实现人生价值的重要保障，与自己的未来成就息息相关。

2. 通过实践不断加深体验

高职生要自觉培养自身的工匠精神。加强对专业知识和技能的学习，是工匠精神的必备基础。只有在实践中努力刻苦钻研，把完美和极致作为追逐的目标，才能勇于开拓创新，探索技术的未知世界。应充分发挥职业教育产教融合、校企合作的优势，多方面增进对工匠精神的全面感知和实践思考。

3. 内化于心，成为自身精神特质的一部分

高职生要把传承和弘扬工匠精神作为自己的使命。高素质技术技能型人才是工匠精神的最好传承者和弘扬者，高职学生要不辱使命，培养追求卓越、认真刻苦、爱岗敬业的精神；增强职业认同感，形成稳定的职业价值观，习得工匠精神。做具有工匠精神的大国工匠，并且要把工匠精神不断发扬光大，永怀匠心，砥砺前行。

三、技能提升的过程

很多人在学习一项技能的时候，往往学了一个开头，还没什么进展，慢慢就放弃了。这可能是因为我们在学习和掌握这项技能的时候，不知道学到高手的程度要经历哪些阶段，每个阶段有什么特点，往往都是模糊地认识到需要一个漫长的过程，需要一定的时间积累，或者只是知道量变到质变。就像我们要出行，但是既不知道终点在哪里，也不知道沿途要经过哪些地方。这时人们往往就会迷茫，很有可能开始后没有过多久就停下来了。

心理学家弥尔顿·埃里克森研究发现，人们掌握一项技能要经历四个阶段(图 9-1)。第一个阶段，对要掌握的技能既没有意识，更没有能力，这个阶段也被称为唤醒；第二个阶段，经过理论知识的学习，对这项技能有了一定的意识，但是还不具备相应的能力，这个阶段也被称为学习；第三个阶段，经过一定的技能训练或者实践，在理论意识的指导下，可能完成这项技能的操作过程，这个阶段也被称为练习；第四个阶段，在长时间的练习和训练后，人们往往已经忘记了理论知识或者操作要领，但是这项技能已经熟练掌握到内化于心，形成习惯性的行为，可以持续、稳定地自动化输出，也就是到达了无意识而有能力的阶段，这个阶段也被称为掌控。

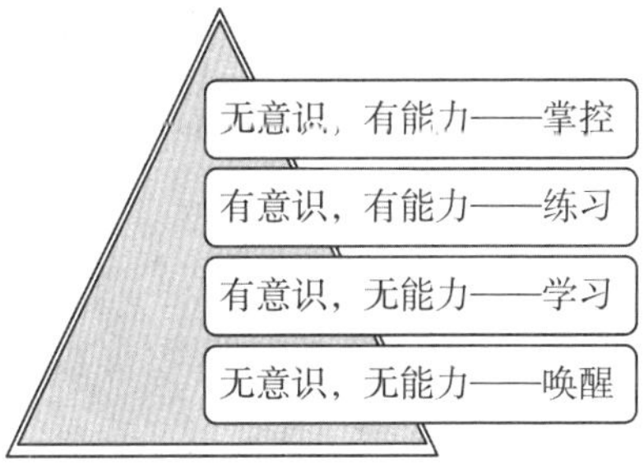

图 9-1　掌握技能的四个阶段

在制订目标开始行动后，会遇到各种各样的困难和挫折，陷入细节的泥潭中，意志消沉，产生放弃的念头，不容易坚持下来。当人们清晰地知道了技能提升需要这样四个不同的阶段，还能明白这四个阶段各有不同的特点，就可以站在全局的视角，客观看待技能提升的各个阶段，明白无论掌握什么技能，这四个阶段都是必经之路，并能清晰地知道各个阶段的运作规律，自己目前在哪个阶段，还需要哪些努力。这样心中就像有了一份通往成功的地图，目标明确，线路清晰，就不会再想急功近利，而是放平心态，遇到困难解决困难，也不再想要退缩。在技能提升的过程中，有动力有信心，脚踏实地地行动。

典型案例

职业院校走出的技术能手

2009 年 6 月，白强毕业于成都航空职业技术学院模具专业，经过努力成为中国航发贵州黎明航空动力有限公司高级技师，二级技能专家，先后参与两代航空发动机关键零部件的研制加工，获“全国技术能手”荣誉称号。白强先后完成重点产品的技术攻关多项，10 余年累计完成产值过亿元，为单位节约成本 1200 余万元，成为数控加工中心领域的新一代领军人物。

万丈高楼平地起，白强如今的成就也是从零做起的。他刚毕业参加工作时师从贵州省劳动模范彭庆刚学习数控加工中心设备操作。工作中，他认真领会师傅在操作时的每一个讲解，做好工作笔记；下班后，对照笔记重温操作步骤，有疑问的地方，第二天主动请教师傅，使自己对每一个操作环节都能全面掌握。白强的好学，使他进步很快，短短三个月时间，他就熟练掌握了该设备的车、铣、镗等加工方法。看到他是一个干数控的好苗子，师傅便放手让他独立上机操作。在不断丰富实践经验的同时，他还充分利用业余时间自学，充实专业理论知识，并通过实践转化为实际操作技能，很快就熟练掌握了多台数控设备的操作和编程，逐渐成为生产骨干。“白强学习非常认真，勤于思考问题，学习目标非常明确，对知识非常渴望，有远大的志向。”说起自己的得意门生，彭庆刚总是赞不绝口。

岗位能力的提升需要付出时间和精力去积累，要经历新手、生手、熟手、能手等几个阶段，对这个过程要有心理准备，相信自己只要脚踏实地，一步一个脚印地努力下去，总有一天能够达到自己设定的目标。

素质训练

请你去拜访一位优秀的学长或学姐，例如技能大赛获得了奖项，或者是凭着高超的技能进入了大家都羡慕的优质企业工作。将你们专业要掌握的专业知识技能、可迁移技能、自我管理技能整理列表，通过访谈，了解这位学长或学姐的职业技能提升所经历的四个阶段分别经历了多长时间，每个阶段都是怎么做的，取得了哪些阶段性的成果，填入表 9-1 中。

表 9-1　访谈内容

被采访人姓名		采访人姓名	
被采访人现状	□学习　□工作		
专业名称		岗位名称	
专业知识技能			
可迁移技能			
自我管理技能			
技能提升的过程			
阶段名称	经历时间	学习过程	阶段性成果
唤醒阶段			
学习阶段			
练习阶段			
掌控阶段			

· 任务二
· 职业规划管理

情境导入

小李是一位数控技术操作员，毕业后进入现在的企业三年了。他从开始的不适应到逐渐适应，尽管应对日常的工作，他的能力已经游刃有余了，但是每天被工作塞得满满的，从早忙到晚。虽然身体一直在忙碌，但是最近他常常感到工作好无聊。每天做着几乎一样的工作，没什么新意，自己工作起来也没有什么激情，情绪低落，没有什么工作热情，他感到很烦恼。

小李的这种情况，很多职场人都遇到过，他现在表现出厌倦的职业情绪，遇到这种情况，我们要怎样处理呢？

一、职业情绪管理

进入职场后，随着工作时间的推移，人们的职业兴趣、职业能力和职业价值会发生动态的变化。当三者之间发展不平衡时，往往会出现职业焦虑、职业倦怠和职业失落等职业情绪。而职业生涯工具三叶草模型(图 9-2)能够清晰地展现职业兴趣、职业能力和职业价值三者之间的推动关系，以及三者缺失时对应的情绪状态及应对方法。

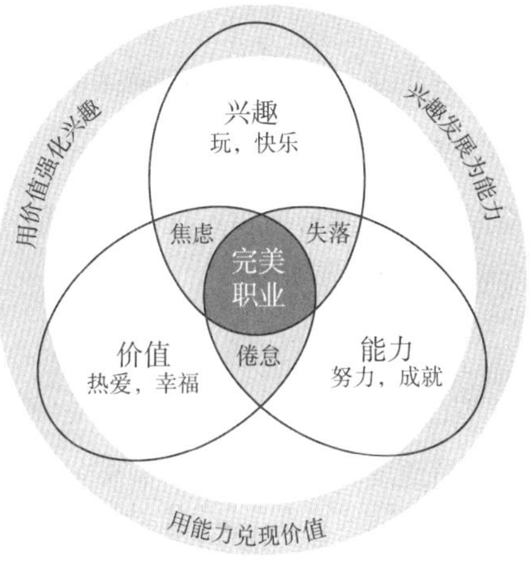

图 9-2　职业生涯三叶草

我们在进入职场前了解这些职业情绪，并学会如何应对非常重要，日后当我们在工作过程中觉察到自己出现了这三种职业情绪的时候，就不会再无所适从，陷在泥潭里无法自拔。下面我们来看看这三种职业情绪产生的原因及解决的办法。

三叶草的平稳转动，是把兴趣培养成职业兴趣，提升职业兴趣的能力，发展成为职业技能，然后找到合适的平台将职业技能兑换成价值，兑换的价值又可以反过来强化职业兴趣，以此类推，三叶草不断旋转，使自己可以兑换价值的职业技能不断增多，自己的核心竞争力也越来越强，职业发展走上良性循环，从而让自己在职场充分发展。

当这三者正常转动时，我们会明显地发现，做事的速度和效率会高很多，更重要的是心态会无比愉悦，没有倦怠、失落、焦虑等心态，工作和生活质量都会好很多。

(一)职业焦虑及处理策略

职业焦虑的产生，源于我们对自己的职业技能能否完全胜任岗位工作没有十足的把握。在工作过程中，担心自己做不好工作，完不成任务，或者是能力确实无法满足工作要求，面对考核，我们内心是恐惧和焦虑的(图 9-3)。职场新人或者是刚刚经历了职业转型的职场人士在职业适应阶段容易产生职业焦虑的情绪，应对职业焦虑的策略：

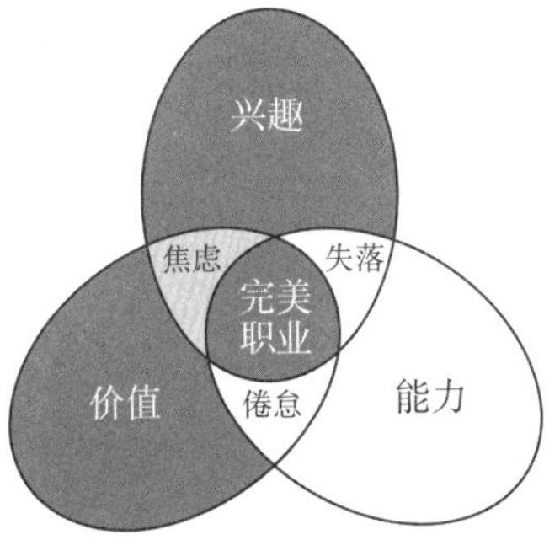

图 9-3　能力缺失会导致焦虑情绪

1. 接纳现状

遇到职业焦虑的情况，我们首先要接纳自己目前的这种状态，面对现实，承认自己的能力有限，但同时也要看到自己一直在努力，尽管离目标还有一段距离，但是只要自己一直在努力，一直在进步，总有能够达到目标，胜任工作的那一天。

2. 调整目标

意识到自己距离目标还有一段距离，理性看待自己的差距，降低对自己的要求，适当降低目标，调整到自己努努力就能够着的状态。此时我们要清晰目标达成能够带给自己的价值，这样我们才有努力提升的动力。同时，我们也要果断拒绝别人对自己提出的更高要求，以便我们能够以良好的状态去完成目前工作的同时专心精进职业技能。

3. 提升能力

对照自己的职业目标，写出目标达成的标准，使目标有时限，可测量。然后梳理自己的职业技能，找到差距，详细列出自己需要提升的职业技能。找到提升这些职业技能的途径和方法，或者找哪些人寻求帮助，然后制订合理的计划，逐步实施，并在执行过程中不断调整。

（二）职业倦怠及处理策略

职场新人或刚刚转型成功的人，渡过了容易产生职业焦虑的职业适应阶段后，职业技能完全能够应对岗位要求。但是繁重而又没有挑战的工作，没有新意，容易产生职业倦怠，最根本的原因是职业兴趣的缺失(图 9-4)。应对职业倦怠的策略：

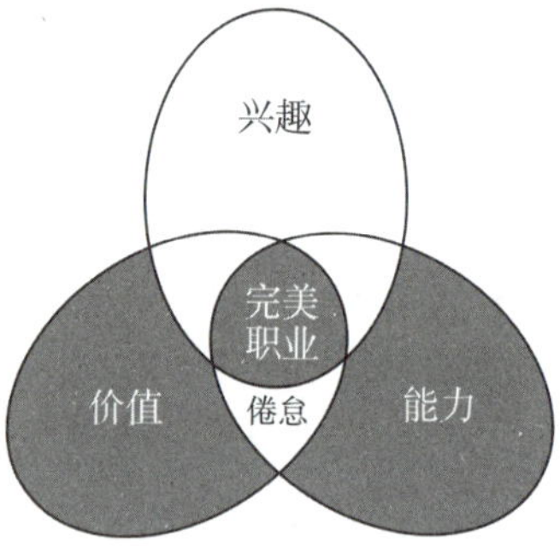

图 9-4 兴趣缺失会导致倦怠情绪

1. 接纳现状

出现职业倦怠的情况，首先，我们要接纳自己目前的真实状态。其次，我们要理解没有兴趣，我们依然能够做好一件事。再次，我们要知道，从事职业活动，除了能满足我们职业兴趣的价值外，职业也是我们谋生的手段。最后，如果我们以兴趣为职业，那么我们还要达到满足社会需要的能力水平，社会需求的能力水平才是验收标准。

2. 探索兴趣

对内调整：重新审视自己的现有工作，自己是否已经做到了极致，还有没有可以提升和完善的地方。在工作范围内找到某些点，给自己设置更高的目标，对自己提出更高的要求，从而激发自己的工作激情和斗志。

对外调整：在现有职业领域内寻找并发现其他工作内容、岗位或者部门是否能够和自己的兴趣点结合，想办法将现有工作范围外的内容结合到自己的现有工作中来，接受新的挑战，挤出时间训练这些方面的能力。

3. 兑换价值

在自己工作内容范围内，结合新目标和新要求，提升工作能力后，在获得成就感的同时，还有可能会受到领导的认可和赏识，获得晋升的机会。在工作内容外，周边职业领域内发展新技能后，找到可以对接的部门或者同事，尝试兑换价值，实现工作业务的拓展或者迁移，兑换到职业回馈。

典型案例

喜欢研究电子表格应用的小周

小周学的专业是财务管理，来到一家创业公司后，一直从事财务管理的工作。在工作过程中，要处理大量的电子表格，也会有很多的重复计算工作，一天天对着计算机做一些烦琐的数据处理工作，非常考验人的耐心，过了最开始的新鲜劲儿，她就开始觉得无聊了。

她就在想，这个电子表格，有没有好的方法，能够将每天都需要重复的操作简化呢。工作之余，她开始潜心研究电子表格使用的各种技巧，并结合自己的工作需要，将重复的电子表格操作运用电子表格使用技巧进行二次开发，将工作的流程大大简化。后来公司的各种流程性的表格，她也开始尝试有没有更快、更便捷且更准确的操作方法。结果功夫不负有心人，她成功地帮助各个部门的同事优化了表格文件的操作，大大提升了公司的办公效率。

小周也因为认真负责的态度、刻苦钻研业务的精神，被同事们认可，被领导赏识，后来被领导提拔为经理。

（三）职业失落及处理策略

职场中，总有一些人，在努力了很久之后，付出没有得到想要的回报，或者职业技能已经完全能够胜任更高的工作职位，但是没有获得晋升的机会，此时非常容易出现失落情绪(图 9-5)。失落情绪的出现，是因为价值缺失，此时有一个正向的反馈，自我价值感低会让自己内在的驱动力削弱，让一件事很难长久坚持。可采用如下的应对策略。

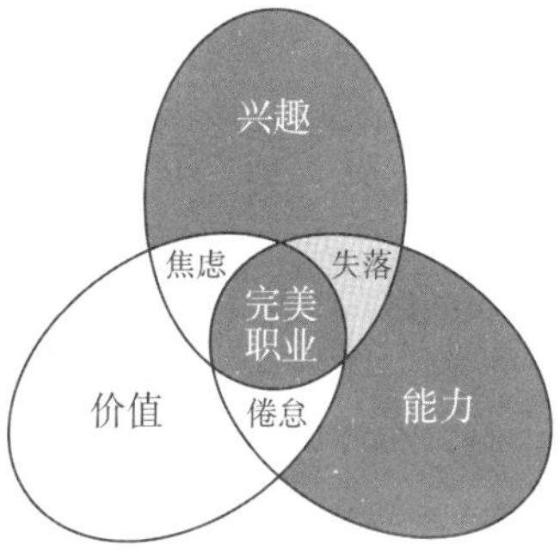

图 9-5　价值缺失会导致失落情绪

1. 悦纳

我们首先要意识到自己的职业技能和努力付出已经很好地满足了岗位的需求，但是也要理解生活并不可能同时满足我们所有的需求，我们还有需求没有被满足，在这部分领域还有成长的空间。

2. 调整资源

(1)回顾自己想要的价值是否还在。

(2)自己的努力是否与企业的目标相匹配。

(3)适当的机会找领导谈升职加薪。

二、时间管理

（一）时间和时间管理

每个人的生命都随着时间河流的昼夜奔腾而日渐消逝。可见，时间就是生命，时间就是效率，时间就是财富，时间就是商机。尊重时间就等于尊重自己和他人，时间管理的重要性不言而喻。

但事实上，职业院校学生普遍缺乏时间管理的理念，更遑论时间管理的技巧。苏联教育学家苏霍姆林斯基认为，促进自我教育才是真正的教育。最基础的自我教育就是珍惜时间，最基础的管理就是时间管理。

时间管理同其他资源管理不同，时间资源的特殊性决定了我们既不能对它开源，也不能节流。事实上，时间管理的对象并不是时间本身，而是管理时间的人。时间管理的本质是通过管理时间的人树立正确的时间价值观，增强时间意识，提高规划、分配时间的能力和监控时间利用的能力，达到在有限的时间内完成更多工作的目的。

从 20 世纪 60 年代起，人们开始重视脑力劳动的时间管理，把时间视为一种宝贵的资源。时间管理已成为现代管理的重要内容。

（二）时间管理概述

时间管理是指在同样的时间消耗情况下，为提高时间的利用率和有效性而进行的一系列控制工作。或者说，时间管理就是克服时间浪费，为减少时间的消耗而设计的一种系统程序，并选择一切可以利用的科学方法及手段，以使结果向预期目标尽量靠拢。从某种意义上说，时间管理就是对个体资源和自我行为的管理。

首先，做某事之前，要确定使用多少时间。

其次，要利用分割与集中的方法增加自由时间，并对自由时间进行合理利用。

再次，要总结时间的利用情况，找出浪费时间的缘由并予以克服。

最后，要用定时定量的方法控制时间。要想弄清时间管理的价值，首先必须弄清时间的价值，因为前者取决于后者。

比如，面包的价值会由时间来决定。早上刚出炉时面包卖全价，中午打八折售卖，等到下午就要卖半价了。很明显，这三个时间段出售的面包味道是不一样的。也就是说，等量的时间在一天中不同的时刻里，它的价值是不一样的。再以一分钟时间为例，假如这一分钟是你用来赶飞机或火车的，如果充分利用了，就能赶上；倘若慢了一分钟，就只能看着远去的飞机或火车摇头叹息了。因为错过飞机、火车，进而可能失去一次重要的商业面谈机会，错过一笔大生意。可见，一分钟的价值也是不可估量的。

（三）时间管理原则

著名管理学家科维提出了一个时间管理理论，他把工作按照重要和紧急两个维度进行划分，基本可以分为四个象限，即既紧急又重要、紧急但不重要、重要但不紧急、既不紧急也不重要(图 9-6)。根据这一原则，我们可以把事情分为以下四类，并按如下层级进行排序。

项目	紧急	不紧急
重要	Ⅰ ·危机 ·急迫的问题 ·有期限压力的任务 ·突发事件	Ⅱ ·防患未然 ·增加产能 ·建立人际关系 ·发掘新机会 ·规划、目标管理 ·休闲
不重要	Ⅲ ·不速之客 ·某些电话 ·某些信件与报告 ·某些会议 ·必要而不重要的问题 ·迎会的活动	Ⅳ ·烦琐的工作 ·某些信件 ·某些电话 ·浪费时间之事 ·有趣的活动

图 9-6 时间管理矩阵图

1. 优先级 A

优先级 A 的工作，即既紧急又重要的工作，包含危机和紧迫情况、有着最后期限的项目或亟待解决的重要问题，必须立即做(例如赶火车、乘飞机、上课、考试等)。大多数团队领导会首先应对优先级 A 的工作。要完全消除危机是不可能的，但是可以通过预先安排来降低危机的程度，也就是需要将它变成优先级B的工作。许多优先级A的情况之所以会出现，是因为我们未能预见优先级A的工作并对其做出计划。例如：未注意到警告信号；到了紧迫关头，仍然未采取行动；对不同的工作所需的时间估计不足；在计划日程里没有加入处理突发问题的时间；对分配出去的工作没有定期进行检查。

2. 优先级B

优先级B的工作，即重要但不紧急的工作，包含准备、预防工作、规划和审议工作、团队建设工作，比如制订计划、去做体检等。通过预测危机和提前进行计划，优先级A的很多情况可以被转变成优先级B的情况而被提前妥善处理。有效率的团队领导会将大部分精力投入优先级为B的工作中去，完成这些工作将有助于节省成员和团队的时间，最终也会有助于发展生产力，使组织取得长期业绩。这些是团队领导最主要的管理责任，值得为其花费时间和精力。

3. 优先级C

优先级C的工作，即紧急但不重要的工作，包括通电话、参加不必要的会议、帮助团队成员解决他们的问题。确实有为数不少的团队领导在优先级C的工作上花费了太多的时间，因为这些事情无论是看上去还是在感觉上都很“紧迫”。一般来说，处理这些问题比静下来处理更为重要的问题容易得多，这样一来，那些团队领导就会让优先级B(重要但不紧急)的工作一直积压着，直到变成危机。

4. 优先级D

优先级D的工作，即既不紧急也不重要的工作，包括电话闲聊、应对干扰、处理鸡毛蒜皮的琐事。如果在优先级D的工作上花费了绝大部分时间，那就需要仔细反思自己的工作方式了，需要问问自己为什么会浪费这么多时间。这些都是所谓“让人忙乱的工作”，看起来也真的忙，可是都没忙到点子上。浪费时间的罪魁祸首是拖延、缺乏信心和缺乏指导。

(四)时间管理技巧

1. 遇事不拖延

拖延并不能节省时间和精力，恰好相反，它会使人心力交瘁，疲于奔命。因此，要养成遇事马上做的习惯，这样不仅能克服拖延，而且能把握“笨鸟先飞”的先机，久而久之，必然能培育出当机立断的工作能力。

2. 善用零碎时间

可以把零碎时间用来处理零碎事情，从而最大限度地提高工作效率。例如，可将茶余饭后、会前会后的零碎时间用来学习、思考或者为下一个行动做简短的计划等。充分利用零碎时间，可以积少成多，成年累月地积累下来，将会有惊人成效。三国时，董遇读书的方法有“三余”：“冬者岁之余；夜者日之余；阴雨者时之余也。”他充分利用了寒冬、深夜和雨天，发奋苦学，终成大才。鲁迅先生也“把别人用来喝咖啡的时间都用在了写作上”。看来，善用零碎时间可成就大事业。

3. 合理分配时间

当你计划今天的每一件工作时，你就必须决定在每件工作上面该花多少时间，这就是“分配时间”。时间分配合理了，就可以更好、更快地完成既定任务，也可以节约出时间来完成其他事情。

4. 为意外事件留时间

火车、飞机、公共汽车、轮船等依时间表运行，但仍然会有晚点等意外发生，同样的情形也会发生在工作上。例如，当你正按照计划做事情时，突然又接到其他紧急任务，这样当天的任务就可能无法完成。但如果你的工作时间留有余地，或有应急计划，也就不会影响任务的完成情况了。

知识窗

测测你的时间安排是否合理

下面将用最简单的办法测试你能否掌控时间，你只需回答“是”或“否”。

1. 你通常工作很长时间吗？

2. 你通常把工作带回家吗？

3. 你感到自己很少花时间去做想做的事吗？

4. 如果没有完成你所希望做的工作，你是否有负罪感？

5. 即使没有出现严重问题或危机，你是否也经常感到工作有很大压力？

6. 你的案头是否有许多并不重要但长时间未处理的文件？

7. 你经常在做重要工作时被打断吗？

8. 你经常占用用餐时间来工作吗？

9. 在上个月里，你是否忘记了一些重要的约会？

10. 你是否时常把工作推到最后一分钟，然后很努力地去做完它们？

11. 你觉得找借口推延你不喜欢做的事容易吗？

12. 你是否总是感到自己因需要做一些事情而保持繁忙吗？

13. 当你长休了一段时间，你是否有负罪感？

14. 你是否常无暇阅读与工作有关的书籍？

15. 你是否太忙于一些琐碎的事而没有去做与目标一致的大事？

16. 你是否沉醉于过去的成功或失败之中而没有着眼于未来？

根据下列标准可以评估你对时间的掌控能力。

1～4 题答“是”：恭喜！坚持并保留你的方法！

5～8 题答“是”：可以！方向正确，但需要提高冲劲！

9～12 题答“是”：当心！你需要重新审视你的时间行动方针！

13～16 题答“是”：救命！你的时间管理方法需改进！

三、目标管理

（一）目标的意义

目标（英文为 target、goal 或 objective），是指个人、部门或整个组织所期望的成果。可以将目标通俗地理解为“目的和标准”。“目的”即做什么事，“标准”即把事做成什么样。

目标是衡量一个人行为的尺度。目标使个人明确自己为什么做事，将要从中获得什么。没有目标，即使时间计划和工作方法再完美无缺，也无济于事。这是因为，如果个人不事先确定每种行为的终极目标，那么，眼前就只能是混沌一片。正所谓“人无远虑，必有近忧”。

一个人的奋斗历程中，最重要的不是做什么，而是看他为了何种目标而努力。目标正确，努力才有价值。如果没有目标或目标错误，那么即使付出了努力，结果也是枉然。正如那句话所说：“做正确的事比正确地做事更重要。”

（二）目标管理技巧

1. 明确总目标

关键是设定战略性的整体总目标。一个组织总目标的确定是目标管理的起点。总目标再分解成各部门、各单位和每个人的具体目标。下级的分项目标和个人目标是构成和实现上级总目标的充要条件。总目标、分项目标、个人目标，左右相连，上下一贯，彼此制约，融汇成目标结构体系，形成一个目标连锁。目标管理的核心就在于将各项目标予以整合，以目标来整合各部门、各单位和个人的不同工作活动及其贡献，从而实现组织的总目标。

2. 制订好计划

健全的计划既包括目标的订立，还包括实施目标的方针、政策，以及方法、程序的选择，使各项工作有所依据，循序渐进。计划是目标管理的基础，使各方面行动集中于目标。它规定每个目标完成的期限，确保目标能顺利实现。

3. 目标管理与组织建设相互为用

目标是组织行动的纲领，是由组织制订、核准并监督执行的。目标从制订到实施都是组织行为的重要表现。它既反映了组织的职能，又反映了组织和职位的责任与权力。目标管理实质上就是组织管理的一种形式、一个方面。目标管理使权力下放、责任与权利统一成为可能。目标管理与组织建设必须相互为用，才能互相为功。

4. 强调全员参与

培养全体员工参与目标管理的自觉性，让每个人都认识到自己是既定目标下的成员，引导员工为实现目标而积极行动，努力实现个人目标，从而实现部门目标、单位目标，进而实现组织的整体目标。

5. 有效考核

考核、评估、验收目标执行情况，是目标管理的关键环节。缺乏考评，目标管理就缺乏反馈过程，目标管理的目的就难以达到。

素质训练

调整学习状态

三叶草工具的应用很多，下面我们尝试使用三叶草工具调整自己的学习状态。请在图 9-7(a)中分别填写你喜欢做的事情，如打游戏、刷视频、看书、打篮球、剪辑视频、从事数控技术相关的工作等，你擅长做的事情，如剪辑视频、打游戏、送外卖等，并在你喜欢做的和你擅长做的事情中选出未来你可以用来谋生的事情，如从事数控技术相关的工作与视频剪辑等。

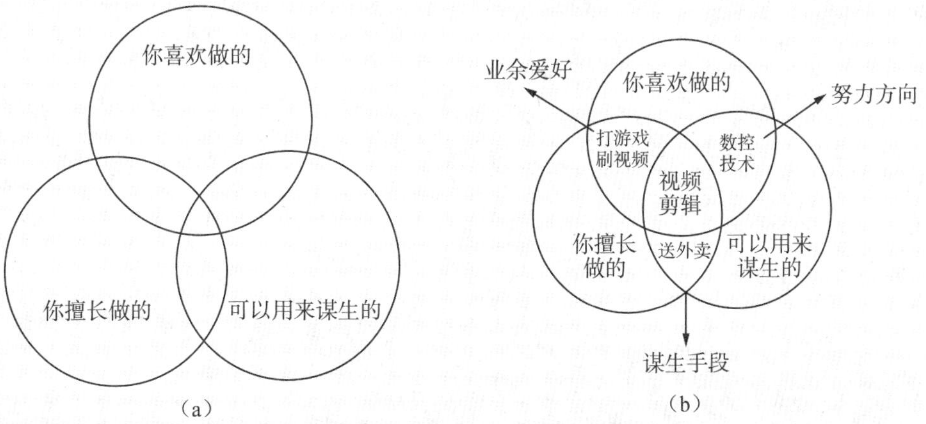

图 9-7　用“三叶草”工具调整学习状态

填好后，我们会发现，打游戏、刷视频，虽然我们喜欢且擅长，但是不能用来谋生，只能作为业余爱好，所以我们只能在业余时间做这些事情。而送外卖，虽然我们可能比较擅长，但是我们并不喜欢做，不过可以作为未来谋生的手段。而从事数控技术相关的工作，目前我们作为学生可能还不太擅长，但是未来可以作为谋生的手段，它就是我们今后努力的方向。最后我们发现剪辑视频，如果我们既喜欢，又擅长，未来又可以作为谋生的手段，所以是理想的职业[图 9-7(b)]。

通过使用三叶草工具来梳理我们每天做的事情，就可以了解我们该多做哪些事情，哪些事情只能在业余时间来做，可以帮助我们来调整学习状态。

评价反思

对照本学习目标进行自我评估(表 9-2)，并对自己的学习情况进行评分，如有不清楚或不明白的内容，请咨询老师进一步学习提升。

表 9-2　自我评价表

序号	请根据学习具体内容进行打分	
	学习内容	自评分数(6～10 分)
1	了解职业技能的基本概念及内涵	
2	了解职业技能的分类及提升方法	
3	了解职业情绪的分类及处理策略	
4	能运用职业技能的分类及提升方法指导自己提升职业技能	
5	能运用职业情绪的处理策略指导自己处理未来可能会遇到的职业情绪	
6	自觉树立工匠精神理念，培养劳动光荣的社会风尚和精益求精的敬业风气	
总结反思	合计得分	
存在不足：		
改进措施：		